高等院校精品课程系列教材

财富管理
理论与实践

Wealth Management
Theories and Practice

主编 易行健

副主编 展凯 张浩 杨碧云

机械工业出版社

CHINA MACHINE PRESS

图书在版编目（CIP）数据

财富管理：理论与实践 / 易行健主编 . -- 北京：机械工业出版社，2021.3（2024.6 重印）
高等院校精品课程系列教材
ISBN 978-7-111-67696-6

Ⅰ. ①财… Ⅱ. ①易… Ⅲ. ①投资管理 - 高等学校 - 教材 Ⅳ. ① F830.593

中国版本图书馆 CIP 数据核字（2021）第 039969 号

  本书从财富与财富管理行业发展的历史出发，论述了财富管理的学科理论基础及其在金融人才培养中的位置，讲述了财富管理流程与财富管理的产品与机构体系并在此基础上，对财富管理的理论基础——家庭生命周期消费储蓄理论、家庭生命周期资产配置理论，以及财富管理中的经典投资学理论与行为金融理论进行了探讨。此外，本书还对家庭现金和负债管理、家庭房地产投资规划、家庭保险规划、家庭退休与养老规划、家庭财富保全与传承规划、税收筹划，以及财富科技等进行了探讨。

  本书适合作为经济、金融与管理类专业本科生与研究生的教材使用，也适合国内财富管理行业从业人士学习。

出版发行：机械工业出版社（北京市西城区百万庄大街 22 号　邮政编码：100037）
责任编辑：王洪波　宁　鑫　　　　　　　　责任校对：殷　虹
印　　刷：固安县铭成印刷有限公司　　　　版　　次：2024 年 6 月第 1 版第 7 次印刷
开　　本：185mm×260mm　1/16　　　　　印　　张：24.5
书　　号：ISBN 978-7-111-67696-6　　　　定　　价：59.00 元

客服电话：(010) 88361066　68326294

版权所有 • 侵权必究
封底无防伪标均为盗版

易行健

广东金融学院副校长,金融学教授(二级),广东外语外贸大学博士生导师,复旦大学经济学博士,中国社会科学院数量经济与技术经济研究所博士后,赫尔辛基大学与密歇根大学访问学者,享受国务院政府特殊津贴专家。曾任广东外语外贸大学金融学院首任院长,广东省高等学校人文社科重点研究基地——金融开放与资产管理研究中心和广州人文社科重点研究基地——广州华南财富管理中心研究基地首任主任。

他先后入选国家"百千万人才工程"并被授予国家"有突出贡献中青年专家"荣誉称号,第六批国家"万人计划"哲学社会科学领军人才,教育部"新世纪优秀人才",广东省"千百十工程"、广州市高层次金融人才。他也被聘为中国数量经济学会副会长,广东金融顾问,广州市政府决策咨询专家,广东金融学会专家委员会副主任与学术委员会委员,中国消费经济学会学术委员会副主任与常务理事,中国金融学年会理事,中国金融学者论坛理事,广东高等学校金融类本科教学指导委员会副主任委员,中国金融科技教育与研究50人论坛成员等。

多年以来,他一直从事货币金融、居民消费储蓄行为、家庭金融与财富管理、数字经济与数字金融、宏观经济学与应用计量经济学等领域的教学与研究工作,出版学术著作、译著与教材多部。目前他还担任《国际经贸探索》《消费经济》《金融科学》等杂志编委,也在《经济研究》《管理世界》《世界经济》《经济学季刊》《金融研究》《数量经济技术经济研究》、China & World Economy、Financial Research Letters、International Review of Economics & Finance 等权威或核心学术刊物发表论文110余篇。作为国家社科基金重大项目首席专家,曾经主持国家自然科学基金项目2项和其他省部级项目10余项,曾获第五届"刘诗白经济学奖"与广东省哲学社会科学优秀成果一等奖,中国数量经济学会优秀论文一等奖,中华人民共和国商务部商务发展研究成果奖,2022年数字经济学术年会专项最佳论文奖,广东省教育教学成果奖等科研与教学奖励30余项。

展 凯

经济学博士,金融学教授,硕士生导师,现任广东外语外贸大学金融学院院长,中国准精算师(通过多门北美精算师SOA课程),广东省优秀青年教师培养对象,广州市高层次金融人才。先后于武汉大学、华中科技大学与中山大学获得工学学士、经济学硕士与经济学博士学位。主要从事保险市场与保险公司经营管理、风险管理与保险精算、货币政策与货币理论、金融市场与金融机构等领域的教学与研究工作。在《经济研究》《金融研究》《经济学(季刊)》和《保险研究》等权威和核心学术刊物发表论文数十篇,主持国家社会科学基金项目1项、教育部与省级科研项目4项、省级教研教改和"质量工程"项目3项,提供企业决策咨询并承接政府和企业横向科研项目数十项。

张 浩

经济学博士,金融学副教授,博士生导师,现任广东外语外贸大学金融学院副院长,广东省青年珠江学者(设岗学科为金融学),广州市高层次金融人才,中国房地产中青年30论坛成员。先后于华东师范大学、广东外语外贸大学与中山大学获得理学学士、经济学硕士与经济学博士学位。曾在中国人民银行研究系统工作多年,并在新加坡国立大学经济系从事访问研究。主要从事房地产金融、家庭金融和金融市场的教学与研究工作。近年来以第一作者和通讯作者在 Journal of International Business Studies、Journal of Banking and Finance、《管理科学学报》《金融研究》等SSCI和CSSCI刊物发表论文50余篇。先后主持国家自然科学基金和国家社会科学基金项目,获得省部级科研奖项近10项。

杨碧云

经济学博士,广东外语外贸大学金融学院教授,硕士生导师。先后于湘潭大学、浙江大学与中山大学获得经济学学士、经济学硕士与经济学博士学位,英国伦敦威斯敏斯特大学商学院访问学者。主要从事金融学、国际经济学和公共经济学方向的教学与研究工作。主持国家社科基金重大项目子课题1项、广东省自然科学基金项目与社会科学基金项目2项,主持广东省本科高校课程思政示范课程"财富管理",参与国家级与省部级课题多项。曾获第五届"刘诗白经济学奖"、广东金融学会优秀科研成果一等奖等科研与教学奖励多项。出版学术专著多部,在《管理世界》《世界经济》《财贸经济》《世界经济研究》与《保险研究》等核心期刊发表学术论文50余篇。

前 言
PREFACE

  美国金融学会（AFA）前主席——哈佛大学的坎贝尔教授在 2006 年的 AFA 年会上做了题为《家庭金融》的主席演讲后，家庭金融逐渐成为金融学科中发展最快的分支领域之一，2013 年出版的《金融经济学手册》也收录了《家庭金融：一个新兴的领域》。自从 2008 年美国次贷危机以来，全球各大金融机构加快发展财富管理业务或开始向全面财富管理机构转型，财富管理行业目前已经发展成为极具就业吸引力的行业。中国的财富管理市场经过近 20 年的快速发展，目前已经成为"基因独特的全球第二大财富管理市场"。中国积极稳妥地发展财富管理行业，不但可以深化金融供给侧结构性改革和提升金融体系效率，而且可以有效地增加居民家庭财产性收入，降低居民对房地产投资的依赖，促进社会公平，维持社会稳定。目前，越来越多的高校开设了财富管理或与财富管理相关的硕士项目与课程，比如美国的哥伦比亚大学、英国的帝国理工学院、瑞士的日内瓦大学、新加坡的南洋理工大学、中国香港的香港科技大学等。国内虽然极少有大学开设财富管理本科专业，但是越来越多的学院开设了财富管理课程与相关的研究生培养方向。然而，从全球来看，财富管理的人才培养依然滞后于财富管理行业对专业人才的需求。

  针对中国财富管理行业快速发展的需要，2017 年广东外语外贸大学金融学院借助广州建设华南财富管理中心的契机，成功申报了广州市人文社会科学重点研究基地——广州华南财富管理中心研究基地；2020 年，借粤港澳大湾区金融开放与发展之机，又成功申报了广东省普通高校人文社会科学重点研究基地——金融开放与资产管理研究中心。无论是学院还是两个研究基地，均将财富管理与资产管理作为主要的研究方向。广东外语外贸大学金融学院为了响应金融人才培养的需求，于 2010 年增设了金融学（投资与理财）专业方向，金融专业硕士与金融学博士招生也将财富管理与家庭金融作为主要的培养方向。学院先后为本科生和研究生新开设了财富管理、个人理财、私人银行、税务与遗产策划、财富保全与传承、家庭金融与微观计量专题等财富管理相关的课程。在多年的教学实践中，我们发现现有的国内外教材难以满足教学与人才培养的需要，主要原因有如下两个：一是现有个人理财教材更多的是实践性和应用型课程，缺乏财富管理中高层次专业人士所需要的理论基础，并且缺乏对财富管理行业及其最新发展的介绍；二是国外出版的财富管理教材主要基于发达国家的财富管理市场，对"基因独特"的中国财富管理行业缺乏研究与介绍。因此，广东外语外贸大学金融学院财富管理与家庭金融的教学与研究团队对撰写一本兼具学术感、历史感、现实感与画面感的财富管理教材，具有强烈的紧迫感和责任感。

本书是广东外语外贸大学金融学院与广州华南财富管理中心研究基地从事财富管理与家庭金融教学与研究工作团队的集体成果。2019年5月，团队决定集体撰写一部用于专业硕士与高年级本科生财富管理课程的教材。在随后近一年半的时间里，我们经历了赴金融机构调研、写作大纲确定、第一轮初稿完成、第二轮暂定稿、试用一学期后第三轮再修订稿、第四轮拟定稿和最终定稿等阶段的打磨，历经多次修改，终于完成并付梓。在教材的编写过程中，团队收获巨大，一年多的时间里，编撰小组参考学习了近100部中英文专著与教材、200多篇论文与研究报告，还有大量相关的法律法规，大大加深了我们对财富管理行业乃至金融行业的理解。个中艰辛难以言表，仅仅编撰大纲的确定就达16稿之多，撰写过程中的每一轮定稿，至少有4次来回讨论与修订，最后呈现在各位同人和学子面前的最终版本，集中了我们编撰团队的集体智慧、心血与付出，希望本书的出版能够进一步推动中国财富管理人才的培养与财富管理研究。

本教材的特色可以归纳为以下几个方面。

（1）综合的理论知识与实践相结合

考虑到财富管理从业人员不但需要具备消费储蓄行为分析、家庭经济与金融行为分析、资产定价、行为金融、风险管理与保障研究、财政税收、房地产经济学、金融科技等大量相关学科的理论基础，还需要资产组合配置、财务会计分析、房地产投资、税务策划和大量相关法律法规等相关领域的分析方法和知识积累，因此，本书不但设计了3章理论和前沿学科成果的介绍与7章实践应用为主的内容，而且在绝大部分章节均力求实现理论知识与实践应用的有机结合。

（2）丰富的案例素材与运用相结合

本书针对各类财富管理场景进行了比较广泛的案例搜集与编制。为了便于学生更好地学习相关知识背景、法规政策体系等，本书还设计了各类专栏。与此同时，为了便于学生更好地掌握相关知识的运用或计算，本书还设计了大量例题用于教师穿插于课程讲述中。全书案例、专栏、例题与拓展阅读总数超过160个，案例涵盖了财富管理场景的方方面面：每一章均以"引导案例"开篇，试图讲述一个相关的财富管理案例背景，从而引出对现实问题的思考；每一章均以"案例讨论"结束，"案例讨论"是课后作业的一部分，可以帮助学生在课后进行思考与分析。本书配套的《〈财富管理：理论与实践〉学习指导与习题集》后续也将出版。

（3）厚重的历史演变与国际比较相结合

不知历史，无以图未来，本书无论是介绍理论基础部分，还是介绍财富管理行业和财富管理产品与服务的发展，均从起源分阶段讲述至今，让学生更能明白其中的发展背景与演变逻辑。现代财富管理行业主要起源于西方，中国虽然已经成为全球第二大财富管理市场，但发展水平较之先进者还相对落后。因此，我们在第1章、第3章、第7章、第12章和第13章等章节均引入了国际比较分析，帮助学生理解成熟的财富管理市场是如何运行的，并从中思考中国未来财富管理行业的发展趋势。

（4）宏大的写作格局与朴实的文风相结合

撰写本书是一个极具挑战性的尝试，教材的知识体系庞大，不但囊括了与财富管理相关的理论基础、主要实践场景和服务分类，还讲述了财富管理流程、财富管理机构和金融科技在财富管理实践中的运用。在强调理论基础与财富管理实践的同时，为了兼顾读者群的认知基础，我们尽可能以朴实的文风和翔实的图表、专栏和案例来进行阐述，力求深入浅出，以期引发读者的共鸣和对财富管理行业发展的共同思考。

此外，感谢广州市人文社会科学重点研究基地——广州华南财富管理中心研究基地对本书的资助，感谢广东省研究生教育创新计划项目"'科技型、应用型、国际化'三位一体的金融专业学位研究生培养模式研究与实践"（2019JGXM46）、广东省高等教育教学改革项目"双轮驱动的'科技型、应用型、国际化'金融学本科人才培养模式的研究与实践"的支持。感谢广东外语外贸大学金融学院富有朝气和充满激情的财富管理与家庭金融研究团队成员。虽然连续5年每周一次的研讨会让大家备感压力，但是团队内部活跃的学术气氛和合作精神，使大家能够快速接触和掌握国际学术前沿理论与方法。本书由广东外语外贸大学金融学院财富管理与家庭金融教学与科研团队联合撰写，主要由易行健教授策划、召集和组织，在多次调研、讨论并反复征求各方意见的基础上，易行健教授确定了编撰大纲和进度并提出质量要求，安排组织分工与出版事宜。本书编撰具体的分工如下：第1章（易行健和杨碧云）、第2章（张轶和易行健）、第3章（杨碧云）、第4章（吴柏毅、张浩和刘浩）、第5章（易行健和周利）、第6章（易行健）、第7章（张浩、易行健和周利）、第8章（张浩）、第9章（展凯）、第10章（展凯）、第11章（张轶）、第12章（刘胜）、第13章（吴柏毅）。全书最后由易行健、展凯、张浩和杨碧云统一修改定稿。另外，我们特别感谢广州农商银行行长易雪飞先生、新华人寿总裁助理兼浙江分公司总经理王练文先生、广发期货总经理罗满生先生、广发证券财富管理部总经理方强先生、广发银行审计部总经理史智宇先生、盈米基金CEO肖雯女士、招商银行私人银行部蔡昌达博士与摩根大通私人银行（亚洲）执行董事董琦女士等业界专家，他们在我们调研和写作的过程中给予了大量的帮助、建议与指导。另外，苏欣、区少键、黄韩、李鹏程、王艺璇、魏小桃等同学也在不同程度上参与了若干章节的材料收集和校订工作，在此向他们一并表示感谢。在教材撰写的过程中，对外经济贸易大学副校长吴卫星教授、中央财经大学金融学院院长李建军教授和首都经济贸易大学金融学院院长尹志超教授等学界同人，也给予了帮助和支持。最后，感谢机械工业出版社的相关领导和编辑在选题、编辑、校订、出版和发行方面给予的大力支持。

作为一次令人兴奋的艰难尝试，面对如此庞大的知识与实践体系，虽然我们付出了艰辛的努力，但在逻辑架构的搭建、材料的选取与引用、理论与实践的结合、历史与现实的剖析等方面，本书均还存在需要进一步完善的地方。欢迎各位理论界与实务界的同人提出宝贵的修订建议，在下一版中我们会认真修改和完善，修订建议请发送至：yxjby@126.com。

《财富管理：理论与实践》编写组

2020年10月1日

于广州珠江畔

教学目的

本课程教学的目的是让参与课程学习的高年级本科生或研究生,了解整个财富管理行业的发展历史、现状和未来趋势,理解财富管理机构、产品与服务体系,掌握基于居民家庭整个生命周期财富管理所需要的综合理论知识与应用分析方法,培养针对具体客户或居民家庭进行财富管理规划的能力,同时对最新的财富科技等有初步的了解;为学生未来在私人银行、商业银行财富管理或私人银行部与理财管理子公司、投资银行(或证券公司)财富管理部、保险公司与信托公司财富管理部门以及基金公司、第三方财富管理机构、家族办公室、与财富管理相关的金融科技公司等从事理财规划、投资咨询、投资顾问、金融产品设计或营销等相关工作奠定坚实基础。

(1)了解财富管理行业的发展历史、现状和未来趋势,熟悉财富管理机构、产品与服务体系,初步了解财富科技及其应用

从财富概念发展历史出发确认居民家庭财富统计口径与衡量方式,界定财富管理的定义及其与资产管理的区别与联系,在回顾世界和中国财富管理行业发展历史和现状的基础上理解推动中国财富管理行业的发展因素;对全球范围内的财富管理机构、业务盈利模式、产品类别、服务类别进行详细的分类和讨论;最后回顾财富科技发展背景,初步了解科技在财富管理中的具体应用并掌握智能投顾具体业务模式。

(2)掌握基于居民家庭整个生命周期财富管理所需要的综合理论知识与应用分析方法

在回顾包括均值-方差投资组合选择模型、资本资产定价模型、套利定价理论、有效市场假说在内的经典投资学理论的基础上,对行为金融学的基本框架、

财富管理中的行为偏差以及行为金融学在财富管理中的应用进行讨论说明。在回顾储蓄动机、绝对收入假说与相对收入假说的基础上,重点讨论持久收入-生命周期假说及其扩展理论,详细阐述消费储蓄决定模型的前提、基本思想、存在的局限性及其现实意义;在新家庭经济学的背景下,对考虑了生育行为和遗产馈赠动机的家庭消费储蓄行为进行深入讨论。在论述居民家庭风险金融资产投资基准模型和"股票市场有限参与之谜"的基础上,简单回顾居民家庭生命周期资产配置的马尔基尔经验法则,然后详细论述劳动收入确定与不确定条件下的居民家庭生命周期资产配置模型,最后在考虑商业保险的基础上对居民家庭生命周期资产配置模型进行扩展讨论。

(3)培养针对具体客户或居民家庭进行财富管理规划的能力

基于财富管理全局视角,从客户类型到客户定位,然后到财富管理方案制订,以及方案的执行和调整,详细讲解财富管理服务流程。通过对理论和财富管理方法的运用和案例的学习,系统学习居民家庭现金和负债管理、家庭房地产投资规划、家庭保险规划、退休与养老金规划、家庭财富保全与传承规划、财富管理中的税收筹划,这一部分的学习不但需要理解各分项财富管理规划在整个财富管理中的作用和意义,更要培养针对具体客户或居民家庭进行各分项和综合财富管理规划的能力。

前期需要掌握的知识或先修课程

微观经济学、宏观经济学、会计学、统计学、货币金融学(或货币银行学)、投资学(或证券投资学)。

课时分布建议

教学内容	学习要点	课时安排	案例使用建议	其他教学建议
第1章 财富管理概论	家庭财富统计口径、财富管理定义以及与资产管理的区别与联系 财富管理行业发展历史与推动因素 财富管理的理论根源	3~4	引导案例与案例讨论	
第2章 财富管理流程	财富管理客户的分类标准和客户类型 财富管理客户财务与非财务信息搜集 财富管理客户财务分析 财富管理方案的制订、执行与后续服务	3	引导案例与案例讨论	
第3章 财富管理体系	财富管理机构体系与类别 财富管理产品体系与类别 财富管理服务体系与类别 财富管理监管体系	3	引导案例与案例讨论	
第4章 财富管理中的金融经济学基础	经典投资学模型 有效市场假说及其对投资决策的影响 行为金融理论概述 财富管理中的行为偏差及其应用	2~4	引导案例与案例讨论	如果修过"投资学",学时可以适当压缩

(续)

教学内容	学习要点	课时安排	案例使用建议	其他教学建议
第5章 财富管理中的生命周期消费储蓄理论	绝对收入假说与消费函数之谜 持久收入-生命周期消费储蓄理论 预防性储蓄与流动性约束 考虑生育行为与遗产馈赠行为的家庭消费储蓄模型	3~4	引导案例与案例讨论	讲授难度和学时数需要根据学生基础调节
第6章 家庭生命周期资产配置模型与应用	家庭风险金融资产投资基准模型与股票市场有限参与之谜 马尔基尔经验法则与不确定性条件下家庭生命周期资产配置模型 考虑商业保险购买的家庭生命周期资产配置模型	3~4	引导案例与案例讨论	讲授难度和学时数需要根据学生基础调节
第7章 家庭现金和负债管理	家庭现金负债管理的功能及其发展 家庭现金管理规划与现金收支表编制 家庭负债管理规划 个人信用评估方法与管理	2~3	引导案例与案例讨论	根据是否修过"财务管理"来调整学时
第8章 家庭房地产投资规划	房地产资产特点及其与金融资产的异同 自住型和投资型房地产资产投资规划 房地产金融资产的特征及其投资规划	3~4	引导案例与案例讨论	根据是否修过"房地产经济学"来调整学时
第9章 家庭保险规划	家庭风险管理的程序和保险的功能 社会保险的分类和功能 商业保险的分类和功能 家庭保险规划程序与组织实施	2~4	引导案例与案例讨论	根据是否修过"保险学"来调整学时
第10章 退休与养老规划	退休养老规划流程与财务分析方法 退休与养老需求测算 养老金规划及其主要内容 养老金金融市场与养老金金融产品	2~4	引导案例与案例讨论	根据是否修过"社会保障"来调整学时
第11章 家庭财富保全与传承规划	财产属性及其风险以及财富保全流程 财富保全规划的工具、方法和程序 财富传承规划的工具、方法和程序	2~4	引导案例与案例讨论	根据是否修过"民法典"来调整学时
第12章 税收筹划与财富管理	税收筹划及其在财富管理中的作用 税收筹划策略 税收筹划基本方法 非常规收入的税收筹划	2~4	引导案例与案例讨论	根据是否修过"个人所得税法"来调整学时
第13章 财富科技	财富科技的发展历程与驱动因素 财富管理链条上的新技术应用 智能投顾的起源、发展和流程及其监管	2~3	引导案例与案例讨论	讲授难度和学时数需要根据学生基础调节
课时合计		32~48		

编者简介

前言

教学建议

第 1 章	财富管理概论	1
第 2 章	财富管理流程	21
第 3 章	财富管理体系	45
第 4 章	财富管理中的金融经济学基础	73
第 5 章	财富管理中的生命周期消费储蓄理论	104
第 6 章	家庭生命周期资产配置模型与应用	134
第 7 章	家庭现金和负债管理	163
第 8 章	家庭房地产投资规划	195
第 9 章	家庭保险规划	222
第 10 章	退休与养老规划	253
第 11 章	家庭财富保全与传承规划	285
第 12 章	税收筹划与财富管理	314
第 13 章	财富科技	345

编者简介
前言
教学建议
简明目录

第1章 财富管理概论 ………… 1

 本章提要 ………… 1
 重点和难点 ………… 1
 引导案例　中国家庭资产配置情况
     及其风险 ………… 1
 1.1 财富与财富管理 ………… 2
 1.2 财富管理行业发展历史与
   主要推动因素 ………… 7
 1.3 财富管理的理论基础及其在
   金融人才培养中的位置 ………… 13
 1.4 本书的内容结构安排 ………… 18
 关键概念 ………… 18
 本章小结 ………… 19
 思考习题 ………… 19
 计算题 ………… 19
 案例讨论　某私人银行企业主客户的
     财富管理规划 ………… 20

第2章 财富管理流程 ………… 21

 本章提要 ………… 21
 重点和难点 ………… 21
 引导案例　财富管理客户经理的
     具体服务案例 ………… 21
 2.1 获得客户并建立客户关系 ………… 22
 2.2 收集客户信息 ………… 26
 2.3 分析客户财务状况 ………… 31
 2.4 财富管理方案的制订、
   执行与评价 ………… 37
 关键概念 ………… 42
 本章小结 ………… 43
 思考习题 ………… 43
 案例讨论　家庭理财需求分析与
     财富管理方案设计 ………… 43

第3章 财富管理体系 ………… 45

 本章提要 ………… 45

重点和难点 ·················· 45
引导案例　中国工商银行私人银行部
　　　　　　专户全权委托服务模式 ······ 45
3.1　财富管理机构体系 ············ 46
3.2　财富管理产品体系 ············ 55
3.3　财富管理服务体系 ············ 63
3.4　财富管理监管体系 ············ 66
关键概念 ······················ 69
本章小结 ······················ 69
思考习题 ······················ 70
案例讨论　某财富管理机构家族综合事务
　　　　　　与财富管理业务模块表 ······ 70
附录3A　我国财富管理市场相关的
　　　　　法律法规 ················ 72

第4章　财富管理中的金融经济学基础 ··················· 73

本章提要 ······················ 73
重点和难点 ···················· 73
引导案例　资产的风险与收益 ······ 73
4.1　现代投资组合理论 ············ 74
4.2　风险定价理论 ················ 80
4.3　有效市场假说 ················ 86
4.4　财富管理中的行为金融学 ······ 87
关键概念 ······················ 99
本章小结 ······················ 99
思考习题 ······················ 99
计算题 ························ 100
案例讨论　投资怎样适应经济与
　　　　　　市场环境变化 ············ 100
附录4A　风险承担能力调查问卷 ···· 102

第5章　财富管理中的生命周期消费储蓄理论 ············· 104

本章提要 ······················ 104
重点和难点 ···················· 104

引导案例　促进居民"愿消费、敢消费、
　　　　　　能消费"的相关政策
　　　　　　与分析 ················ 104
5.1　生命周期消费储蓄行为导论 ···· 105
5.2　确定性条件下的消费储蓄理论 ··· 110
5.3　不确定性条件下的消费储蓄
　　　理论 ······················ 118
5.4　现代家庭经济学与考虑生育和
　　　遗产馈赠的家庭储蓄需求理论 ··· 122
关键概念 ······················ 127
本章小结 ······················ 127
思考习题 ······················ 128
计算题 ························ 128
案例讨论　中国家庭总负债结构与
　　　　　　消费金融助力消费升级 ····· 128
附录5A　风险态度衡量、确定性
　　　　　等价与风险升水 ··········· 129
附录5B　效用函数的三阶导数与
　　　　　预防性储蓄 ··············· 132

第6章　家庭生命周期资产配置模型与应用 ··············· 134

本章提要 ······················ 134
重点和难点 ···················· 134
引导案例　中国居民家庭生命周期
　　　　　　资产配置情况 ············ 134
6.1　家庭生命周期资产配置概论与
　　　风险金融资产配置基准模型 ····· 135
6.2　家庭生命周期资产配置模型
　　　与应用 ···················· 142
6.3　考虑保险的家庭生命周期资产
　　　配置模型与应用 ············· 149
关键概念 ······················ 154
本章小结 ······················ 154
思考习题 ······················ 155
计算题 ························ 155

案例讨论　招商银行推广资产配置
　　　　　系统带来的启示 …………… 156
附录6A　家庭资产配置基准模型
　　　　推导 ………………………… 157
附录6B　人寿保险与资产配置模型 … 159

第7章　家庭现金和负债管理 ………… 163

本章提要 …………………………………… 163
重点和难点 ………………………………… 163
引导案例　灰犀牛动起来：中国家庭
　　　　　债务风险浮出水面 ………… 163
7.1　家庭现金和负债管理的内涵 …… 164
7.2　家庭现金管理规划 ………………… 167
7.3　家庭负债管理规划 ………………… 177
7.4　个人信用评估方法与管理 ……… 186
关键概念 …………………………………… 193
本章小结 …………………………………… 193
思考习题 …………………………………… 193
计算题 ……………………………………… 193
案例讨论　某公司部门经理张先生的
　　　　　现金负债管理规划 ………… 194

第8章　家庭房地产投资规划 ………… 195

本章提要 …………………………………… 195
重点和难点 ………………………………… 195
引导案例　中国居民家庭房地产资产的
　　　　　资产配置情况 ……………… 195
8.1　房地产资产概述 …………………… 196
8.2　房地产投资与家庭财富管理 …… 206
8.3　房地产金融资产投资与
　　　财富管理 ………………………… 211
关键概念 …………………………………… 219
本章小结 …………………………………… 219
思考习题 …………………………………… 220
计算题 ……………………………………… 220
案例讨论　购房还是租房的决策选择
　　　　　及计算 …………………… 220

第9章　家庭保险规划 …………………… 222

本章提要 …………………………………… 222
重点和难点 ………………………………… 222
引导案例　普通中产家庭的保险
　　　　　规划问题 …………………… 222
9.1　家庭风险与保险 …………………… 223
9.2　社会保险 …………………………… 228
9.3　商业保险 …………………………… 232
9.4　家庭保险规划 ……………………… 242
关键概念 …………………………………… 251
本章小结 …………………………………… 251
思考习题 …………………………………… 251
案例讨论　私营小企业主的
　　　　　家庭保险规划 ……………… 252

第10章　退休与养老规划 ……………… 253

本章提要 …………………………………… 253
重点和难点 ………………………………… 253
引导案例　普通中产家庭的退休
　　　　　与养老规划问题 …………… 253
10.1　退休与养老规划概述 …………… 254
10.2　退休与养老规划的流程 ………… 258
10.3　养老金规划 ……………………… 264
10.4　养老金金融市场与养老金
　　　金融产品 ………………………… 275
关键概念 …………………………………… 282
本章小结 …………………………………… 282
思考习题 …………………………………… 283
计算题 ……………………………………… 283
案例讨论　中年单身妈妈的退休
　　　　　与养老规划 ………………… 283

第11章　家庭财富保全与传承规划 … 285

本章提要 …………………………………… 285
重点和难点 ………………………………… 285
引导案例　高净值人士的财富保全
　　　　　与传承问题 ………………… 285

11.1 财富保全与传承概述 …………… 286	案例讨论　2020 年个人投资税务筹划 …………………… 342
11.2 财富保全策略 …………………… 294	附录 12A　个人所得税扣缴申报表 …… 344
11.3 财富传承策略 …………………… 302	
关键概念 ……………………………… 312	**第 13 章　财富科技** …………………… 345
本章小结 ……………………………… 312	本章提要 ……………………………… 345
思考习题 ……………………………… 312	重点和难点 …………………………… 345
案例讨论　高净值企业家客户的家庭财富保全与传承规划 ……… 312	引导案例　蚂蚁集团的财富管理升级之路：从余额宝到蚂蚁财富 …………… 345
第 12 章　税收筹划与财富管理 …… 314	13.1 财富科技的发展历程与驱动因素 …………………… 347
本章提要 ……………………………… 314	13.2 财富管理链条上的新技术应用 … 351
重点和难点 …………………………… 314	13.3 智能投顾 ……………………… 354
引导案例　为什么要进行税收筹划 …… 314	关键概念 ……………………………… 363
12.1 税收筹划概论 ………………… 316	本章小结 ……………………………… 363
12.2 税收筹划的策略 ……………… 319	思考习题 ……………………………… 364
12.3 税收筹划的基本方法 ………… 327	案例讨论　Beta 理财师平台 ………… 364
12.4 非常规收入的税收筹划 ……… 332	
关键概念 ……………………………… 341	**参考文献** ……………………………… 366
本章小结 ……………………………… 341	
思考习题 ……………………………… 341	

第1章 财富管理概论

我曾听见苏格拉底讨论财产管理问题如下:
"请问克利托布勒斯,财产管理也像医药、金工、木工一样,是一门学问吗?"
"我想是的……"
"那么,一个懂得这门技艺的人,即使自己没有财产,也能靠帮别人管理财产来挣钱,就像给别人盖房子挣钱一样吗?"
"当然可以,而且在他接管一份财产以后,如果能够继续支付一切开支,并获得盈余使财产不断增加,他就会得到很优厚的报酬。"

——色诺芬《经济论》

■ 本章提要

本章首先回顾财富概念的发展历史,确认个人与家庭财富的统计口径与衡量方式,界定财富管理的内涵并厘清财富管理与资产管理的区别与联系;然后回顾财富管理行业的发展历史,并归纳出推动中国财富管理行业发展的因素;重点从消费储蓄理论、家庭经济学、经典金融经济学、行为金融学以及家庭金融学出发,讨论财富管理学的相关学科基础和理论根源以及在金融人才培养中的位置;最后是本书的内容结构安排。

■ 重点和难点

- 了解个人与家庭财富的统计口径与衡量方式
- 了解财富管理的定义,财富管理行业的发展历史和推动因素
- 把握消费储蓄理论、家庭经济学和金融经济学与财富管理学的相关性
- 掌握和理解本课程的主要框架

■ 引导案例 中国家庭资产配置情况及其风险[一]

根据西南财经大学中国金融调查中心的抽样调查数据,2015年中国户均总资产为92.9

[一] 案例主要来源于2019年甘犁等出版的《中国家庭金融研究(2016)》与2016年甘犁等撰写的《中国家庭金融资产配置风险报告》。

万元，扣除家庭负债后户均净资产为87.5万元，其中投资性房产、股票、基金等加总而成的可投资资产户均30万元；以全国4.3亿户推算，2015年中国家庭可投资资产总额达到129万亿元。2015年中国家庭住房拥有率为92.7%，多套房拥有率为19%，65.3%的总资产以房产形式存在，可投资资产中投资性房产占比高达71.5%。25.9%的家庭拥有其他非金融资产，其中城乡家庭的这一比例分别为32.2%与15.5%。全国拥有股票账户的家庭占比为9.4%，城乡的这一比例分别为14.7%与0.5%。户主年龄为26~35周岁的家庭，股票账户拥有率最高（18.1%），并且家庭中户主学历越高，拥有股票账户的比例越高（户主为研究生的家庭，股票账户拥有率高达44%）；偏好风险的家庭，股票账户拥有率高达31.5%，而厌恶风险的家庭，股票账户拥有率仅为5.3%，是否学习过经济金融类课程以及对相关信息关注度不同的家庭其股票账户拥有率均存在显著差异。17.3%的家庭参与了包括股票、基金、理财产品、非人民币资产、黄金、债券和衍生品在内的风险金融资产投资，其中城乡的这一比例分别为26.2%与2.4%。将现金、存款和债券归类为无风险金融资产，那么全国家庭持有的户均风险金融资产为11.5万元，城乡户均风险金融资产分别为16.8万与2.85万。

全国样本中，29.6%的家庭有债务负担，城乡的这一比例分别为27.5%与33%；户均债务为4.24万元，城乡户均债务分别为5.5万元和2.16万元；有债家庭户均债务为13.1万元，城乡有债家庭户均债务分别为18.3万元与5.95万元。有债家庭的户均房产负债为17.2万元，占比最高，达到63.2%，发达地区房产负债占比高于落后地区；占比第二高的是经营负债，占比为22.2%，落后地区生产经营负债比例高于发达地区。从保险和保障来看，29%的居民无任何形式的养老保障，社会医疗保险覆盖率全国为88%，但是城市居民的医疗费用和医疗报销费用显著高于农村。全国只有8.3%的居民拥有商业保险，城乡的这一比例分别为11.5%与5.7%。

总而言之，中国家庭资产配置受到家庭收入、户主年龄、户主城乡身份、受教育程度、经济金融知识、风险态度、婚姻状况等因素的影响。中国家庭资产配置目前表现出以房产为主、金融资产为辅的特点。在金融资产投资上，投资品种过于单一，要么不承担风险，要么承担过高的风险，表现出明显的两极分化特征，而美国家庭金融资产投资组合风险的分布则较为均匀。国际比较表明中国居民家庭风险金融资产配置占比更低，社会保障覆盖度有待提高，商业保险的参与率与参与深度都过低。

案例思考

1. 假如你是财富管理机构的主要负责人，将如何对公司的发展战略进行调整以适应规模更大、专业化分工更加细致的财富管理需求？
2. 假如你是财富管理机构的理财规划师或客户经理，你将根据哪些因素为客户制订财富配置方案？
3. 假如你是家庭理财的主要决策人，你将根据哪些具体情况制订或调整财富配置方案？

1.1 财富与财富管理

1.1.1 财富概念的历史发展

在典籍中最早给财富下定义的是古希腊著名的历史学家色诺芬，他在《经济论》

一书中写道："财富就是具有使用价值的东西。"后来，从亚里士多德到亚当·斯密再到穆勒和马尔萨斯等，均不同程度受到色诺芬的影响，但是早期的重商主义者则认为财富就是由货币或金银构成，这一观点的影响相当深远。亚当·斯密在《国富论》第二篇中将一个国家或社会的总财富分为三个部分：保留供直接消费的部分、固定资本与流动资本。马克思与恩格斯在《资本论》中将财富理解为社会财富，将社会财富归结为劳动产品，并将劳动认为是创造社会财富的主要源泉。

关于人力财富与人力资本投资的思想根源最早可以追溯到古希腊思想家柏拉图，其著作《理想国》中论述了教育和训练的经济价值。亚当·斯密在《国富论》中肯定了劳动创造价值以及劳动在各种资源中的特殊地位，明确提出了劳动技巧的熟练程度和判断能力的强弱必然会对人的劳动能力与水平形成制约，而劳动技巧的熟练水平要经过教育培训才能提高，教育培训需要花费时间和付出学费的，这被认为是人力资本投资的萌芽思想。斯密认为经济增长主要表现在社会财富或者国民财富的增长上，财富增长取决于两个条件：一是促进劳动生产率的专业分工；二是劳动者数量的增加和质量的提高。后来马克思与恩格斯认为劳动是创造社会财富的主要源泉，而马歇尔在《经济学原理》中直接写道："在一切资本中，只有对人自身的投资才是最有价值的资本。"《帕尔格雷夫货币金融大辞典》将国家财富分为有形资产与无形资产。20世纪，芝加哥大学三位诺贝尔经济学奖获得者弗里德曼、舒尔茨与贝克尔先后对人力资本或人力财富进行了系统的研究。

英国著名经济学家皮尔斯主编的《现代经济词典》中对财富的定义是："任何有市场价值并且可用来交换货币或商品的东西都可被看作财富。它包括实物与实物资产、金融资产以及能产生收入的个人技能。当这些能在市场中与货币交换时，它们被认为是财富。财富可以分成两种主要类型：有形财富，指资本或非人力财富；无形财富，即人力资本。所有的财富具有能够产生收入的特征，即收入是财富的收益。因此，财富是存量概念，而收入是流量概念，这种收入流量的现值构成了财富存量的价值。"这被认为是现代经济学对财富的典型而通用的定义，或者说是经济学意义上的财富的定义。从财富定义的发展来看，是从有形财富发展到包含无形财富，从国家财富发展到社会财富与个人或家庭财富。本书财富管理涉及的主要是个人或家庭财富，也即特许金融分析师（Chartered Financial Analyst，CFA）协会所指的私人财富管理（Private Wealth Management）。1985年诺贝尔经济学奖获得者莫迪利亚尼指出："因为国民储蓄是资本供给的来源，而资本又是生产过程控制与劳动生产率及其增长的主要影响因素，因此对个人节俭、总储蓄和财富的研究从很早以前开始就是经济学的中心问题。"

1.1.2 个人与家庭财富

参照《金融经济学手册》中 Guiso 与 Sodini（2013）的定义，本书将家庭财富主要分为两个部分：人力资本与有形财富。

1. 人力资本

人力资本具有各种形式，如技能、个性气质、受教育水平和健康状况，体现为获得劳动收入的能力。从量化而言，人力资本可以定义为劳动收入流的折现值。具体来说，年龄为 a 的个人其人力资本存量可以表示为：

$$H_a = E_a \sum_{\tau=a}^{T} \beta^{\tau-a} \gamma_\tau$$

其中，γ_τ 是在年龄为 τ 时的劳动收入，β 是折现因子，T 是寿命，E_a 是在年龄 a 时的预期算子。

人力资本主要具有如下四个特征。第一，人力资本通过正规的教育或工作经验缓慢积累。在整个生命周期中，人力资本将在青年阶段达到峰值，然后开始缓慢减少。第二，人力资本价值很难评估。因为计算人力资本存量需要预测个人在剩余生命周期的收入流，但是未来职业前景与就业状况、健康状况、未来个体和整个经济体生产力的变化以及其他偶然事件均存在不确定性。第三，人力资本难以交易，并且难以变现。这也就意味着人力资本很难作为抵押品进入金融市场，同时对于多数家庭，尤其是中低财富家庭而言，人力资本是家庭财富的主要构成部分。第四，劳动收入的不确定性导致人力资本收益率存在风险，并且人力资本的风险难以被保险。因此，从家庭资产组合配置的角度看，人力资本不能被视为"无风险债券"，人力资本的很多特点会影响家庭资产组合、资产交易行为以及购买保险和其他财富管理的行为。由于人力资本具备以上四个特征，所以绝大部分家庭都通过储蓄来积聚有形财富。同时以人力资本持有的家庭财富比例有一个显著的生命周期模式，对于典型的个人与家庭而言，在生命周期的早期阶段，有形财富较少，人力资本占总财富之比接近于 1，伴随年龄的增长这一比例将随之下降。"不同受教育程度的居民人力资本–年龄趋势"与"人力资本与总财富之比–年龄趋势"均存在显著差异，具体请见专栏 1-1。

专栏 1-1

美国居民的人力资本–年龄趋势图以及人力资本与总财富之比–年龄趋势图

图 1-1 是 Guiso 与 Sodini（2013）利用 2007 年美国消费者金融调查数据得出来的不同受教育程度（大学及以上、高中和高中以下）群体的人力资本存量伴随着年龄变化的趋势图，从图中可以看出如下几点：第一，人力资本在工作开始阶段达到峰值，然后呈现递减趋势；第二，受教育程度越高，人力资本峰值越大，拥有大学及以上学历的人群人力资本峰值接近 350 万美元，但是接受高中以下教育的人群其人力资本峰值不足 100 万美元。

图 1-2 是 Guiso 与 Sodini（2013）得出来的不同受教育程度群体的人力资本占总财富之比伴随着年龄变化的趋势图，所有群体伴随着年龄的增长这一比例将随之下降，一方面是因为这些群体都开始储蓄和积累有形财富，另一方面是因为人力资本开始下降。对于那些接受过更高教育的家庭而言，这一比例会下降得更快。在大约 55 岁时，只受过小学教育的家庭拥有的人力资本存量依旧高于总财富的 80%，而接受过大学教育的家庭拥有的人力资本存量却只接近总财富的 60%。

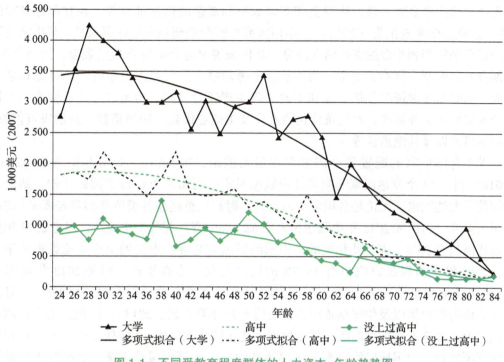

图 1-1　不同受教育程度群体的人力资本-年龄趋势图

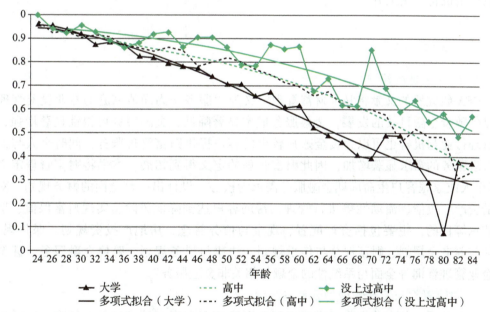

图 1-2　不同受教育程度群体的人力资本占总财富的比例随年龄的变化趋势

2. 有形财富

居民或家庭将收入减去消费支出、转移支出以及利息支出后的部分主要配置于两大类资产——实物资产与金融资产，这两块共同组成有形财富。Guiso 与 Sodini（2012）指出其中实物资产包括住宅和商业地产、耐用品消费（如汽车、家用电器、家具等）、贵重物品（绘画、珠宝、黄金等）和私有企业财富（涉及私营企业的资产价值）。金融资产包括许多金融工具，从现金和支票账户到复杂的衍生证券等。在甘犁等撰写的《中国家庭金融调查报告（2014）》中用家庭总资产来刻画家庭财富水平，其中家庭资产包括金融资产和非金融资产两大部分，具体来说家庭金融资产包括现金、活期存款、定期存款、股票、债券、基金、衍生品、金融理财产品、非人民币资产、黄金和借出款等。家庭非金融资产包括农业和工商业等生产经营资产、房地产与土地资产、车辆以及家庭耐用品等资产；家庭负债包括农业及工商业借款、房屋借款、金融投资借款、信用卡借款以及其他借款等。

关于有形财富的配置各个国家存在很大差距，Badarinza、Campbell 与 Ramadorai（2016）利用 13 个发达国家的微观住户数据对家庭财富配置进行了国际比较，结论表明即使是发达国家，无论是各项资产占家庭总财富比重还是各类资产的参与概率[⊖]均存在很大差异。再比如 2015 年中国居民家庭 62.5%的资产配置于房地产，但是 2013 年美国该比例只有 36%。而与此相反的是中国的居民家庭资产中金融资产占比远远低于美国，2015 年中国居民家庭只有 13.7%的资产配置于金融资产，但是 2013 年美国有 41.8%的家庭财富配置于金融资产。中国居民的住宅拥有率远高于 OECD 国家，并且拥有多套住房的比例以及住房空置率也在快速上升（尹志超，2018）。因此，未来伴随着中国房地产价格上涨速度趋缓，住宅价格上涨区域分化加剧，"房住不炒"宏观调控目标的逐渐实现，中国居民家庭配置于房地产的资产比例将缓慢下降，而配置于金融资产的比重也将缓慢上升。

1.1.3 财富管理

1. 什么是财富管理

CFA 研究所的文献将私人财富管理定义为"服务于高净值家庭的专业投资管理"，但是伴随着金融科技的发展，金融服务成本显著降低，金融服务可得性显著增强，财富管理行业与机构也可以为资金账户较少的客户提供财富管理服务，同时个人与家庭对金融服务的需求显著增加，因此财富管理的定义得到拓展。本书将财富管理定义为"以个人或家庭客户生命周期金融服务需求为核心，设计出一套全面的财务规划，对客户的资产、负债、流动性等进行管理，帮助客户达到降低风险，实现财富保值、增值和传承等目的，主要包括资产配置、现金与债务管理、房地产投资规划、保险规划、退休与养老金规划、财富保全与传承规划、法律与税务规划、跨境金融服务，甚至私营企业管理咨询等全面与系统性的金融与相关非金融服务"。

2. 财富管理与资产管理的联系与区别

公众包括一些专业人士经常难以区分财富管理和资产管理这两个概念，同时也难以区分金融机构内部类似的财富管理部与资产管理部之间的差异。资产管理可以定义为"金融机构或金融机构的业务部门作为资产管理人，根据市场上投资者的投资需求设计相关金融产品，然后根据资产管理合同约定的方式、条件、要求及限制，对客户资产进行经营运作，主要为客户提供证券及其他金融产品的投资管理服务行为"。下面

⊖ 资产参与概率是指购买某项资产的家庭数占总家庭数的比率。

简单总结了两者之间的联系与区别。

(1) **财富管理与资产管理对象与服务范围的联系与区别**。资产管理的对象是"资产",例如可交易股票、不公开交易的公司股权、公司债券金融资产等,具有较强的针对性。而财富管理的内容更宽泛,财富管理需要对客户的生命周期资产负债表进行全面考虑。金融资产只是财富的一部分,除资产管理外,财富管理还可以为客户提供管理财富传承、离婚和财产保护、法律、税收、信托、咨询、收藏品投资、子女教育等多样化的内容。

(2) **财富管理与资产管理模式的联系与区别**。资产管理专注于投资管理服务,以产品为中心,努力创造更多符合市场需求的金融产品,提供的主要是统一的、标准化的金融服务,以提高资产的相对收益率为目标导向。而财富管理则以客户为中心,从客户需求出发,提供的更多是客户目标导向的、专业化与定制化的服务。

(3) **财富管理与资产管理能力要求与对客户了解程度的联系与区别**。资产管理主要强调投资能力,而财富管理则更强调资产配置能力。资产管理对客户各种信息的了解与获取比较单一,而财富管理则需要对客户的多元化目标和各类信息进行比较充分的了解,包括客户的风险偏好、资产负债表和收支表情况、受教育程度等人口统计学特征,就业、职业等背景风险特征以及客户的心理和行为特征等。

(4) **从金融服务业产业链分工角度看财富管理与资产管理存在的联系与区别**。从广义来看,财富管理可以涵盖资产管理的部分甚至大部分内容,这是因为所有有助于客户实现资产管理目标的方法和手段都可以纳入财富管理的范畴。但是如果从狭义的角度来看,财富管理和资产管理处于金融服务产业链的上下游,资产管理提供金融产品设计与投资管理服务,财富管理则根据客户的目标和需求,从现有金融产品中选择部分产品推荐给客户进行资产配置或/并协助客户从事资产管理。

总而言之,财富管理与资产管理是既有联系甚至重叠,也有区别的两个概念和金融业的两个业务模块。拓展阅读 1-1 是对全球领先的财富管理机构瑞银集团关于财富管理业务和资产管理业务整合的介绍。

拓展阅读 1-1
瑞银集团财富管理业务和资产管理业务的整合

1.2 财富管理行业发展历史与主要推动因素

1.2.1 财富管理行业发展历史

1. 财富管理行业的萌芽期

原始社会解体后,收入与财富分配不均成为经济社会的常态,伴随着财富的积累,理财与财富管理思想在古代典籍中开始慢慢出现。比如《战国策·齐策》中的《冯谖客孟尝君》提到:"后孟尝君出记,问门下诸客,'谁习计会,能为文收责于薛者乎?'冯谖署曰,'能。'"其中就有会计与财务知识,以及代理收债等事务。再比如《大学》中提到:"生财有大道。生之者众,食之者寡,为之者疾,用之者舒,则财恒足矣。"色诺芬的《经济论》最早使用了"经济"一词,在古希腊"经济"这个词是指家政管理,而《经济论》中较大篇幅以语录体的方式记录关于"财富管理"的讨论,算是西方典籍中最早关于财富与财富管理的讨论。同时，类似于专职从事财富管理的部门、机构和专业人士应运而生，如果说户部和唐代之前类似的机构和官职（比如地官、大司徒、计相、大司农等）是管理国家财政与财富的，那么战国与秦汉时期的少府与清朝宫廷的内务府等管理皇室财富和皇室其他生活事务的机构则有点类似于内设的家族办公室。传统意义上的家族办公室最早可以追溯到6世纪欧洲皇室家族的"大管家"（Majordomo），在中国的贵族与地主家庭也有管理家产和日常事务的管家。在很长的历史时期内，管理别人财产的职业与专业人士以及内设的财产管理机构都是存在的，但是单独的财富管理行业尚未产生。

2. 财富管理行业的初步发展与稳健成长阶段（16世纪~20世纪80年代）

现代意义上的财富管理行业起源于16世纪瑞士的私人银行服务。16世纪，法国瓦卢瓦王朝与波旁王朝一些经商的贵族，由于宗教信仰被驱逐出境，来到日内瓦成为瑞士第一代的私人银行家，专门为贵族和富人阶层提供私密性极强的金融服务。因为18世纪中后期的普法战争与法国大革命，贵族与法国王室的资本外逃，为瑞士的私人银行业带来更大的发展契机。在1815年的维也纳会议中，瑞士首先成为欧洲的永久中立国[一]。在第一次世界大战（简称"一战"）后的1934年，瑞士将已经持续了200多年的银行业内部非正式的保密制度，上升为正式的《联邦银行和储蓄银行法案》（俗称《银行保密法》）。欧洲经历第二次世界大战（简称"二战"）的洗劫，但是瑞士作为永久中立国免于战火，长达5个世纪的发展让瑞士成为世界顶尖的离岸财富管理中心和国际金融中心。17世纪末，英国在工业革命后开始逐渐成为世界经济、贸易与金融中心，伦敦的私人银行业发源于皇室贵族的金融服务需求[二]以及金匠业务的扩展[三]。伴随着英国经济与金融的快速发展以及高净值家庭的聚集，伦敦开始成为当时世界上居于首位的国际金融中心与顶尖的财富管理中心。

19世纪60年代，美国内战后快速完成工业革命，19世纪末，美国经济总量跃居世界第一。两次世界大战的战火都没有蔓延到美国本土，美国金融的发展也逐步超越欧洲，纽约成为世界排名第一的国际金融中心、贸易中心与航运中心。美国财富管理行业的发展路径和欧洲存在差异。1776年美国建国后资本主义自由发展，开拓创新精神强，财富集聚快。1838年，美国摩根财团成立，目的在于管理摩根家族的所有资产和投资，这是近现代金融史上的第一个家族办公室，帮助摩根家族建立了全球性的金融帝国。1933年美国经历了大萧条，国会通过《格拉斯-斯蒂格尔法》，禁止公司同时提供商业银行与投资银行服务，因此摩根士丹利从J.P.摩根（摩根士丹利和J.P.摩根分别被称为大摩和小摩）分出来，而J.P.摩根则转为一家纯商业银行[四]，与此类似

[一] 其后，比利时和卢森堡分别根据1831年的《伦敦协议》和1867年的《伦敦协约》先后成为永久中立国。但比、卢两国的永久中立于第一次世界大战遭到德军入侵而破坏，后经1919年的《凡尔赛和约》废除。

[二] 比如苏格兰皇家银行旗下唯一的私人银行——顾资银行（Coutts），其总部位于伦敦，创建于1692年，是欧洲最好的私人银行之一，这家原先只为英国女王一个人服务的私人银行有着超过300年的运作经验，为客户管理近500亿美元的总资产。

[三] 从金银首饰的加工逐渐拓展到代客户保管贵重物品等财产以及放贷。

[四] 2000年，J.P.摩根与大通曼哈顿银行合并，现在称为摩根大通，其后先后收购芝加哥第一银行、贝尔斯登银行和华盛顿互惠银行。

的还有梅隆家族办公室、罗斯柴尔德家族办公室和洛克菲勒家族办公室等。

从16世纪起到20世纪的大萧条为止应该算现代财富管理业的初步发展阶段，这一阶段奉行自由放任的政策。大萧条后金融监管趋于严格，其中美国出台的三部法案值得注意：一部就是1933年出台的《格拉斯-斯蒂格尔法》，形成了银行、证券分业经营、分业监管的模式；另外两部就是1940年出台的《1940年投资公司法》和《1940年投资顾问法》，为美国财富管理业务的发展奠定了法治基础。在这个阶段，欧洲已经具备全球比较成熟的私人银行机构与市场体系，除大型金融集团外，世袭传承、特色经营的私人银行在市场上也占有一席之地。欧洲私人银行的财富管理与投资风格相对较为保守，以财产托管、财富继承和税收规划等为主。美国私人银行因战争期间财富的迅速累积蓬勃发展，因为美国客户组成中创业致富的一代和二代占比较高，风险承受能力较强，更注重短期目标的实现，所以私人银行和客户联系紧密，替客户进行频繁的交易和证券买卖，形成美国独具特色的经营模式。这一时期的私人银行业务主要依靠金融机构所建立的客户关系、遗产继承以及私人关系网络及其拓展，逐步出现联合金融、法律、会计等专家为特定家族打理财产的"家庭办公室"顾问咨询经营模式。以美国《1940年投资公司法》和《1940年投资顾问法》的出台为界，在此之后，投资顾问和投资公司行业信息的披露和监管也逐步完善。"二战"后东亚的崛起，也促进了新加坡、香港特区和东京作为国际金融中心与财富管理中心的快速发展。

3. 财富管理行业的创新发展与转型发展阶段⊖（20世纪80年代至今）

1980年前后发达国家的两个转折性变化对财富管理行业产生巨大冲击，其一是以放松管制为代表的金融自由化改革，其二是收入与财富差距从这一阶段开始稳步上升⊖。这两个变化从供需两个层面推动了财富管理行业的创新发展，利率市场化完成后金融创新在信息技术的推动下快速发展，资产证券化在传统银行体系以外培育了庞大的"影子银行"，各类金融产品快速推出。财富管理行业表现出如下两类变化：其一是金融产品供给的大量增长和金融全球化浪潮，同时伴随着财富的快速积累与集中，加上客户自身的财富管理能力不足，大大增加了客户对财富管理服务的需求；其二，财富管理行业集中化与第三方专业服务崛起并存，这源于分业经营和分业监管的放松，加上信息技术使得金融机构能够享受更多的范围经济和规模经济，金融机构逐步实现混业经营和规模化经营。与此同时，财富管理产业的分工更为细化，很多服务都外包给专业服务商经营管理，形成了许多财富管理分领域细分的第三方财富管理机构，比如对冲基金公司、风险投资基金、财富管理咨询机构等。

20世纪90年代前后，美国出现了金融业兼并浪潮，形成了花旗集团与摩根士丹利这类全方位的金融服务公司，提供一站式的多种金融产品。1999年美国国会通过了《金融服务现代化法案》，其核心内容是废止1933年的《格拉斯-斯蒂格尔法案》以及

⊖ 有的著述将其分为两个阶段，比如《私人银行理论与实务》将这一阶段分为初步变化阶段（20世纪80年代中期到90年代后期）和调整变化阶段（2000年至今）。
⊖ 皮凯蒂在其著作《21世纪资本论》中详细分析了资本-收入比的动态变化和贫富差距问题，结论表明欧洲在经历两次世界大战洗劫后财富积累遭受严重打击，虽然美国的财富积累比欧洲更为稳定，总体而言，1945~1980年主要发达国家的资本-收入比以及收入不平等和财富不平等相对稳定，但是都在1980年后稳步上升。

其他一些相关法律中有关限制商业银行、证券公司和保险公司三者跨界经营的条款，准许金融持股公司跨界从事金融业务。进入21世纪，宽松的货币政策、国外资本的流入、金融监管的放松联合导致美国金融创新进一步加快，过度借贷导致宏观杠杆率进一步攀升，最后引发了2008年全球金融危机。以此为节点，发达国家财富管理行业开始进入转型发展阶段，从2009年美国首次公布全面的《金融监管改革方案》到2010年奥巴马总统正式签署《多德-弗兰克法案》，美国再次强化了金融监管并对国际金融监管体系造成了很大影响。这两个法案对金融机构的自营交易、场外交易、复杂金融产品的风险，以及银行的资本金监管和业务监管等多方面进行了比较全面和深入的改革，从财富管理行业供给侧层面促进美国综合性金融服务公司将更多的资源和业务中心转向财富管理。同时金融科技的发展对财富管理行业从服务模式、业务范围、客户群体和每名投资顾问服务客户数量等方面均产生了深远的影响，全渠道服务模式与互联网平台模式等多种服务模式应运而生，财富管理市场寡头与众多第三方财富管理机构并存的市场格局逐步形成。拓展阅读1-2介绍了摩根士丹利财富管理业务的快速发展情况。

拓展阅读1-2
摩根士丹利财富管理业务的快速发展

1.2.2 中国财富管理行业的发展

1990年和1991年上海证券交易所和深圳证券交易所的成立标志着我国证券市场开始发展，证券投资基金的发展紧随其后。2004年前后，商业银行开始发行理财产品，但是财富管理业的发展起步较晚，最初外资银行在中国境内开展私人银行业务，随后中资银行的私人银行业务也迅速发展起来。2005年9月，美国国际集团旗下的瑞士友邦银行获得中国银行业监督管理委员会（简称中国银监会）⊖批准，在中国境内设立私人银行代表处，之后部分外资银行先后在中国推出私人银行业务。中资商业银行个人理财业务的快速发展为私人银行业务的开展打下了良好的基础，2007年3月中国银行与苏格兰皇家银行合作推出私人银行业务，标志着中资私人银行业务的起航，而2007年则成为中国私人银行业务发展元年，后来其他四大国有商业银行与包括招商银行在内的众多股份制商业银行纷纷成立私人银行或财富管理部。2010年广发证券成立了财富管理中心，之后国内知名证券公司纷纷跟进，将经纪业务部更名为财富管理部。在这一过程中，以诺亚财富为代表的第三方财富管理机构和以天天基金网为代表的互联网基金公司应运而生，加上信托公司、保险公司以及2010年后逐步出现的家族办公室，共同成为中国财富管理市场的重要参与者。经过短短10多年的发展，中国已经成为基因独特的全球第二大财富管理市场，其特征主要表现在：规模顺势而起（迅猛发展的黄金十年）、客户自主性强（创富引领追逐高收益）、竞争格局未定（多元参与并各有所限）、业务模式同质化（零售升级和产品驱动）⊜。

⊖ 中国银监会已与中国保监会合并为中国银保监会。
⊜ 出自波士顿咨询公司与兴业银行联合发布的《中国私人银行2017：十年蝶变十年展望》。

由于中国财富管理市场发展时间比较短，和欧美比较成熟的财富管理市场相比，从整体而言还处于初级向中级演变的发展阶段，基于个人或家庭生命周期资产配置需求的委托代理关系，这一财富管理的核心理念尚未很好地落地。同时中国财富管理市场尚未真正发展到以客户需求为核心的财富管理模式，还处于从以产品为核心向以客户为核心的转型阶段，财富管理机构也极少依靠服务收费，财富管理服务的独立性有待进一步提高。从金融监管制度环境来看，中国的分业经营、分业监管模式使得提供一站式和全方位服务的财富管理机构的产生存在制度约束，另外目前的金融法规也不允许中国的财富管理机构进行客户账户的全权委托投资㊀，这和欧美成熟的财富管理市场相比存在较大差异。

1.2.3　推动中国财富管理行业发展的因素分析

1. 财富管理需求分析：居民收入与财富的快速增长

改革开放 40 多年中国经济高速发展，居民家庭收入与财富也得到了快速增长，人均国内生产总值从 1978 年的 385 元增加到 2019 年的 7.09 万元，已经从低收入国家迈入中等偏上收入国家的行列。与此同时，居民财富也快速积累，Piketty 等（2019）的研究表明中国居民财富与国民收入之比从 1978 年的 115% 快速增长到 2015 年的 487%，已经快速接近美国同时期的水平。

根据中国建设银行和波士顿咨询公司（BCG）联合发布的《中国私人银行 2019》显示，截至 2018 年年底，国内居民可投资金融资产总额达到 147 万亿元，并估计未来 5 年克服短期经济周期波动后，2023 年居民可投资金融资产总额㊁有望达到 243 万亿元。如果从财富管理服务需求的高净值客户群体来看，该研究报告认为 2018 年中国居民个人可投资金融资产达 600 万元人民币以上的高净值人士㊂数量达到 167 万，到 2023 年预计将增长至 241 万，而高净值人群的可投资金融资产将由 2018 年的 39 万亿元增加到 2023 年的 82 万亿元。从社会整体角度来看，中国居民收入的快速增长和财富的快速积累是中国财富市场规模增长幅度显著高于其他财富管理市场规模的主要原因。专栏 1-2 介绍了中国高净值客户财富管理需求的结构性变化情况。

🌐 专栏 1-2

中国高净值客户财富管理需求的结构性变化

2018 年调研显示，样本中近半数高净值客户已经迈过了 50 岁的门槛，这表明高净值人群的主体已经进入了财富管理生命周期的新阶段。中国主体高净值人群生命周期

㊀ 财富管理委托可以分为三类：执行委托，财富管理机构代表客户执行或选择经纪人执行资产交易等任务，但是并不提供任何投资建议；顾问委托，财富管理机构提出资产配置建议，然后由客户执行资产配置与投资管理；全权委托，即财富管理机构在提供资产配置与投资建议之外，可以代表客户独立进行资产买卖和执行交易（戴维·莫德，2015）。
㊁ 居民个人可投资金融资产包括离岸资产，不含房地产、奢侈品等非金融资产。
㊂ 根据招商银行和贝恩公司联合发布的《2019 中国私人财富报告》的分析，2018 年中国可投资资产超过 1 000 万的高净值人士数量为 197 万。

的转变，叠加市场环境和监管的变化，加速带动了高净值客户群体投资理念、选择财富管理机构考量因素及产品和服务需求方面的转变，而这些转变同样可以用"50"这个数字进行总结。

理财目标方面：整体而言，高净值人士的主要理财需求已经由追求财富快速增长转向追求财富的稳健、保值和长期收益；50 岁是高净值人士理财目标转变的分水岭。

投资理念方面：高净值人士投资心态日趋理性，对于风险和收益之间的辩证关系理解得更加透彻，超过 50% 的高净值客户需要金融机构为其提供优质的资产配置服务。

产品服务需求方面：超过 50% 的客户正在或即将进行财富传承；而伴随着财富传承和综合财富规划需求的上升，在理财产品之外，客户对于税务、法律等专业服务的热情空前高涨。

机构选择方面：高净值人士对于专业机构和专业能力的依赖加深，超过 50% 的客户将其 50% 以上的资产放在主办金融机构；机构的整体品牌形象、专业性和中立性已成为私人银行机构的核心竞争力。

——中国建设银行和波士顿咨询公司《中国私人银行 2019》

2. 财富管理专业化水平提高与分工细化以及财富科技的快速发展

居民和家庭的理财需求古已有之，但是现代财富管理业的发展历史却比较短，其原因就在于专业化水平提高与分工细化。经济学的主要创立者亚当·斯密在《国富论》中，首先就用整整 3 章的篇幅分析了劳动生产率改进的原因在于劳动分工，同时劳动分工又受到市场范围的限制。财富管理业本身就是居民家庭理财活动外包的结果，在金融市场不发达和财富积累较少的阶段，理财活动主要由居民家庭自己完成。而进入财富管理萌芽时期，皇室或贵族家庭积累的巨额财富就需要内聘"大管家"来专门从事财富管理工作。在财富管理初步发展阶段，出现家族办公室的主要原因在于，资本家与企业家需要将主要精力放在企业管理和经营上，所以由专业人士帮助他们合理有效地管理私人财富与进行战略投资。20 世纪 80 年代以来金融创新日新月异，金融投资日趋复杂化与专业化，金融服务业分工越来越细化，加上财富快速积累带来的巨大市场需求，财富管理行业得到快速创新发展。21 世纪以来，金融科技在财富管理行业的应用越来越多，并形成财富科技这一新的术语，财富科技或财富管理的数字化转型使得为众多普通居民家庭开展低成本的财富管理服务成为可能。拓展阅读 1-3 介绍了财富管理行业具有吸引力的五大原因。

拓展阅读 1-3
财富管理行业具有吸引力的五大原因

1.2.4 中国积极稳妥发展财富管理行业的重大意义

1. 积极稳妥发展财富管理行业可以深化金融供给侧结构性改革

2017 年召开的全国第五次金融工作会议明确提出金融供给侧结构性改革必须贯彻落实新发展理念，强化金融服务功能，找准金融服务重点，以服务实体经济、服务人民生活为本。财富管理行业的积极稳妥发展需要多层次、广覆盖、有差异的财富管理机构体系以客户需求为导向，积极开发并提供具有个性化、差异化和定制化的金融产品以及金融服务与相关的非金融服务。这不但有助于我国直接融资比重的提高，还对金融机构体系、市场体系和产品体系的优化调整起到催化剂的作用。

2. 积极稳妥发展财富管理行业可以提升金融体系的效率

中国金融体系经过快速发展，目前规模已经非常庞大，金融行业增加值占 GDP 比重已经超过了绝大部分发达经济体。与此同时，中国金融体系的效率也在快速提升，但是横向比较来看依然有巨大的提升空间。财富管理行业的积极稳妥发展能够增加金融机构之间的竞争，迫使金融机构提高金融产品与金融服务的差异化定价能力与创新能力、金融风险管理能力；降低信息不对称程度，降低交易成本，进一步提高储蓄-投资转化能力，从而有效降低金融机构的运行成本和实体经济的融资成本。从金融市场运行角度而言，财富管理行业的积极稳妥发展将提高金融市场中多元化机构投资者的比重，进一步提高金融市场的运行效率、信息效率与资源配置效率。

3. 积极稳妥发展财富管理行业可以有效增加居民家庭财产性收入并降低对房地产投资的依赖

2007 年召开的中国共产党第十七次全国代表大会首次提出"创造条件让更多群众拥有财产性收入"，2012 年召开的中国共产党第十八次全国代表大会继续提出"多渠道增加居民财产性收入"，2017 年召开的中国共产党第十九次全国代表大会再次提出"拓宽居民劳动收入和财产性收入渠道"。经过改革开放 40 多年的快速发展，中国居民家庭积累了越来越多的财富，但是由于金融素养的普遍缺乏、投资渠道较少、金融产品不够丰富、金融监管体系不够完善等原因，居民财富管理水平较低。积极稳妥发展财富管理行业可以更好地满足人民对美好生活的向往，有效增加居民家庭财产性收入所占比重，显著降低居民家庭对房地产投资的依赖。

4. 积极稳妥发展财富管理行业可以促进社会公平与社会经济稳定

低水平和不规范的财富管理行业不但可能导致相当规模的居民财富流向境外，寻求更好的财富管理服务，而且可能使得普通居民家庭将辛苦积攒的财富投入违法、违规或高风险的金融产品或其他投资渠道，从而引发社会经济稳定问题。财富管理行业的积极稳妥发展不但可以为高净值客户提供更好的财富管理服务，也能为广大普通居民家庭提供更有效的财富管理服务，有效减少财富管理资源配置的差距，适当降低不同水平财富拥有家庭的投资收益率差异，从而促进社会公平和社会经济稳定。

1.3 财富管理的理论基础及其在金融人才培养中的位置

1.3.1 财富管理的相关学科基础

1. 经典金融经济学与财富管理

博迪等所著的《金融学》中有如下定义："金融学是研究人们在不确定的环境中进行资源的时间配置的学科。"从这个角度而言，货币的时间价值是金融经济学成为独立的经济学科分支最坚实的基础，拓展阅读 1-4 简单介绍了货币的时间价值及其在财富管理中的重要性。回顾经典金融经济学的发展不能不提两次"华尔街革命"。第一次"华尔街革命"是指1952年马科维茨（1990年诺贝尔经济学奖得主）证券组合选择理论的问世⊖，这一理论主要回答的问题是投资者同时在多种证券上投资，如何选择各种证券的组合比例，使得投资收益最大和风险最小。从此，金融经济学中的"收益"与"风险"有了明确的概念和衡量方式，并且逐步和经济学中的"成本"与"收益"这对核心概念具有同等重要的地位。马科维茨后来引入以收益和风险为自变量的效用函数，将他的理论纳入一般经济均衡框架。与马科维茨同一年分享了诺贝尔经济学奖的夏普（也是马科维茨的学生）和其他经济学家，进一步在一般经济均衡框架下推导出后来的资本资产定价模型（CAPM模型）。1958年莫迪利亚尼和米勒（后者是1990年诺贝尔经济学奖获得者）研究了公司的资本结构和公司价值的关系，后来他们这一系列研究的结论被称为莫迪利亚尼-米勒定理（俗称"MM定理"）。他们的研究不但为公司金融这门学科奠定了基础，并且首次在文献中明确提出无套利假设。无套利假设简单来说就是在一个完善的金融市场中，不存在套利机会。由于从无套利假设出发研究资产定价可以使论证大大简化，金融经济学的发展在这里出现了转折点。以无套利假设作为出发点的一大成就是1973年布莱克-斯科尔斯期权定价理论的问世，该期权定价模型也不是基于一般均衡框架得出来的，因此两位作者不得不利用场外交易的期权来验证其模型的有效性，验证结果非常显著。1973年芝加哥期权交易所正式推出16种股票期权的挂牌交易，从此衍生证券市场蓬勃发展，这就是"第二次华尔街革命"。

1970年法玛提出有效市场假说（EMH），EMH主要包含如下三个要点：①投资者都是理性的经济人；②证券价格不会偏离其价值，只要偏离就存在套利空间，理性的投资者会迅速进行证券交易并使证券价格迅速调整到与价值相等；③证券价格能够充分反映该证券所有可获得的信息。如果EMH得到验证，那么就没有必要浪费时间和精力进行积极或主动的投资管理，因此EMH提出后海量的文献对此进行了检验。针对CAPM模型无套利假设的单因素模型以及不可检验性，1976年罗斯提出套利定价理论（APT），认为如果市场未达到均衡状态，就会存在无风险套利机会，根据无套利原则，可以得到风险资产均衡收益率与多个因素之间存在（近似的）线性关系。由于套利定价理论没有提供存在哪些因子的任何特定信息，没有提出因子的数目应该为多少，也没有告诉投资者如何估计相关的贝塔风险，1993年法玛和弗伦奇提出三因子模型，到后来构建四因子模型、五因子模型和多因子模型识别那些影响资产回报的真实因子，金融界对此进行了大量的实证研究，类似智力的"军备竞赛"，致力于寻找最优的组合策略来获得超额收益。至此，经典金融经济学已经建立并形成逻辑严密、比较具有统一分析框架的学科体系，经典金融

拓展阅读1-4
货币的时间价值及其在财富管理中的重要性

经济学的理论模型和分析逻辑目前依然是指导资产配置与资产管理的主流方法，也是

⊖ 当然也有文献认为1953年阿罗（1972年诺贝尔经济学奖得主）发表的《证券在风险承担的最优配置中的作用》也可以纳入"第一次华尔街革命"。

财富管理人才培养体系中不可或缺的重要组成部分。

2. 行为金融学与财富管理

实证资产定价的兴起使得金融经济学家更加直接地面对现实金融市场，开始探究为什么经典金融经济学理论模型不能解释那么多的"金融市场异象"，快速发展的行为金融学研究试图弥补这一空白，该理论认为用非完全理性⊖的行为人假设能够更好地解释"金融市场反常现象"。巴贝尔斯与塞勒（2003）对行为金融学的发展做了综述，认为套利限制和心理学是行为金融学的两大基石。

套利限制理论说明了非理性交易者的存在使得价格偏离基本价值后定价错误的纠正存在限制，那么交易者的各种非理性行为造成价格偏离价值则是更基本的原因。Shiller（1984）提出了噪声交易者模型，认为金融市场由理性投资者（通常被称为"套利交易者"）和非理性交易者（通常被称为"噪声交易者"）构成，其中噪声交易是针对信息噪声的交易，这时投资者以为其拥有了新的信息，然后根据信息噪声进行交易，由于噪声交易者的存在，价格往往偏离资产的内在价值，即出现定价错误（mispricing）。在无摩擦的市场中，每当价格偏离价值时，套利交易者将迅速利用套利机会进行交易，赚取无风险收益的同时纠正价格。然而，行为金融学指出由于存在基本面风险、噪声交易者风险以及套利交易实施成本等，套利将受到限制，因此市场并非有效。

行为金融学中的第二支柱通常借助认知心理学家所总结的广泛实验证据来进行分析，研究人们在形成信念和偏好时可能产生的系统性偏差。其中信念实际上就是期望形成规则，卡尼曼在《思考，快与慢》中将信息加工过程的经验系统和理性系统用"快系统"与"慢系统"进行描述和辨识，其中"快系统"也被称为"直觉系统"，在多数情况下"快系统"将占据优势，在这一过程中将可能产生过度自信、过于乐观、基于直觉判断的代表性偏差、过于保守，从而拒绝接受新的证据，锚定初始设定值，以及根据容易获取的信息来判断事件发生概率的可得性偏差等。任何研究资产定价与投资行为的模型均需要设定投资者偏好，经典金融经济学绝大部分模型假定投资根据期望效用来评估风险，但是大量的实验证据表明，人们在风险决策时总是系统地违背期望效用理论假定的偏好形式，比如对于概率分布不确定状况的模糊厌恶，以及在面临"得"的时候表现为风险规避，而在面临"失"的时候表现为风险偏好的前景理论等。

以人的行为为出发点的行为金融学研究范式对财富管理具有重要的借鉴指导意义，无论是自主进行财富管理的居民家庭，还是财富管理咨询顾问或者资产投资管理专业人士，均可以利用行为金融的分析方法做出更好的资产投资决策和提供更好的财富管理服务。行为金融学揭示的偏好差异和认知偏差可以帮助财富管理行业专业人士确定客户"真实的"风险承受能力，同时也可以指导或帮助客户克服自己的情绪和认知偏差以修正生命周期资产配置。

⊖ 行为金融学的创始人之一——2017年诺贝尔经济学奖获得者塞勒和巴罗在美国国家经济研究局（NBER）一次富有纪念意义的会议上有过一次冲突，塞勒对巴罗做了如下评论："我们之间的差别在于，你假定人们都像你一样聪明，而我假定人们都像我一样愚蠢。"（贝克与诺夫辛格，2017）

1.3.2 财富管理的理论基础

从居民家庭理财或财富管理的角度来看,我们一般把人的一生分成三个阶段:第一阶段是成长和受教育时期,第二阶段是工作、赚钱养家时期,最后一个阶段就是退休时期。整个生命周期的理财或财富管理主要涉及消费储蓄理论、家庭经济学与家庭金融学这三个既相互联系又各成体系的理论,本部分将分别对这三个理论进行概括性介绍。

1. 消费储蓄理论与财富管理

财富管理的前提是积累财富,那么财富来源于什么?除遗产继承和馈赠外,财富的积累毫无疑问来源于收入减去支出后的储蓄。从另外一个角度来说,财富管理的目的是什么?博迪等明确提出"生命周期储蓄与投资关注的不是理财计划本身,而是理财计划所隐含的消费轨迹",说明财富管理的目的在于帮助居民家庭或投资者,在其生命周期内通过理财计划所隐藏的消费轨迹实现效用最大化。消费储蓄理论的发展主要包括 20 世纪 30 年代凯恩斯提出的"绝对收入假说"消费储蓄理论,以及 20 世纪 40 年代发现的"消费函数之谜"(又称"库兹涅茨悖论")引出的"相对收入假说"(又称"杜森贝里-莫迪利亚尼假说")。1954 年和 1957 年莫迪利亚尼和弗里德曼先后提出消费储蓄行为的生命周期假说和持久收入假说,后来统称"生命周期-持久收入假说",成为迄今为止研究消费储蓄和资产积累行为的基准框架。后续对"生命周期-持久收入假说"进行的扩展包括预防性储蓄理论、缓冲存货储蓄理论,以及将生育行为与遗产馈赠动机等考虑进来的家庭储蓄需求模型,再到 20 世纪 80 年代伴随着行为经济学与实验经济学兴起而逐步并行发展的消费储蓄分析的"行为生命周期理论"等[⊖]。

消费储蓄理论和财富积累、现金与流动性管理、住房购买规划、教育支出与耐用品消费支出规划、信用与负债管理、财富保值增值、退休储蓄与养老金积累、遗产馈赠与财富传承等财富管理规划均存在直接联系。

2. 家庭经济学与财富管理

本书研究的个人或家庭财富管理涉及家庭生活的方方面面,而现代家庭经济学利用经济学的研究方法,对家庭物质和非物质生活的各个方面进行了深入研究,研究主题包括结婚、生育、离婚、家庭的劳动分工、家庭内部的人力资本投资、家庭的利他主义和遗产馈赠行为等。现代家庭经济学的创立者是 1992 年的诺贝尔经济学奖得主贝克尔教授,他关于家庭经济学的主要研究成果汇编于《家庭论》和《人力资本》等著作。牛津大学 Browning、Chiappori 与 Weiss(2014)出版的 *Economics of the Family* 是继承与扩展了贝克尔现代家庭经济学的核心著作。现代家庭经济学对于理解退休储蓄与养老金积累、遗产馈赠与财富传承、家庭的婚姻匹配与人力资本投资行为等具有不可或缺的意义与价值。

⊖ 具体的文献进展和综述可以参见 John B. Taylor 和 Michael Woodford 编写的《Handbook of Macroeconomics》中 Attanasio 撰写的消费、Browning 与 Lusardi(1996)、2015 年诺贝尔经济学奖获得者迪顿撰写的《理解消费》(中译本,上海财经大学出版社,2016)、易行健等(2018、2019)等。

3. 家庭金融学与财富管理

家庭金融成为一个独立的学科分支起源于 2006 年 1 月时任美国金融学会主席的坎贝尔教授做了题为《家庭金融》的演讲，并对"家庭金融"这一学科分支进行了定义。他认为"家庭金融是研究家庭如何利用金融工具达到家庭目标的学科领域"，并且认为"家庭金融"将成为与资产定价、公司金融并列的研究领域。大约同时期，美国国民经济研究局成立了家庭金融研究组，研究组主要将家庭金融的研究界定为"研究与家庭储蓄、家庭投资组合行为、借贷决策和投资选择相关的主题，并且主要关注解释家庭金融决策的理论模型与经验研究，同时也研究各类政策对家庭金融决策的影响"。2013 年出版的《金融经济学手册》收录了 Guiso 与 Sodini 联合撰写的《家庭金融：一个新兴的领域》，对家庭金融为何成为一个新兴的领域，家庭金融的典型事实和国际比较，以及家庭金融涉及的主要领域进行了综述，具体见拓展阅读 1-5。

家庭金融学对居民家庭如何利用金融工具达成各自的目标，理财顾问如何设计理财或财富管理规划，财富管理机构如何进行金融产品设计，监管部门如何设计监管框架，金融教育部门如何开展消费者金融素养教育等均具有核心的作用，是财富管理理论与实践的关键支柱。

拓展阅读 1-5
家庭金融为何成为一个新兴的领域

1.3.3 财富管理理论与实践课程在金融人才培养中的位置

1. 财富管理人才培养的巨大空间与境外高校财富管理人才培养现状

伴随着居民家庭收入与财富的快速增长和财富管理专业化水平的日益提高，中国财富管理规模和财富管理行业快速发展，无论是财富管理市场需求的升级，还是财富管理业务模式的转型，都离不开财富管理人才队伍规模与能力的提升。《中国财富管理发展指数 2019》的研究表明，中国财富管理行业高端人才匮乏。中国人民银行研究局原副局长李德在 2016 年由和讯网主办的第十四届中国财经风云榜财富管理高峰论坛发表主题演讲，明确提出"人才培养是财富管理领域的核心问题"，因此财富管理人才培养具有非常巨大的发展空间。

目前境外部分高校开展了"财富管理专门人才培养项目"，比如美国的哥伦比亚大学、英国的帝国理工学院和伦敦大学玛丽女王学院、瑞士的日内瓦大学、新加坡的南洋理工大学和新加坡管理大学、卢森堡的卢森堡大学、中国香港的香港大学等开设了财富管理或与财富管理紧密相关的硕士项目。此外，一些高校也开设了财富管理相关的课程，例如香港城市大学、香港科技大学等的个人理财与财富管理本科与硕士课程等。中国内地目前尚未设置财富管理专业，但是有少数高校开设财富管理的专业方向或与境外高校联合开展财富管理硕士人才培养。从境外高校开设的财富管理相关硕士项目来看，大多是把资产配置与资产（投资）管理两大课程体系组合在一起，只不过不同项目偏向存在差异。比如英国帝国理工学院的投资与财富管理硕士项目包括更多的投资类课程，而新加坡管理大学的财富管理硕士项目则更多包括了财富管理行业、财富管理机构、财富管理规划、财富客户管理等课程。比学历教育更有自由度和便捷度的是，各类与财富管理相关的职业培训项目目前在国内逐年增加，如国际金融理财师（CFP）、私人银行家（CPB）和金融风险管理师（FRM）等。不过总体而言，财富管理的人才培养滞后于财富管理行业对专业人才的需求。拓展阅读1-6介绍了新加坡的财富管理人才培养经验。

拓展阅读 1-6
新加坡财富管理人才培养经验介绍

2. 财富管理理论与实践课程与个人理财课程的联系与区别

境外开设个人理财课程有比较长的历史，目前境内2016年翻译的《个人理财》（阿瑟·J. 基翁）和2018年翻译的《个人理财》（杰夫·马杜拉）都已经升级到第6版。境内近十多年来也有越来越多的高校开设了个人理财课程，部分高校在课程开设的基础上编撰和出版了个人理财教材，银行业专业人员职业资格考试办公室近年也编撰了个人理财教材。境外在逐步开设财富管理课程的基础上编撰了其他相关教材，比如《私人银行与财富管理》（戴维·莫德，2015）、《私人财富管理》（G. 维克托·霍尔曼与杰瑞·S. 罗森布鲁姆，2014）、《新财富管理》（哈罗德·埃文斯基等，2019）等。与此同时，境内部分高校在个人理财课程的基础上逐步（或同时）开设财富管理的本科与研究生课程，市面上也慢慢开始出现以"财富管理"或与之紧密相关的题目命名的著作。

财富管理课程虽然与个人理财课程有千丝万缕的联系，但两者还是存在以下两点明显差异。一是财富管理课程需要囊括财富管理行业从业人员所需要的综合理论基础与应用分析知识，而个人理财课程更多的是一门实践性和实用性课程，可以说财富管理理论和实践是个人理财的2.0版本。二是财富管理理论与实践课程需要明确整个财富管理行业的发展历史、现状和未来趋势，对财富管理机构体系、财富管理产品与服务体系以及最新的财富科技等有更多涉及。总体而言，财富管理学目前作为一门单独的学科或课程尚未完全成型，但根据我们多年来对理论前沿的跟踪和对现实情况的了解，财富管理的理论基础、实践运行规律与案例经验将在金融人才培养中占据越来越重要的位置。

1.4　本书的内容结构安排

本书共分为13章，第1章为财富管理概论；第2章和第3章主要探讨了财富管理流程与财富管理体系；第4~6章是财富管理理论篇，对经典投资学理论与行为金融理论、家庭生命周期消费储蓄理论和基于家庭经济学的家庭消费储蓄理论、家庭生命周期资产配置理论进行了探讨；第7~13章是财富管理实践篇，对家庭现金与负债管理规划、家庭房地产投资规划、家庭保险规划、退休与养老金规划、家庭财富保全与传承规划、税收规划以及金融科技与财富管理等进行了探讨。

■ 关键概念

财富（wealth）　　　　　　　　　　　　　　财富管理（wealth management）

资产管理（asset management）
人力资本（human capital）
有形财富（tangible wealth）
家庭金融（household finance）

■ 本章小结

1. 财富管理是以个人或家庭客户生命周期金融服务需求为核心，设计出一套全面的财务规划，包括全面与系统性的金融与相关非金融服务。
2. 财富管理与资产管理是既有联系甚至重叠同时也有区别的两个概念和金融业的两块业务，在管理对象与服务范围、管理模式、能力要求与对客户了解程度、金融服务业产业链分工等方面均存在联系与差别。
3. 财富管理学的学科基础主要在于经典金融经济学以及行为金融学等，其理论根源主要在消费储蓄理论、家庭经济学与家庭金融学。

■ 思考习题

1. 什么是财富管理？财富管理与资产管理的联系与区别是什么？
2. 财富管理行业有哪几个发展阶段？推动财富管理行业发展的因素有哪些？
3. 中国积极稳妥发展财富管理行业的重大意义主要体现在哪几个方面？
4. 消费储蓄理论、家庭经济学、经典金融经济学以及行为金融学为财富管理提供了哪些方法论和分析思路？
5. 家庭金融学为财富管理提供了哪些方法论和分析思路？

■ 计算题

张先生22岁大学毕业参加工作，第一年税后收入为10万人民币，然后税后收入每年的平均增长率为5%，一直增长到75岁离世，假定贴现率为3%，请计算：

(1) 张先生22岁时的人力资本。
(2) 假设张先生22岁大学毕业后考取研究生，24岁研究生毕业开始工作，第一年税后收入为13万人民币，然后税后收入每年的平均增长率为6%，一直增长到75岁离世，假定贴现率为3%，请计算张先生22岁时候的人力资本。
(3) 假设张先生22岁大学毕业后参加工作，第一年税后收入为10万人民币，然后税后收入每年的平均增长率为5%，中间自学CFP（Certified Financial Planner，注册金融理财师或国际金融理财师）或CFA（Chartered Financial Analyst，特许金融分析师），27岁拿到证书后换工作，税后收入为17万，然后税后收入每年的平均增长率为6%，一直增长到75岁离世，假定贴现率为3%，请计算张先生22岁时的人力资本。
(4) 假设张先生22岁大学毕业后考取研究生，24岁研究生毕业开始工作，第一年税后收入为13万人民币，然后税后收入每年的平均增长率为6%，一直增长到50岁；50～60岁，其间每年税后收入增长4%；60岁退休第一年领取的养老金为59～60岁年收入的65%（养老金替代率），然后养老金每年增长2%，到79岁离世；假定贴现率为3%，请计算张先生22岁时的人力资本。

■ 案例讨论　某私人银行企业主客户的财富管理规划[一]

1. 案例背景

李先生为企业主，40岁，从事化工行业，公司每年的营业额为1亿元，净利润3 000万元，每年公司分红100万元，同时李先生因担任公司高管，每月收入5万元。妻子王女士为家庭主妇，无收入来源。夫妻育有一子，5岁。李先生早年一直经商，家庭总资产达到3 000万元，家庭生活开销如下：每月基本生活费用3万元，孝敬双方父母5 000元、娱乐项目4 000元、医疗费用1 000元、子女教育费用5 000元，根据风险偏好调查来看李先生属于风险规避型。

2. 财富管理目标

（1）职业与退休计划：希望再干10年就退休，只做企业股东，不再担任职业经理人；

（2）融资计划：自身做实业，因此希望资产的流动性高，以便应对公司经营的不时之需，并且公司未来有上市规划；

（3）投资计划：目前缺乏投资理念，希望金融资产配置后能满足短期与长期的生活需求；

（4）养老与保障计划：希望能够增加养老、健康等方面的保障；

（5）子女教育计划：希望在15年后将小孩送到国外读大学；

（6）资产保全计划：希望公司资产与私人资产进行有效隔离。

3. 案例问题

（1）请结合李先生的家庭财务分析和财富管理目标，提出粗略的财富管理规划并初步归纳财富管理服务流程。

（2）你认为要为李先生的家庭做一份比较精确的财富管理规划还需要哪些假设条件？

（3）你认为该案例涉及财富管理中哪些类型的服务？

[一] 该案例来源于《商业银行财富管理经典案例100篇》（中国银行业协会私人银行业务专业委员会，2016）。

第2章 财富管理流程

> 理财师的职责是,既要协助家庭持之以恒地做出"正确"的选择,又要使他们舒适地进行选择。
>
> ——吉恩·布鲁内尔《新财富管理》

■ 本章提要

本章首先介绍财富管理客户的分类标准和类型;其次,对客户财务与非财务信息的搜集进行阐述,着重介绍个人(家庭)资产负债表与现金收入支出表;再次,就财富管理客户分析的基本技术——家庭财务分析进行解析;最后,介绍财富管理方案的制订、执行和后续服务,以及财富管理方案的评价。

■ 重点和难点

- 理解财富管理客户分类标准及主要的财富管理客户类型
- 了解完整的财富管理服务流程
- 掌握家庭财务分析的方法和指标意义
- 把握财富管理的主要内容和财富管理方案的制订

■ 引导案例 财富管理客户经理的具体服务案例

小钱是某知名商业银行私人银行与财富管理部的客户经理,已经工作了近三年,最近参加了一项关于财富管理的培训,感觉通过培训学到了很多新的知识和方法,决定在接下来的工作中找机会将理论付诸实践。小钱首先与自己的主管经理进行沟通,希望他推荐一位VIP客户。该经理通过相关业务部门找到一位银行高端客户,并把客户的一些简单情况告诉了小钱。这个客户是开工厂的林先生,过去很多银行客户经理接触过他,向他推销基金、保险等,都被林先生拒绝。林先生认为这些银行客户经理都是想推销东西给他,他觉得自己并不需要。

第二天小钱先与林先生取得联系,表示他是受银行的推荐来给林先生提供财富管理方面的服务，同时说明这个服务不仅仅是基金和保险，还包括为客户量身定制全面综合的财富管理方案。林先生大致询问了财富管理服务的范围和内容，表示愿意试试看，但只能给小钱20分钟，并确定了见面时间。出发前小钱做了前期准备，比如自己三年来的工作简历、所获得的荣誉、有关岗位证书，以及从同事那里获得林先生的家庭情况之后做的财富管理方案初稿等。小钱来到林先生的办公室与其进行了深入交流，因为通过业务积累与培训学习了财富管理相关知识，小钱明显有了更多和客户交流沟通的话题。同时，林先生也觉得小钱的能力较强，比以前的客户经理懂得多。所以事情进展比较顺利，本来约定的20分钟，不知不觉过去了一个多小时。小钱也逐渐了解了林先生家庭、工作和财务方面的大致情况。他请林先生填写了风险承受能力调查问卷，结果显示林先生的风险偏好为中度，希望存在银行的资金可以带来更高的收益，但不愿意冒太多风险。小钱对林先生抽出时间与他交谈表示感谢，同时表示后续自己愿意为他设计一份完整的财富管理方案，并提供一些相关的财富管理服务。林先生对小钱的提议表示认可。

小钱在设计该财富管理方案的过程中，多次约谈林先生，掌握了一些更详细的资料，并根据有关数据对林先生的家庭财务状况进行了分析，随后提出了完善的财富管理方案。林先生在阅读了小钱的方案后与家人进行了协商，就有关问题与小钱再沟通，基本采纳了他的建议。此后每季度小钱都会登门拜访林先生，与他一起分析现有资产组合的优点和缺点。在林先生的安排下，小钱完成了其工厂数十位员工的财富管理规划。林先生还介绍了多位朋友给小钱，这些人后来都成为小钱的客户。

案例思考

1. 客户在财富管理方面除了投资创造财富外，还有哪些其他具体需求？
2. 为什么目前的金融机构主要依靠理财产品的多元化和短期收益优势服务客户，却难以通过提供专业理财服务和建立长期信任机制更好地服务客户？

在财富管理工作实务中，为了保证专业服务的质量，客观上需要一个标准的流程进行财富管理工作规范。财富管理的工作流程主要可以分为如下五个步骤：获得客户并建立客户关系，收集客户信息，分析客户财务状况，制订财富管理方案，监督财富管理方案的执行与评价[⊖]。

2.1 获得客户并建立客户关系

2.1.1 财富管理客户类型

财富管理行业具有与生俱来的需求导向型特征，对于财富管理机构与财富管理从业人员而言，获取客户和对客户进行分类是最重要的前提。财富管理需要建立一个长期稳定的客户关系，这不仅有利于收集客户的财富管理偏好、目标与约束等信息，而且有利于根据需要与客户展开多次交流以适时对财富管理方案进行监控与调整，帮助客户更好地实现他们的财富管理目标。由于不同类型的客户存在不同的财富管理需求，

⊖ 中国注册理财师协会，郑惠文主编，《理财规划师执业手册》。

因此需要对不同类型的客户进行差异化服务；另外，即使是同一客户，在生命周期的不同阶段，其财富管理需求也存在显著差异，因此还需要对同一客户在不同的生命周期阶段进行差异化服务。目前，在我国居民家庭财富管理需求大幅增加的同时，客户的细分特征也渐趋明显，现有对财富管理客户进行分类的标准纷繁复杂，表2-1 归纳了财富管理客户的主要分类方法。

表 2-1 财富管理客户的主要分类

分类标准	客户分类与说明
财富拥有量	普通客户、富裕客户、高净值客户与超高净值客户 [1]
财富来源	通过继承获取财富的传统高净值客户（老富人群）、通过自己创业积累财富的创业者或者大型企业高层等（新富人群）
职业	国家机关、党群组织、企业、事业单位负责人、民营企业家、专业技术人员等
事业生命周期	潜在客户、成熟客户与衰退期客户
财富管理参与程度	严格把控、适度参与、选择型以及充分放权型客户
风险态度	风险规避型、风险中性型与风险偏好型客户（还可以进一步细分）

除以上分类标准以外，还有更多细分的分类标准：比如按照客户生活工作的不同区域划分，按照客户的背景、年龄和行为划分，按照客户是否接受人工智能等财富科技驱动的财富管理产品与服务划分，按照客户不同的金融素养划分，以及按照客户不同的财富管理目标划分等。还有一些财富管理机构根据多重细分标准，用矩阵对客户进行分类，比如苏格兰皇家银行的私人银行子公司顾资（Coutts）银行根据客户的财富来源与财富管理现实需要两个标准来进行细分（莫德，2015）。总而言之，对财富管理客户进行分类的根本目标是更好地设计财富管理产品与制订财富管理服务方案。

下面我们基于客户的财富来源与风险偏好特征，对 6 种典型的财富管理客户进行说明，即传统高净值客户、企业家客户、家族客户、专业投资者和新富阶层客户以及传统大众客户，他们存在不同侧重点的财富管理需求[2]。

1. 传统高净值客户

这类客户的财富主要来源于房地产投资或财富继承，对"刚性兑付"下的稳定收益更为青睐，需要通过丰富的财富管理产品来实现风险承受范围内的财富配置需求。同时，这类客户的资金主要集中在银行体系内，所以财富管理机构对此类客户的财富管理目标，应该是在满足大类资产配置需求的基础上，提供更为丰富的财富管理产品选项和咨询服务。此时，商业银行财富管理部门主要实现的是投资顾问和产品销售功能。

2. 企业家客户

这类客户的财富源于其企业经营，同时个人家庭财富与企业财富高度融合，因此面对企业家客户，财富管理机构应兼顾个人财富管理与企业投融资需求双重管理目标。

---

[1] 招商银行与贝恩公司联合发布的《2019 中国私人财富报告》将可投资资产超过 1 000 万元人民币的个人定义为高净值客户，将可投资资产超过 1 亿元人民币的个人定义为超高净值客户。

[2] 主要参考广发证券股份有限公司、中山大学岭南（大学）学院、广东证券期货业协会等发布的《券商财富管理行业白皮书（2018 年）》。

企业家客户不仅是零售业务的优质客户，更是公司业务的潜在客户。因此，针对此类客户群"创富、守富、传承"的多元化需求，应该依托财富管理机构的传统产品与服务优势，为客户定制包括财产隔离和家族信托在内的综合财富管理方案和债务融资计划，以实现财富资产配置与传承和资金融通的功能。值得一提的是，对于处于"创富、守富、传承"不同阶段的企业家客户而言，其财富管理需求也存在较大差异。对于正处于"创富"阶段的企业家客户，由于其个人财富尚未从企业财富中抽离，个人财富管理需求更多地体现在企业投融资需求，风险偏好普遍较高，因此商业银行与投资银行的财富管理部门或者子公司在满足此类客户的需求方面具有显著优势。而处于"守富"阶段的企业家风险偏好相对较低，财富管理需求更加多元化，更多侧重于对财富保值、隔离与传承的需求，商业银行、保险公司、家族信托和第三方财富管理机构更符合其财富管理需求目标。

3. 家族客户

这类客户的财富来源于家族继承或具有极强的传承需求，其财富管理的主要目标通常是财富的保值增值与传承。此类客户群体普遍呈现出较低的风险偏好，一般比较关注投资咨询服务、家庭成员的教育与职业规划、人身与财产保险，甚至婚姻资产保全、遗产信托等内容的全方位管家式服务。信托机构或家族办公室在服务家族客户方面，具有更丰富的经验和更专业的业务水准；以商业银行财富管理部门或子公司为主体的其他财富管理机构对此类客户的财富管理目标，可借助与其他相关专业机构的合作共同实现。

4. 专业投资者

这类客户的财富主要来源于金融市场交易，绝大部分的个人财富投资于股票二级市场。此类客户通常个人资金量较大且投资经验丰富，对融资融券、资本中介、研究支持、运营和风险控制支持等机构交易服务的需求较为突出。因为此类客户的主体财富集中在证券投资等风险较高的领域，投资银行和证券公司的财富管理部门在面对此类客户时具有较强的比较优势，可以向客户提供用于风险防范和对冲的金融工具的咨询服务，指导并负责个性化定制资产配置方案的具体落实，同时帮助此类客户进行大类资产配置，利用保险、信托等产品工具保障其私人财富的安全和传承。

5. 新富阶层客户

这类客户通常是指具有相对稳定的高收入的企业高管、医生、律师、科研院所研究人员和高校教师等非金融领域的专业人士。其财富形成依赖于持续稳定的高收入累积，劳动收入特征显著，一般具有较低的风险偏好，同时因具有稳定的现金流和预期收入而抗风险能力较强。另外，这类客户的受教育程度普遍较高，对专业投资机构的认可度较高，因此此类客户应该成为稳健管理特色显著的商业银行和其他财富管理机构的重点服务对象之一。这些机构可以为这类客户提供生命周期内信贷支持、家庭成员的健康医疗和保险规划、客户自身和其子女的教育规划、资产的风险管理和综合投资增值计划等。

6. 传统大众客户

这类客户主要集中在商业银行，是商业银行数量最多、基础最广泛的客户，需要商业银行财富管理部门提供更多标准化的零售理财产品。不过，未来借助于财富科技而成长迅速的第三方财富管理机构，将和商业银行争夺这一客户规模最大的群体，应为此类客户提供更丰富的投资渠道与产品，同时借助金融科技手段搞好金融基础设施建设，提供体验感更好的服务平台，实现客户的财富保值与增值目标。

2.1.2 识别财富管理客户需求

1. 获得客户

发掘和获取有价值的客户和维持老客户均需要耗费大量成本，但是获得客户是财富管理服务的前提，首先需要通过已有客户、跨部门的同事、中介、营销推广等多种方式与潜在客户建立联系。在这一步骤中，理财规划师需要做到KYB（Know Your Business Process，了解你的财富管理业务）、KYP（Know Your Products，了解你的财富管理产品）与KYC（Know Your Customers，了解你的财富管理客户）相结合。理财规划师或财富管理行业从业人员需要通过和潜在客户进行多次深入的沟通，或对其进行有说服力和能取得信任的财富管理理念教育，力争与客户建立长期服务和合作关系。和传统的金融模式不同，提供财富管理服务不能仅满足于追求客户的投资额度，单靠财富管理产品的多元化和短期收益很难真正与客户建立起长期服务关系，同时也难以使客户对财富管理服务产生黏性。财富管理机构需要调动所有的资源，包括合作机构，满足客户财富管理的合理需求，运用多种方法提高客户的附加价值，还需要采取综合和系统的方法跟踪了解客户满意度。

2. 财富管理客户的行为特征及其成长变化

近十年中国财富管理客户的行为特征变化较大，夏文庆（2009）认为理财客户主要有六大特点：①"鼹鼠效应"较大，无论处在"牛市"还是"熊市"，客户都比较容易受到周围环境的影响，比如在投资股票的时候容易做出"追涨杀跌"等盲目操作；②偏爱硬资产，客户更喜欢房地产、黄金、珠宝甚至艺术品等投资方式，比较忽视资产的收益性和流动性；③投资知识和理念比较缺乏，很多客户不具备投资常识，平时接受的市场信息只来源于相关小道消息，并且单凭感觉在股市中进行博弈，其投资成功具有很大的偶然性；④投机性较强，客户一旦进行投资就希望在最短的时间内完成投资收益最大化；⑤风险意识缺乏，客户不偏向于投资分散化，对长期投资缺乏信心，对短期的波动也比较担忧，同时又希望低买高卖获得更大的收益；⑥私密性较强，秉承"财不外露"的传统观念而对财富的持有缺乏安全感，并对外人充满戒心。

近几年中国人民银行的消费者金融素养调查表明，虽然不同的消费者群体在金融态度、金融知识、金融行为、金融技能和金融知识需求方面均存在较大的差异，但是我国消费者的金融素养从整体上正稳步提升。中国建设银行联合波士顿咨询公司的研究表明，我国私人银行客户正进入财富管理生命周期的新阶段，其主要的理财需求正由追求财富快速增长转为追求财富的稳健、保值以及财富的有序传承，并且高净值客户的投资心态日趋理性，对财富管理专业机构和专业能力的依赖加深；伴随着财富传承和综合财富规划需求的上升，对税务、法律等专业服务的需求越来越多。招商银行联合贝恩公司的研究认为，我国高净值人群在复杂的市场环境中更加成熟理智，对财富管理机构资产筛选、组合配置、风险控制和客户体验等四大专业能力的要求进一步提高⊖。

3. 客户的财富管理需求与分类

财富管理行为来源于客户的财富管理需求，因此这一阶段挖掘客户的财富管理需求至关重要，需要考虑使用访谈、观察、问卷，甚至财富科技等方式采集客户需求信息，分析筛选需求信息，对客户需求进行排序和验证。之前我们对客户进行细分，实际也是为了识别客户需求。不同甚至同一客户群体在生命周期的不同阶段和不同节点，其财富管理需求也存在很大的差异。人的生命周期有诸多财富管理需求，可以分为基本的财富管理需求与特殊的财富管理需求，也可以分为单一的财富管理需求与全面系统的财富管理需求。基本的财富管理需求可以包括资产配置需求、现金和负债管理需求、住房规划需求、子女教育规划需求、保险规划需求、退休与养老规划需求；特殊的财富管理需求包括财富保全与传承规划需求、税收筹划需求等。事实上，财富管理的基本需求和特殊需求之间有着非常紧密的联系，特殊需求是引导客户接受全方位财富管理服务的契机，当然也需要将关注点放在客户不同人生阶段的基本需求上，尽力去帮助他们满足这些基本的财富管理需求。

现有研究还表明人生重要时期或重大变化来临时期，也是客户财富管理规划和建议需求最旺盛的时期，客户通常会在社交媒体留下痕迹。财富管理客户经理或理财规划师可以利用多种方法主动吸引客户，并在此时争取成为他们值得信赖的顾问。正如本章开篇语所说的："理财师的职责是，既要协助家庭持之以恒地做出'正确'的选择，又要使他们舒适地进行选择。"拓展阅读 2-1 介绍了 KYC 规则与判断财富管理潜在客户的相关分析。

拓展阅读 2-1
KYC 与判断潜在客户

2.2　收集客户信息

从不同的角度分类，客户信息主要可以分为：事实性信息和判断性信息、财务信息和非财务信息等。此处，我们主要阐述客户财务信息与非财务信息的收集。

2.2.1　客户财务信息的收集与分析

财务信息是指客户目前的资产负债状况、现金收入与支出状况、其他财务状况以及这些信息的未来变化。

1. 资产与负债状况

首先是资产状况，客户资产（或财富）的分类方法比较多，比如 Guiso 与 Sodini（2012）以及甘犁等（2015）将客户家庭除人力财富以外的资产分为金融资产与非金融

⊖ 参考资料分别为中国人民银行发布的《2019年消费者金融素养调查简要报告》，中国建设银行与波士顿咨询公司联合发布的《中国私人银行2019》以及招商银行与贝恩公司联合发布的《2019中国私人财富报告》。

资产（实物资产）两大类：其中家庭金融资产包括现金、活期存款、定期存款、股票、债券、基金、衍生品、金融理财产品、非人民币金融资产、黄金和借出款等；家庭非金融资产包括农业和工商业等生产经营资产、房地产与土地资产、车辆等家庭耐用品、艺术品、收藏品和其他实物资产。也有的文献将客户资产分为自用资产（包括自用流动资产与自用非流动资产两大类）与投资资产（包括投资性金融资产与投资性商业资产两大类），当然还可以进一步细分，比如将投资性金融资产分为无风险（或低风险）金融资产与风险金融资产两大类，等等。

其次是负债状况，客户负债一般可分为个人负债和企业负债两部分：其中个人负债主要是指客户作为债务人的各种贷款负债，可以分为信用卡透支、住房抵押贷款、装修贷款、汽车抵押贷款、个人创业贷款、教育贷款和其他消费贷款等；企业贷款则是指客户负有连带偿还义务的贷款，与个人有关的企业贷款主要包括客户作为合伙人的合伙企业负债和客户作为担保人的企业债务等。

2. 现金收入与支出状况

首先是现金收入状况，客户的收入分类方法比较多，有的文献将其分为经常性收入和非经常性收入。参照国家统计局 2018 年制订的住户收支与生活状况调查方案，客户的现金收入⊖分为如下几类：工资性收入、经营性收入（又可以分为农业经营收入与工商业经营净收入）、财产性收入、转移性收入与出售资产所得和借贷性所得。

其次是现金支出状况，客户的现金支出分类方法也比较多，有的文献将客户家庭支出分为经常性支出和非经常性支出：其中经常性支出主要是指生活中按期支付的费用，非经常性支出主要是指客户的日常生活中不定期出现的支出。我们参考统计局的口径，将家庭总支出分为现金消费支出、经营性支出、财产性和负债偿还支出、转移性支出、商业保险支出和结余储蓄运用现金支出。其中现金消费支出主要包括食品支出、衣着支出、生活居住支出、日用品与耐用品支出、医疗保健支出、交通通信支出、教育娱乐支出和其他支出 8 个部分；转移性支出包括交纳所得税支出、社会保障支出，是指给家庭成员以外的人或组织的现金或非现金支出等。在第 7 章我们还将进一步详细讲解现金收支表，按照财富管理咨询与服务目的差异，现金收支表表格及其分项设计均存在较大差异。拓展阅读 2-2 是《中国家庭金融研究（2016）》（甘犁等，2019）中居民家庭收入分类与统计口径的说明。

拓展阅读 2-2
居民家庭收入分类及其统计口径

3. 客户的其他财务状况

客户的其他财务状况主要涉及社会保障与风险管理信息，具体是指政府制订的社会保障计划和企业制订的补充养老保险计划。政府的社会保障计划包括养老保险、失业保险、基本医疗保险、工伤保险、生育保险和社会救济、社会福利等。企业的补充养老保险计划主要是指企业年金。其中，客户养老保障情况还可以从养老保障支出和

⊖ 这里的现金收入是指作为收支所用，这一定义与居民（或家庭）可支配收入是两个有联系却区别很大的概念，在《住户收支与生活状况调查方案》中，居民可支配收入＝工资性收入＋经营净收入＋财产净收入＋转移净收入，在不同的统计口径下存在差异。

收入的角度加以区分。客户风险管理信息主要指可投保风险，财富管理中主要涉及社会保障和人身保险、财产保险、责任保险这三种商业保险类型。

由于上述信息庞杂，涉及客户生活的各个方面，客户往往无法在短期内提供完整翔实的资料。我们需要指导客户进行日常收支记录，向客户说明资产负债表与收入支出表的结构与项目意义，尽可能让客户运用这些工具记录准确的信息。

2.2.2 客户的非财务信息

客户的非财务信息指除财务信息以外与财富管理有关的信息，包括客户的姓名和性别、出生年月和地点、健康状况、预期寿命、婚姻状况、子女信息、学历、职业职称、工作所在行业、社会地位、风险容忍度与风险承受能力、财富价值观与行为偏好、财富管理目标和联系方式等。其中风险容忍度与风险承受能力、财富价值观与行为偏好、财富管理目标容易被忽视，但它们在财富管理中发挥着举足轻重的作用。

1. 风险容忍度与风险承受能力

它们是两个相关但不同的概念，其中风险容忍度是投资者或客户主观愿意承担风险的程度，而风险承受能力则是客观上投资者可以承受风险的能力。无论从主观还是客观上来讲，许多方法都可以用来确定客户的风险容忍度，我们可以通过客户过去的投资行为来确定其风险容忍度，同时也可以通过调查问卷和访谈的形式提炼分析，以加深对客户风险容忍度的了解。风险容忍度是财富管理行业的说法，学术上称之为风险规避程度或风险偏好程度。Guiso 与 Sodini（2012）认为风险规避程度的衡量主要有两种方法：一是用显示偏好方法倒推风险规避系数；二是用实验或问卷调查等方法得出投资者的风险规避系数。比如西南财经大学中国家庭金融调查与研究中心的问卷，其中关于受访者风险偏好的设计是："如果您有一笔资金用于投资，您最愿意选择哪种投资项目？①高风险、高回报的项目；②略高风险、略高回报的项目；③平均风险、平均回报的项目；④略低风险、略低回报的项目；⑤不愿意承担任何风险；⑥不知道。"

虽然客户的风险容忍度通常是指投资者对波动或遭受损失的主观容忍程度，但了解客户的实际风险承受能力（即抵御市场风险的财务能力）同样重要。如果客户的主观风险容忍度大于他的客观风险承受能力，考虑到其较低的风险承受能力，我们需要指导客户进行理性投资，确保风险在其能够承受的范围内。如果客户的客观风险承受能力大于他的主观风险容忍度，当市场风险超过客户的风险容忍度水平时，心理上产生紧张情绪的客户可能不顾其较高的风险承受能力而惊慌失措地逃离市场，因此投资决策应做出调整以适应更保守的风险容忍度。马尔基尔资产配置五原则⊖的第五条原则是，"必须将你对风险所持有的态度与你承担风险的能力区分开来，你承担得起的风险取决于你的总体财务状况，包括你的收入类型和收入来源，但不包括投资性收入"，这实际上就是马尔基尔针对风险容忍度和风险承受能力的匹配问题提出的观点。

⊖ 伯顿 G. 马尔基尔. 漫步华尔街 [M]. 张伟, 译. 11 版. 北京：机械工业出版社，2017.

2. 财富价值观与行为偏好[一]

财富价值观是财富管理目标的优先顺序和权重的主观效用函数，其中的优先顺序和权重实际与行为偏好中涉及的时间偏好率，以及家庭内部对下一代的"利他主义"等因素相关。对未来消费的评价越低，说明主观效用函数中的跨期贴现率越大，越偏好于现时或即期消费，因此当前储蓄率低。对未来消费的评价越高，说明主观效用函数中的跨期贴现率越小，即越偏好于未来消费，因此储蓄率高。家庭内部的利他主义对于家庭兴衰与传承非常重要，具体表现为个人的效用函数取决于家庭内部其他成员的福利。家庭内部的利他主义动机越强，遗产馈赠动机也就越强，对子女的教育也就更加重视。

一般主观效用函数的自变量只有消费和闲暇，但是扩展效用函数还可能需要考虑住房等带来的效用。对于部分家庭而言，住房带来的效用权重更大；在中国这种传统的"婚姻市场竞争强度"较大的国家，住房很大程度上成为结婚的必要条件（Wei 和 Zhang, 2011）。因此，大部分客户的主要财富管理目标可依次体现为：购买住房、子女教育与遗产馈赠、退休消费。当然，少部分客户更看重当前享受，由此可以得出四种典型的财富价值观，具体见专栏 2-1。行为偏好不但影响财富管理客户对财富管理机构的信任度，而且影响其对财富资产配置方式和工具的选择等，对此我们将在第 4 章"行为金融学在财富管理中的应用"部分再做详细讨论。

专栏 2-1

四种比较典型的财富价值观

四种比较典型的财富价值观如图 2-1 所示。

偏退休型
特点：储蓄率高
最高目标：退休规划
先牺牲后享受

偏子女型
特点：子女教育支出占一生总所得10%以上
牺牲当前与未来消费
自己不用，作为遗产给子女

偏购房型
特点：购房本息支出在收入30%以上
牺牲当前与未来的享受换得拥有自己的房子
为"壳"辛苦为"壳"忙

偏当前享受型
特点：储蓄率低
最高目标：当前消费
先享受后牺牲

图 2-1 普通财富管理客户的四种财富价值观

（1）蚂蚁型，牺牲现在而换取未来。从蚂蚁这种动物的特性来看，其一辈子都忙

[一] 参考哈罗德·埃文斯基等的《新财富管理》一书。

忙碌碌，特别辛苦。此类理财者最大的特点就是比较高的储蓄率，比较注重退休后的生活品质，因此只靠储蓄就能完成理财目标。人生毕竟是有限的，"蚂蚁族"在青春时期太过于苛求自己从而没有时间来享受当下的生活。他们根本不会注重眼前的享受，而只会努力赚取高额的收入，并将选择性的支出都用来投向储蓄，维持着比较高的储蓄率，迅速积累财富，期待未来的生活品质可以得到提高。从这种类型的理财者来看，其在人生财富的积累阶段会比较累，在该阶段并没有享受到生活的美好。

（2）蟋蟀型，牺牲明天来享受今天。蟋蟀比较重视人生财富积累阶段的享受，但是在享受的最后走向的是死亡。此类理财者是先注重当下的享受，将大部分选择性支出用于现在的消费，只顾提升当前的生活水准，因而他们未来需要依靠政府社会福利保障或儿女赡养，只求温饱。

（3）蜗牛型，拿明天来享受今天。在人们的印象中，蜗牛背着重重的壳步履缓慢地爬行。此类理财者，视购买房屋为最主要的理财目标，他们为了拥有房子不惜节衣缩食，哪怕是十分高额的负债，而其扣除房贷后的收入基本所剩无几，导致生活水平一般。他们对追求生活品质的消费不太重视，因为其义务性支出主要是以房贷为主，这对于没有房子的他们来说，储蓄最为重要的目标就是买房。

（4）慈乌型，一切为了子女。从乌鸦这种动物的特性来看，乌鸦母亲对小乌鸦的细心呵护是让人心疼的，因为她把自己的爱全部给了小乌鸦。从财富管理方面来看，此类理财者通常以子女教育成长作为最重要的人生目标，把孩子的未来作为自己的一切。这种财富价值观给人的经验教训是：家庭消费一定要科学规划，不可有头重脚轻的情况。"慈乌族"的子女教育支出比重较高，或者储蓄的动机就是以获得子女未来可以接受到的高等教育储备金为首要目标。由于过分注重对于子女的教育方面的投资，自己却只留下了不多的退休金，以至于影响到未来退休后的生活水准。

——中国金融教育发展基金会金融理财标准委员会组织编写的《金融理财原理》

3. 财富管理目标

与资产管理目标主要以收益与风险组合（比如夏普比率、特雷诺比率、詹森指数等）作为依据来识别投资者的目标不同，客户的财富管理目标具有以下三个方面的特点：①财富管理客户的目标更为宽泛与复杂，其中包含财富保值增值、现金负债管理、房地产投资规划、风险管理与保险规划、家庭变化管理（婚姻和子女等）、财富传承与遗产规划、慈善捐款规划、税收规划等，它们之间并非相互独立而是彼此相关的，进而组合起来形成一个整体㊀。②财富管理客户的很多目标往往不是（或不仅仅是）诸如收益率与风险之类的定量术语，而是一些定性要求，比如客户需要在退休后能够维持目前的生活标准，或者希望足以支付子女的出国留学及高等教育费用，希望在离世后留下一些遗产。因此，我们需要归纳整理出客户的目标，并且根据货币时间价值在考虑风险的基础上进行量化分析㊁。然后根据客户的行为偏好与权重对目标进行优先排序。③客户通常还面临多个财富管理目标的实现期限约束，我们需要对其财富管理目

㊀ 参考CFA协会投资系列《新财富管理》。
㊁ 当然，对财富管理目标进行量化分析，需要具备可以用货币来进行衡量以及有明确的实现期限两个特征。有些目标可能只能停留在定性层面，这些定性层面的目标也需要想办法去满足。

标进行动态调整。比如，客户预期未来一段时期将产生财富积累，或预期在未来某些特定时期将产生数额较大的流动性需求（如支付子女高等教育费用，准备创业或者购买改善性住房等）。随着客户年龄的增长和财务状况的变化，风险金融资产与无风险金融资产之间的配置比例以及其对保险的配置需求均将发生改变。

2.3 分析客户财务状况

搜集到客户信息资料之后，我们需要根据搜集到的财务与非财务信息，对客户当前的财务状况进行分析，并对其财富健康程度[一]进行评估。然后，我们需要根据客户的主要财富管理需求，从可量化的货币价值和实现期限两个主要维度出发，查找客户的财务资产配置现状与客户财富管理目标之间的差距。这一步将客户提供的各种资料与信息，进行科学化、系统化与规范化的整理与分析，为下一步制订财富管理方案提供比较准确的分析结果。对客户财务状况的分析主要涉及两个表格的编制，即客户的个人（家庭）资产负债表（Personal Balance Sheet）和收入支出表（Income and Expenditure Statement）或现金流量表（Cash Flow Statement）。只有编制并分析这两个表格，才能系统地分析客户的财务状况。

2.3.1 个人（家庭）资产负债表的编制与分析

通过分析客户的个人资产负债表，我们不仅可以了解客户的资产负债信息，而且能够通过计算其净资产来判断客户实际拥有的财富数量。此外，我们还可以根据客户目前的资产配置与负债状况及其动态变化，提出改善客户目前财富资产配置的方案。客户的总资产、总负债和净资产之间的关系为总资产=总负债+净资产。

个人资产负债表反映了在某一时点上客户的资产和负债情况，它是客户过去各种经济活动的结果。由于财富管理中的资产负债表主要用于财务状况分析，所以其格式并不像公司财务分析中的资产负债表那样完全地标准化，可以根据财富管理客户经理的习惯和客户的具体情况进行设计。但是一般的个人（或家庭）资产负债表都包括资产和负债两部分，根据上一节我们对家庭资产和负债的分类，资产项目分为自用资产和投资资产：其中自用资产可细分为自用流动资产和自用非流动资产；投资资产进一步细分为投资性金融资产和投资性商业资产，其中金融资产又分为无（低）风险金融资产与风险金融资产。负债项目分为消费性负债、投资性与经营性负债两大类。当然具体实践时可以根据具体情况进行扩展或归并。

1. **资产分析**

资产是客户拥有所有权的财富的总称，因此对于客户只是拥有其使用权而非所有权的财物，如租赁的房屋和汽车等，不能算为资产。需要强调的是，个人资产负债表和目前常用的企业资产负债表不同，客户填写的资产价值需要按照当前的市

[一] 2019 年 1 月，广发银行联合西南财经大学中国家庭金融调查与研究中心联合发布了《2018 中国城市家庭财富健康报告》，认为目前我国城市家庭财富管理不够健康，一方面房产占比过多挤占了家庭的流动性；另一方面家庭存在低收益资产上配置过多、高风险资产上投入太极端、投资不够多样化等特点。

价值或重置价值来计算。这一数值和客户在购买该资产时付出的成本可能会有很大不同，却更能真实地反映客户财富的价值。资产负债表中的资产分为金融资产和非金融资产，其中金融资产又包括风险金融资产与无（低）风险金融资产两大类，这个时候需要金融资产的期望收益率与风险以及各金融资产收益率之间的协方差来计算整个金融资产（或风险金融资产）组合的期望收益率与方差，然后进一步根据居民家庭生命周期资产配置原则来分析资产配置的合理性，后续第 4 章和第 5 章将对此进行更深入的分析。

在实际运用中，我们也可以根据现实需要将客户资产分为自用资产和投资资产：每一类资产还可以再进行细分，比如根据流动性分为自用流动资产与自用非流动资产；将投资资产分为投资性金融资产、投资性商业资产和其他等。其中，自用流动资产是指客户以现金或流动性极强的资产形式持有的资产，这类资产的风险很低，几乎不会产生什么损失。客户的日常消费开支一般都由这类资产来满足，通常情况下其数额以满足客户 3 个月的开支较为适宜。自用非流动资产包括客户拥有的自住房地产、汽车、耐用品和收藏品等其他实物资产，这类资产一般不像金融资产那样有现金投资收益，但在客户尤其是普通大众客户的资产中常常占有较高的比例。自用非流动资产也可以分为两类：一类是价格波动的自用非流动资产，如房地产和收藏品等，这类资产的价值随着市场供求的变动而变动，具有升值的潜力；另一类是折旧性资产，如汽车和耐用品等，这类资产的价值一般随着其使用年限的增加而减小，极少有升值的潜力，客户应该注意控制对后一类资产的支出。而对于价格波动的自用非流动资产的持有比例则不能一概而论，因为客户在出现流动性冲击甚至财务危机时，可以通过出售它们来增加现金收入。但由于这类资产的价格受市场影响波动较大，有时较难变现，因此容易出现客户着急使用资金时被迫出售这些资产导致损失的情况。投资资产是指客户为了获得投资收益或经营利润而配置的资产，包括投资性金融资产、投资性房地产、投资性收藏品与投资性商业资产等，这类资产存在风险的同时也带来收益。

2. 负债分析

负债是指由客户过去的经济活动形成的、未来会导致经济资源流出家庭的现时义务或现有责任。一般而言，负债可以分为长期（5 年以上）负债、中期（1～5 年）负债和短期（1 年以下）负债等。长期和中期负债反映了对客户总体财富的要求，通常情况下客户的总资产要大于其负债，如果客户的总资产小于其负债总额，则表明该客户的现时财务状况相当糟糕，我们应该建议客户立即采取措施，如增加收入和减少支出等来改善现状，否则该客户将面临破产的危险。而短期债务则反映对客户资产流动性的要求，因为这些债务都需要客户在 1 年之内偿还，一旦客户资产的流动性不足，就可能引起暂时性的财务危机。

从理论上讲，资产负债表的负债部分应该体现出客户目前承担的所有债务项目。尽管有时客户并没有收到正式的账单通知书，但只要该责任已经产生，就应该计入相关的项目中。为了更真实地反映客户的收支现状，我们有时还需要帮助客户估计一些数额尚未确定的债务，如当期应纳税额、信用卡透支额等。在估计时，我们应该采取谨慎原则，尽量使用较大的估计数值，以避免低估债务而使客户财富管理的实施受到影响。

3. 净资产分析

净资产是指客户总资产减去总负债后余下的那一部分财富，它衡量的是客户在某一时点上偿还所有债务后能够支配的财富价值。我们将公式加以变换，就可以求出净资产的公式：净资产=总资产−总负债。如果客户的净资产价值为负数并在短期内没有改善的可能，则该客户被认为存在破产风险。我国现在没有个人破产的规定[○]，只有企业破产的相关规定。如果企业破产，欠的债务也不是就全部不用还了，要将企业的所有财产清理登记，然后分配给债权人、偿还税款等。对于个人债务，如果暂时无力偿还的，经债权人同意或者人民法院裁决，可以由债务人分期偿还。有能力偿还拒不偿还的，由人民法院判决强制偿还。

一般来说，客户应该保证其净资产为正，并且不少于一定的数额。同时净资产的数值也并不是越高越好，如果该数值很大，常常意味着客户的部分资产没有得到充分利用。相反，如果客户能够在适当的时候利用资金进行投资，就能够获得资本增值，实现财富的增长。需要指出的是，客户偿还债务和用现金、现金等价物购买或投资其他资产，只是改变了资产负债表的结构，并未改变其净资产的数额。只有在本期收入减去本期支出后存在剩余或者资产不变时，由于某种原因客户需要偿还的债务得到减免，客户的净资产才可能增加。每个客户的情况不同，所以客户持有的净资产的理想数值不能一概而论，这里只是给出一些常见的观点。假定某客户的收入处于该地区的中上等水平，并已经工作多年，则可以分以下四种情况进行讨论：

（1）客户的净资产数额为负，则说明其目前的财务状况从理论上讲存在破产危机，有必要将近期的债务尽快偿还或和债权方商谈后延期偿还债务，同时尽快增加收入、减少支出，尽快增加净资产。

（2）客户的净资产数额低于其年收入的一半，则说明其非常有必要在控制开支的同时努力增加收入，并且需要更多地进行储蓄或投资。

（3）客户的净资产数额在其年收入的一半和 3 年的总收入之间，如果客户尚年轻，则其财务状况良好；但如果客户已经接近退休年龄，则仍有必要采取措施增加其净资产。

（4）客户的净资产数额在其 3 年的收入总和之上，则该客户目前的财务状况良好。

2.3.2 个人（家庭）现金收入支出表的编制与分析

现金收入支出表也可以被称为现金流量表，是帮助我们了解客户财务状况的流量分析工具。对于个人或家庭，从短期来看，现金流量表的重要性要高于资产负债表，如果净现金流量出现负数，就意味着该客户的现金收入已经无法满足日常支出需要，因而无法再继续维持目前的生活质量。本书将在第 7 章"现金管理"部分对现金流量表进行详细介绍。

[○] 美国破产法经过长期发展，1978 年确立了现行的制度架构，《美国法典》第 11 编（联邦破产法）中有四章涉及个人破产。我国个人破产政策将于 2021 年 3 月在深圳试点实施。

【例题 2-1】 客户的家庭资产负债表与简易现金流量表的编制

张先生为某企业高管,今年 40 岁,张太太为家庭主妇,今年 36 岁,家中有个 8 岁男孩。2011 年夫妇俩购买了一套总价 200 万元的住宅,现值 600 万元,还剩 50 万元贷款未还;另外还有一套出租住房,房产价值 300 万元,每月租金收入 5 000 元。2019 年税后收入 150 万元,目前有现金 5 万元、活期存款 20 万元、定期存款 50 万元,债券与债券类投资基金 80 万元,股票与股票类投资基金 120 万元,现有人身险与财产险保单现金价值 100 万元。拥有自用汽车一台,目前价值 45 万元,家有其他耐用品价值为 50 万元,艺术品等收藏品 30 万元,2019 年股票出售获得 50 万元(其中获利 15 万元)。每月贴补父母 8 000 元,孩子教育费用每月 4 000 元,家庭日常其他消费支出每月 2 万元左右,每年保障性的保险支出约 10 万元,每年旅游约 5 万元左右,每月房屋按揭还款 1 万元。简易的资产负债表如表 2-2 所示:

表 2-2 客户的资产负债简表 (单位:万元)

资产	金额	负债与资产净值	金额
一、自用资产		一、消费性负债	
(一)自用流动资产		信用卡负债	0
现金与活期存款	25	教育负债	0
其他自用流动资产	0	其中:短期教育负债	0
自用流动资产合计	25	汽车负债	0
		其中:短期汽车负债	0
(二)自用非流动资产		其他消费型负债	0
房地产(自用)	600	其中:短期其他消费型负债	0
汽车(自用)	45	**消费性负债合计**	0
耐用品与收藏品	80	其中短期消费型负债合计	0
其他自用非流动资产	0		
自用非流动资产合计	725	二、投资性与经营性负债	
		房地产负债	50
二、投资资产		经营性负债	0
(一)投资性金融资产		其他投资性与经营性负债	0
定期存款与金融理财产品	50	**投资性与经营性负债合计**	0
股票与股票类投资基金	120		
债券与债券类投资基金	80	负债合计	50
金融衍生品	0		
黄金与非人民币金融资产	0		
保单现金价值	100		
借出款与其他金融资产	0		
投资性金融资产合计	**350**		
(二)投资性商业资产类			
投资性商业地产	300		
生产经营资产	0		
其他投资性商业资产	0		
投资性商业资产类合计	300	资产净值合计	1 350
资产总计	**1 400**	**负债与资产净值合计**	**1 400**

2019年家庭的工资性收入为150万元，财产性收入15万元加上房租收入6万元，经营性收入和转移性收入均为0，一共可支配收入171万元。如果算新增现金流，还需要加上出售股票本金获得的35万元（股票增值的15万元计入财产性收入），等于新增现金流206万元。张先生家2019年消费性支出等于33.8万元（日常消费支出2万元乘以12个月是24万元，小孩教育支出4.8万元，旅游支出5万元），还有转移性的赡养支出9.6万元、保费支出10万元（有的文献或统计将保费支出放在保障性支出或单列保险支出，将储蓄型保险列在借贷支出等，这里我们为了分析简便，将其列在转移性支出项目下）以及财产性的房贷支出12万元（有的文献或统计将房贷支出放在借贷性支出，有的将其与资产负债表联系作为负债的减少体现，这里我们为了分析简便，将其列在财产性支出项目下）。简易的现金流量表如表2-3所示。

表2-3 客户的现金流量简表 （单位：万元）

项目	金额	项目	金额
劳动性收入	150	消费性支出	33.8
经营性收入	0	经营性支出	0
财产性收入	21	财产性与负债偿还支出	12
转移性收入	0	转移性支出	19.6
财产出售收入	35		
借贷收入	0		
收入合计	206	支出合计	65.4
结余	140.6		

2.3.3 家庭财务比率分析⊖

我们在编制客户的个人资产负债表和收入支出表并进行分析后，可以将有关的数据，尤其是客户未来的收入和支出项目进行比较，了解客户期望实现的消费支出和实际收入之间的差距。本节主要介绍负债资产比率、流动性比率、负债偿还收入比率、结余比率和投资与净资产比率，这些财务比率主要反映客户资产在偿付债务、流动性和盈利性等方面的能力，同时反映客户的风险偏好、生活方式和价值取向，通过比率分析可以帮助我们判断客户财务状况改善的可能性，进而选择财富管理策略。表2-4列示了一些家庭财务分析指标。

表2-4 家庭财务分析指标⊜

家庭财务比率	定义（计算公式）	参考节点	合适情况
负债资产比率	总负债/总资产	0.5	R
流动性比率	流动性资产/每月支出	3~6	R
债务偿还收入比率	负债偿还/可支配收入	0.4	R
结余比率	收支结余/税后收入	0.1~0.3	R
投资与净资产比率	投资资产/净资产	0.5	H

注：R表示适当的参考节点，过高与过低皆为不适当；H表示大于参考节点。

⊖ 本书在第7章还将进一步分析相关的家庭财务比率。
⊜ 中国注册理财规划师协会，郑惠文. 理财规划与方案设计［M］. 北京：机械工业出版社，2010.

1. 负债资产比率

负债资产比率是客户总负债和总资产的比值,用来衡量客户的综合还债能力。一般而言,应该建议客户将该数值控制在 0.5 左右,以减少由于资产流动性不足而出现财务危机的可能;如果客户的该项比率大于 1,则表示从理论上讲他已经破产。若该比率小于 0.5,则表示客户对杠杆的利用不足。

2. 流动性比率

资产的流动性是指资产在未发生价值损失的条件下迅速变现的能力,是家庭筹集紧急预备金能力的衡量指标。因此,能迅速变现而不会带来损失的资产,流动性就强;相反,不能迅速变现或变现过程中会遭受损失的资产,流动性就弱。在财富管理中,流动性比率就是流动性资产数额与客户每月支出的比率,反映客户财务的流动性程度。一般而言,如果客户流动性资产可以满足其 3~6 个月的开支,即流动性比率大约为 3~6,我们就可以认为该客户资产结构的流动性较好。但是,由于流动性资产的收益一般不高,对于一些有收入保障或工作十分稳定的客户,其资产流动性比率可以较低,他们可以将更多的资金用于风险金融资产投资,以获得更高的收益。

3. 债务偿还收入比率

债务偿还收入比率是衡量客户偿债能力的重要指标。该比率是客户某一时期(可以是 1 个月、1 个季度或 1 年)到期债务本息之和与收入的比值。在西方发达国家,由于债务偿还是在缴纳所得税之前进行的,所以收入指标采用的是客户每期税前收入。在我国,用来偿债的收入是使用税后的可支配收入进行,因此负债偿还收入比率=负债偿还/可支配收入。对于收入和债务支出都相对稳定的客户,可以用年作为计算的周期。但如果客户收入和债务数额变化较大,则应该以月为周期进行计算,这样才能更准确地反映客户的收入满足债务支出的状况,避免因某些月份客户收入不足或到期债务较多而产生财务问题。根据财务实践,个人的负债偿还收入比率小于 0.4 时,其财务状况处于良好状态;如果客户的负债偿还收入比率高于 0.4,则在借贷融资时可能会出现一定的困难。对于负债偿还收入比率高的客户,我们应该综合分析其资产结构、借贷信誉、金融素养与投资收益率以及社会网络支撑等情况再做判断。

4. 结余比率

结余比率是客户现金收入支出简表中结余和收入的比,反映了客户控制开支和增加净资产的能力,也可以称之为储蓄比率。遵循谨慎性原则,计算该比率时一般采用客户的税后可支配收入,即结余比率=收支结余/税后收入。该比率水平与居民家庭的生命周期相关,一般青年与老年家庭的结余比率低于中年家庭,青年家庭与老年家庭建议结余比率至少应该大于 0.1,中年家庭建议结余比率至少要大于 0.3。

5. 投资与净资产比率

投资与净资产比率是客户的投资资产与净资产的数值之比,反映了客户通过投资增加财富以实现其财务目标的能力。它的计算公式为:投资与净资产比率=投资资产/净资产。一般而言,客户将其投资与净资产比率保持在 0.5 以上,才能保证其净资产有较为合适的增长率。但对于较年轻的客户,由于财富积累年限尚少,投资在资产中的比例不高,他们的投资与净资产比率会较低,一般在 0.2 左右。

2.4 财富管理方案的制订、执行与评价

2.4.1 财富管理方案的制订与执行原则

1. 安全性

财富管理的首要原则是安全性，在财富管理方案的制订与实施过程中需要进行风险评估并提供风险管理基本策略，主要包括金融市场风险、经营风险、法律风险与政治风险等相关风险的管理。因此，我们需要首先利用客户的财务信息和非财务信息，考虑市场环境和法规环境，对可能面临的风险与不确定性进行充分评估，然后在风险评估的基础上再综合考虑风险管理策略。对风险的评估和对安全性的考虑需要贯穿于整个财富管理方案。

2. 流动性

流动性是指流动资产占比以及非流动资产变现的便利程度。我们需要尽量在考虑客户收入支出的不确定性基础上，制订具有较好流动性的财富管理方案。这一方案不但要满足客户临时存在的流动性需求，又要兼顾资产配置之间的基本平衡，实现安全性、收益性与流动性三者的有效结合。

3. 收益性

设计财富管理方案时，在风险可控和保证基本流动性要求的前提下，应最大化客户资产的收益。收益性原则下需要将涉及的税收支出考虑在内，即综合财富管理方案需要包括税收规划，实施税收规划必须要同时考虑可能产生的直接和间接规划成本。因此，一份高水平的财富管理方案应该将风险调整和满足流动性安排后的税后收益最大化作为财富管理最重要的目标。

4. 保障性

流动性在应对客户财务收支的尾部风险或重大的收支冲击方面存在不足。如果小概率的灾难性事件发生，那么将对财富管理目标的实现造成巨大的冲击。客户还可能存在储蓄不足的风险、健康风险、死亡风险与长寿风险等各类风险，在经济金融体系比较完善的背景下，公共保障与商业保险规划将起到更大的保障性作用。虽然大部分客户从心理上不愿意过多考虑诸如失业甚至过早死亡等事情，但是财富管理方案需要风险管理与保险规划。

5. 灵活性

在制订某一确定的财富管理方案时，我们还需要假设宏观经济环境与经济个体所处的社会环境不会发生大的改变。但所谓"天有不测风云，人有旦夕祸福"，一旦出现了足以影响客户的突发事件，就会对财富管理目标的实现造成冲击。因此，财富管理方案本身必须具有足够的灵活性来应对突如其来的变化和意外事件，需要为突发事件做多个预案。

6. 综合性

财富管理的最主要目的是全方位提升客户的财务状况，实现客户综合性的财富管理目标，这也是综合性方案与单项方案的最主要区别。因此，在汇总各单项规划后，

我们需要针对客户各单项财富管理目标的重要程度进行排序，协调与统筹单项规划之间可能存在的冲突和矛盾⊖。每一个单项规划往往只考虑到该单项目标的完美实现，而综合性财富管理方案需要将这些因素通盘考虑，然后制订综合性财富管理方案。另外，针对客户需求我们可以提供多个财富管理方案，每一个方案之间至少存在部分排他性。不同的财富管理方案效果会存在差异，需要对客户可能采纳的财富管理方案进行评估。

7. 完整性

财富管理方案的完整性包括客户提供信息的完整性、财富管理机构专业分析的完整性、财富管理建议方案的完整性以及财富管理方案制订与执行流程的完整性。财富管理机构需要做的不仅是为客户分析、提出建议，还要发现客户自己暂时没有意识到的问题，并且给客户以完整的信息提示。一份综合性财富方案最终要形成规范文本，递交客户并加以详细解释说明。在这一过程中，财富管理客户经理需要熟悉或至少了解相关的税务和法律问题，更专业的法律和税务问题可能需要与其他专业人士（如律师或税务师）相互合作与协调，部分方案还需要进行跨机构合作。拓展阅读 2-3 介绍了财富管理服务中的"了解你的业务流程"（Know You Business Process，KYB）及其与客户的沟通方法。

拓展阅读 2-3
KYB 与顾问式销售

2.4.2　财富管理方案的制订

设计财富管理方案要求我们对客户的实际情况和主观目标做全盘的考虑，并在此基础上整合制订成一个相互关联的、具有可操作性的财富管理方案，并且将书面形式的财富管理方案传达给客户，并多次征询客户的意见。

1. 封面及目录

封面上须注明方案的名称、制作人、制作人所在机构以及日期等关于方案的基本信息。目录主要是说明该方案的组成要素和基本结构。

2. 重要提示及规划摘要

财富管理规划能够改变客户的财务状况，优化资产配置，必定也会对客户切身利益产生重大影响，因此要求双方本着严谨诚信的态度来进行，需要做一些必要的提示。比如对于客户要求，"承诺如实陈述事实，如因隐瞒真实情况、提供虚假或错误信息而造成损失，财富管理机构及个人不承担任何责任"。对于财富管理机构与其从业人员自身，"承诺勤勉尽责、合理谨慎处理客户委托的事务，如因误导或提供虚假信息造成客户的损失，将承担赔偿责任"。对于投资收益，"对于方案中所建议的投资工具或金融产品不做任何收益保证，凡因市场不利变化等因素导致损失，概不承担责任"。规划摘要主要包括方案核心内容的表述：①客户基本信息的简要描述；②方案预期实现的财富管理目标；③按重要性原则排序的建议；④方案执行结果的合理评估。

⊖ 例如，投资规划为了获取高收益，可能需要基数较大的资金投入并且容忍一定风险，但是现金和负债规划又需要客户保持一定数额的流动性较强的资产，而风险管理与保险规划则要求客户有足够的风险保障措施。

3. 客户基本信息

这里列出的是客户及其家庭的所有真实性信息和判断性信息，这些信息必须真实准确，否则后续提出的建议就难以产生积极效果。客户信息主要包括但是不限于表 2-5 所列的项目：

表 2-5 客户家庭信息表

家庭主要成员姓名与人口统计学特征
居住地址与联系方式等
职业、职务与工作单位
健康状况
财富管理服务需求或原因
客户的短、中、长期财富管理目标

4. 客户财务状况分析及结论

家庭目前的财务状况是方案中必不可少的内容，包括资产负债表、收入支出表、财务指标分析的结果与建议等。前面我们已经介绍了相关报表的编制过程，在这一过程中需要注意向客户通俗易懂地解释各种专业术语的含义，如流动资产、投资资产和自用资产的含义和区别，各类风险金融资产的收益与风险情况，家庭各类收入与支出的含义与区别等。在进行家庭财务指标分析的时候，需要进一步解释各种比率关系的含义，因为对金融素养比较缺乏的客户而言，这些分析结果如果没有相关介绍，就没有任何实际意义。需要注意的是，在参考值的运用上，需要结合客户的具体情况从整体上分析客户的财务状况。比如，如果流动性比率比较高，还需要了解客户近期有没有较大的经营性、财产性支出或大额消费支出等；如果负债资产比率比较低，也需要了解客户的风险偏好、风险承受能力与整体目标等；要尽量避免以先入为主的观念随意建议客户利用财务杠杆和提高负债比例。

5. 客户的财富管理目标

在完成客户财务分析后，方案制作就进入了明确客户目标的部分，这也是生命周期财富管理服务的关键。这一阶段需要在了解客户自行拟定的财富管理目标的基础上深入分析，然后和客户沟通交流如下情况：对客户自行拟定目标的可行性分析结论；如果需要进行调整，调整后的目标具体包括哪些内容，为什么要进行这些调整，调整后的目标是什么，要达成调整后的财富管理目标需要进行哪些资产配置调整，调整后的资产配置的收益率与风险情况如何；如果达到调整后的财富管理目标，对客户个人或家庭的财务状况与生命周期效用有哪些改善等。在充分沟通协调的基础上双方达成一致目标并且写入财富管理方案，表 2-6 是某客户拟定的财富管理目标设置表。

表 2-6 某客户财富管理目标设置表

短期目标（2 年内）	实现日期	预估状况描述
EMBA 学习	2022 年 7 月	30 万
购车目标	2021 年 10 月	40 万的 SUV
中期目标（2～10 年）	实现日期	预估状况描述
买房计划	2025 年	现值 500 万的住房
长期目标（10 年以上）	实现日期	预估状况描述
子女教育	2030 年	现值每年 40 万，留学 6 年
退休计划	2050 年	保持目前生活品质不变

值得注意的是，财富管理目标的调整过程是和客户在讨论中一同完成的，财富管理方案只需要展示最终达成一致意见的财富管理目标，对客户原来拟定的目标可以简略提及，并提出可以改进的策略和方面。在这一部分，客户需要比较清晰地看到实施财富管理方案后个人（家庭）未来的财务状况与对应的生活质量。

6. 财富管理的分项规划方案

（1）**现金与负债管理**。现金与负债管理是财富管理的基石与首要考虑的问题，是为了满足个人或家庭短期需求而进行的日常现金及现金等价物管理和短期融资活动。现金与负债管理既要使所拥有的资产具有一定的流动性，以满足个人或家庭支付日常费用的需要，又要适当兼顾流动性强的资产保持一定的收益。

（2）**投资管理与房地产规划**。投资管理与房地产规划是财富管理中非常重要的组成部分。首先，对于个人或家庭而言，收入减去支出后剩下的储蓄必须通过一系列的投资管理来实现收益与风险的较好匹配；其余的财富管理规划，比如房地产规划、退休与养老金规划等都需要通过储蓄和投资管理才能实现。其次，由于面对市场各种不确定性以及客户生命周期的演变，投资管理与资产配置均将发生相应的变化，因此还将对投资组合与资产配置方案进行调整。最后，对于大部分家庭而言，房地产不但是生命周期早期和中期阶段必须进行购买或配置的资产，还是占比最大的财产，由于房地产具有一定的金融属性，因此房地产规划与投资管理存在一定程度的重叠。

（3）**风险管理与保险规划**。风险管理与保险规划是财富管理不可或缺的组成部分，任何个人与家庭均必须考虑风险管理与保险规划。个人与家庭面临的风险随生命周期阶段的不同而有所差异，风险管理可以通过风险控制和保险来进行。在生命周期阶段发生变化时，定期重审面临的风险状况是必要的。我们需要在风险发生前对风险因素进行充分考虑，同时在人生的重大节点，如结婚、生子、离婚、孩子成人、退休、丧偶等，更需要重新调整风险管理规划。风险管理的重要金融手段是保险规划，在了解客户的家庭信息并分析确定客户面临的风险问题时，需要适应并引导客户的风险管理需求，制订出合适的保险规划方案。

（4）**退休与养老金规划**。退休与养老金规划对于大部分家庭而言至关重要，并且伴随着我国公共养老保障体系改革和人口的快速老龄化，退休与养老金规划的重要性将进一步提升。退休与养老金规划主要是为了对冲退休储蓄不足的风险和长寿风险，保证客户在将来有一个自立的、有尊严的、高品质的退休生活，因此在生命周期的早期与中期阶段，就必须积极实施退休与养老金规划相关的财富管理方案。

（5）**财富保全与传承规划**。财富保全与传承规划对于所有家庭而言，都是财富管理中容易忽视但必须重视的组成部分。从形式上看，财富保全与传承规划具有如下两重意义：一是从特定的角度为家庭提供一种规避风险的机制，当家庭遭遇现实中存在的风险时，这种规划能够帮助客户隔离风险或降低损失；二是对家庭的兴衰和后代的发展具有重要的经济意义。因此，我们需要在对客户资产的所有权状况与家庭的人口统计学特征和家庭关系详细了解的基础上，根据客户的行为偏好与目标，按照相关的财产分配及传承法律与原则，利用财产保全与传承工具进行分析，并提出具体的财富保全与传承规划方案。

（6）**税务筹划**。随着我国税收制度的不断完善，税负是摆在所有人面前无法逃避的问题。尤其对于高净值客户，其所得和财产可能很大一部分要因为税收而在传承过程中有所减损，并因税收问题降低家族财富的盈利能力，而遗产税和赠与税更会限制与削弱财富的传承与转移，引发家族财富大规模的缩水。随着税收相关法律法规政策的逐渐完善，税收违法甚至犯罪也会给家庭财富带来巨大的损害。税收筹划对于财富管理而言，是一项重要的专业技术。我们需要熟悉税收筹划相关的基础知识，掌握税务筹划的基本原则和方法，在财富管理的各个方面合法合规地为客户做出适当的建议。

2.4.3 财富管理方案的执行

1. 财富管理产品与服务的组合推荐

财富管理方案制订后需要实施，实施的落脚点在于具体的财富管理产品与服务的组合。除部分第三方财富管理机构以外，大部分财富管理机构均有类似于资产管理部门的机构，因此在推荐自己机构的产品和市场其他机构的产品时需要本着客观公正的原则，充分帮助客户了解这些产品被推荐的理由。个性化与综合化的财富管理方案的执行在很多时候可能还需要联合其他的财富管理机构共同完成，这将提高整个财富管理方案制订与执行的复杂度。拓展阅读2-4介绍了财富管理服务中的KYP及财富管理产品说明方法。

拓展阅读 2-4
KYP 与财富管理产品说明

2. 财富管理方案的具体执行计划

在前述的财富管理方案制作并介绍完毕后，我们应该对具体的执行制订一个时间表。这个执行计划方案不仅包括何时进行资产配置与金融产品购买，同时也包括在哪个具体的时间段进行客户服务等，具体执行内容包括方案修正、执行面谈、约见律师、进行产品申购、赎回产品、支出结构再分析和跟踪分析等。

3. 财富管理方案的后续执行与持续服务

长期的财富管理服务在初始阶段就应该得到确定，但在确定这种关系的时候，双方需要就彼此的权利、义务和责任做出明确的规定。我们需要跟踪客户财富管理方案中财富资产配置的动态运行情况，针对实际情况的变化，阶段性地做出财富配置绩效的回顾、评估和调整，根据客户的财务收支变化与财富管理目标的变化，适时对客户的财富管理方案提出调整建议，以更好地实现客户的财富管理目标。例如，一个客户希望在 10 年内退休时仍享有退休前 80% 的收入，这一项长达 10 年的计划就需要经常进行跟踪，以确定实际情况是否允许实现目标。几年后，客户所处的环境可能发生了变化，或者其储蓄减少了，出现了未预料到的支出和失业等，这些都会阻碍客户财富管理目标的实现。这不但是后续服务的工作要求，更是财富管理从业者提供基于客户生命周期的财富管理服务的价值彰显。拓展阅读 2-5 介绍了如何向客户解说财富管理方案。

拓展阅读 2-5
如何向客户解说财富管理方案

2.4.4 财富管理方案的评价

如何评价一份财富管理方案,我们建议从方案的原理性、技术性、平衡性、综合性和操作性五个方面考察。

1. 评估现代财富管理理论与理念是否在方案中进行运用

首先,看方案是否运用了生命周期消费储蓄理论与生命周期资产配置的原理进行问题的提出、问题的分析、问题的解决,提出的解决方案是否符合生命周期理论的基本原理;其次,看方案中是否充分考虑到货币的时间价值,是否利用现代金融经济学包括行为金融学的基本逻辑进行问题的提出、问题的分析、问题的解决,是否考虑了客户行为动机以及背后的风险态度与风险承受能力等;最后,需要看整个财富管理方案制订的思路和逻辑,是否贯穿了"以客户财富管理需求为中心"的核心理念。

2. 方案是否显示可用技术方法解决客户的问题

财富管理是一项技术性非常强的业务,财务分析是基本的技术,运用技术解决问题才具有较好的说服力,光靠经验分析是不够的。财务问题诊断的前提是编制了正确的财务报表,之后从客户财务报表数据分析的角度进行财务诊断,有理有据地发现问题并提出后续的解决方案。

3. 方案是否实现资源配置的优化与平衡

对于财富管理的目标,要区分原始目标和经过合理性、可行性分析后客户认可的理性目标,对于目标的表述,注意时间和货币两项内容,要求具体明确;要根据客户的实际情况对原有资源进行充分分析、合理配置,做好风险提示,在保证客户财务安全的前提下,实现其收益最大化。

4. 方案是否站在综合性角度统筹考虑

就目前的财富管理方案运用看,单纯的投资规划方案和保险规划方案运用得比较多,客户也相对容易接受。但财富管理要求从客户的整体情况来考虑分析问题,只有全面分析,才能提出合适的解决方案,进而获得客户信任。

5. 目标确定和方案的具体执行是否具有可操作性

方案是给客户看的,所以可读性成为衡量的重要标准,因而要求方案尽量避免专业术语过多。方案不能推销产品,但需要通过金融产品达到财富管理的目标。为客户推荐的产品要符合客户的情况,要具体明确,有名称有来源,不能仅仅是原则性说明。这也要求财富管理从业人员对市场上的产品动态了解,拥有对市场信息的掌控能力。

■ 关键概念

财富管理方案(wealth management program)　　客户需求(customer requirement)
财务信息(financial information)　　财富价值观(wealth values)
净资产(net assets)　　财务比率(financial ratios)
现金管理(cash control)　　风险容忍度/风险态度(risk attitude)
风险承受能力(risk-bearing capacity)　　资产负债表(balance sheet)

■ 本章小结

1. 财富管理服务的前提在于获取客户和对客户进行分类，需要掌握主要的分类方法及主要的财富管理客户类型。
2. 一个完整的财富管理流程包括获得客户并建立客户关系、收集客户信息、分析客户财务状况、制订财富管理方案、财富管理方案的执行和后续服务，其中搜集与分析客户的财务信息与非财务信息至关重要，客户的风险容忍度与风险承受能力之间需要有效匹配。
3. 客户资产可以分为非金融资产与金融资产两大类，其中金融资产又可以分为无（低）风险金融资产与风险金融资产；也可以将家庭资产分为自用资产与投资资产两大类，其中投资资产是客户创造理财收入的重要资源。家庭收入主要可以分为工资性收入、经营性收入、财产性收入与转移性收入，家庭支出主要可以分为消费性支出、经营性支出、财产性支出与转移性支出四大类。在财务分析中，不仅要进行家庭资产负债表与收入支出表分析，而且需要对家庭财富资产配置健康程度进行分析。
4. 在进行财富管理工作中，一切的内容呈现都需要以方案的形式表现出来。我们也需要把该服务的专业性、逻辑性、条理性在方案中具体体现出来。

■ 思考习题

1. 财富管理客户主要有哪些分类方法？主要的财富管理客户类型有哪些？这些财富管理客户的特征主要在于哪些方面？
2. 你的亲朋好友主要有哪些财富管理需求？从财富管理服务角度而言，他们的特征主要体现在哪些方面？
3. 财富管理服务的流程主要有哪些？为什么需要将客户的风险容忍度与风险承受能力进行有效匹配？
4. 以自己的家庭为例进行财务分析和诊断，发现并指出问题所在。
5. 执行财富方案的核心要素是什么？一份财富管理方案价值高低的评价标准是什么？

■ 案例讨论　家庭理财需求分析与财富管理方案设计

1. 案例背景

董先生大学毕业后从基层的流水线工人做起，后转行到现任职公司做财务科员，经过多年的努力奋斗被任命为财务总监和执行董事。2020年，42岁的董先生目前持有该公司1.125%的股票，市值约为250万元，每年的分红收入约20万元，董先生每月的工资收入为8万元。董先生早年一直忙事业，所以结婚很晚，董太太目前在一家房地产公司供职，月薪为1.5万元左右，但收入不太稳定，主要依赖于售房业绩，有下滑的趋势。董先生与妻子育有一女，刚满4岁，在某知名幼儿园读书，每年的教育支出为7.6万元。董先生家在深圳和广州分别有1套住房，市值分别为1 000万和700万元，目前还有抵押贷款120万元没有偿还，两套住房一套自住、一套出租，年租金约为7.4万元。董先生家庭每月的日常消费支出为3.5万元，每月偿还住房抵押贷款1万元，家庭现有一部本田轿车，现值8万元。董先生的父母在河北老家生活，平日里由妹妹一家照顾，董先生每月支付父母5 000元基本生活费,若父母遭遇重大疾病等意外,其费用全部由董先生承担。董太太的父母年事已高,身体情况尚可,但是没有任何收入来源,生活均靠董先生一家支持,每月需要5 000元的生活费用。

前几年,董先生希望能在事业上有所突破,于是在2016年与朋友开了一家建材公司。董先生陆续投资了450多万元,但是一直惨淡经营,苦苦支撑了2年后于2018年关门,为此董先生亏损了250万元,还欠着亲友120万元的欠款,约定在2021年年底偿清。经历过这次失败的投资后,董先生今后不想再继续进行实业投资。董先生家目前还有50万元定期存款,约有170万元股票被深度套牢。董先生公司只提供基本的社会医疗保障,没有商业保险。董太太与女儿都有商业保险,每年的保费支出约为6万元。董先生曾到银行做过风险测评,其风险承受能力为中高等级,风险偏好为轻度风险规避。

2. 财富管理目标

(1) 计划2021年年底能够将120万元欠款还完;

(2) 目前所拥有的本田轿车已经使用超过10年,出于各方面权衡考虑,计划在今年内新购置一辆价值40万左右的轿车;

(3) 由于多年来长期的应酬,董先生身体情况不佳,患有高血压和糖尿病,预计很有可能会提前退休,为了保证晚年有体面的生活(保持目前的生活水准),并且不给家庭增加负担,董先生希望对养老退休生活做适当的规划;

(4) 董先生非常孝顺,但由于保险意识淡薄,在早些年也没有想着替父母购买商业保险,目前父母年纪已逾65岁,因此只能计划为父母攒一部分积蓄,以应对父母出现重大疾病的情况;

(5) 由于老来得女,董先生对女儿甚是宠爱,鉴于目前的身体状况,董先生想在自己退休的时候,甚至有可能是因病去世时,给女儿一个终身保障,不仅仅是教育(留学4年,每年40万元),还希望让女儿走向社会就能过上独立、体面的生活(婚嫁金180万元)。

3. 条件假设

教育支出与房价的年增长率分别为5%与4%,通货膨胀率为3%;货币类与债券类产品的平均投资回报率分别为3%与6%,股票类产品的平均投资回报率为10%;不考虑收入增长。

4. 案例问题

(1) 请根据案例背景制作董先生家庭的资产负债表与简易现金流量表,并详细诊断董先生家的财务状况。

(2) 根据董先生家庭的财富管理目标,规划一套比较完善的财富管理方案。

第 3 章
CHAPTER3

财富管理体系

分析金融体系的运作需要识别：金融交易的主要特征；提供融资或风险转移的金融机构的能力；如何将客户交易的特性与金融机构的治理能力连接在一起。

——法博齐等《金融经济学》

■ 本章提要

本章首先将国内外财富管理机构体系分为家族办公室、私人银行、投资银行/证券公司、商业银行、信托公司、保险公司和第三方财富管理机构共七大类进行讲述；其次，对财富管理产品体系与服务体系按照功能与属性进行划分并进行介绍；最后，就财富管理行业监管问题进行介绍。

■ 重点和难点

- 了解全球财富管理机构的组织架构和业务收入模式
- 了解财富管理在我国商业银行、信托、保险、证券等金融分业的发展概况
- 把握基础类产品、金融衍生品和结构化产品之间的联系与区别
- 掌握财富管理业务中各类别产品与服务的功能与属性
- 了解我国监管现状并尝试探究不同法律法规的颁布对财富管理行业的影响

■ 引导案例　中国工商银行私人银行部专户全权委托服务模式

中国工商银行私人银行部于 2013 年 7 月在国内率先推出针对单个超高净值及以上私人银行客户（可投资金融资产在 5 000 万元以上）的专户全权委托服务，在注重客户个性化需求的基础上，为客户单独设计投资策略，实现单独建账、单独管理。中国工商银行私人银行部设立专户投资团队开展全权委托服务，运用 MOM（Manager of Managers）管理模式，通过对投资组合和投资管理人的双重配置，由中国工商银行私人银行部作为机构委托人，根据私人银行客户设定的专户全权委托产品的投资范围、投资久期、投资约束等要素，建立对底层投资管理人的管理机制，实现投资目标。

在专户产品层面，专户产品投资于中国工商银行私人银行部为客户度身定制的投资组合，自上而下的投资策略联席会议、专户产品管理部门、专户产品管理人将分层定制与执行专户产品投资策略。

在专户投资品层面，中国工商银行私人银行部不断完善投资管理人的遴选、准入和评估机制，针对每个大类资产投资品，建立自下而上的投资管理人准入、管理策略准入、管理策略评价的机制。目前，专户全权委托服务已经涵盖货币市场、固定市场、权益投资、另类投资、跨境投资共五大类投资品，如下图3-1所示：

货币市场类	固定市场类	权益投资类		另类投资类
• 同业存款 • 货币基金 • 逆回购	• 债券 • 债券基金 • 非标债权： 　收益权信托 　委托贷款 　回购型股权 • 标准债权： 　证券结构化 　股票收益权 　私募债	• VC基金 • PE基金 • FOF母基金 • 单一项目PE • Pre-IPO	• 新股申购 • 流通股票 • 阳光私募 • A类投顾 • B类投顾 • C类投顾	• 实物期权 　红酒 　普洱茶 　琥珀 • 艺术品基金 • 量化策略

跨境投资类
• 现金管理　• 平衡基金　• 综合股基　• 人民币资产　• 资管计划　• 固定收益　• 指数基金
• 主动股基　• 境外私募债　• QFII・RQFII

图 3-1　专户全权委托服务投资品类别
资料来源：吴轶《专户全权委托业务——亲历不亲为的尊享资产管理服务》，中国工商银行私人银行部．
王增武．家族财富管理：策略、产品与案例[M]．北京：社会科学文献出版社，2017．

案例思考

1. 金融机构对金融产品的分类以什么为依据？
2. 帮助客户进行资产配置的资产类别有哪些？
3. 不同金融产品的收益性、安全性和流动性特征有何不同？

3.1　财富管理机构体系

广义的财富管理业务是财富管理机构为满足客户的财富管理需求，向其提供综合性金融产品定制方案和相关个性化服务的总称，包括为大众人群提供金融服务的个人理财服务和为高净值客户提供综合金融与非金融服务的私人银行服务。不同金融子行业的机构开展财富管理业务的组织架构模式和业务收入模式特点存在差异，同类型机构在不同市场区域和不同市场发展阶段其模式特点也有所不同。本部分将全面分析国内外财富管理机构的组织架构模式和业务收入模式，根据机构的历史起源与业务特点依次对家族办公室、私人银行、投资银行/证券公司、商业银行、信托公司、保险公司和第三方财富管理机构逐一进行分析。

欧美财富管理市场发展较早，目前市场相对成熟，其财富管理业务发展模式大致可以分为私人银行类财富管理机构（其中包括综合私人银行类财富管理机构和独立私人银行类财富管理机构）、投资银行类财富管理机构、商业银行类财富管理机构等。中国财富管理市场起步较晚，其发展仍处于初级阶段，但经历改革开放 40 多年来的经济高速发展、居民财富快速积累，财富管理市场需求也急剧扩大，当前的财富管理业务规模已经位居世界第二。中国各金融子行业都相继开展财富管理业务，已逐步形成以商业银行类财富管理机构为主，信托公司、保险公司、证券公司、第三方财富管理机构等其他机构为辅的财富管理市场格局。由于国内外机构设置存在差别，且国内财富管理机构虽多有借鉴国外成熟经验，但同时也立足中国国情对财富管理业务进行创新发展，形成了多类机构共同开展财富管理业务的局面，因此我们根据各机构的历史起源和业务特点，对国内外财富管理机构类别进行重新划分，将其分为家族办公室、私人银行、投资银行/证券公司、商业银行、信托公司、保险公司和第三方财富管理机构等七个机构类别。

3.1.1 家族办公室的财富管理

1. 家族办公室的定义

美国家族办公室协会将家族办公室定义为：专为超级富有家庭提供全方位财富管理和其他相关家族服务，以使其资产的长期发展符合家族预期，并使其资产能够顺利地进行跨代传承和保值增值的机构。有国内学者将其定义为：家族办公室是对超高净值家族的完整资产负债表进行全面管理和治理的机构，也可将其看作超高净值家族的管家[⊖]。

2. 家族办公室的发展历史

传统意义上的家族办公室最早起源于古罗马时期的"家族主管"（Domus）以及中世纪时期的"大管家"（Major Domo），中国封建社会时期皇室、贵族与大地主家庭也有管理财富和日常事务的机构和管家。现代意义上的家族办公室出现于 19 世纪中叶，通过工业革命在欧美迅速致富的产业和金融大亨，将金融、法律和财富等方面的专业人士集合起来，系统地研究如何管理和保护自己的家族财富和广泛的其他利益。1838 年，美国摩根家族成立了第一个家族基金，旨在管理摩根家族的资产。1868 年，美国退休法官托马斯·梅隆创立了托马斯梅隆父子银行，并重视家族成员的培养。早期的家族办公室实际上只是金融财团经营模式。

3. 家族办公室的业务内容与特征

家族办公室是财富管理的顶级形态，服务于超高净值家族客户，通过探求财富家族的深层次需求，为其提供更加高效、全面、安全、隐秘的财富管理服务，帮助家族在没有利益冲突的安全环境中更好地完成财富管理目标，实现家族治理和传承，守护家族精神和理想。其具体服务内容是协助家族进行全面的财富管理与其他服务，其中包括对家族企业的日常运营管理以及相关的资本运作、兼并与收购及出售，对家族企业以外的家族财富的风险、收益和流动性管理，对家族慈善事业的管理和日常生活的预算与管理；还包括财富管理以外的其他家族服务，如家族内部沟通、子女教育、医

⊖ 金李，袁慰. 中国式财富管理 [M]. 北京：中信出版集团，2017.

疗、创业、度假与娱乐需求等。作为对财富家族整体负责的服务性机构，家族办公室全面料理家族内部各个不同家庭以及不同成员之间的关系，从而避免家族内部不同家庭分别聘请不同的财务顾问所带来的潜在冲突，从根本上保证家族整体利益的完整性和一致性，也更有效地维护家族整体声誉和社会影响力。

4. 家族办公室的分类

家族办公室根据服务家族的数量，可以分为单一家族办公室和多家族办公室。单一家族办公室专职管理单一家族的投资和信托，由于运营成本问题，一般只有超过1亿美元的超高净值客户才独自设立单一家族办公室。多家族办公室则同时管理多个家族的资产，大多面向资产规模2000万~1亿美元的高净值客户，其准入门槛略高于私人银行的高端财富管理服务。客户接受多家族办公室的服务，可以享受其规模经济带来的好处，但也会因此失去部分的私密性，且不能享受绝对的控制权和完全定制化的服务。

不同的家族办公室会因为与家族企业之间的关系处于不同阶段而形成不同的组织架构，具体有：①内置型家族办公室，一般出现在家族企业创业期，是家族办公室的早期形式，通常以企业内部一个部门的形式存在，从短期来看具有一定的便利性和低成本优势，但在风险控制、资产隔离和公司治理上存在重大缺陷，其代表性机构有韩国三星集团的秘书室；②外设型家族办公室，一般形成于家族企业成熟期，是与家族企业并行的实体，不直接参与企业运营，可以为财富家族提供财富的集中管理和优化配置服务，对冲企业业绩波动对家族财富的风险，如戴尔的家族办公室（MSD Capital）；③套现分离型家族办公室，一般出现在企业公开发行股票或出售资产套现之后，如比尔·盖茨设立的家族基金瀑布投资、阿里巴巴执行副董事长蔡崇信成立的家族办公室等。

3.1.2 私人银行的财富管理

1. 私人银行的定义

关于私人银行的定义存在两种表述方式，一是由瑞士私人银行家协会提出的机构导向定义，另一种是美国众议院提出的业务导向定义[⊖]。私人银行业务具体是指向高净值个人或家庭客户，提供符合其需求的综合金融产品与金融服务。作为机构的私人银行是指以私人银行业务为核心业务或者唯一业务的财富管理机构，包括综合私人银行类财富管理机构和独立私人银行类财富管理机构两种。

2. 私人银行的发展历史

16世纪法国经商贵族由于宗教原因被驱逐出境，到瑞士日内瓦成为最早的私人银行家，因其提供私密性极强且专业卓著的金融服务，加上其所在地的政治中立、经济稳定和风景优美而深受欧洲皇室贵族和富贾豪绅们的青睐。此后随着18世纪60年代第一次工业革命在英国的开始，伦敦成为世界贸易和私人财富管理中心，为满足私人财富规避通货膨胀和税收损失的需要，瑞士私人银行也开始向富人阶层提供离岸财富管理服务。从此，现代私人银行业务得到进一步的快速发展，最终使得欧洲市场成为全

⊖ 薛瑞锋，殷剑锋. 私人银行：机构、产品与监管 [M]. 北京：社会科学文献出版社，2015.

球最成熟的财富管理市场，也形成了多家全球顶级的为高净值或超高净值客户服务的财富管理机构。

3. 私人银行的业务内容及特征

私人银行具有悠久的历史，过去以服务皇室贵族为主，现在主要服务大企业家、体育娱乐明星、家族办公室、国际客户和专业人士等，专注于超高净值客户一生中各个阶段的需求，提供高度定制化、个性化和私密化的尊享服务。除为客户提供资产配置和相关服务以外，私人银行还为客户提供包括传统银行、保险、信托等金融服务和遗产、慈善、税收咨询和生活管家等全方位的非金融服务。私人银行的特点是更专注于私人银行业务，以客户需求为核心，为客户提供更为客观的投资咨询建议和解决方案，最大限度追求客户满意度，品牌优势尤为突出，但同时也囿于缺乏私人银行业务以外的协同支持，难以形成规模优势。

4. 私人银行的分类

私人银行根据业务板块设计差异可分为综合私人银行和独立私人银行两大类别。①综合私人银行类财富管理机构以瑞银集团（UBS）、瑞士信贷集团（Credit Suisse）为代表，这类机构对内业务模块以私人银行业务为核心，其他业务板块如零售业务、对公业务和投资银行业务皆围绕核心的私人银行业务组织资源，实现跨部门的协同合作。②独立私人银行类财富管理机构以英国顾资银行（Coutts）和瑞士宝盛银行（Julius Baer）为代表，其最大的特点是除了私人银行业务外，不设其他业务板块，品牌优势突出，但缺少跨部门协作的规模优势。拓展阅读3-1对家族办公室与私人银行进行了比较分析。

拓展阅读 3-1
家族办公室 vs. 私人银行

3.1.3 投资银行/证券公司的财富管理

1. 投资银行的定义

投资银行是证券和股份公司制度发展到特定阶段的产物，是发达证券市场和成熟金融体系的重要主体。与商业银行作为金融中介主要从事间接融资服务功能不同，投资银行主要服务于直接融资的金融市场。狭义的投资银行业务主要包括一级市场上的承销、并购和融资业务的财务顾问；广义的投资银行业务除了包括狭义的投资银行业务以外，还包括证券的经纪、代理买卖和自营投资等业务，以及代理投资、设计和发行各种金融杠杆工具、风险投资、债券融资、为大型企业提供金融服务等。在现代欧美市场，其核心利润主要来源于投资业务与财富管理业务。投资银行是这类金融服务机构在美国和欧洲大陆的名称，英国称之为商人银行，日本和中国主要称之为证券公司。

2. 投资银行财富管理业务的发展历史

投资银行类财富管理机构是北美财富管理市场上财富管理机构的主要类型，此类机构从事的财富管理业务继承了欧洲传统的私人银行业务特点，但是所服务的客户与欧洲世袭家族财富的保守客户有较大差异。19世纪50年代～20世纪末，美国涌现出一大批白手起家的新富翁，其风险偏好程度较高，财富管理产品和服务体系创新速度较快，客户对资产增值的要求相对比较高；同时也因金融行业竞争加剧需要快速拓展新客户，从而形成"围绕客户需要，无论金融服务还是其他服务都会涉及"的理念和局面，财富管理机构承担起了客户的全能型管家的角色。此后随着全球经济快速增长和资本市场全球化的发展，大型投资银行开始通过自营与兼并发展其财富管理业务，业务的综合性特征和混业经营特征显著。

3. 投资银行财富管理业务的内容与特征

投资银行类财富管理机构以美国的摩根士丹利（Morgan Stanley）和高盛集团（Goldman Sachs）为代表，其客户主要是企业主，财富管理业务的开展主要是借助投资银行平台，为企业主客户个人及其公司提供高度定制化的投融资、大额借贷和共同投资等服务。其典型特征表现为：投资银行通常以借贷和参股的方法投资客户的企业，并且与客户形成利益共同体，提高客户黏性。而与客户个人相关的资产增值保值、信托、税务、保险等非核心财富管理业务，则主要借助第三方机构辅助提供。

4. 中国证券公司的财富管理业务

进入 21 世纪后，中国国内证券公司的财富管理业务才开始初步发展，早期大多以经纪业务为基础；自 2010 年广发证券成立第一家券商财富管理中心后，众多券商相继成立财富管理中心，结合各自业务特点逐步拓展产品代销、融资融券、资讯服务和投资咨询服务等业务领域；2018 年 4 月《关于规范金融机构资产管理业务的指导意见》的颁布和实施，导致原以通道业务收入为主的财富管理业务发展受限，各券商开始逐步转向以客户关系驱动的财富管理发展模式。发展财富管理业务的国内券商代表性机构有广发证券、中信证券等。广发证券将其内部组织架构分为投资银行、财富管理和交易及机构三个模块，财富管理部门下设零售经纪及财富管理、融资融券、回购交易和融资租赁等四个业务子模块⊖。

3.1.4 商业银行的财富管理

1. 商业银行的定义

商业银行是以多种金融负债筹集资金、多种金融资产为经营对象，具有金融中介、支付、信用创造和金融服务等职能，以实现价值最大化为目的的金融中介机构。迄今为止，吸收公众存款、发放贷款仍是商业银行的主要业务，但随着经济金融发展和市场结构转变，商业银行的业务逐渐呈现多样化发展特征，财富管理业务逐渐成为商业银行的重要业务板块之一。

2. 商业银行财富管理业务的发展历史

进入 21 世纪后，财富管理行业的发展正经历产品、客户、区域和业务等方面的结构性变化。首先，互联网经济发展浪潮下，金融科技异军突起，数字普惠金融快速发展，高端理财产品市场呈现下沉趋势。其次，年轻的企业家与财富继承人具有更好的金融素养，财富管理的自主性大大增强，对各机构开展财富管理业务提出了更多挑战。再次，从行业发展的区域特征来看，近阶段亚洲财富市场快速崛起，由高速经济增长

⊖ 小米金融科技研究中心，《国内券商转型财富管理：摩根士丹利的经验分析》，2019。

带来的财富人群和财富规模的激增，使得中国和印度成为亚洲财富管理的最大市场。最后，从全球范围来看，财富管理业务内容和结构也由于国际反洗钱的监管力度增强导致离岸业务的发展受限而发生结构性改变，原来具有离岸业务优势的私人银行类和投资银行类财富管理机构的发展相对受阻。商业银行由于具有显著的客户、产品和业务集成优势，其财富管理业务在21世纪得到快速发展。尤其在中国市场，商业银行已成为中国财富管理市场的绝对主力。

3. 商业银行财富管理业务的内容与特征

商业银行的财富管理业务在早期银行个人理财业务的基础上发展而成，具体是指银行通过设立独立的财富管理部门或私人银行部门，由专属的客户经理及其团队为高净值个人和家庭客户提供以投资理财服务为核心，包括金融规划、风险管理、税务服务、资产管理、投资组合管理、房地产管理、资产转移、信托管理和家庭理财顾问等多项服务在内的综合业务。商业银行类财富管理机构具有客户数量大、层级多、涉及面广和产品与服务比较全面等特征，业务发展的规模优势突出。

4. 商业银行财富管理组织形式的分类

就其对内业务模块而言，商业银行内部以私人银行业务为核心的财富管理业务组织架构大致可以分为三类：①"事业部"模式。在总行设立财富管理或私人银行部，分行设立财富管理或私人银行分部或中心，实行独立运营、单独核算和垂直管理。该模式区别于一般零售银行业务，追求统一的后台支持和产品与服务开发体系，集中资源优势开展其自身特色的私人银行服务，典型代表有美国美林、汇丰银行和法国巴黎银行。②"大零售"模式。财富管理或私人银行部门隶属于零售银行部门，其业务通常与零售银行业务范畴内的贵宾理财、个人信贷等属于相同管理级别，目的是共享零售银行业务资源，获取零售银行的高端客户，典型代表有巴克莱银行和桑坦德银行。③"大资管"模式。财富管理或私人银行部门隶属于资产管理部门，在总行设立资产管理部门，负责产品开发、筛选和资产组合管理，财富管理或私人银行部在总行和部分分支行设立服务网点，承担产品分销渠道的职能。其目的在于充分利用母银行的资产管理优势，更专注于客户关系管理与营销，典型代表有摩根大通和德意志银行⊖。拓展阅读3-2介绍了招商银行的财富管理架构与客户分层。

拓展阅读3-2
招商银行财富管理架构与客户分层

3.1.5 信托公司的财富管理

1. 信托与信托公司的定义

信托是以信用为基础的法律约束行为，表现为委托人、受托人和受益人三者之间的法律关系。《中华人民共和国信托法》将信托定义为"委托人基于对受托人的信任，将其财产权委托给受托人，由受托人按委托人的意愿以自己的名义，为受益人的利益或者特定目的，进行管理或者处分的行为"。我国现有的国内信托更多的是代表一种具

⊖ 三大模式的划分参考王增武的《家族财富管理：策略、产品与案例》一书。

有反向信托特点的金融产品，主要是为了解决项目的融资问题，通常表现为集合资金信托计划。信托公司是中国特色的信托业务开展机构，国外的信托业务开展机构一般是信托银行或者投资银行。

2. 信托的发展历史

现代信托业发源于英国，繁荣于美国，创新于日本，在西方发达国家的发展已经有了近 200 年历史。信托业发展的基础是受信于民，在英国信托是财富管理的主要方式，以民事信托和个人信托为主。美国与英国一样都是判例法系的国家，美国的信托制度受继于英国，却是商事信托和法人信托的主要发展者，其信托主要发挥金融服务功能，由投资银行开展信托业务。日本在 19 世纪末引入美国信托制度，但作为大陆法系国家，因其法律中缺乏信托概念的土壤，早期以金融信托为发展开端时经历了 20 多年业务比较混乱的局面，之后开创了日本特色的金钱信托[一]和贷款信托[二]业务，由信托银行开展信托业务，承担长期融资功能。自 20 世纪 70 年代后期开始，日本信托业进入快速发展时期，财产形成信托、年金信托、职工持股信托、特定赠与信托、收益期满兑现型信托等各类创新型信托业务不断推陈出新，使日本信托业务形成了范围广、种类多、方式灵活、经营活跃的突出特点。新中国第一家信托机构——中国国际信托投资公司于 1979 年成立，是中国中信集团公司的前身。中国信托业经过 40 多年的发展，现已经成为我国第二大金融子行业，目前有 68 家在营信托机构。

3. 信托公司财富管理业务的内容与特征

目前我国信托公司开展财富管理业务的目的是满足公司信托产品的资金募集需求，以家族信托业务为核心，为财富家庭提供有关信托产品的资产配置方案，具体产品内容涉及单一类信托业务，房地产、融资平台或工商企业投融资集合信托，证券投资集合信托，股票/股权收益权集合信托和信贷资产证券化类等。信托公司是我国金融机构中唯一能够横跨货币市场、资本市场和实业投资领域进行经营的金融机构，信托牌照具有最广泛的类似于金融"全牌照"的业务灵活性优势。目前我国信托公司的财富管理业务发展仍处于初级阶段，还停留在"以产品销售为中心"的经营理念。

3.1.6 保险公司的财富管理

1. 保险公司的定义

保险公司是承担各类可保风险，并专门进行风险管理的商业组织机构。它通过为被保险人提供各种保险产品来满足他们转移风险、减少损失、保障生活水平、获得储蓄投资收益、获取金融服务等各方面的需要[三]。

[一] 金钱信托是以金钱作为信托财产的信托类型。委托人可以通过受托人对指定受益人定期拨付或到期拨付信托财产，以照顾受益人在教育、生活、养老等方面的需求；既能妥善做好人生规划，又可以安全有效地转移财产，还能达到节税的目的。

[二] 日本首创的贷款信托是金钱信托业务中的一种，信托银行以类似存款（期限为两年以上）的形式归集资金（注：当时日本的银行只经营两年以下的贷款业务），向企业和政府提供长期贷款，实现长期融资功能。贷款信托与银行存款相比，既享受类似于存款受到存款保险的好处，又因其信托特点具有风险隔离的益处。

[三] 孙祁祥. 保险学 [M]. 6 版. 北京：北京大学出版社，2017.

2. 保险公司财富管理业务的内容与特征

保险的功能与财富管理目标高度契合，在债务风险隔离、风险转移、损失补偿、资产保全与传承、避税和投融资等多个方面满足不同层次人群财富管理的需要，是任何财富管理人群不可或缺的产品类型。保险公司开展财富管理业务具有以下几个特征：①保险产品的风险隔离、风险转移和损失补偿功能能为客户起到财富管理的"压舱石"作用；②保险产品大多具有长周期特征，可贯穿客户的整个生命周期，可实现对客户财富管理的延续效应，增加客户黏性；③保险合同具有标准格式合同性质，同业竞争中的产品差异化程度低，保险公司开展财富管理业务需要更多关注客户需求，以专业的服务作为核心竞争力。

3. 保险公司财富管理组织形式的分类

目前我国保险公司开展财富管理业务尚处于初级阶段。保险公司从事财富管理业务的组织形式除了有一直以来保险与非保险企业合作的异业联盟模式外，越来越多的保险集团/公司内部开展财富管理业务，形成多种内部运营模式，大致可分为集团内银保合作、部门/中心、品牌产品和独立法人四种⊖。①集团内银保合作模式。典型代表有平安保险的综合金服模式，平安保险通过收购深圳发展银行并将财富管理部划归给平安银行，将中国平安旗下的寿险、产险、年金、健康险、银行、资管、证券、信托、基金、消费信贷等十大业务条线整合成一个完整的金融产品体系，最终实现"一个客户、一个账户、多个产品、一站式服务"的综合金融服务目标，再通过后台大数据进行客户分类，实现高端客户的精准定位和全面财富管理。②部门/中心模式。以二级部门或中心的形式下设财富管理部门，大多以人才培养为导向，兼顾机构设置功能，培养专门服务于中高端客户的具有高学历、年轻化、扁平化特征，具有理财规划师执业证和其他专业执业证的保险精英，组建持有双证甚至多证的高端综合金融服务团队，旨在与银行、证券、基金、信托以及非金融机构展开深度合作，为中高端客户量身打造全生命周期的家庭理财和保险与传承规划。③品牌产品模式。尚未设立单独财富管理部门的保险公司多在产品分类中，会明确列出与财富传承或家庭收入保障相关的保险产品，用兼具"保值、保赚、保障"特色的新型保额分红产品，为广大客户提供量身定制的金融理财规划服务。④独立法人模式。采取独立法人模式开展财富管理业务，能通过有效突出主体资格厘清法律责任，以达到防范主体风险的目的，同时通过加快产品创新和减少集团内管理成本提高业务管理绩效，最终达到增强市场竞争力的目的。

3.1.7 第三方财富管理机构的财富管理

1. 第三方财富管理机构的定义

第三方财富管理机构是指在财富管理业务中，个人投资者作为第一方（金融产品与服务的需求方），各金融机构作为第二方（金融产品与服务的供给方），第三方机构独立于任何金融机构，以客户利益为导向，运用其专业经验客观分析客户的财务状况和理财需求，充分分析和公正利用金融机构提供的产品与服务，对接客户需求，通过

⊖ 王增武. 家族财富管理策略、产品与案例［M］. 北京：社会科学文献出版社，2017.

专业科学的顾问式服务，为客户提供量身定制的综合金融解决方案和理财规划，通常也被称为独立第三方财富管理机构。随着市场的变化发展，目前部分原有独立第三方财富管理机构在建立金融产品组合超市和提供客户服务的基础上，也成立资产管理部门进行产品创设，在获得更高市场收益的同时也增加了与客户利益冲突的道德风险。

2. 第三方财富管理机构的发展

第三方财富管理机构作为服务中介金融机构，通常以"资金端"和"产品端"双向丰富为背景，在两端信息和专业技术不对称程度加大的情况下产生。20世纪80年代第三方财富管理机构起源于北美，20世纪90年代在中国香港和新加坡起步，2005年左右才在中国内地出现，目前处于快速发展时期。全球代表机构有美国的精品买方投顾三方理财公司柯契斯（Aspiriant）和贝拉德（Bailard），新加坡的鑫盟理财，中国香港的康宏理财集团、安达理财等。在欧美发达国家，第三方财富管理机构在财富管理市场所占份额达60%以上，在中国台湾、中国香港等地区占比约30%，在中国大陆由于第三方财富管理机构产生较晚，占财富管理市场份额不到5%。

3. 第三方财富管理机构的业务内容与特征

第三方财富管理机构以满足客户需求为目标，以对各类金融产品客观公正的分析评价为基础，为客户筛选符合其需求的产品组合，提供专业的资产配置与财务规划方案并辅助客户执行，为客户的财富实现保值、增值和传承服务。

相对于各大金融机构的财富管理，成熟市场上的独立第三方财富管理机构具有以下几个方面的优势：①立场独立。第三方机构可以对金融机构的各类产品与服务进行客观公正的分析评价，真正做到以客户需求为中心。②资金安全。第三方机构只对金融机构的产品进行分析筛选，无直销，无代销，客户只根据第三方机构提供的资产配置方案进行具体的执行；即使客户全权委托，第三方机构也必须通过委托合同中的具体授权，才能帮助客户做具体的交易操作。因此，在获得第三方机构的服务时，客户无须担心资金安全问题。③风控严格。第三方财富管理机构通常单独设立风控委员会，对市场众多的产品进行风险收益分析，精选性价比高的产品，尽职调查产品的合法、合规和安全性。④服务专业。与金融机构作为产品的设计者和提供者不同，第三方机构的核心价值是专业服务，基本采取一对一的形式，向客户提供财务咨询、资产配置、产品交易等一揽子服务与持续跟踪的一站式顾问式理财服务。

4. 中国的第三方财富管理机构

目前中国第三方财富管理的发展尚处在起步阶段，未来发展空间巨大。与国外第三方财富管理机构大都是服务高净值客户不同，国内第三方机构中既有针对高净值客户群体的高净值财富管理机构，也有因网络金融迅速发展而产生的针对大众客户群体的小额信贷公司与互联网金融机构（P2P）。第三方中高净值财富管理的代表机构有诺亚财富、钜派投资、恒天财富等；互联网金融的代表机构有陆金所、天天基金网、拍拍贷等；也有部分原来针对大众客户群体的P2P公司逐步向独立财富管理机构转型，如宜信财富、恒昌财富等。而多数小额信贷公司和部分P2P互联网金融机构由于法律地位不明确、政府监管缺乏和内部风控水平低等原因，发展受到极大限制。目前中国第三方财富管理机构的发展优势虽然尚未形成，但是伴随着财富科技的快速崛起以及金融监管体系的不断完善，第三方财富管理机构将拥有广阔的发展前景。

3.2 财富管理产品体系

向财富客户提供资产配置服务的基本理念就是根据客户所要求的投资目标,遵循分散化投资原则,将财富配置到不同类型的资产中。流动性、收益性与风险性是投资资产的三大基本属性。分散化投资的实质是考察各项资产在流动性、风险性和收益性上的差异,利用各资产之间三大基本属性的差异及其变化特征,为客户设计和配置与其风险承受能力和投资需求相适应的风险资产组合。因此,在财富管理业务中,对可投资品的分类更重要的是,依据产品价值(收益)、风险与流动性特征在满足客户需求方面的功能差异进行分类。根据该分类标准,财富管理业务中可投资品基本可分为现金资产类、固定收益类、权益资产类、另类资产类、保险类、信托类和跨境产品类七大类别[1]。

3.2.1 现金资产类

此类产品具有高流动性、低风险和低收益特征。因为现金具有最高流动性,所以适用于满足客户在日常生活中各类支付结算的需要。由于持有现金不会给持有者带来收益,持有现金过多(规模超出一定时期内生活中结算支付所需)还会导致持有者承担一定的机会成本,加上持有现金本身也会使持有者在市场出现通货膨胀的情况下承担货币贬值的风险,因此现金不是现金管理唯一的工具。

为了对冲持有现金所产生的机会成本,实现现金资产一定的收益性,投资者可以选择不同类型的传统商业银行存款,也可以选择将现金投资于另外一些同样具有高流动性,风险较低,又能提供相对略高投资收益的新型现金管理类金融产品。这类新型现金管理类金融产品往往由金融机构向公众发行,取得资金后投资于金融市场上的低风险金融工具,如金融机构之间的同业拆借、短期回购、剩余期限短于1年的国债、央行票据等。个人投资者通过购买金融机构发行的新型现金管理类产品,可以间接参与个人投资者所不能直接参与的相关金融市场,获得市场上风险产品所带来的相对较高的收益。这些产品的资金投向基本类似,在流动性、风险性和收益性方面的特征也很接近,只是产品发行机构有所不同,具体参看表3-1。

表3-1 现金资产类产品

传统现金资产类产品(商业银行)	新型现金资产类产品
现金	货币市场基金 (基金公司)
活期存款	短期理财基金 (基金公司)
通知存款	货币型资产管理计划 (证券公司)
定期存款	货币型信托 (信托公司)
	大额可转让定期存单 (商业银行)

资料来源:根据中国银行业协会《私人银行理论与实务(2017年版)》产品分类相关内容整理所得。

---

[1] 中国银行业协会. 私人银行理论与实务 [M]. 北京:中国金融出版社,2017(4):60.

3.2.2 固定收益类

此类产品是指发行方承诺未来还本付息的债务工具及其金融衍生品，通常也被称为固定收益证券。该类产品被冠以"固定收益"之名，是因为最早的债务工具在其产品条款中，约定了明确的未来还本付息时间和金额。但随着金融市场的发展和金融工具的创新，越来越多的债务工具在发行时并未明确约定未来还本付息时间和金额，但这些产品的收益或价值仍与市场利率水平密切相关，如浮动利率债券、可转换债券、可赎回债券和可回售债券等，因此我们仍将其归类为固定收益类产品或利率类产品。固定收益类产品主要可以分为固定收益类基础产品、固定收益类衍生品和固定收益类结构化产品三个类型。

1. 固定收益类基础产品

固定收益类基础产品种类繁多，依据发行主体的不同，可分为政府债和公司债。政府债又可细分为由中央政府发行的国债、政府机构发行的政府机构债和地方政府发行的地方政府债券，一般而言中央政府发行的债券信用风险要小于地方政府债。公司债是由股份有限公司或有限责任公司发行的债券，按照偿债优先级的不同，可分为优先债、一般债和次级债。在中国市场上，由中央政府部门所属机构、国有独资企业和国有控股企业发行的债券，通常被称为企业债，其信用级别要高于普通的公司债。由于各债券的发行主体不同和期限不同，债券具有不同的利率风险结构和利率期限结构特征。投资者为了分散风险并获得不同的风险暴露收益，还可以投资以债券为基础的债券型基金，债券型基金的风险收益受基金内部各类构成债券风险收益变化的因素影响。

2. 固定收益类衍生品

为了对冲固定收益类产品的信用风险和利率风险，作为风险管理工具的固定收益类衍生品应运而生。这些衍生品大多以不同信用指标和利率指标为标的。以信用为标的的衍生品有信用违约互换、全收益互换、信用利差期权等，通常也被称为信用类衍生品。以利率为标的的衍生品主要有利率远期、利率期货、利率互换和利率期权等，也被称为利率类衍生品。风险对冲的结果就是把风险转移给衍生品的交易对手，交易对手之所以愿意接受风险，是因为其在衍生品市场上可能存在与投资者方向相反的对冲需求或存在异质性预期，也可能是想要通过主动获得风险暴露获取较高预期投资收益。因此，衍生品本身既可以作为风险管理工具，也可以作为获得风险暴露取得高预期收益的投资手段。

3. 固定收益类结构化产品

固定收益类产品除了基础产品和衍生品类别外，还有为改变原有债务工具的回报结构而将基础性债务工具、衍生品以及其他金融资产进行拆分重组的结构型债务工具，这类产品被称为固定收益类结构化产品。结构化产品一般分为两种类型：一类是在债务工具上嵌入金融衍生品，如嵌入相对简单期权的含权债券，常见的产品有可赎回债券、可回售债券、可转换债券和可交换债券等；或是将收益通过一些特殊的金融衍生品与其他资产相联结的收益联结型债务工具，如逆向浮动利率票据。另一类是资产证券化产品，即发行人将资产价值打包，以标准化证券的形式出售而获得资金，这些资产的收益将作为投资该证券化产品的未来回报。对于投资者而言，通过购买此类证券化产品，可凭借小规模资金获得某一类流动性较差但收益相对较高的风险暴露。资产证券化的实质就是将低流动性资产转化为高流动性资产的过程，常见的资产证券化产品有房地产抵押贷款支持证券（MBS）、资产支持证券（ABS）、现金债务抵押证券（Cash CDO）等。固定收益类产品分类如表 3-2。

表 3-2 固定收益类产品

固定收益类基础产品	固定收益类衍生品	固定收益类结构化产品
国债 政府机构债 地方政府债 公司债 债券型基金	信用类衍生品：信用违约互换、全收益互换、信用利差期权 利率类衍生品：利率远期、利率期货、利率互换、利率期权	嵌入金融衍生品的结构化产品：含权债券、收益联结型债券 资产证券化产品：资产支持证券、债务抵押证券

资料来源：根据中国银行业协会《私人银行理论与实务（2017 年版）》产品分类相关内容整理所得。

所有固定收益类产品都具有信用风险（credit risk）和利率风险（interest rate risk），可赎回债券还具有赎回风险（call risk）。信用风险是指融资人或发行方不能按照约定时间或金额支付本金和利息的风险，也称为违约风险（default risk），不同发行主体的信用风险大小不同。利率风险是指由于市场利率变化导致固定收益类产品的价值或收益发生变化的风险，如市场利率上升将导致持有固定利率债券的机会成本上升，固定利率债券对投资者吸引力下降，债券需求减少，从而导致债券价格下降。赎回风险是指可赎回债券的发行者在市场利率下降时，为降低融资成本有权选择赎回这些债券，投资者将因为债券赎回而面临利息收入损失和未来投资收益下降的双重风险，赎回风险也被称为提前偿付风险（prepayment risk）。拓展阅读 3-3 介绍了资产支持证券及其证券化流程。

拓展阅读 3-3
资产支持证券与证券化流程

3.2.3 权益资产类

权益投资是将投资资金转化为特定企业所有权的过程，投资者持有企业的权益类资产代表其对企业的所有权，并承担以出资为最大限额的有限责任。权益资产类产品大多以公开上市股票或非公开股权形式呈现，公开上市股票因其标准化和公开交易而具有成熟的二级市场，具有极好的流动性。非公开的企业股权包括非上市公司的股权和上市公司的非公开交易股权，根据投资进入时企业所处的不同发展阶段，可分为天使投资（AI）、风险投资（VC）和私募股权（PE）。这种股权一般不做标准化份额，同时因为没有在交易所上市，投资者要撤回投资只能主动寻找买家或通过并购方式转让股权，流动性较差。由于非公开企业股权的投资策略和交易方式与公开上市股票截然不同，所以一般把非公开股权投资作为一种相对独立的投资类别归属于另类资产类别中。

1. 股票

公开上市股票产品根据股东权利不同可分为普通股和优先股。普通股的主要特点是剩余索取权、决策参与权和有限责任,且股利分配不确定,其投资收益来自所有权衍生出的由企业生产经营利润分配而产生的收益,以及所有权转让带来的收益和企业清算时的剩余索取权。与固定收益类产品的投资具有到期时间和还本付息承诺不同,普通股的投资所代表的权利具有永久性和不可偿还性,一旦投资,不可退股,只能转让或赎回;股利分配非发行人义务,没有明确的收益承诺,风险大。优先股兼具权益类和固定收益类产品的部分特征,与权益类产品相同的是,优先股投资具有永久性、不可偿还性和有限责任,且股利分配非发行人义务等;与固定收益类产品类似的是,优先股具有支付承诺,无决策参与权;优先股还具有独立于上述两类产品的特点,其股利分配虽有支付承诺,但没有定期特征,股利可以累积;另外,其"优先"特征是指发行人在支付普通股股利之前,必须首先全部付清优先股股利。部分优先股也具有可赎回或可转化、与利率挂钩的相关特征。

2. 股票基金与股票指数基金

由于个股受个别风险(非系统风险)和市场风险(系统风险)的共同影响,各个股的价格和收益变化差别很大。为了在分散风险的同时获得一定的风险回报,人们往往根据股票收益变化的差异性选择特定的股票组合进行分散投资。其中,由于资金的规模效应和专业化,更多投资者会选择基金公司发行的股票型或者股债混合型基金产品。

为了反映不同类别股市在长期内的平均变化趋势,可以根据不同的标准选择不同的一篮子股票进行股票组合,构建不同的股票价格指数(简称"股指")。股票价格指数是对组合内所选股票价格,按照市值进行加权平均并做定基和标准化处理后所得。股票价格指数有综合型指数、细分行业指数、根据特殊指标构建股票组合后计算的指数(如反映高市场风险股票行情的高贝塔指数)等。股指可以作为投资标的,但股指本身不能直接交易,投资者需要通过购买股票指数基金来分散风险或获得市场风险暴露。

3. 股票指数类衍生品

股票指数类衍生品也是权益类产品的一部分,是以特定的股票价格指数为标的资产的金融衍生品,在发达金融市场,其成交活跃度与本身所标的的基础类资产的成交活跃度不相上下。基础类资产大多被作为长期投资工具,而衍生品则被作为风险转移工具,因此基础类资产市场也被看作价值市场,衍生品市场被看作风险市场,对于专业投资机构和高端投资者而言,二者缺一不可。

权益资产类产品类别如表 3-3 所示。

表 3-3 权益资产类产品

投资产品(工具)类别	产品名称
股票	普通股、优先股
股票基金	股票型基金、股债混合型基金
股票价格指数基金	复制型指数基金、增强型指数基金
股票价格指数衍生品	场内交易:股指期货、股指期权、基于指数 ETF 的期权
	场外交易:远期合约、收益互换、指数联结型结构化产品

资料来源:根据中国银行业协会《私人银行理论与实务(2017年版)》产品分类相关内容整理所得。

3.2.4 另类资产类

另类投资是相对于传统金融投资而言,在投资资产类别或投资策略和交易方式层面都具有显著不同特点的投资类型。按照资产类别划分,另类资产可分为实物类资产和另类金融类资产。

1. 实物类资产

实物类资产主要涉及不动产、大宗商品和收藏品等。不同实物类资产的市场特征和定价机制具有显著差异,如不动产价格由特定区域的市场供求决定;大宗商品价格由全球的市场供求决定;而收藏品大多存在供给变动小甚至固定不变的特征,价格仅取决于市场需求的变化。另外,实物类另类资产的交易方式也存在较大区别,不动产的投资可以通过直接购买实现,也可以通过购买房地产信托投资基金等金融工具来实现;大宗商品的投资同样可以通过买卖商品本身实现,还可以通过买卖商品期货等衍生工具来实现,但收藏品的投资大多只能依靠拍卖竞价或买卖双方直接对接来实现。

2. 另类金融类资产

另类投资中的金融类资产主要包括非公开上市公司股权、证券化产品、房地产信托投资、对冲基金,以及包含高收益债券、新型市场资产和重振资本等在内的其他高风险另类资产,如表3-4。另类资产的投资策略与传统金融投资产品追求相对收益不同,追求的是绝对收益。

表3-4 另类资产类产品

实物类另类资产	不动产:土地、农林场、商业与住宅房地产
	大宗商品:贵金属、原油、有色金属和其他大宗商品
	收藏品:艺术品、古玩、邮票、红酒等
金融类另类资产	非上市公司股权:天使投资、风险投资、私募股权
	证券化产品:房地产抵押贷款支持证券(MBS)、资产支持证券(ABS)、现金债务抵押证券(Cash CDO)
	房地产信托投资
	对冲基金
	其他高风险另类资产:高收益证券、新型市场资产、重振资本

注:更详细的内容建议参考中国银行业协会《私人银行理论与实务(2017年版)》产品分类相关内容。

3.2.5 保险类

保险类产品是由保险公司以保险合同的形式为客户提供人身风险和财产风险管理的产品类别。保险类产品具有覆盖风险敞口、财富保障、税收优化和财富传承等功能,部分保单还具有融资功能,是家庭财富管理资产配置中的必需产品类别。保险公司之所以能够承担风险发生后的赔付责任,主要是因为针对大量同质的个体风险卖出了大量同质的保险产品,通过保费的集中来承担小量风险发生的赔付责任。根据保险标的的划分,保险类产品主要分为人身保险和财产保险两大类。

1. 人身保险

人身保险以人的身体和寿命作为保险标的,投保人按照保单约定向保险人(保险公司）缴纳保险费，当被保险人在合同期限内发生死亡、伤残和疾病等风险，或达到人身保险合同约定的年龄或期限时，由保险人依照合同给付保险金承担赔偿责任的保险。人身保险包括人寿保险、年金保险、意外伤害保险和健康保险等，如表3-5。

2. 财产保险

财产保险是指投保人根据合同约定向保险人交付保险费，保险人按保险合同的约定对所承保的财产及其相关利益因自然灾害或意外事故造成的损失承担赔偿责任的保险。财产保险包括财产损失保险、责任保险、信用保险、保证保险等以财产或其利益为保险标的的各种保险，如表3-5。

表3-5 保险类产品

人身保险	人寿保险：定期寿险、终身寿险、两全保险；创新型人寿保险（如分红险、万能险） 年金保险：定期年金、终身年金 意外伤害保险：意外残疾与身故保险、意外医疗保险 健康保险：疾病保险、医疗保险、收入补偿保险
财产保险	财产损失保险：家庭财产保险、企业财产保险、货物运输保险、运输工具保险、工程保险、农业保险 责任保险：公众责任保险、产品责任保险、雇主责任保险、职业责任保险、环境责任保险、个人责任保险 信用保险：商业信用保险、投资保险（政治风险保险）、出口信用保险 保证保险：忠诚保证保险、履约保证保险

资料来源：根据中国银行业协会《私人银行理论与实务（2017年版）》保险类产品的分类表和孙祁祥《保险学（第六版）》中第三篇"保险的基本类别"的相关内容整理所得。

3.2.6 信托类

1. 信托类产品的界定

《中华人民共和国信托法》将信托定义为"委托人基于对受托人的信任，将其财产权委托给受托人，由受托人按委托人的意愿以自己的名义，为受益人的利益或者特定目的，进行管理或者处分的行为"。信托类产品是指由信托公司或从事信托业务的其他金融机构，为满足投资者的财产保值增值需求和项目方融资需求，运用信托法理创设的金融产品。

要判断一个金融产品是否属于信托类产品，依据的标准主要有三个：①是否存在独立受益权。独立受益权的存在必须以受益人与委托人相分离为前提，即使在自益信托中受益人就是委托人，但受益权本身可以转让给第三方。②是否存在确定的信托财产。设立信托，必须有确定的信托财产，且信托财产必须具有独立性，独立于委托人的其他财产，独立于受托人的自有财产和受托人管理的其他信托财产，独立于受益人的财产。信托的生效必须以财产权转移给受托人为前提，此时财产权被转移的资产才可被称为信托财产。因为信托财产的独立性，委托人的债权人、受托人的债权人和受益人的债权人一般情况下都不得对信托财产进行追索，使得信托产品具有极其良好的风险隔离功能。③信托责任是否与信托利益相分离，且受托人对信托财产是否承担有限责任。通常情况下，"谁受益，谁担责"是一条基本法律准则，但在信托关系中，受益人享有因信托财产的管理与运用所产生的收益，而信托财产的管理责任与风险由信托财产本身或者受托人承担。《中华人民共和国信托法》规定"受托人以信托财产为限向受益人承担支付信托利益的义务",受托人在法理上无须对信托财产管理的保本和盈利承担担保责任。2009年生效的《信托公司集合资金信托计划管理办法》规定,"信托公司依据信托计划文件管理信托财产所产生的风险,由信托财产承担。信托公司因违背信托计划文件、处理信托事务不当而造成信托财产损失的,由信托公司以自有财产赔偿;不足赔偿时,由投资者自担",这一规定明确了信托产品的可能风险及其风险补偿。

2. 信托产品的特征

信托产品在内涵上表现为一组信托法律制度要素和金融技术要素的有机组合。信托产品的法律制度要素包括信托财产、信托当事人(委托人、受托人、受益人)和信托合同;信托产品的金融技术要素一般包括产品期限、产品收益(现金流)、产品风险控制、产品流动性、信用增级、产品可分性与复合性等。信托产品的独特法律结构使得信托产品具有其他金融产品所不具备的三大优势:一是具有优越的风险隔离功能;二是具有广泛的适用范围;三是具有灵活的交易结构。信托类产品具有所有金融产品中最大的品种多样性,分类方式繁多,其中相对重要的分类标准具体如表3-6。

表3-6 信托类产品分类

划分标准	一级分类	二级分类或代表产品
根据信托功能划分	财富管理类信托	代表产品:证券投资信托
	事务管理类信托	代表产品:职工持股信托
	公司或项目融资类信托	代表产品:贷款运用的集合信托、房地产开发的资金信托
	其他类信托	
根据信托财产初始性质划分	资金类信托	贷款信托、债权投资信托、股权投资信托、权益投资信托、证券投资信托[一]、融资租赁信托、交易运用信托、组合运用信托
	非资金资产类信托	不动产类信托、动产类信托、知识产权类信托、其他权利类信托
	财产权类信托(权利信托)	应收账款信托、银行信贷资产信托、人寿保险信托、股权质押信托
	资金与非资金相兼的混合资产类信托	公益信托、遗嘱信托、企业清算信托、企业重组信托
根据委托人数量划分	单一类信托	委托人主动发起,委托人通常是机构
	集合类信托(集团信托)	受托人主动发起,委托人通常是社会投资者
根据委托人法律属性划分	个人信托	生前信托和遗嘱信托、财产处理与监护信托
	法人信托	与企业融资相关的、与经营管理相关的、与财产管理相关的、与公司员工受益相关的信托
	个人与法人结合的信托	企业年金信托、员工持股信托

资料来源:根据美国和日本信托业分类体系和中国上海信托登记中心制定的《上海信托登记中心业务制度》对信托产品的分类整理所得,更详细的内容可参看杨林枫等《信托产品概述》。

3.2.7 跨境产品类

跨境资产配置具有扩大投资范围,获得以外币计价资产的风险暴露,通过对冲一

[一] 股权投资信托、权益投资信托和证券投资信托三者的区别在于资金投向不同:股权投资信托的资金投向非上市公司股权;权益投资信托的资金投向在一定期限内能够带来持续稳定现金收益的财产权,如基础设施的收费权、教育旅游等项目的收费权、公共交通的运营权等;证券投资信托的资金投向各类证券市场工具。

国宏观经济变动带来的系统性风险进行汇率风险管理等功能。跨境产品类包括上述所有类别的境外可投资产品，由于这些产品具有双重风险特征，投资此类产品不仅能获得特定资产本身的风险暴露，还能获得外币汇率的风险暴露，因此这类产品也通常被归类为大类资产中的汇率类资产。不同国家对资本资产跨境流动的政策限制不同，人民币的跨境流动受中国人民银行相关法律法规和政策的约束与管理，同时也依据其所提供或准许的机制或通道，让投资者合法地将人民币资产配置到境外市场中。各财富管理机构利用这些机制或通道，研发各类跨境投资产品，满足国内客户的全球资产配置需求。目前人民币跨境资产流动的已有机制或通道具体如表3-7所示。随着人民币资本项目的逐步开放和人民币国际化的进一步推进，跨境资产配置将更好地满足财富客户的全球资产配置需求。

表3-7 人民币资产跨境流动的机制或通道

机制或通道	投资范围
QDII（合格境内机构投资者）	境外证券市场
QDLP（合格境内有限合伙人）	境外二级市场，以对冲基金为主
沪港通	香港股票市场
深港通	香港股票市场
沪伦通	伦敦股票市场
QFII（合格境外机构投资者）	
RQFII（人民币合格境外机构投资者）	

资料来源：根据中国银行业协会《私人银行理论与实务（2017年版）》P80-83的相关内容整理所得。

专栏 3-1

财富管理产品的其他分类：按照产品属性分类

财富管理产品是财富管理机构向客户提供资产配置服务的基础，是为客户设计和实施各项服务方案的根本依据。根据产品构成属性的不同，整个产品体系可分为金融类产品和实物类产品，其中金融类产品按照产品结构又可以进一步划分为基础类产品、衍生品和结构化产品。

（1）**基础类产品**。也称为基础资产，通常是指产品中不含有金融衍生品的证券产品，其内部结构相对简单，潜在收益与风险易于识别，方便投资者理解；标准化程度较高，大多有二级交易市场，具有较强的流动性；在定价方式上，大多采用绝对定价法，即用未来现金流的现值来进行产品估值。基础类产品品种较为丰富，包括普通存款、股票、债券、外汇、证券化的贵金属和共同基金等。

（2）**金融衍生品**。金融衍生品是以传统金融基础类产品（如货币、债券、股票和指数等）或金融变量（如利率）为基本标的，以杠杆或信用交易为特征，为交易者提供避险和套期保值等作用的具有新的价值的交易工具。由于具有杠杆或信用交易特征，所以该类产品具有很强的投机性；另外，由于衍生品通常是对现时基础工具的未来结果进行交易，使得交易本身具有表外特征，其收益的不确定性也更大；其标的物涉及范围广，但能称为衍生品标的的基础资产必须具备明确的价值标准。衍生品的品种非常多，但基本构成元素一般可归类为远期、期货、期权和互换四种⊖。

（3）结构化产品。通常也被称为嵌入金融衍生工具的证券，是融合了固定收益证券和金融衍生工具特征的一类新证券，结构化产品内部通常包括多个基础类产品标的，可针对具有特定风险收益要求的投资者群体进行设计，以满足其特定的投资目标。从产品功能上来看，结构化产品既可以让投资者进行分散化投资，实现通过单一基础类产品投资所不能实现的风险收益要求，又可以使投资者用相对较低的成本参与到其本身难以直接参与的市场中，实现风险暴露的个性化和定制化。另外，当结构化产品的设计方为外部机构时，能将履约义务从投资者转移给具有更高信用级别的发行人，在对接产品供需双方的过程中，发行人的中介身份还能增强供需双方的信用，有利于产品本身的销售和履约，从而增进结构化产品的市场效率。由于客户需求的多样性和金融市场的多变性，使得结构化产品种类繁多，存在多个不同的分类标准：按照保本程度，可分为完全保本型、部分保本型和无本金保护型；按照结构化产品内嵌金融衍生工具的挂钩标的不同，可分为权益类、固定收益类、汇率类、大宗商品类等。能够成为结构化产品标的的某一类资产或某一个金融变量，必须满足其相对应的金融资产具有一个流动性充足的二级市场的基本条件。

3.3 财富管理服务体系

按照财富管理服务内容和满足客户需求功能的不同，财富管理服务可以主要分为资产配置服务、财富传承与保障服务、跨境金融服务、法律和税务咨询服务以及企业管理咨询服务等⊖；根据服务方式与收入模式，可以分为顾问咨询服务与管理费模式、经纪服务与佣金模式和综合服务收入模式。

3.3.1 财富管理的服务内容

1. 资产配置服务

资产配置服务是指财富管理机构根据客户提供的可投资资产基本情况，结合对经济金融市场运行状况的分析和判断，以及对各类可投资资产或产品的风险性、收益性和流动性等属性的掌握，为客户设计契合其需求的资产配置方案甚至进一步实施该方案的所有服务过程。客户对此类服务的需求主要是出于财富保值和财富增值的要求。按照财富管理机构参与度的不同，资产配置服务类型可以分为投资咨询和全权委托两大类。投资咨询一般涉及短期内与投资机会和操作策略选择相关的投资交易咨询和长期内与资产配置方案相关的投资组合咨询，这类服务不涉及具体投资方案的实施与操作，比较适合独立小型的专业化财富管理机构。全权委托往往要求财富管理机构不仅为客户设计资产配置方案，还要具有实施配置方案，进行配置操作的能力，这类服务比较适合大型的具有综合业务能力的财富管理机构。但由于大的综合型金融机构往往

⊖ 更详细的关于衍生金融工具的介绍可进一步参看机械工业出版社于2018年出版的任翠玉编著的《衍生金融工具基础》，以及中国人民大学出版社于2015年出版的《默顿·米勒论金融衍生工具》。
⊖ 参考中国银行业协会《私人银行理论与实务（2017年版）》第四章"私人银行服务"的相关内容。

具有产品开发能力,在提供服务过程中可能背离客户需求,偏向于配置自己机构发行的产品,容易产生利益冲突问题,因此在资产配置方案的设计中应保持警惕,避免利益冲突问题的发生。

资产配置服务的核心是设计出与客户风险偏好相一致的投资组合,其关键是要明确不同资产的收益和收益的波动性(风险)以及各类资产之间的相关性,依此进行资产的选择和资产比例的选择。一个好的组合应该使得组合的风险收益特征要优于每一个组成部分的风险收益特征。有关最优资产配置的基本原理具体可参考本书第4章和第6章。

2. 财富传承与保障服务

财富传承与保障服务的基本功能是实现家族财富的保值增值、代际传承和风险隔离。在财富传承中,可传承财富不仅包含金融资产和实物资产等有形财富的传承,还包括家族精神等无形财富的传承,其目标要求整合子女教育、留学移民以及法律和税务咨询等,属于更为复杂的财富管理服务范畴。根据波士顿公司的数据统计,只有30%的财富客户可将资产完整地保留至第二代,仅10%的财富客户可将资产完整地保留至第三代,因此财富管理机构为高净值客户提供财富传承与保障服务具有很强的重要性。国内高净值客户数量及其家族财富的大幅度攀升,导致我国财富传承与保障服务需求猛增,财富管理机构普遍开始尝试此类服务,具体形式有生前赠与、遗嘱(遗产规划)、大额保单、家族信托、家族慈善基金会等。

3. 跨境金融服务

跨境投资类产品是全球资产配置的基本要素,高净值客户可依托目前已有的跨境资金通道,借助金融机构提供的跨境金融服务,在全球范围内实现资产配置和开展人生与家族规划。目前开展跨境金融服务的中资金融机构以商业银行为主,跨境金融服务的业务模式大致可以分为三种:一是中资银行与外资私人银行合作,二是中外合资,三是中资银行直接建立跨境机构。我国跨境金融早期发展大多采用第一和第二种模式,随着近年来企业"走出去"和"一带一路"倡议的实施,各大中资商业银行在进一步深化与外资金融机构合作的同时,自身在全球范围内设立分支机构的速度也大大加快。以中国工商银行为例,截至2018年年底,工商银行已经在47个国家和地区建立了超过426家境外机构,覆盖六大洲和全球重要国际金融中心。

以中资商业银行为主体的国内各大金融机构所提供的跨境金融服务内容主要涉及以下几个方面:①针对个人客户的留学服务、境外投资服务、移民服务、离岸信托计划和财富传承服务;②针对企业客户的境外融资服务、结算服务、全球现金管理和投资银行服务;③针对个人和企业客户的离岸数字金融服务、投资顾问服务和境内外征信调查服务。根据2017年民生财富联合社科院国家金融与发展实验室以及北京东方国信科技股份有限公司发布的《2017中国高净值人群数据分析报告》,以"60后"和"70后"为核心的企业家群体是高净值人群的主力,不管是基于其企业经营的需要还是个人与家庭规划的需要,都将对上述三种跨境金融服务产生大量的需求。

4. 法律咨询服务

财富管理机构所服务的高净值客户在其事业发展和生活中往往面临各种人身和财产方面的法律问题,需要执业律师就相关法律问题做出解释、说明、提出建议或出具解决方案。财富管理机构为了更好地服务客户,通常会通过购买服务或战略合作的方式，聘请多家律师事务所围绕其个人、家庭、家族和家族企业为客户提供全方位、多层次、系统化、一站式的法律服务。法律咨询服务能有效防范法律风险，并在风险发生后有效降低当事人的损失。法律咨询服务根据咨询内容通常可纵向分为信息咨询、管理咨询和战略咨询；根据咨询方式可分为见面咨询和非见面咨询；根据提供咨询服务的方式可分为讲座式咨询、一对一咨询和会诊式咨询。法律咨询的具体事项涉及客户个人和家族成员的人身权益与个人、家庭、家族和家族企业的财产权益，包括但不限于以下多个事项：消费维权、房产争议、交通事故、名誉侵权、身份置换、民事与刑事风险防范、婚姻家庭关系、劳动关系、产品质量、知识产权、合同管理、公司治理、债权债务、股权协议、并购重组、离岸信托、跨境金融服务等。

5. 税务咨询服务

税务咨询是高净值客户寻求财富管理服务过程中的重要一环，与法律咨询服务类似，并非由财富管理机构直接提供，而是向专家或相关专业机构购买服务或以战略合作的方式聘请多家税务师事务所，全方位、多角度地满足客户多类型的税收筹划需求。因此，高净值客户与专业咨询机构之间才是委托和代理的关系，而财富管理机构只是起到帮其高净值客户推荐和协助的作用。合理的税收筹划，一方面保障客户行为的税收安全，不触犯法律法规；另一方面还能帮助客户合理节税和避税，为客户减少企业和家庭财富管理中的税收成本。税收咨询服务之所以在跨境资产配置和金融服务中显得尤为重要，是因为不同的国家和地区有着截然不同的税收制度，尤其是在本国没有开征的税种方面，涉及跨境后税种改变的相关事务如遗产税和房产税等，应得到更多关于税收风险防范方面的关注。

6. 企业管理咨询服务

财富管理机构提供的企业管理咨询服务，是由与机构存在合作关系且经营管理知识、经验丰富的管理咨询师帮助高净值客户的企业解决管理和经营问题，实现企业目标的一种专业服务。其基本服务流程是，管理咨询师通过各种有效方法和专业手段，帮助客户发现经营管理方面存在的问题，分析并查明问题产生的原因，提出切实可行的改善方案并给予实施指导。企业管理咨询服务的内容包括但不限于企业财务顾问服务、并购与估值咨询服务、战略与运营咨询服务、人力资本咨询服务和信息技术咨询服务等。企业管理咨询服务的意义在于：一方面可以通过为客户提供更专业的个性化服务，增加客户的黏性和忠诚度；另一方面将私人客户服务与企业客户服务并行可以产生规模效应，降低财富管理机构的成本，提高运营效率。

3.3.2 财富管理的服务形式与收入模式

1. 顾问咨询服务与管理费模式

该模式下财富管理机构主要通过出具顾问咨询报告向客户提出建议，有的还进一步与客户协商后协助客户进行财富资产管理，并据此向客户收取顾问咨询费与/或管理费，通常以客户委托财富规模的一定百分比计费。顾问咨询服务和管理费模式发源并盛行于西欧，私人银行类机构多采用此种收入模式，财富管理业务的管理费收入是这类机构收入的主要来源，通常占全部收入的45%以上。代表性机构有瑞士宝盛、EFG

国际等私人银行,因其产生并盛行于欧洲,故也被称为"欧洲模式"。

2. 经纪服务与佣金模式

该模式下财富管理机构受客户委托,代其进行证券买卖,依据交易规模的一定比例向客户收取交易手续费并取得佣金收入。经纪服务与佣金模式要求财富管理机构必须具有经纪业务牌照,以及能够为客户提供银行、证券、保险等综合服务的超级账户,因此准入要求相对较高。选择此种收入模式的财富管理机构通常属于投资银行体系,它们都具有很强的投资职能和交易属性。该模式在北美比较盛行,北美投资银行的交易手续费收入通常占到其总收入的30%以上。由于投资银行客户本身都具有较大规模的金融资产,同时手续费收入和佣金以金融资产交易规模为基础,加上证券交易的高频特征,一名财富管理客户为投资银行带来的收入贡献将数十倍甚至数百倍于一般客户,因此财富管理服务在经纪服务与佣金模式下"客少利丰"的特征非常突出。代表性机构有高盛和摩根士丹利等,因该模式产生并盛行于美国,故也被称为"美国模式"。

3. 综合服务收入模式

该模式下财富管理机构的收入来自各种金融产品的销售收入和业务分成收入,具体包括来自各机构的基础金融产品销售代理的手续费或佣金收入、来自财富管理客户的传统信贷业务利差分成收入和证券买卖利润分成收入、投资银行业务收入、金融和非金融服务的顾问咨询费收入与增值服务收入等。该模式在欧美地区皆有发展,一般为业务功能全面、客户基础广泛和客户层级丰富的商业银行类财富管理机构所选择。典型代表有瑞银集团、瑞士信贷集团和美国美林,这种模式通常也被称为"全能型模式"。

3.4 财富管理监管体系

3.4.1 监管的目的

财富管理市场的健康发展离不开相关法律法规体系的完善、法律法规的具体执行以及行之有效的监管,法律法规是监管的依据和基础,有效的监管是市场健康发展的保障。市场化与法治化二者相辅相成,缺一不可。对财富管理行业进行监管的目的是,保障市场健康运行,促进市场参与,提高市场运行效率,实现财富管理市场对整个社会经济金融运行的基本功能。不同时期监管政策的出台,一方面反映当时市场环境中所存在的问题,另一方面也影响财富管理市场未来的发展趋势。无论是从业机构的组织和收入模式,还是产品与服务的范围和内容以及交易的方式与流程等,都受已有监管政策的影响。

3.4.2 监管的部门架构及演变

财富管理行业的从业机构几乎涉及所有金融机构和部分非金融专业机构(如律师事务所),业务内容绝大多数属于经济金融业务,还有少部分其他非金融业务(如家族管家服务),对财富管理行业的监管涉及众多社会经济金融相关的法律法规和政策条文。尽管如此,无论从主体从业机构角度还是核心业务内容角度,财富管理行业都从属于金融服务业，其发展无疑最主要受金融领域法律法规的影响，接受金融行业主管部门的监督。

我国金融监管的历史大致可分为五个阶段：第一阶段为1992年之前的集中统一监管体制阶段，自1984年中国人民银行专门行使中央银行职责后，我国金融监管职能由中国人民银行统一行使。第二阶段为1992~2003年分业监管体制形成阶段，随着1992年证监会㊀成立和1998年保监会㊁成立，一直到2003年银监会㊂成立，中国人民银行逐步把原来对证券业、保险业、银行业的监管职能分离出去，"一行三会"分业监管、分工合作的金融监管体制正式确立。第三阶段为2004~2007年"一行三会"分业监管体制发展逐步完善阶段，此阶段内分业监管具体表现为机构监管，对机构的业务开展范围、业务内容、产品创新和机构的组织架构与收入模式等进行规范和监督。第四阶段为2008~2017年分业监管与混业经营发展趋势矛盾并存阶段，随着金融创新的不断发展，金融行业混业经营趋势越来越明显，但已有的分业监管体制与混业经营发展趋势不相适应，导致监管套利大行其道和资源配置效率低下。第五阶段为2018年后"一委一行两会+地方金融监管局"综合监管的形成和发展阶段。顺应对金融监管加强"宏观审慎管理"的要求，也为了避免分业监管和混业经营矛盾造成的各种乱象，2017年7月全国金融工作会议通过决议设立国务院金融稳定发展委员会，承担协调、统一的综合监管职能。之后，2018年3月《国务院机构改革方案》实施，原银监会和原保监会合并为银保监会㊃，我国"一委一行两会"的金融监管架构正式形成。其中，国务院金融稳定发展委员会（金稳委）是中国金融监管和金融政策制定的最高权力机关；中国人民银行（央行）承担宏观审慎管理和系统性风险防范的职责；银保监会和证监会（两会）落实金融监管部门的监管职责并强化监管问责，是监管政策的具体执行机构。另外，涉外金融业务由国家外汇管理局执行监管职责。地方层面，原有地方金融管理部门（包括地方金融办、地方金融工作局）加挂地方金融监督管理局牌子，突出地方金融监管职能，与中央层面的"一委一行两会"形成错位监管和补充。现有监管架构的形成推动了原有"机构监管"向"功能监管"的转型。

3.4.3 监管的法律框架

规范我国财富管理行业发展的法律法规和相关指导文件总共涉及三个层面：

一是国家层面由全国人大常委会颁布的行业相关法律，包括《中华人民共和国人民银行法》《中华人民共和国商业银行法》《中华人民共和国证券法》《中华人民共和国保险法》《中华人民共和国信托法》《中华人民共和国证券投资基金法》《中华人民共和国消费者权益保护法》㊄。

二是由金融监管部门颁布的行业相关管理制度。近年来，监管部门颁布的对财富管理行业影响较大的规章制度主要集中在银行理财、资产管理、证券投顾几个方面，

㊀ 即中国证券监督管理委员会。
㊁ 即中国保险监督管理委员会。
㊂ 即中国银行业监督管理委员会。
㊃ 即中国银行保险监督管理委员会。
㊄ 《消费者权益保护法》包含保护金融市场消费者的相关条款。

代表性的规章制度有：2018年4月由"一行两会"与外汇管理局联合发布的《关于规范金融机构资产管理业务的指导意见》（简称"资管新规"）；由银保监会在2018年9月发布的《商业银行理财业务监督管理办法》（简称"理财新规"）和2019年11月发布的《商业银行理财子公司净资本管理办法（试行）》；证监会在2010年10月发布的《证券投资顾问业务暂行规定》和2019年10月发布的《关于做好公开募集证券投资基金投资顾问业务试点工作的通知》等。

三是各金融分业的行业自律机构即行业协会发布的各金融分业自律公文。自律公文对各金融机构进行合法合规操作起到指导与风险提示作用，从而达到协助监管的目的，如由证券行业协会在2010年和2015年分别发布的《证券投资顾问业务风险揭示书必备条款》和《账户管理业务规则（征求意见稿）》。为进一步全面了解财富管理业务相关的法律规范，我们整理了与财富管理业务相关的法律法规与行业条文，具体可参看本章附录3.1。

3.4.4 近期我国财富管理监管及其影响

在过去以保本保收益的预期收益率型产品为主要产品的时期，财富管理业务相对简单，各家机构在财富管理业务上的竞争主要依据产品收益率这一指标，资产配置仅仅停留在概念层面。系列监管措施的出台将推动机构、产品与服务转型，对财富管理行业的发展造成深远影响。自2018年资管新规、理财新规和证券投顾相关规定陆续出台后，多项配套细则相继出台，国内财富管理市场逐步走向规范发展。目前我国金融监管的大方向是抑制没有价值发现功能的资金空转，回归本源，提高金融服务实体经济的效率。

1. 监管制度对投资端和融资端的影响

在融资端，财富管理产品想要吸引投资者，必须实现其价值发现功能，推动金融产品创设的净值化管理，明晰投资基础资产的收益和风险，推动机构创新设计满足不同投资者需求的产品，提高市场效率。其主要表现为打破刚兑、规范资金池和防止期限错配，金融机构不再承诺保本收益，投资者风险自担。在投资端，财富管理金融服务对实体经济的服务功能必须增强。主要表现为去通道、降杠杆和打破多层嵌套，强调穿透管理，同时从严管理非标准化债权类资产⊖，对通道和嵌套严格限制，有效规制资金流向，避免资金空转。

2. 监管制度对服务内容的影响

专业的投资顾问能力和资产配置能力是财富管理行业的核心竞争力：在客户营销端，需要全面提升面对客户的专业化投资顾问水平，对客户的不同需求做出针对性的资产配置诊断，并向客户提示风险，做好投资者教育；在资产配置环节，首先需要在产品引入端加强投资产品市场分析，将大类资产变化第一时间加入客户资产配置建

⊖ 标准化债权类资产是指银行间市场、证券交易所市场等国务院和金融监督管理部门批准的交易市场交易的具有合理公允价值和较高流动性的债券性资产，具体认定规则由人民银行会同金融监督管理部门另行制定。其他债权类资产均为非标准化债权类资产。判断是否为标准化债权类资产的依据有：是否为债权，是否有与资产形成的一级市场对应的标准二级市场。

议，从原来主要关注产品结构风险和市场风险，转向在关注产品结构风险和市场风险的同时，综合关注基础资产风险和信用风险、操作风险和流动性风险等各类风险转型。简而言之，机构必须通过高水平的投顾服务了解客户需求，通过专业的研发分析了解投资产品市场，通过综合资产配置服务对接客户需求和投资产品。

3. 监管制度对机构收入模式的影响

从财富管理机构的收入模式和业务结构来看，以商业银行为例，原来财富管理业务收入的来源主要是本机构发售理财产品的资金池资产管理收入和向客户销售其他机构在本机构代销产品的手续费收入与收益分成收入。资管新规颁布之后，理财产品发行总规模缩水，在理财产品内部，保本理财占比明显下滑，净值型产品占比提升，以往最赚钱的资金池收入将大幅度下滑，过渡期内收入主体来源转为手续费收入。另外，随着专业投顾业务的进一步开展，管理费或咨询费收入的占比将逐渐上升。

4. 新监管下财富管理的未来发展趋势

在以专业资产配置能力和投资顾问能力为核心竞争力的财富管理行业进入规范发展阶段之后，由于专业人才的培养和服务体系的建立需要较长时间，机构之间的竞争将会出现强者愈强的趋势，原来发展良好的商业银行私人银行业务将具有更大优势。从长期来看，在证监会监管范围内的证券、基金、期货及其子公司原本就以资产管理业务为重要模块，进入规范发展阶段后将凸显其优势，在去通道、去杠杆、压缩非标业务后，整体行业风险下降，系列监管措施的出台将为行业带来长期利好。另外，证券投顾系列政策的出台进一步拓展了财富管理业务的边界，为证券及其相关行业的发展带来新的契机。对于信托行业而言，系列监管政策将造成行业转型阵痛，因为原有的信托机构是资管资金绕过监管投向禁止或限制行业的得力工具，随着监管趋严，信托业将面临行业收入增长放缓、信托报酬率下滑的挑战。但与此同时，原有信托业务中的家族信托或将成为其重要的业务增长点，为该行业带来新的发展契机。拓展阅读3-4以美国《投资顾问法》与《中华人民共和国证券法》为例介绍了国内外财富管理行业监管的相关法律规范。

拓展阅读 3-4
国内外财富管理行业监管的相关法律规范

■ 关键概念

基础资产（underlying asset）
金融衍生品（financial derivative instrument）
结构化产品（structured product）
信用风险（credit risk）
利率风险（interest rate risk）
赎回风险（call risk）

期权（option）
期货（future）
资产证券化（asset-backed securitization，ABS）
信托（trust）
财富管理机构（wealth management institution）

■ 本章小结

1. 财富管理业务具有与生俱来的需求导向型和需求推动型特征。

2. 财富管理业务是财富管理机构为满足客户的财富管理需求,向其提供综合性金融产品和个性化服务的总称。
3. 根据财富管理行业的业务特点与收入来源,全球财富管理行业的业务收入模式可分为顾问咨询服务与管理费模式、经纪服务与佣金模式和综合服务收入模式三种。
4. 财富管理产品是财富管理机构向客户提供资产配置服务的基础,是为客户设计和实施各项服务方案的根本依据。根据产品构成属性的不同,整个产品体系可分为金融类产品和实物类产品,其中金融类产品按照产品结构又可以进一步划分为基础类产品、衍生品和结构化产品。
5. 按照财富管理服务内容和满足客户需求功能的不同,财富管理服务可分为资产配置服务、财富传承与保障服务、跨境金融服务、法律咨询服务、税务咨询服务以及企业管理咨询服务六大服务类别。
6. 中国财富管理市场有众多金融机构面向具有财富管理需求的客户尤其是高端客户提供财富管理服务,这些财富管理机构包括商业银行、信托公司、保险公司、基金公司、证券公司、第三方财富管理机构、家族办公室和金融科技公司等。
7. 财富管理行业的监管是金融监管的一部分,目前我国金融监管架构为中央的"一委一行两会"与地方金融监管局相结合,从原有分业监管模式下的"机构监管"向综合监管模式下的"功能监管"转型。

■ 思考习题

1. 不同财富管理机构的财富管理业务各存在哪些特点?
2. 财富管理业务中的可投资产品类别有哪些?各产品类别都具有哪些收益与风险特征?
3. 金融基础产品、金融衍生品与结构化产品之间的关系如何?
4. 财富管理服务主要有哪几种类型?
5. 试论我国现有财富管理行业的发展现状。
6. 浅析资管新规及资管新规实施细则的颁布对我国各财富管理机构开展业务的影响。

■ 案例讨论 某财富管理机构家族综合事务与财富管理业务模块表[一]

一、财富管理	二、税收与法律服务
1. 资产配置顾问服务 　A. 资产核算与评估 　B. 资产配置诊断及建议 　C. 管理者选择 　D. 流动性规划 　E. 再平衡(基于市场判断和客户指令) 　F. 风险管理 　G. 全球监管及预警 2. 家族财富年度报告(非公开) 　A. 会计报表、合并报表与分析报告 　B. 审计	1. 税收咨询和纳税申报 　A. 战略税收咨询、税收筹划及实施 　B. 企业跨国(境)经营与跨境税收筹划 　C. 退税申报和避免双重征税政策咨询 2. 资产规划 　A. 家族宪法与章程、家族合约和婚前协议 　B. 继承计划与实施方案 　C. 遗嘱、捐赠、基金会、信托的设立 　D. 遗嘱执行人、信托受托人和未成年保护人(监管人)的选择和确定

[一] 吴正新,罗凯. 中国高端财富管理大类资产配置研究[M]. 北京:经济管理出版社,2017.

(续)

三、银行、保险和物业 1. 银行 　A. 开户、清算、支付、转账 　B. 会计报表、会计监督、会计管理、簿记 　C. 融资、贷款、抵押 　D. 现金和外汇垫付 　E. 信用卡 2. 保险 　A. 保险选择 　B. 财产和汽车保险 　C. 健康保险 　D. 人寿保险 　E. 责任保险 　F. 保险维护和理赔处理 　G. 个人养老金计划 3. 物业 　A. 物业选择 　B. 交易和出售管理 　C. 物业管理 　D. 交易前尽职调查 　E. 建造监理和申请变更许可（文物古迹生态保护、邻居等）等事项 4. 其他法律服务 　A. 移民、配偶移民、子女移民及国籍问题 　B. 针对中央或所在地的法律咨询 　C. 房产及各类地产中的合同问题 　D. 一般法律建议 5. 公共关系 　A. 媒体维护 　B. 舆情监测和危机干预	五、安全管理 1. 个人服务 　A. 住所、学校、单位、交通路线的安保 　B. 住所和汽车的电子化监控 　C. 个人住房安全建议 　D. 内部员工筛选和定期动态获取 2. 团体服务 　A. 与警局派出所的合作协议 　B. 个人数据和档案存储 　C. 赔偿金政策 　D. 高管保护 　E. 防止汽车等抢劫的培训 　F. 危机管理和意外事故计划 六、慈善服务 1. 教育、医院等慈善和公益的合约订立、款项划付、活动组织等 2. 参加慈善活动 3. 基金会的运营和监督 4. 公关宣传和员工教育 5. 子女慈善教育
四、教育、健康和个人成长事务 1. 教育和子女教育 　A. 中小学选择及择校规定的咨询 　B. 大学选择与咨询（含研究生等） 　C. 职业建议 2. 健康管理 　A. 医师和教练选择 　B. 疗养地选择和咨询 　C. 医疗和保健服务 　D. 配偶、子女和父母健康管理 3. 个人成长 　A. 性格培养、精神和心理提升以及生活方式的教练选聘和方案建议 　B. 家族和婚姻问题、危机管理问题方面的专家选聘 　C. 社交礼仪和国际文化差异的培训等 4. 接班人培养（可选升级单元） 　A. 接班子女有关传承风险的教育 　B. 接班子女公司内轮岗与晋升考核评估 　C. 接班子女单独管理或创办子公司360度评测 　D. 接班子女外部关系维护（客户、政商人脉和公共关系）的第三方反馈评估	七、礼宾服务 1. 旅行 　A. 旅行计划 　B. 签证、护照、驾驶证 2. 服务外包 　A. 服务合约谈判 　B. 汽车销售和交易、登记、租赁和出租、驾驶员 　C. 内部员工筛选、聘用、管理和五险一金 　D. 其他 3. 迁移 　A. 搬家 　B. 国际移民 　C. 宠物、家电等服务 4. 其他服务 　A. 一般保密服务 　B. 个人IT服务 　C. 支票支付 　D. 指定送达、传真和快递等 　E. 艺术品服务（出售、购买、保险、运输、拍卖、展出等）

案例思考：

(1) 请结合案例分析不同财富水平的客户家庭所需要的财富管理服务有何不同。

(2) 请结合案例分析处于不同生命周期的客户家庭所需要的财富管理服务有何不同。

(3) 如果目前有一个普通的三口之家：户主张先生48岁，有自己的私营企业；妻子45岁，公务员；儿子18岁，面临高考；家庭拥有2套价值500万元的房产，其他实物资产价值50万元，金融资产300万元，请问该家庭可能面临哪些财富管理服务的需求？

■ 附录 3A　我国财富管理市场相关的法律法规

	颁布时间	颁布部门	法律法规名称
国家法律	1995年3月	全国人大	《中华人民共和国人民银行法》（2003年修订）
	1995年4月	全国人大	《中华人民共和国保险法》（2015年修正）
	1995年5月	全国人大	《中华人民共和国商业银行法》（2015年修订）
	1998年12月	全国人大	《中华人民共和国证券法》（2019年修订）
	2001年4月	全国人大	《中华人民共和国信托法》
	2003年10月	全国人大	《中华人民共和国证券投资基金法》（2015年修正）
	2003年12月	全国人大	《中华人民共和国银行业监督管理法》（2006年修正）
监管机构的规章制度	2003年12月	保监会	《保险资产管理公司暂行规定》
	2008年5月	证监会	《证券公司集合资产管理业务实施细则（试行）》
	2010年10月	证监会	《证券投资顾问业务暂行规定》
	2018年1月	银保监会	《商业银行委托贷款管理办法》
	2018年4月	一行两会与外汇管理局	《关于规范金融机构资产管理业务的指导意见》（资管新规）
	2018年7月	央行	《关于进一步明确规范金融机构资产管理业务指导意见有关事项的通知》（资管新规实施细则）
	2018年8月	银保监会	《关于加强规范资产管理业务过渡期内信托监管工作的通知》
	2018年9月	银保监会	《商业银行理财业务监督管理办法》（理财新规）
	2018年10月	证监会	《证券期货经营机构私募资产管理业务管理办法》
	2018年10月	证监会	《证券期货经营机构私募资产管理计划运作管理规定》
	2019年10月	银保监会	《关于进一步规范商业银行结构性存款业务的通知》
	2019年10月	证监会	《关于做好公开募集证券投资基金投资顾问业务试点工作的通知》
	2019年11月	央行	《标准化债权类资产认定规则（征求意见稿）》
	2019年11月	银保监会	《商业银行理财子公司净资本管理办法（试行）》
	2019年12月	央行、银保监会	《关于非现金管理类理财产品管理有关事项的通知（征求意见稿）》
行业自律机构的自律条文	2010年12月	中国证券业协会	《证券投资顾问业务风险揭示书必备条款》
	2015年1月	中国证券业协会	《关于拓宽证券投资咨询公司业务范围的通知》
	2015年3月	中国证券业协会	《账户管理业务规则（征求意见稿）》

资料来源：根据相关法律法规信息发布的具体情况整理所得。

财富管理中的金融经济学基础

> 每个人都知道,不应该把鸡蛋放在同一个篮子里。人们之所以进行分散化投资,很显然是因为他们对分散风险和获取收益同样重视。
>
> ——哈里·马科维茨《风险-收益分析》

■ 本章提要

本章首先介绍从20世纪中期开始发展起来的经典投资学理论,包括均值-方差投资组合选择模型、基于均值-方差偏好框架的资本资产定价模型以及基于无套利定价框架的套利定价理论;然后介绍有效市场假说及其对投资决策方式的影响;最后介绍行为金融理论,包括行为金融的基本框架、财富管理中的行为偏差以及行为金融学在财富管理中的应用。

■ 重点和难点

- 掌握均值-方差投资组合选择模型的建模过程与应用
- 掌握资本资产定价模型的推导过程与应用
- 了解套利定价理论的假设与结论并掌握其应用
- 理解三个层次的有效市场假说与投资决策之间的关系
- 了解财富管理中的行为偏差以及行为金融学在财富管理中的应用

■ 引导案例　资产的风险与收益

假设市场上有三个可投资资产。第一个资产是无风险资产,日回报率为1%;第二个和第三个为风险资产,它们的日平均回报率也都是1%;第二个风险资产每天有一半的概率日回报率是3%,有一半的概率日回报率是-1%;第三个风险资产每天有一半的概率日回报率是9%,有一半的概率日回报率是-7%。假设这些资产不同时期的回报率相互独立。如果你将自身财富投资于其中一个资产,并且投资期限是1000天,你会投资哪个资产?

我们分别模拟投资这三个资产的情形。假设一开始有1元,如果投资资产一,因为没有风险,所以1000天以后的累积财富是1元乘以1.01的1000次方,约为20959元。如果投资资产二或者资产三，则需要通过计算机生成随机数来模拟两种随机的状态。图4-1是进行模拟投资后的结果。

图4-1纵轴是累积财富的对数，由于投资无风险资产一的财富是指数增长的，因此其对数是一条直线。可以观察到，尽管三个资产的日平均回报率一样，但是长远来看，投资资产二和资产三的财富，其增长速度要比投资资产一的低，并且风险越大，增长速度越低，波动也越大。当然，这仅仅是一次模拟的结果，如果再模拟一次，结果很可能会不一样。当模拟许多次的时候，我们肯定能找到一次投资资产二或者资产三更好的情形，但是把所有的模拟线条做一个平均，我们会发现同样的结论：在

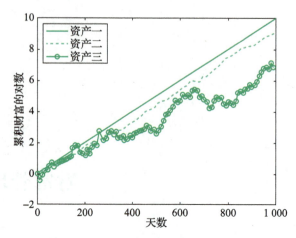

图4-1 三个不同风险资产的模拟投资

期望回报相同的前提下，投资风险更低的资产，长远来说财富增长率更高。

当然，这不是选择风险更低的资产的唯一原因，大部分投资者天生就是风险规避型的。此外，波动性还会带来许许多多的不确定性，而人们更愿意在一个相对确定与安全的环境下进行募资与投资。低风险也意味着人们对该资产更加有信心，而在资本市场里，投资者情绪也是一个非常重要的定价因素。

案例思考

1. 在以上案例中，风险只是一种直观的回报率波动，我们如何量化风险？
2. 假如在以上案例中，三个可投资资产的风险一样，但是日平均回报率不一样，你会如何进行投资决策？
3. 如果风险与日平均回报率都不相同，你又将如何投资决策？
4. 你是厌恶风险还是偏好风险的投资者？

4.1 现代投资组合理论

4.1.1 均值-方差效用函数

1952年，美国学者哈里·马科维茨（Harry Markowitz）在其论文 *Portfolio Selection* 中提出了均值-方差投资组合理论，这一理论成为现代投资组合理论的开端与基石。马科维茨将资产的风险定义为资产收益率的标准差。他明确指出投资于多个不相关（或部分相关）的资产可以降低资产的标准差，进而起到分散风险的作用。他进一步将资产收益率和资产风险这两个因素联合起来，提出了投资者构造最优资产组合的模型与方法。他认为投资者会在风险和收益之间进行权衡取舍，并假设投资者对证券组合的效用（满意程度）函数具有如下形式：

$$U(R) = E(R) - \frac{1}{2}A\sigma^2 \tag{4.1}$$

其中，R 代表风险资产的收益率，是一个服从正态分布的随机变量。$E(R)$ 表示资产的期望（预期）收益率，σ^2 是 R 的方差。常数 A 通常为正，表明投资者是规避风险的，且 A 的大小衡量了投资者厌恶风险的程度。从式（4.1）所表示的效用函数可以看出：证券的期望收益 $E(R)$ 越高，投资者的效用（满意程度）就越大；在投资者风险规避[⊖]假定下，证券收益率的方差或者标准差越大，投资者的效用（满意程度）就越小。

对于特定的投资者，给定一个证券组合，根据他对期望收益率和风险的偏好态度，以及按照期望收益率对风险的补偿要求，可以得到一系列满意程度相同的证券组合，这些组合在均值-方差的平面内构成了一条曲线，被称为投资者的一条无差异曲线（indifference curve）。如图 4-2 所示，投资者的无差异曲线具有如下特征：①同一条曲线上的任何一点所带给投资者的效用都是相同的；②由于投资者偏好高收益

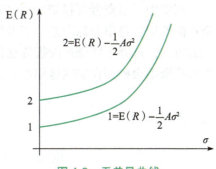

图 4-2　无差异曲线

和低风险，因而随着无差异曲线朝左上方移动，效用不断增加；③效用函数是关于收益率标准差的凸函数，即无差异曲线是向下凸的，表明投资者额外增加一单位风险的承担，需要的资产回报率越来越高。

4.1.2　两个风险资产的组合

假设投资者可以投资两个资产——风险资产 1 和风险资产 2，进而构成一个投资组合；且投资者在一个固定的投资期内将自身财富 W_0 分配于这两个风险资产，记期望收益率分别为 $E(R_1)$ 和 $E(R_2)$，收益率的标准差分别为 σ_1 和 σ_2；如果投资在风险资产 1 和风险资产 2 上的财富百分比（权重）为 w_1 和 w_2，且有 $w_1+w_2=1$。记该投资组合为 P，那么组合 P 的期望收益率为：

$$E(R_P) = w_1 E(R_1) + w_2 E(R_2) \tag{4.2}$$

组合收益率的方差为：

$$\sigma_P^2 = w_1^2 \sigma_1^2 + w_2^2 \sigma_2^2 + 2\rho_{12} w_1 w_2 \sigma_1 \sigma_2 \tag{4.3}$$

其中，ρ_{12} 为风险资产 1 收益率和风险资产 2 收益率的相关系数。给定投资者所要求的期望收益率 $E(R_P)$，投资者可以通过选择将财富投资于不同比例的资产（w_1 和 w_2），使得整个组合 P 的方差最小，进而达到效用最大化。

图 4-3 描绘了两个资产所组成的投资组合的风险和收益关系。图中阴影部分的可行集区域表示投资者可以投资的集合，它表示投资者通过改变资产组合中的比例，能够获得的收益和

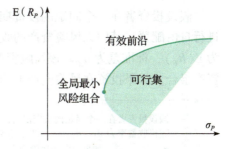

图 4-3　两个风险资产的组合所形成的有效前沿

⊖ 如果 A 为 0，表示投资者是风险中性的（risk-neutral），此时证券风险不影响投资者的效用。如果 A 为负数，表示投资者是风险追逐（risk-seeking）的，此时证券风险的增加反而增加投资者的效用。

标准差所组成的所有情形。黑色实线是投资者面临的有效投资组合前沿（简称有效前沿），在有效前沿边界上，给定期望收益率，具有最小的投资组合标准差；给定投资组合的标准差，具有最高的期望收益率。在有效前沿上存在一个全局最小方差的资产组合，该组合位于有效前沿边界的最左侧点，它不仅具有最小的方差，而且期望收益率也是最小的。

现实中，投资者可投资的资产远远不止两种，而是成千上万。理论上，给定每个资产的期望收益率和标准差，以及资产两两之间的相关系数，投资者可以通过二次规划的方式，选择不同资产的投资比例来得到有效前沿的集合[⊖]。专栏4-1介绍了均值–方差投资组合模型在实践运用中的难点。

专栏 4-1

均值–方差投资组合模型的实践难点

（1）在进行均值–方差分析之前，我们需要估计风险资产的期望回报率，以及风险资产回报率之间的协方差。最直接的方法是使用历史数据的样本均值和样本协方差进行估计。但是这种估计方法存在较大误差，特别是对单个风险资产平均回报率的估计存在较大误差。由于无法得到准确的参数，均值–方差投资组合模型的应用受到极大限制。对风险资产回报率的可预测性的研究，以及对风险资产协方差的估计方法的研究，成为金融领域的热门研究方向。

（2）均值–方差投资组合模型的另外一个特点是参数敏感性高。只要输入的期望收益率或者协方差矩阵中间的元素有微小的变动，模型的最优解就会发生很大的改变。这也意味着，如果输入的参数不准确，那么最后求解得出的最优配置与真正的最优配置会相差甚远。参数敏感性高带来的另外一个问题是过大的换手率。现实中，如果投资者定期更新参数进行调仓，由于新的最优配置与旧的配置之间差别很大，需要换手的资产数量就高，从而会产生高额的交易成本。

4.1.3 加入无风险资产

假设投资者在一个固定的投资期内，可以将财富在无风险资产 f 与风险资产 P 之间进行自由配置，其中无风险资产的收益率为 R_f，风险资产的收益率为 R_P，期望收益率为 $\mathrm{E}(R_P)$，标准差为 σ_P。该风险资产可以是一只股票，也可以是多只股票形成的风险资产组合。如果投资在风险资产上的财富百分比为 y，则投资在无风险资产上的财富百

⊖ 假设投资者在一个固定的投资期内，可以将财富在 N 个风险资产之间进行配置。记这 N 个风险资产的随机收益率为 R_1，R_2，…，R_N，其数学期望分别为 $\mathrm{E}(R_1)$，$\mathrm{E}(R_2)$，…，$\mathrm{E}(R_N)$，标准差分别 σ_1，σ_2，…，σ_N。如果投资在风险资产 i 的财富百分比（权重）为 w_i，$i=1, 2, 3, …, N$，且权重和等于 1。记构成的投资组合为 P，组合 P 的期望收益率为：$\mathrm{E}(R_P) = \sum_{i=1}^{N} w_i \mathrm{E}(R_i)$。组合收益率的方差为：$\sigma_P^2 = \sum_{i=1}^{N} \sum_{j=1}^{N} w_i w_j \sigma_{ij}$。每次给定一个 $\mathrm{E}(R_P)$，通过最小化就可以得到该给定期望收益率下的最优投资组合。感兴趣的同学可以自行推导最优投资组合。

分比为 $1-y$，假设这一投资组合为 C，那么组合期望收益率为：

$$E(R_C) = yE(R_P) + (1-y)R_f \tag{4.4}$$

组合收益率的标准差为：

$$\sigma_C = \sigma[yR_P + (1-y)R_f] = \sigma(yR_P) = y\sigma_P \tag{4.5}$$

随着在风险资产上投资占比 y 的变动，会产生不同的 $E(R_C)$ 和 σ_C。将式（4.5）代入式（4.4）将变量 y 消去可得到组合 C 的标准差和期望收益率的关系：

$$E(R_C) = R_f + \frac{E(R_P) - R_f}{\sigma_P}\sigma_C \tag{4.6}$$

式（4.6）表明组合期望收益率是组合标准差的线性函数。其在均值–标准差平面内为一条射线（见图 4-4），该射线被称为由无风险资产 f 和风险资产 P 产生的资本配置线（capital allocation line，CAL）。

定义投资组合 C 的夏普比率（Sharpe ratio）为：

$$SR_C = \frac{E(R_C) - R_f}{\sigma_C} \tag{4.7}$$

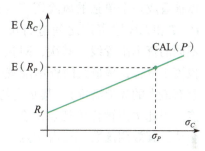

图 4-4 由无风险资产 f 和风险资产 P 产生的资本配置线

从图 4-4 可以看出，资本配置线上任意一点的夏普比率，都等于风险资产 P 的夏普比率 SR_C，也是资本配置线的斜率。对于投资者而言，资本配置线上的哪个点最优呢？事实上，投资者只需要在给定资本配置线的约束下，最大化投资者的效用函数（式（4.1）），也就是通过选择风险资产的投资比例 y 最优化式（4.8），便能得到最优的投资组合。

$$\begin{aligned}\underset{y}{Max}U(R_C) &= \underset{y}{Max}\left[E(R_C) - \frac{1}{2}A\sigma_C^2\right] \\ &= \underset{y}{Max}\left[yE(R_P) + (1-y)R_f - \frac{1}{2}A\sigma_C^2\right]\end{aligned} \tag{4.8}$$

对 y 求一阶导，可推出最优解：

$$y^* = \frac{E(R_P) - R_f}{A\sigma_P^2} \tag{4.9}$$

所以，投资在风险资产 P 上的最优财富百分比与风险规避系数 A 和风险资产 P 的方差成反比，而与风险资产 P 的风险溢价成正比。

这个最优解也可以用投资者的无差异曲线进行解释。从图 4-5 可以看到，风险资产配置的最优解是无差异曲线与资本配置线相切的点，即点 Q。对于切点 Q 左上方的无差异曲线，投资者无法达到；在切点 Q 右下方的无差异曲线，投资者可以通过重新配置风险资产与无风险资产的投资比例，进而提升效用，直到最优组合

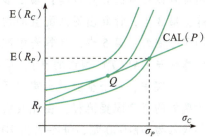

图 4-5 无差异曲线与资本配置线的切点

回到切点位置。

4.1.4 切点组合的性质与两基金分离定理

我们讨论最一般的情形,假设投资者在一个固定的投资期内,可以将财富在一个无风险资产和 N 个风险资产之间进行配置,如图4-6所示。首先,通过 N 个风险资产的组合可以产生阴影及边界所表示的可行集。可行集上的任意一点,如图中的 A、B、T 都可以被看成一个单独的风险资产(组合),在 A、B、T 和无风险资产之间进行配置,可以产生不同的资本配置线。其次,对投资者来说,会投资于夏普比率最大的资本配置线(给定标准差有最大的风险溢价),其必定与阴影相切于 T 点,因此 T 点被称为切点组合。最后,投资者会依据其效用函数,在由切点组合产生的资本

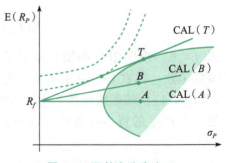

图4-6 两基金分离定理

配置线上选取一个效用最大的点,也就是和无差异曲线相切的点。

虽然不同的投资者有不同的风险规避系数,但是理性的投资者最后都会在由切点组合 T 与无风险资产 R_f 连接所产生的资本配置线上进行资产配置。这就意味着,所有具有均值-方差效用函数的投资者,在 N 个风险资产之间配置的相对权重都是一样的,因为除了无风险资产,所有投资者都投资同一个切点组合。如果将切点组合看作一个基金,将无风险资产看作另外一个基金,任何投资者只需要在这两个基金之间进行资产配置便可以实现效用最大化,这就是两基金分离定理㊀。

此外,可以证明,对于任意风险资产 i,都与切点组合 T 存在以下关系:

$$E(R_i) = R_f + \beta_i [E(R_T) - R_f] \quad (4.10)$$

其中,定义 β 系数 $\beta_i \equiv \dfrac{\mathrm{Cov}(R_i, R_T)}{\sigma_T^2}$。

【例题4-1】如何进行资产配置

通过对4.1.1~4.1.4内容的学习,我们可以总结出资产配置的五大步骤:第1步,明确可以投资的资产种类;第2步,估计这些资产的期望收益率与收益率的协方差矩阵;第3步,计算出资产配置的切点组合(如图4-6中的 T 点);第4步,确定投资者的风险偏好;第5步,计算资本配置线 $\mathrm{CAL}(T)$ 上对投资者效用最大的点(如图4-6中虚线与 $\mathrm{CAL}(T)$ 相切的点),最后得到最佳资产组合。

现实中,一个全面考虑家庭不同理财目标的最优配置方案可以非常复杂。为了展示整体的资产配置流程,在此我们考虑一个简单的配置案例:假设表4-1所代表的家庭年收入为100 000元,每年支出70 000元,每月储蓄2 500元,家庭目前可投资的生息

㊀ 如果没有无风险资产,两基金分离定理依然成立,也就是说,只需要在有效前沿上取任意两个不同的点,它们的对应的投资组合的线性加权就可以刻画出整个有效前沿。具体证明可参考王江(2006)第12章。

资产为 500 000 元；该家庭只投资股票与存款，其年回报率分别为 10% 和 4%；若理财目标时间每增加 1 年，配置在股票的比例增加 5%，这样对于期限为 2 年的目标，配置在股票的比率为 10%，对于期限超过 20 年的目标，配置在股票的比率为 100%。最终该家庭对不同目标的投资比例以及期望收益率如下表所示。

表 4-1　不同期限的理财目标的资金配置比例

理财目标	年限	届时所需资金（元）	股票	存款	期望收益率
紧急预备金	0	35 000	0%	100%	4%
旅游	1	10 000	5%	95%	5%×10%+95%×4%＝4.3%
购车	2	150 000	10%	90%	10%×10%+90%×4%＝4.6%
购房	5	500 000	25%	75%	25%×10%+75%×4%＝5.5%
子女教育	15	200 000	75%	25%	75%×10%+25%×4%＝8.5%
退休	30	2 000 000	100%	0%	10%

根据表 4-1 的期望收益率，我们可以计算这个家庭现在应该投资的金额，如表 4-2 所示。由于现在只有 500 000 元可供投资，意味着不足的部分需要在未来通过储蓄补齐。根据需要补齐资金的现值和期望收益率，可以计算出每年为实现目标而储蓄的金额。根据表 4-2 最后一列，每年需要储蓄的金额为 34 288.88 元。但是按照开始的假设，这个家庭现在每年只能储蓄 30 000 元，因此要缩减开支，每年调增储蓄 4 288.88 元。最后，基于表 4-2 的结果，我们可以得到每年资金投资在股票和存款上的比率。

表 4-2　每年应储蓄金额

理财目标	每年应投资金额（元）	实际投资的金额（元）	应储蓄现值（元）	每年应储蓄金额（PMT）（元）
紧急预备金	35 000	35 000	0	0
旅游	10 000/(1+4.3%)＝9 588	9 588	0	0
购车	150 000/(1+4.6%)²＝137 097	137 097	0	0
购房	500 000/(1+5.5%)⁵＝382 567	318 315	64 252	$N=5$，$I=5.5\%$，$PV=64\ 252$，$FV=0$ 得出 $PMT=-15\ 046.30$
子女教育	200 000/(1+8.5%)¹⁵＝58 828	0	58 828	$N=15$，$I=8.5\%$，$PV=58\ 828$，$FV=0$ 得出 $PMT=-7\ 084.09$
退休	2 000 000/(1+10%)³⁰＝114 617	0	114 617	$N=30$，$I=10\%$，$PV=114\ 617$，$FV=0$ 得出 $PMT=-12\ 158.49$
合计	737 697	500 000	237 697	34 288.88

通过这个简单的家庭资产配置过程，可见家庭财富管理的目标决定了家庭的资产配置选择。当然，在这个例子里，我们简化了可投资的资产，只考虑股票和存款两个大类；也简化了投资者偏好的精确估计以及最优配置的求解，只使用每年在更高风险的股票上投资增加 5% 这样的简单法则。在真实的财富管理过程中，家庭需要考虑的目标会更多，也会随着时间动态变化，这就需要更加细致地进行规划。

4.2 风险定价理论

4.2.1 资本资产定价模型

均值-方差投资组合模型需要估计资产之间两两组合的协方差，但是由于现实生活中资产数目较为庞大，因此协方差矩阵中参数的估计在当时变得异常困难。20 世纪 60 年代，以杰克·特雷诺（Treynor，1962）、威廉·夏普[一]（Sharpe，1964）和约翰·林特纳（Lintner，1965）为代表的一些经济学家开始探讨能否简化马科维茨的投资组合理论在实践中的应用。基于投资组合理论，他们得到了共同的结论：在竞争性的市场上，单只证券的超额收益率与其承担的市场风险（贝塔值）之间存在简单的线性定价关系[二]，这就是著名的资本资产定价模型（capital asset pricing model，CAPM）。

资本资产定价模型包含一系列假设：假设所有投资者都是理性的，具有均值-方差效用函数，面临单期投资决策，所有投资者对无风险资产与所有风险资产回报率的期望、方差以及协方差都有相同的认知，所有风险资产都可以交易并且进行任意份额的买卖，没有卖空约束，无风险的存贷利率相等以及没有税收和交易成本。在这一系列的假设条件下，根据均值-方差投资组合模型以及两基金分离定理可以得到：第一，所有投资者持有的风险资产组合都会是切点组合；第二，当市场达到均衡时，市场上所有证券的财富组合等于所有投资者对证券的需求，即市场组合与切点组合相等。因此，记市场组合为 M，将式（4.10）中的切点组合收益率 R_T 替换成市场组合收益率 R_M。我们可以得到对于市场上任意风险资产 i，都有以下定价关系：

$$E(R_i) = R_f + \beta_i [E(R_M) - R_f] \tag{4.11}$$

其中，贝塔系数 $\beta_i = \text{Cov}(R_i, R_M)/\sigma_M^2$，反映单个证券对市场波动的敏感性。式（4.11）给出了任意风险证券的均衡价格，即证券的期望收益率等于无风险收益率加上证券对市场波动的敏感性乘以市场风险溢价。

1. 系统风险敞口的度量：贝塔

在资本资产定价模型中，系统风险[一]（systematic risk）又称市场风险、不可分散风险，是影响所有资产的不能通过资产组合而消除的风险，由一些影响整个市场的风险因素所引起。这些因素包括 GDP 增长率、工业生产总值增长率、货币供应量、利率、通货膨胀率等宏观经济变量。在资本资产定价模型中，由于所有投资者都持有相同的市场组合，因此投资者的风险来源于市场组合的变动。同时，市场组合对每一个风险资产的影响程度取决于该资产对市场组合波动的敏感程度，即贝塔系数。因此，贝塔就是每个风险资产的系统风险敞口。

贝塔系数可以为正值，也可以为负值。当贝塔系数为正值时，表明该股票收益率的变化与市场组合收益率的变化同向。贝塔系数大于 1 的股票被称为"进攻型股票"，此时市场组合收益率变化 1%，股票的收益率变化大于 1%。贝塔系数小于 1 的

[一] 由于在金融经济学方面做出了开创性工作，夏普在 1990 年与马科维茨共同获得当年的诺贝尔经济学奖。
[二] 与之区别的是系统性风险（Systemic risk），是指整个金融系统或整个市场崩溃的风险（如由于坏账传染）。

股票被称为"防御型股票",此时市场组合收益率变化1%,股票的收益率变化小于1%。当贝塔系数为负值时,表明该股票收益率的变化与市场组合收益率的变化方向相反,即市场组合涨的时候它通常会跌,市场组合跌的时候它反而会涨,这类股票通常起到了"对冲"的作用。拓展阅读4-1介绍了6家中国上市公司的贝塔系数情况。

拓展阅读 4-1
6 家中国上市公司的贝塔系数

2. 定价偏误的度量:阿尔法

当市场达到均衡时,资本资产定价模型给出了股票期望收益率与系统风险之间严格的线性定价关系。如图 4-7 所示,均衡时所有投资者投资的资产只会落到由无风险资产 f 与市场组合 M 连接而成的证券市场线上。而当市场没有达到均衡时,则可能存在定价错误的风险资产,即资产并未落到证券市场线上。我们可以用下式计算错误定价的程度:

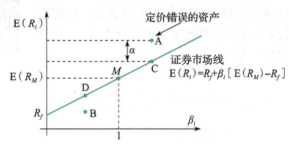

图 4-7 证券市场线与定价偏误

$$\alpha_i = R_i - [R_f + \beta_i(E(R_M) - R_f)] \tag{4.12}$$

式(4.12)也被称为詹森阿尔法或詹森指数(Jenson,1968)。我们可以根据图 4-7 分析定价偏误,A 点所代表的股票(组合)处在证券市场线的上方,相比于处在证券市场线上的 C 点,A 点在承担与 C 点相同系统风险的同时,有着更高的预期(期望)收益率。定义 A 点的期望收益率与 C 点的差值为 α,即定价偏误的大小。A 点所代表的股票(组合)具有正的 α,表明该股票(组合)被低估。聪明的投资者看到这类情况,会通过卖空 C 股票(组合)同时买入 A 股票(组合)进行套利,能够赚取的无风险回报为 α。随着 A 股票(组合)不断被投资者买入,A 股票(组合)的价格升高,收益率降低,直至 A 点下降到 C 点,A 股票(组合)的价格不再变动,此时又达到了均衡状态。同理,B 股票(组合)在证券市场线的下方,相比于处在证券市场线上的 D 点,B 点在承担与 D 点相同系统风险的同时,有着更低的预期(期望)收益率。B 点所代表的股票(组合)具有负的 α,表明该股票(组合)被高估。聪明的投资者看到这类情况,会通过卖空 B 股票(组合)同时买入 D 股票(组合)进行套利,能够赚取的无风险回报率也为 α。随着 B 股票(组合)不断被投资者卖空,B 股票(组合)的价格下降,收益率上升,直至 B 点上升到 D 点,B 股票(组合)的价格不再变动,此时又达到了均衡状态。

资本资产定价模型在实际应用中存在众多争议。首先,罗尔(Roll,1977)指出资本资产定价模型中所指的市场组合不仅包括股票,还应该包括债券、期权甚至是实物资产,在实证检验时市场组合无法全部囊括,由于真实的市场组合其实是无法完全观测的,因此资本资产定价模型无法在现实中得到检验,这就是著名的罗尔批判(Roll's critique)。其次,大量国内外现实证据表明,证券市场线非常平坦(flat),股票的系统风险无法解释股票期望收益率,因此众多研究质疑资本资产定价模型的有效性。最后,由于资本资产定价模型成立的前提假设非常苛刻，而这些假设又与现实世界相去甚远，导致了资本资产定价模型对现实的解释力较差。尽管资本资产定价模型存在如此多的缺陷，但是由于其简单、易于理解和操作，因此无论是在大学课程学习（Welch，2008）中，还是在业界项目评估、资本成本的估计（Graham & Harvey，2001）中，都得到了广泛的应用。不仅如此，大量实证结果发现，绝大部分投资者包括资深投资经理，都不能持久性地击败市场指数（Malkiel，1995）。基于这一结论，基金公司开发了以市场指数为标的的被动投资指数基金，这类投资也被称为贝塔投资策略。此外，在评价基金经理的业绩时，如果一个基金经理能够主动管理投资基金并持续地产生正的阿尔法收益，那么就能体现出该基金管理人的投资能力。拓展阅读4-2介绍了桥水基金及其阿尔法/贝塔分离投资策略。

拓展阅读 4-2
桥水基金及其阿尔法/贝塔分离投资策略

4.2.2 其他资产定价理论

1. 套利定价理论

资本资产定价模型是从均值-方差投资组合出发，分析投资者的最优投资策略，进而得到风险和收益的关系。20世纪70年代，以斯蒂芬·罗斯（Ross，1976）为首的一批学者发展出了套利定价理论（arbitrage pricing model，APT）。套利定价理论并不关心哪些资产组合是有效组合，而是假设股票收益率由多个宏观经济因子和噪声共同决定：

$$r_i = a_0 + a_1 \times factor_1 + a_2 \times factor_2 + a_3 \times factor_3 + \cdots + \varepsilon_i \quad (4.13)$$

其中，r_i是股票i的收益率，$factor$是各类可能的宏观因子，如GDP增长率、利率、汇率、石油价格等。a_1、a_2、a_3等被称为宏观经济因子载荷，表示股票i相对于第1个宏观因子$factor_1$、第2个宏观因子$factor_2$和第3个宏观因子$factor_3$等的敏感程度。比如，如果$factor_1$是汇率因子，那么对于进出口等外贸企业的因子载荷a_1就较大。再比如，如果$factor_2$是石油价格因子，那么中石油的因子载荷a_2就要比其他非石油企业的因子载荷a_2大。

对于来自宏观因子的影响，投资者无法通过分散化将其消除。而对于噪声项的影响，其属于公司特殊风险，投资者可以通过分散化的手段进行消除。因此，股票的期望收益率只受到宏观经济因子变动的影响，而不受噪声项的影响。套利定价理论可以进一步表达为：

$$E(r_i) = a_0 + a_1 \times E(factor_1 - r_f) + \\ a_2 \times E(factor_2 - r_f) + a_3 \times E(factor_3 - r_f) + \cdots \quad (4.14)$$

上式$E(r_i)$表示股票i的期望收益率，$E(factor_1-r_f)$、$E(factor_2-r_f)$和$E(factor_3-r_f)$表示第1、第2和第3个宏观经济因子的风险溢价。式（4.14）有两层含义。第一，当所有的因子载荷项都为0，即a_1、a_2、a_3……均为0时，表明股票相对于所有宏观因子的敏感程度为0，此时股票的预期风险溢价为a_0。第二，对于只暴露于第i个宏观经济因子的分散化组合，其期望收益率与该分散化组合对宏观经济因子的敏感程度成正比，即第i个宏观经济因子增加1个百分点，分散化组合的期望收益率增加a_i个百分点。

2. 资本资产定价模型与套利定价理论的比较

资本资产定价模型与套利定价模型的相同之处在于：它们都强调股票的期望收益率由整体经济影响产生的风险决定，而与非系统风险或公司特殊风险无关。其不同之处在于：第一，资本资产定价理论是基于投资组合理论得到的一般均衡定价模型，有非常严苛的假设，而套利定价理论则仅仅是基于"一价定律"（law of one price）这个简单却又基本的思想，即在竞争的市场上，同样风险的资产应该具有相同的价格；第二，资本资产定价模型中决定股票期望收益率的风险因子非常明确，即市场组合因子，而套利定价理论虽然指出了股票所面临的宏观因子导致的风险来源是多维的，但并不确定是哪些宏观因子影响了股票期望收益率。

3. 法玛−弗伦奇三因子模型

回顾前述的套利定价理论不难发现，估计期望收益率只需要三步：首先，找到影响股票期望收益率的宏观经济变量或因子；其次，计算每个宏观经济因子的风险溢价；最后，估计每只股票相对于每个宏观经济因子的敏感程度。问题是到底应该放多少个宏观经济因子才合适，法玛＆弗伦奇（1992）认为小规模公司的股票在未来一段时间的收益率平均而言要高于大规模公司的股票，而账面价值/市场价值比（或账面市值比）较高的公司股票在未来一段时间的收益率要高于账面价值/市场价值低的公司股票。法玛＆弗伦奇（1993）认为企业规模和账面市值比是被忽略的两个风险因素，于是结合资本资产定价模型中的市场组合因子提出如下三因子模型：

$$R_i = R_f + \beta_{iM}(R_M - R_f) + \beta_{iSMB}SMB + \beta_{iHML}HML + \varepsilon_i \tag{4.15}$$

其中，R_M-R_f 是市场组合的收益率减去无风险收益率，反映的是市场风险因素；SMB 是小公司组合的平均收益率减大公司组合的平均收益率，反映与规模有关的风险因素；HML 是高账面市值比公司股票的平均收益率减低账面市值比公司股票的平均收益率，反映与账面市值比有关的风险因素。β_{iM}、β_{iSMB} 和 β_{iHML} 分别表示市场因子载荷、规模因子载荷和账面市值比因子载荷，反映股票收益率相对于这三个因子变动的敏感程度。在此假设下，套利定价理论的结论定价公式（式（4.14））可以表示为：

$$E(R_i) = R_f + \beta_{iM}[E(R_M) - R_f] + \beta_{iSMB}E(SMB) + \beta_{iHML}E(HML) \tag{4.16}$$

相比于套利定价理论，法玛−弗伦奇三因子模型中的因子非常明确，包括市场组合因子、规模因子和账面市值比因子。拓展阅读4-3与拓展阅读4-4介绍了Barra多因子模型以及中国A股市场因子投资的相关情况。

拓展阅读4-3
Barra 多因子模型

拓展阅读4-4
中国 A 股市场因子投资相关知识

【例题 4-2】中国上市公司的三因子模型应用

以中国 1994 年 2 月～2019 年 12 月的月度因子数据为例㊀，市场组合的月平均收益

㊀ 数据下载自中央财经大学中国资产管理研究中心：http://sf.cufe.edu.cn/info/1198/9882.html。

率为 1.26%，月平均无风险利率为 0.29%，因此月平均市场组合的超额收益率为 0.97%，规模因子的月平均收益率为 0.90%，而账面市值比的月平均收益率为 0.50%。我们可以进一步估计出上市公司收益率对三因子的载荷系数（敏感系数），表 4-3 给出了 2016 年 1 月～2019 年 12 月部分中国股票的三因子载荷系数，请分析三因子载荷的经济含义并尝试计算 6 家中国上市公司的股票期望收益率。

表 4-3　2016 年 1 月～2019 年 12 月部分中国股票的三因子载荷系数

股票	β_M	β_{SMB}	β_{HML}
人民网	1.92	0.87	-0.28
中科曙光	0.83	0.30	-1.51
中国石油	0.60	-0.31	0.82
金地集团	0.28	-0.33	1.08
北方华创	-0.39	0.14	-2.86
盛天网络	-1.72	0.87	-1.88

解： 从表 4-3 可以看出，当规模因子的收益率增加 1% 时，人民网的股票收益率将上升 0.87%，而中国石油的股票收益率将下降 0.31%。也就是说，当小规模股票的业绩优于大规模股票时，人民网的股票表现相对较好，而中国石油的股票表现相对较差。当账面市值比因子的收益率上升 1% 时，中科曙光的收益率下降 1.51%，而金地集团的收益率将上升 1.08%。也就是说，当价值股（高账面市值比）的业绩优于成长股（低账面市值比）时，中科曙光的股票表现相对较差，而金地集团的股票表现相对较好。

对于期望收益率的计算，可以利用式（4.16），将每个因子的敏感性与因子相乘再加总，然后加上无风险收益率就可以得到股票的期望收益率。

人民网的月度期望收益率 = 0.12% + 1.92×(-0.18%) + 0.87×(-0.46%) + (-0.28)×0.38% = -0.73%①

中国曙光的月度期望收益率 = 0.12% + 0.83×(-0.18%) + 0.30×(-0.46%) + (-1.51)×0.38% = -0.74%

中国石油的月度期望收益率 = 0.12% + 0.60×(-0.18%) + (-0.31)×(-0.46%) + 0.82×0.38% = 0.35%

金地集团的月度期望收益率 = 0.12% + 0.28×(-0.18%) + (-0.33)×(-0.46%) + 1.08×0.38% = 0.63%

北方华创的月度期望收益率 = 0.12% + (-0.39)×(-0.18%) + 0.14×(-0.46%) + (-2.86)×0.38% = -0.96%

盛天网络的月度期望收益率 = 0.12% + (-1.72)×(-0.18%) + 0.87×(-0.46%) + (-1.88)×0.38% = -0.69%

4.2.3　投资组合的绩效评估

风险定价理论模型的一个重要应用是绩效评估。在 4.1 节讨论现代投资组合理论

---

① 2016 年 1 月～2019 年 12 月平均市场组合的超额收益率为 -0.18%，月平均无风险利率为 0.12%，规模因子的月平均收益率为 -0.46%，账面市值比的月平均收益率为 0.38%。

的时候，我们介绍了夏普比率和詹森指数。夏普比率是衡量一个全局的投资组合表现的总体指标。夏普比率越大，长远资产的平均增长率越高（参考本章引导案例）。詹森指数以资本资产定价模型为基础，根据证券市场线来估计基金的超额收益率，其实质是反映证券投资组合收益率与按该组合的β系数算出来的均衡收益率之间的差额。此外，在CAPM框架下，特雷诺比率（Treynor ratio）也是常用的绩效评估指标[⊖]。特雷诺比率的定义如下式：

$$TR_P = \frac{\mathrm{E}(R_P) - R_f}{\beta_P} \tag{4.17}$$

其中，R_P是投资组合的收益率，R_f是无风险收益率，β_P是CAPM框架下该投资组合或资产的β系数。特雷诺比率与夏普比率的区别在于：特雷诺比率的分母为组合的系统风险（贝塔），而夏普比率的分母为组合的标准差。因此，特雷诺指数适用于评价非系统风险完全分散的组合或基金，例如大盘指数型基金。现实中，多数基金不仅包含系统风险，它们的非系统风险并未完全分散。相对于特雷诺指数只考虑系统风险，夏普比率的优点就在于它把基金的非系统风险也考虑在内。

在APT的多因子模型框架下，绩效评估更加复杂，涉及投资组合在不同风格因子上的暴露程度分析。一个看似表现良好的投资组合，可能是因为其在某些因子溢价较高的风险因子上的暴露比较高。我们需要将待评估投资组合的收益，经过市场上长期存在的多种因子的风险调整后，再评估其α系数以及相应的绩效比率。关于绩效评估的更多深入的内容，比如风格分析、绩效归因、如何防范基金经理的绩效操纵等，可以参考专门的投资学著作[⊖]。拓展阅读4-5是证券组合投资绩效评估指标及其比较。

拓展阅读 4-5
证券组合投资绩效评估指标及其比较

【例题 4-3】假设投资组合A的实际收益率为20%，标准差为30%，贝塔值为1.2，投资组合B的实际收益率为30%，标准差为50%，贝塔值为2。假设市场无风险利率为5%，市场组合的期望收益率为15%，分别比较詹森指数、夏普比率和特雷诺比率并评价其收益风险指标的好坏。

解： 对于投资组合A而言，詹森指数=20%-[5%+1.2×(15%-5%)]=3%；而对于投资组合B而言，詹森指数=30%-[5%+2×(15%-5%)]=5%。因此，投资组合B的詹森指数要好于投资组合A。

对于投资组合A而言，夏普比率=(17%-5%)/30%=0.4；而对于投资组合B而言，夏普比率=(25%-5%)/50%=0.4。因此，投资组合B的夏普比率与投资组合A一样。

对于投资组合A而言，特雷诺比率=(17%-5%)/1.2=0.1；而对于投资组合B而言，特雷诺比率=(25%-5%)/2=0.1。因此，投资组合B的特雷诺比率与投资组合A一样。

[⊖] 此外，还有信息比率（information ratio）等其他指标，具体原文参见：杨健. 证券投资基金指南 [M]. 中国宇航出版社，2007-1。

[⊖] 如Bodie Z., Kane A., Marcus A. J. and Mohanty P. （2017）。

4.3 有效市场假说

4.3.1 有效市场假说的发展历史及其内涵

上一节的风险定价理论给出了均衡状态下资产的回报率与投资者所承担的各类系统风险之间的定量关系。这些模型刻画了投资者参与到股票市场中应该获得的风险回报，其成立的前提假设是市场有效。那么什么是有效市场？在有效市场上，价格的变化又有什么规律呢？

尤金·法玛（Fama，1970）首次正式提出了"有效市场假说"，他认为如果市场上存在着大量理性的、追求利益最大化的投资者，它们彼此之间相互参与竞争，那么股票价格会及时且充分地反映股票过去、现在和未来的所有信息。在这样的市场中，股票价格是公平的，投资者不能预测股票的收益率，没有人能一直获得超额回报。法玛根据股票价格揭示信息的程度，将有效市场分为三个层次，并提出了三个层次的有效市场假说。第一个层次是弱有效市场（weak-form efficiency market）假说，认为市场价格已充分反映了所有历史的股票价格信息，包括股票的成交价、成交量、卖空金额、融资金额等。如果弱有效市场假说成立，那么通过分析股票的成交价、成交量、卖空金额、融资金额等（股票技术分析），不能帮助投资者获得超额利润。第二个层次是半强有效市场（semi-strong efficiency market）假说，认为股票价格已充分反映了与公司相关的所有公开信息，这些信息包括公司盈利、盈利预测值、公司管理状况及其他公开披露的财务信息等。如果半强有效市场假说成立，那么通过分析公司过去的价格信息（股票技术分析）以及财务报表信息（基本面分析），均不能帮助投资者获得超额利润。第三个层次是强有效市场（strong-form efficiency market）假说，认为价格已充分反映了所有关于公司的信息，这些信息包括已公开的或内部未公开的信息。在强有效市场假说中，没有任何方法能帮助投资者获得经过风险调整后的超额利润，即使对掌握内幕消息的投资者也一样[一]。图4-8刻画了这三种有效市场假说的关系。

图4-8 有效市场假说的三个层次及其包含的信息集

4.3.2 有效市场假说对财富管理的影响

如果强有效市场假说成立，那么市场价格反映了所有信息，此时投资者就算获得了内幕信息，也不能获得超额利润。这意味投资者做任何分析证券的行为都是徒劳的，市场不可战胜。根据4.1节的现代投资组合理论，所有投资者在股票市场中的最优配

[一] 现有研究表明，当前我国资本市场暂时处于弱势有效而半强势无效的阶段（Roger等，2012；Chi，2013；Kiymaz，2015）。

置都是图 4-6 中的切点组合，也就是均衡状态下的市场组合○。

如果强有效市场假说不成立，但半强有效市场假说成立，则投资者可以通过获得内幕消息进行套利。在半强有效市场假说不成立的条件下，根据 4.2 节的风险定价理论，市场存在套利机会，投资者可以通过技术性分析或者基本面分析，构建一个阿尔法系数为正的投资组合，也就是经过风险调整后依然能够获得超额收益的投资组合。但是对个人投资者而言，无论是技术性分析还是基本面分析，都需要投入大量的时间和成本，最后的总体经济效益不一定高。因此，如果个人投资者认为半强有效市场假说不成立，可以投资利用相应技术或方法进行投资的基金，利用这些基金资产和其他大类资产进行最优资产配置。拓展阅读 4-6 是现有对有效市场假说的六个疑问。

拓展阅读 4-6
对有效市场假说的六个疑问

4.4 财富管理中的行为金融学

根据理性经济人与有效市场假说，金融学形成了由资产组合理论、资本资产定价模型、套利定价模型与期权定价理论等组成的经典理论框架。但在现实的投资实践与经验研究过程中，市场上存在很多不符合经典理论的市场异象（market anomalies），并被 2013 年诺贝尔经济学奖获得者席勒（Shiller）等人所诟病。比如，在资本资产定价模型中非常关键的概念 β 系数，现实中被发现与股票投资收益并没有明显的联系。1992 年，作为资本资产定价模型奠基人之一的法玛甚至撤回了对 CAPM 的支持。这表明以投资组合理论为基础的现代金融学，即经典的、数量经济基础上的严谨的金融经济学体系，至少还存在很多不完善的地方。

在对学科进行审视和反思的过程中，运用心理学和社会学来研究金融活动中人们决策行为的行为金融学成为学界的关注点。行为金融学是金融学、心理学、行为学、社会学等学科相交叉的学科，力图揭示金融市场的非理性行为和决策规律。行为金融理论认为，金融产品的市场价格并不只由其内在价值决定，还在很大程度上受到投资者行为的影响，即投资者心理与行为对金融产品的价格决定及变动具有重大影响。行为金融学与经典金融学的异同如图 4-9 所示。

早在 20 世纪 50 年代，西方经济学家就开始提出用实验来验证理论的正确性，并反思金融学科片面依靠模型的研究方法，指出金融学与行为学的结合应是今后金融学发展的方向。20 世纪 80 年代以后，行为金融学迎来了真正的发展，由普林斯顿大学的卡尼曼（Kahneman）和斯坦福大学的特沃斯基（Tversky）发表的文章《前景理论：风险状态下的决策分析》所创立的前景理论，奠定了行为金融学的研究基础，行为金融学终于成为金融学寻找学科发展的突破口之一○。

○ 实践中，指数化基金可以反映市场组合的变化，因此投资者可以投资于指数化基金进行资产配置。
○ 具体关于行为金融的进展工作可以参阅：理查德·H. 泰勒. 行为金融学新进展（Ⅱ）[M]. 贺京同，译. 北京：中国人民大学出版社，2014.

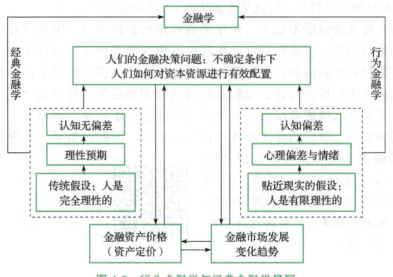

图 4-9　行为金融学与经典金融学异同

4.4.1　前景理论

前景理论是一种研究人们在不确定的条件下如何做出决策的理论，主要解释了传统理论中理性选择和现实情况相背离的现象，它是由卡尼曼和特沃斯基在 1979 年共同（Kahneman and Tversky，1979）提出的，并在其后得到了不断的补充和修正。该理论认同了传统金融理论关于理性经济人为实现效用最大化遵循成本收益分析原则进行决策的论述，但也提出由于有限理性、有限自制力和有限自利的存在，人们不会完全像传统经济金融学理论假设的那样具有完全的理性，在每一种情境下都能清楚地计算出投资决策的得失和风险概率。人们的选择往往受到个人偏好、社会规范与观念习惯的影响，因而未来的决策存在着不确定性。

1. 决策参考点

投资者进行投资时，判断效用的依据并不像经典金融学理论中所论述的是最终财富水平，而是总会以自己身处的位置和衡量标准来判断投资行为的收益与损失，也就是选取一个决策参考点（reference point），以此决定投资者对待风险的态度，从而做出投资决策。也就是说，人们在评价事物时，总要将其与一定的参考物比较。对比的参考物不同，即使相同的事物也会得到不同的比较结果。所谓损失和获得，一定是相对于参考点而言的，卡尼曼称其为参照依赖（reference dependence）。传统经济学的偏好理论（preference theory）假设人的选择与参考点无关，但行为金融学认为，人们的偏好会受到单独评判、联合评判、交替对比及语意效应等因素的影响。卡尼曼和特沃斯基的研究指出，在参考点上人们更重视预期与结果的差距而不是结果本身，因此选择什么样的决策参考点至关重要。也正由于决策参考点的存在，使得预期具有更大的不确定性和不稳定性，由预期所带来的行为也不会与理性选择理论完全相符，从而与传统金融模型的结果有所差异。

专栏 4-2

决策参考点的意义——不患寡而患不均

假设你在商品和服务价格相同的情况下,有两种选择。

选择 1:在其他同事的年收入为 6 万元的情况下,你的年收入为 7 万元。

选择 2:在其他同事的年收入为 9 万元的情况下,你的年收入为 8 万元。

卡尼曼这项调查的结果出人意料:大部分人选择了前者。

这表明一般人对一个决策结果的评价,是通过计算该结果相对于某一参考点的变化而完成的。人们看的不是最终结果,而是最终结果与参考点之间的差额。一样东西可以说成是"得",也可以说成是"失",这取决于参考点的不同。非理性的得失感受会对我们的决策产生影响。

资料来源:理查德·H. 泰勒,罗伯特·J. 希勒. 行为金融学新进展(Ⅱ)[M]. 贺京同,译:北京:中国人民大学出版社. 2014.

2. 损失规避

卡尼曼和特沃斯基通过实验发现,在决策参考点进行心理核算时,投资者在大多数情况下对预期损失的估值会比对期望收益的估值高出 2 倍。对此的解释是,因为在不确定的条件下,人们的偏好并不由财富的总量所决定,而是由财富的增量所决定。所以,人们对于损失的敏感度要高于对于收益的敏感度。卡尼曼和特沃斯基利用两种函数来描述个人的选择行为,一是取代了传统效用理论中效用函数的价值函数(value function),二是利用预期效用函数的概率转换成的决策权数函数(decision weighting function)。由于损失厌恶⊖(loss aversion)的特征,效用函数体现为在正的增量是凹的,在负的增量则是凸的(新古典模型表现为效用函数所有点都是凹的)。这意味着,人们在已经亏损的情况下,会成为一个风险追求者,而不是一个风险厌恶者。专栏 4-3 是价值函数的形式与决策参考点的应用。

专栏 4-3

价值函数的形式与决策参考点的应用

个人在投资过程中,由于对于获益和损失的感知存在心理上的不同,其效用函数发生改变如下所示:

$$V(p^h, z_1, z_2) = \pi(p^h) \times v(z_1) + \pi(1-p^h) \times v(z_2)$$

其中,$\pi(p^h)$ 和 $\pi(1-p^h)$ 是决策权重,是一种概率评价性的单调增函数;$v(z_1)$ 和 $v(z_2)$ 是决策者主观感受所形成的价值,即价值函数。

具体而言,价值函数体现出投资者对于损失的反感和厌恶,其函数形式如下所示:

⊖ 损失规避是指投资者同时面对同样数量的收益和损失时(无论先后),大多数人都认为损失了。损失带来的负效用为收益正效用的 2~2.5 倍。损失厌恶反映了人们的风险偏好并不是一致的,当涉及的是收益时,人们表现为风险厌恶;当涉及的是损失时,人们则表现为风险寻求。它不同于新古典理论关于偏好的假定,从而解释了人们的决策和行为与数量模型的偏差。

$$v(z) = \begin{cases} z^{\alpha}, & z \geqslant 0 \\ -\lambda(-z)^{\beta}, & z < 0 \end{cases}$$

其中，α 和 β 分别表示收益和损失区域价值幂函数的凹凸程度。系数 λ 表示损失区域比收益区域更陡的特征，大于 1 表示损失厌恶。那么这就意味着函数在参考点附近会发生"拐折"呈现出 S 形的特征（Tversky and Kahneman, 1992）。

在实际投资过程中，投资者常用的参考点主要有股票的买入价、投资者的心理价位等。投资者心理所设定的参考点通常是动态变化的，参考点会随着股票价格的上涨而提高，随着股票价格的下跌而降低。市场形势好转时，投资者预期股票价格会继续上涨，就一直不获利了结，以致最后参考点就是每天的市场价格。股市持续下跌时，投资者的参考点随市价逐渐下调，当快跌到初始购买价时，投资者才会再次以购买价作为参考点，马上卖出股票。

另一方面，对于大概率或者小概率事件的发生，人们在很多情况下会高估小概率事件发生的可能性，低估大概率事件发生的可能性，从而使得投资者的主观概率（下图的实线）会偏离实际概率（下图的虚线）。

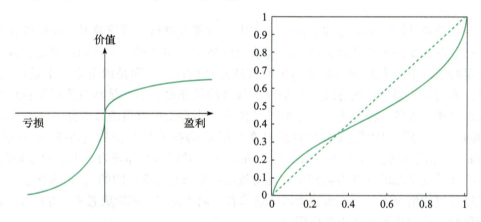

资料来源：Kahneman and Tversky. Prospect Theory, An Analysis of Decision under Risk. [J] *Econometrica*, 1979, 47 (2): 264-291.

3. 处置效应

处置效应是指投资者趋于过长时间地持有正在损失的股票，而过快地卖掉正在盈利的股票，是资本市场中一种普遍存在的投资者非理性行为（Shefrin and Statman, 1985）。前景理论认为，由于价值函数是 S 形的，股票的盈利和亏损可以用参考点判断：当股票价格高于参考点价格时（主观判断为盈利），价值函数是凹函数，因此投资者是风险回避者；当股票价格低于参考点价格时（主观判断为亏损），价值函数是凸函数，因此投资者又成为风险偏好者。如果投资者用以前所买股票的买入价格作为参考点，当股票市场价格上升而高于买入价时，投资者将面临两个选择，即出售股票获取少量盈利和承担亏损风险继续持有，以期望价格进一步上升。这时大多数投资者都是风险回避者，趋于较早卖出盈利股票。相反，如果市场价格低于买入价格，投资者将回避现实损失从而继续持有亏损股票。

另外，谢夫林（Shefrin）和斯塔曼（Statman）用"后悔理论"来解释投资者为什么出售盈利股票，持有亏损股票。他们认为投资者在投资过程中常出现"害怕后悔"的心理状态：当人们出现投资失误时，哪怕是很小的失误，也会极为后悔，而不是用长远的眼光看待这种失误。在行情比较好的时候，投资者会因没有及时买入自己看好的股票而后悔，也会因过早卖出获利的股票而后悔；而在行情不好的时候，投资者会因没能及时止损，引起更大的损失而后悔，或因原本已经获利但没能兑现，然后又被套牢而后悔。此外，投资者也会因为自己持有的股票不涨不跌，别人推荐的股票上涨，由于没有听从别人的劝告而后悔。投资者下定决心卖出手中不涨的股票，买入专家推荐的股票后，发现自己原来持有的股票不断上涨而专家推荐的股票不涨反跌，会更加后悔。人们在面对这些失误时，通常感到非常难过。所以，投资者在投资过程中，为了避免后悔心态的出现，总会表现得非常优柔寡断。为了避免或拖延这种后悔感的产生，人们就会采取一些非理性行为。因此，后悔理论可用来解释投资者为什么延迟卖出价值已减少的股票，而加速卖出价值已增加的股票。投资者延迟卖出下跌的股票，是为了不再看到已经亏损（失误）这一事实，从而不感到后悔；投资者及时卖出已上升的股票，是为了避免随后股价可能降低而导致的后悔感，而不管股票价格进一步上涨扩大盈利的可能性。

4.4.2　判断和决策中的认知与心理偏差

1. 非贝叶斯法则

传统的经济理论认为，当人们面对不确定性时，个体的决策过程将遵循贝叶斯法则。贝叶斯法则描述的是，当不能准确知悉一个事物的本质时，可以依靠与事物特定本质相关事件出现的多少去判断其本质属性的概率。比如，如果你看到一个人总是做一些好事，则那个人多半会是一个好人。贝叶斯法则对于决策理论非常重要，它强调了个体在不确定性条件下进行行为决策的理性特征：人们将根据获得的新信息进行不断地学习与调整。然而，卡尼曼和特沃斯基认为，人们在面对不确定的情况做出预期的时候，经常会体现出非贝叶斯法则，或是有违背其他概率理论的行为。人们通常把小样本中的概率分布当作总体的概率分布，夸大小样本的代表性，对小概率加权太重，陷入"小数法则偏差"。举例来说，如果在10个测试者中，文化程度高的人更容易掌握高尔夫球的初学要领，那么人们可能会形成一种观念：一般情况下，在学习高尔夫球的过程中文化水平高的人更容易学会。这就是一种非贝叶斯法则的预期。

2. 心理账户

1980年，芝加哥大学著名行为金融和行为经济学家理查德·塞勒（Richard Thaler）首次提出"心理账户"概念，用于解释个体在消费决策时为什么会受到沉没成本效应（sunk cost effect）的影响。塞勒（1985）认为，人们在消费行为中之所以受到沉没成本的影响，一个可能的解释是前景理论，另一个可能的解释就是推测个体潜意识中存在的心理账户系统（psychic accounting system）。人们在进行消费决策时，把过去的投入和现在的付出加在一起作为总成本来衡量决策的后果。这种对金钱分门别类的分账管理和预算的心理过程就是心理账户的估价过程。许多行为金融学者都认为，投资者进行决策的时候，并非在权衡全局各种情况的基础上进行考量，而是在心理层面无意识地把一项决策分成几个部分来看，也就是说，分成了几个心理账户，对于每个心理账户，行为者会有不同的决策。一般而言，心理账户有三种情形：一是将各期的收入（或财富）或者各种不同方式的收入（或财富）分在不同的账户中，不能相互填补；二是将不同来源的收入（或财富）用于不同的消费或投资；三是用不同的态度来对待不同数量的收入（或财富）。

比如，一个人会将辛苦赚来的财富进行严谨的储蓄和投资计划，但是对意外获得的财富有不同的态度。但事实上，个人名下的财富并不会依据它的不同来源而有任何本质上的区别。再比如，正常人很少会拿自己辛苦赚取的 5 万元去挥霍，但如果是买彩票中的 5 万元，去挥霍的可能性就高出很多。而对于投资者而言，投资者可能会将自己的投资组合分成两部分，一部分是风险低的安全投资，另一部分是风险较高但期望收益率也较高的投资。这体现出人们既想避免损失又想快速致富的心态，因此人们会把两个心理账户分开。而且在做出决策的时候，投资者往往每次只考虑一个心理账户，把目前要决策的问题和其他决策分离看待。也就是说，投资者可能将投资组合放在若干个心理账户中，不太在意它们之间的相关性，这从另一个角度解释了投资者在有些情况下的非理性行为。拓展阅读 4-7 是心理账户的一个举例。

拓展阅读 4-7
心理账户的一个举例

心理账户偏差可以被用来解释前面提到的处置效应。这是因为投资者同时犯了两个错误：一是他们建立了两个心理账户，一个给已经实现的盈亏，一个给浮动的盈亏；二是他们投资决策的目的是让过去的投资决策看起来好一些。如果投资出现亏损，投资者会希望尽量将其保持为浮亏的状态，因为浮亏引起的效用降低比平仓并实现亏损要小。如果投资者获利，则投资者希望"落袋为安"，因为获利平仓的效用提高比浮盈更大。显然，心理账户阻碍了投资者积极应对其资产组合中真实的经济情况，亏损的资产都放在浮动的盈亏账户中，而获利的资产都放在已经实现的盈亏账户中。这样看起来只是在为过去"失败"的投资决策进行辩护，而不是为投资未来的业绩表现考虑。

3. 过度自信

过度自信（overconfidence）是指投资者会普遍认为自己所掌握的知识的准确性比事实程度更高，即对自己信息赋予的权重大于事实上的权重。事实上，关于主观概率测度的研究也发现，人们在投资活动中确实存在过度估计自身知识准确性的情况。过度自信的决策者总是对自己的决定具有独断性，坚持己见，以自己的意愿代替实际客观事物发展的规律。即使周围客观环境发生变化，他们也不肯更改自己的目的和计划，并拒绝他人的意见或建议。在现实生活中，几乎从事各种职业的人都存在过度自信，物理学家、临床心理学家、律师、谈判人员、工程师、企业家、证券分析师、驾驶员等的判断过程中，都观察到了过度自信现象。在投资市场中，不论是理性投资者还是非理性投资者，都不会怀疑自身理性的存在。他们自认为掌握了一定的信息和专业知识，因而面对投资决策的时候会过于相信自己的判断力⊖。

⊖ 更多的相关内容可以参考 Daniel 与 Hirshleifer（1998）。

对于产生过度自信的原因，心理学家认为，人的过度自信与信息积累有关。对金融产品投资一点都不懂的投资者应该不会很自信。因为对于投资者而言，当什么信息和知识都没有的时候，自然也是没什么自信的。然而，随着信息收集越来越多，如通过对金融市场专业知识的系统学习，增加信息积累，能力相应获得提升，投资者的自信心也同步增加；所得到的信息、投资能力、自信心此时是同步增长的。但是，在信息全球化的今天，金融市场的信息时时刻刻都在增加，几乎没有上限，个人的投资能力却是有限的。投资者不断增加各种信息积累，其投资能力却是会达到某种极限的，此时投资者只会不断增加自信心。最终，投资者的自信程度会超过自己的实际投资能力水平，产生过度自信。

通常人们通过观察自身行为的结果来了解自己的能力，在这个过程中存在着一个自我归因偏差（self-attribution bias），即人们在回顾过去时，相比那些与失败有关的信息，更容易回忆起与成功有关的信息，并且会高估自己的成功。从认知心理学角度来说，由于存在归因偏差，人们会高估某些信息而低估另一些信息，从而加重过度自信心理。一般而言，过度自信之所以会出现，主要是因为以下两个原因。一方面，人们容易把成功归于自己，而把失败归于他人或者客观条件。比如遭受失败时，首先找寻外部因素，如环境恶劣、运气不好，并推卸自身应该并能够承担的责任，而不是先反省自己的错误行为，并承担应该承担的责任。另一方面，是由于认知上产生了某种偏差，比如每当一个事件发生之后，人们总能找到若干理由，证明这一事件必然发生，觉得自己"早就知道"某一事件（如球赛、婚姻、选举等）会出现何种结果，即我们常说的"事后诸葛亮"。这体现出一旦人们形成一个信念较强的假设或设想，就会有意识地寻找有利于证实自身信念的各种证据，不再关注那些否定该设想的证据，并人为地扭曲新的信息⊖。

过度自信主要体现在以下两个方面。一是人们估值的置信区间太窄，如人们认为，置信区间包含真实值的概率有98%，而事实上置信区间包含真实值的概率只有60%左右，即人们估值的置信区间太小了。二是人们估计事件出现的概率很不准确，如人们估计某一事件完全可能发生，而其实际发生的可能性只有80%；人们确信不可能发生的事件，其实际发生的可能性却有20%。为此，人们对事件发生概率的估计经常走向极端，过高或过低地估计那些他们认为应该发生或不应该发生事件的可能性。在行为金融学研究领域，过度自信的投资者有两种表现：一是投资者高估了私人信息产生的信号的准确性，即错误地认为私人信息产生的信号比公共信息产生的信号更准确；二是投资者高估了自身对证券价值的估价能力，而低估了估价过程中预测误差的方差。事实上，在金融市场中，投资者对他们的交易水平常常是过度自信的。过度自信是典型而普遍存在的一种心理偏差，并在决策过程中发挥重要的作用。

4. 从众心理

在投资市场中，投资者的投资行为会受到其他投资者行为和整个大投资环境的影响，产生一种模仿、攀比、追随和互相传染的倾向。这种从众行为会引起投资者

⊖ 相关内容还可以参见 Griffin 与 Tversky（1992）。

的争相效仿，从而进一步引起市场的过度波动。同时，不同投资者的这种非理性行为所带来的后果之间无法互相抵消，反而会进一步互相加强，使有效市场变得更加难以实现。

从众心理最典型的表现就是羊群效应（herd behavior）[一]。在一个群体中，人们彼此模仿、彼此传染，这种形式与羊群受惊时的表现非常相似，从而被称为羊群效应。在金融市场中，不同的投资者和市场之间通过相互的循环反应刺激，会引起投资者情绪逐渐高涨，进而有可能失去理性，这会使得金融市场更加难以预测和控制，从而会对整个金融市场带来不必要的冲击以及潜在的极大破坏性。

羊群行为的影响途径主要是通过情绪和情绪引发的行为进行传染。当人们有共同的态度和信息时，投资者之间情绪的传染更为迅速和有力。一个投资者的情绪产生波动之后，会引发后续的投资行为和言论，而这在获得周围环境的认同或带动下又会进一步刺激人们的情绪。比如，某投资者起初决定投资某只股票，当知道别人的决定与自己不同时，他便放弃了投资；或者某投资者起初决定不投资某只股票，但当知道别人的决定是投资时，他就改变初衷参与了投资。当市场上绝大多数的投资者都这样做时，交易行为就表现为很大程度上的一致性和趋同性。这里要注意的是，被跟风的对象（俗称"领头羊"）往往是投资者认为有成功经验的人，比如股票市场中的各种股评专家、有名的投资人和机构投资经理等。一般情况下，跟风的投资者对于自己的跟风行为并没有清晰的认识，也没有意识到自己在跟风，因此不会知道自己其实是羊群中的一分子[二]。当投资者的信息以及其所采取的行动有限时，他便可能会去观察其他投资者先前所做的决策并跟风，因为在投资者眼里其他投资者也许拥有自己所需要的重要信息，这促使投资者关注他人的交易，以便推断当中所隐含的信息，因而造成羊群效应（Bikhchandani and Sharma，2000）。

5. 模糊规避

模糊规避（ambiguity aversion）描述的是人们在进行决策的时候会有一种对不确定性的厌恶。在面对选择进行冒险的时候，人们会倾向于用已知的概率作为依据，而规避不确定的概率。模糊规避是丹尼尔·埃尔斯伯格（Daniel Ellsberg，1961）提出的，他认为模糊规避的强度依赖于信息的多少、类型、可信度、一致性程度，以及在事件发生可能性估计中所产生的信心程度。埃尔斯伯格（Ellsberg）发现人们在做出决策时，往往会选择那些具有确定发生概率的事件（风险选项），而不是那些概率不确定的事件（模糊选项）。例如，对于投资者而言，当新的金融产品出现的时候，其往往会被投资者增加过多的风险溢价，而经过一段时间以后，人们对该种产品有了一定的把握，相应便会降低风险溢价。比如，可口可乐公司员工将养老金的76%投入到可口可乐的

[一] 羊群效应描述经济个体的从众跟风心理。羊群是一种很散乱的组织，平时在一起也是盲目地左冲右撞，但一旦有一只头羊动起来，其他的羊就会不假思索地一哄而上，全然不顾前面可能有狼或者不远处有更好的草。因此，羊群效应就是比喻人都有一种从众心理，从众心理很容易导致盲从，而盲从往往会导致陷入骗局或遭到失败。在金融市场上，羊群效应是一种特殊的非理性行为，它是指投资者在信息环境不确定的情况下，行为受到其他投资者的影响，模仿他人决策，或者过度依赖于舆论，而不考虑自己的信息的行为。由于羊群行为是涉及多个投资主体的相关性行为，因此对于市场的稳定性效率有很大的影响，也和金融危机有密切的关系。

[二] 更多的相关研究参见 Grinblatt、Titman 和 Wermers（1995）。

股票上，这显然不符合投资组合理论，但体现出可口可乐公司员工在投资中的模糊规避行为。拓展阅读 4-8 介绍了风险偏好与风险规避集于一身的矛盾现象——买保险的赌徒。

6. 框架效应

卡尼曼和特沃斯基研究投资者在不确定条件下的决策时，注意到行为选择与行为环境之间的关系。人们面对决策时，不

拓展阅读 4-8
矛盾的投资者：买保险的赌徒

仅考虑行为的预期效用，也会受到问题的框架方式的影响，即问题以何种方式呈现在行为人面前，会在一定程度上影响人们对于风险的态度。面对同样预期效用的确定性收益与风险性收益，如果行为方案是存在收益的，行为人会选择确定性收益，即呈现出一种风险规避；然而，面对同样预期效用的确定性损失和风险性损失，如果方案是存在损失的，行为人会选择风险性损失，即呈现一种风险偏好（Tversky and Kahneman，1986）。

为了解释框架效应（framing），我们来看下面的例子：在加油站 A，每升汽油卖 5.6 元，但如果以现金的方式付款可以得到每升 0.6 元的折扣；在加油站 B，每升汽油卖 5 元，但如果以信用卡的方式付款则每升要多付 0.6 元。显然，从任何一个加油站购买汽油的经济成本是一样的。但大多数人认为，加油站 A 要比加油站 B 更吸引人，因为与从加油站 A 购买汽油相联系的心理上的不舒服比加油站 B 要少一些。加油站 A 是与某种"收益"（有折扣）联系在一起的，而加油站 B 则是与某种"损失"（要加价）联系在一起的。研究发现，上述差异的原因是当衡量一个交易时，人们对于"损失"的效用评价要比对同等"收益"的效用评价大得多。拓展阅读 4-9 是框架效用的应用，即如何通过提问引导答案。

拓展阅读 4-9
框架效应的一个应用——如何通过提问引导答案

7. 投资中的其他行为表现

（1）确定效应——"二鸟在林，不如一鸟在手"。确定效应表现在投资上就是投资者有强烈的获利了结倾向，喜欢将正在赚钱的股票卖出。投资时，多数人的表现是"赔则拖，赢必走"。在股市中普遍有一种"卖出效应"，也就是投资者卖出获利的股票的意向，要远远大于卖出亏损股票的意向。这与"对则持，错即改"的投资核心理念背道而驰。

【例题 4-4】让我们来做如下实验。情况 1：投资国债一定能赚 300 元；情况 2：投资公司债券有 80% 可能赚 400 元，20% 可能什么也得不到。你会选择哪一个呢？

解：实验结果表明大部分人都选择第 1 种情况。从传统经济学中的"理性人"角度来看，第 2 种情况的期望收益会大一些，因为 $400 \times 80\% = 320$，期望值要大于 300。这个实验结果是对确定效应的印证：大多数人处于收益状态时，往往小心翼翼、厌恶风险，喜欢见好就收，害怕失去已有的利润，即处于收益状态时，大部分人都是风险厌恶者。

（2）反射效应——股票投资为何会出现"套牢"。 统计数据证实，投资者持有亏损股票的时间远长于持有获利股票的时间。投资者长期持有的股票多数是不愿意"割肉"而留下的"套牢"股票，即处于亏损状态时，投资者会极不甘心，宁愿承受更大的风险来赌一把。也就是说，处于损失预期时，大多数人变得甘冒风险，卡尼曼和特沃斯基称之为反射效应。反射效应是非理性的，表现在股市上就是喜欢将赔钱的股票继续持有下去。

【例题 4-5】 让我们来做如下实验。情况1：你一定会损失30 000元；情况2：你有80%可能损失40 000元，20%可能不发生损失。你会选择哪一个呢？

解： 实验结果表明只有少数人情愿接受确定性损失而选择情况1，大部分人愿意和命运搏一搏而选择情况2。这时，传统经济学中的"理性人"会跳出来说，两害相权取其轻，所以选情况2是错的。因为 $(-40\,000) \times 80\% = -32\,000$，即损失32 000元，比情况1中损失30 000元更多。事实上，多数人在面临损失时，会极不甘心，宁愿承受更大的风险来搏一下。也就是说，当人们面临损失预期时，大多数人会变得甘冒风险。

4.4.3 行为金融学在财富管理中的应用

从财富管理的角度来看，行为金融学的引入体现了在投资和财富管理过程中投资者有可能进入的心理误区，而这些心理误区会使得家庭财富管理目标出现偏离。因此，针对这些可能在家庭财富管理中存在的心理误区，要提前准备好具有针对性的措施。

1. 行为金融学在家庭财富管理中的优势分析

在家庭进行投资时，由于本章4.1节所阐述的传统投资组合理论隐含着各个家庭的偏好都一致的假设，这使得大部分投资模型对家庭所建议的投资组合方案都基本一致。如果投资者的风险厌恶程度相似，其资产配置也会基本相似或者相同。但在具体的投资过程中，这种极大的相似性会造成投资策略的同质性，无法体现投资者的投资目标差异。而本节前面所介绍的行为金融理论则为家庭的金融资产配置提供了新的理论基础，可以为家庭在进行资产配置过程中的行为变化提供理论依据。具体来说，行为金融在家庭财富管理中相对于传统金融投资理论的应用存在以下几点优势。

（1）传统投资组合理论过于简化了风险态度，并以此为基础简化了投资方案。无论是前面介绍的现代资产组合理论、资本资产定价理论还是有效市场假说的基本假设，都假设家庭的风险厌恶并不取决于他们的财富，这显然与现实中的家庭投资行为是相悖的。而以行为金融学为基础的风险态度模型，通过引入参考点、损失厌恶、非对称风险厌恶等，认为家庭的投资决策与参考点具有紧密联系，从而放宽了假设条件。这样可以更加完整、客观地刻画家庭投资行为。

（2）有别于传统投资组合理论将相同的资产看成同质的，行为金融强调家庭在投资过程中是存在心理账户的，这使得家庭的最优投资决策并不是所有资产的收益最大化，而是将家庭整体资产进行分割，追求每一部分资产的收益最大化。由于家庭对每一部分资产赋予了不同的内涵，有不同的目标收益，行为金融学的应用有利于家庭实现预定的财富投资目标。

（3）传统投资组合理论认为家庭在资产配置过程中贴现率都相同，这实际上与家庭生命周期理论是相悖的。而通过行为金融理论，可以更好地分析家庭在资产配置中的时间不一致性、时间非连续性偏好的影响因素，以及家庭在不同时间和整个生命周期中进行财务决策的驱动因素⊖。

（4）财富管理中，家庭实际上是对家庭一生的财富进行规划，本质上是一个动态过程。家庭会随着生命周期的不同阶段和不同体验改变投资需求，而这是传统投资理论无法解释和分析的，需要通过行为金融的理论、方法和工具来进行必要的分析。

2. 财富管理中的行为错误

当然，由于家庭在投资过程中，如果像前景理论描述的那样存在概率的认知偏差或者某种行为偏差，那么其所做的某些投资决策就有可能是非理性的，会造成严重的投资损失后果。财富管理中几种行为上的错误如下。

（1）缺少符合自身特点的规划。家庭在财富管理过程中经常会在没有分析自身情况的基础上，就进行财富投资决策规划。许多家庭会试图模仿其他"成功"人士的做法来搭便车，但是如果没有适合自己的长期投资规划，最终还是会面对不利的局面。

（2）缺乏对形势的正确认识。财富管理的框架要有远见，要根据家庭投资资产标的、资金流动情况、风险矩阵以及可做投资的选择方案来构建，要尽量避免将以前的决策作为未来决策的参考点。同时，财富管理的框架不能过于狭窄，不能分割成太多的心理账户，并且应当统一考虑财富的时变特征，进而可以避免在财富管理中的短视问题。

（3）无效的风险管理。投资多元化是财富管理中降低投资风险的必要工具和方式之一。设计良好的多元化投资组合总是能够使其在某种资产上受到的损失通过其他资产的盈利来补偿。然而心理账户的存在会阻碍投资者采用更好的多元化投资组合，因此有必要利用量化工具以避免无效的多元化投资组合。

（4）没有遵从同一种策略。在财富管理过程中，某些极端事件可能发生，但没有必要对其做出过度的反应。为了避免被市场的反复无常所左右，投资者应当遵从一种已经被证明适合家庭投资偏好和约束的未来投资策略（比如强制储蓄、定投等）。一个好的策略不应当像市场那样频繁变动。

（5）制订错误的业绩目标。在进行财富管理时，要为未来制订一个适当的目标。不合理的业绩目标有可能会造成投资者过于自满，从而导致过度自信，进而无法有效洞察风险；当然，也有可能造成投资者过度悲观，丧失好的投资机会。任何诸如贪婪、恐惧、自满、懊悔等在内的心理波动都会造成对实际投资环境的错误评价。

总体而言，对于家庭财富管理中的投资行为偏误及相应避免措施如表4-4所示。

⊖ 具体内容可以参见：科林·F. 凯莫勒等编著《行为经济学新进展》，中国人民大学出版社 2010 年出版。

表 4-4　在财富管理中如何阻止非理性行为

导致非理性行为的偏差	对应措施
心理账户	清楚不要把所有鸡蛋放在同一个篮子里的好处，知道分散化的投资组合对于非系统风险的分散优势，了解和明确分散化投资的好处
过度自信	理性看待自己的投资能力，要充分意识到几乎所有的投资者都认为自己比别人聪明，那么市场中到底赚谁的钱呢
可获得性偏差	充分明白在跟随信息、新闻报道、专家推荐之前，要了解投资标的的长期表现，并且要了解一些诸如 P2P 等看上去"很美"，但是最终失败的投资案例
代表性偏差	从更大的范围看到数据的统计性结果，而不是仅仅选择自己所看到的某些投资结果，更要避免这种倾向的误导
保守主义	要随着宏观形势和经济基本面做出必要的投资决策反应，尽量避免"一成不变"的投资策略
框架效应	尝试采用多种方式分析当前的问题，之后决定是否还是选择一样的投资决策
本土偏差	明确和了解分散化投资的好处，尤其是通过 QDII、沪港通、深港通等方式进行国际化的投资
自我归因偏差	要充分意识到投资的成功、失败与运气和客观事件的发生有很大关系
情感因素	要尽量避免心血来潮式的投资决策

3. 行为金融学在财富管理中的运用

家庭在进行财富管理时，首先，要明确家庭财富管理需求，不同的家庭生命周期阶段会存在不同的财富需求；其次，要明确家庭资产与负债的匹配程度，并真实评估家庭的风险偏好和风险接受能力；最后，将收益和风险综合考虑，权衡后得到"最优"的资产配置。但在家庭财富管理中，由于家庭生命周期不同阶段有不同的刚性支出，因此很难给出一个完整的财富积累目标。家庭会根据不同阶段财务事务目标的不同，设置出具体的小目标，比如子女教育、提前退休、资产保全等。此外，家庭还会根据资产的用途，把资产大体分成"要花的钱""保命的钱""保本升值的钱""生钱的钱"。这使得家庭并不会把不同类型的资产视为可以自由转换的资产。

一般而言，如果可以将无风险资产从风险资产中分离出来，通过将所有资产纳入同一个资产组合，就可以实现最高效用。由于无风险资产并不具有多元化效用，最好将无风险资产与风险资产进行有效的分离。如果家庭在决定其资产配置的过程中采用了心理账户，那么对于家庭而言，利用两类心理账户应该是最优选择：一类心理账户包括无风险资产；另一类账户包括所有风险资产，如股票、房地产、金融衍生品等。风险资产的最优配置将在第二类心理账户中确定。这样，家庭的风险厌恶程度将体现在其风险资产中，即具有高风险厌恶的投资者将会把更多资金配置到较低的风险资产中，而在较高的风险资产上减少资产配置。

那么，针对随时可能变化的心理因素及其对家庭财富管理的影响，投资者熟悉和明确自身的风险偏好、风险承担能力和风险意识就显得至关重要，尤其是投资者风险画像。目前对于投资者风险承受能力的评估，可结合大数据、云计算、人工智能、机器学习等科技手段日益渗透金融领域的趋势，运用大数据技术量化分析投资者交易行为等产生的动态数据集合，进而确立其投资风险系数和相应风险承受能力的评估指标，从而对投资者进行"精准画像"。一方面，投资者风险画像可以作为档案资料完整准确

⊖ 具体内容可参考：索尔森·亨斯，克雷门纳·巴克曼. 私人银行的行为金融 [M]. 张春子，译. 北京：中信出版社，2019.

地记录投资者的风险，从而保证所采取的财富配置方案符合投资者的需要。另一方面，风险画像也可以客观反映投资者的真实风险状况，避免心理因素造成的过度风险承担或者过度保守。目前，绝大部分的财富管理机构在承接投资者的财富管理相关业务之前，都会通过风险画像对投资者进行必要的风险测评，以判断投资者对于风险的接受程度。

最后，我们要意识到，在进行投资和财富管理时，大多数人都很难摆脱情感因素的影响。有些情感因素是随着基因和遗传与生俱来的，有些是由于文化传统等深深根植于我们的身体和大脑中的，它们或多或少都会影响到我们在投资过程中的决策。而我们所要做的就是不断地提醒自己，以避免这种心理因素对财富管理过程带来过多的影响。

■ 关键概念

均值-方差投资组合（mean-variance portfolio）
两基金分离定理（two-fund separation theorem）
资本资产定价模型（capital asset pricing model）
系统风险（systematic risk）
套利（arbitrage）
有效市场假说（efficient market hypothesis）
羊群效应（herd behavior）
多因子（multi-factor）
决策参考点（reference point）
心理账户（mental accounts）
损失规避（loss aversion）

■ 本章小结

1. 均值-方差投资组合模型通过效用函数在收益（回报率的均值）和风险（回报率的标准差）之间进行取舍：先构造风险资产之间组合的有效前沿，再通过无风险资产与风险资产有效前沿的结合获得切点组合，最后根据投资者的个人效用在无风险资产与切点组合之间进行最优配置。
2. 资本资产定价模型假设所有投资者都以均值-方差效用函数来决策，并且市场没有摩擦。其结论是切点组合与市场组合等价，以及单个证券的超额收益与市场组合的超额收益之间存在线性定价关系。
3. 套利定价理论的假设包括多因子模型以及市场没有套利机会。其结论是每种证券的期望收益都可用若干基本经济因素进行线性表示。
4. 行为金融学是金融学、心理学、行为学、社会学等学科相交叉的学科，力图揭示金融市场的非理性行为和决策规律。
5. 在不确定条件下，人们的偏好并不是由财富的总量决定的，而是由财富的增量决定的。
6. 在投资过程中，人们的心理行为偏差会引起投资行为的偏差和投资目标的偏离。

■ 思考习题

1. 在均值-方差投资组合模型中风险被定义为回报率的标准差，有没有其他定义风险的办法？
2. 如果只有两个风险资产，如何通过数学推导找出全局最小风险组合？
3. 如果市场符合资本资产定价模型，如何估计每个风险资产的 β 系数?
4. 如果市场满足两因子模型,要进行均值-方差分析,需要多少个参数?基于这些参数,如何通过计算得到任意两个风险资产的协方差?
5. 如果构建一个多因子模型来刻画中国的 A 股市场,你会加入怎样的风险因子?
6. 如何利用行为金融学知识解释家庭投资组合过程中的行为异象?
7. 如何避免财富管理中的非理性行为?

■ 计算题

牛先生将其资金的 60% 投资于股票 1,剩下 40% 的资金投资于股票 2。他预期股票 1 的期望收益率为 15%,标准差为 20%;股票 2 的期望收益率为 20%,标准差为 22%,且股票 1 与股票 2 收益率的相关系数为 0.6。

(1) 牛先生投资者组合的期望收益率和标准差分别是多少?

(2) 如果相关系数是 0 或者 -0.6,那么牛先生投资组合的期望收益率和标准差又分别是多少?

(3) 牛先生的资产组合比单独投资股票 1 更好还是更差?

■ 案例讨论 投资怎样适应经济与市场环境变化[一]

——美林时钟、桥水全天候投资策略、风险平价与多因子模型

1. 案例背景与说明

美国著名投资银行美林证券(Merrill Lynch)于 2004 年发表了一份名为 *The Investment Clock* 的研究报告,通过美国 1973~2004 年 30 年历史的经济发展,印证在经济周期的不同阶段存在不同的最优大类资产配置。美林投资时钟用经济增长率(用 GDP 来体现)和通货膨胀率(用 CPI 来体现)这两个宏观指标的高和低,将经济周期分成了衰退期(低 GDP+低 CPI)、复苏期(高 GDP+低 CPI)、过热期(高 GDP+高 CPI)、滞胀期(低 GDP+高 CPI)四个阶段。经济周期的这四个阶段在历史中循环出现,如同一个时钟。报告分别总结了四个阶段的最优大类资产策略。

(1) 衰退期:由于产能过剩,需求不足,经济增长乏力,企业盈利较差,大宗商品价格低迷,股票和大宗商品的投资价值低。此时央行通常通过降低利率以刺激经济,导致债券价格上涨。

(2) 复苏期:当经济开始复苏,企业盈利改善,股票最具投资价值。经济虽然增速开始提升,但产能的利用率还没有见顶,大宗商品的需求完全可以被满足,因此通货膨胀低,大宗商品的投资价值低。债券由于低利率环境仍然具有一定的价值,但潜力已不如股票,是次优选择。

(3) 过热期:当经济过热时,信贷过度扩张,供应不足,需求旺盛,通货膨胀率上行,大宗商品最具投资价值,股票次之。此时央行通常通过提升利率来给经济降温,导致债券价格下跌。

(4) 滞胀期:当经济下行的同时通胀却上行,企业盈利较差,股票表现乏力,大宗商

[一] 该案例取材自美林证券 2004 年的研究报告 *The Investment Clock* 以及桥水基金 2014 年的策略报告 *The All Weather Story*。

品的需求也在下降；通货膨胀上行情况下，利率不大可能降低，导致债券没有投资价值；因此现金为王，货币基金是最优选择。

美林时钟在实际应用中面临着几个问题：第一个问题是对经济周期的预测非常困难；第二个问题是美林时钟所描述的经济阶段与相应的最优配置不存在必然关系，可能会随着经济出现新形势而产生变化⊖。经济和市场环境的变幻莫测间接促成了当今全球最大的对冲基金公司桥水基金的成立，桥水基金的创始人达里奥与其研究团队自创始之初就着手解决一个核心问题：什么样的投资组合可以在所有环境和所有意外冲击下都能表现良好？这个问题的解决方案，就是后来闻名于世的桥水全天候投资策略。桥水全天候投资策略的思路主要基于如下思想：任何风险资产的回报都可以分拆成若干组成部分，通过分析各个组成部分的驱动因素，就能更准确地理解风险资产的风险并进行对冲。基于这个思想，桥水基金团队在1996年推出全天候投资策略。这个策略着眼于影响风险资产回报的两个主要因素：经济增长率与通货膨胀率。达里奥认为大部分经济和市场环境的意外都通过这两个因素对投资市场产生影响。根据这两个因素的高低可以分为四种情形：增长、衰退、通胀、通缩（与美林时钟的阶段分类不一样）。在这四种情形下有不同的最优投资配置，全天候策略的配方是在这四种子配置间分配资金，使得每种子配置对总体资产组合的波动性贡献一样，从而有效对冲风险，无论经济处在任何阶段，总体投资组合的波动都不会太高。全天候策略的最终配置如表4-5所示。

表4-5 全天候投资策略

	经济增长率	通货膨胀率
上升	25%的风险 股票、商品、公司债券、新兴市场债券	25%的风险 通胀挂钩债券、商品、新兴市场债券
下降	25%的风险 国债、通胀挂钩债券	25%的风险 股票、国债

在一个投资组合中，如果个体资产对总体组合的波动性贡献一样，那么称这个投资组合是符合风险平价（risk parity）的。在表4-5所刻画的全天候投资策略中有四种子配置，每种子配置对总体组合的波动性贡献度都是25%，所以全天候投资策略是近似符合风险平价的。风险平价是一种根据风险进行资产配置的投资框架，也称作配置风险，由桥水基金提出并发扬光大。但是桥水全天候投资策略中的风险平价是以风险对冲为出发点的。

桥水基金在全天候投资策略报告的总结部分指出，投资者的过分自信经常会导致他们应用一些自己没有真正深刻理解的知识，进而导致问题复杂化、过度设计和过度优化。桥水基金则不一样，采取一种简单直接的投资理念：承认不知道将来会发生什么，所以选择对冲风险、长期平稳的投资方式。全天候投资策略在实际表现中取得了巨大的成功，让桥水基金成长为全球最大的对冲基金。

全天候投资策略可以用多因子模型的语言进行更为精准的解读。假设对于任何风

⊖ 如果从2004年往回看，1973~2004年的美国市场的确符合美林时钟的描述。但是2008年世界金融危机后美林时钟似乎失效了，典型表现是2008年之后的"股债双牛"现象。另外，美林时钟在其他市场，例如中国市场也不完全适用，经济阶段之间可以产生跳跃，而对应的最优配置也不一定符合美林时钟的预测。

险资产 i 都有以下三因子模型的关系：

$$R_i = \mathrm{E}(R_i) + \beta_{iM}(R_M - \mathrm{E}(R_M)) + \beta_{iGDP}(GDP - \mathrm{E}(GDP)) + \beta_{iCPI}(CPI - \mathrm{E}(CPI)) + \varepsilon_i$$

其中，三个因子分别为市场投资组合的意外收益、经济增长率的意外变化以及通货膨胀率的意外变化。不同的风险资产对不同因子的 β 系数不一样。由于一个投资组合的 β 系数是其个体风险资产的 β 系数的线性加和，通过不同风险资产的组合，可以构造一个对市场因子的 β 系数为 1（或者其他正数），对 GDP 和 CPI 因子的 β 系数为 0 的投资组合。这个投资组合的回报不受 GDP 和 CPI 的意外变动影响，因此是 GDP 和 CPI 风险中性的。由于对市场因子的 β 系数为 1（或者其他正数），这种投资组合也承担市场风险，因此可以获得比无风险利率更高的收益率；但是其对冲了 GDP 和 CPI 风险，所以比一般市场指数的收益更加稳定，从而长远的增长率也更高（参考本章引导案例）。这就是全天候投资策略背后的模型原理。

我们理解了多因子模型的内核后，就可以进行升级和拓展。除了 GDP 和 CPI 风险，我们可以考虑其他的风险来源，并对多因子模型的因子进行扩充（例如使用拓展阅读 4-3 中提到的 Barra 多因子模型，也可以包括基于行为金融定义的风险因子），然后进一步对冲风险，降低投资组合的波动率。除了对冲风险，如果我们有足够的资源，还可以挖掘市场上被错误定价的风险资产，构建以高 α 为目标的投资组合。因为这个投资组合通过多因子模型对冲各种风险源，甚至包括市场指数的风险，所以和贝塔策略可以进行清晰的分离，这就是桥水基金阿尔法/贝塔分离策略的思想。最后投资者可以根据自身的风险偏好在具有清晰界限的阿尔法策略和贝塔策略之间进行配置。

2. 案例思考

（1）该案例在哪些地方应用了经典投资学理论？

（2）有人认为应该先进行大类资产配置（大类资产包括股票、债券、大宗商品、外汇等），再在各大类内进行细致的优化，你怎样看待这种投资理念？案例中的美林时钟和桥水全天候策略都在大类资产层面进行分析，但是案例点评中用多因子模型对所有风险资产进行分析，你认为这两种分析框架哪种更好？

（3）为什么说全天候投资策略可以在一定程度上克服投资者的行为偏差？

（4）通过购买被动投资基金能够缓解投资者的哪些行为偏差？从行为金融的角度分析，作为投资者你会自己进行主动投资，还是购买基金产品？如果购买基金产品，你会购买被动投资基金吗？

■ 附录 4A 风险承担能力调查问卷

1. 你主要的收入来源是：_____。
   A. 工资劳务报酬
   B. 生产经营所得
   C. 利息、股息、转让证券等金融性资产收入
   D. 出租、出售房地产等非金融性收入
   E. 无固定收入
2. 你的家庭目前全年收入状况如何？
   A. 50 万元以下。
   B. 50 万元～100 万元。
   C. 100 万元～500 万元。
   D. 500 万元～1 000 万元。
   E. 1 000 万元以上。
3. 在你每年的家庭可支配收入中，可用于金融投资（储蓄存款外）的比例

为：_____。
   A. 小于 10%
   B. 10%～25%
   C. 25%～50%
   D. 大于 50%
4. 你是否有尚未清偿的数额较大的债务？如有，其性质是：_____。
   A. 没有
   B. 有，住房抵押贷款等长期定额债务
   C. 有，信用卡欠款、消费贷款等短期贷款
   D. 有，亲戚朋友借款
5. 你的投资知识可描述为：_____。
   A. 有限，基本没有金融产品方面的知识
   B. 一般，对金融产品及其相关风险具有基本的知识和理解
   C. 丰富，对金融产品及其相关风险具有丰富的知识和理解
6. 你的投资经验可描述为：_____。
   A. 除银行储蓄外，基本没有其他投资经验
   B. 购买过债券、保险等理财产品
   C. 参与过股票、基金等产品的交易
   D. 参与过权证、期货、期权等产品的交易
7. 你有多少年投资基金、股票、信托、私募证券或金融衍生产品等风险投资品的经验？
   A. 没有经验。
   B. 少于 2 年。
   C. 2～5 年。
   D. 5～10 年。
   E. 10 年以上。
8. 你计划的投资期限是多久？
   A. 1 年以下。
   B. 1～3 年。
   C. 3～5 年。
   D. 5 年以上。
9. 你打算重点投资于哪些种类的投资品种？
   A. 债券、货币市场基金、债券基金等固定收益类投资品种。
   B. 股票、混合型基金、股票型基金等权益类投资品种。
   C. 期货、期权等金融衍生品。
   D. 其他产品或者服务。
10. 以下哪项描述最符合你的投资态度？
    A. 厌恶风险，不希望本金损失且能获得稳定回报。
    B. 保守投资，愿意承担较小幅度的波动，且获取相对较稳健的回报。
    C. 寻求资金的较高收益和成长性，愿意为此承担有限本金损失。
    D. 希望赚取高回报，愿意为此承担较大本金损失。
11. 假设有两种投资产品：投资产品 A 预期获得 10% 的收益，可能承担的损失非常小；投资产品 B 预期获得 30% 的收益，但可能承担较大亏损。你会怎么支配您的投资？
    A. 全部投资于收益较小且风险较小的 A。
    B. 同时投资于 A 和 B，但大部分资金投资于收益较小且风险较小的 A。
    C. 同时投资于 A 和 B，但大部分资金投资于收益较大且风险较大的 B。
    D. 全部投资于收益较大且风险较大的 B。
12. 你认为自己能承受的最大投资损失是多少？
    A. 10% 以内。
    B. 10%～30%。
    C. 30%～50%。
    D. 超过 50%。

财富管理中的生命周期消费储蓄理论

> 人从出现在地球舞台上的第一天起,每天都要消费,不管在他开始生产以前和在生产期间都是一样。
>
> ——马克思《资本论》第1卷

■ **本章提要**

本章主要介绍消费储蓄理论的主要进展及其在财富管理中的应用,首先讲述了消费储蓄行为目标与储蓄动机;其次,介绍了绝对收入假说、消费函数之谜、相对收入假说和生命周期-持久收入假说及其与财富管理相关的结论;再次,介绍了不确定性条件下的预防性储蓄模型和流动性约束假说;最后,在新家庭经济学的背景下,考虑了生育率与遗赠动机的家庭消费储蓄模型及其与财富管理相关的主要结论。

■ **重点和难点**

- 了解消费储蓄行为的含义和储蓄动机
- 掌握利用效用最大化原则求解静态与两阶段的跨期最优消费
- 了解家庭消费储蓄理论演变,掌握相对收入假说、持久收入假说、生命周期假说
- 理解预防性储蓄理论、流动性约束假说与缓冲存货储蓄理论
- 理解消费储蓄理论在财富管理中的运用
- 理解新家庭经济学框架下考虑生育行为、人力资本投资与遗产馈赠行为的家庭储蓄需求模型及其在财富管理中的运用

■ **引导案例　促进居民"愿消费、敢消费、能消费"的相关政策与分析**

2020年2月28日,国家发展和改革委员会(简称发改委)等23个部门联合印发《关于促进消费扩容提质加快形成强大国内市场的实施意见》。对此,发改委就业收入分配和消费司司长哈增友表示,围绕着促进居民"愿消费、敢消费、能消费"这条主线,

出台了总共六个方面十九条政策措施。围绕"愿消费",从供给侧出发,出台了八项政策措施,着力提高我国产品和服务的质量和水平;围绕"能消费",从需求端考虑,出台了六项政策措施,着力稳定和增加城乡居民财产性收入,完善消费基础设施;围绕"敢消费",主要从维护权益角度考虑,出台了五项政策措施,着力打造诚信、安全、公平的消费环境。

回溯到2018年9月20日,中共中央、国务院印发《关于完善促进消费体制机制,进一步激发居民消费潜力的若干意见》(简称《意见》)。《意见》明确表示:消费是最终需求,既是生产的最终目的和动力,也是人民对美好生活需要的直接体现。近年来,我国在扩大消费规模、提高消费水平、改善消费结构等方面取得了显著成绩,但也要看到,当前制约消费扩大和升级的体制机制障碍仍然突出。重点领域消费市场还不能有效满足城乡居民多层次多样化消费需求,监管体制尚不适应消费新业态新模式的迅速发展,质量和标准体系仍滞后于消费提质扩容需要,信用体系和消费者权益保护机制还未能有效发挥作用,消费政策体系尚难以有效支撑居民消费能力提升和预期改善。

在《财经》2020年年会上,中国金融学会会长、中国人民银行前行长周小川称,中国十年前储蓄率达50%,现在是45%,仍是全球最高。事实上国民储蓄率包括政府储蓄、企业储蓄与家庭储蓄三个部分。甘犁等(2018)利用中国家庭金融调查(CHFS)、中国家庭追踪调查(CFPS)和中国家庭收入调查(CHIP)三个相互独立的具有全国代表性的微观数据库为基础,从收入分布和流动性约束相互作用的视角研究中国家庭高储蓄率的问题。研究结果显示:①高收入家庭的储蓄率远高于低收入家庭;②尽管都有可能面临流动性约束,低收入家庭受流动性约束的概率远大于高收入家庭,并且流动性约束的存在会显著提高家庭储蓄率;③收入差距扩大和流动性约束增强时,家庭总储蓄率会随之升高;④低收入家庭的边际消费倾向远大于高收入家庭。易行健等(2019)总结"中国居民储蓄之谜"的文献,得出中国居民家庭"高储蓄低消费"之谜主要有如下六个方面的原因:①收入分配差距过大;②人口年龄结构变迁、预期寿命增加与人口性别结构失衡以及生育率下降等;③体制改革带来收入支出的不确定性与预防性储蓄动机增强;④金融市场不发达导致的流动性约束;⑤节俭的习惯、过度自我控制的儒家文化与看重未来导致的较高的时间偏好率等;⑥快速上升的房价与社会保障体系不完善等。

案例思考

1. 消费在经济发展中的基础性作用到底体现在哪里?
2. 中国家庭高储蓄率背后的成因是怎样的?
3. 如何促进中国居民家庭"愿消费、敢消费、能消费"?
4. 消费储蓄在财富管理中的地位主要体现在哪里?

5.1 生命周期消费储蓄行为导论

消费是人类赖以生存和发展的基础,也是人类社会不断进步的基本动力。对消费的研究由来已久,比如管理学科里面的消费者行为学,主要研究消费者在获取、使用、消费和处置产品和服务过程中所发生的心理活动特征和行为规律。从《新帕尔格雷夫货币金融大辞典》可以得知，从经济学角度分析消费储蓄主要着眼于一个国家或一个单独的家庭应该储蓄（或消费）多少的问题，按照考察对象与分析立足点的不同，可以分为从宏观经济和微观经济角度研究消费储蓄行为两大类型：①从宏观经济角度研究消费储蓄行为，主要研究总消费支出或总储蓄（资本积累）的变化及其对宏观经济的影响，当然也部分涉及消费结构的变化；②从微观经济角度研究消费储蓄行为，主要研究收入、价格、利率等因素外生决定条件下，消费者为实现静态或动态效用最大化而选择的消费与储蓄决策。从微观经济角度研究消费储蓄行为是局部均衡问题，而从宏观经济角度研究消费储蓄行为是一般均衡问题，当然近年来这两个角度的研究有相互渗透与融合的趋势。拓展阅读 5-1 摘自《宏观经济学手册》中关于居民消费与储蓄研究的重要性的论断。

拓展阅读 5-1
居民消费与储蓄研究的重要性

5.1.1 家庭生命周期与消费储蓄行为的概念界定

1. 家庭生命周期划分

家庭生命周期分析贯穿于财富管理的整个流程，其划分没有一个完全统一的标准，根据分析目的的差异可以分为三阶段、四阶段、五阶段甚至更多的阶段。目前和财富管理理论与实践最相关的划分主要有两种：①三阶段分类法，主要起源于莫迪利安尼等 1954 年提出的生命周期假说和萨缪尔森与戴蒙德于 20 世纪 50 年代与 60 年代提出的世代交叠模型，即将一个人的生命周期分为未工作阶段（成长与受教育阶段）、工作阶段与退休阶段；②四阶段分类法，主要起源于社会学，将家庭生命周期划分为家庭的形成期（结婚到新生儿诞生）、成长期（小孩出生到子女独立）、成熟期（子女独立到夫妻退休）和衰老期（夫妻退休到身故），这种分类方法可以有很多弹性，比如将参加工作到结婚时期引入即成为五阶段划分法，还可以将成长期继续划分等⊖。处于不同生命周期的家庭其经济行为特征包括人力资本状况、财富积累水平、消费收入模式、生活负担、风险承担能力甚至风险偏好程度等，均可能存在显著差异，财富管理规划需要根据客户的生命周期特征设计或调适。

2. 消费储蓄行为的概念界定

经济学所考察的消费者，是指能够做出独立消费决策的基本经济单位。由于通常情况下居民消费活动都是在家庭内部进行的，因此消费者也就主要是指个人和家庭。作为消费者，其经济活动最一般的特征是：在获取了可支配的资源（如收入、时间等）以后，通过一系列的决策和选择，最终将这些资源分配在不同的用途上，从而最大限度地满足自己的需求（当期需求和未来需求）。在消费者是完全理性的"经济人"的前提假设之下，消费者主要面临消费与储蓄两大类决策：消费是指人们为了满足个人或家庭生活需要而消耗产品与享用服务的过程。储蓄则是指货币收入中未被消费的部

⊖ 更进一步了解家庭生命周期划分在社会学发展中的演变与中国家庭生命周期可以参看田丰《当代中国家庭生命周期》。

分,从本质上来讲,储蓄决策也是消费决策行为,只不过是为未来消费进行决策(伊志宏,2018)。

5.1.2 消费储蓄行为目标

1. 效用最大化的定义、演变与分类

从经济学角度而言,消费者行为的基本目标就是效用最大化。其中,效用是指消费者从商品或服务中获得满足的程度,是消费者对商品的偏好和主观评价。为进一步讨论效用最大化问题,我们简单回顾总效用与边际效用问题:消费者从消费一定量的某种商品或服务中所得到的总满足程度为总效用;而边际效用则表示消费者每增加一个单位某种商品或服务的消费而增加的满足程度,这种满足程度随消费量的增加而递减,即边际效用递减规律。效用理论从最初的基数效用(即效用可以测量)理论过渡到后来的序数效用(即效用只能进行排序)理论。在序数效用理论中,边际效用递减规律既不是必要的,也不是充分的。1983 年诺贝尔经济学奖得主德布鲁于 20 世纪 50 年代完成了标准消费理论的推导,这时候效用函数主要依赖于消费者偏好关系[⊖]。效用最大化可以分为静态效用最大化与动态效用最大化。静态效用最大化是一个时点的概念,即在一个时点上消费者在禀赋与市场约束前提下,选择所消费商品与服务的数量组合以实现其最大的总效用。动态效用最大化是一个时期的概念,即在一段时期内消费者在禀赋与市场约束前提下,消费商品与服务组合以实现其最大的总效用。动态效用最大化又可以分为两种:①不考虑代际效应[⊖],下一节的持久收入、生命周期假说即是这一类型的动态效用最优决策问题;②需要考虑代际效应,5.4 小节里的现代家庭经济学部分就对这一类型的动态效用最优决策问题进行讨论。

2. 效用最大化与最优消费储蓄行为

消费者决策理论是微观经济学的核心,主要基于确定性条件下与不确定性条件下的静态分析、比较静态分析和基数效用论进行效用最大化的分析求解,从而得到最优消费储蓄行为。从初级经济学分析逻辑而言,静态和单期的效用最大化原则是消费者必须将其全部收入用于购买自己所需要的商品与服务,并且使购买的各种商品与服务对其所产生的边际效用与其所付的价格成比例,也就是要使其在购买每种商品或服务的最后一单位时,所支付每单位货币的边际效用相等。

要考虑最优储蓄就涉及多期(或跨期)的消费者决策行为,用到跨期效用函数以及考虑货币时间价值的预算约束函数。两期最优消费决策的必要条件是本期消费和下一期消费的边际效用之比等于 1 加上金融市场决定的利息率,消费者在第一期是借款(负债)消费还是贷款出去,主要取决于消费者的跨期效用函数和两个时期的收入情况(或禀赋情况),其中跨期效用函数的形状主要取决于消费者是更看重现在消费还是更看重未来消费。假定第一期的消费与收入分别为 c_1 与 m_1,市场利率为 r,第二期的消

⊖ 新古典经济学假设的偏好关系具有如下公理:完备性、反省性、传递性、连续性、局部非饱和性、严格单调性与凸性。
⊖ 代际效用即居民家庭不但考虑自身效用,而且还需要考虑上一代或下一代的效用。

费与收入分别为 c_2 与 m_2。如图 5-1 所示的消费者，第一期的消费 c_1 将大于第一期的收入 m_1，也就是说第一期该消费者将负债，其负债额等于 c_1-m_1；第二期的消费 c_2 将小于第二期的收入 m_2，因为需要偿还第一期的负债，还款额 $m_2-c_2 = (1+r)*(c_1-m_1)$。如果 MU_{c_1} 与 MU_{c_2} 分别为第一期消费与第二期消费带来的边际效用，那么跨期最优的消费决策需要满足：

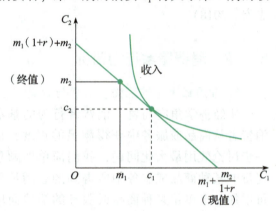

图 5-1 消费跨期效用最大化与消费储蓄行为

$$MRS_{c_1,c_2} = 1 + r = \frac{MU_{c_1}}{MU_{c_2}} \quad (5.1)$$

$$c_1 + \frac{c_2}{1+r} = m_1 + \frac{m_2}{1+r} \quad (5.2)$$

【例题 5-1】消费者的效用函数为 $u(c_1, c_2) = c_1^{0.4} c_2^{0.6}$，在第一期和第二期的收入分别为 100 元和 180 元，利率为 r。求解：

(1) 第一期和第二期的消费分别为多少？
(2) r 取什么值时，该消费者在第一期将储蓄、贷款或不借贷？
(3) 当利率变化时对 c_1 和 c_2 的影响是什么？

解：(1) 最大化效用：

$$\text{Max } u(c_1, c_2) = c_1^{0.4} c_2^{0.6} \quad (5.1)$$

$$\text{s.t. } c_1 + \frac{c_2}{1+r} = 100 + \frac{180}{1+r} \quad (5.2)$$

根据跨期效用最大化的条件可以得到，
由上式可得：

$$\frac{2c_2}{3c_1} = 1 + r \quad (5.3)$$

把③代入②中可得：

$$c_1 = 40 + \frac{72}{1+r}$$

$$c_2 = 108 + 60(1+r)$$

(2) 当 $c_1 < 100$ 时消费者将储蓄，求得 $r > 0.2$；
当 $c_1 > 100$ 时消费者将贷款，求得 $r < 0.2$；
当 $c_1 = 100$ 时，即 $r = 0.2$ 时消费者不借贷。

(3) 由于 $\frac{dc_1}{dr} < 0$，而 $\frac{dc_2}{dr} > 0$，所以利率变大将导致 c_1 降低，c_2 增加。

不确定性条件下的消费者决策行为起源于冯·诺依曼-摩根斯坦效用函数（或称期望效用函数），需要考虑效用函数的形状以及风险规避系数（或称风险偏好程度）的衡量、确定性等价、风险溢价（或称风险升水）等问题，具体说明请见附录 5.1。生命周期的最优消费储蓄决策问题涉及动态效用最大化问题，本章第 2 节将对此进行简单的介绍。

5.1.3　居民家庭储蓄动机

Browning 等（1996）总结了凯恩斯在《就业、利息与货币通论》（简称《通论》）中提出的八种储蓄动机并增补了一个，从而得到如下九大储蓄动机：①用于应付不确定性支出的预防性动机；②提供可预期的未来需要的生命周期动机；③获取利息和升值的跨期替代动机；④满足支出逐步增加的提升动机；⑤为实现独立和掌控感而进行储蓄的独立动机；⑥为确保能够投机或开展商业项目需要而进行储蓄的创业动机；⑦遗产馈赠动机；⑧贪婪动机；⑨为准备住房等耐用品的首付而进行储蓄的首付动机。从财富管理角度而言，以上九大储蓄动机中与财富管理规划最为紧密的主要有五个：生命周期动机、预防性动机（或者说谨慎性动机）、跨期替代动机（或者说投资动机）、目标储蓄动机（包含首付动机）和遗产馈赠动机。储蓄的生命周期动机更多的是为了平滑消费支出，并且主要涉及为退休而储蓄，因此与财富管理规划中的退休与养老金规划关联较强。储蓄的预防性动机或预防性储蓄动机主要是预防未来收入与支出不确定性对消费的冲击而进行的额外储蓄，因此与财富管理规划中的现金与负债规划以及追求流动性目标相关度比较高。跨期替代动机与财富管理中的投资规划相关度比较高，而首付动机与房地产购买（投资）规划、耐用品消费以及子女教育支出规划相关度比较高，遗产馈赠动机与家庭生命周期资产配置中的保险资产配置以及遗产传承规划等相关度比较高。关于储蓄动机的研究比较广泛，影响储蓄动机的因素也复杂多样，专栏 5-1 是中国居民储蓄动机与消费以及投资意愿调查。

专栏 5-1

中国居民储蓄动机与消费以及投资意愿调查

2019 年 10 月 30 日《经济日报》发布《中国家庭财富调查报告 2019》，报告显示较高的预防性需求，提高了储蓄比例，降低了其他金融资产的投资份额。从调查结果来看，全国家庭储蓄的主要原因依次是：应付突发事件及医疗支出占 48.19%，为养老做准备占 36.78%，为子女教育做准备占 23.97%，其他原因占 20.57%，不愿承担投资风险占 13.82%。城乡家庭储蓄的主要原因先后位次基本一致。为医疗、养老和子女教育预防性储蓄成为储蓄的主要动因，这在一定程度上体现出，我国社会保障制度有待完善，以降低居民对预防性储蓄的需求。较高的预防性储蓄导致金融资产结构单一化，同时也不利于扩大国内消费需求。

2019 年 12 月 24 日中国人民银行发布《2019 年第四季度企业家、银行家、城镇储户问卷调查报告》，报告显示倾向于"更多消费"的居民占 28.0%，倾向于"更多储蓄"的居民占 45.7%，倾向于"更多投资"的居民占 26.3%。居民偏爱的前三位投资方式依次为："银行、证券、保险公司理财产品""基金信托产品"和"股票"，选择这三种投资方式的居民占比分别为49.9%、20.9%和16.9%。被问及未来3个月准备增加支出的项目时，居民选择比例由高到低排序为：教育（28.9%）、旅游（28.3%）、医疗保健（27.5%）、大额商品（21.3%）、购房（20.7%）、社交文化和娱乐（18.2%）、保险（15.5%）。

5.2 确定性条件下的消费储蓄理论

5.2.1 确定性条件下的消费储蓄理论发展沿革

消费储蓄决策理论大体经历如下四个发展阶段：第一阶段是从1936年凯恩斯在《就业、利息和货币通论》中提出的绝对收入假说，到1954年莫迪利安尼等提出的生命周期假说，这一阶段主要是探讨消费支出与收入的关系。凯恩斯提出绝对收入假说后，库兹涅茨（1946）利用美国的历史经济数据进行回归分析发现，在任何收入水平上边际消费倾向与平均消费倾向相等，即在美国样本期内尽管个人收入有很大增长，但个人收入中储蓄所占比例并无长期上升现象，这一短期消费函数和长期消费函数表现出来的差异后来被称为消费函数之谜或库兹涅茨悖论。杜森贝里（1949）和莫迪利安尼（1949）几乎同一时期分别提出了相对收入假说（又被称为杜森贝里-莫迪利安尼假说），认为个人消费不但取决于个人目前的收入，而且取决于个人以前的最高收入（后来扩展到个人以前的最高消费），还受到其他人消费的影响。

第二阶段是20世纪50年代中期到80年代初期，这一阶段的消费储蓄理论研究以莫迪利安尼等提出的生命周期假说和弗里德曼的持久收入假说为标志。生命周期假说主要关注消费和年龄、储蓄以及财富积累之间的关系，而持久收入假说则更关注消费的动态行为，尤其是超越短期行为的消费动态以及消费和收入之间的关系（迪顿，2003）。也有文献将Hall（1978）提出的消费的随机游走假说单独作为一个阶段，我们认为还是应该放在第二阶段，因为随机游走假说只是受到理性预期革命的影响，从而将弗里德曼的适应性预期改为理性预期得出的分析结论⊖。

第三个阶段是20世纪80年代以来，以预防性储蓄理论为代表。Flavin（1981）发现的过度敏感性、Campbell与Deaton（1989）发现的过度平滑性对随机游走假说构成了有力的挑战，并因此引发了大量文献和理论的出现，比如流动性约束假说、预防性储蓄理论、缓冲存货理论等。第二阶段和第三阶段的研究从整体来说都还属于新古典经济学的研究范畴。

第四个阶段为行为生命周期理论阶段。近来伴随行为经济学和实验经济学的快速发展，Shefrin与Thaler（1988）提出了行为生命周期理论，当前关于消费储蓄的理论模型研究已经进入到第四个阶段，即行为生命周期理论阶段。

⊖ 不过更加严谨地说，消费的随机游走假说和其他部分文献应该属于承上启下的学术贡献，将消费储蓄理论从确定性条件推进到不确定性条件，并进一步推进宏观消费储蓄与微观消费储蓄行为的相互融合。

以上四个阶段的划分只是相对的,其中每个阶段均与上一阶段存在重叠。目前第三阶段和第四阶段仍然处于并行和相互补充的状况,也可以说第一阶段是生命周期消费储蓄理论的先驱阶段,后面三个阶段是生命周期消费储蓄理论的发展阶段。拓展阅读 5-2 介绍了多位诺贝尔经济学奖获得者在消费储蓄理论方面所做的贡献。

拓展阅读 5-2
诺贝尔经济学奖与消费储蓄理论

5.2.2　未考虑跨期替代的消费储蓄理论:绝对收入假说与相对收入假说

1. 绝对收入假说

1936 年凯恩斯在《通论》中提出绝对收入假说,其核心思想是消费随当期收入的变化而变化,收入增加,消费也随之增加,但消费的增加幅度小于收入的增加幅度,用函数表示如下:

$$C_t = \alpha + \beta_t Y_t \tag{5.3}$$

公式(5.3)中,C_t、Y_t 依次表示 t 时刻的当期消费和当期收入,α 表示自发性消费,即收入为 0 时的必需消费支出;β_t 为 t 时期的边际消费倾向,表示每增加 1 单位的收入中用于消费的部分,β_t 是一个大于 0 且小于 1 的数。凯恩斯在《通论》中从客观和主观两个角度分析 β_t 的决定,最终认为边际消费倾向是一个比较稳定的常数,β_t 退化为 β。公式(5.3)显示,收入增长,消费支出也随之增长,但收入的增量不是全部用于消费,由于平均消费倾向 $\dfrac{C_t}{Y_t} = \dfrac{\alpha}{Y_t} + \beta$,因此平均消费倾向随着可支配收入的增加而降低。《通论》定义的储蓄就是收入(或所得)减去消费,那么 1 减去边际消费倾向和 1 减去平均消费倾向就分别是边际储蓄倾向与平均储蓄倾向。

绝对收入假说体现了这样的思想:当可支配收入增加时,由于平均消费倾向递减,那么收入与消费支出之间的差额将会逐渐增大;反之,如果可支配收入减少,那么收入与消费支出之间的差额则会逐渐缩小。需要注意的是,绝对收入假说中的"绝对"有两重含义:其一是与"相对"对应,即是本身的收入;其二指的是当期收入,不包括过去已实现的收入与未来的预期收入[一]。因此,绝对收入假说存在如下的局限性:①边际消费倾向 β 难以精确估计;②只考虑当期收入;③缺乏消费者效用最大化逻辑这一微观基础;④长期经验证据与其不相符合。

2. 消费函数之谜与相对收入假说[二]

(1)消费函数之谜。在凯恩斯提出绝对收入假说之后,库兹涅茨(1946)利用美国的历史经济数据进行回归分析时发现如下三个基本事实:第一,截面数据分析表明,边际消费倾向小于平均消费倾向,说明在某一时点上,收入越高的人,其消费占收入的比重越小;第二,在短期内,比如一个经济周期内,也存在边际消费倾向小于平均

[一] "绝对收入假说"是凯恩斯之后的学者为了简化和数理模型化凯恩斯的思想而起的名字,实际在《通论》中关于消费倾向的决定和储蓄动机的分析,均提到预期收入并涉及跨期替代的思想。

[二] 这一部分适当参考伊志宏(2018)。

消费倾向的现象；第三，在长期内，平均消费倾向稳定不变，基本上是一个常数（大约在 0.85 左右），因此必定有边际消费倾向等于平均消费倾向。短期消费函数和长期消费函数表现出来的差异被称为消费函数之谜或库兹涅茨悖论，具体见图 5-2。为了解释短期消费函数和长期消费函数差异的消费函数之谜，后来才有了相对收入假说、生命周期假说与持久收入假说[一]。

（2）相对收入假说及其政策含义。相对收入假说中的"相对收入"有两重含义：第一，相对于别人的收入，消费者的收入和消费同周围人的收入和消费进行对比，即为示范效应；第二，相对于过去的收入，消费者的现期收入和消费要同自己过去的收入和消费进行对比，即为棘轮效应。

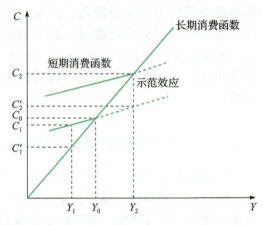

图 5-2 相对收入假说的棘轮效应与示范效应

从相对收入假说的示范效应可以得知，个体的平均消费倾向一方面与自身收入有关，一方面与所处群体的收入分布有关。那些处于低收入阶层的人，反而会有较高的消费倾向。即：

$$\frac{C_i}{Y_i} = \alpha_0 + \alpha_1 \frac{\overline{Y_i}}{Y_i} \tag{5.4}$$

其中，$\overline{Y_i}$ 表示其所在群体的平均收入水平。由公式（5.4）可知，当 α_0、α_1、$\overline{Y_i}$ 持久保持不变时，即使个体的收入 Y_i 较低，但 $\frac{C_i}{Y_i}$ 较高，即为示范效应。一个人的消费支出受到周围人的消费方式的影响，他的社会活动越频繁，消费方式受别人的影响就越大。从相对收入假说的棘轮效应可以得知，平均消费倾向既与当期收入水平有关，也与过去达到的最高收入水平有关。即便消费者当前收入低，甚至低于过去的最高收入，也有可能有较高的消费倾向。即：

$$\frac{C_i}{Y_i} = \alpha_0 + \alpha_1 \frac{Y_0}{Y_i} \tag{5.5}$$

其中，Y_0 表示个体在过去获得的最高收入水平。根据公式（5.5）可知，当 α_0、α_1、Y_0 保持不变时，即使个体的收入 Y_i 较低，也会产生较高的 $\frac{C_i}{Y_i}$，即为棘轮效应。一个消费者的消费支出变化往往落后于其收入的变化。当收入比以前减少时，消费者在短期内仍要维持过去"高峰"时期已经形成的消费水平，从而通过减少储蓄来达到这一目的。而当消费者减少了的收入又逐渐回升，并恢复到过去的水平时，消费者可能首先恢复储蓄，而消费并不会增加。

[一] 具体可以参考 1949 年杜森贝里的《收入、储蓄和消费者行为理论》和莫迪利安尼的《储蓄-收入比率的波动：经济预测问题》。后来，由于莫迪利安尼在 1954 年提出生命周期假说并获得诺贝尔经济学奖，学术界就把相对收入假说更多地与杜森贝里联系在一起。

从图 5-2 可以看出，在短期内当收入由 Y_0 下降到 Y_1 的时候，消费却没有沿长期消费函数由 C_0 下降到 C_1'，而仅仅沿短期消费函数下降到 C_1，这就是棘轮效应，可以解释短期内边际消费倾向小于平均消费倾向的现象。当收入由 Y_0 上升到 Y_2 的时候，消费却并非沿短期消费函数往右上方移动到 C_2'，而是上升到长期消费函数的 C_2，这就是示范效应。因此，相对收入假说用消费的棘轮效应与示范效应回答了消费函数之谜。但是相对收入假说总体上并没有突破绝对收入假说的分析思路，其中隐含的假设是，消费者是"短视的"或者"后顾的"，缺乏"前瞻性"与"跨期替代"动机，依然缺乏微观经济基础。从对相对收入假说的研究与应用来看，与财富管理规划相关的主要结论有：

第一，居民会将现在的收入和消费与过去的收入和消费进行对比，即使现在收入比过去收入下降，但是消费的下降存在棘轮效应，不如收入的下降幅度大。"由俭入奢易，由奢入俭难"，理财与财富管理规划需要考虑消费的棘轮效应。

第二，居民的消费将受到周围居民家庭消费的影响。由于消费行为比其他家庭经济行为更加容易被观察到[○]，消费的示范效应需要纳入理财与财富管理规划的考虑因素。

拓展阅读 5-3 是摘自《人民日报》的《消费升级，以蓬勃内需推动长期增长》。

拓展阅读 5-3
消费升级，以蓬勃内需推动长期增长

5.2.3 考虑预期收入与跨期替代的消费储蓄理论：持久收入假说与生命周期假说

1. 持久收入假说

（1）持久收入假说的核心含义。持久收入假说是芝加哥大学弗里德曼教授于 1957 年提出来的，他开创性地将收入分为持久性收入与暂时性收入，同时将消费支出分为持久性消费与暂时性消费。持久收入假说的核心在于，消费者的持久性消费与持久性收入之间呈现比较稳定的关系。弗里德曼是芝加哥学派的代表性学者，他的持久收入假说与他同时期提出的新货币数量论一脉相承，从中可以看出芝加哥大学的自由市场经济思想与人力资本理论研究这两大传统。弗里德曼认为凯恩斯提出的消费倾向递减规律不一定存在，因为人们会根据暂时性收入的冲击与预期的持久性收入进行当期的消费支出。

如式（5.7）所示，居民家庭收入分为持久性收入 y_p 与暂时性收入 y_t。其中，持久性收入 y_p 是人力资本（或人力财富）带来的劳动收入和非人力财富带来的财产性收入；而暂时性收入 y_t 主要是居民家庭偶然性收入，比如奖金、中彩票和接受意外的遗

○ Han 等（2019）通过将可见偏差（visibility bias）引入消费行为的社会传递模型。由于消费行为比其他居民经济行为更加容易被观察到，因此居民通常通过观察他人的消费从而调整自己的消费行为，比如看到他人消费比较多从而推测未来前景良好，就可能导致过度消费。

产馈赠等。持久性收入的估算一般是根据适应性预期方法[1]估计出来的长期的、有规律的收入。持久性消费与持久性收入之间的关系如式（5.8）所示。两者之间的关系 $k(i, w, u)$ 主要取决于三个参数：i 是借贷市场的利率；w 是非人力财富与收入之比；u 是影响居民消费和资产积累偏好的其他因素。其中，非人力财富与收入之比 w 对 k 的影响为正。这里主要是基于持有非人力财富（或储蓄）的两个动机：其一是应对紧急事件的预防性动机，其二是获得利息收入的动机。非人力财富与收入之比 w 越大或者持久性收入中财产性收入（非人力财富的收入流）占比越高，持久性消费占持久性收入之比也就越大。由于 $k(i, w, u)$ 是一个比较稳定的函数，因此持久性消费支出 c_p 与持久收入 y_p 呈现比较稳定的关系。

$$C = c_p + c_t \tag{5.6}$$

$$Y = y_p + y_t \tag{5.7}$$

$$c_p = k(i, w, u) y_p \tag{5.8}$$

c_t 和 y_t 分别表示暂时性消费和暂时性收入，家庭在某一时间意外获得一笔暂时性收入 y_t，将在此收入基础上增加暂时性消费 c_t。按照持久收入假说考察边际消费倾向，应当区分暂时性收入的边际消费倾向、持久性收入的边际消费倾向以及消费支出的统计口径。一般而言，暂时性收入更多地用于购买耐用消费品、奢侈品或储蓄，因此耐用品和奢侈品的消费支出同暂时性收入的关系要比持久性收入更密切。

（2）持久收入假说对消费函数之谜的解释及其政策含义。弗里德曼用持久收入假说来解释消费函数之谜。如图5-3所示，短期消费函数与长期消费函数相交的点 C 即当期收入均值等于持久性收入均值，而位于交点 C 右边的居民暂时性收入大于0，比如 F 点的居民可支配收入为 Y_0，但是持久性收入为 Y_{P_0}，因此与其对应的消费为 c_{P_0} 而不是 c_{P_1}。只有当持久性收入增加到 Y_0 时，消费才对应为 c_{P_1}。至于点 C 左边的情况，其推理逻辑与交点 C 右边的讨论类似。当持久性收入增加时，短期消费函数将整体上移，因此弗里德曼的持久收入假说用这样的方式来协调短期消费函数与长期消费函数之间的差异（这里用持久消费函数替代长期消费函数）[2]。

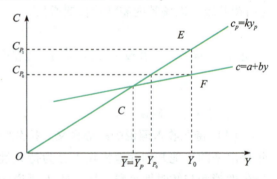

图5-3 持久收入假说及其对消费函数之谜的解释

从对持久收入假说的研究与应用来看，主要有如下几点与财富管理规划相关的主要结论：

第一，可支配收入分为持久性收入与暂时性收入两部分，消费支出同样也可以分为持久性消费与暂时性消费。从长期来看，持久性消费与持久性收入呈现比较稳定的关系；由于暂时性收入可以大于0或小于0，因此从短期来看，居民消费可能大于或小

---

[1] 适应性预期就是运用某经济变量的过去实际值以及过去实际值与预期值之间的差距来预测未来，其中蕴含着反复检验、修订和试错的方式，使预期值逐渐趋近实际值。
[2] 更详细的推导可以参看罗默《高级宏观经济学》第8章"消费"相关内容。

于其持久性收入。

第二，非人力财富与收入之比 w 越大或者持久性收入中财产性收入占比越高，持久性消费占持久性收入之比也就越大。其中持有非人力财富（或储蓄）主要有如下两个动机。其一是应对紧急事件的预防性动机；其二是获得利息收入的动机。

第三，持久性收入的衡量与计算主要根据适应性预期方法得到，这一假定比较符合现实[1]，即居民将根据过去的预期与实际发生情况之间的差距不断进行调整，从而将预期值逐步趋近实际值。

第四，按照持久收入假说，由于家庭的消费主要与持久性收入相联系，因此政府部门临时性的增税或减税，对现期消费的影响很小；从另外一个角度来说，要真正促进消费增长，需要着眼于提高持久性收入。

【例题5-2】根据持久收入假说分析不同情况下年终奖发放对个人消费的影响：

（1）你知道每年都有年终奖，那么你将如何消费你的年终奖？

（2）如果这是发放年终奖的唯一一年，那么你将如何消费你的年终奖？

（3）如果这是发放年终奖的第一年，未来可能会继续发放，那么你将如何消费你的年终奖？

解：（1）如果你知道每年都会得到年终奖，你会毫不犹豫地将其视为持久性收入的一部分，从而你将会消费该项奖金，即此时 $\Delta C=k*(\Delta Y)$。这时你的消费水平明显变化。

（2）如果你只有今年得到年终奖，即这是发放奖金的唯一一年，你会将其视为短期收入。由于此项奖金很难改变你的持久性收入，所以你仅会消费奖金的一小部分，而将剩下的大部分储蓄或者耐用品购买，此时 $\Delta C=k\times\theta\times(\Delta Y)$，其中 $0<\theta<1$。你除耐用品以外的其他消费没有明显变化。

（3）如果这是你发放年终奖的第一年，未来年份可能会继续发放年终奖，那么你不能完全确定年终奖是持久性收入还是暂时性收入，因此消费的增加将大于（2）且小于（1）得出来的结果，未来年份根据年终奖的继续发放，你将逐步调整对持久性收入的估计。

2. 生命周期假说

生命周期假说最开始由 Modigliani 与 Brumberg（1954）提出，并成为60多年来消费储蓄行为分析、资产积累分析的基准模型，后续的扩展研究都可以追溯到这一基准模型。

（1）生命周期假说的核心思想。 生命周期假说源于一个简单的思想，即人们为退休而进行储蓄，因此在工作时期积累储蓄以便能够在退休时期消费，换句话说就是个人将利用其可以获得的资源（收入与财富）在整个生命周期进行最优配置，以实现整个生命周期的效用最大化。基准生命周期理论需要如下五个假设[2]：①典型个体除成长

---

[1] 后来20世纪70年代与80年代提出的消费随机游走假说利用理性预期假说对持久收入的衡量进行发展，增强了理论模型的自洽性与完美性。

[2] 这里实际有四个隐含假设：其一是寿命是确定的；其二是不存在养老金体系，退休阶段的消费支出依靠工作阶段的储蓄；其三是假设（3）成立的充分条件是，效用函数对各个时期的消费是任意正阶数的齐次函数；其四是收入与消费均不存在不确定性。

与受教育阶段以外，剩余的阶段可以分为工作阶段与退休阶段，假定工作阶段的年限为 WL，而工作阶段与退休阶段的加总年限为 NL；②典型个体既不继承任何资产，也不留下任何遗产；③典型个体将能利用的所有资源的一定比例用于消费，这一比例只取决于偏好，而与其资源多少无关；④利息率为 0；⑤典型个体计划将所有资源在余生中按均匀比例进行消费。根据这五个简化处理的假设，可以得到如下结论：①典型个体在工作阶段与退休阶段所有年度消费支出均相等；②由于工作阶段积累财产用于退休阶段的消费支出，那么工作阶段的储蓄为正，到退休的节点其财产达到顶峰；③退休后将工作阶段积累的财产用于消费支出。

以上结果可以用图 5-4 表示，我们用一个数字例子来说明生命周期假说基准模型。假设一个人从 20 岁开始工作，计划工作到 65 岁，80 岁过世，再假定每年的劳动收入为 10 万元，其他假设同上。那么该个体一生的资源为每年收入 10 万元乘以工作年限（WL=65-20=45 年），等于 450 万元，将一生的资源均匀分配于独立生活的生命周期（80-20=60 年），从而得到每年的消费等于 7.5 万元，消费函数为：

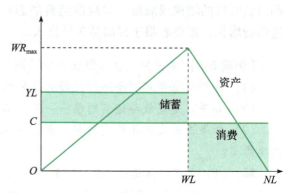

图 5-4　生命周期模型中的一生收入、消费、储蓄和财富[⊖]

$$C = \frac{WL}{NL} * YL \tag{5.9}$$

因此，平均消费倾向等于边际消费倾向均是 $\frac{WL}{NL}=0.75$，同时可以得到在工作阶段的储蓄倾向将是 $1-\frac{WL}{NL}=0.25$，该典型个体的财产在 65 岁退休时达到最大值，WR_{max} 为 112.5 万元。从这个过程可以看出，消费倾向与储蓄倾向、收入高低无关，与工作阶段时长、退休阶段时长相关。我们继续说明持久性收入与暂时性收入对消费的影响：假如该典型个体在工作的第一年每年收入持久性提高 1 万元，那么增加的 1 万元乘以 45 年的工作年限，再分配到 60 年的生命持续年限，年消费将增加 7 500 元。换句话说，产生于持久性收入的边际消费倾向将是 $\frac{WL}{NL}=0.75$。再假如该典型个体在工作的第一年一次性获得暂时性收入 1 万元，那么增加的 1 万元分配到 60 年的生命持续年限，年消费仅仅增加 167 元。换句话说，产生于暂时性收入的边际消费倾向将是 $\frac{1}{NL}=0.016\,7$。

（2）生命周期假说的扩展及其政策含义。如果将基准模型进行扩展到宏观总体情况，简单的总量消费函数可以看作总量劳动收入 YL 和总财富 WR 的线性函数：

⊖ 该图来源于多恩布什等撰写的《宏观经济学》。

$$C = \alpha WR + \beta YL \tag{5.10}$$

其中，α 和 β 依次表示财富和收入的边际消费倾向，由寿命、退休阶段的年限、经济增长率和人口年龄结构共同决定。由于财富需要在整个生命周期进行配置，因此财富的边际消费倾向 α 将远远小于收入的边际消费倾向 β。当然，这个总量消费函数也可以用作居民家庭的长期消费函数，用于经验研究。莫迪利安尼 1985 年诺贝尔经济学奖的演讲词《生命周期、个人节俭和国民财富》对生命周期假说进行扩展，比如考虑非 0 的利息、劳动收入与家庭规模的"倒 U 型"特征，工作年限和退休年限的变化，金融市场不完全导致流动性约束，消费者可能存在"短视"以及考虑遗产馈赠动机等，但是放松这些假设条件并不会从根本上改变生命周期假说的结论。从对生命周期假说的研究与应用来看，主要有如下几点与财富管理规划相关的结论：

第一，需要从整个生命周期的角度来考虑资源的配置和财富的积累，理解生命周期储蓄与财富的积累背后隐含的动态效用最大化的消费轨迹。

第二，为退休而储蓄，生命周期储蓄是人生最重要的储蓄动机，这也是工作阶段理财与财富管理的主要目标。

第三，工作阶段与退休阶段的年限时长、投资所处年龄阶段、家庭人口年龄结构、家庭人口规模以及家庭劳动收入–年龄模式均对生命周期消费储蓄行为与财富积累行为产生显著影响。

专栏 5-2 总结了家庭生命周期消费储蓄行为特征与财富管理的关系。

专栏 5-2

家庭生命周期消费储蓄行为特征与财富管理

根据生命周期理论，人的一生中各个阶段的财务状况、生活负担、消费需求、投资需求和风险承受能力等都是不同的。因此，为了家庭财富管理的健康，应清楚地认识家庭生命周期，站在家庭整个生命周期的高度来进行财富规划，根据所处的不同阶段及时调整资产配置，选择相应的投资品种与投资比例，并采用不同的理财策略（如图 5-5）。

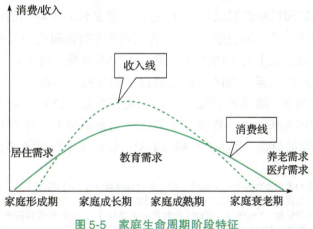

图 5-5 家庭生命周期阶段特征

由于存在流动性约束与收入的不确定性，家庭生命周期消费储蓄的现实轨迹肯定不是像图 5-4 那样简单，而更可能像图 5-5 这样的情况。在家庭形成期收入较低，但是由于购买住房和耐用品，因此这一阶段大多数家庭需要进行负债。逐渐进入家庭成长期和家庭成熟期后，除了满足日常消费以外，主要的消费支出是孩子的教育支出（或人力资本投资支出）。伴随着收入的较快增长，收入逐渐超过消费，这两个阶段主要偿还家庭形成期的负债，并且逐步为退休时期积累养老金与遗留给后代的财富。当然，这两个阶段可能还有改善性住房购买需求，以及享受型消费支出将逐步增加。在家庭成熟后期，孩子开始逐步成家立业组建新的家庭，夫妻收入也逐步降低。进入退休阶段与家庭衰老期后，主要的消费支出项目开始转向养老与医疗需求，收入进一步降低，可能将低于消费支出，需要动用第二阶段和第三阶段的储蓄，最后夫妻过世标志着家庭生命周期的结束。

5.3 不确定性条件下的消费储蓄理论

5.3.1 跨期最优的均衡条件与随机游走假说

上一节无论绝对收入假说、相对收入假说，还是后续发展的生命周期-持久收入假说基准模型均较少考虑不确定性，最多在扩展部分简单讨论引入不确定性后模型的结论有何变化，但现实生活中不确定性无处不在。因此，本节我们将介绍不确定性条件下的消费储蓄模型，重点是预防性储蓄理论、流动性约束假说与缓冲存货储蓄理论。

消费者选择各个时期的消费，以便最大化其生命周期效用，可以推导均衡条件为跨期的边际效用⊖相等，用公式表示即 $MU(C_{t+1}) = MU(C_t)$。其中的逻辑比较简单，如果 t 时期的边际效用高于 $t+1$ 时期的边际效用，那么将 $t+1$ 时期的消费转移到 t 时期，一生的效用就能增加。如果增加对不确定性的考虑，那么动态效用最大化的原则就需要改为 $E[MU(C_{t+1})] = MU(C_t)$，即 $t+1$ 时期消费的边际效用的期望值等于 t 时期的边际效用。弗里德曼在衡量持久收入时用的是适应性预期，霍尔（1978）利用理性预期理论对生命周期-持久收入假说进行重构，得出跨期效用最大的均衡条件为 $E(C_{t+1}) = C_t$，然后得出著名的随机游走假说 $C_{t+1} = C_t + \varepsilon$，也就是说 $t+1$ 时期的消费等于 t 时期的消费加上一个随机扰动项。随机游走假说⊖在消费储蓄理论研究中类似于库兹涅茨提出的消费函数之谜，属于承上启下的阶段，但是非常不直观。因为通常说来，消费函数是指消费和收入之间的关系，而随机游走假说不但排除了对收入的任何考虑，而且认为消费的变化不可预期。随机游走假说实际上说明的是，消费与持久收入以及生命周期财富均以理性预期为基础，消费将位于最优的动态路径上，那么 $t+1$ 时期的消费其期望值将等于 t 时期的消费。因为 t 时期的消费已经包含了所有能够获得的信息，并做

⊖ 当然更加严谨的表述需要加上一个条件，即主观贴现率乘以 $(1+r)$ 等于 1。
⊖ 由于随机游走假说非常抽象，因此不要求本科同学掌握。在霍尔刚提出这一假说的时候，一位著名的宏观经济学家告诉他，"你在写这篇论文的时候一定在吸毒"，并且他遭到同事与学生的嘲笑（多恩布什等，2017；罗默，2014）。

了最科学的处理,此时预测误差就是在 t 和 $t+1$ 时期之间所出现的关于未来收入流的"新信息"。而根据理性预期,"新信息"是均值为 0 的随机变量。随机游走假说将生命周期-持久收入假说推到了极致,后来一批著名经济学家对随机游走假说进行了大量的经验研究[一],使得消费储蓄行为的研究又开始慢慢趋近现实。本节要介绍的预防性储蓄理论、流动性约束假说与缓冲存货理论等均属于不确定条件下的家庭消费储蓄理论。

5.3.2 预防性储蓄理论

Yarri(1965)放松了标准模型的寿命确定与完全信息假定,结论表明消费者将增加储蓄,以应对预期寿命不确定与未来收支的不确定性,从此预防性储蓄理论开始快速发展。Leland(1968)给预防性储蓄理论下了明确的定义,认为效用函数的三阶导数大于 0 是预防性储蓄动机存在的必要条件,那么未来收入的不确定将减少当期消费从而增加储蓄,也就是说预防性储蓄是风险厌恶且谨慎的消费者为了预防未来收入的不确定性对消费的冲击而进行的额外储蓄。预防性储蓄定义中的"风险厌恶"从效用函数来讲,就是二阶导数小于 0,表示消费增加带来的边际效用是递减的(或者说消费减少带来的边际效用是递增的),因此消费者厌恶消费波动。预防性储蓄定义中的"谨慎"从效用函数来讲,实际就是三阶导数大于 0,表示在较低的消费时,消费进一步下降放大了边际效用上升(这时边际效用上升实际是消费者的边际满足感下降加速),因此消费者将更加谨慎应对消费的波动或收入财富的波动。本章附录 5.2 将更详细地讲解效用函数三阶导数与预防性储蓄之间的关系。Kimball(1990)给出了与绝对风险规避系数以及相对风险规避系数形式类似的两个定义,即绝对谨慎系数和相对谨慎系数。谨慎系数越大,代表在相同消费支出不确定性情况下预防性储蓄动机越强。总结以上可以得知,风险厌恶系数是度量风险厌恶主观程度的指标,而"谨慎"是指面对不确定性时为自己准备的倾向,相对谨慎系数则是衡量消费者面对不确定性(或风险)时做出反应的敏感性,具体的数学推导与图形说明请参考本章附录。

根据 Caballero(1990)的推导可以得到,消费者的预防性储蓄由收入的不确定性与边际效用函数的凸性(或谨慎系数)共同决定,收入的不确定性与谨慎系数越大,那么消费者的预防性储蓄动机也越强。后来 Dynan(1993)引入了消费增长率的平方作为未来支出不确定性的代理变量,因此预防性储蓄的定义可以扩展到风险厌恶且谨慎的消费者为了预防未来收入和支出的不确定性从而减少现期消费而增加的额外储蓄。Hubbard 与 Judd(1987)将不确定性框架扩展到消费者自身寿命的不确定性,因此根据生命周期-持久收入假说与预防性储蓄理论可以得到结论,当预期寿命延长时工作阶段的储蓄倾向将增加;与此同时,当预期寿命的不确定性增加时将增强预防性储蓄动机。预防性储蓄理论可以解释如下事实:①当收入预期上升时,消费支出也预期上升;②未来收入的不确定性与消费增长率正相关,这与上节理想状态下的随机游走假说存在差异;③老年家庭的负储蓄情况不如生命周期-持久收入假说预期的那么多,主要原因在于寿命长短的不确定性、健康与医疗支出的不确定性,以及老年贫困给人带来极

㊀ 具体可以参看罗默《高级宏观经济学》。

端凄凉的感觉,使得老年人对自己资产数量的减少极为敏感(迪顿,2003)。如果回到促进中国居民消费的现实问题,根据预防性储蓄理论来说,需要从降低收入与支出的不确定性与降低过度谨慎性动机两个角度进行⊖,主要涉及公共保障体系与商业保险体系建设,以及构建更为完善的社会支持网络等。

5.3.3　流动性约束假说

对于标准的持久收入-生命周期假说,其中一个假定是完全的金融市场且利率保持不变,这意味着不存在流动性约束。但现实情况是,由于信贷市场的不完善,部分消费者的借贷需求难以得到满足,因此这部分遭受流动性约束的消费者在需要借贷的年轻阶段或遭受暂时性冲击时,难以通过借贷来平滑生命周期消费,难以实现动态最优的消费路径。一般来说,流动性约束的产生主要归因于如下几个方面:①政府利率管制和银行垄断等;②信贷机构的定价能力不足,难以对风险程度差异的信贷进行准确定价;③道德风险与逆向选择等信息不对称问题;④信用体系不完善,部分消费者缺乏可抵押的资产等。

那么,流动性约束的存在将如何影响消费者的消费储蓄行为与财富积累行为? Zeldes(1989)与 Deaton(1991)进行了开创性研究,认为流动性约束将通过当期与预期的流动性两个途径影响消费:第一,如果消费者当期受到严重的流动性约束,将首先降低本期消费;也就是说,即使消费者预期未来收入会增加,但由于流动性约束的存在,消费者也无法通过借贷来平滑当期消费,只能根据本期收入来决定当期消费,这时消费者的行为类似于凯恩斯的绝对收入假说。第二,消费者预期未来可能出现的流动性约束也会对当期消费产生影响。比方说消费者预期未来有大额支出的计划(如购房、购车等),如果预期未来可能出现流动性约束,那么消费者将减少当期消费,增加预防性储蓄。

在存在流动性约束的前提下,上节讨论的预防性储蓄动机将进一步加强。Hayashi(1985)发现大约20%的美国家庭面临着流动性约束。甘犁等(2018)认为从总体来看,中国9.1%的家庭有信贷约束;如果是有信贷需求的家庭,那么30.2%的家庭受到正规信贷约束,19.5%的家庭受到非正规信贷约束;如果分城乡来看,在农村地区信贷约束更为严重。从这个角度而言,中国经济改革带来的收入与支出不确定性叠加流动性约束,是中国居民家庭增加预防性储蓄和积累资产的一个重要的原因(Chamon 与 Prasad,2010;易行健等,2018)。因此,健康稳妥推进消费信贷和数字普惠金融的发展可以通过缓解流动性约束,促进中国居民消费增长。

拓展阅读5-4是《人民日报》与《经济参考报》两则关于促进居民消费的短论。

拓展阅读 5-4
《人民日报》与《经济参考报》
两则关于促进居民消费的短论

⊖　具体可以参见雷震与张安全(2013)以及易行健等(2018)。

5.3.4 缓冲存货储蓄理论

缓冲存货的概念最早由 Deaton（1991）提出，其假定消费者是谨慎的，当收入不确定时具有预防性储蓄动机；同时消费者缺乏耐心（或称为"不耐"），即更偏好当期消费而不是未来消费（或者说时间偏好率上升），如果收入确定且没有借贷约束，那么消费者将增加借贷用于当期消费。而当同时面临收入不确定与流动性约束时，消费者便具有了积累财富以备不需的动机，换言之，资产将扮演缓冲存货的角色以帮助消费者抵御不利的收入冲击。Carroll、Hall 与 Zeldes（1992）正式提出储蓄的缓冲存货模型，即消费者缺乏耐心因此存在减少财富存量用于消费的动机，而谨慎性动机则导致减少消费用于积累资产。消费者在这两种动机的互相作用下，将会形成财富与持久收入之比的积累目标。如果消费者的财富积累量高于该目标值，消费者的不耐动机便会高于谨慎动机，此时消费者便会选择增加消费而不是储蓄；但如果当前财富积累量低于目标值，消费者的谨慎动机将大于不耐动机，此时消费者将尽力增加储蓄。缓冲存货储蓄模型被证明存在于大多数 50 岁以下的消费者中，而超过 50 岁的消费者的储蓄动机更多的是为退休而储蓄的生命周期动机。缓冲存货储蓄模型可以解释当期消费与持久收入的偏离，以及为什么消费者经常持有较高的流动性财富。Deaton（1991）和 Carroll、Hall 与 Zeldes（1992）的理论模型以及 5.1 节介绍的跨期消费模型均考虑了利率的作用，但是由于利率的变化具有替代效应（利率上升导致当期消费的边际成本上升，因此可能出现储蓄替代当期消费的现象）与收入效应（利率上升导致消费者实际财富增加，因此可能增加当期消费并减少当期储蓄）的相互作用，因此对当期消费与储蓄的影响不确定，还需要结合时间偏好率、消费的跨期替代弹性、消费者跨期的资源禀赋情况，才能求解出比较准确的结论。

从对预防性储蓄理论、流动性约束假说以及缓冲存货储蓄理论的研究与应用来看，与财富管理规划相关的主要结论如表 5-1 所示：

表 5-1 不确定条件下的状态变量与生命周期消费、储蓄以及资产积累的关系总结

变量	当期消费	储蓄与资产积累	原因
预期收入不确定性增加	下降	增加	预防性储蓄动机增强
流动性约束增强	下降	增加	信贷约束限制消费平滑能力
预期寿命不确定性增强	下降	增加	预防性储蓄动机增强
时间偏好率或不耐动机增强	上升	减少	更加偏向于当期消费
谨慎动机增强	下降	增加	增加消费带来的边际效用递减速度增加，对消费波动更加谨慎
财富与持久收入之比较低	下降	增加	增加可以缓冲不确定性冲击的资产
财富与持久收入之比较高	上升	减少	降低可以缓冲不确定性冲击的资产
利率上升	不确定	不确定	因为存在相互冲突的替代效用与收入效应

5.4 现代家庭经济学与考虑生育和遗产馈赠的家庭储蓄需求理论

5.4.1 家庭经济学发展沿革

1. 家庭经济分析的萌芽

中国古代关于家庭最早的论述可以在《周易》中找到，而西方关于家庭较早的论述在亚里士多德的《政治论》中可以找到，核心内容是分析家庭的婚姻、夫妻关系和生育功能。后来儒家从家庭伦理、长子继承、家庭教育功能等方面根据社会变化与要求进行了比较系统的论述。西方经济学家对家庭的研究可以追溯到斯密和马尔萨斯，其中马尔萨斯于1789年出版的《人口论》提出了人口生产与生活资料生产之间的关系，后人称之为马尔萨斯人口原理。其主要结论是生活资料的增加将带来人口的增加，但是人口的增加将呈现几何级数形式，而生活资料则是算术级数增长，为了实现人口生产与生活资料生产之间的平衡，不但需要预防抑制还需要积极抑制，其中道德抑制主要是晚婚和禁欲，而积极抑制主要指战争与饥荒等。19世纪以后关于家庭经济的研究开始慢慢转移，逐步转向家庭生产、家庭的保险功能、家庭资源的重新分配以及家庭成员生活水平等方面的研究[⊖]。

2. 现代家庭经济学的发展

20世纪50年代以后，伴随着新古典经济学分析范式占据统治性地位和人口的转型，现代家庭经济学开始逐步发展。新古典经济学分析范式主要提供了效用最大化的分析思路，而现实则提供了传统人口再生产类型（即高出生率、高死亡率和低自然增长率）向现代人口再生产类型（即低出生率、低死亡率和低自然增长率）的人口转型背景。与此同时，人口整体受教育程度逐步增加，女性劳动参与率逐步提升。伴随着经济发展，家庭的养老功能和保障功能也开始弱化，离婚率与不婚率逐步上升，家庭结构也快速发生改变。家庭经济学鼻祖贝克尔从20世纪50年代以来致力于用新古典经济学理论框架与分析方法，分析家庭经济生活与非经济生活的方方面面。贝克尔在《人类行为的经济分析》中提出基于家庭生产的新消费者行为理论，拓展了对人类家庭行为的探索，其主要思路和结论如下：

（1）"消费者"不单单是"消费者"，更是"生产者"，约束方程中的货币收入不再外生给定，而是由配置于"市场部门"的时间和人力资本共同决定。如果市场工资伴随着年龄的上升首先呈现上升趋势然后下降，那么时间密集型消费品（比如养孩子、家务劳动等）将在比较年轻和比较年老的时候生产较多，而商品密集型消费品则更多是消费于中年时期。

（2）家庭本身是个生产组织，通过从市场上购买商品和服务，然后结合用于"家庭部门"的时间生产其他家庭必须投入的各类"消费品"，这些"消费品"不能从市场上买到，包括孩子、声望、尊严、健康、利他主义、羡慕和感官享受等。

⊖ 参考1935年何静安先生的《家庭经济学》，该书分为13章：家庭功用、家庭进款、家庭预算、衣、食、住、经常费、生活进展、储蓄、家庭账目、儿童进款、学生进款、主妇之职任。

（3）家庭生产受到家庭能力、人力资本、社会和自然状态及其他变量的影响，同时人力资本投资是家庭最重要的一项投资。

贝克尔及其合作者创立的现代家庭经济学对婚配行为、生育行为、人力资本投资行为、家庭内部的利他行为、家庭的演进与兴衰等均进行了很深入的研究，在后面两节我们将进行更深入的介绍。贝克尔构建的理论模型中主要采取的是单一决策模型，单一决策模型假定家庭成员偏好具有一致性，都是追求家庭整体效用最大化，另外家庭成员之间具有利他性。Browning、Chiappori 与 Weiss 于 2014 年出版的 *The Economics of Family* 主要基于联合决策模型进行研究，认为家庭成员有各自单独的效用函数，因此家庭成员偏好的差异性导致家庭决策需要成员之间的互动和博弈，最后追求家庭个体效用加总的最大化⊖。由于 Browning、Chiappori 与 Weiss（2014）更多聚焦于家庭内部决定权的划分、婚姻市场的匹配与婚姻的收益与成本等，因此接下来我们还是主要介绍与财富管理相关的家庭跨代效用最大化和相关的生育行为、人力资本投资、遗产馈赠与家庭传承等内容。拓展阅读 5-5 是摘自《诺贝尔经济学奖颁奖词与获奖演说全集》中贝克尔与他的"经济学帝国主义"。

拓展阅读 5-5
贝克尔与他的"经济学帝国主义"

5.4.2 家庭内部的利他主义与跨代动态效用最大化

1. 家庭内部的利他主义

利己主义普遍存在于市场交换中，而利他主义则比较普遍存在于家庭生活中。亚当·斯密说："每个人都会比其他人更敏感地感受到自己的快乐与痛苦。除了他自己以外，通常与他一起生活的家庭成员，比如父母、孩子和兄妹等，都是他最为钟爱的对象，也就自然地经常成为对他的幸福或痛苦有着最大影响的人。"利他主义的本质在于将他人的消费或效用纳入自己的效用函数，利他主义表现在愿意减少自身消费以增加其他人的消费，并且放弃某些可以增进自身财富的行为以免对他人产生不利影响。从静态角度来看，利他主义效用最大化的求解过程如下：

$$U^h = U^h(X_h, X_i) \tag{5.11}$$

$$\text{s.t.} \quad pX_h + h_i = I_h, \quad pX_i = I_i + h_i, \quad pX_h + pX_i = I_k + I_h = F_h \tag{5.12}$$

其中，h 为利他主义者，i 为利己主义者，h 愿意让渡一部分收入 h_i 给利己主义者；h 和 i 均消费同一个市场的商品或服务 X，p 为价格向量，I_h 为利他主义者的收入，I_i 为利己主义者的收入，F_h 为家庭总收入。对于利他主义者而言，其效用最大化的均衡条件如下式所示：

$$\frac{\partial U^h / X_h}{\partial U^h / X_i} = \frac{MU_h}{MU_i} = \frac{p}{p} = 1 \tag{5.13}$$

均衡时 h 对 i 的适量资源让渡或转移，使得利他主义者从他自己消费的减少与 i 消费的增量中得到的边际效用相等。利他主义来源于人的自然属性与社会属性，自然属性包

⊖ 关于家庭经济分析的发展历史可以扩展阅读 Browning、Chiappori 与 Weiss（2014）。

括本能与遗传，社会属性主要来源于社会互动中的利益博弈。在家庭内部利他主义如何维持，贝克尔提出罗登·凯德定理来解释这个问题，通俗地说，就是通过家庭内部成员之间效用的相互作用来实施约束。比如父母虽然对儿女是利他主义，但是利己主义的儿女其效用最大化依赖于父母的收入和消费，并且同一个家庭和家族的人生活在一起，便于理解家庭成员的性格特征并观察家庭成员的行动，进而强化他们之间的相互作用。

2. 跨代动态效用最大化

Barro 与 Becker（1989）开创性地构建了考虑家庭内部的利他主义的跨代动态效用函数，父母的效用不仅仅取决于他们自己的消费，还取决于他们孩子的数量和孩子的效用。假定只考虑和自己最相邻的下一代，并且父母对每个儿女的利他主义程度以及儿女之间的效用函数都相同，那么可以得到父母的效用函数与预算约束条件如下：

$$U_0 = v(c_0, n_0) + a(n_0)n_0 U_1 \tag{5.14}$$

$$\text{s.t.} \quad w_i + (1+r)k_i = c_i + n_i(\beta_i + k_{i+1}) \tag{5.15}$$

其中，$v(c_0, n_0)$ 表示父母的消费和生育孩子的数量给父母带来的效用，c_0 表示父母的消费，n_0 表示生育数量；U_1 表示儿女的效用，$a(n_0)$ 表示父母的利他主义程度。在约束方程中 w_i 表示父母的劳动收入，k_i 表示父母拥有的财富或资产，r 表示财富资产投资收益率，β_i 表示孩子的抚养成本，k_{i+1} 表示父母给孩子的遗产馈赠。其中变量之间的关系比较复杂，生育孩子的数量 n_0 与孩子的抚养成本 β_i 之间也存在关系，而孩子的抚养成本 β_i 与父母的劳动收入 w_i 之间存在正相关关系。这个最简化版的基准方程只考虑两代人的动态效用最大化问题，但是扩展到多代以及放松很多假设条件，比如对儿子或女儿的利他主义动机与遗产馈赠存在差异，对不同代的利他主义动机存在衰减，不同儿女的效用函数存在差异，再引入时间偏好率与可变动的利率等，还可以扩展分析生育率与工资率、利息率、资本积累，以及将其他宏观经济变量的决定因素都联系起来[一]。

5.4.3 考虑生育行为、人力资本投资与遗产馈赠行为的家庭储蓄需求模型

家庭的形成始于婚姻，那么人们为什么要结婚呢？男女之间传统的社会角色是不同的，从经济学的角度看，具有不同专业化优势、在能力与收入方面差别很大并互补的男性和女性，可以通过婚姻的形式使彼此的收益达到最大。贝克尔认为，这才是婚姻存在的根本缘由。而结婚和家庭的主要目的便是生儿育女，此处首先考虑家庭的生育决策行为及其对家庭储蓄的影响。

1. 关于生育行为的经济学解释[二]

与传统理论不同，贝克尔不仅将家庭看成是消费单位，还是生产单位，孩子实际上是家庭最重要的"产品"。对于绝大多数父母而言，子女是心理满足的一种来源，按

[一] 由于这个模型求解的复杂度已经超出了本书的范围，具体可以阅读 Barro 与 Becker（1989）或收录该论文的《家庭论》（中译本由商务印书馆 1998 年出版）。

[二] 加里·S. 贝克尔. 人类行为的经济分析 [M]. 王业宇，陈琪，译. 上海：格致出版社，2015.

照经济学术语，子女可以看成是一种消费品；有时子女可以提供货币收入，因而还是一种生产品。由于用于子女的支出和子女带来的收入都不是一成不变，随子女年龄的变化而有所不同，使得子女既是一种耐用消费品又是一种生产品。

作为家庭产品——孩子的养育需要支付成本，换言之，孩子的生产和养育也是一种投资行为，这种投资分为经济投入和感情投入两部分，其中经济投入又分为直接成本和间接成本。直接成本是用于食物、衣物、娱乐、学习等方面的费用；间接成本又称机会成本，指父母为养育孩子而失去的机会或利用这种机会所带来的收入，如养育孩子要牺牲父母的闲暇时间，怀孕或抚养孩子可能会影响母亲的升迁甚至丢掉工作等。养育孩子的成本类似于孩子的相对价格，那么对孩子的需求取决于孩子的相对价格与总收入，比如父母收入上升存在双重效应：其一是收入上升对孩子需求正向的收入效应；其二是收入上升增加了养育孩子的直接成本与机会成本，导致对孩子需求负向的价格效应。

贝克尔认为，父母在做出是否养育孩子以及养育孩子的数量方面的决定时，一般遵循成本-收益分析。与贫困家庭相比，富裕家庭的父母一般都有较好的工作、较高的薪水以及比较舒适的工作环境等，为了养育孩子，他们所付出的牺牲也就是他们要支付的机会成本无疑更高一些。同时，富裕家庭更能理解现代社会对孩子质量的要求，他们也愿意并有能力为孩子质量的提高多支出，这意味着他们养育孩子的直接成本也是很高的。因此，富裕家庭"生产"的一般是质量更高但从数量上不一定最多的孩子，即收入的增加可能既增加子女数量，又增加子女质量，但是数量弹性应低于质量弹性，因此孩子的质量与数量之间存在替代关系。

2. 关于人力资本投资与遗产馈赠行为的经济学解释

从第1章我们可以得知对于大部分家庭而言，人力财富是总财富的主要组成部分，尤其对于处于生命周期工作阶段的早期和中期的家庭而言更是如此。马歇尔在《经济学原理》中特别说到"所有资本中最有价值的就是投资在人身上的资本"，贝克尔在《人力资本》中提到"几乎所有的研究均表明，对于技能更加熟练、受教育水平更高的人来说，年龄-收益曲线往往更加陡峭"，人力资本投资不但关系到家庭的财富积累，还关系到家族的兴衰和传承。现有关于遗产馈赠的研究文献认为，主要的遗产馈赠动机有如下三个：利他遗产动机、策略遗产动机和偶然遗产动机。其中，策略遗产动机主要指遗产是代际之间达成或明或暗的契约的结果，代际之间的财富转移以下一代的行为表现为条件，也就是说遗嘱人用遗产来影响遗产可能的接受者的行为。而偶然遗产动机指的是，消费者没有遗产动机，但由于在生命的最后阶段存在着不确定性，为了减少这种不确定性，留下遗产作为必要的预防措施。贝克尔在《人力资本》与《家庭论》中，主要基于利他主义，并将人力资本投资与遗产馈赠统一在代际的动态效用最大化框架内进行研究。当然，其中的章节"家庭背景和孩子的机会"里实际涉及策略性遗产动机，这里我们主要介绍贝克尔的理论逻辑与思想。

从式（5.15）可以看出，父母主要给孩子人力资本投资与遗产馈赠，对孩子的人力资本偏好取决于父母的收入和偏好、孩子的数量和质量。是不是富裕家庭，可以根据既进行人力资本投资又进行非人力资本投资的标准来划分，当然这条分界线取决于父母的偏好、非人力资本的收益率、人力资本的收益率和所投资数量之间的关系，以及父母收入和给孩子馈赠之间的相互关系。孩子的总财富等于父母对孩子投资的资本、对孩子的馈赠、以及受到市场不确定性影响而得到的资本盈利的总和。其中，遗产馈赠在富裕家庭的财产中占有相当大的比重，但是对于富裕家庭而言，由于生育率和财富正相关，所以将减少可馈赠给后代的财富。同时更富裕的家庭可能采取不完全相称的婚配[①]，这些都可能会使富裕家庭的消费与财富向均值回归。孩子这一代的财富情况主要取决于父母对孩子的人力资本投资、遗产馈赠以及市场运气等因素。其中，父母对孩子的人力资本投资取决于孩子的能力、利他主义动机、父母亲的资源禀赋（或财富）以及父母亲的受教育程度（人力资本）。人力资本的边际收益率一般而言会伴随着投资的增加而下降，从而对于财富较多的家庭，父母给予孩子的人力资本投资将不断增加，到人力资本的边际收益率等于非人力资本的边际收益率为止。从这个角度而言，能力越强的孩子父母给予的人力资本投资也就越多，那么父母从公平的角度来讲，给予能力较弱的孩子的遗产馈赠将更多。如果父母从效率的角度来讲，可能不但给予能力较强的孩子更多的人力资本投资，也给予更多的遗产馈赠。

对于家庭财富或父母收入很低的家庭而言，对孩子的人力资本投资与非人力资本继承情况就比较复杂了。如果在完美的金融市场假设条件下，父母应该通过借贷增加对孩子的人力资本投资，从而给孩子留下负债或负遗产。但是如果父母受到流动性约束与借贷限制，那么对孩子的人力资本投资将低于最优水平。这时增加中低收入家庭金融服务的可得性以及增加政策性教育贷款，将增加这部分家庭的人力资本，而且可以降低整个经济体的财产差距与收入差距水平。当然，对孩子的人力资本投资进行资金筹措，还可以通过降低父母的消费来实现，这不但要看父母效用函数中利他主义的程度，还要看其对人力资本投资的认知程度和孩子的学习能力。现有研究认为人力资本投资开始的时间越晚，人力资本的收益率越低，诺贝尔经济学奖得主赫克曼的系列研究甚至认为对学龄前儿童的人力资本投资的收益率最高。

3. 考虑生育行为、人力资本投资与遗产馈赠行为的家庭储蓄需求模型总结

家庭储蓄需求模型的提出基于现代家庭经济学的产生与发展，其基本思路是假定养育孩子的主要动机是养老金动机，因此家庭养育孩子的数量与家庭持有的储蓄额之间存在相互替代的关系（Neher，1971）。但是，家庭储蓄需求模型与生命周期模型最大的区别在于前面我们分析的生育率的"内生决定"，由于养育孩子的直接成本与间接成本均呈现上升趋势，因此会出现减少生育数量和提高孩子质量的行为，即用质量代替数量。但是，导致生育率降低的因素或变量对家庭储蓄可能具有不同的交叉效应。比如妇女在家庭外获得工资机会的上升使得生育孩子的机会成本上升，导致对孩子的需求减少，这应该会导致家庭储蓄的增加；但是孩子人力资本回报的上升也可能使得父母用孩子的质量来替代他们所需孩子的数量，因此父母对孩子的人力资本投资会增加，由于孩子数量和质量之间存在可替代性，那么孩子数量的增加或质量的上升都可以提高父母对未来生活保障的信心，从而可能降低家庭收入中用于养老的储蓄份额。标准的生命周期模型假定没有资源的代际转移或者遗产问题，现代家庭经济学在标准

[①] 贝克尔（1998）认为一个有效的婚姻市场总是有完全相称的婚配，高质量的男子和高质量的女子结婚，低质量的男子和低质量的女子结婚。

的生命周期-持久收入假说的基础上，引入了代际的资源转移和遗产馈赠问题，因此可以解释老年人为何不愿意降低储蓄等问题，同时对财富管理中的财富传承等具有很强的启发意义。

从对现代家庭经济学与家庭储蓄需求模型的研究与应用来看，主要有如下几点与财富管理规划相关的主要结论：

（1）家庭不单单是"消费部门"，更是一个"生产部门"，家庭配置于"家庭部门"与"市场部门"的时间与资源需要综合考虑，家庭内部需要分工协调。

（2）需要从整个家族的兴衰和传承的角度来考虑资源的配置和财富的积累，理解代际生命周期储蓄与财富管理背后所隐含的代际动态效用最大化的消费轨迹。

（3）对孩子的人力资本投资是家庭最重要的一项投资，关系到家庭的兴衰，因此在家庭生命周期储蓄与财富管理中不但要考虑孩子的生育数量，更需要考虑孩子的人力资本投资在内的所有投入情况。

（4）在家庭生命周期储蓄与财富管理中需要联合考虑对孩子的人力资本投资与遗产馈赠，不但需要从孩子的能力和偏好等角度分析人力资本的投资收益率，还需要考虑非人力资本遗产的收益率问题，两者之间需要达到一个较好的匹配。

拓展阅读 5-6 是中国人口结构变化、创造第二次人口红利、生育率争论以及提高生育率的相关资料与报道总结。

拓展阅读 5-6
中国人口结构变化、创造第二次人口红利、生育率争论与提高生育率等相关资料与报道

■ 关键概念

消费（consumption）
储蓄（saving）
绝对收入假说（absolute income hypothesis）
相对收入假说（relative income hypothesis）
生命周期假说（life cycle hypothesis）
持久收入假说（permanent income hypothesis）

随机游走假说（random walk hypothesis）
预防性储蓄理论（precautionary saving theory）
流动性约束假说（liquidity constraint hypothesis）
缓冲存货储蓄模型（buffer stock saving theory）
现代家庭经济学（modern family economics）

■ 本章小结

1. 消费者的目标是效用最大化，效用最大化又可以分为静态效用最大化与动态效用最大化，理解储蓄动机有助于进行财富管理规划。

2. 未考虑跨期替代的消费储蓄理论主要包括绝对收入假说与相对收入假说；生命周期-持久收入假说均考虑更长时期内的消费者效用最大化问题，为退休而储蓄的生命周期储蓄是最重要的储蓄动机和财富管理的主要目标。

3. 不确定性条件下的家庭消费储蓄理论主要包括预防性储蓄理论、流动性约束假说与缓冲存货储蓄理论等，由于更加贴近现实生活，不确定性条件下的消费储蓄理论对财富管理规划具有很强的应用价值。

4. 现代家庭经济学认为家庭不但是消费组织，更是生产组织，家庭内部存在利他

主义，跨代动态效用最大化将家庭不同代人的效用函数连接在一起；生育行为与人力资本投资、遗产馈赠行为与家庭消费储蓄行为均需要在一个统一的框架内进行分析，人力资本投资关系到家庭的兴衰。

■ 思考习题

1. 简述消费者效用最大化的定义、演变与主要分类。
2. 居民储蓄动机主要有哪些？其中哪些与财富管理规划紧密相关？
3. 简述绝对收入假说的主要结论以及消费函数之谜。
4. 简述相对收入假说如何解释消费函数之谜及其与财富管理相关的主要结论。
5. 简述持久收入假说如何解释消费函数之谜及其与财富管理相关的主要结论。
6. 简述生命周期假说的核心思想及其与财富管理相关的主要结论。
7. 简述预防性储蓄理论、流动性约束假说、缓冲存货储蓄理论及其与财富管理相关的主要结论。
8. 跨代动态效用最大化的主要出发点是什么？现代家庭经济学中影响生育行为的因素主要有哪些？
9. 考虑生育行为、人力资本投资与遗产馈赠行为的家庭储蓄需求模型对财富管理有何启示意义？

■ 计算题

假定消费者的生命周期消费过程可以分为两个时期——青年时期和老年时期，青年时期收入为 200，老年时期为 100；并且消费者更偏向当下消费，以致消费者的效用函数为：$u(c_1, c_2) = c_1^{0.6} c_2^{0.4}$，并假定利率为 r：

(1) 求消费者两个时期的最优消费量。
(2) 当青年时期消费有剩余，并且剩余为 30 时，求利率 r 和第二期消费量。
(3) 当利率 r 上升时，消费者会如何调整他的消费路径？

■ 案例讨论　中国家庭总负债结构与消费金融助力消费升级

1. 案例背景与说明

甘犁等（2019）认为西南财经大学家庭金融调查数据表明，中国家庭总负债中占比最大的是住房负债，住房负债包括商铺、房屋负债，合计占比为 63.2%；其次是经营负债，占 22.2%；两项合计占比 85.4%。由此可以看出，我国家庭债务类型主要为住房负债和农业、工商业生产经营性负债。无论城市家庭还是农村家庭，汽车负债、教育负债、信用卡负债等其他负债在全国家庭中的占比均较低。

2018 年 12 月 11 日《经济日报》报道：自 2015 年以来，消费对我国经济增长的贡献率已经连续三年保持在 50% 左右，2018 年上半年，最终消费支出对 GDP 增长的贡献甚至达到 78%，同比上升 14%。在如此高的消费需求下，消费金融得到了更好的发展。所谓消费金融，是指一种为满足居民对最终产品和服务消费需求而提供贷款的现代金融服务方式。比如，信用卡这种最为人们熟知的消费形式就是其中一种。央行的信贷数据显示，自 2015 年以来，消费贷款已经成为居民贷款增加的主要原因之一，已由 2015 年 1

月的 15.7 亿元增长到 2018 年 5 月的 33.9 亿元。消费金融正在快速发展，并蕴涵着巨大的经济价值。

一方面，既然消费金融是为了满足消费需求而产生的金融服务方式，那么它自然对消费有着强力的拉升作用，能够有效刺激消费需求。另一方面，消费金融发展有助于推动我国消费升级。实际上，我国当前的趋势与 20 世纪 80 年代经历消费升级的日本极其相似，只不过目前我国还暂时处于消费升级的初期。想要完成消费升级，绝对不能忽视消费金融所起的重要作用。

近些年，互联网消费金融的兴起，极大地推动了我国居民消费升级。首先，相比申请门槛高、手续复杂、放贷慢的银行贷款，以蚂蚁花呗为代表的互联网消费金融为消费者提供了更加便捷高效的渠道；其次，消费金融的出现，令"超前消费"变为现实，即便当期收入不能覆盖所购买的商品，也能通过预支形式获得商品，提高生活品质。当然，互联网消费金融的好处不仅是消费者在享受，商家也是受益者。无论线上还是线下场景，不少商家已经把花呗当成了付款方式之一，这为其提升销量、提高销售额起到了关键作用。

当然，我国消费金融还存在不少乱象，有不少不规范的企业和无场景的消费贷，监管者也应及时精准识别其中的风险，严厉监管、去伪存真，让消费金融服务更加健康发展，促进实体经济转型提升，更好地满足人民日益增长的美好生活需要。

2. 案例问题

（1）用本章所学习的生命周期消费储蓄理论分析中国居民家庭总体的负债结构是否合理。

（2）假如你是财富管理客户经理，准备如何利用消费金融手段或工具来协助客户进行消费储蓄管理？

■ 附录 5A 风险态度衡量、确定性等价与风险升水

由于风险态度主要来源于不确定性条件下的消费者选择理论，及其在微观经济学、金融经济学以及财富管理理论与实践中的重要性，因此我们单独用附录进行讲解。这一部分主要参考了平新乔教授的《微观经济学十八讲》（北京大学出版社，2001 年）与田国强教授的《高级微观经济学》（中国人民大学出版社，2016 年）。

1. 效用函数的凹性及其经济含义

考虑马歇尔直接效用函数 $U(X)$，这里只讨论效用函数中的自变量只有 x 一维这样一种简单状态。通常假定 $u(x)$ 关于 x 是凹的，即效用函数具有凹性：$u'(x)>0$，$u''(x)<0$。效用函数的凹性具有浓厚的经济含义，表示人们对于风险的态度是躲避的，即风险规避。

根据图 5-6，在收入为 10 000 元时，假定效用水平是 10；在收入为 20 000 元时，假定效用水平为 16。收入可能是 10 000 元，也可能为 20 000 元，即存在着不确定性，有不确定性就会有风险。如果其各有 $\frac{1}{2}$ 的可能性，则期望效用水平为 $\frac{1}{2}u(10)+\frac{1}{2}u(20)=\frac{1}{2}\times10+\frac{1}{2}\times16=13$。但如果该消费者知道他可以万无一失地获得 15 000 元收入时，其效用水平会达到 D 点，而 D 点显然高于 C 点。这说明，在该消费者看来，$u\left(\frac{1}{2}10+\frac{1}{2}20\right)>\frac{1}{2}u(10)+\frac{1}{2}u(20)$。一

个确定的收入 15 000 元所带来的效用,要比不确定的两种结果所带来的效用水平高。这说明,消费者是讨厌风险、规避风险的。反之,若效用曲线是凸的,即效用函数 $u(x)$ 对于 x 呈凸性,则消费者是风险偏好型的。从图 5-7 中可以看出,由两种不确定的结果所带来的效用,要高于确定的居中收入水平所带来的效用。因此,凸效用函数表示风险喜爱或风险偏好。

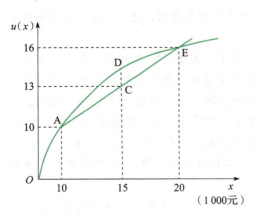

图 5-6　风险规避型消费者的效用函数

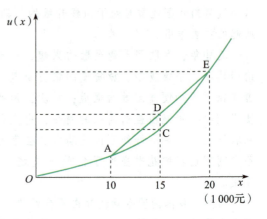

图 5-7　风险偏好型消费者的效用函数

同理,线性的效用函数表示消费者对风险持中立态度。在图 5-8 中,$u\left(\dfrac{1}{2}10+\dfrac{1}{2}20\right)=\dfrac{1}{2}u(10)+\dfrac{1}{2}u(20)$,说明消费者对于风险持中立态度,既不喜欢,又不讨厌。

2. 风险规避、风险中立与风险喜爱的定义

设效用函数 $u(g)$ 是 VNM(冯·诺依曼-摩根士丹)期望效用函数,对于单独 $g=(P_1a_1, P_2a_2, \cdots, P_na_n)$,我们称一个人为:

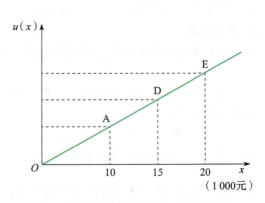

图 5-8　风险中立型消费者的效用函数

(1) 在 g 中风险规避,如果 $u[E(g)]>u(g)$;
(2) 在 g 中风险中立,如果 $u[E(g)]=u(g)$;
(3) 在 g 中风险喜爱,如果 $u[E(g)]<u(g)$。

这里,$u(g)=\sum\limits_{i=1}^{n}P_iu(a_i)$,$E(g)=\sum\limits_{i=1}^{n}P_ia_i$,$u[E(g)]=u\left[\sum\limits_{i=1}^{n}P_ia_i\right]$。显然,$R_a(w)$ 是指一个给定的结果,$u[E(g)]$ 是对一个确定的结果取效用函数,而 $u(g)$ 是对 n 个不确定的结果所依次对应的效用函数值求加权和。

3. 风险规避程度的数学刻画

由上面的讨论可知,一条效用函数的曲线如果凹度越大,则表示消费者越是规避风险;反之,如果凹度越小,则表示其不大规避风险。但曲线的凹度(curvature)是可以由函数的二阶导数来刻画的,让二阶导数除以 $(-u)'$,得到一个衡量度。这是由阿罗(Arrow, 1970 年)与帕拉特(Pratt, 1964 年)提出来的关于风险规避程度的数学度量,记为

$R_a(w)$,如下式所示:

$$R_a(w) = \frac{-u''(w)}{u'(w)}$$

如果消费者是喜欢风险的,$u(w)$ 为凸,则 $R_a(w)<0$;如他是风险中立的,$u(w)$ 为线性,则 $R_a(w)=0$;如他是风险规避的,$u(w)$ 为凹,则 $R_a(w)>0$。$R_a(w)$ 又被称为绝对风险规避系数,当其大于 0 的时候,$R_a(w)$ 越大表示效用函数越凹,同时也表示消费者越厌恶风险。在第 6 章中我们可以得知,投资者越厌恶风险,投资于风险金融资产的概率就会越小,同时面对同样的风险,消费者越愿意支付更高的保险金。

绝对风险规避系数考虑的风险(或收益)与财富无关,如果风险(或收益)与财富相关,后来学者发明了相对风险厌恶系数如下式所示:

$$\rho_a(w) = \frac{-u''(w)w}{u'(w)}$$

接下来,我们需要讨论风险规避系数与财富本身的关系,一般认为绝对风险厌恶程度随财富水平的上升而下降,即消费者或投资者越富有,那么对风险的厌恶程度就会降低。而相对风险厌恶系数等于财富与绝对风险规避系数的乘积,那么相对风险厌恶系数与财富之间的关系就更加复杂。比如,常相对风险规避系数模型假定相对风险规避系数不变,这实际隐含着绝对风险厌恶系数的下降与财富的上升成比例。

4. 确定性等价、风险升水及其应用

根据图 5-9,消费者面临两种不同的收入结果 w_1 与 w_2,$u(w_1)=R$,$u(w_2)=S$,$u(g)=P_1u(w_1)+P_2u(w_2)=P_1R+P_2S$,如果 $P_1=P_2=\frac{1}{2}$,则 $u(g)=T$,这是期望的效用水平。如果事先知道必有相当于 $\frac{1}{2}w_1+\frac{1}{2}w_2=E(g)$ 的收入,该收入无风险,则对应的效用水平为 $u[E(g)]=C>T$。

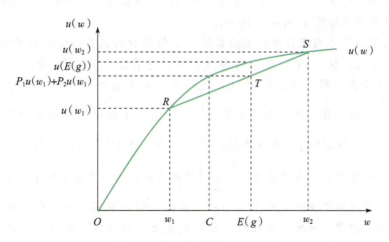

图 5-9 确定性等价与风险升水

确定性等价(certainty equivalent,CE)是一个完全确定的收入量,在此收入水平上所对应的效用水平等于不确定条件下期望的效用水平,即 CE 满足:

$$u(CE) \equiv u(g)$$

风险升水（risk premium）是指一个收入额度 P，当一个完全确定的收入 $E(g)$ 减去该额度 P 后所产生的效用水平仍等于不确定条件下期望的效用水平，即 $u[E(g)-P] \equiv u(g)$。换言之，单独 g 所含的风险相当于使一个完全确定的收入量 $E(g)$ 减少了 P 的额度。

从图 5-9 中可以看出：

$$P \equiv E(g) - CE$$

要注意的是，这里相当于 $E(g)$ 的收入被看作一个完全确定的收入。风险升水是指当一个完全确定的收入 $E(g)$ 转化为两个不确定的收入 w_1 与 w_2 时，消费者由于面临风险而付出的代价。P 表示 w_1 或 w_2 两个不确定的结果所代表的效用均值，实质上使一个确定的收入 $E(g)$ 缩小为另一个确定的收入 CE，这两个确定的收入之间的差距，便是风险的代价，故称风险升水。这实际上是告诉我们，一笔有风险的财产或投资带给消费者的真实财产水平其实不是该笔风险投资带来的期望收入水平 $E(g)$，而是与该风险投资带来的期望效用水平 $u(g)$ 所对应的确定性等价的收入水平 CE。

■ 附录 5B　效用函数的三阶导数与预防性储蓄

由于效用函数的三阶导数为正，是预防性新储蓄产生的最基本前提，同时效用函数的三阶导数又难以理解，因此我们单独用附录进行讲解。这一部分主要参考了罗默教授的《高级宏观经济学》（上海财经大学出版社，2014 年）。

为理解三阶导数为正的效应，假定真实利率和贴现率均为 0，且再次考虑将连续两期的消费联系起来的欧拉方程，即 $u'(C_t) = E_t[u'(C_{t+1})]$。如果效用为二次型的，则边际效用是线性的，从而 $E_t[u'(C_{t+1})] = u'(E_t[C_{t+1}])$；因此，在这种情况下，欧拉方程简化为 $C_t = E_t[C_{t+1}]$。但如果 $u'''(\cdot)$ 为正，则 $u'(C)$ 是 C 的凸函数，因此 $E_t[u'(C_{t+1})] > u'(E_t[C_{t+1}])$。但这意味着如果 $C_t = E_t[C_{t+1}]$，则 $E_t[u'(C_{t+1})] > u'(C_t)$，因此 C_t 的边际减少使预期效用增加。所以，效用函数为正的三阶导数与未来收入不确定性的结合降低了当期消费，从而提高了储蓄，这一储蓄就是预防性储蓄（Leland，1968）。

图 5-10a 显示了不确定性和效用函数的正三阶导数对消费的预期边际效用的影响。由于 $u''(C)$ 为负，故 $u'(C)$ 是 C 的递减函数；并且由于 $u'''(C)$ 为正，故当 C 上升时，$u'(C)$ 下降得不那么快，即 $u'(C)$ 是凸的。如果消费只取两个可能值 C_A 和 C_B，且概率均为 $\frac{1}{2}$，则消费的预期边际效用是消费为这两个值时边际效用的平均值，在图上显示为 $u'(C_A)$ 和 $u'(C_B)$ 两点连线的中点。如图 5-10 所示，"$u'(C)$ 是凸的"这一事实，意味着这个数字大于消费为 $\frac{C_A + C_B}{2}$ 时的边际效用。图 5-10b 显示了不确定性增加的效应。当高的消费值上升时，"$u'''(C)$ 为正"这一事实，意味着边际效用下降得很少；但当低消费值下降时，为正的三阶导数放大了边际效用的上升。结果不确定性的增加提高了预期消费的既定值下的预期边际效用。因此，不确定性的增加提高了储蓄的激励。

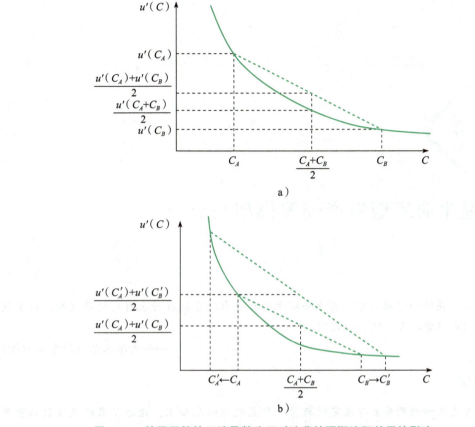

图 5-10 效用函数的三阶导数为正对消费的预期边际效用的影响

家庭生命周期资产配置模型与应用

在投资者获得的总收益中,有90%以上的收益取决于选择什么样的资产类别,以及这些资产类别在投资组合中所占的比例。

——马尔基尔《漫步华尔街》

■ 本章提要

本章首先在回顾两基金分离定理与资产配置之谜的基础上,论述了家庭风险金融资产投资基准模型和股票市场有限参与之谜;其次介绍了家庭生命周期资产配置的马尔基尔经验法则;再次介绍了劳动收入确定与不确定条件下的家庭生命周期资产配置模型;最后将商业保险纳入家庭资产配置模型进行分析。

■ 重点和难点

- 了解家庭风险金融资产投资基准模型
- 了解股票市场有限参与之谜及其解释
- 劳动收入完全确定条件下的家庭生命周期资产配置模型
- 劳动收入不确定条件下的家庭生命周期资产配置模型
- 考虑人寿保险购买与资产年金化条件下的家庭生命周期资产配置模型

■ 引导案例 中国居民家庭生命周期资产配置情况

西南财经大学中国家庭金融调查与研究中心将家庭持有股票、基金、理财产品、非人民币资产、黄金、债券和衍生品这七类风险金融产品,称为对正规风险金融市场的参与。统计性描述表明,2015年中国居民家庭对正规风险金融市场与股票市场的参与比例只有17.3%与9.4%,远低于欧美发达国家。另外,户主为16~25周岁的家庭有39.8%的比重参与风险金融市场;户主为26~35周岁的家庭,其参与率为35.2%;户主为36~45周岁的家庭其参与率只有22.5%;而户主在55周岁以上的家庭,风险金融市场的参与率只有10.6%。我们可以发现,家庭对正规风险金融资产市场的参与随户主年龄的上升而下降。

同时，还发现户主没有上过学的家庭，参与率仅有 2.1%；户主为小学学历的家庭，参与率为 3.9%；户主为初中学历的家庭，参与率为 10%；户主为高中、中专、职高学历的家庭则升至 23.7%；户主为大专、高职和本科学历的家庭，这一比例分别为 42% 与 55%；而户主为硕士研究生与博士研究生的家庭，其参与率高达 73%。数据还表明户主的金融素养和对经济信息的关注度以及风险态度，均是家庭参与风险金融市场的重要因素。如果从财富配置中的占比来看，我国城镇地区房产价值占家庭总资产与净资产的比例分别为 73% 与 87%，农村地区分别为 60% 与 77%。在家庭金融资产中风险金融资产仅仅占比为 33%，也远低于欧美发达国家。

我国居民的商业保险投保率低于世界平均水平，根据瑞士再保险研究院 2019 年出版的研究报告《世界保险业：重心继续东移》，中国目前已经成为世界第二大保险市场。但是以 2018 年数据为例，中国的保险深度（商业保险保费收入与 GDP 之比）只有世界平均的 69.3%，只有发达国家平均水平的 54%。而 2018 年中国的保险密度（人均商业保险费）只有世界平均水平的 59.5%，只有发达国家平均水平的 10.9%。总体而言，有 91.7% 的居民没有任何商业保险，拥有商业人寿保险的居民占 4.1%，拥有商业健康保险的居民占 2.5%，而拥有其他商业保险的居民占 1.7%。其中，人寿保险投保率最高的是年龄段为 41~50 周岁的中年人；健康险投保率最高的为 30~40 周岁的家庭成员；小于 30 周岁的居民在其他保险中的投保比例较高。我们还发现随着学历水平的提高，人寿商业保险的投保率显著提高。另外，我国对商业保险的信任度偏低，而对社会保险的信任度普遍较高。拥有企业年金的居民占比仅有 6.0%，而拥有企业年金的居民中，有 16.8% 已经开始领取。其中城镇地区拥有企业年金的比例为 6.2%，略高于全国平均水平，已经开始领取的比例为 16.2%；而农村地区拥有企业年金的比例为 4.3%，已经开始领取的比例为 27.9%。

——来源于甘犁等（2019）

案例思考

1. 中国居民家庭为何在风险金融市场与股票市场的参与率这么低？
2. 估计会有哪些因素影响居民家庭参与风险金融市场？
3. 为何伴随着户主年龄或家庭生命周期阶段不同，家庭对风险金融市场的参与率存在这么大的差异？
4. 为何中国居民家庭商业保险的投保率低于世界平均水平？
5. 估计有哪些因素影响我国居民家庭对商业保险市场的参与？

6.1 家庭生命周期资产配置概论与风险金融资产配置基准模型

6.1.1 家庭生命周期资产配置概论与资产配置之谜

1. 家庭生命周期资产配置概论

Horan（霍兰）2009 年在 CFA 协会的研究文集、《金融分析师》杂志和 CFA 协会的季度会议报告的优秀论文中选编了 23 篇，整理成为《私人财富管理》一书⊖，其中

⊖ 国内翟立宏教授等将该书翻译出版，即霍兰主编，《私人财富管理（实践篇）》，机械工业出版社 2015 年出版。

有两章就是由风险金融资产配置基准模型初创学者撰写的，即 1970 年诺贝尔经济学奖获得者萨缪尔森教授和 1997 年诺贝尔经济学奖获得者默顿教授。《私人财富管理》的第一部分生命周期投资（life-cycle investing）收录了整整 7 篇论文，明确提出生命周期金融毫无疑问是金融领域最重要的专业方向。博迪教授在《私人财富管理》第 4 章"最优的生命周期储蓄和投资模型"指出，人们面临的最基本的生命周期储蓄和投资问题主要有三个：①他们需要将收入中的多少用于未来储蓄；②他们应该为哪些风险进行投保；③他们的储蓄应该如何投资。其中，第 1 个问题主要在上一章进行回答，第 2 个问题主要在第 9 章家庭保险规划中介绍，第 3 个问题在第 4 章和本章介绍。

从居民家庭生命周期资产配置或理财的角度来说，我们一般把人的一生分成三个阶段：第一阶段是成长和受教育时期，第二阶段是工作、赚钱养家的时期，最后一个阶段就是退休时期。第一阶段至关重要，因为这是形成人力财富最重要的时期，人力财富与受教育程度高度相关，并且教育支出可以看作人力财富投资。但是在第一阶段，绝大多数个体没有时间与资金进行资产配置，因此家庭生命周期资产配置理论主要集中于后面两个阶段，并且重点在于劳动收入、人力财富与金融资产配置之间的互动及其扩展讨论㊀。关于家庭生命周期资产配置的研究文献主要源于 Canner、Mankiw 与 Weil（1997）提出的资产配置之谜，但是理论起源还是萨缪尔森（1969）和默顿（1969、1973）这几篇经典论文，因此本部分将先介绍现实问题的起源，再追溯理论起源与发展，最后回到现实问题的逻辑来进行阐述。

2. 两基金分离定理与资产配置之谜

参考第 4 章介绍的均值–方差模型，为了简化分析只考虑三种资产：股票、债券和现金（代表无风险金融资产）。其中，股票具有较高的平均收益率和较大的标准差，债券具有较低的平均收益率和较小的标准差，而现金与现金等价物（无风险金融资产）具有更低的收益率且在单期内没有风险。当无风险金融资产加入组合后，投资者的均值和标准差的组合可以由连接无风险金融资产与风险金融资产组合的直线来表示，直线与曲线相切的点为风险金融资产的切线资产组合，在本节的简单假设下实际就是股票和债券的最佳组合。这一分析结果表明，使用均值–方差分析的所有投资者将持有相同的风险金融资产组合，即股票和债券的唯一最佳组合。㊁而风险偏好不同的投资者仅仅改变的是无风险金融资产与风险金融资产的比例，但是不改变风险金融资产的内部组合比例，这一结论实际就是托宾（1958）得出的"两基金分离定理"。

但是财富管理专业人士大多建议保守的或风险规避型投资者持有相对于股票来说更多的债券，而不是对所有投资者均采用相同的风险金融资产组合。Canner、Mankiw 与 Weil（1997）称这种风险资产配置现实与理论之间的差异为资产配置之谜，该文对四个不同的投资咨询顾问——富达基金、美林证券、金融记者奎恩和《纽约时报》在 20 世纪 90 年代初期推进的资产组合模式（现金、债券与股票三者的组合）进行了分析。其对保守投资者、稳健投资者与积极投资者推荐的资产组合虽然都存在差异，但是对保守投资者所推荐的债券–股票比率都高于稳健和积极投资者。资产配置之谜提出

㊀ 虽然住房资产配置也非常重要，但是根据理论发展和教材编排，将单独在第 8 章讲解。
㊁ 在两基金分离定理与资产配置之谜分析中，债券是作为风险金融资产而存在的。

的前后，金融经济学将长期停滞不前的资产组合选择理论进行了扩展，认为均值-方差模型具有单期和短视（myopic）的特征，因此仅仅是战术资产配置（tactical asset allocation），后续的 CAPM 模型中假设投资者主要考虑的是投资的期望收益和风险。随后一批金融经济学家提出了基于生命周期视角的战略资产配置，即投资者不仅仅需要关心资产当期的期望收益和风险，而且还必须关注期望收益和风险随时间推移而可能发生的变化，更需要考虑投资者异质性以及金融环境与资产配置之间的关系等更多的因素。另外，不仅要考虑财富本身的规模与变化，还要考虑财富对居民消费[一]的支持（坎贝尔与万斯勒，2004）。

6.1.2 家庭生命周期风险金融资产投资基准模型

萨缪尔森（1969）与默顿（1969）分别用离散时间模型与连续时间模型进行推导，得出了家庭生命周期资产配置基准模型，即在满足整个生命周期效用最大化的条件下求解投资者最优的风险金融资产配置比例。两篇论文都是在两种金融资产（无风险金融资产与风险金融资产）的简单假设下阐述投资者的预算约束并给出预算的动态方程，然后假定投资者的效用函数为常相对风险规避系数（CRRA）的幂效用函数形式，最后推导出风险金融资产的最优投资比例如下：

$$w^*(t) = \frac{\alpha - r}{\sigma^2 \gamma} \tag{6.1}$$

其中，分子（$\alpha-r$）为风险金融资产的期望收益率减去无风险金融资产的收益率，即预期的超额收益率或风险溢价，分母为相对风险规避系数 γ 与风险金融资产的方差 σ^2 的乘积。由于夏普比率被定义为资产的预期超额收益率与标准差之比，即

$$S = \frac{\alpha - r}{\sigma} \tag{6.2}$$

那么最优风险金融资产的投资比例就可以被重写为下式：

$$w^*(t) = \frac{S}{\gamma \sigma} \tag{6.3}$$

多种风险金融资产的情形与一种风险金融资产的结果类似[二]。假设有 m 种资产，第 m 种资产为无风险金融资产，其收益率 $\alpha_m = r$，权重 $w_m(t) = 1 - \sum_{i=1}^{n} w_i(t)$，$n = m - 1$。此时一阶条件从 2 个变为 m 个，投资者需要选择消费和 w 进行效用最大化，同理在常相对风险规避系数效用函数下，可得 $w^*(t)$ 的最优解为：

$$w^*(t) = \frac{1}{\gamma} \Omega^{-1} (\alpha - r) \tag{6.4}$$

其中，$w' = [w_1, \cdots, w_n]$，$\alpha' = [\alpha_1, \cdots, \alpha_n]$，$r' = [r, \cdots, r]$，$\Omega = (\sigma_{ij})$ 为 $n \times n$ 的对称正定的方差协方差矩阵。

[一] 后续有一个分支文献开始研究以消费为基础的 CAPM 模型（CCAPM），为资产定价建立了更具有经济学逻辑的微观基础。
[二] 具体推导过程请见萨缪尔森（1969）与默顿（1969）。

因此从风险金融资产的最优投资比例等式来看，无论是两种金融资产还是多种金融资产，投资者达到效用最大化的最优风险金融资产投资比例都体现了相同的逻辑。该比例与风险金融资产预期的超额收益率（风险溢价）正相关，与风险金融资产的风险以及投资者的相对风险规避系数负相关。更通俗地说，风险金融资产收益率越高，收益率波动越低，说明该风险金融资产越优质，越值得配置。而无风险资产收益率则体现为投资者的机会成本，即资金至少可以以无风险收益率贷出，或以无风险收益率借入资金，该数值与投资风险金融资产的成本正相关。从另一个角度看，夏普比率越高，说明风险金融资产单位风险的超额回报越高，该资产越值得配置。风险厌恶系数反映了投资者对风险的态度，该数值越高，投资者越不愿意投资风险金融资产。

另外，最优风险金融资产投资比例式（6.3）表明，风险金融资产的配置比例独立于财富水平，并且短期最优的资产配置也就是长期最优的资产配置，这一结论的得出主要是由如下几个假设决定的：

第一，常相对风险规避系数效用函数（CRRA）暗含假设投资者对于风险的态度独立于其财富水平[1]。

第二，风险金融资产价格假定为服从随机游走过程，即风险金融资产价格呈现正态分布[2]且资产价格变动相互独立（独立同分布假设），投资者对资产的选择不取决于历史价格变动。

第三，完全金融市场假设，即风险金融资产的期望收益率和方差对所有投资者均相同，并且投资者能够以无风险收益率进行符合其意愿的借贷。

第四，投资者所有财富均以金融资产形式存在，即使存在劳动收入，但是劳动收入完全确定，因此将未来的劳动收入贴现而成的人力财富就类似于无风险金融资产。

【例题 6-1】多种风险金融资产条件下的最优配置

假设有四种金融资产，包括三种风险金融资产和一种无风险金融资产，风险金融资产 A、B 和 C 的收益率分别为 10%、8%、6%，无风险金融资产 D 的收益率为 3%。三种风险金融资产的方差协方差矩阵如表 6-1 所示。假如投资者的相对风险规避系数为 2，那么按照最优投资比例，各种资产应该如何配置？

表 6-1 三种风险金融资产的方差协方差矩阵

	A	B	C
A	14%	10%	1%
B	10%	4%	3%
C	1%	3%	3%

解：根据式（6.4），首先将风险金融资产 A、B 和 C 的收益率分别与无风险金融资产的收益率相减，得到相应的超额收益率为 7%、5% 和 3%，然后构建组合的方差协方差矩阵的逆矩阵如表 6-2 所示。

---

[1] 如果是常绝对风险规避系数效用函数（CARA），那么伴随着财富的增加，相对风险规避系数将持续上升。在其他条件不变的情况下，伴随着财富的增加，投资于风险金融资产的占比将持续下降。

[2] 风险金融资产价格呈现正态分布，那么风险金融资产的收益率则呈现对数正态分布。

表 6-2　组合的方差协方差矩阵

	A	B	C
A	−1.48	13.36	−12.87
B	13.36	−20.29	15.84
C	−12.87	15.84	21.78

然后将方差协方差矩阵的逆矩阵的每一行与超额收益率分别相乘再求和，最后除以风险规避系数 2，即可得到风险金融资产的最优配置。如风险金融资产 A 的最优投资比例为：

$$w_A^*(t) = \frac{-1.48 \times 7\% + 13.36 \times 5\% - 12.87 \times 3\%}{2} = 0.8915 \approx 0.892 = 8.92\%$$

同理可得风险金融资产 B 和 C 的最优投资比例应为 19.8% 和 27.23%。而无风险金融资产的投资比例则为 100% 减去所有风险金融资产的投资比例的和，即

$$w_f^*(t) = 100\% - (8.91\% + 19.8\% + 27.23\%) = 44.06\%$$

6.1.3　股票市场有限参与之谜

从风险金融资产投资基准模型可以得知，所有投资者应该将其财富的一部分投资于以股票为代表的风险金融资产。然而，国际比较表明即使在发达国家，也有部分甚至大部分居民家庭并不直接或间接持有以股票为代表的风险金融资产。非常有意思的是，即使在发达国家，财富水平很高的一些家庭也没有投资于股票，并且不同国家的股票市场平均参与率也存在显著差异。比如，意大利很少有家庭持有股票，西班牙则比意大利更少，但是美国和瑞典绝大多数中等收入家庭都持有股票（Guiso 与 Sodini，2012）。从本章引导案例可以看出，中国无论是风险金融市场参与还是风险金融资产占比均低于欧美发达国家，这一理论与现实的差异被称为股票市场有限参与之谜。居民风险资产配置不足的现象，无法用基于完全市场和标准偏好的家庭资产配置理论进行解释，这一谜团也因此成为自从 20 世纪 90 年代以来国内外不少家庭金融文献研究的焦点。截至目前，学界主要从市场摩擦、背景风险和居民特质等三方面入手，讨论与验证居民家庭的"股票市场有限参与之谜"。

1. 市场摩擦与"股票市场有限参与之谜"

完全市场假设没有市场摩擦，但现实中存在参与成本与借贷约束等影响居民投资决策的因素。因此，一系列文献将市场摩擦纳入家庭资产配置模型进行分析，结论表明市场摩擦确实显著影响居民家庭的资产配置。其中，风险金融市场的参与成本主要包括：①货币成本（例如开设投资账户或股票交易账户的管理费用）；②信息成本（例如了解风险金融产品的成本等）。参与成本更多地体现在是否参与风险金融市场决策，因此变动较小的参与成本，意味着财富越多的投资者参与风险金融市场的可能性越大，同时也可以解释为什么股票市场参与率与投资者的认知能力、金融素养以及受教育水平相关。近些年无论是境内还是境外，互联网的发展使得金融产品信息可得性大大增强，加上共同基金或证券投资基金的发展，使得包括股票市场在内的风险金融资产的

参与成本下降，从而股市参与率也在稳步提升○。另外，诸如借贷约束、金融市场交易规则的约束以及税收体系等，均可能对居民家庭参与风险金融市场具有抑制作用，导致居民难以进行最优的资产配置。

2. 背景风险与"股票市场有限参与之谜"

背景风险是一种很难避免的风险，并且不可交易或难以投保，主要指代解释风险态度异质性的环境因素（Guiso 与 Sodini，2012）。基准模型只考虑了金融财富，而且假定金融市场是完全的。但是现实生活中居民家庭不但有金融财富，还有人力财富和有形财富等。由于现实金融市场的不完全性，居民家庭存在规模较大且风险难以被定价的资产或财富，主要包括人力财富、住房资产和私人企业资产等。其中人力财富最为特殊，是居民未来收入的资本化，取决于居民未来收入、健康程度和折现率，人力财富具有无流动性和强异质性两大特征。相比而言，住房资产和私人企业资产的流动性稍好。但是这些资产带来的异质性和难以对冲的背景风险，对居民家庭资产配置将产生显著影响，尤其当居民面临的风险敞口较大时将可能降低风险金融资产投资。关于人力财富、劳动收入与居民家庭生命周期资产配置，在下一节还将进行比较详细的分析。与此相关的还有健康对风险金融资产配置的影响，现有研究认为健康风险通过影响居民消费的边际效用、风险规避系数、时间偏好率、收入波动性与财富积累等，最终降低对风险金融资产的配置比例。健康本身无法被保险，但是健康冲击带来的医疗支出风险可以通过保险市场来共担，因此社会医疗保险与商业健康保险的引入，将有效缓解健康风险对风险金融资产配置的负向作用○。

对于绝大多数家庭而言，住房资产构成家庭财富的较大部分甚至绝大部分，同时住房兼有耐用消费品和投资品双重属性，因此住房购买或住房资产配置对风险金融资产的配置存在显著影响。①从住房的耐用消费品属性来看，对于年轻或低收入居民家庭而言，住房购买在挤占大量资金的同时可能还需要使用抵押贷款，因此住房资产配置将显著挤出风险金融资产投资，同时住房价格风险也将挤出风险金融资产投资（Cocco，2005）。②从住房的投资品属性来看，需要综合考虑房地产投资的收益率与风险及其与风险金融资产的相关性，如果房地产投资的夏普比率高于风险金融资产，那么房地产投资也将挤出风险金融资产投资。如果房地产和风险金融资产之间的变动呈现负相关，那么从对冲风险的角度，居民可能会增加风险金融资产投资。最后，如果房地产投资在总财富中占比较高，那么房地产财富价值的上升，可能通过财富效应和再平衡效应增加对风险金融资产的配置。部分或大部分高净值与超高净值家庭都拥有自己的私人企业，由于保留控制权，私人企业主会持有大量自己企业的股票或股权。同时私人企业主大多在自己的企业任职，其收入与企业股票回报相关性高，如果企业的经营风险较大且与风险金融资产呈现正相关性，那么这部分居民家庭将倾向于更多配置于低（无）风险金融资产。

3. 居民特质与"股票市场有限参与之谜"

标准的家庭资产配置模型主要采用标准偏好和新古典经济学的效用函数，但是现

○ 参与成本不但很难解释经济和金融发展程度相当的国家其股市参与率的显著差异，而且也难以解释各个国家富裕家庭参与股市不足的典型事实（Guiso 与 Sodini，2012）。
○ 参考 Gormley、Liu 与 Zhou（2010）以及易行健、周聪、周利与来特（2019）。

实生活中居民家庭存在与标准模型假设不同的特质。这些特质往往导致其风险态度的异质性，甚至在没有参与成本的情况下也将规避风险金融市场投资，主要包括非标准偏好、异质性信念、信任、金融素养、其他人口统计学特征与生物学特征、承诺性支出、经历与社会互动等。

(1) 非标准偏好。主要包括损失厌恶（loss aversion）、后悔厌恶（regret aversion）、模糊厌恶（Ambiguity aversion）或不从整体考虑问题（narrow framing，直译为"狭窄框架"）等，当投资者或居民具备以上非标准行为特征[⊖]，那么将显著抑制风险金融市场的参与。

(2) 异质性信念。家庭资产配置基准模型假设所有投资者对风险金融市场的收益与波动率（或者说夏普比率）具有相同的预期与信念[⊖]（belief），但是后来的研究发现，不但在信念而且在形成信念的方式上都存在大量的异质性。比如，Hurd、Rooij 与 Winter（2009）发现投资者对股票市场的平均收益和对股票市场收益的波动均具有差异较大的信念。从异质性信念这个角度而言，如果投资者认为股票市场期望收益率不会超过无风险收益率，那么他们将不会参与包括股票市场在内的风险金融市场，而对股票期望收益更为乐观的投资者参与股票市场投资的概率更大。

(3) 信任。与"信念"相关的一个概念"信任"，也将影响居民家庭对风险金融市场的参与。比如对风险金融产品信息来源、理财顾问、基金经理，或者更广义地来说对整个金融体系的信心与信任，均将显著影响居民家庭是否参与股票市场。信任程度不但存在显著的国别差异，而且在同一个国家与地区投资者之间也存在较大差异。

(4) 金融素养。前面关于夏普比率的预期、信念与信任主要是主观层面，实际上不同金融素养与受教育程度的投资者将进行不同的资产配置，从而事后的或实际的夏普比率也存在差异。一般而言，对于金融素养与受教育程度高的投资者，其投资组合的夏普比率也较高，因此那些意识到自身局限性的家庭将可能远离包括股票市场在内的风险金融市场。

(5) 其他人口统计学特征与生物学特征。现有研究利用实验经济学方法得出结论，认为风险规避程度女性平均高于男性，但女性可能具有比男性更高的实际收益率。已婚投资者与单身未婚投资者也可能存在差异，因为做投资决策时需要考虑家庭责任和家庭角色，使得风险规避程度也相应存在差异。与此类似，不同抚养比的家庭或处于不同生命周期的家庭，均可能显著影响风险规避程度。还有的研究认为高个子比矮个子更为偏好风险；高智商投资者具有更低的风险规避系数，从而更愿意承担风险；认知能力、人格特征和基因等生物学特征也将显著影响风险规避系数，从而影响风险金融市场的参与决策（Guiso 与 Sodini，2012）。

(6) 承诺性支出。系列研究认为住房抵押贷款偿还、汽车贷款偿还等承诺性支出（consumption commitments）也将影响投资者的风险偏好，具有更多承诺性支出的居民家庭将采用更为保守的资产组合策略，以确保在遭受短期冲击时能够支付账单。

⊖ Beshears、Choi、Laibson 与 Madrian（2018）这篇工作论文对行为家庭金融的发展做了很好的综述。

⊖ 信念，指对人、事、物及对某种思想观念是非真假的认识，通常以对某事某物的相信和怀疑的方式表现于外，而以观念的形式存在于人们的头脑之中。信念往往高于价值并影响价值，为人们判断和决策提供了基本的依据。但在现实生活中，信念又常常受价值的调节和影响（饶育蕾等，2019）。

(7) 经历与社会互动等。近年来还有文献得出结论，认为过去的经历将显著影响风险规避系数，从而影响对风险金融市场的参与。比如，Malmendier 与 Nagel（2010）认为经历过低股票市场回报的投资者，未来参与股票市场的概率更小，或在股票上配置的财富比例更低。还有的研究认为在易受影响的年龄（比如 18～23 岁）遭受了更多宏观不确定性的投资者，未来也更不可能参与股票市场。最近还有文献发现，社会互动和社会资本等也会影响居民投资决策，随着社会互动和社会资本的增加，参与股市投资的可能性也会增加。

6.2　家庭生命周期资产配置模型与应用

6.2.1　马尔基尔生命周期投资经验法则[一]

人生三个阶段的收入支出曲线存在显著差异，在每个人一生的不同年龄阶段，所做出的最重要的投资决策很可能是如何平衡资产类别，也就是说如何确定股票、债券、房地产、货币市场证券等资产类别在投资组合中的权重。耶鲁大学管理学院罗杰·伊伯森（Roger Ibbotson）将毕生精力用于测算各种不同投资组合带来的收益，其结论认为在投资者获得的总收益中，有 90% 以上的收益取决于选择什么样的资产类别，以及这些资产类别在投资组合中所占的比例；而由投资者选择哪些具体股票或共同基金所决定的投资收益，不到总收益的 10%。通过对美国金融市场的历史经验进行总结，著名金融学家马尔基尔提出资产配置五项基本原则：①历史经验表明风险与收益相关，要想增加投资回报，需要通过承担更大的风险来实现；②投资普通股和债券的风险取决于持有投资品的期限长短，投资者持有期限越长，投资收益的波动性便会越小；③定期等额平均成本投资法（定投）虽有争议，但可以作为降低股票和债券投资风险的一种有用的办法；④重新调整投资组合内资产类别的权重，可以降低风险，在某些情况下还可以提高投资收益；⑤必须将你对风险所持有的态度与你承担风险的能力区分开来，承担风险的能力取决于你的总体财务状况，包括你的收入类型与收入来源，但不包括投资性收入。

在进行生命周期消费储蓄与资产配置计划之前，马尔基尔还有三条一般性准则：①特定需要必须安排专用资产提供资金支持，比如退休储蓄金、购买住房支出、儿女受教育支出、大额旅游支出等；②认清楚自己的风险容忍度；③在固定账户中坚持不懈地进行储蓄，无论数目有多少，必有好结果。马尔基尔在《漫步华尔街》中认为，一个人必须根据其生命周期的不同阶段来制定不同的投资策略，并且使用不同的金融工具来实现自己与家庭的目标。对于 20～30 岁的年轻人可能建议采用激进型投资组合，因为处于这个年龄段的人来日方长，并且进入薪金收入增长阶段后，可以利用薪金收入弥补风险金融投资可能带来的损失，安然度过一个投资周期的波峰和浪谷。其

[一] 这一部分较多地参考了伯顿·G. 马尔基尔撰写的《漫步华尔街》。马尔基尔既是杰出的专业投资者，也是造诣精深的学者，曾担任普林斯顿大学金融研究中心主任、经济系主任，美国总统经济顾问委员会成员，耶鲁大学商学院院长。其代表作《漫步华尔街》自 1973 年至今已经出版了 11 版，成为一部畅销世界 40 多年的经典之作。

投资组合不仅可以包括权重很大的普通股，还可以包含外国股票和风险较高的新兴市场股票。国际化资产组合的优势在于可以降低风险，并且使投资者分享到世界其他地方经济增长的好处。随着投资者年岁渐增，他们应该开始削减风险金融资产投资的比重，同时增持风险较低的债券、股利支付丰厚的股票和房地产投资信托等。到 55 岁左右，投资者应该考虑如何逐渐向退休过渡，并开始将投资组合转向收入导向型配置。投资者退休之后，投资组合中债券的比例继续提高，但是考虑到预期寿命的增长，还是可以在资产配置中保持一定比率的股票与房地产权益（房地产投资信托）。拓展阅读 6-1 是关于生命周期基金的介绍。具体的生命周期投资指南⊖总结如表 6-3 所示。

拓展阅读 6-1
生命周期基金

表 6-3　马尔基尔生命周期投资指南

年龄	生活方式	现金	债券	股票	房地产
25 岁左右	节奏快，积极进取；收入稳定，风险承受力相当强；为将一部分薪金收入留作储蓄预防养老，需要纪律约束	5%	15%	70%	10%
35~45 岁左右	处于中年危机；对没有子女的职业夫妇来说，风险承受力依然很强，有子女将上大学的人逐渐丧失主动选择风险的能力	5%	20%	65%	10%
55 岁左右	很多人由于为孩子支付了大学学费而深感困扰；无论生活方式如何，这一年龄群体都必须开始为退休做打算，开始考虑收入保障问题	5%	27.5%	55%	12.5%
65 岁以后	享受休闲生活，但需注意防止发生重大医疗费用，风险承受力很小或没有风险承受力	10%	35%	40%	15%

注：表中的现金主要指的是现金等价物，比如货币市场基金或短期债券型基金（平均期限为 1~1.5 年）；表中的债券指的是债券和债券替代品，包括免手续费的高等级公司债券型基金、某些防通胀国债、外国债券、股利增长型股票；表中的股票一半为具有代表性的规模较小的美国国内增长型股票，另一半为外国股票，其中包括新兴市场股票；房地产主要指的是房地产投资信托组合（马尔基尔，2018）。

6.2.2　家庭生命周期风险金融资产配置模型及其扩展分析⊖

1. 劳动收入完全确定条件下家庭生命周期资产配置的静态分析

之前介绍的家庭风险金融资产配置基准模型中没有考虑人力财富，上述马尔基尔生命周期投资法则也只是一个简单的经验法则，认为风险资产投资占比随年龄的增长而下降。但是，基于发达国家的实证研究表明，伴随着投资年龄的变化，投资于风险金融资产的比率呈现先上升后下降的"驼峰型"（hump-shaped）或"倒 U 形"的特征，并且年轻家庭持有的风险金融资产占比也低于简单经验法则所说的比例。

本部分将引入劳动收入或人力财富对基准模型进行扩展，构建新的家庭生命周期风险资产配置模型。首先我们介绍劳动收入完全确定条件下的家庭风险金融资产配置

⊖ 在《漫步华尔街》第 6 版中就提到"建议投资者将（100-年龄）%的金融财富投资于充分分散化（well-diversified portfolio）的股票资产组合"。

⊖ 这一部分主要参考了哈佛大学坎贝尔与万斯勒（2004）撰写的《战略资产配置——长期投资者的资产组合选择》，以及 Cocco、Gomes 与 Maenhout（2005）。

模型，用 HW_t 代表人力财富，由于劳动收入完全确定，人力财富就等于劳动收入流贴现后的现值。由于 HW_t 是无风险的，投资者将调整金融资产组合，即将 $w^*(t)(W_t+HW_t)$ 投资于风险金融资产。换一种说法，即 $w'^*(t)$ 乘以 W_t 占总资产（金融资产加人力财富）之比应该等于式（6.1）所表示的最优风险金融资产配置比率，具体见下式：

$$\frac{w'^*(t)W_t}{W_t+HW_t} = \frac{\alpha-r}{\sigma^2\gamma} = w^*(t) \tag{6.5}$$

$$w'^*(t) = w^*(t)\left(1+\frac{HW_t}{W_t}\right) \tag{6.6}$$

从式（6.6）可以看出 $w'^*(t) \geq w^*(t)$，因为人力财富和金融资产都大于或等于0。也就是说，投资者拥有无风险且不可交易的人力财富时，相对于只拥有可交易的金融财富的投资者而言，将更多地投资于股票等风险金融资产。这里的逻辑比较简单，无风险的人力财富类似于无风险金融资产，那么将挤出无风险金融资产投资，挤入风险金融资产投资。从这一简单假设可以推知居民家庭生命周期资产配置变化情况，因为在成年后的初期阶段人力财富与金融资产的比率 $\frac{H_t}{W_t}$ 将普遍比较高。其原因是：一方面离退休还有较长的工作时间，因此人力财富比较高，另一方面投资者积累的金融资产较少。伴随着投资者年龄、工作经验以及预期劳动收入的增长，人力财富与金融资产的比率在工作的早期阶段出现上升，从而增加风险金融资产的配置。然后伴随着人力财富与金融资产之比的逐步降低，在风险规避系数不变的前提下，投资于风险金融资产的最优比率将逐步下降。居民退休前后状态变量（总财富、年龄）变化对风险金融资产投资比例的影响总结如表6-4所示。

表6-4 劳动收入完全确定条件下状态变量与风险金融资产投资比例的静态分析

变量	风险金融资产投资比例	原因
受教育程度增加	上升	相对于金融财富，受教育程度增加导致人力财富上升，将挤出无风险金融资产
初始金融财富增加	下降	相对于人力财富，初始金融财富增加，将趋近于目标资产配置
年龄增加（早期至中期）	上升	人力财富上升，早期收入增长快，居民提高未来收入增长预期
年龄增加（中期至退休前）	下降	人力财富下降，未来可获得收入期数和数值下降
年龄增加（退休后）	下降	人力财富下降，未来可获得养老金期数下降

2. 劳动收入不确定条件下家庭风险金融资产配置的静态分析

上一节的简单模型忽略了人力财富的如下重要特征：①对于绝大部分投资者而言，未来劳动收入是不确定的，因此需要将人力财富视为有风险的不可交易资产，并且劳动收入还可能与风险金融资产收益率相关；②投资者可以通过改变工作量来影响人力财富的价值；③投资者可以对人力财富进行投资，比如通过教育来提高人力财富的价值，同时也可以通过选择职业来管理或控制人力财富的风险。如果将这些特征考虑进来，那么分析过程与结论将更加复杂，下面从一个劳动供给不变条件下单期家庭资产配置的简单模型开始进行分析，与上一节的假设类似，劳动收入呈现对数正态分布，

即 $l_{t+1} = \log(L_{t+1}) \sim N(l, \sigma_l^2)$。投资者不能为初始投资进行融资,并且将金融资产 W_t 投资于收益率固定为 R_f 的无风险金融资产与期望收益率为 R_{t+1} 的风险金融资产。其中,未预期到的风险金融资产对数收益由 u_{t+1} 表示,它服从均值为0、方差为 σ_u^2 的条件正态分布,并且假设风险金融资产的收益率与劳动收入的协方差为 σ_{lu},投资者的效用函数依然假定为常相对风险规避系数效用函数。通过期末最大化预期消费效用,可以得到风险金融资产最优配置比例的函数表达式如下:

$$w'^*(t) = w^*(t) \times \frac{1}{\rho} + \left(1 - \frac{1}{\rho}\right)\left(\frac{\sigma_{lu}}{\sigma_u^2}\right) \tag{6.7}$$

其中,ρ 表示消费的金融财富弹性且 $0<\rho<1$。从式(6.7)可以看出,最优风险金融资产的配置比例由两部分组成,第一部分表明在劳动收入与风险金融资产收益率不相关时的最优资产配置,与消费的财富弹性 ρ 成反比。当劳动收入风险完全自有时(即 $\sigma_{lu}=0$),式(6.7)右边只剩下第一部分,由于 ρ 小于1,因此将比无劳动收入条件下配置更大份额的风险金融资产。但是消费的财富弹性本身又与劳动收入的风险相关,那么即使劳动收入风险完全自有,只要劳动收入风险出现非补偿性增加⊖,比较保守或风险规避程度较大的投资者就将减少资产组合中的风险敞口。上式第二部分是劳动收入与风险金融资产之间的套利部分。当风险金融资产收益率同劳动收入的相关系数为负时,风险金融资产可以对冲劳动收入风险,将增加最优资产配置中风险金融资产的份额。但是当风险金融资产收益率同劳动收入的相关系数为正,为了降低风险敞口,投资者将减少最优资产配置中风险金融资产的份额。劳动收入不确定条件下状态变量与风险金融资产投资比例的静态分析结论总结如表6-5所示。

表6-5 劳动收入不确定条件下状态变量与风险金融资产投资比例的静态分析

变量	风险金融资产投资比例	原因
劳动收入与风险金融资产收益率之间不相关	上升	拥有不确定但与风险金融资产收益不相关的劳动收入挤出了无风险金融资产,挤入了风险金融资产
劳动收入与风险金融资产收益率之间不相关,但是风险非补偿性增加	下降	劳动收入风险非补偿性增加,类似于有风险的债券其夏普比率下降,因此增加了无风险金融资产的持有,或者说预防性储蓄的增加,挤出了风险金融资产的持有
劳动收入与风险金融资产收益率之间正相关	下降	为了降低风险敞口,将减少最优资产配置中风险金融资产的份额
劳动收入与风险金融资产收益率之间负相关	上升	风险金融资产可以对负的劳动收入冲击提供较好的阻断和对冲

【例题6-2】假定某投资者面临的金融市场无风险金融资产收益率为2%,风险金融资产的期望收益率及其方差分别为8.5%与17%,该投资者的相对风险规避系数为4。

(1)当该投资者的所有财富均以金融资产形式存在,求解其最优风险金融资产投资占总财富的比重。

(2)假定该投资者年龄为24岁,其金融财富目前为50万元人民币,劳动收入为6

⊖ 劳动收入风险非补偿性增加指的是劳动收入预期值不变的情况下劳动收入方差的增长。

万元,且劳动收入未来年份的增长率为5%。如果用无风险金融资产收益率作为贴现率,那么求解该投资者现在的人力财富现值(假设该投资者60岁退休,退休后没有收入)和最优风险金融资产投资占总金融财富的比重。

(3) 假定该投资者的劳动收入存在不确定性,但是劳动收入风险与风险金融资产风险不存在相关性,并且该投资者消费的金融财富弹性为0.2,求解其最优风险金融资产投资占总财富的比重。

(4) 假定该投资者的劳动收入存在不确定性,但是劳动收入风险与风险金融资产风险之间的协方差为0.01,并且该投资者消费的金融财富弹性为0.2,求解其最优风险金融资产投资占总财富的比重。

解: (1) 根据附录式(6.20)可得,最优风险金融资产投资比例为:

$$w^* = (8.5\% - 2\%) \div (17\% \times 4) \approx 9.56\%$$

(2) 假设投资者现处于24岁末,第1年收入于25岁末获取;60岁岁初退休,最后一期收入于59岁末获取;则获得工资年限共计35年,人力财富现值为:

$$H_W = \sum_{t=1}^{35} 6 \times \left[\frac{1+5\%}{1+2\%}\right]^t \approx 374.31(元)$$

根据式(6.6),最优风险金融资产投资比例为:

$$w'^*_1 = w^*(t)\left(1 + \frac{HW_t}{W_t}\right) = 9.56\% \times \left(1 + \frac{374.31}{50}\right) = 81.13\%$$

(3) 根据式(6.7),由于劳动收入风险与风险金融资产风险不存在相关性,那么 σ_{lu} 为0,投资者消费的金融财富弹性为0.2,则 ρ 为0.2,最优风险金融资产投资比例为:

$$w'^*_2(t) = w^*(t)\frac{1}{\rho} = 9.56\% \times \frac{1}{0.2} = 47.8\%$$

(4) 根据式(6.7),此时劳动收入风险与风险金融资产风险之间的协方差为0.01,最优风险金融资产投资比例为:

$$w'^*_3(t) = w^*(t)\frac{1}{\rho} + \left(1 - \frac{1}{\rho}\right) \cdot \left(\frac{\sigma_{lu}}{\sigma_u^2}\right) = 9.56\% \times \frac{1}{0.2} + \left(1 - \frac{1}{0.2}\right) \times \frac{1\%}{17\%} \approx 24.3\%$$

下面我们从三个方面来对上述结论进行扩展:①弹性劳动供给。前面的分析隐含的假设是劳动供给为常数,如果投资者根据金融市场环境的变化来改变工作的投入与努力程度,那么投资者将可以承担更多的金融风险,即增加对风险金融资产的持有比率,增加幅度取决于劳动供给的调整能力或劳动供给弹性(Bodie, Merton and Samuelson, 1992)。②相对消费水平。前面的分析假设投资者以绝对消费水平来衡量他们的效用,但是有文献认为,只有超过基准生活水平的消费支出才产生效用,同时投资者的生活水平将受到自己过去的生活水平与社会总体的生活水平的影响。从这个角度而言,消费水平类似于不可交易的负债或负的劳动收入,那么一般来讲,投资者将持有部分无风险资产用于维持现在和未来的消费水平,因此风险金融资产的投资比率将小于不考虑相对消费水平的情况(坎贝尔与万斯勒,2004)。③经营性收入。考虑到部分家庭的主要收入来源为经营性收入,分析逻辑类似于劳动收入,即如果经营性收入自身风险较大，与风险金融资产之间正相关，并且经营性收入风险可能还将大于劳动收入风险，那么这些投资者将减少对风险金融资产的持有（Heaton 与 Lucas，2000）。

3. 劳动收入不确定条件下家庭风险金融资产配置的动态分析及其扩展讨论

前面主要考虑静态条件下的风险金融资产配置问题，但是现实情况是动态变化的。下面主要考虑几个方面的动态特征和其他不确定性情况：①生命周期内投资者的劳动收入将受到持久性冲击和暂时性冲击⊖的相互作用，同时不同的投资者受到的冲击存在异质性，并且可能存在失业等灾难性劳动收入冲击情况等；②风险金融资产的超额收益率以及风险存在时变性特征（time-varying）；③投资者的风险规避系数（或风险态度）与时间偏好率可能发生变化；④退休后投资者的养老金收入以及医疗支出存在不确定性；⑤存在融资约束等金融市场不完全因素以及遗产馈赠动机的强弱等。

（1）**持久性收入冲击、暂时性收入冲击以及灾难性收入冲击与风险金融资产动态配置**。由于投资者所在工作行业不同，所面临的劳动收入风险也会有很大差距，具体参数包括收入的暂时性冲击和持久性冲击，以及总冲击中持久性冲击所占的比重。这一部分的分析非常复杂，当总冲击不变而暂时性冲击占比较大，甚至出现灾难性劳动收入冲击时，劳动收入风险将急剧上升，并且成为影响居民资产组合决策的重要背景风险。此时，风险金融资产投资比重将下降，投资者将增加预防性储蓄，而这对金融财富积累较少的年轻人影响更大。持久性收入冲击需要考虑与风险金融资产收益率风险的相关性以及持久性收入冲击本身的时间序列自相关性，如果持久性收入冲击与风险金融资产收益率风险正相关，那么在持久性收入冲击的前期将显著降低居民风险金融资产的投资比例，在冲击的中后期伴随持久性收入冲击的衰减，这一挤出效应将逐步下降。

（2）**风险金融资产收益率不确定与风险金融资产动态配置**。从投资者整个生命周期的角度看，风险金融资产的收益率与风险动态变化不确定，坎贝尔与万斯勒（2004）认为当投资机会存在时变特征且投资期限较长时，静态的投资组合分析不但在理论上不合适，而且在实践中也会造成严重的误导。但是深入探讨未来收益率及其风险的不确定性对生命周期资产组合的影响，已经远远超出本书的范围，其中需要考虑的因素太多，比如投资者效用函数形式、投资者消费的跨期替代弹性、投资者所处的生命周期阶段、利率期限结构、跨期套利需求、投资风险计算与投资期限的相关性问题、风险金融资产的期望收益率与波动性之间的相关关系、风险金融资产收益率的变化过程等，因而本书不再详细进行分析。总而言之，投资者应当利用生命周期内风险金融资产收益率与风险的变动特征进行套利，并且对资产配置进行动态调整。

（3）**风险规避系数、时间偏好率的变化与风险金融资产配置**。风险规避系数与时间偏好率既存在联系又相互区别，是影响投资者效用函数的两个重要变量。时间偏好率实际就是投资者对现在消费与未来消费之间替代关系的衡量。对于高风险规避系数与更有耐心的投资者而言，他们具有很强的预防性储蓄动机，因此会比其他投资者积累更多的金融财富，但是对风险金融资产的投资比例较低。而相对缺乏耐心的投资者

⊖ 持久性冲击表示冲击或影响将持续较长一段时间，比如人力财富投资后劳动收入持续增加；而暂时性冲击表示冲击或影响的期限非常短，比如由于公司拿到一笔大订单，因此年终奖突然增加。

会积累相对较少的储蓄，但是由于金融风险与收入风险相比不是那么重要，因此他们将更加积极地进行风险金融资产投资。

（4）**退休后养老金收入、医疗支出的不确定性与风险金融资产配置**。在越来越多国家的养老金体系从 DB 向 DC 转型的背景下，养老金本身的不确定性将逐步增大。再加上养老金收入由于投资于金融市场，其变动与风险金融资产收益率之间可能正相关，类似于静态分析情况，养老金收入风险将导致风险金融资产配置比例下降。如果再考虑到由于人口老龄化，养老金替代率存在下降的长期趋势，导致类似于持久性收入的负向冲击，退休居民将进一步降低风险金融资产配置比例。投资者退休后伴随着年龄的增加，其医疗支出的不确定性将大大增加，并且可能存在灾难性医疗支出风险，因此需要特殊的资金储备。居民将被迫增加预防性储蓄，因而风险金融资产配置比例将进一步下滑。

（5）**内生融资约束、遗产馈赠动机与风险金融资产配置**。前面部分我们假定投资者受到严格的外生融资约束，即居民无法从金融机构获得融资，现在我们放松这一假定，引入内生融资约束，并且从融资成本与融资金额两个角度，考虑信贷市场的不完全性对风险金融资产配置的影响。一是当信贷市场中融资成本较高时，比如需要支付较高利息的信用卡融资等情况；二是即使居民接受高昂的融资成本，金融机构也可能对居民或投资者的融资额进行限制，这里就需要考虑融资能力的内生决定问题以及是否存在违约等更复杂的情况。在这两种融资约束下，居民或投资者将减少融资并增加预防性储蓄，短期内将降低风险金融资产投资。其长期影响比较复杂并存在异质性，居民或投资者在增加预防性储蓄后，可能为了增加财富从而增加风险金融资产投资；但是如果投资者本身风险规避程度较强，同时金融素养较低，那么增配风险金融资产的倾向将下降。

遗产馈赠动机的强弱也将显著影响储蓄与风险金融资产配置，大多数文献认为主要对处于退休阶段的投资者影响较大。居民退休后可支配收入将低于退休前，在遗产馈赠动机存在并增强的时候，伴随着死亡概率的逐年增大，居民将进一步增加储蓄，并为了规避风险从而降低风险金融资产配置比例。扩展分析的结论如表 6-6 所示。

表 6-6 扩展分析变量对风险金融资产投资比例的影响

变量	风险金融资产投资比例	原因
收入风险增加（短期扰动、恒久扰动以及小概率灾难性收入风险）	下降	预防性储蓄以及收入风险挤出金融资产组合风险
风险金融资产收益率的不确定性	不确定	需要考虑动态的资产配置调整能力与众多更加复杂的因素
风险规避系数增大	下降	更加厌恶风险
养老金风险增加（养老金扰动与风险金融资产回报的相关性）	下降	养老金风险挤出金融组合风险
医疗支出风险增加（小概率灾难性养老金）	下降	预防性储蓄
内生融资约束	不确定	短期内下降，长期内不确定
遗产馈赠倾向增加	下降	储蓄增加与遗产馈赠行为

6.3 考虑保险的家庭生命周期资产配置模型与应用㊀

20世纪初芝加哥大学的奈特与哈代提出"保险是经济生活处于危险时的对策"等观点,直到1970年左右建立在预期效用理论基础上的5篇开创性论文发表后,风险与保险经济学才开始进入快速发展轨道。㊁与此同时,以美国为代表的发达国家的保险业也快速发展,目前已成为与银行业并驾齐驱的金融子行业。根据保险标的不同,保险主要可以分为人身保险、财产保险和责任保险;根据是否以盈利为目的,保险可以分为商业保险和社会保险;根据保险实施形式的不同,保险可以分为强制保险和自愿保险。由于居民家庭购买的大部分财产保险是属于强制性的或准强制性的,而人身保险产品绝大多数是属于自愿购买的,财产保险产品的可替代性和需求弹性远低于人身保险,并且社会保险大多和国家体制相关,因此考虑保险需求以及保险和家庭生命周期资产配置的文献绝大多数研究的是商业人身保险,商业人身保险主要包括人寿保险、年金保险和健康保险等(孙祈祥,2017;魏华林与林宝清,2017)。人寿保险与健康保险是用于对冲生病与死亡对居民家庭人力财富损失的有效工具,而年金保险是对冲长寿风险的有效工具,因此居民家庭均需要考虑配置人身保险。在理论研究中,这两项重要的理财或财富管理决策(人身保险需求与最优资产配置)大多被分开单独分析,本部分尝试将上述两个决策联合起来进行分析。

6.3.1 保险需求与保险不足悖论

Zietz(2003)认为人身保险需求与人力财富的期望值和不确定性、人寿保险合约的风险-回报特征、遗产馈赠动机、预期寿命、居民的收入财富与家庭的人口统计学特征等因素存在显著的相关关系。从理论上来讲,为了对冲健康与死亡风险以及长寿风险,生命周期财富管理与资产配置均需要考虑人身保险。但是经验研究文献却表明,人寿与健康保险不足以及商业年金保险不足(即"年金之谜"㊂)的现象在发达国家与发展中国家均普遍存在,其中关于人寿与健康保险不足的研究认为,主要原因在于金融素养不足以及对保险认识的不足,存在偏差的理财建议,对构想家人死亡存在排斥情绪等。

而关于"年金之谜"的研究主要分为两个阶段(Davidoff等,2005;秦云与郑伟,2017):第一阶段的文献主要基于新古典经济学框架的"理性人"假设,这一系列研究认为遗产馈赠动机的存在、流动性约束与给付约束等市场不完全因素的存在㊃、年金市场的逆向选择效应、年金的非精算公平定价的存在、社会保障与家庭成员内部长寿风

㊀ 理论模型与部分结论来源于霍兰《私人财富管理》中的第3章,题目是"终身的理财建议:人力资本、资产配置和保险",这章实际转载自Ibbotson、Milevsky、Chen与Zhu(2007)。
㊁ 详情可以参见乔治·迪翁主编的《保险经济学前沿问题研究》(中国金融出版社,2007年)。
㊂ 1985年诺贝尔经济学奖得主莫迪利亚尼在发表获奖演讲时指出,"相对于其他商业保险产品来说,商业养老年金极其稀少,这让人非常费解",自此学术界对"年金之谜"给予了泛关注。
㊃ 年金流动性约束产生的原因在于年金是一种契约产品,购买以及如果想将其变现需支付较高的违约金,这意味着年金的流动性较低。年金给付约束的产生是因为年金产品通常采取固定给付模式,但是个体在退休后的最优消费路径不太可能是固定给付模式(秦云与郑伟,2017)。

险分担以及家庭储蓄与社会保障等年金的替代性因素的挤出效应等可以部分解释"年金之谜"。第二阶段主要利用行为经济学框架探讨和挖掘"非理性行为"对年金配置的影响,这一系列研究认为个人金融素养、对寿命预期的主观概率、心理账户的制约、信息感知偏差、害怕谈论死亡和担心产生被控制感等因素可以部分解释"年金之谜"。专栏 6-1 是行为经济学框架解释"年金之谜"的详细论述。

专栏 6-1

行为经济学框架解释"年金之谜"的详细论述

寿命预期的主观概率对年金购买的影响主要体现在,个人可获得的年金总收益与个人存活时间相关,如果预期寿命较短,则购买年金可能成为一个"亏本"的交易。前景理论认为,人们在面对事件是否发生时,总是主观改变概率的大小,具体来说即主观增加小概率事件的概率,减少大概率事件的概率。霍兰主编的《私人财富管理》提到:"85 岁确实是一个 65 岁退休老人寿命的合理预期,不过,它仅仅是对寿命集中趋势或中位数估计的度量,几乎可以肯定的是,有接近一半的投资者的真实寿命会超过他们的预期。对一对已婚夫妇而言,他们中至少有一人的寿命超过 85 岁的概率大于 80%。"

心理账户理论认为人们会将金钱存放于不同的"心理账户",且账户资金中的金额被看作是异质的。该理论认为人们一旦拥有某种东西,在割舍掉的时候会触发"风险规避机制",因此个体在退休时候很难拿出账户里面的资金用于购买年金。

信息感知偏差主要利用框架理论进行分析,框架理论主要用于刻画决策者对于基本逻辑相同、表述方式不同的事件做出不同决策的现象。Browon 等(2008)运用调查问卷方法展开分析,比如对同一款年金产品从不同角度进行描述,"每月提供 650 美元用于生活支出"和"每月获得 650 美元的确定性回报",前者是一种消费框架的描述,后者则是投资框架的描述。结论表明处于消费框架中的消费者有 70% 会选择将退休财富年金化,而处于投资框架中的消费者只有 21% 会选择年金化。

6.3.2 人力财富、健康与死亡风险及其家庭资产配置

Campbell(1980)基于人力财富的不确定性,找到了计算最优人寿保险的方法。Buser 与 Smith(1983)利用均值-方差模型为在投资组合中引入人寿保险进行理论分析,结论表明最优人寿保险需求主要取决于人力财富的期望值和人寿保险合约的风险-回报特征。本部分我们主要介绍霍兰《私人财富管理》中第 3 章涉及的理论模型及其模拟结果,该模型在如下几个方面扩展了 Campbell(1980)以及 Buser 与 Smith(1983)的模型:第一,通过引入人力财富将资产配置决策和人寿保险决策放在同一个模型中共同考虑;第二,在做出资产配置决策和人寿保险购买决策时需要考虑遗产馈赠动机;第三,将劳动收入的波动性以及劳动收入与金融市场的相关性纳入模型;第四,将投资者的主观存活概率纳入模型。

为了将资产配置、人力财富和最优人寿保险需求融合在同一个模型，需要充分了解人寿保险合同的定价机制。虽然人寿保险产品多种多样，比如定期寿险、终身寿险和万能寿险，但这里我们只讨论最基本的一种，即一年期可续保的人寿保险。一年期可续保的人寿保险一般是在年初或者投保人生日这天支付保险金，在这一年内将为投保者的人力财富提供保障；下一年，保险合同可以续保，需要根据新的条款再次支付保险费。我们假设只有两种资产——风险资产（股票）和无风险资产（债券），投资者将其金融资产在两者之间进行配置。此外，投资者还可以购买一年期可续保的人寿保险。投资者的目标是通过选择人寿保险的保额（定期人寿保险单的保险金额）和进行风险金融资产配置来实现整体效用最大化，其中包括"存活"状态和"死亡"状态时的效用。上述最优化问题可以用公式表示如下：

$$\max_{(\theta_x,\ \alpha_x)} E\big[(1-D)(1-\bar{q}_x)U_{alive}(W_{x+1}+H_{x+1}) + D(\bar{q}_x)U_{dead}(W_{x+1}+\theta_x)\big] \quad (6.8)$$

其中，θ_x 表示第 x 岁时人寿保险的死亡补偿，α_x 是总投资中风险金融资产的占比，这两个变量是效用函数的决策变量。D 表示遗产馈赠效用的权数（如果 $D=0$，则表示没有遗产馈赠动机或遗产馈赠效应为 0），$\bar{q}_x$ 表示在 x 岁仍存活的条件下第 $x+1$ 岁死亡的主观概率，$1-\bar{q}_x$ 则表示第 $x+1$ 岁仍然活着的主观概率。W_{x+1} 与 H_{x+1} 分别表示第 $x+1$ 岁时的金融资产与人力财富水平，$U_{alive}(\cdot)$ 与 $U_{dead}(\cdot)$ 分别表示投资者存活或死亡后的效用函数，具体的约束函数以及推导见附录 6B，该模型主要有如下几层重要含义：

第一，效用函数清楚地表明，风险金融资产配置和人寿保险决策都会影响投资者的整体效用，因此投资者应该联合做出这两项决策。模型还表明，人力财富及其收益劳动收入①是联系风险金融资产配置决策与人寿保险决策的核心要素，它在模型中对风险金融资产配置比例的影响与前面分析类似。假定劳动收入的均值不变，当劳动收入的风险增大或劳动收入与风险金融资产收益率波动性相关性增加的情况下，最优资产配置中人寿保险的购买将减少。其原因在于较高的劳动收入风险与相关性会增大未来劳动收入的不确定性，导致人力财富的折现率升高，进而降低人力财富的估值，降低对人寿保险的需求。

第二，资产配置决策不仅会影响"存活"状态的福利水平（消费），还会影响"死亡"状态的福利水平（遗产）。但是，人寿保险决策主要影响"死亡"状态的福利水平（遗产），因此遗产偏好比人力财富对人寿保险的需求影响更大，那些遗产偏好更强（D 较大）或者更关心死亡后遗属生活状态的家庭，有可能会去购买相对更多的人寿保险。

第三，模型将主观存活概率考虑在内，直观地看，主观存活概率越低的投资者（即那些认为自己死亡概率较高的投资者）会倾向于购买越多的人寿保险，这样将会导致人寿保险市场的"逆向选择"。

---

① 霍兰（2015）第 3 章的分析将投资者的人力财富在不同条件下看作债券、股票或者多元化投资组合。如果投资者劳动收入的波动性及其与风险金融市场收益率之间的相关性都很高，那么，我们就可以将人力财富看作"股票"；如果两者都低，那么，我们就可以将人力财富看作"债券"；如果人力财富处于上述两种极端情况之间，那么，我们可以将它看作股票与债券，再加上异质性风险的多元化投资组合。

霍兰（2015）将附录 6B 中的模型进行模拟分析可以得到投资者[一]25～65 岁最优的风险金融资产配置比例、人力财富总量以及最优人寿保险需求之间的演变趋势，具体图形请见霍兰（2015）。表 6-7 对模拟分析结论进行了总结。

表 6-7 模拟分析结论：投资者生命周期风险金融资产配置比例与人寿保险需求的变化

变量	风险金融资产配置比例变化（原因）	人寿保险需求变化（原因）
年龄增加	下降（人力财富与金融财富之比在不断下降）	下降（人力财富下降）
遗产馈赠动机的增强	影响较小（遗产馈赠动机主要影响人寿保险需求）	上升（遗产馈赠动机强的投资者更加关心其遗属）
主观死亡概率的上升	影响较小（主观死亡概率主要影响人寿保险需求）	上升（人力财富损失的概率增大）
风险规避系数上升	下降（风险承担意愿下降）	上升（规避死亡导致人力财富损失的意愿增强）
初始金融财富增加	下降（人力财富与金融财富之比在不断下降）	下降（金融财富与人寿保险之间的替代）
劳动收入风险与风险金融资产收益相关性增加	下降（风险金融资产与人力财富之间风险对冲）	下降（人力财富的现值降低或劳动收入的确定性等价下降）

6.3.3 长寿风险与家庭资产配置

一个典型的投资者在退休阶段一般会有两个主要目标：首要目标是保证自己在退休阶段能过上舒适的生活；第二个目标是可能想留一些钱作为遗产馈赠给亲属。投资者在为他们的退休资产组合储蓄或投资时，会面临三个主要的风险：①储蓄不足的风险，即投资者没有能够储蓄足够的钱来满足退休后的生活需求和构建他们的退休投资组合。②金融市场风险，金融市场风险可能会导致投资组合的价值上下波动，从而不能为投资者理想的退休生活与遗产馈赠提供充足的资金，最极端的情况甚至可能是该投资者在去世之前将钱花光。③长寿风险，指的是投资者的寿命超过预期或超过投资组合能提供收入的年限的风险。经典金融经济学与行为金融学理论告诉我们，储蓄不足的风险主要来源于投资者的行为问题，需要行为经济学家设计方案帮助投资者克服"现在任意消费而不为退休储蓄"的短视问题[二]；金融市场风险主要可以通过多元化投资的方式来对冲；年金保险的配置可以用来对冲长寿风险。

投资者退休后满足其消费支出与遗产馈赠动机的收入与财富，主要来源于到退休

[一] 假设该投资者 25 岁时候年劳动收入 5 万元，年收入增长率等于通货膨胀率 3%，收入增长率的波动率为 5%，劳动收入与风险金融资产之间的相关系数为 0.2，目前拥有 5 万元金融资产，效用函数采用常相对风险规避系数形式，其中相对风险规避系数设定为 4，遗产馈赠偏好 D 为 0.25，主客观存活概率相同。该投资者面对的金融市场其中无风险金融资产年均收益率为 5%，风险金融资产即股票的年均收益率为 9%，股票收益率的标准差为 20%。

[二] 比如行为金融学家塞勒与贝纳茨（2004）创造了"为明日多储蓄"（Save More Tomorrow，SMarT）计划，鼓励美国居民充分利用 401（K）计划增加储蓄。

时期积累的金融资产[①]以及养老金收入等。如果投资者在退休前积累了足够的金融资产，或者国家基本养老金收入完全可以满足其退休期间的两大目标，那么就完全不需要考虑年金化的问题。但不是所有投资者或居民家庭在退休前就已经积累了足够的储蓄与金融资产，可以满足他们退休后的消费开支与遗产馈赠动机。对于需要对冲长寿风险的投资者而言，可以通过将部分或全部金融资产年金化或购买终身收益年金来规避长寿风险。终身收益年金又可以分为纯粹终身收益年金和固定期间终身收益年金，其中纯粹终身收益年金是一种仅在被保险人生存期间定期得到给付的年金，保险人在被保险人（年金领取人）死亡后不承担给付责任。而固定期间终身收益年金是指不论被保险人生存与否，保险人在规定时期内都需要支付的年金保险（孙祁祥，2017）。我们接下来仅仅考虑纯粹终身收益年金，而不考虑其他方式的年金或以年金名义但实际上属于储蓄型的保险产品。纯粹终身收益年金实际又可以分为固定收益年金和可变收益年金两种，其划分标准是被保险人得到的收益是否会随保险公司投资收益的波动而波动。

我们下面引用霍兰（2015）的模型，首先假设有一名追求效用最大化的理性投资者对退休资产进行配置以达到其效用最大化，然后我们假设该投资者有四种投资产品可选择：无风险金融资产、风险金融资产、固定收益年金和可变收益年金，其中配置于无风险金融资产、风险金融资产、固定收益年金和可变收益年金的比例分别为 a_1，a_2，a_3，a_4。从最优化的角度来看，该投资者对这四种资产进行组合配置以实现效用最大化，效用函数如下式：

$$E[U(w)] = \bar{p} \times A \times E\left[U(a_1WR + a_2WX + \frac{(a_3WR)}{p} + \frac{(a_4WX)}{p})\right] + (1-\bar{p}) \times D \times E[U(a_1WR + a_2WX)] \quad (6.9)$$

其中，$a_1+a_2+a_3+a_4=1$，$a_i \geq 0$。

W 代表财富总额，A 代表消费支出带来的效用占总效用的相对权重，D 代表遗产馈赠带来的效用占总效用的相对权重（若假设 A 和 D 之和等于1，则只有一个自由变量，对于没有遗产馈赠动机的投资者而言，其 $D=0$）；p 表示客观存活概率（保险公司用来为即时年金定价），$\bar{p}$ 表示主观存活概率，其中主观存活概率与客观（领取养老金者）存活概率不一定完全吻合，换句话说，一个人可能会认为自己比常人更健康（不健康）。这种情况会影响效用的期望值，但不影响年金的支出额，后者由客观（领取养老金者）存活率决定；X 代表（1+风险资产的随机收益率），R 代表（1+无风险收益率）。

表达式 $E[U(a_1WR + a_2WX + (a_3WR)/p + (a_4WX)/p)]$ 表示存活状态下的效用，而 $E[U(a_1WR+a_2WX)]$ 表示死亡状态下的效用（注意，年金收益并没有出现在死亡状态下，因为被保险人死亡后即不再领取年金）。该模型的效用函数可以是常相对风险规避系数函数（CRRA），也可以是递减的相对风险规避系数函数（DRRA）或其他形式（比如与损失厌恶相一致的效用函数）。由于从 a_1 到 a_4 的和为1，我们实际上只需要求

[①] 为了分析简便，我们这里假设投资者到退休时期没有住房（退休后则存在租房消费支出）或者忽略住房财富（假如有自住住宅，则去世后作为遗产馈赠给亲属；假如有投资性住宅，则类似于风险较小的债券类资产，过世后作为遗产馈赠给亲属；这里暂时不考虑住房反向抵押养老保险）。

解三个自变量 $[a_4=1-(a_1+a_2+a_3)]$。虽然 $E[U(W)]$ 是包含三个未知变量（a_1，a_2，a_3）的非线性方程，但是方程曲线是严格的凹曲线，因此我们只需要找出局部最优就能满足整体最优。但是由于 $E[U(W)]$ 及其导数都是积分形式，因此得不出解析解，只能用数值模拟的方式进行分析。霍兰（2017）利用美国股票市场和国债的收益与风险特征、美国精算师协会提供的个人年金死亡率（individual annuity mortality，IAM）基准表的存活概率，以及假定采用常相对风险系数模型对式（6.9）进行了动态的多阶段模拟[1]，得出如下三点结论：

第一，投资者的遗产馈赠动机越大，投资者在以国债为代表的无风险金融资产与以股票为代表的风险金融资产上的配置就越多，而在终身年金上的配置就越少。

第二，投资者的遗产馈赠动机与消费动机之间相对权重的改变对投资者风险承担行为的影响极小，在风险金融资产和无风险金融资产[2]之间的配置取决于投资者的风险容忍度或风险规避系数。

第三，随着投资者风险规避系数的上升，其在终身年金上的配置将降低，也就是说，对市场风险更加厌恶的投资者将会减少或完全不购买终身年金。其中的道理在于：如果投资者在购买了终身年金后不久便死去，那么他们只能从年金购买（或投资）中获得很少，甚至近乎为零的效用，而通过传统的无风险金融资产或风险金融资产投资，将会有一部分资产留给亲属或继承人。

■ 关键概念

资产配置之谜（asset allocation puzzle）
背景风险（background risk）
股票市场有限参与之谜（limited stock market participation puzzle）
风险金融资产投资基准模型（benchmark model on risky financial asset investment）

保险不足悖论（insufficient insurance puzzle）
死亡风险（mortality risk）
长寿风险（longevity risk）

■ 本章小结

1. 居民（或投资者）生命周期资产配置是以投资者个人或家庭生命周期效用最大化为目标，在考虑居民（或投资者）人力财富特征等背景风险以及投资机会变化等诸多因素基础上的长期资产组合。
2. 风险金融资产的收益与风险特征、居民（或投资者）风险规避系数、劳动收入的风险以及与风险金融资产收益率之间的相关性等均显著影响生命周期资产配置。
3. 人力财富的收益-风险特征、人力财富与金融资本之间的互动对居民（或投资者）生命周期资产配置以及保险购买均起到关键作用。
4. 保险购买决策应该纳入生命周期资产配置模型，人寿保险可以用于对冲死亡风

---

[1] 具体模拟结果请见霍兰（2015）。
[2] 在本节固定收益年金被视为无风险金融资产，而可变收益年金被视为风险金融资产。

险,养老资产的年金化可以用于对冲长寿风险;在考虑遗产馈赠动机时,资产配置决策与保险购买决策不但影响居民(投资者)"存活"状态的福利水平,而且还将影响居民(投资者)"死亡"状态的福利水平。

■ 思考习题

1. 什么是股票市场有限参与之谜?为什么存在股票市场有限参与之谜?
2. 人生主要分为哪三个阶段?为何必须根据生命周期不同阶段制定不同的资产配置策略?
3. 劳动收入完全确定条件下生命周期风险金融资产投资比例将如何演变?
4. 劳动收入不确定条件下投资者将如何根据劳动收入过程差异、风险金融资产收益不确定、风险规避系数与时间偏好率变化、养老金不确定以及存在融资约束与遗产馈赠动机情况调整风险金融资产配置策略?
5. 什么是保险不足悖论?为什么存在保险不足悖论?
6. 当年龄增长、遗产馈赠动机增强、主观死亡概率上升、风险规避系数上升、初始金融财富增加、劳动收入风险与风险金融资产收益相关性增强,人寿保险需求将如何变化?
7. 从财富管理角度,一个投资者在退休后主要有哪两大经济目标,又主要面临哪三大风险?如何管理这三大风险?

■ 计算题

1. 假设有四种金融资产,包括三种风险金融资产和一种无风险金融资产,风险金融资产 A、B 和 C 的收益率分别为 10%、8%、6%,无风险金融资产 D 的收益率为 3%。四种资产的方差协方差矩阵如表 6-1 所示,假如投资者的相对风险规避系数为 4,那么按照最优投资比例,回答各种资产应该如何配置,并且与例题 6-1 的结果进行比较。
2. 假定某投资者面临的金融市场无风险金融资产收益率为 2.5%,风险金融资产的期望收益率及其方差分别为 9% 与 15%,该投资者的相对风险规避系数为 4。
   (1) 当该投资者的所有财富均以金融资产形式存在,求解其最优风险金融资产投资占总财富的比重。
   (2) 假定该投资者年龄为 24 岁,其金融财富目前为 100 万人民币,劳动收入为 7 万元,且劳动收入未来年份的增长率为 6%。如果用无风险金融资产收益率作为贴现率,那么求解该投资者现在的人力财富现值(假设该投资者 60 岁退休,退休后没有收入)和最优风险金融资产投资占总金融财富的比重。
   (3) 假定该投资者的劳动收入存在不确定性,但是劳动收入风险与风险金融资产风险不存在相关性,并且该投资者消费的金融财富弹性为 0.2,求解其最优风险金融资产投资占总财富的比重。
   (4) 假定该投资者的劳动收入存在不确定性,但是劳动收入风险与风险金融资产风险之间的协方差为 0.015,并且该投资者消费的金融财富弹性为 0.2,求解其最优风险金融资产投资占总财富的比重。
   (5) 试将以上结论与例题 6-2 进行比较。

■ 案例讨论 招商银行推广资产配置系统带来的启示

1. 案例背景与说明

招商银行针对 50 万～500 万元的"金葵花"客户，在全行范围开始推广资产配置系统（对外称"大类资产配置系统"，内部叫法是"全球资产配置系统"）。"资产配置财富管理在国外早已成熟，国内过去的资产配置方案基本都是靠客户经理的个人经验形成的，但客户经理的水平参差不齐，有很大的局限性；招行立足本土专业的资产配置系统以标准化、智能化的机制为客户输出《资产配置建议书》，防范差异化风险。"招商银行相关负责人表示。

据记者了解，招商银行资产配置系统是国内首个智能化资产配置系统。该系统以 VaR（风险价值评估）模型为基础，结合客户的风险承受等级，为客户量身输出资产配置方案。"现在银行财富管理的通病是产品导向型，招行的资产配置系统以客户需求为基础，把产品导向转向客户导向，重建财富管理客户服务模式。"相关负责人向记者表示。据记者了解，招行资产配置系统的原则主要有三条：必须保证客户足够的现金流、客户子女教育和养老等一系列保险支出；在此基础上，利用金融工程模型结合市场形势计算 VaR 值，结合客户风险承受能力范围对资产配置做最优安排。"这样安排，不仅能满足客户现金流、刚性支付的需求，还能降低下行风险。"上述负责人表示，"资产配置系统的核心是分散风险，实现资产的保值增值。"

从系统设计上来讲，该系统主要依据市场变量和客户变量两类因素。市场变量是指能反映市场总体走势的指标，由系统根据具体情况自动更新，包括 GDP 增速、通货膨胀率、居民工资收入水平、学费增长率、养老相关指标等。客户变量则是以招商银行为客户提供个性化资产配置方案为前提，由客户经理与客户沟通后形成，具体包括客户各人生阶段资产负债情况等多项内容。市场变量与客户变量具体化、模块化后，把核心要素以参数的形式输入系统，系统便可相应输出个性化的《资产配置建议书》。

在具体产品上，招商银行资产配置系统把市场所有财富管理产品分为现金及货币类、保险类、股票类、固定收益类、另类及其他等 5 个大类，而在《资产配置建议书》中则可细化到具体产品明细，包括产品名称或代码、估算市值、配置比例等。招行银行相关负责人表示，招商银行按照中医问诊的模式为客户做资产配置，跳出产品选择的模式，强调风险收益均衡的理念。"先对大类资产配置，基于大类资产均衡原则进行资产配置调整，调整诊断之后再对症下药。"据记者了解，目前该系统最终出具的《资产配置建议书》所配置产品主要以招商银行平台销售的产品为主，暂不覆盖他行平台产品；但招商银行平台销售的产品已能完全覆盖上述 5 大类所有产品。

财富管理是一项长期的工作，仅凭一个产品或一次资产配置不可能满足客户变动的多元化需求。招商银行资产配置系统也充分考虑市场走势与客户需求的变化，在与客户协调沟通的基础上，为客户实时调整资产配置建议。在市场走势判断上，招商银行在总行汇集了全行最优秀人才组建了投资决策委员会。投资决策委员会根据市场分析给出每个季度的投资方向，落实到客户资产配置建议中，在已有定量的基础上对相应产品配置进行微调。招商银行相关负责人表示，投资决策委员会的策略不属于系统范畴，是系统量化配置的人为干预，是以招商银行在市场研判的专业能力增加把握机会的能力。但为了控制风险，这种人为的干预对资产配置建议的调整被严格控制,调整比例 5%~10%。

针对客户需求的变化,招商银行资产配置系统主要从两个方面进行跟踪服务。一是按照"倾听客户需求—建议资产配置方案—具体产品实施—资产表现绩效跟踪—再倾听客户需求"的"资产配置标准流程",循环持续跟踪客户需求,并实时调整资产配置建议;二是紧密关注客户资产配置的运行情况,相应市场环境发生变化引起市场指标发生变化,或突发事件发生后,及时调整系统参数设置,更新资产配置建议。比如,此前基于信任、看好基金管理人而配置某款基金,该基金管理人突然离职引起基金管理和投资风格变化,或因不可控因素该产品发生收益变化,就必须及时与客户沟通,建议进行调仓操作。

"通过资产配置系统接受过招商银行客户经理的资产配置建议后,客户满意度普遍提高。根据我们的调查,70%以上的客户都接受资产配置的理念。"

2. 案例思考

(1) 招商银行开发财富管理服务资产配置系统的出发点与意义何在?
(2) 根据本章的学习,你觉得其中的市场变量和客户变量主要可能有哪些?
(3) 如果由你来完善该系统,你准备从哪几个方面进行?
(4) 如果你是第三方财富管理机构或非商业银行类金融机构,你准备如何调整该资产配置系统?

■ 附录 6A 家庭资产配置基准模型推导

我们将参照 Merton(1969),使用连续时间模型,推导在满足整个生命周期效用最大化条件下投资者的最优资产投资比例。首先,在两种金融资产的简单假设下阐述投资者的预算约束,得出预算的动态方程;其次,结合投资者的效用函数推导最优投资比例。

1. 预算约束

为了便于理解,先从两种金融资产,包括一种无风险金融资产和一种风险金融资产的情况进行分析。风险金融资产变动服从随机过程(ITO 过程),即:

$$dP = \alpha P(t)dt + \sigma P(t)Z(t)\sqrt{dt} \quad (6.10)$$

其中,α 为风险金融资产的期望收益率,σ 为风险金融资产收益率的标准差。Z 服从标准 Wiener 过程,即风险金融资产价格变动服从正态分布。

居民的财富变动服从 ITO 过程,具体如下:

$$dW = \left\{[w(t)(\alpha - r) + r] - \frac{C(t)}{W(t)}\right\}W(t)dt + w(t)\sigma W(t)Z(t)\sqrt{dt} \quad (6.11)$$

其中,$w(t)$ 为风险金融资产权重,$[1-w(t)]$ 为无风险金融资产权重,r 为无风险金融资产收益率,三者均为常数。$\left\{[w(t)(\alpha-r)+r] - \frac{C(t)}{W(t)}\right\}$ 和 $w^2(t)\sigma^2$ 是 W 的期望变动率和期望变动波动率,即居民财富的期望变动为居民的收支差额,也即投资回报率与消费财富比的差额,财富期望变动的波动则取决于风险金融资产的投资权重和波动率。Z 服从标准 Wiener 过程,即居民财富变动服从正态分布。

2. 效用函数

下面开始讨论投资者的效用函数,作为理性人,投资者致力于采取最优行为以达到效用最大化,投资者的效用规划如下:

$$\text{Max } E\left\{\int_0^T e^{-\rho t} U[C(t)]dt + B[W(T), T]\right\} \tag{6.12}$$

$$\text{s.t. } C(t) \geqslant 0, \ W(t) > 0, \ W(0) = W_0 > 0$$

式 (6.10) 表明投资者效用来源于两部分：第一部分是投资者的消费，ρ 为偏好折现率，$\int_0^T e^{-\rho t} U[C(t)]dt$ 体现为投资者在存活期 T 年内消费效用和的现值，其中 $U(C)$ 是一个严格凹于 C 的函数，有 $U'(C)>0$ 和 $U''(C)<0$，即表明边际效用恒为正，且服从边际效用递减规律；第二部分则是遗赠的价值，以此代表后代可得的效用，$B[W(T), T]$ 是遗赠价值方程，严格凹于 $W(T)$，即表明边际遗赠价值递减。E 是 $E(0)$ 的简写，表示以 $W(0)=W_0$ 为条件的预期算子，即投资者是以当前信息为条件的效用最大化。以动态规划形式重现表述上式可得：

$$I[W(t), t] \equiv \underset{\{C(s), w(s)\}}{\text{Max}} E(t)\left\{\int_t^T e^{-\rho s} U[C(s)]ds + B[W(T), T]\right\} \tag{6.13}$$

$$\text{s.t. } I[W(T), T] = B[W(T), T]$$

其中，$I[W(t), t]$ 为投资者在时刻 t 的间接效用函数，式 (6.13) 表明投资者在 t 时刻的效用取决于 t 至 T 的消费效用和现值和 T 时刻的遗赠价值，投资者通过选择最优的消费和投资进行最大化效用，同时在死亡期第 T 时刻，投资者的效用仅取决于遗赠价值。推导后，进一步将 $I[W(t), t]$ 在 t_0 处进行泰勒展开可得：

$$0 = \left\{e^{-\rho t} U(C) + \frac{\partial I_t}{\partial t} + \frac{\partial I_t}{\partial W}\{[w(t)(\alpha - r) + r]W(t) - C(t)\} + \frac{1}{2}\frac{\partial^2 I_t}{\partial W^2}\sigma^2 w^2(t) W^2(t)\right\} \tag{6.14}$$

令 $\phi(w, C; W, t)$ 代表式 (6.14)，则式 (6.13) 转化为以下简单形式：

$$\underset{\{C, w\}}{\text{Max}} \phi(w, C; W, t) = 0 \tag{6.15}$$

最大化的一阶条件为：

$$\phi_C(w^*, C^*; W, t) = e^{-\rho t} U'(C) - \partial I_t/\partial W = 0 \tag{6.16}$$

$$\phi_w(w^*, C^*; W, t) = (a - r)\frac{\partial I_t}{\partial W} + \frac{\partial^2 I_t}{\partial W^2} w W \sigma^2 = 0 \tag{6.17}$$

由于 U 严格凹于 C 和 I_t 严格凹于 W，因此有 $\phi_{CC} = U''(c)<0$，$\phi_{ww} = W(t)\sigma^2 \frac{\partial^2 I_t}{\partial W^2}<0$，同时由于 $\phi_{Cw} = \phi_{wC} = 0$，因此满足极大值的二阶条件，即：

$$\phi_{CC} < 0, \ \phi_{ww} < 0, \ \begin{vmatrix} \phi_{CC} & \phi_{wC} \\ \phi_{Cw} & \phi_{ww} \end{vmatrix} = 0 \tag{6.18}$$

综上，满足以下最优方程系统即可得到 $w^*(t)$ 和 $C^*(t)$ 的最优解：

$$\begin{cases} \phi(w^*, C^*; W, t) = 0 \\ \phi_C(w^*, C^*; W, t) = 0 \\ \phi_w(w^*, C^*; W, t) = 0 \\ \text{s.t. } I[W(T), T] = B[W(T), T], \ C(t) \geqslant 0, \ W(t) > 0, \ W_0 > 0 \end{cases} \tag{6.19}$$

考虑到上述方程系统中效用函数无具体形态，因而无法求显式解，此处代入具有常相对风险规避系数效用函数（CRRA）进行求解，效用函数形式为：

$$U(C) = \frac{C^\gamma}{\gamma}, \quad \gamma < 1 \text{ 且 } \gamma \neq 0 \tag{6.20}$$

其中，$-CU''(C)/U'(C) = 1-\gamma = \delta$，即 Pratt 的相对风险规避系数为常数 δ，表明投资者的风险偏好不随时间改变，代入后最优方程系统变化为：

$$\begin{cases} \left(\frac{1-\gamma}{\gamma} \cdot \frac{\partial I_t}{\partial W}\right)^{\frac{\gamma}{\gamma-1}} e^{-\frac{\rho t}{1-\gamma}} + \frac{\partial I_t}{\partial t} + \frac{\partial I_t}{\partial W} rW - \frac{(\alpha-r)^2}{2\sigma^2} \cdot \frac{(\partial I_t/\partial W)^2}{\partial^2 I_t/\partial W^2} = 0 \\ C^*(t) = \left(e^{\rho t} \cdot \frac{\partial I_t}{\partial W}\right)^{\frac{1}{\gamma-1}} \\ w^*(t) = \frac{-(\alpha-r)\partial I_t/\partial W}{\sigma^2 W \partial^2 I_t/\partial W^2} \\ \text{s.t. } I[W(T), T] = B[W(T), T], \ C(t) \geq 0, \ W(t) > 0, \ W_0 > 0 \end{cases} \tag{6.21}$$

此时最优的风险金融资产投资比例 $w^*(t)$ 可由式（6.19）的第三个方程求得，即：

$$w^*(t) = \frac{\alpha - r}{\sigma^2(1-\gamma)} \tag{6.22}$$

■附录 6B　人寿保险与资产配置模型[⊖]

在这里我们首先阐释人寿保险的基本定价机制，更重要的是，我们会给出人力财富、人寿保险及资产配置章节中相关算例的详细模型。

1. 一年期可续保的定期人寿保险的定价机制

一年一续保险制度的保费在每年年初支付，该制度在接下来一年期内为被保险人的人力财富提供保险（如果被保险人在该年内死亡，保险公司会在死亡发生之后短期内或者年末之前将面值支付给受益人）。次年，按照合同规定，为了获得保险需要支付新的保险费，这便是"一年一续"的含义。

保单保费明显是所期望的面值的增函数，两者之间的关系可表示为以下这个简单的公式：

$$P = \frac{q}{1+r}\theta \tag{6.23}$$

保费 P 是由所期望的面值 θ 与死亡概率 q 之积经过利率因子 $1+r$ 折现而计算出来的。式（6.23）的理论基础是大数定律，根据这一定律，将单个的概率集合到一起时总体概率便可表示为百分数。需要注意的是式（6.23）有一个隐含假设：尽管死亡可以在年内（或期间内）任何时间发生，但是保险费是在年初支付的，而偿付则发生在年末。从保险公司的角度看，所有的保费来自由 N 个同龄（也即是具有相等的死亡概率）个人组成的群体，这些保费会被打包投资到保险准备金中以赚取利润，因此在年末 $PN(1+r)$ 的资金会在 qN 个受益人之间分配。

由式（6.23）所定义的保费中并没有包含储蓄成分或投资成分。相反，在年末存活者会丧失对所积累的保费的索取权，因为所有资金会直接支付给受益人。随着个人年龄的增

⊖ 主要来源于霍兰（2015），实际转载自 Ibbotson、Milevsky、Chen 与 Zhu（2007）。

长,其死亡概率也会增加(以加下标 x 的死亡概率 q_x 来表示)。因此,在本例中根据式(6.23),相同的面额(面值)θ 会产生更多的费用并导致更高的保费 P_x。注意在实际中,真实的保费会再加上一个额外的因子 $(1+\lambda)$,以此将手续费、交易费用、边际利润计算在内。因此,被保险人支付的实际保费接近 $P(1+\lambda)$。尽管如此,但是以大数定律为依据的基本定价关系是保持不变的。

同样地,根据传统财务规划的观点,个人会根据预算约束来决定其人寿保险需求(即用现值形式表示的存活者家庭及受益人需求,以补偿死亡引起的工资损失)。这个数额在式(6.23)中便是所要求的面值,通过这一面值进而可计算出保费。或者,个人可以为购买人寿保险制定预算,而所期望的面值则由式(6.23)确定。

在模型和相关讨论中,我们求得了人寿保险随着时间变化的最优数额。因此,在本例中根据式(6.23),相同的面额(面值)会产生更多的费用(据此进一步得到随时间变化的保费支出 P_x),这一方法将投资者或家庭的风险偏好以及他们对遗留遗产、收入损失补偿等问题的态度考虑了进来,从而将家庭财富最大化。

2. 模型详述:最优资产配置、人力财富与保险需求

模型详述是对附录 6.1 以及正文中人力财富下最优资产配置模型的扩展。

首先,我们假设投资者当前年龄为 x,并在年龄为 Y 时退休。在此,"退休"这一术语只是为了说明人力财富收入阶段的结束以及退休金阶段的开始。我们进一步假设金融资产组合每年被再平衡一次,人寿保险(假设为一年一续保险)也每年被更新。(在我们的模型中不考虑税收。)

在本模型中,投资者通过(即面值或死亡补偿)与配置到风险资产中的资金来确定人寿保险需求,并通过"幸存"与"死亡"两种状态进行权重调整使得投资者年末总财富(人力财富加上金融资产)最大化。这个最优化问题可表示如下:

$$\max_{(\theta_x,\ \alpha_x)} E[(1-D)(1-\overline{q_x})U_{alive}(W_{x+1}+H_{x+1}) + D^*(\overline{q_x})U_{dead}(W_{x+1}+\theta_x)] \quad (6.24)$$

并且满足以下预算约束

$$W_{x+1} = [W_x + h_x - (1+\lambda)q_x\theta_x e^{-r_f} - C_x][\alpha_x e^{\mu S-(\frac{1}{2})\sigma_S^2\sigma_S Z_S} + (1-\alpha_x)e^{r_f}] \quad (6.25)$$

$$\theta_0 \leq \theta_x \leq \frac{(W_x+h_x-C_x)e^{r_f}}{(1+\lambda)q_x} \quad (6.26)$$

并且

$$0 \leq \alpha_x \leq 1$$

式(6.26)要求定期保单的花费(或价格)低于客户当前的金融资产值,并且投资者需要购买一个最低额度的保险($\theta_0>0$),以确保对人力财富的损失有最低限度的保护。最优化问题中所用到的变量、符号、术语的含义如下:

θ_x 是人寿保险的面值或死亡补偿。

α_x 是配置到风险资产中的资产。

D 是遗产效用的相对强度。对于没有遗赠效用的个人,$D=0$。

q_x 是在 x 岁时仍存活的条件下,在 $(x+1)$ 年末死亡的客观概率。这用于对保险合同进行定价。

$\overline{q_x}$ 是在 x 岁时仍存活的条件下,在 $(x+1)$ 年末死亡的主观概率;$(1-\overline{q_x})$ 表示主观存活概率。主观死亡概率可能与客观概率不同。也就是说,某人可能认为自己比大众的平均

健康水平更高（或更低）。这一信念会影响期望的效用水平，但并不会影响人寿保险的定价，因为定价建立在客观的普遍存活概率上。

λ 是典型的人寿保险条款所收取的费用（如精算与附加保险费）。

W_t 是在 t 时刻的金融资产。在市场上有两种资产——有风险及无风险的，这个假设与传统组合理论中的"两基金分离定理"是一致的。当然，这个方法可以扩展到多种资产类别。

r_f 是无风险资产回报率。

S_t 是风险资产的价值。这一价值遵循离散形式的几何布朗运动：

$$S_{t+1} = S_t \exp(\mu_S - \frac{1}{2}\sigma_S^2 + \sigma_S Z_{S,\,t+1}) \tag{6.27}$$

其中，μ_S 表示期望收益，σ_S 表示风险资产收益的标准差，$Z_{S,t}$ 是一个随机变量。

h_t 是劳动收入的价值。在我们的数值算例中，我们假设遵循以下的一个离散随机过程：

$$h_{t+1} = h_t \exp(\mu_h + \sigma_h Z_{h,\,t+1}) \tag{6.28}$$

其中，$h_t > 0$，μ_h 和 σ_h 分别表示收入的年增长率与年标准差。$Z_{h,t}$ 是一个随机变量，$Z_{h,t} \sim N(0, 1)$。

基于式（6.28），对于一个年龄为 x 的人来说，当他年龄为 $x+t$ 时，其收入如下：

$$h_{x+1} = h_x \left[\prod_{k=1}^{t} \exp(\mu_h + \sigma_h Z_{h,\,k}) \right] \tag{6.29}$$

劳动收入与风险资产回报之间的相关系数为 ρ。

$$\operatorname{corr}(Z_S, Z_h) = \rho \tag{6.30}$$

数学上，Z_S 和 Z_h 之间的关系可以表示为：

$$Z_h = \rho Z_S + \sqrt{1-\rho^2} Z \tag{6.31}$$

其中，Z 是一个独立 Z_S 和 Z_h 的标准布朗运动。

H_t 是在时刻 t 的人力财富价值。它是从 $(t+1)$ 岁到预期寿命之间的未来收入的现值。退休之后的收入来自退休金。

根据式（6.29），对于一个年龄为 $(x+t)$ 的人来说，从年龄到预期寿命之间（该期间以 T 表示）的未来收入的现值如下

$$H_{x+t} = \sum_{j=t+1}^{T} \{h_{x+j} \exp[-(j-t)(r_f + \eta_h + \xi_h)]\} \tag{6.32}$$

其中，η_h 表示收入的风险溢价（折现率）以及收入的市场风险。ξ_h 是人力财富估值中的一个折现因子，用来衡量与其职业相关的非流动性风险。

在数值算例中，我们假设每年4%的折现率。

根据资本资产定价模型，可以估计如下：

$$\eta_h = \frac{\operatorname{cov}(Z_h, Z_S)}{\operatorname{var}(Z_S)}[\mu_S - (\mathrm{e}^{r_f} - 1)] = \rho[\mu_S - (\mathrm{e}^{r_f} - 1)]\frac{\sigma_h}{\sigma_S} \tag{6.33}$$

进一步地，H_t 的期望值，即 $E(H_{x+t})$，被定义为某人在年龄 $(x+t+1)$ 时所拥有的人力财富。

C_t 是第 t 年的消费。为了简便，假定 C_t 等于 C（即随时间固定消费）。

在数值算例中，我们用到了幂效用函数（恒定相对风险厌恶）。效用函数表达式为：

$$U(W) = \frac{W^{1-\gamma}}{1-\gamma} \tag{6.34}$$

幂效用函数被应用到了 $U_{alive}(\cdot)$ 和 $U_{dead}(\cdot)$ 的例子中，它们分别是"幸存"与"死亡"两种状态下的效用函数。

我们通过模拟解决这个问题：首先，通过式（6.27）来模拟风险资产的价值；其次，为了将收入变化与金融市场回报的相关系数考虑进来，我们通过式（6.31）模拟 Z_h；最后，我们用式（6.28）生成同时期的收入。人力财富 H_{x+t} 则用式（6.29）和式（6.32）计算出来。如果在年龄时的财富水平为负值，那么我们将财富水平设置为 0，也就是说我们假设没有保留的金融资产。我们将这个过程模拟 N 次，目标函数设置为：

对于，$W \geq 0$，$\gamma \neq 1$

$$U(W) = \ln(W)$$

对于，$W \geq 0$，$\gamma = 1$

$$\frac{1}{N}\sum_{n=1}^{N} U_{alive}[W_{x+1}(n) + H_{x+1}(n)]$$

和

$$\frac{1}{N}\sum_{n=1}^{N} U_{dead}[W_{x+1}(n) + \theta_x]$$

在数值算例中，我们设 N 为 20 000。

第7章

家庭现金和负债管理

"信贷对个人生活有着非常重要的作用""信用分是一项非常宝贵的无形资产，它是对您偿还贷款能力的综合评价……"

——罗伯特·阿利伯[一]《金钱与人生：一生的财富管理》

■ 本章提要

本章首先概括了家庭现金和负债管理与财富管理的关系，介绍了现金负债管理的发展及其方法；其次，介绍现金规划的一般工具和流程；最后，对现金规划与家庭负债管理的基础条件——个人信用评分方法与个人信用管理进行介绍。

■ 重点和难点

- 掌握家庭现金管理的工具与规划流程
- 理解家庭负债的动机以及主要贷款的类别
- 掌握家庭贷款利息的计算，区分等额本金还款法和等额本息还款法
- 掌握负债管理的方法，了解个人信用评估过程与个人信用管理

■ 引导案例　灰犀牛[二]动起来：中国家庭债务风险浮出水面

近10多年来，中国居民部门杠杆率呈持续上升态势，根据国家金融实验室的数据，1993年12月我国居民部门的杠杆率为8.3%，经过15年的时间到2008年12月份仅仅升高到17.9%。但是到2019年12月则上升到55.8%，在短短的11年期间上升了37.9个百分点。如果考虑到居民部门还存在不纳入杠杆率统计口径的隐性债务，中国家庭部门的实际

[一] 罗伯特·阿利伯（Robert Z. Aliber）是芝加哥大学布斯商学院国际经济与金融荣誉教授，曾任职于美联储和世界银行、国际货币基金组织等相关政府与研究机构，出版了《货币、银行与经济》《疯狂、惊恐和崩溃：金融危机史》等多部享誉全球的教材与著作。

[二] "灰犀牛"来源于米歇尔·渥克的《灰犀牛：如何应对大概率危机》一书，"黑天鹅"比喻小概率而影响巨大的事件，而"灰犀牛"则比喻大概率且影响巨大的潜在危机。在金融方面，"黑天鹅"一般指那些出乎意料发生的小概率风险事件；"灰犀牛"指那些经常被提示却没有得到充分重视的大概率风险事件。

债务问题会比杠杆率所显示的更加严重，且这一债务累积速度令人担忧。

从"怕欠债"到"高负债"

爱存钱、怕欠债、谨慎消费，这是老一辈中国人的理财观念。但随着收入水平的提高，资产增值速度过快，年轻人比从前更愿意消费和贷款了。不知不觉，部分国人财务状态已经从"怕欠债"转变到"高负债"。根据中国人民银行公布的《2018 年金融机构贷款投向统计报告》显示，到 2018 年末，金融机构人民币各项贷款余额 136.3 万亿元，同比增长 13.5%。其中，住户消费性贷款余额 37.8 万亿元，同比增长 19.9%，全年增加 6.27 万亿元。很多家庭敢于高负债，是基于资产持续升值、收入不断提升，如果一旦出现资产价值下降、收入下滑，家庭负债能力就不可持续。不敢辞职、不敢生病、不敢要二孩，成为当前不少家庭的真实想法。

警惕由家庭债务风险引发"灰犀牛"事件

根据 IMF 发布的《全球金融稳定报告》，当家庭债务占 GDP 的比重低于 10%时，家庭信贷继续可能会对 GDP 增长起到积极作用；当家庭债务占 GDP 的比重超过 30%时，家庭债务的增加会损害一个国家的宏观经济增长。尽管中国家庭的负债规模与美日等发达国家相比仍有一段距离，专家也普遍认为不会发生类似美国的次贷危机，但仍需警惕家庭债务风险可能引发的"灰犀牛"事件。

更值得注意的是，中国家庭杠杆率存在严重的分布失衡，具体表现在地区差异、年龄段差异等方面。截至 2017 年 8 月，福建、广东、北京、江苏、浙江、上海、云南、贵州、西藏、新疆等 16 个省、市、直辖市和自治区的杠杆率超过 50%。如果家庭债务的累积出现在经济发展水平不高的地区，不仅会影响当地居民生活质量，还会拖累宏观经济，可能隐含系统性风险，进一步增加宏观调控难度。中青年家庭可能是杠杆率最高的群体，在一、二线城市，年轻人买房除了向银行贷款外，通常还会向亲友借钱。在高负债时代，这些中青年的财富最危险。如果房价出现较大波动，或者经济持续下滑，他们的家庭债务风险就会显现出来。一旦资不抵债、断供停贷，甚至会造成更大的系统性风险。

综上所述，中国家庭债务的快速上升，对消费升级、金融安全和经济增长等方面的负效应值得关注。同时，居民杠杆率快速上升主要集中在房地产领域，有引发房地产泡沫的隐忧，须保持警惕。未来几年，不论是在宏观政策还是微观监管方面，都要多方位提前筹划，缓释风险。

资料来源：根据《半月谈（内部版）》2018 年第 3 期及相关统计报告整理。

案例思考

(1) 个体或者家庭进行借贷一般出于哪些原因？家庭借贷融资的路径包括哪些？

(2) 如何保持健康的家庭财务状况，家庭负债应如何进行管理？

7.1 家庭现金和负债管理的内涵

7.1.1 什么是家庭现金和负债管理

家庭现金管理是指为满足个人或家庭的短期流动性需求，而对家庭的日常现金及现金等价物的管理活动。**家庭负债管理**是指为了满足个人或家庭的流动性需求，而进行的短期融资需求与中长期资金的跨期转移活动所进行的计划安排。家庭现金管理与家庭负债管理在短期融资需求方面存在重叠，因此一般统称家庭现金和负债管理。对于个人或家庭而言，随着家庭生命周期的更替，会呈现不同的现金收支特点，进而产生不同的现金负债管理需求[一]。例如对于绝大多数家庭而言，信贷或负债在购买住房或进行房地产投资时必不可少。因此，信贷或负债可以帮家庭顺利度过支出激增或收入骤减的困难期。

家庭现金和负债管理是财富管理的基础和重要组成部分，具体来说：其一，后续的其他财富管理规划均必须以当前良好的现金和负债管理为前提，包括房地产资产配置在内的投资规划、风险管理和保险规划、退休与养老规划、财富保全与财富传承规划以及税收筹划等，这些后续规划才能顺利实施。其二，现金和负债管理主要针对的是个人或家庭生命周期的收入与支出路径，只有通过恰当的现金和负债管理，才能实现整个生命周期阶段的效用最大化。拓展阅读 7-1 介绍了盈米基金旗下的"且慢"个人理财服务平台，它提出了关于将

拓展阅读 7-1
且慢：管好您的每一笔钱，放下心中焦虑

整体资产分为活钱管理、稳健理财、长期投资与保险保障"四笔钱"的建议。

7.1.2 家庭现金和负债管理的两个阶段

现金和负债管理伴随着货币与信用的起源与发展具有不同的形式，同时金融创新与金融监管体制的不同也极大影响家庭现金负债管理。现金和负债管理的发展可以简单地划分为传统阶段与现代阶段。

传统阶段可以追溯到公元前 24 世纪，当时美索不达米亚就出现了最早的个人借贷记录，到希腊和罗马古文明时期开始出现了金融架构的雏形，现有典籍也表明中国春秋战国时期已经存在个人之间的借贷。公元 10 世纪以后，威尼斯开始出现了现代意义上的金融机构雏形，一直到第一次工业革命，几乎所有的基本金融工具包括金融合同、抵押贷款、股票和债券工具、商业法庭、商人法律、私有企业、银行和银行体系都开始出现[二]，在这个阶段关于高利贷的争论一直持续存在，类似于银行的机构与民间借贷在家庭现金负债管理中发挥了重要的作用。

现代阶段具体又可以分为三个阶段：第一阶段是第一次工业革命时期到 1929 年大萧条。这个阶段世界主要发达国家的现代金融体系开始建立，现金负债管理逐步通过正规金融体系来进行，但基本上还是处于金属货币本位制和传统的人工处理账户阶段。第二个阶段是从大萧条结束到 20 世纪 70 年代左右，这一阶段逐步由金属货币本位进入信用货币阶段，账户处理和货币结算方式也开始缓慢创新。从 20 世纪 70 年代开始至今，是第三阶段。现金和负债管理工具快速创新，从美国 20 世纪 70 年代推出的自动转

[一] 参考王继军、侯弼元、王远锦著，2019：《家庭财富管理与传承》，中国纺织出版社有限公司。
[二] 当然中国的现金负债管理工具创新要晚于国际金融市场，关于世界金融发展史可以参考威廉·戈兹曼撰写的《千年金融史》（中信出版社，2017 年）。

账系统（ATS）、可转让支付命令账户（NOW）和大额可转让定期存单（CDs），到中国21世纪初以来出现的以支付宝为代表的第三方支付和众多的"宝宝类"现金管理类理财产品，这一阶段由规避监管的需求结合技术推动的金融创新，为现金负债管理提供了众多的金融创新产品与服务。拓展阅读7-2介绍了美国存款类金融产品创新。

拓展阅读 7-2
美国存款类金融产品创新

7.1.3 家庭现金和负债管理的主要理论依据[①]

1. 家庭现金管理涉及的理论

流动性需求或者货币需求是金融理论研究的重要对象。从两千多年前我国的《管子》一书中提到的"币若干而中用"思想，到古典经济学提出的"货币数量论"，再到马克思关于流通中货币量的公式和后来出现的费雪交易方程，都是从宏观角度研究货币的需求问题。直到剑桥学派提出剑桥方程式，人们开始越发重视微观经济主体的流动性与货币需求动机。凯恩斯在其《就业、利息和货币通论》中首先提出了流动性偏好理论，并指出人们普遍存在愿意持有现金而不愿意持有其他缺乏流动性资产的心理倾向。对此，凯恩斯认为，人们愿意持有现金主要是因为微观经济主体存在以下三种动机：交易动机、预防动机和投机动机。在此理论的基础上，后续不少学者对家庭持有现金的问题进行了进一步分析，对交易性与预防性货币需求进行了扩展，其模型主要包括"鲍莫尔—托宾模型"（又称为"平方根公式"）、"立方根公式"以及"存货模型"等。"平方根公式"结论表明，最优的交易性货币需求量与付息证券和货币之间转换成本与收入正相关，而与利息率负相关。"立方根公式"的结论表明，预防性货币需求量与净支出的方差以及流动性不足带来的损失这两个因素正相关，而与利息率负相关。货币需求的"存货模型"结论则表示，与可支配收入对应有一个目标的现金持有比率，当现金持有比率超过目前比率时，居民或家庭将现金余额转换为付息资产，其中支出的不确定性将增加现金的持有。

1956年弗里德曼对古典货币数量论进行了重新表述，并把货币需求分析置于消费者需求理论框架下。他认为货币是一种资产，是持有财富的一种方式，因此对货币的需求主要取决于以下三个因素：①以各种形式持有的总财富（相当于预算约束）；②货币和其他形式资产的价格和收益率；③财富所有者的偏好。而托宾对投资动机在货币与债券资产的选择中提出"托宾曲线"，指出微观经济主体对货币与债券的选择，需要在期望收益和投资风险之间进行权衡。关于货币需求理论的最新发展主要包括将封闭条件下的货币需求扩展到开放条件下的货币需求分析，将金融创新引入货币需求模型，将内生的货币供给引入货币需求模型等[②]。

[①] 这一部分难度较大，可以根据教学安排以及学生的接受程度来选择是否需要讲解。——编者注
[②] 更为具体的内容可以参见易行健2007年《经济转型与开放条件下的货币需求函数：基于中国的实证研究》，盛松成、施兵超与陈建安2012年《现代货币经济学（第3版）》。

2. 家庭负债管理涉及的理论与方法

公司金融与商业银行管理这两个领域对资产负债管理的研究文献浩如烟海，虽然世界各国大部分居民家庭均通过借贷形成的家庭债务在快速上升，但是家庭负债的研究远远落后于家庭资产方面的研究（Zinman，2015）⊖，与公司和商业银行的负债管理研究相比更是差距巨大。不过公司金融与商业银行负债管理的方法均可以用于分析与优化居民家庭负债管理。加州大学圣迭戈分校的 Samphantharak 与麻省理工学院的 Townsend 于 2010 年出版了 *Household as Corporate Firms* ⊜一书，该书应该是利用公司金融账户来分析居民家庭经济金融行为的一个开创性的研究，其第 5 章涉及的家庭金融与流动性管理部分实际上也引入了商业银行资产负债管理的思路和逻辑。居民家庭的资产负债管理总体而言虽然比公司和商业银行的资产负债管理问题简单很多，但是公司和商业银行的资产负债管理方法可以为家庭资产负债管理提供重要的借鉴。拓展阅读 7-3 介绍了西方商业银行资产负债管理发展历程的三个阶段。

拓展阅读 7-3
商业银行资产负债管理发展历程

7.2 家庭现金管理规划

7.2.1 家庭现金管理概述

1. 家庭现金的概念

在现实金融活动中，现金可以从狭义和广义两个层面来理解。狭义的现金是指可立即投入流通的交换媒介，具有普遍的可接受性，在家庭资产中流动性最强。广义的现金则指现金与现金等价物。其中，现金等价物指持有的期限短、流动性强、易于转换成已知金额现金、价值变动风险较小的资产。一般来说，现金等价物除了包括银行存款（支票账户和储蓄账户的存款）、流通支票、银行汇票等很容易就能兑换成固定数量的现金资产外，还包括 3 个月内可变现的有价证券，如国库券、商业本票、货币市场基金、可转让定期存单等。目前伴随着金融创新的进一步推进，各国数字货币正在酝酿出台，金融产品（或投资品）逐渐开始具有类似传统货币一样的功能，因此现金与货币的定义和范围也处于不断变化的过程中。专栏 7-1 介绍了中国的数字货币研发进展情况。

📘 专栏 7-1

中国的数字货币

2020 年 4 月 17 日，中国人民银行数字货币研究所就央行数字货币内测一事做出最新回应。数字货币（Digital Currency Electronic Payment，DECP）这样的电子货币将在

⊖ Zinman（2015）表明美国大约 70%的居民家庭参与信用卡市场，45%的家庭参与抵押贷款市场，19%的家庭参与了学生贷款，30%的家庭参与了汽车贷款，而直接或间接参与股票市场的家庭则只有 50%左右。第 1 章的引导案例介绍中国居民家庭的负债情况。

⊜ 该书中文版《公司金融视角下的家庭金融》于 2019 年由东北财经大学出版（尹志超等翻译）。

不远的未来推出,成为现金的替代物。按照人民银行的描述,电子货币存放在手机钱包里面,其使用跟现在大部分电子转账一样。推出数字货币主要的目的是取代流通中的现金,降低传统纸币发行和流通的成本,提升经济交易活动的便利性和透明度。数字货币和纸币将并存流通。对于普通百姓来说,未来到银行取钱时,既可以选择兑换实物现金,也可以选择兑换数字货币,也就是说未来发行的数字货币也可以当作纸币一样来用。

使用央行的电子货币时,只要我们的手机上有央行 DCEP 的电子钱包就可以完成支付,而这种支付形式是不需要网络的。例如这样一个场景,两个人的手机里都有 DCEP 的数字钱包,只要手机有电,哪怕没有网络,两个手机一碰触就可以使一个人电子钱包里的数字货币转给另外一个人。

不同于现在广泛使用的支付宝、微信等电子支付方式,转账支付其实是在微信和支付宝的账户内部划转,它们里面的钱实际上还是对应着一张张钞票。此外,央行 DCEP 支付时,不需要有网络,这种操作在支付宝、微信就无法完成,因为它们都离不开网络环境,一旦脱离网络就无法进行交易。

资料来源:作者根据 2020 年 4 月 22 日 CCTV-2 正点财经新闻"央行数字货币:法定货币+电子货币+支付平台"归纳整理。

2. 家庭现金管理的主要内容

家庭现金管理主要包括两方面内容:一是现金及现金等价物的管理;二是短期融资活动⊖。现金⊜管理主要包括:如何确保有足够的现金以应付预期和非预期的花费;如何运用和分配剩余的现金流或结余;如何在现金流入不足时通过短期融资活动以获取需要的现金;如何在短期内同时满足现金的流动性需求和适当的收益率等。

3. 家庭现金需求的动机

现金管理源于个人或家庭对资产流动性的需求,根据凯恩斯对流动性偏好的划分,持有现金的动机主要分为如下三类:①交易动机,主要是为了满足个人或家庭日常生活支出,比如衣食住行、文教娱乐等消费性支出与赡养老人等的转移性支出等。②谨慎动机或预防动机,主要用于满足居民家庭不确定和应急性支出等,比如家庭成员罹患重病、失业、遭受重大自然灾害等重大变故需要的支出,当然也包括未预期的降价导致的支出增加等。③投机动机,主要用于满足个人或家庭未来抓住有利的投机或投资机会,比如股票交易账户上的余额和可以随时投资于股票与非货币类基金的货币市场基金等。

当然,随着金融工具的不断创新,大量现金管理工具的出现使得人们对于狭义现金的需求相对变少。1977 年美林证券率先提出"现金管理账户",即 CMA(Cash Management Account)的概念,将银行活期存款、证券投资、清算以及余额通知等多种金融服务融为一体。客户既可以在这个账户上实现证券交易,也可以像一般存款账户那样存取款项,还可以同信用卡公司进行结算,外加支票转账等各种支付功能,从而大大降低了客户的现金需求。在我国,中国工商银行在 2009 年便推出了"现金管理服务",其包括了收款服务、付款服务、账户管理、流动资金头寸管理、汇率利率风险管理、

⊖ 其中现金管理中的短期融资活动主要放在下一节负债管理中讲述。
⊜ 本章后面出现的现金指代广义的现金,即包括了狭义的现金和现金等价物。

代客理财等方面，还专门推出了针对集团公司和跨国公司客户的现金管理服务方案。此外，许多基金公司与第三方支付平台进行深度合作，也相继推出现金管理类账户。如余额宝实现了 T+0 赎回货币基金，突破工作日和交易时间的限制，实现了七天 24 小时实时货币基金取现，资金最快 1 分钟到账。在 "双 11" 等购物高峰期也可以保证及时实现账户的支付功能，基本解决了货币基金随时变现的流动性问题。这些金融创新产品兼顾了客户的投资需要以及支付和变现的需求，能够在很大程度上满足人们的流动性需要，从而减弱了人们对传统现金的流动性偏好。拓展阅读 7-4 介绍了日本民众的现金持有情况。

4. 家庭现金管理的核心问题与原则

家庭现金管理的核心问题主要在于平衡以下两个方面的因素：一是现金及现金等价物的总金额和每种不同的现金类资产工具的具体金额。对于一般的家庭而言，需要预留 3~6 个月的日常开支作为现金类资产金额，建议普通家庭预留 3 个月。如果是身体状况不佳的老人或现金收支波动较大的企业主，最好预留 6 个月。二是平衡持有现金及现金等价物的收益与机会成本。一般来说，金融资产的流动性与收益率呈反方向变化，流动性越强，风险越小，收益率也越小，反之亦然。

> 拓展阅读 7-4
> 日本民众偏爱现金，家庭持有现金总额全球最高

家庭在进行现金规划时需要在流动性与收益性之间进行平衡。因此，家庭现金管理的原则应该是以流动性与安全性为主，然后适当兼顾收益性。伴随着 20 世纪 70 年代以来发达国家快速的金融创新和进入 21 世纪之后中国崛起的新型金融工具发展，非现金金融产品的流动性大大提高，涌现出了大量流动性很强的新型金融工具和新型存款类型，它们均具有良好的支付功能和变现能力。这些新型的金融工具是对原有金融资产流动性和收益性的重新组合，既便于交易也缩小了支付手段和储蓄投资手段之间的转化成本和速度，从而提高了持有现金的机会成本，给现金负债管理带来新的形式与挑战。

7.2.2 主要的家庭现金管理工具

家庭现金管理一般选择具有较高流动性的现金与现金等价物，主要包括狭义的现金、银行存款、货币市场基金与现金管理类理财产品与贷款类工具等⊖。其中，现金和银行活期存款收益相对较低，因此家庭会选择将部分现金投入到货币市场基金与现金管理类理财产品中。现金管理类理财产品是指仅投资于货币市场工具，每个交易日可办理产品份额认购、赎回的商业银行或银行理财子公司的理财产品⊖等。

⊖ 其中贷款类工具放在下一节进行详细讲解。
⊖ 按照中国银保监会、中国人民银行联合发布的《关于规范现金管理类理财产品管理有关事项的通知（征求意见稿）》要求，现金管理类理财产品背后的投资标的应当投资于现金，期限在 1 年以内（含 1 年）的银行存款、债券回购、中央银行票据、同业存单、剩余期限在 397 天以内（含 397 天）的债券（包括非金融企业债务融资工具）、在银行间市场和证券交易所市场发行的资产支持证券等货币市场工具；不得投资于股票、可转换债券、可交换债券、信用等级在 AA+以下的债券、资产支持证券等金融工具。

1. 银行存款

银行存款具有流动性好、安全性高，但收益率低的特点，其主要包括以下几种形式。

（1）**活期存款**，是一种不限存期、无须提前通知，能随时存取和转让的银行存款形式，具有方便快捷、安全性高、流动性好以及利率低的特点。其主要用于日常生活开支，大多数家庭都会选择持有一定的活期存款，目前越来越多的家庭将部分活期存款转为货币基金形式持有。

（2）**通知存款**，是一种不约定存期但约定支取存款的通知期限，支取时按约定期限提前通知银行，约定支取存款的日期和金额的存款方式。人民币通知存款的最低起存额为5万元。依据提前通知期限的长短，通知存款可分为一天通知存款和七天通知存款两个品种。尽管通知存款的利率略高于活期存款，但总体来说利率还是很低，而且存款门槛也较高，一般家庭较少选择此种现金管理工具。

（3）**定期存款**，是指在存款时就约定存储期限，一次或分次将现金存入银行。按照存取的方式，定期存款可以分为整存整取定期储蓄、零存整取存款、整存零取存款和存本取息定期存款。定期存款的期限包括三个月、六个月、一年、两年、三年和五年等，50元起存，不设上限。由于定期存款比活期存款、通知存款的利息要高，部分风险规避型家庭会选用这种存款方式。

（4）**定活两便存款**，是一种不约定存期，可以随时支取，利率随存期长短而变动的储蓄存款。个人定活两便存款起存金额为人民币50元或外币等值10美元，它兼具定期之利、活期之便，不受存取限制，方便客户理财。

拓展阅读7-5介绍了中国建设银行"金管家"个人（家庭）客户现金管理服务。

2. 货币市场基金

货币市场基金，简称货币基金，是指主要投资于短期货币工具如国库券、商业票据、银行定期存单、政府短期债券、企业债券等短期有价证券的开放式基金。货币基金流动性好、安全性高、风险低，并且随时可根据需要转让基金单位。货币基金通常不收取赎回费用，并且其管理费用也很低。当然，与银行存款不同，货币基金并不保证收益水平，货币基金同样会面临利率风险、购买力风险、信用风险、流动性风险等。截至2020年5月，中国传统货币基金①一共公开发行了335只，规模达8.42万亿元，其中最大的一只是天弘基金余额宝货币（000198），规模超过1.2万亿元。拓展阅读7-6介绍了余额宝的发展历程。

拓展阅读7-5
建设银行"金管家"个人（家庭）客户现金管理服务

拓展阅读7-6
余额宝

3. 现金管理类理财产品

（1）**银行现金管理类产品**。主要指投资于市场信用级别较高、风险低、流动性较好的金融市场工具。银行现金管

---

① 数据来源于中国证券投资基金业协会网站，有的统计将短期理财基金也纳入货币基金范畴，我们这里是传统的货币基金统计口径。

理类产品的流动性较强，交易较灵活，能够实现快速购买和赎回，其收益不仅高于活期存款利率，甚至高于定期存款利率。大多数银行现金管理类产品在交易时间段内额度不受限制、赎回资金实时到账；在非交易时间段内，快速赎回，额度上限在 5 万元。

（2）**短债基金**。主要是指投资标的范围仅限于债券、央行票据等固定收益品种以及银行存款，不投资于股票和可转换债券的基金。短债基金是一种收益高于货币市场基金、净值稳定增长、流动性可以媲美货币市场基金的基金产品。短债基金与货币基金类似，其申购和赎回不需交任何费用，赎回灵活，具备较高的流动性。

（3）**养老保障管理产品**[一]。主要是指由养老保险公司或者养老金管理公司发行的理财产品，申请门槛较低，一般起购金额为 1 000 元，且没有手续费，购买成本较低。目前，只有获得中国银保监会批准的 7 家养老保险公司和 1 家养老金管理公司才有发行资质[二]。在售养老保障管理产品的期限灵活，有类货币基金的灵活申赎产品，也有封闭期在一年内的产品。养老保障管理产品在投资范围、杠杆、估值方法等方面的监管要求上比较宽松，可投资非标、未上市股权等，所以收益率相对较好。

（4）**现金管理类信托**。主要是指投向价格波动幅度低、信用风险低并且流动性良好的短期货币市场金融工具，以及一些信托公司特有的低风险投资品种[三]等投资领域，信托计划续存期限较短（多在半年以内）、服务于客户现金管理的信托产品。主要客户为有短期闲置资金投资需求的中高净值人群。在投资者门槛方面，现金管理类信托的投资门槛相对更高。一方面，需要满足《信托公司集合资金信托计划管理办法》关于合格投资者的要求[四]。另一方面，现金管理类信托产品的起购金额和追加认购金额比一般的货币基金和银行现金管理类产品高很多，很好地体现出其私募资管产品的特性[五]。

（5）**券商现金管理类产品**。主要指证券公司发起设立的限定性集合资产管理计划。其主要是针对各券商客户的保证金管理，基本上都能实现资金 T+0 实时到账可用、T+1 可赎回。该类产品相对适合于对资金利用率不高的投资者，是一种既方便又稳健的理财方式。

表 7-1 详细列举了现金管理类理财产品与货币基金的情况对比，专栏 7-2 介绍了中国现金管理类理财产品发展的新动向。

[一] 相关介绍可以参见原中国保监会发布的《养老保障管理业务管理办法》（保监发〔2015〕73 号）。
[二] 7 家养老保险公司分别是太平养老、国寿养老、新华养老、泰康养老、长江养老、平安养老、安邦（大家）养老；1 家养老金管理公司是由建设银行和全国社保基金理事会共同成立的建信养老金管理公司。
[三] 以上海信托的"现金丰利"产品为例，投资范围还会包括：为高资信等级的企业提供期限在 6 个月以内的短期流动资金贷款、期限 6 个月以内的有银行回购承诺的资产包以及剩余期限在 3 年以内的信托计划。
[四] 一是投资一个信托计划的最低金额不少于 100 万元人民币的自然人、法人或者依法成立的其他组织；二是个人或家庭金融资产总计在其认购时超过 100 万元人民币，且能提供相关财产证明的自然人；三是个人收入在最近三年内每年收入超过 20 万元人民币或者夫妻双方合计收入在最近三年内每年收入超过 30 万元人民币，且能提供相关收入证明的自然人。
[五] 更具体内容可参见：陈嘉玲：《保住"有钱人"信托祭出高息现金管理类产品》，中国经营报，2019 年 12 月 7 日。

表 7-1 现金管理类理财产品对比分析

项目	赎回规则	购买起点	销售渠道	风险等级	投资范围
货币基金	T+0 一万元限额，T+1 无限额	无限制	银行、互联网理财平台等	低风险	仅投资货币市场工具
银行现金管理类产品	目前允许 T+0 大额赎回，如果按照征求意见稿实施后同货币基金	1 万元起购，理财子公司产品不设限	银行	目前主要以中低风险为主	征求意见稿规定仅能投资货币市场工具
短债基金	T+1/T+2	无限制	互联网理财平台	中低风险	债券占比高于 80%
养老保障管理产品	灵活申赎产品：T+1/T+3	1 000 元起购	银行、互联网理财平台等	中低风险、中风险	政策无明确限制，可投资流动性资产、固定收益类资产、权益类资产、不动产类资产以及其他金融资产等
现金管理类信托	T+1	较高，不定额，定位中高净值人群	各信托公司投资平台、银行代销	中低风险	政策无明确限制
券商现金管理类产品	T+1	无限制	各券商投资平台	中低风险	政策无明确限制

资料来源：根据腾讯理财通、支付宝理财平台、中国理财网等，中信证券研究部整理。

专栏 7-2

现金管理类理财产品国内发展新动向

中国银保监会、中国人民银行 2019 年 12 月 27 日发布《关于规范现金管理类理财产品管理有关事项的通知》（征求意见稿），该通知对银行理财的现金管理类产品做了明确定义，并提出了和货币市场基金等同类产品监管标准一致的监管要求。《通知》整体上与货币市场基金等同类产品监管标准保持一致，在投资范围上投资存款不超过 1 年，投资债券不超过 397 天；在投资集中度方面，投资于同一机构发行的债券及其作为原始权益人的资产支持证券、所有主体信用评级低于 AAA 的机构发行的金融工具的比例合计、主体信用评级为 AAA 的同一商业银行的银行存款、同业存单均不得超过该产品资产净值的 10%；在流动性和杠杆管控方面，持有不低于该产品资产净值 5% 的现金、国债、中央银行票据、政策性金融债券，杠杆水平不得超过 120%；在组合久期管理方面，平均剩余期限不得超过 120 天，平均剩余存续期限不得超过 240 天；摊余成本与影子定价方面，与货币基金完全一致，具有 0.5% 和 0.25% 的偏离度管理要求。同时，对于 T+0 赎回进行限制，对单个投资者在单个销售渠道持有的单只产品单个自然日的赎回金额设定不高于 1 万元的上限。

在风险控制方面，《通知》比货币基金要求更严格，规定同一商业银行采用摊余成本法进行核算的现金管理类产品的月末资产净值，合计不得超过其全部理财产品月末资产净值的 30%，而货币基金没有相关要求；同一银行理财子公司采用摊余成本法进行核算的现金管理类产品的月末资产净值，合计不得超过其风险准备金月末余额的 200 倍。然而，鉴于银行理财子公司处于起步阶段，即使风险准备金根据监管要求按照管理费的 10% 计提，也需要时间才能累积到一定规模。

资料来源：中国财经网，《两部门：现金管理类产品的杠杆水平不得超过 120%》。

7.2.3 家庭现金管理的基本流程与策略

1. 家庭现金管理的程序

在家庭具体现金规划过程中，首先要分析家庭现金需求，确定合理的现金比率，并计算现金规划额度；其次通过综合运用各类现金管理工具对个人的现金规划额度进行配置。具体配置中，注意平衡资产的流动性、安全性与收益性。在现金额度配置的基础上，采用信用卡、微粒贷等负债规划的特殊工具解决短期内的超额现金需求。最后，应形成完整的现金规划方案，并组织实施和动态调整。

2. 家庭现金流量表的编制

现金流量表是反映家庭在一定时期内有关现金和现金等价物的流入和流出信息的报表。现金流量表主要是回答以下三个问题：本期的现金从何而来？本期的现金用向何处？现金余额发生了什么变化？首先确定现金流入，包括如下六类：工资性现金收入、经营性现金收入、财产性现金收入、转移性现金收入、资产出售现金收入和借贷性现金流入，其中借贷性现金流入是为了弥补现金余额不足或者满足大额的资产购买与投资需要进行融资所产生的现金流入。同时，记录现金流出，包括消费性现金支出、经营性现金支出、财产性和负债偿还现金支出、转移性现金支出等。

表 7-2 是在中国统计局 2018 年编制的《住户收支与生活状况调查方案》基础上结合财富管理逻辑的基础简化编制而成 $^{\ominus}$ 。家庭现金流量表编制完毕后可以按大、中、小三个口径计算净现金流量：口径最大的是结余储蓄运用现金支出，口径最小或最安全的是（工资性现金收入+经营性现金收入+财产性现金收入+转移性现金收入）-（消费性现金支出+经营性现金支出+财产性和负债偿还现金支出+转移性现金支出），中等口径是（工资性现金收入+经营性现金收入+财产性现金收入+转移性现金收入+资产出售现金收入）-（消费性现金支出+经营性现金支出+财产性和负债偿还现金支出+转移性现金支出）。这里值得注意的是，现金流量表中的现金收入与可支配收入统计口径存在差异，按照国家统计局的定义，可支配收入等于工资性收入+经营净收入+财产净收入+转移净收入。

表 7-2 客户个人（或家庭）现金流量表　　　　　　　　　　　　（单位：元）

现金收入项目	金额	现金支出项目	金额
一、工资性现金收入		一、消费性现金支出	
其中：按月发放的工资等		其中：食品与衣着	

$\ominus$ 由于家庭财务报表没有统一的格式体例，因此不同的著作与教材可能存在差异，北京当代金融培训有限公司（2019 编）认为家庭会计与企业会计主要有如下四方面的差异：会计核算原则不同、财务信息使用范围不同、范式要求不同、核算准则不同。

(续)

现金收入项目	金额	现金支出项目	金额
不按月发放的工资		居住与居住服务	
其他工资性收入		家庭设备用品等	
		医疗保健	
二、经营性现金收入		交通和通信	
		教育文化与娱乐等	
三、财产性现金收入		其他商品和服务	
其中：利息收入			
红利收入		二、经营性现金支出	
储蓄性保险净收益			
租金收入		三、财产性和负债偿还现金支出	
出售其他资产净收入		其中：贷款利息支出	
		负债偿还	
四、转移性现金收入			
其中：养老金或离退休金		三、转移性现金支出	
社会救济和补助		其中：个人所得税支出	
赡养与其他转移性收入		社会保障支出	
		非储蓄型商业保险支出	
五、资产出售现金收入		五、结余储蓄运用现金支出	
其中：出售住房等固定资产本金		其中：储蓄存款与借出款	
出售金融资产本金与收回投资本金		房地产购买支出	
		购买有价证券等	
六、借贷性现金流入		其他固定资产与收藏品支出	
其中：住房贷款		储蓄性商业保险支出	
其他借贷			
现金收入（合计）		现金支出（合计）	

3. 家庭现金流量的分析

现金流量分析就是对现金流入、流出情况进行对比分析，并计算相关的财务指标，以判断个人过去和现在的财务状况，并为将来的财务安排提供依据。通常包括以下分析。

（1）净现金流量分析。净现金流量是现金流入与现金流出的差额，需要保证最小口径或最安全口径净现金流量大于 0，是家庭财富管理的最基本任务之一。如果净现金流量小于 0，说明在这个财务周期内财务入不敷出，应在下一个财务周期进行调整，或增加收入，或减少支出，或者增收减支同时进行。

（2）财务自由比率分析。财务自由比率⊖是指财产性收入（或称为被动收入）与

⊖ 这里介绍的只是最简单、最易于理解的财务自由比率，更严谨意义上的财务自由指其所拥有的财富可以匹配他余生的支出，不需要为获取经济收入而从事某项工作的一种财务状态。财务自由度主要受到收入、支出与资产负债等多方面因素的影响，并且财务自由度这一指标也有多种测算方式，比如第 t 年时计算个人的财务自由度，可以用第 t 年拥有的可配置资产加上余生非配置收入的现值除以余生支出现值来进行计算，具体可以参考北京当代金融培训有限公司 2019 年组织编写的《金融理财原理》。

消费性支出的比值,具体表示为:

$$财务自由比率 = \frac{财产性收入}{消费性支出}$$

财务自由比率是衡量个人财务状况达到财务自由状态的程度。如果该比率大于等于1,说明已经实现了财务自由的目标。但如果该比率非常小(比如小于 30%),说明距离财务自由还有较大的距离,财务自由比率一般伴随着年龄的增长、财富的积累而增加。

(3) **投资回报率分析**。投资回报率是财产性支出与财产积累的比率,是反映投资效率的指标,其计算公式为:

$$投资回报率 = \frac{财产性收入}{财产积累}$$

该比率越高说明投资效果越好,投资回报率如果高于或等于社会平均投资回报率,说明投资效率高。当然家庭现金收支分析还有其他指标,比如我们第 2 章中提到的流动性比率(流动性资产/每月支出)、负债偿还比率(负债偿还/可支配收入)、结余比率(现金结余/可支配收入)等,这个需要根据现金规划需求和客户的具体情况而定。

4. 家庭现金收支预算的编制[一]

(1) 家庭现金收支预算的基本内容。家庭现金收支预算是现金管理的重要手段,这种"先算后花"的原则可以防止陷入入不敷出的窘境。家庭现金收支预算编制主要包括现金收入预算和现金支出预算,收入预算是在一段时间内预期可得的各项收入的总和;支出预算是在一段时间内预期发生的各项支出的总和。家庭现金收支预算可以分为月度现金收支预算与年度收支预算,还可以分为总现金收支预算和专项现金收支预算,其中专项现金收支预算可能会跨年度,比如购房或者房地产资产配置的现金支出预算、子女教育的现金支出预算等。

(2) 家庭现金收支预算编制的基本原则。第一,预算要按照自己最能掌控的分类来编制,记账分类要与预算分类相同,以进行比较和差异分析;第二,根据家庭实际需要和实际收入情况和预期的变化来进行编制;第三,预算编制的目的是实现家庭整个生命周期的动态效用最大化,在月度和年度现金收支预算时可以先确定结余储蓄,然后再根据预算收入倒推预算支出的方式来进行;第四,如果出现现金预算支出大于现金预算收入的情况,需要事先考虑利用借贷和出售财产的方式来进行弥补。

(3) 家庭现金收支预算编制的基本步骤。第一步,设定长期财务规划目标,计算达到长期财务规划目标所需的年结余储蓄额;第二步,根据预测收入制定现金收入年度预算表;第三步,根据预期需要或者年度结余储蓄目标制定现金支出年度预算表;第四步,将预算划分科目,分门别类;第五步,将年度收入、支出、结余储蓄预算尽量分到各月份;第六步,每月记账,记账科目须与预算科目相同,以便进行差异分析。

(4) 家庭专项现金支出预算。对于一个家庭而言,购买住房、子女教育与退休后的生活支出可能是生命周期最重要的三项跨年度(或跨期)的现金支出,其中房地产

[一] 这一小节部分参考了北京当代金融培训有限公司编写的《金融理财原理》,中国人民大学出版社 2019 年出版。

资产投资和退休与养老金规划将在第八章和第十章分别介绍,这里简单介绍子女教育的专项现金支出预算。子女教育的专项现金支出需要考虑预计的教育费用,包括学杂费、上学的生活费等,还需要考虑子女受教育年限、学费、生活费的增长率与投资收益率等,下面以案例来说明一个简单的子女教育现金规划。

【例题 7-1】子女教育现金支出规划

2019 年,张先生和张太太的家庭年可支配收入 20 万元,年消费性支出 12 万元,再没有其他的支出。家中有一个正在读高一的孩子张小明,打算三年后攻读大学。现假设:①目前的学杂费为每年 6 500 元,生活费为每年 10 000 元;②通货膨胀率和生活支出增长率均为 3%,大学学费增长率 5%,投资收益率为年 8%。请问:

(1) 张小明四年的大学教育现金要支出多少?
(2) 张先生家庭要如何进行教育现金支出规划?

解:(1) 张小明四年的大学教育现金支出计算如下:

	学杂费	生活费	其他	合计
一年的费用(元)	6 500	10 000	3 500	20 000
增长率(%)	5	3	3	
2022 年费用(元)	7 525	10 927	3 825	22 277
2023 年费用(元)	7 901	11 255	3 939	23 095
2024 年费用(元)	8 296	11 593	4 057	23 946
2025 年费用(元)	8 711	11 941	4 179	24 831

注:以学杂费为例,2022 年学费为 6 500×1.05^3 = 7 525(元)。

于是,孩子四年的教育费用总额 = 22 277+23 095+23 946+24 831 = 94 149(元)

(2) 如果在张小明上大学就需要准备好他 4 年的教育费用 94 149 元,则根据财务计算器计算(FV = 94 149,N = 3 年,I/Y = 8%),可得每年应准备的费用总额为 29 001 元,而家庭当前的每年结余为 80 000 元,大于每年应准备的教育费用 29 001 元,即家庭有能力应付此项子女教育的现金支出。因此可以考虑设立一个专门的子女教育支出账户,每年存入 29 001 元,但其必须保证能持续投资在收益率为 8%的产品上,如此才能保证教育目标的实现。如果考虑张小明在大学期间第二年到第四年的大学教育费用可以在当年支出,2023~2025 年的教育费用贴现到 2022 年分别为 22 422 元、22 571 元和 23 406 元。那么在 2022 年张小明入学时只要张先生和张太太筹集到 83 895 元即可。此时,根据财务计算器计算(FV = 90 676,N = 3 年,I/Y = 8%),可得每年应准备的费用总额为 27 931 元,这个相对于不考虑张小明大学期间学费投资收益的情况每年可以少储蓄 1 070 元。

(5) **家庭现金收支预算与实际收支之间的差异分析与动态调整。**家庭按照月度与年度的预算科目进行记账,就可以得到实际收入与支出以及结余储蓄的数据,这时候就可以对比预算收入与支出和实际的收入与支出的大小,根据差异的金额或比率大小,来分析差异形成的原因并进行动态调整。差异分析要注意以下几点:其一,总额差异的重要性大于细目差异。如果实际支出总额和预算总额差异不大,但有些科目预算发生偏离,并不需要立即进行专门调整。但如果持续几个月甚至半年仍如此,则根据实际支出更改个别科目预算即可。其二，需要追踪预算额和实际发生额之间差异的金额门槛或比率门槛。如果总额支出大于预算额10%以上，就应挑出负面差异大的科目做进一步分析。分析出差异的原因后就需要对预算进行控制与动态调整，可以考虑首先确定结余储蓄目标然后再来调整预算支出，与此同时还可以考虑在不改变结余储蓄目标的同时增加现金收入，或者增收和节支同时进行。

（6）**家庭现金收支的流动性管理**。在制定了家庭现金收支的预算并对实际支出与预算的差异进行了分析和动态调整后，需要根据现金收入与支出的金额差异与时间差异来进行流动性管理。当净现金流入大于零并且持续存在时，实际上就面临投资规划与财富管理的专项规划问题。在一年或中期内现金流入少于现金支出时，涉及的就是负债规划问题。家庭现金收支的流动性管理主要涉及现金持有问题，需要综合考虑现金支出的规模和结构、现金支出的不确定性问题和客户家庭的预防性动机与谨慎动机强弱问题，而且还需要考虑通货膨胀率和各类流动性程度不同的资产的收益率问题。然后充分利用现有的现金管理工具，对活期存款、定期存款、货币基金、现金管理理财产品等不同的工具进行配置。总体而言，可以遵循以下原则：其一，现金支出的不确定性越强，现金持有占现金支出的比率将越高，将保留部分预防性现金持有；其二，充分利用信用卡等工具以减少现金持有规模或比率；其三，充分利用兼具支付功能与收益功能的货币市场基金替代现金；其四，现金收入与现金支出的时间间隔较大的前提下可以考虑使用现金管理理财工具，其中需要进行有效的期限匹配等。

7.3 家庭负债管理规划

7.3.1 家庭负债管理概述

1. 家庭负债的类型与家庭负债管理的主要内容

家庭负债（或贷款）有多种分类方法，根据期限可以分为短期负债与中长期负债，根据负债目的可以分为消费性负债与投资性负债，其中消费性负债主要是为了应对家庭日常消费和紧急预备金而进行的负债；投资性负债㊀主要是家庭在进行房地产购买与投资、金融资产投资与实业投资过程中运用财务杠杆，以获取更高的效用与收益而进行的负债。伴随着中国金融体系的逐步完善与金融工具的创新发展，越来越多的家庭将利用各类负债工作来实施财富管理。对于个人与家庭而言，可以通过有效的负债管理将家庭债务控制在动态合理的范围内，可以提高家庭整个生命周期的生活水平，形成良好的家庭财务状况。因此，如何帮助客户有效、合理地使用各种信用和债务工具并避免债务陷阱，是家庭财富管理的重要内容。家庭负债管理主要包括如下几个方面：①负债规模的决定；②负债方式的选择；③负债的期限与利率选择；④负债偿还的安排等。

㊀ 投资性负债不但包括购买和投资房地产的贷款，还包括创业贷款与融资融券等行为，其中创业贷款主要涉及的是公司金融内容，融资融券在投资学或金融市场学里面涉及，由于篇幅的限制和避免内容重复，本书就不再单独讲解创业贷款与融资融券等投资性负债行为。

2. 家庭负债管理的主要原则

（1）**切实需要原则**。便于控制冲动型消费与盲目举债投资，避免养成透支消费和持续举债投资（或经营）的习惯，负债规模、负债方式、负债期限与利率的选择均要提前考虑负债偿还情况。

（2）**额度控制原则**。贷款规模不宜过低或过高，要根据个人或家庭的风险偏好、风险承受能力、偿还能力以及投资收益率来确定负债规模。

（3）**期限匹配原则**。可以分为使用期原则、最近还款原则与最长还款期原则等。使用期原则即借款期间不能超过购买物使用年限，借款期限与借款使用期限需要基本匹配，要杜绝短债长用；最近还款原则即要优先考虑偿还期限近的负债；最长还款原则指所有负债应在退休前全部偿还。

（4）**成本与风险控制原则**。投资性负债应保证风险调整后的收益率要高于负债利息率；多种债务来源需要考虑进行债务整合、转贷款等各种方式尽量降低债务利息率，家庭债务风险管理需要贯穿于家庭负债管理全过程。

3. 家庭负债管理常用的指标

最近10多年来，家庭金融脆弱性研究的文献对家庭负债管理的相关指标进行了较多讨论，主要有偿债比率（Debt-Service-to-Income Ratio，DSI）、总债务收入比（Debt-to-Income Ratio，DI）和资产负债率（Debt-to-Asset Ratio，DA）等。但是关于这三个指标的临界点与最优区间，现有文献并没有达成一致意见。下面对目前财富管理实践中较常用且业界对指标临界值和最优区间具有相对一致结论的两个家庭负债管理指标进行介绍。

（1）**贷款安全比率**。它是用来衡量个人或家庭债务所引起的财务安全（风险）程度，比率越大，说明家庭财务风险越高，比率越小，说明家庭财务风险越低。对于一般家庭而言，贷款的偿还依赖于家庭的可支配收入，其每月偿债现金流量包括了当月应付利息与计划偿付的本金两部分。因此，贷款安全比率表示为：

$$贷款安全比率 = \frac{每月偿债现金流量}{每月净现金收入}$$

在家庭负债实践中，应尽可能控制贷款安全比率上限，以保障个人或家庭的财务安全。若包括房贷，贷款安全比率一般可设定为35%，不包括房贷，可设定为20%，若每月只还银行规定的最低还款金额，则应该控制在5%以内，且这种情况不应持续3个月以上。若信用卡债最低还款额占净现金流入的比率已达30%以上，则意味着信用危机迫在眉睫。

（2）**借款额度运用比率**。如果银行提供的信用额度已经被使用超过50%，则应该控制负债规模的增加，不要再新增贷款。假如已经超过70%，则必须开始采取加速还本计划。如果额度运用到100%，则会急剧地增加还本付息压力。

此外，还有一些其他可以作为参考的家庭负债管理指标，如表7-3所示。当然，指标的合理区间并不是绝对的，这和不同家庭的风险偏好、风险承受能力有直接关系。对于风险偏好较强、风险承受能力较大和金融素养较高的家庭而言，其愿意和能够承受的风险较高，行为更加激进，负债率会相对偏高；反之，对于风险厌恶和承受能力较低的家庭，其行为则会更加保守、更倾向于减少负债占比。

表 7-3 家庭负债管理指标

指标	计算公式	合理区间	指标含义
资产负债率	总负债/总资产	一般小于 50%；如果只是短期消费负债，则应小于 20%	体现了家庭总体负债情况，也反映出其综合偿债能力，如果总负债大于总资产，则出现了"负资产"现象，这是需要家庭尽力避免出现的状况
偿债比率	还本付息支出/可支配收入	一般小于 40%	反映了家庭在不依靠出售资产的情况下按时偿还债务的能力，侧重于短期；该比例过高，会造成债务本息挤占同期的其他消费，会对家庭生活品质产生负面影响；遇到突发情况可能发生债务、信用危机
总债务收入比	总负债/年总可支配收入	一般小于 4，年轻家庭和收入稳定增长的家庭可以适当大一点	该比率表示一个家庭需要通过收入来偿还全部债务的年数，侧重于长期
融资比率	投资性负债/投资性资产	一般小于 50%，最高小于 70%	该比率一方面体现了家庭的理财积极性，另一方面由于投资性资产的复杂性，对负债管理提出了更高的要求，需要关注投资标的的市场波动，建立止损机制
平均负债利率	统计年度利息支出/总负债	一般小于基准贷款利率的 1.2～1.3 倍	体现了家庭总债务的平均利率，如果超过合理区间，需要关注偿还能力

资料来源：经作者自行整理。

7.3.2 家庭信用负债管理

1. 信用卡

信用卡○是银行或其他发卡机构向社会公开发行，给予持卡人一定的信用额度，持卡人可在信用额度内先消费后还款，并可在指定的商家购物和消费，或在指定银行机构存取现金，以人民币结算的特制卡。信用卡的主要特点是：第一，持有者在购物时无须携带大量现金或支票；第二，只要消费者能每月按时还清欠款，就能享受到免息还款期○内的融资服务；第三，每月都能收到一张信用卡对账单，让持有者清楚地知道每一笔款项的支付去向。此外，信用卡还可以为持卡人提供需要支付利息的融资服务，持卡人只需缴纳每月的最低还款金额○，便可以使用循环信用，而不用承担还款违约风险。如在到期日前持卡人未还清账单上的全部应缴账款金额，按日息万分之五的利率计收利息，并按月计收复利，利息由交易记账之日起以实际欠款金额计算，至还清全部应缴款为止。拓展阅读 7-7 介绍了

拓展阅读 7-7
世界第一张信用卡以及信用卡在中国的发展

○ 我国信用卡业务在 2003 年年底以来呈现"井喷式"增长，截至 2019 年末，在用信用卡和借贷合一卡发卡数量共计 7.46 亿张，人均持有信用卡和借贷合一卡 0.53 张，银行卡授信总额为 17.37 万亿元，银行卡应偿信贷余额为 7.59 万亿元（数据来自中国人民银行网站支付结算数据）。
○ "免息还款期"是指从发卡机构记账日至发卡机构规定的到期还款日的这段时间。持卡人在到期还款日之前，偿还所使用全部款项，可享受免息还款期待遇，无须支付非现金交易的利息。目前国内银行最长的免息期为 56 天，以 50 天者居多。
○ "最低还款金额"指的是发卡银行规定的持卡人当期应该偿还的最低金额，一般情况下为累计未还消费本金的一定比例，所有费用、利息、超过信用额度的欠款金额、预借现金本金，以及上期账单最低还款额未还部分的总和。

世界第一张信用卡以及信用卡在中国的发展情况。

2. 民间金融借贷[一]

（1）消费金融公司。消费金融公司是指不吸收公众存款，以小额分散为原则，为中国境内居民个人提供以消费为目的贷款的非银行金融机构，包括个人耐用消费品贷款及一般用途个人消费贷款等。2019年1月，国内首批3家消费金融公司获得中国银监会同意筹建的批复，发起人分别为中国银行、北京银行和成都银行，这3家公司将分别在上海、北京和成都三地率先试点。消费金融公司向个人发放消费贷款的余额不得超过借款人月收入的5倍，且借款人贷款余额最高不得超过人民币20万元。每笔贷款将由消费金融公司按借款人的风险等级进行定价，最高不得超过央行同期贷款利率的4倍。

（2）P2P网络借贷。P2P网络借贷是指个人通过网络平台相互借贷，借款方在P2P网站上发布借款需求，投资人通过网站购买借款方发布的网贷产品将资金直接贷给借款方，属于互联网金融（ITFIN）产品的一种。世界上第一家P2P是英国的ZOPA，P2P于2006年传入中国，国内首家P2P平台成立于2007年的拍拍贷（该公司于2017年在美国纳斯达克上市），自此，P2P开始在中国生根发芽，诸多平台相继涌现。[二]部分网贷产品有平台担保，其风险与平台本身的运营风险相关，而没有平台担保只有平台资质审查的网贷产品则需要关注平台本身的信用质量和平台资质审查质量。

（3）互联网小额信用循环消费贷款。国内首家互联网银行"微众银行"面向微信用户和手机QQ用户推出的纯线上小额信用循环消费贷款产品"微粒贷"，2015年5月在手机QQ上线，同年9月在微信上线。"微粒贷"采用用户邀请制，受邀用户目前可以在手机QQ的"QQ钱包"内以及微信的"微信钱包"内看到"微粒贷"入口，可获得最高30万元借款额度。作为微众银行推出的一款互联网银行贷款产品，"微粒贷"无抵押、无担保；7×24小时服务，最快1分钟完成放款；随借随还，提前还款无手续费。"微粒贷"目前给用户的授信额度为500元～30万元之间，依据个人综合情况而异，单笔借款可借500元～4万元。"微粒贷"采用按日计息方式，日利率为0.02%～0.05%，1万元钱一天利息为2～5元钱。专栏7-3介绍了现金贷（小额现金贷款业务）的基本情况。

【例题7-2】互联网借贷平台的利息率计算

从某互联网借贷平台借款1万元，平台信息显示：借款1万元，期限为12个月，但是实际只能到账9 400元（需要减去服务费6%即600元），每月还款951元。请问，该互联网借贷平台客户该笔借款的年化利率到底多少？

解：借款者经常会产生如下两个错觉：其一，每月还款951元，那么12个月一共还11 412元，相比于1万元借款金额，计算得出14.12%的年借款利率，这低于信用卡循环授信利率；其二，借贷平台实际放款只有9 400元，但是12个月一共还款11 412

[一] 资料来源：网贷之家，微众银行网站。
[二] 据网贷之家数据统计，截至2019年12月底，累计平台数量高达6 608家，但实际运营平台仅剩344家，尤其是2018年7月以后，新增平台数量仅1家。2019年11月，国家互金专项整治办下发83号文，明确指出2020年部分平台将在监管的指导下转型为区域性小贷公司和全国性网络小贷公司，P2P在中国逐渐退出历史舞台。

元,那么粗略计算得到年利息率为(11 412-9 400)/9 400=21.40%。

实际上,通过内部收益率(IRR)计算可以发现,贷款人在初期获得了9 400元,随后每一期还款951元,持续12期,IRR为37.4%,这才是借款人实际承担的年利率。这是因为,在实际偿还贷款过程中,由于每一期都在偿还本金,所以贷款人平均占用的资金金额只有大约4 700元(为贷款金额的一半)。比如贷款人在偿还贷款时,每个月偿还的951元贷款中,有783.3元为本金,而167.7元为利息。对于第一个月,9 400元的本金仅使用了1个月,但需要支付利息167.7,这意味着这笔贷款的月度利率为1.78%,但随着本金偿还的减少,贷款人每个月支付的利息167.7元并没有变化。这样到了最后一个月,借款人实际偿还的本金为783.3元,而偿还的利息为167.7元,此时承担的月度利率则高达21.4%!

专栏7-3

现金贷

现金贷,是小额现金贷款业务的简称,是针对申请人发放的消费类贷款业务,具有方便灵活的借款与还款方式,以及实时审批、快速到账的特性。现金贷起源于国外Payday loan(发薪日贷款,在国外通常指30天以内的个人短期纯信用贷款),国内现金贷一般分为两类:第一类利率区间基本在20%~36%这个档位,定位更像是一种小额的信用卡替代品。这种产品主要以微信"微粒贷"、支付宝"蚂蚁借呗"和各大银行推出的相关产品为例,假设借款10 000元、日利率万分之五、期限一年、免手续费,等额本息还款,随借随还。在这种情况下,贷款者承担的年化利率约为18.25%。第二类利率则相对较高,其突出特征是贷款金额小、利率高、期限短。例如某些借贷平台所提供的个人借款最多不超过5 000元,1个月归还,日利率千分之一,贷款服务费5%。这种产品的年化贷款利率甚至达到了100%!

资料来源:作者根据现存现金贷产品自行计算和整理。

7.3.3 家庭资产质押负债管理

质押是指债务人或者第三人将其动产或权利移交给债权人占有,并将该动产或权利作为债权的担保。当债务人不履行债务时,债权人有权依照法律规定,以其占有的财产优先受偿。其中,债务人或第三人为出质人,债权人为质权人,移交的动产或权利为质物。本部分将重点介绍家庭的个人存单质押贷款、典当和保单质押贷款。

1. 个人存单质押贷款

个人存单质押贷款,是指借款人以未到期的个人本外币定期存单作为质押,从银行取得一定金额的人民币贷款,并按期偿还贷款本息的贷款业务。个人存单质押贷款期限原则上不得超过质押存单的到期日,且最长不超过一年。若为多张个人存单质押,以距离到期日最近的时间确定贷款期限。个人存单质押贷款利率按中国人民银行公布的同档次贷款利率执行,可在人民银行规定的范围内浮动。借款期限不足六个月的按六个月贷款利率确定,提前还贷按合同约定计算。借款人可将贷款用于购买汽车、大额耐用消费品和用于家居装修、度假旅游、教育助学等消费需求，以及用于正常经营的资金需求。专栏 7-4 介绍了商业银行发放的个人理财产品融资便利贷款情况。

专栏 7-4

个人理财产品融资便利贷款

商业银行除了接受存单质押贷款外，还会对家庭在商业银行所购买的理财产品价值进行评估并发放贷款，于是便产生了个人理财产品融资便利贷款等金融创新产品。个人理财产品融资便利贷款是指以借款人本人名义在商业银行购买的个人理财产品账户内资产及其收益作为还款保障、以账户中止支付处理为主要控制手段、以一定折算率计算出融资限额，并由经办机构向借款人发放一定金额的人民币贷款。

贷款可以用于一切合法的消费支出和生产经营活动，但不得用于非声明用途的个人支出，不得将贷款用于任何法律、法规、监管规定、国家政策禁止准入的项目或未经依法批准的项目，以及禁止以银行贷款投入的项目和用途。该产品满足借款人理财及贷款资金的双重需求。

资料来源：中国银行官方网站。

2. 典当

典当是我国历史上最为古老的非银行性质的金融行业，也是现代银行业的雏形和源头。典当是一种以财物作为质押、有偿还期的借贷融资形式。根据商务部和公安部颁布 2005 年 4 月 1 日起施行的《典当管理办法》规定：典当是指当户将其动产和财产权利作为当物质押或者将其房地产作为当物抵押给典当行，交付一定比例费用，取得当金，并在约定期限内支付当金利息、偿还当金、赎回当物的行为。一般来讲，房产、股票、企业债券、大额存单、车辆、金银饰品、珠宝钻石、电子产品、钟表、照相机、批量物资等都可以典当。典当业务手续简便、放款迅速，能够实现"动产质押当场发放，汽车质押 1 小时、房地产抵押 12 小时发放当金"，上述特点决定了其适合服务于家庭小额、短期的融资需求。拓展阅读 7-8 简单介绍了典当的历史起源及其发展。

3. 保单质押贷款

保单质押贷款，是投保人把所持有的保单直接质押给保险公司，按照保单现金价值的一定比例获得资金的一种融资方式。

拓展阅读 7-8
典当的历史起源及其发展

若借款人到期不能履行债务，当贷款本息积累到退保现金价值时，保险公司有权终止保险合同效力。通过保单质押贷款，保户除了能够继续享受保险的保障功能外，还可将"死单"变成活钱，在一定程度上满足投保人的流动性和变现要求。目前，我国保单质押贷款的期限较短，一般最多不超过 12 个月，最高贷款余额也不超过保单现金价值的 80%，利率与银行利率持平，一般一周内资金就会到账。保单质押贷款一般用于短期资金周转、对资金需求不大的情况。①保

---

① 具体内容可以参见：中国银保监会下发的《人身保险公司保单质押贷款管理办法（征求意见稿）》。

单质押贷款有别于商业贷款，主要体现在：一是保单持有人没有偿还保单质押贷款的法定义务，由此保单持有人与保险公司之间并非一般的借贷关系；同时保险人只需要根据保单的现金价值审批贷款，不必对申请贷款的保单持有人进行资信审查。因此对保险公司而言，保单质押贷款业务可以看作一项附加服务，管理成本较低。

表 7-4 家庭融资渠道比较

融资渠道	优点	缺点	主要考虑因素
亲朋好友	利率最低	借款额度小，欠人情	额度是否足够所需
商业贷款	利率较低	额度较低，审贷时间长	借款期限的长短
保单质押	利率较低，快速拨款	额度受限于保单现金价值	不接受非保单贷款
典当融资	快速拨款，临时应急	利率较高，贷款期限短	质押品的价值
信用卡	额度内随时取现	利率较高，养成透支习惯	信用卡的信用额度
小额贷款	快速拨款，临时应急	利率较高，有额度要求	借款期限的长短
消费贷款	无担保、无抵押	利率较高，贷款有额度	期限长短与便利性
网贷（P2P）	快速拨款，无担保	利率较高，信息不安全	借款期限的长短

资料来源：经作者整理归纳。

7.3.4 家庭资产抵押负债管理

抵押是指抵押人和债权人以书面形式订立约定，不转移抵押财产的占有，将该财产作为债权的担保。当债务人不履行债务时，债权人有权依法以该财产折现或拍卖、变卖该财产的价款优先受偿。按照抵押贷款用途的不同，家庭资产抵押贷款可以分为个人住房贷款、个人汽车贷款、助学贷款、个人经营性贷款等，本部分将重点介绍个人住房抵押贷款和个人汽车抵押贷款。

1. 个人住房抵押贷款

根据中国人民银行颁布的《个人住房贷款管理办法》，个人住房抵押贷款是指贷款人[一]向借款人发放的用于购买自用普通住房的贷款。贷款人发放个人住房贷款时，借款人必须提供担保；借款人到期不能偿还本息的，贷款人有权依法处理其抵押物或质物，或由保证人承担偿还本息的连带责任。从贷款方式来看，个人住房抵押贷款包括个人住房商业性贷款、住房公积金贷款和个人住房组合贷款。个人住房商业性贷款是银行用信贷资金发放的个人住房贷款；住房公积金贷款是指住房资金管理中心运用住房公积金委托商业性银行发放的个人住房贷款。住房公积金贷款是向住房公积金缴存职工提供的政策性个人住房贷款，它利率相对较低，并且存在贷款金额上限。和其他个人贷款相比，个人住房贷款具有以下特点：第一，贷款期限长，通常为 10～20 年，最长可达 30 年，绝大多数采取分期还本付息的方式。第二，大多以抵押为前提建立借贷关系，对于个人住房贷款的借方而言，其目的是通过借款融资而取得购买住房的资金，实现对住房的拥有；对于个人住房贷款的贷方而言，其取得该住房抵押权的目的是在贷出资金未能按期收回时，作为一种追偿贷款本息的保障。

个人住房抵押贷款有三种主要的还款方式：①一次性还清本息，这种方式比较少

[一] 依据《个人住房贷款管理办法》，贷款人是指经中国人民银行批准设立的商业银行。

见；②等额本息法，就是每月以相等金额偿还本金和利息，每次数额明确，便于购房者安排收支，适合未来收入稳定的购房者；③等额本金法，就是每月等额偿还本金，利息按月计算，这种办法的利息总额支出比前一种方法小，但前期还款压力较大。

等额本息法的最大特点是每月的还款金额是相等的[注]。它是基于复利的基础计算得到，且在计算中不仅包括应还的本金及产生的利息，也包括"利滚利"的成分。每月还款金额的计算公式如下：

$$月还款额 = \frac{借款金额 \times 月利率 \times (1 + 月利率)^{借款月数}}{(1 + 月利率)^{借款月数} - 1}$$

等额本金法的最大特点是每月还款中的偿还本金数是相等的，它等于贷款总额除以贷款期限（或总月数）。但是，每月偿还的利息则是随着本金的减少而减少，因此，每月的还款金额是逐月减少，每月本息还款额的计算公式如下：

$$月还款额 = \frac{贷款本金}{还款月数} + (贷款本金 - 已归贷款本金) \times 月利率$$

【例题 7-3】 张先生从银行贷款 10 万元，贷款利率为基准利率，即 6.06%。期限为 5 年。请问（1）如果张先生选择的还款方式是等额本息法，那么他每月偿还贷款的金额是多少？（2）如果张先生选择等额本金法时，那么第一个月、第 12 个月和贷款期满的当月应偿还银行的款额分别是多少？

解：（1）5 年等于 60 个月，基准年利率折合为月利率时为 6.06% ÷ 12 = 0.505%，因此，他每月还款的金额是

$$\frac{100\,000 元 \times 0.505\% \times (1 + 0.505\%)^{60}}{(1 + 0.505\%)^{60} - 1} = 1\,936.07(元)$$

（2）月利率计算得 6.06% ÷ 12 = 0.505%，首月的还本数即是 100 000 元 ÷ 60 = 1 666.67 元。因此

张先生第 1 个月的还款额是

100 000 元 /60 + 100 000 元 × 0.505% = 1 666.67 元 + 505 元 = 2 171.67(元)

到第 12 个月时，张先生的月还款额为

100 000 元 /60 + 100 000 元 × (1 - 11/60) × 0.505% = 2 079.08(元)

当贷款期限满时，最后一个月张先生的月还款额为

100 000 元 /60 + 100 000 元 × (1 - 59/60) × 0.505% = 1 675.09(元)

那么两种还款方式究竟选择哪种划算呢？图 7-1 和图 7-2 给出了相应的月还款曲线。

图 7-1 显示，等额本息法的特点是还本的速度较慢，因而占用银行本金的时间就多，还本的款额是逐月增加的；开始付利息的款额较多，后面越来越少。但是，二者相加就是月供（实线），它总是一个定值。在上述例题设定的条件下等于 1 936.07 元。

[注] 当贷款利率为浮动利率时，每个利率调整年度内每月的还款金额相等。

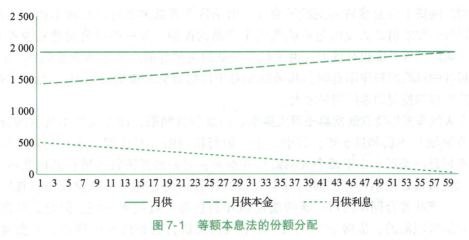

图 7-1 等额本息法的份额分配

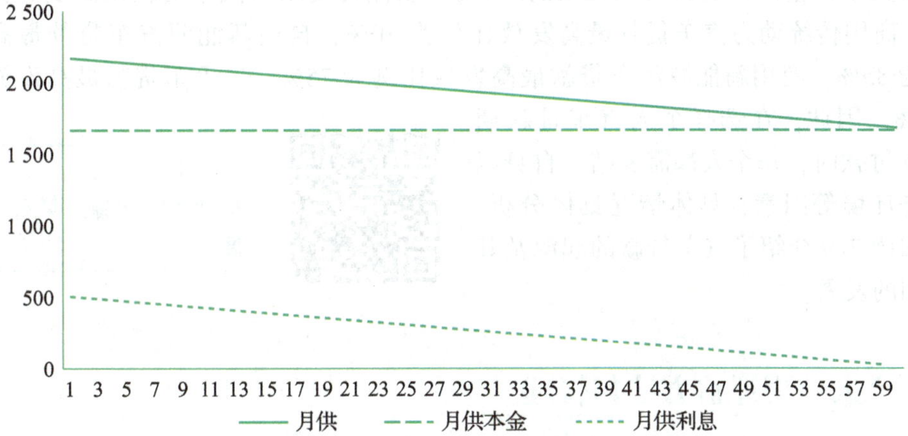

图 7-2 等额本金法的份额分配

图 7-2 显示，等额本金法的特点是每月归还本金的数额（虚线）是相等的，在上述条件下，借款人每月归还的本金是 1 666.67 元。但随着本金（即欠银行的钱）的减少，利息（点线）也越来越少，月供（实线）也越来越少。因此，在选择还款方式时，最主要的是看利率的高低。在利率相等的条件下，选择哪种还款法，差别不是很大的。具体选择哪种还款法主要应该根据家庭经济状况来定。比如，刚参加工作不久的年轻人，最好选择等额本息法；对于预期以后可支配收入会下降的人群，则应该选择等额本金法。当然，由于等额本息法的月还款数是固定的，便于记忆和做计划，也是应该考虑的因素之一。

2. 个人汽车抵押贷款

个人汽车抵押贷款，是指银行向个人发放的用于购买汽车的贷款。[○]由于个人汽车贷款涉及商业银行、保险公司、汽车经销商等多个方面，因此具有如下特点：第一，与汽车市场的多种行业机构具有密切关系。借款申请人要从汽车经销商处购买汽车，

○ 针对 18～60 周岁的自然人，用于购置自用车或商用车。所购车辆为自用车的，贷款金额不超过所购汽车价格的 80%。所购车辆为商用车的，贷款金额不超过所购汽车价格的 70%，其中，商用载货车贷款金额不超过所购汽车价格的 60%；所购车辆为二手车的，贷款金额不超过所购汽车价格的 50%。

银行贷款的资金将直接转移至经销商处；由于汽车贷款多实行以所购车辆作为抵押，贷款银行会要求借款人及时足额购买汽车产品的保险，并与保险公司建立业务关系。第二，风险管理难度相对较大。由于汽车贷款购买的标的产品为移动易耗品，以汽车作为抵押的风险缓释作用有限，其风险相对于住房贷款来说更难把握。因此，汽车贷款风险管理和控制的难度相对较大。

个人汽车抵押贷款通常具备两大要素。一是贷款期限，即个人汽车贷款的贷款期限（含展期）不得超过5年，其中二手车的贷款期限（含展期）不得超过3年。二是首期付款额选择。由于每个人的财富有差异，对未来经济收入增长的预期不一样，消费和投资偏好也不一样，因而每个人会选择自认为合理的首期付款额。首期付款额低，就意味着合同期内每一期的偿还额和利息都会负担多一些。但是，首期付款也是有最低限额的，依据2017年10月中国人民银行公布的《中国银行业监督管理委员会关于调整汽车贷款有关政策的通知》，自用传统动力汽车贷款最高发放比例为80%，商用传统动力汽车贷款最高发放比例为70%；自用新能源汽车贷款最高发放比例为85%，商用新能源汽车贷款最高发放比例为75%；二手车贷款最高发放比例为70%。因此，在选择个人汽车贷款期限和首付款时，每个人都需要结合自身以及经济环境等因素，具体情况具体分析。拓展阅读7-9介绍了汽车贷款的起源及其在中国的发展。

拓展阅读 7-9
汽车贷款的起源及其在中国的发展

7.4　个人信用评估方法与管理

7.4.1　个人信用评估概述

1. 个人信用评估的含义

现代市场是基于契约的信用经济，在个人现金负债管理中信用评分对于借款的额度和利率至关重要。正如本章开篇我们引用的芝加哥大学阿利伯教授所说："信用分是一项非常宝贵的无形资产，它是对您偿还贷款能力的综合评价……"因此我们需要了解个人信用评估的发展情况，这样能够更好地维护自己的信用情况。

信用是个古老的经济范畴，在西方各国的文化中，"信用"一词的原意是相信、信任、声誉等。在中国的传统文化中，信用广义上通常是指道德规范、行为规范等⊖。诚信是社会信用程度的衡量标准，根据中国人民银行征信中心的介绍，"征信"一词最早出现在《左传·昭公八年》中，有"君子之言，信而有征，故怨远于其身"，其中，"信而有征"即为可验证其言为信实，或征求、验证信用。中国人民银行征信中心将征信定义为依法收集、整理、保存、加工自然人和法人及其他组织的信用信息，并对外提供信用报告、信用评估、信用信息咨询等服务，帮助客户判断、控制信用风险，进行信用管理的活动。我国2013年专门出台了《征信业管理条例》，其中第五章专门对

⊖ 具体对信用的讨论请见黄达与张杰（2017）编著的《金融学》，中国人民大学出版社出版。

国家设立的金融信用信息基础数据库进行了规定。

信用报告对每个人都非常重要，直接决定信用申请者能否成功获得信用，同时也为贷款发放机构提供评估信用风险的工具。个人信用评分就是在获得全面、客观、有效的个人信用信息的基础上，运用科学、严谨的信用评分方法，通过对影响个人信用的各种因素给出代表个人信用水平的一个分值，通过这个分值对该客户履行各种承诺和约定的意愿及能力进行全面、准确的评价和判断，进而为授信人是否给予授信以及授信的额度和利率等决策提供依据，提高个人和机构的信用风险管理水平。虽然授信者通过人工分析客户的历史信用资料，同样可以得到这样的分析结果，但利用信用评分的征信机制可以更加快速、更加客观、更具有一致性。

2. 个人征信体系的发展历程⊖

世界各国个人征信体系的发展历史均不长，都是在20世纪伴随着消费金融的盛行而发展起来的。美国征信行业的发展相对成熟，自1920年至今，经过法律法规的完善和征信机构的合并，最终形成益百利（Experian）、环联（TransUnion）与艾奎法克斯（Equifax）三家最大的征信机构和一些小型征信机构并存的局面。

新中国成立之前就已经有中国征信所和联合征信所等征信机构，新中国成立后有30年左右的时间征信业务停止运行。改革开放以来，伴随着个人信贷业务的繁荣，个人征信开始逐步发展。1988年上海社会科学院成立了新中国第一家独立于金融系统之外的社会专业信用评级机构——上海远东资信评估公司（简称"远东资信"）。1996年我国开始进行个人征信的试点，1999年成立了上海资信公司，2003年中国人民银行设立了征信管理局并同时设立地方性的征信机构，2006年中国人民银行又设立了中国人民银行征信中心，和征信管理局相分离，作为征信系统的运营机构，专门负责企业和个人的征信系统的管理、运行和维护，被称为"金融信用信息基础数据库"（具体介绍见拓展阅读7-10）。2012年征信中心与费埃哲（FICO）合作正式启动了个人信用评分模型开发项目，2013年征信中心研发完成了第二代个人信用评分模型，即"个人信用报告数字解读"模型，2020年正式启动了第二代征信系统。

目前世界主要的征信体系可以分为三大类型：市场主导型、政府主导型和会员制。市场主导型以美国和英国为代表，由私营机构负责征信；政府主导型以中国、

拓展阅读7-10
中国人民银行征信中心与金融信用信息基础数据库

德国和法国为代表，主要由公共机构来负责征信；会员制以日本为代表，即由多个不同的金融机构共同组成一个会员制的行业协会来运营征信中心，这一类型比较少。中国的个人征信体系在由政府主导的基础上也逐步发展了市场化的个人征信业务。2015年1月5日，中国人民银行发布《关于做好个人征信业务准备工作的通知》，八家民营机构获准开始个人征信业务准备工作。这些民营征信机构逐步开始利用大数据、云计算、机器学习、人脸识别技术、反欺诈技术等来进行信用评分。

⊖ 这一部分参考了黄益平、王海明、沈艳与黄卓主编的《互联网金融12讲》。

7.4.2 个人信用评分的主要类型与方法

最常用的个人信用评分主要有两大类：一是征信局（或征信机构）评分，简称征信评分。二是金融机构内部的信用评分。具体如下。

1. 征信评分：FICO 信用评分

征信评分是跨机构的综合评分，囊括了个人在不同金融机构发生的全部信贷行为和相关记录，有的征信评分还包括其他经济往来信息。美国人通常所说的 FICO 得分，就是个人信用得分[一]，全球绝大部分的信用评分都直接或间接受到 FICO 评分系统的影响。FICO 本身不是征信机构，它和征信机构的主要区别在于 FICO 不拥有数据，而一般征信机构是在相关法律法规的监管下根据客户需求采集数据，然后再将这些数据给 FICO 以更新 FICO 信用分数。FICO 信用评分方法的基本思想是与数据库中贷款者的个人信息相比较，检查新的贷款申请者是否有与经常违约、随意透支甚至申请破产等信用较差的贷款者相同或相似的发展趋势。

FICO 评分系统以 100 多万的样本数据为基础，设定出一个信用得分的基准数值，通常定为 850 分，然后再根据每个贷款申请者的个人情况，按 FICO 信用评分标准在这一基础分值上进行加项或减项，进而得到每个贷款申请者的信用评分。FICO 评分系统得出的信用分数范围在 300～850 分。分数越高，说明客户的信用风险越小。一般来说，如果贷款申请者的个人信用得分大于 680 分，则该申请者的信用状况很好，金融机构可以根据其收入水平来对申请者发放贷款。如果贷款申请者的信用得分在 620～680 分，则金融机构需要做进一步的调查，结合表外的其他因素进行综合评价；如果贷款申请者的信用得分低于 620 分，则被认为信用状况很差，金融机构可以拒绝给予发放贷款或者增加抵押和担保。影响 FICO 得分的主要包括五个方面的内容：①信用偿还历史（权重为 35%）；②使用的信用账户数与未偿还债务（权重为 30%）；③信用记录长短（权重为 15%）；④新开立的信用账户数（权重为 10%）；⑤正在使用的信用类型与信贷组合（权重为 10%）。关于 FICO 更详细的信用评分介绍见专栏 7-5。

专栏 7-5

FICO 信用评分

1. 信用偿还历史，能够帮助了解客户的还款能力和还款意愿，它是基于历史上一个经常逾期的客户在未来出现逾期是大概率事件这样的判断。这一方面关注的信息包括：①各种信用账户的还款记录；②公开记录及支票存款记录等，主要指诉讼信息、破产信息、执行记录等；③逾期偿还的具体情况，分析包括逾期次数、逾期金额、偿还时间等。

[一] 1958 年，费埃哲公司（Fair Isaac Company，下称"FICO"）开发了第一个信用评分模型；1981 年，FICO 为征信局打造了第一个评分模型；1989 年，FICO 发布了第一个通用的 FICO 评分。

2. 使用的信用账户数与未偿还债务，主要关注客户的履约能力、是否存在过度授信等。关注的信息主要包括：①开立的账户数，即客户需要还款的账户总数；②信用账户的余额；③分期付款使用频率。

3. 信用记录长短，是反映客户信用账户使用的时间长度，同时考虑最长的信用账户账龄和平均账户账龄，一般来说，账龄越长，客户信用评分将越高。

4. 新开立的信用账户数，可以判断客户近期消费和用款倾向，是否存在套取银行信用的欺诈行为，关注的信息包括：①一段时间内新开立的账户数和账龄；②目前信用账户的申请数据，主要通过征信记录中他行查询情况和客户访谈粗略判断；③最近的信用状况，新开立账户的使用和还款情况；④金融机构与个人查询个人征信报告的次数等。

5. 正在使用的信用类型与信贷组合，则综合考虑客户包括信用卡、消费贷、抵押贷、经营贷等各类信用账户的使用情况，关注客户的履约能力。

FICO 不考虑的因素有：种族、肤色、宗教、性别、婚姻状况、居住地、任何未被证实的与预测客户未来信用状况有关的信息，都不考虑在评分因素里。这是因为工资、职业、头衔、雇主、受雇时间、受雇历史在贷款审批中会作为还款能力被考虑进去，将影响授信条件和金额，但在 FICO 信用评分系统中将不作为考虑因素，比如低收入人群也有大量信用记录良好的客户。

资料来源：根据 FICO 网站介绍，并经作者整理。

2. 金融机构内部的信用评分

金融机构内部征信，主要是在金融机构内部使用，最常用的内部信用评分又可以分为：①申请评分（Application score，简称 A），侧重于贷前，比如客户想申请一张信用卡，银行根据评分的高低来决定是否授信和授信额度。②行为评分（Behavior score，简称 B），侧重于贷中，申请人有了一定消费与信贷行为后，有了更多的数据进行分析，因此评分将发生变化。③催收评分（Collection score，简称 C），侧重贷后，对数据要求更大，需加入催收后客户的反应等属性数据。我们平时说金融机构内部的信用评分更多讲的是申请评分，内部信用评分方法有很多种，包括从最简单的打分法和目前使用大数据方法进行的信用评分方法等⊖。

在国内的商业银行中，中国建设银行非常重视个人信用评分模型建设，先后出台了《中国建设银行个人信用等级评定办法》《中国建设银行龙卡个人信用评估管理办法》，等等。中国建设银行的个人信用评分模型的指标设置主要包括四大部分：自然情况、职业情况、家庭情况、与建行关系等 18 个指标。首先对各个指标逐项进行打分，然后汇总各项得出总分即得到个人信用评分结果，然后按照一定的信用分数标准，给客户授予不同的信用贷款额度，具体见拓展阅读 7-11。

拓展阅读 7-11
中国建设银行个人信用评分表

⊖ 国内外商业银行在长期经营过程中还总结出"5C"评价法，这主要依靠银行信贷人员的知识和经验来对贷款申请者做出评价。"5C" 主要是指：品德（Character）、资本（Capital）、偿付能力（Capacity）、抵押品（Collateral）、环境（Condition）五个因素。

7.4.3 个人信用征信评估的范围和基本流程

1. 个人信用征信的评估范围

个人信用征信是为信用管理和评价提供信用信息，征信的评估范围包括以下三个方面。

（1）**个人基本信息**。包括个人身份信息（姓名、性别、证件类型及号码、通信地址、联系方式、婚姻状况等），居住信息（居住地址及邮编等），职业信息（单位名称、单位地址和邮编、职位及收入等）。

（2）**信用交易信息**。包括信用卡明细信息（卡类型、发卡机构、币种、信用额度、透支/还款状态等），贷款明细信息（贷款种类、贷款机构、担保方式、币种、贷款额、贷款余额、还款状态等），个人住房公积金信息（账号、单位、缴存比例及缴纳状态等），个人养老保险金信息（经办机构所在地、离退休类别及养老金发放状态等），个人电信缴费信息（报送机构名称、业务情况及缴/欠费情况等）、查询记录。

（3）**影响征信记录的其他信息**。主要包括信贷领域以外的信用信息，如个人缴纳水费、电费、燃气费等公用事业费用的信息，个人欠税的信息，法院判决信息等。

2. 个人信用征信的基本流程

征信活动可以分为两类：一类是征信机构主动去调查被征信人的信用状况；另一类是依靠授信机构或其他机构批量报送被征信人的信用状况。两者最大的区别在于，前者往往是一种个体活动，通过接受客户的委托，亲自到一线去收集调查客户的信用状况；后者往往是商业银行等授信机构组织起来，将信息定期报给征信机构，从而建立信息共享机制。由于这两类方式在征信的基本流程上是相同的，因此，我们将两者合并在一起介绍基本流程。

（1）**制定数据采集计划**。能够反映被征信人信用状况的信息范围广泛，为提高效率、节省成本，征信机构应事先制订数据采集计划，做到有的放矢。这是征信基本流程中的一个重要环节，一份好的计划能够有效减轻后面环节的工作负担。

（2）**采集数据**。数据采集计划完成后，征信机构应依照计划开展采集数据工作。数据一般来源于已公开信息、征信机构内部存档资料、授信机构等专业机构提供的信息、被征信人主动提供的信息、征信机构正面或侧面了解到的信息。由于采集数据真实性和全面性的考虑，征信机构可通过多种途径采集信息。

（3）**数据分析**。征信机构收集到的原始数据，只有经过一系列的科学分析之后，才能成为具有参考价值的征信数据。第一，数据查证。数据查证是保证征信产品真实性的关键步骤。第二，信用评分。信用评分是个人征信活动中最核心的数据分析手段，它运用先进的数据挖掘技术和统计分析方法，通过对个人的基本概况、信用历史记录、行为记录、交易记录等大量数据系统地进行分析，挖掘数据中蕴含的行为模式和信用特征，捕捉历史信息和未来信息表现之间的关系，以信用评分的形式对个人未来的某种信用表现做出综合评估。

（4）**形成信用报告**。征信机构完成数据采集后，根据收集到的数据和分析结果，加以综合整理，最终形成信用报告。信用报告是征信机构前期工作的智慧结晶，体现了征信机构的业务水平,同时也是客户了解被征信人信用状况和制订商业决策的重要参考。因此,征信机构在生成信用报告时,务必要贯彻客观性、全面性、隐私和商业秘密保护的可持续原则。

专栏7-6是中国人民银行个人征信系统在商业银行的应用举例。

专栏 7-6

中国人民银行个人征信系统在商业银行的应用

2005年10月,中国人民银行颁布实施了《个人信用信息基础数据库管理暂行办法》,并牵头建设了个人信用信息基础数据库(以下简称"个人征信系统")。个人征信系统正式运行后,受到商业银行的热烈欢迎和社会各界的高度关注。目前,各商业银行已建立了依托该系统的信用风险审查制度,将查询申请人信用报告作为信贷审查的固定程序。个人征信系统在提高审贷效率,方便广大群众借贷,防止不良贷款,防止个人过度负债,以及根据信用风险确定利率水平方面开始发挥作用。

(一)帮助商业银行简化审批流程、缩短审批时间

案例1:工商银行某分行在审查1笔120万元的个人经营性贷款时,通过查询个人征信系统发现,该客户在其他银行有1笔23万元的贷款,还款付息正常。查询结果与客户本人声明相符,间接证实了客户的信用度。结合客户提供的抵押物、还款能力进行综合分析后,该行做出放贷决定,贷款额度确定为100万元。正是使用个人征信系统,银行缩短了审批时间,使原来需1个多月的贷款时间缩短为2个星期。

(二)帮助商业银行做出灵活的贷款决策

案例2:某客户向中国银行某分行申请个人住房按揭贷款,该行查询个人征信系统发现,该借款人过去在其他银行办理的1笔贷款曾经出现过逾期(指到约定还款时间而借款人未能及时还款)半年的情况。鉴于该客户个人经济状况良好且已将该贷款结清,该行同意发放该借款人的住房按揭贷款,但是提高了首付款的比例。该客户表示非常后悔自己过去的失信行为,提高了还款的自觉性,再没有出现过不良信用记录。

资料来源:整理自中国人民银行网站。

7.4.4 数字经济时代的个人征信及管理

1. 数字经济时代个人征信的发展

2015年1月,中国人民银行印发《关于做好个人征信业务准备工作的通知》(以下简称《通知》),要求芝麻信用管理有限公司、腾讯征信有限公司、深圳前海征信中心股份有限公司、鹏元征信有限公司、中诚信征信有限公司、中智诚征信有限公司、拉卡拉信用管理有限公司、北京华道征信有限公司等八家机构做好个人征信业务的准备工作,这意味着个人征信业务逐渐进入市场化的运作阶段。个人征信业务向民间机构开放,尤其是对具有互联网背景的公司开放,表明互联网征信的发展可以有效弥补人民银行征信中心的不足。互联网征信能够更好地运用大数据和云计算技术客观呈现

个人的信用状况，其数据来源更为广泛、种类更加丰富、时效性也更强。

相对于传统的个人信用评分，互联网个人信用评分的覆盖范围更广，可以有效提取没有借贷经历人群的信息，并提供信用评分；评分的信息维度更加丰富，如美国的 Zestfinance 信用评分模型使用的变量多达 7 万多个，让一切个人互联网活动的数据都称为信用数据。此外，互联网个人信用评分由于即时获取数据信息并且使用机器学习对模型不断完善，因此具有更好的时效性。传统个人信用评分与互联网个人信用评分的差异可具体见表 7-5。拓展阅读 7-12 也为读者详细介绍了芝麻信用的相关情况。

表 7-5 传统个人信用评分与互联网个人信用评分的比较

	传统个人信用评分	互联网个人信用评分
覆盖人群	有完善信贷记录的人	全部有互联网使用经历的人
数据类型	信贷数据	信贷数据、网络数据、社交数据
技术基础	逻辑归纳	机器学习
数据来源	银行及银行提交给第三方的数据	第三方数据以及借贷者本身的数据
考虑的变量数量	15~30 个	几千甚至几万个

资料来源：武安华著，2015，《商业银行个人信用评分研究》，中国金融出版社，并经作者整理归纳。

2. 个人信用管理

信用经济时代要更好地进行现金与负债管理就需要更好地进行个人信用的维护，个人信用将关系到生活的方方面面，下面我们从三个方面来讲述个人信用的维护管理。

拓展阅读 7-12
芝麻信用的发展

（1）**要充分了解影响个人信用的因素，并定期查询个人信用记录与评分**。充分了解影响个人信用的因素，可以为避免留下不良的信用记录提供一个良好的行为指示。不同国家的信用评分存在差异，拓展阅读 7-13 就是中国人民银行征信中心的个人信用报告（个人版）样本，包括了信息概况、资产处置信息、保证人代偿信息、信用卡逾期情况、住房贷款情况、其他贷款情况、为他人担保情况和公共记录（这部分包括个人最近 5 年内的欠税记录、民事判决记录、强制执行记录、行政处罚记录及电信欠费记录）、查询记录等。而 FICO 评分与中国人民银行征信中心的信用评分存在差异，比如信贷历史越长评分越高，债务数额越大和信用卡数量越多则会对信用评分产生负向影响，等等。为了解个人的信用记录或信用评分还需要定期查询，但是查询的次数也不能太多，因为这可能说明你对自己信用情况有疑问或者需要信用记录或急需信用评分来进行借贷决策。

拓展阅读 7-13
个人信用报告（个人版）样本

（2）**避免留下不良的信用记录**。避免留下不良的信用记录有很多方式，比如信用卡持卡人在消费或透支消费后按照规定及时还款，要记清楚消费及还款情况。房屋抵押贷款更是需要及时还款，避免形成不良记录。当账单地址、手机号码等信息有变动时，要及时更新银行预留信息，保障自己能按时收到卡函、对账单和提醒短信。对于一人多卡或者多个信贷组合的情况，更加需要注意。债务总额和个人的资产情况与现金流水情况需要基本匹配,为他人借债担保情况和公共的各类记录,也要及时注意不能留下不良记录或信用污点。

(3)及时消除不实的信用记录或对不良信用记录进行说明。在征信记录中,一旦发现有不实的不良信用记录,一定要尽快消除。比如,因个人信息被盗用产生的不良记录,我们可以依法向公安机关报案处理,假若调查证实各种不良的违约行为确实与本人无关,银行会修改征信信息;假若是因为粗心逾期导致的不良记录,则要尽快还上逾期款项。如果真的产生了不良记录,个人可以向征信中心申请在信用报告中添加"本人声明",对此条记录的产生进行客观说明。比如,公司倒闭拖欠薪资导致逾期,或者家里发生重大事故导致无法及时还款等特殊情况而产生的不良记录,可以通过向征信中心申请在信用报告中添加"本人声明",说明情况,同时附上相关的凭证。

■ 关键概念

现金管理(cash management)
家庭负债(household debt)
信用卡(credit card)
家庭收支预算表(household budget statement)
家庭现金流量表(household cash flow statement)
个人信用评估(personal credit evaluation)
住房抵押贷款(mortgage)

■ 本章小结

1. 现金规划一般选择具有较高流动性的现金与现金等价物,主要包括现金、各类银行存款和货币市场基金与现金管理类理财产品等一般工具,以及信用卡、贷款等融资工具。
2. 个人贷款在个人理财规划过程中很重要,主要表现在是否影响理财目标的实现与是否影响现金预算。
3. 个体可以选用信用控制比率进行家庭的债务管理,维持合适的债务规模。
4. 信用评估也被称为征信,征信的基本功能是了解、调查、验证他人的信用,使信贷活动中的贷款人能够比较充分地了解借款人的真实资信情况和如期偿还能力。个人信用征信是确保消费信贷业务风险与收益相匹配、健康发展的坚实基础。

■ 思考习题

1. 家庭现金管理的程序是什么?可供选择的现金规划工具有哪些?
2. 家庭负债的原因有哪些?试述个人贷款的种类和特点。
3. 住房抵押贷款有哪几种偿还方式?等额本息法与等额本金法二者在计算贷款利息时有何不同?
4. 如何进行个人信用评估?

■ 计算题

张先生一家在 2016 年 12 月购买了一套总价 300 万的新房,首付 100 万,贷款 200 万,利率为 5.39%,期限为 30 年,并采用等额本息的还款方式。试问:①每月还款的金额是多少？②在还款 3 年后，张先生用父母资助的 50 万元提前还款，请问此时张先生该笔贷款的余额还剩多少？③张先生提前还款 50 万元后，若还是沿用之前 30 年的贷款期限，每月还款的金额变为多少？如果张先生选择每月还款金额不变，那贷款还需多少年才能还完？

■ 案例讨论　某公司部门经理张先生的现金负债管理规划

1. 案例背景与说明

张先生是某广告公司部门经理，月收入（税后）5 万元，年终奖（税后）20 万元。张太太是国企员工，工作稳定，月收入（税后）8 500 元。两人目前均为 42 岁，双方父母均健在并且均有退休金，儿子小张现年 10 岁。张先生家庭拥有两套房产：一套自住，房产价值 680 万，每年偿还住房抵押贷款 8.6 万元，目前还有 120 万元尚未偿还；另一套用于出租，市值 400 万，每月租金收入（税后）6 000 元，此房张先生准备退休后出售并将所得房款支付养老支出。张先生夫妇名下现有活期存款 20 万元、定期存款 50 万元、国债 30 万元、股票 40 万元、理财产品 30 万元，家庭还拥有现值 30 万元及 60 万元的轿车和 SUV 车各一辆。

张先生家庭每月日常消费支出 3 万元（不包括后续说明的以年度计算的各类支出），每年用于小张的教育支出为 9.8 万元，张先生平均每年另外需要 6 万元用于各类应酬。虽然双方父母均不需要赡养费用，但是传统节日和生日给双方父母的礼金支出为 3 万元。由于风险保障意识比较强，张太太为全家购买了比较充足的商业保险，每年家庭保费支出 8 万元。张太太是户外运动的爱好者，经常和朋友进行自驾旅游，每年家庭的养车支出（不包括保险费）为 4 万元，其余旅游支出为 10 万元。

2. 财富管理目标

（1）日常现金规划：持有充足的流动性，以应对日常开支和意外支出；

（2）负债管理：负债规模保持在合理的范围内，维持健康的财富结构；

（3）8 年后小张准备在国内上本科并参与学校国际合作项目，预期本科期间需要 60 万元教育支出；12 年后小张准备出国攻读硕士学位，预计需要 100 万元教育支出；

（4）20 年后小张预期结婚需要父母帮忙预付婚房首付款 200 万元。

3. 条件假设

假设学费增长率为 5%、房价增长率 4%、通货膨胀率 3%。再假定货币基金类产品平均投资回报率为 2%，债券类产品与理财产品平均投资回报率为 5%，股票类产品平均投资回报率为 10%；收入增长率不考虑。

4. 案例问题

（1）根据张先生家庭的资产负债情况与现金收支情况制作资产负债表与现金收支表，然后完成本章和第二章涉及的家庭主要财务指标的计算，并判断张先生家的财务状况是否健康。

（2）根据张先生家的财富管理目标做出现金负债规划有效安排的具体方案。

家庭房地产投资规划

> 除货币以外，住房会是人们将工作时期的储蓄转化成退休时期花销的又一完美工具。
>
> ——萨缪尔森《私人财富管理》

■ **本章提要**

本章首先介绍了房地产资产的基本特点、房地产价格的决定机制，并且比较了房地产资产与金融资产的异同；其次介绍了房地产资产在家庭财富管理中的作用和意义，着重分析了房地产资产的投资风险以及风险与投资收益的平衡问题。最后，本章着重介绍了房地产金融投资基础产品和创新型房地产金融产品的特征和投资风险，以及在家庭财富管理中的重要意义。

■ **重点和难点**

- 了解居住型和商业型地产的基本差异
- 了解家庭资产中房地产资产的重要作用
- 判断租房和买房的决策
- 把握房地产投资和房地产金融产品投资的风险和收益
- 掌握和理解房地产金融投资基础产品和创新型房地产金融产品的使用

■ **引导案例　中国居民家庭房地产资产的资产配置情况**

《中国家庭财富调查报告（2018）》显示，2017年，房产净值是家庭财富最重要的组成部分，而且多年来房产净值占总资产的比重也始终在65%以上。从全国来看，房产净值占家庭财富的66.35%，城镇地区比重较高，达到了69.70%；农村相对而言比重较低，但也达到了51.34%。这说明相比农村家庭而言，城镇家庭房产净值不仅在金额上要多于农村家庭，而且城镇家庭的财富也要更加集中于房产。房产净值分布也呈现出一定的地区差异，东部和西部地区房产净值占到了家庭财富总额的三分之二左右，中部地区房产净值占比略低，但依然达到了家庭财富总额的58%。如果根据家庭人均财富的多寡，将样本分成三等分组,那么无论是在财富的最低三等分组,还是在财富的最高三等分组,房产净值都是家庭财富最为重要的组成部分。房产净值的金额以及在总资产中的占比在城乡之间也有差异。在财富的最低三等分组中,房产净值分别占到了城镇家庭和农村家庭人均财富的62.49%和52.10%;在财富最高三等分组中,房产净值在城镇家庭和农村家庭人均财富中的比重分别为73.21%和50.44%。房产净值不仅是家庭财富最为重要的组成部分,而且也带动了居民财富的增长。从增长幅度看,2017年房产净值增长了15.56%,这一增长幅度要快于家庭财富的增长幅度。从房产净值增长额占家庭财富的增长额来看,房产净值增长也是家庭财富增长的核心因素。对全国居民而言,2017年房产净值增长额占到了家庭人均财富增长额的68.74%。

根据《2019年中国城镇居民家庭资产负债情况调查》显示,在全国30个省(自治区、直辖市)的3万余户城镇居民家庭中,住房是家庭实物资产的重要构成部分之一。我国城镇居民家庭的实物资产中,74.2%为住房资产,户均达187.8万元。居民住房资产占家庭总资产的比重为59.1%。和美国相比,我国居民家庭住房资产比重偏高,且高于美国居民家庭28.5个百分点。城镇居民家庭的住房拥有率为96.0%,有一套住房的家庭占比为58.4%,有两套住房的占比为31.0%,有三套及以上住房的占比为10.5%,户均拥有住房1.5套。美国居民总体的住房拥有率为63.7%,低于我国32.3个百分点。按家庭收入从低到高排序,美国收入最低的20%家庭住房拥有率仅为32.9%,而我国收入最低的20%家庭住房拥有率达到89.1%。

资料来源:《根据经济日报社》中国经济趋势研究院编制的《中国家庭财富调查报告(2018)》、中国人民银行调查统计司城镇居民家庭资产负债调查课题组撰写的《2019年中国城镇居民家庭资产负债情况调查》整理。

案例思考

1. 为什么中国居民喜欢持有房地产资产?并且为何中国居民在资产配置中房地产资产占比如此之高?
2. 居民家庭在进行家庭资产配置时,如何配置房地产资产?
3. 对于青年人而言,买房和租房如何选择?有哪些方式可以投资房地产产品?

8.1 房地产资产概述

8.1.1 房地产资产的基本定义

房地产是指房产和地产的总称,包括土地和土地上永久建筑物及其所衍生的权利。房产是指建筑在土地上的各种房屋,包括住宅、商铺、厂房、仓库以及办公用房等。地产是指土地及其上下一定的空间,包括地面道路以及地下的各种基础设施等。房地产由于其自身特点,即位置的固定性和不可移动性,在经济学上又被称为不动产。按照用途来区分,房地产包括居住型房地产和商业型(也被称为收益型或非住宅类)房地产[一]。

[一] 部分定义相关内容主要参考:董藩、丁宏、陶斐斐编写的《房地产经济学(第二版)》,北京:清华大学出版社出版,2017。

1. 居住型房地产

居住型房地产，是指以满足人类居住目的的土地及建筑物所组成的供人们日常生活居住的房屋及其权利。我国在房地产市场化改革之前，企事业机关单位的职工家庭主要通过单位福利分房来获得住房的居住权利。1998年7月，为了进一步满足广大人民群众日益增长的住房需求，国务院下发了《关于进一步深化城镇住房制度改革加快住房建设的通知》，明确提出要"停止住房实物分配，逐步实行住房分配货币化；建立和完善以经济适用住房为主的多层次城镇住房供应体系；发展住房金融，培育和规范住房交易市场"。在此之后，为配合推动住房制度改革，面向广大中低收入家庭推出了安居房、廉租房、公租房等保障性住房，而市场化改革后的房地产市场则以商品房为市场供给主体㊀。

（1）**福利房（公房）**。福利房在早期多由单位统建而来，后多演变为单位直接购买、单位集资建房等。住房制度改革后，增量公房开始出售，存量公房则通过私有化形式几乎全部出售。

（2）**安居房**。为配合推动住房制度改革，由国家安排贷款和地方自筹资金建设、面向广大中低收入家庭的非营利性住房。为了满足中低收入家庭的基本生活需要，安居房的建筑面积一般每套控制在55平方米以下，只售给中低收入家庭，并优先出售给无房户、危房户和困难户。

（3）**廉租房**。由政府以租金补贴或实物配租的方式，向符合城镇居民最低生活保障标准且住房困难家庭提供的社会保障性质的住房。

（4）**公租房**。政府提供政策支持，限定户型面积、供应对象和租金水平，面向本市中低收入住房困难家庭等群体出租的住房㊁，其租金按照保本微利的原则并结合承租家庭负担能力和同类地段类似房屋市场租金综合确定，由产权单位负责（组织）维修、养护、管理。

（5）**商品房**。经政府有关部门批准，由房地产开发经营公司（个人、外国公司）向政府机关单位租用土地使用权开发的房屋，建成后用于市场出售或出租的房屋，包括住宅、商业用房以及其他建筑物。商品房又称"大产权房"，与之相对应的则是"小产权房"，即合法申请国有土地划拨土地或集体土地划拨土地自建、参建、委托建造自用的住宅或其他建筑物。

2. 商业型房地产

商业型房地产，广义上是指用于商业用途或者具备商业功能的地产，也称商用、经营性房地产，狭义上是指用于各种零售、餐饮、娱乐、健身服务、休闲等经营用途的房地产。商业型房地产的主要类别可见表8-1。在国外，商业型房地产也被称为零售地产。商业型房地产是一种综合体，具有房地产、商业与投资的三重特性，它们相互独立又相

㊀ 1998年房改之前，国务院就房地产市场三次发布政策性文件。具体为：1988年11号文、1994年43号文、1998年23号文。具体可以参见：张文豪在《财经》杂志所撰写的《文件中的房改步伐》一文。

㊁ 尽管廉租房和公租房都是面向中低收入阶层，但两者还是有一定区别的。除了基本的定义不同外，还主要体现在：公租房是由政府政策支持限定户型面积、供应对象和租金标准的公共租赁住房，而廉租房则是为解决低收入家庭的基本居住问题所提供的政策性住房。廉租房一般有两种表现形式：一是由政府出资建好后以低租金租给住房困难户，二是由政府发放租金补贴给住房困难户，由他们租赁社会房屋居住，而公租房一般是政府出资建房然后以低租金租给租户。

互作用，环环相扣，系统性极强。其中，商业属性是商业型房地产的本质。

商业型房地产与居住型房地产的差别主要体现在：一是提供商业经营和公共服务空间，适应多样化的用途，具有较强的经济、社会和审美的功能；二是主要满足经营需求，在物业、区位、设施等方面有相应的要求；三是作为商业服务业的生产资料，具有较强的投资性，其价值取决于所经营的行业与经营能力；四是与城市发展关联极强，并与其他房地产类型具有较强的互补性。专栏 8-1 介绍了新兴的商业型房地产产品类型。

表 8-1 商业型房地产的主要类别

划分标准	类别
行业类型	零售、娱乐、餐饮、健身
消费行为	商品业态类、服务业态类、体验业态类
建筑形式	单体和综合建筑、底层、地下和地上
市场范围	近邻型、社区型、区域型、超区域型、超级型
规模	大型、中型、小型和零散
运作模式	产权型（分割）：出售—投资—经营 经营型：租赁—管理

资料来源：参考董藩、丁宏、陶斐斐编写的《房地产经济学（第二版）》，北京：清华大学出版社，2017。

专栏 8-1

新兴的商业型房地产产品类型

Shopping Mall：起源于 20 世纪中期欧美，它由一个管理机构负责协调和规划，在一个大型建筑群中将一系列零售商店、服务机构组织在一起，提供购物、休闲、娱乐、饮食、旅游等多项服务的一站式消费中心，商业面积分布以扁平式居多，是零售业的最高形态。

商业街：由众多商店、餐饮店、服务店共同组成，按一定结构比例规律排列的商业繁华街道，是城市商业的缩影和精华，是一种多功能、多业种、多业态的商业集合体。

主题式购物公园：将自然与公园相结合的产物，集购物、餐饮、休闲、娱乐、旅游景点等于一体的超大型商业、休闲娱乐之城。

商业综合体（HOPSCA）：将酒店（Hotel）、办公（Office）、停车场（Park）、商业（Shopping Mall）、集会公共活动和娱乐空间（Club）、公寓（Apartment）等城市功能的三项以上进行组合，并在各部分间建立一种相互依存、相互助益的关系，从而形成一个多功能、高效率的建筑综合体，是目前国际上最先进的商业模式之一，也称为城市综合体。细分功能区划采取中央商务区产业"三三二二"配比，即办公 30%、零售 30%、服务 20%、高档公寓 20%。

资料来源：董藩、丁宏、陶斐斐.《房地产经济学（第二版）》，北京：清华大学出版社，2017。

8.1.2 房地产投资特点

1. 房地产资产的特殊性

房地产资产投资不同于其他类型的投资，认识和掌握这些特点是从事房地产资产投资研究的关键所在[⊖]。房地产市场是一种资金量大、周转期长，且受政治、社会影响

⊖ 具体更详细的基本概念可以参见：李伟民，2002：《金融大辞典》，黑龙江人民出版社。

较大的特殊市场。同时，它还受到资源稀缺性、不可再生性、供给缺乏弹性等特点的影响，故房地产投资具有以下特点。

（1）**区位特殊性**。由于土地具有不可移动的特点，因此所有的房地产都无法随便移动其位置，从而使房地产具有区位性的特点。同时，因每套房屋都会因建造地点、楼层的不同产生诸多的差异，也会导致对房地产投资的级差效益，即地域的不同决定了房地产价格的差异。例如，处于城市市区的房地产资产，其价格就远高于郊区的，其实即便在市区，也会因人口的密集程度、文化教育资源分布、交通便利程度等不同而有所不同，一般来说黄金地段的房地产价格相对较高㊀。

（2）**投资门槛较高**。房地产业是一个高资金密集性行业，投资房地产资产少则几十万，多则上千万，甚至上亿元的资金㊁。而且由于房地产资产的不可分割性，使得整体投资门槛过高，小量的资金无法进行投资。

（3）**通胀抵御性较好**。土地是不可再生资源，土地上的建筑物建成后，只要不是天灾人祸或人为的损坏，其使用期限一般都可达数十年甚至上百年。随着社会的不断进步、人口的不断增长，经济发展对土地的需求日益扩大，引发房地产资产价格不断上涨，从而使房地产有着保值和增值功能。以美国为例，若以 2000 年 1 月为基期，截至 2019 年 12 月，20 年中美国房价（S&P/CS-20 City 指数）增长了 118%；而同期美国 CPI 指数则增长了 52%㊂，房地产资产抵御通胀和保值增值的作用明显。

（4）**投资收益不确定性较大**。由于房地产投资占用资金多、周转期长，随着时间的推移，其投资的风险因素也会逐渐聚集。一旦投资失败，资金不能按期收回，投资者就会面临巨大损失。比如在次贷危机期间，美国房价指数（S&P/CS-20 City）由 2007 年 4 月的 200.12 迅速下降到 2009 年 4 月的 139.26，房地产资产价格两年内大幅下降达 30%。正是由于房地产投资自身的特殊性，使得家庭投资房地产资产在面临着巨大收益的同时，也面临着巨大风险。

（5）**投资周期较长**。房地产投资是资金密集型的投资，投资金额大、周期长、资金周转缓慢、流动性相对较差，变现能力也相对较弱。这一特点使得投资房地产比投资其他大宗商品的风险更大。

家庭进行房地产投资的利弊总结如表 8-2 所示。

表 8-2 房地产投资的利弊

	投资之利	投资之弊
风险收益	收益较高	风险较大
资产特点	抵御通胀的影响	变现性较差
资产持有	提高投资者的资信等级	投资经营环节和受制因素较多
市场进入	易于获得金融机构的支持	投资门槛较高

㊀ 马克思在《资本论》第三卷第 39 章指出，级差地租是由于农业发展各个阶段的土地自然肥力的差别而产生的。这种地租与土地等级相联系，故称为级差地租。在农业中，土地肥沃程度对级差地租的数量起着决定性的作用，而在建筑业中，地段主要作为建筑地基和空间来使用，因此，土地位置对级差地租量起着决定性的影响。

㊁ 以目前一套 100 平方的三居室为例，若在银川、贵阳等三线城市，大概需要 70~90 万元左右；若在杭州、厦门等二线城市则需要 400~500 万元左右；若在深圳、上海等一线城市则需要 700 万左右；若是在一线城市的核心区域（例如北京的三环内、上海的静安区、深圳的福田区、广州的珠江新城）则要达到 1 000 万元以上。

㊂ 以 2000 年 1 月为基期 100，2019 年 12 月 S&P/CS-20 City 指数（标准普尔/Case-Shiller20 城房价指数）为 218.72，美国消费者物价指数为 152.23。

2. 居住型房地产资产特点

居住型房地产资产由于可售可租，其投资盈利主要体现在资产的增值收入或租金收入上。同时，因为居住型房地产具有自住功能，所以风险相对较小，在资产配置过程中，购买的时机、区位以及产品质量本身和软环境就显得非常重要。选择恰当的时机和房地产资产类型进行配置，是投资成败的关键。对投资时机的把握，是对房地产市场上各种信息的综合考虑，这就要求投资者对于整个市场的产品特征、供求情况、区位条件、消费者偏好和经济发展趋势有一个整体、系统的研究。不同的区位，适用于投资不同的房地产，比如：住宅投资就应选在交通便利、购物便利、生活设施齐全的地区，以便于居民的正常工作和生活；而别墅投资则应选择风景优美、环境幽静、气候宜人的郊区，满足别墅需求者寻求宁静和休闲的愿望。表 8-3 列出了居住型房地产投资的要点。拓展阅读 8-1 介绍了学区房的相关情况。

表 8-3　居住型房地产投资要点

影响因素	优点	劣势
自然条件	位置接近市中心	远离市中心
	地基承载力大	承载力小
	地形、地势、形状和大小	起伏、低洼
	通风采光优良	较差
交通条件	较好的通达性	不方便
市政设施配套设施	齐全完善	不齐全完善
环境条件	无污染噪音、绿化率高	污染噪音、绿化率低
经济条件	投资活跃	不活跃
	当地居民收入水平高	不高
人口因素	人口密度适中、素质高	过大或过小，素质低
城市规划	控制较宽松	过严
市场供求	需求量大	需求量小

资料来源：参考董藩、丁宏、陶斐斐．《房地产经济学（第二版）》，北京：清华大学出版社，2017，并经作者自行总结。

3. 商业型房地产资产特点

对于商业型房地产投资而言，其投资收益主要体现在租金收入上，这就要求商业型房地产所处的区位必须对租户具有吸引力，使租户能方便地开展其经营活动，

拓展阅读 8-1
学区房

以赚取正常的经营利润，并具备支付租金的能力，进而确保投资者获得合理、稳定的经常性收入。商业型房地产主要通过租赁运营获得长期回报，追求物业的使用价值和价值增值。因此，商业型房地产的投资周期相对较长，投资和获取回报的过程通常耗时甚久，并且在市场上出售资产时不易寻到合适的买者。投资商业型房地产资金的流动性和灵活性都较低、投资金额大、风险高。商业房地产经营的成败主要取决于承租者商业经营的成败，房地产投资只是作为一种先期条件。因此，投资者要有足够的承受风险的能力。

商业型房地产很少有单一的业态，在大多数情况下，房地产开发商都会根据项目城市现有业态情况和对未来商业发展趋势的把握，充分利用本身可能整合的各类资源，进行一定的业态组合。商业型房地产不是单纯的房地产，或单纯的产业，而是兼有房地产、产业、投资等多重特性，是房地产与不同产业的有机结合。目前，商业型房地产正朝着专业化、大型化、集中化的趋势在发展。随着我国房地产经济的发展，商业房地产市场成了投资者眼中的"新宠儿"，越来越多的人加入商业房地产投资中。由于商业型房地产涉及第三方，如用户、租户、商户等，就需要估计第三方运营情况，包

括估计公寓租赁市场、酒店未来运营情况等，其中涉及租约、租金分配等问题，都与城市或地区本身的发展状况息息相关。商业房地产是随现代城市的发展而发展，且发展到一定程度（商业综合体）后，会进一步推动城市的更快发展[1]。拓展阅读8-2介绍了城市商业综合体与人文特色商业地产的相关情况。

拓展阅读 8-2
城市商业综合体与人文特色商业地产

4. 商业型房地产与居住型房地产投资的比较

尽管居住型房地产与商业型房地产同属于房地产投资，但是由于用途的不同，在投资上具有明显差异。一般而言，居住型房地产更多依赖于物业本身价值的提升，风险相对较低；而商业型房地产更多依赖于经营或出租后所获得的现金流，对于外部经济大环境要求更高，风险也相对较大。两者之间的主要差别如表8-4所示。

表 8-4 商业型房地产与居住型房地产投资的比较

	商业型房地产	居住型房地产
区位	地段客流大，但多变	客户局限在一定范围
物业	适应多样化的用途	较为单一
目标顾客	支付能力+经营能力	支付能力
消费环节	竣工只是经营、服务的开始	竣工验收交付装修到终端消费
使用功能	经营、公共服务	居住
盈利模式	经营收益+长期增值	以获得差价为主
开发商	实力更强、专业素质高	实力、素质和抗风险能力强
优点	经营方式和投资主体多样性；租期长、租金收入高且稳定、管理容易、租户支付税金及管理费，受规划和商业用地总量控制	状况熟悉、单价低、易租、转手相对容易、政策上保护租客、装修要求不高
缺点	价高、变现不易、出租难度大、服务要求高、政策直接干预少	租金收入低、房东支付税金及管理费、管理困难、租期不稳定、政策干预多

资料来源：参考董藩、丁宏、陶斐斐.《房地产经济学（第二版）》，北京：清华大学出版社，2017，并经作者自行总结。

5. 家庭房地产资产和金融资产的差异

近年来，我国家庭所积累的财富越来越多，家庭居民对于财富保值增值的要求也越来越高，而房地产资产在中国家庭中所占的比重越来越大，已经成为家庭资产保值、增值的首选。《2018年中国城市家庭财富健康报告》通过调查华北、华东、华南、华中、西南、东北、西北七大区域中23个城市的近万个家庭后发现，在家庭资产中，住房资产占77.7%，而金融资产仅占到11.8%。与其他国家相比，我国家庭金融资产占比明显偏低，而房地产资产占比则相对较高[2]。比如，2018年美国家庭居民资产中，股票和共同基金占32%，保险与养老金占23%，而房地产仅占24%。由于房地产资产与金融资产本身在流动性、安全性、收益性和投资期限等方面存在着一定差异，且房

---

[1] 更多关于商业地产的内容可以参考：［美］约翰·麦克马汉著，王刚，王洪译，2014：《商业房地产投资手册》，中信出版社。
[2] 数据来源：2017年瑞士信贷《全球财富报告》以及CHFS（2017）数据库。

地产投资还会受到房地产本身和房地产市场特性的影响，使得房地产资产投资与其他类型的家庭投资（储蓄、股票、债券、外汇、大宗商品）相比，具有一定的差异，如表 8-5 所示。

表 8-5 房地产资产与金融资产比较

资产类型	收益性	风险性	流动性	便利性	专业性	基本特征
房地产	中	中	低	低	中	抗通胀能力强、门槛高、变现能力差、适合中长期投资
银行存款	低	低	高	高	低	收益低、风险几乎没有、流动性强
股票	高	高	高	高	中	投资门槛低、需要一定专业知识、有一定风险、适合各类投资者
债券	低	低	高	高	低	利率高于储蓄、有一定风险、门槛较低、适合各类投资者
外汇	高	高	高	中	高	投资金额大、需要专门知识、带有一定杠杆、风险较高、仅适合专业投资者
大宗产品	中	中	高	高	高	保值但是不带来现金流、仅依靠资本利得获利、投资金额大、需要专门知识
期货	高	高	高	中	高	以小博大、需要专门知识、带有一定杠杆、风险较高、仅适合专业投资者

资料来源：作者根据现有常见金融资产特征进行总结。

8.1.3 房地产资产的价格形成机制

房地产价格是房地产资产投资中的一个核心问题，它关系到房地产所有权和使用权在经济上的实现以及房地产市场有效的运行和资源的优化配置。从本质上来说，房屋作为土地的附属品，其价格是建筑物价格和土地价格的统一。因此，房地产价格的构成中，有一部分来源于土地开发和房屋建造安装所形成的价值，另一部分来源于土地租赁的资本化收入。目前对于房地产资产定价的方法主要包括：市场供求决定理论和生产成本加成决定理论。影响房价的相关因素的研究也非常多，大多数研究从需求角度入手，在我国主要体现在：①随着我国家庭结构的变迁和人口结构的变化，我国居民对房屋的需求大幅度增加，而城镇人口的聚集和结构变化也会引起对房屋需求的增加。②随着城市化进程的加速，部分购房者对于房屋也有了新的需求，交通便利和距离商业中心较近的"优质房源"都会引起购房者强烈的购买意愿。③"户籍"制度使得拥有房屋便可以享受到由其所带来的诸如入学和就医等诸多社会资源，进而导致部分区域的住房需求"被动"释放出来。④目前投资渠道匮乏和存款负利率，使得越来越多的投资者乐意将房地产作为投资对象，增加了房地产的投资需求[⊖]。

按照商品价值规律理论，房屋的价格应该在供给和需求的影响下围绕着其价值上下波动。对于房价过快上涨的原因，一些理论认为房屋供给中的成本因素是房价的基

⊖ 具体分析和内容可参见张浩等（2014）。

础决定因素，房屋建造过程中投入的要素价格直接决定了新建住房的价格（房地产价格基本成本构成如表8-6所示），房屋建筑成本等因素对房价有明显的解释力。这其中，土地成本变动被认为是最重要的原因之一，土地价格的升高会明显拉高房价。从房地产的成本来看，成本中占主体的土地价格自2004年的"招拍挂"⊖政策实施以来，出现大幅度上涨，而且从近年来房价的几波上涨行情来看，在2005年和2009年，开发成本的大幅上升确实直接引起房价产生一轮大幅的上涨。为此，国内有不少学者认为土地的"招拍挂"政策抬高了地价，引起开发成本整体上升，直接推动房地产价格大幅上涨（张浩和李仲飞，2015）。因此在中国的房地产市场上才流传着这么一段话："房地产长期看人口，中期看土地，短期看金融，金融是杠杆，土地是供给，人才是房地产最根本的需求。"⊜

表8-6 房地产价格基本构成表

房地产价格	地产价格	地产开发成本	土地使用权转让费
			拆迁补偿费
			地产开发费（小区内"三通一平"费）
			地产开发单位管理费
			地产开发单位投资资金成本
			地产开发利润
	房产价格	建筑施工费	勘探设计费
			建筑材料、设备费
			建筑施工费
			房屋建筑单位管理费
			房屋建筑单位投资资金成本
			房屋建筑利润
		房屋销售成本	房屋经营单位经营管理费
			营销费用
			房产销售税
			房产经营利润

资料来源：作者根据房地产公司经营成本资料自行整理、归纳。

房地产资产的供给和需求是影响房地产资产价格的两个最终因素，其他因素都是通过影响房地产资产的供给或需求来影响价格的。其中，房地产资产的购买者形成了市场的需求，待售的房地产资产（包括新开发的和已有的存量资产）形成了市场的供给。另外，不同类型的房地产资产因各自影响因素的不同也导致市场价格显著差异。

1. 房地产需求

购房者在特定时间、按特定价格所愿意且有能力购买的某种房地产资产的数量。对某种房地产资产的需求量是由许多因素决定的，其中主要有：

⊖ 土地"招拍挂"制度是我国国有土地使用权出让的管理制度。我国国有土地使用权出让方式有四种：招标、拍卖、挂牌和协议方式。《土地法》及国土资源部相关的部门规章规定，对于经营性用地必须通过招标、拍卖或挂牌等方式向社会公开出让国有土地。"招拍挂"方式相比协议出让可以使土地以更公平、合理的价格出让，减少人为干扰因素，遏制腐败产生。

⊜ 这一结论由恒大集团研究院院长、首席经济学家任泽平在2018年西安举行的新财富大健康产业论坛上提出。

（1）**收入水平**。由于投资者对房地产资产的需求是在其支付能力下的需要，因此需求水平的高低直接取决于购房者的收入水平，当购房者的收入水平提高时，就会增加对房地产资产的需求。

（2）**购房者的偏好**。购房者对房地产资产的需求产生于购房者的需求或欲望，而购房者的需求又有强弱缓急之分，从而形成其购房偏好。当购房者对某种房地产资产的偏好程度增强时，该种房地产资产的需求就会增加；相反，需求就会减少。比如：在部分一、二线城市，小户型住房比大户型更受青睐，那么同样条件下，小户型房地产资产的需求就会高于大户型房地产资产。

（3）**对房价的预期**。购房者不仅要考虑现期对所购房地产的需要程度和支付能力，还要对未来市场走势和自己未来的支付能力做出判断，形成对未来的预期。当预期房地产的价格会在下一时期上升时，就会增加对房地产的现期需求；反之则会减少现期需求。

（4）**人口规模**。个体房地产需求的加总构成了房地产市场中的总需求。因此，人口的数量变化必然会影响房地产资产的需求。一般而言，人口数量的增加会增加房地产的需求。

专栏 8-2 介绍家庭购房时需要考虑的更加细致的微观因素。

专栏 8-2

家庭购房时需要考虑的微观因素

尽管在买房时，购房者会参考当时的宏观经济环境做出相应的决策，但是具体而言，购房者在实际的房屋买卖过程中，由于房屋本身位置、朝向、结构等异质性，每一套住房本身都具有价格上的差异。购房者主要参考的指标如下：

1. 位置因素：A. 距离所在片区中心区的远近；B. 物业为临街或背街
2. 基础配套：A. 城镇基础设施是否齐全：供水、排水、供气、供电；B. 社会服务设施是否完备：文化教育、医疗卫生、文娱体育、邮电、公园绿地
3. 物业管理：A. 保安；B. 清洁卫生；C. 绿化率及养护状况；D. 物业管理费；E. 人车分流；F. 物业管理公司的资质
4. 建筑质量：A. 是否漏雨水；B. 门窗封闭情况；C. 内墙；D. 地板；E. 排水管道
5. 交通便利度：A. 大中小巴士路线数量；B. 距公交站远近；C. 站点数量；D. 大中小巴舒适程度
6. 市政规划：A. 规划期限（远中近期）；B. 规划完善程度；C. 规划所在区域重要性程度；D. 规划现状
7. 楼盘规模：A. 总建筑面积；B. 总占地；C. 户数
8. 单元朝向：A. 按方向；B. 按山景；C. 按海景；D. 视野大小
9. 物业外观：A. 是否醒目；B. 是否新颖；C. 是否高档；D. 感官舒适程度如何
10. 室内装修：A. 高低档；B. 是否实用；C. 功能是否完善；D. 质量是否可靠
11. 环保程度：A. 空气；B. 噪音；C. 废物；D. 废水

12. 发展商实力及信誉：A. 资产资质；B. 开发楼盘多少；C. 楼盘质量；D. 其他
13. 户型设计：A. 客厅与卧室的结构关系；B. 厨房和厕所的结构关系；C. 是否有暗房；D. 实用率大小
14. 停车位：A. 停车位数量；B. 住户方便程度

资料来源：参考廖志宇.《房地产实战定价策略》，中国建筑工业出版社，2011，并经作者结合实践进行综合整理。

2. 房地产供给

房地产供给是指房地产开发商和拥有者在特定时间、以特定的价格愿意且能够出售的某种房地产的数量。形成供给有两个条件：一是开发商或拥有者愿意供给；二是开发商或拥有者有能力供给。房地产的供给量是由许多因素决定的，其中主要有：

（1）**开发成本**。在房地产自身的价格保持不变的情况下，开发成本上升会减少开发利润，从而会使房地产资产的供给减少；反之，开发成本下降会使房地产的供给增加。

（2）**开发技术水平**。在一般情况下，在开发相似的房地产商品时，开发技术水平提高可以降低开发成本，增加利润，开发商就会开发更多数量的房地产。

（3）**对未来房价的预期**。如果开发商对未来的预期看好，则在制定投资开发计划时会增加开发量，使未来的供给增加，同时会把现在开发的房地产产品捂盘惜售，待价而沽，从而减少现期供给；如果开发商对未来的预期是负面的，其结果则相反。

（4）**开发用地供给**。房地产资产是指土地上永久建筑物及其所衍生的权利。一个区域房地产资产在一定时期内的新增供给取决于该区域的可供开发的土地供给。一个区域开发用地供给越多，经过开发商进行项目开发后的房地产资产供给相对而言也就越大；反之，开发用地供给不足，会引起新增房地产资产供给的缺乏，进而引起价格的上涨。

综上所述，房地产价格与房地产的需求正相关，与房地产的供给负相关；供给一定时，需求增加，则价格上升；需求减少，则价格下降。需求一定时，供给增加，则价格下降，供给减少，则价格上升。如果需求和供给同时发生变化，价格也会发生变化，并最终取决于市场中供求双方市场力量的大小对比。

尽管在房地产市场中，供求双方共同作用于市场，决定了市场价格，但在房地产资产价格的实际变化中，还有其他众多因素会通过影响市场的供求最终反映到价格的变化。前面我们提到："房地产长期看人口，中期看土地，短期看金融。"这三个因素中，关于土地对供给的影响前文已经进行了分析，这里不再累述。人口因素是支撑房地产价格的根本，一般而言，外来人口流入会增加流入地的住房需求，进而提升当地的房价；而人口流出地，由于人口外流，不但当地的住房需求降低，而且流出的人口还有可能出售已有的房地产，从而增加市场供给，进而进一步降低当地的房价水平。在金融政策方面，利率的变化是一个重要的影响指标。房地产本身是一个高负债行业，房地产开发商的资金大部分是通过债务融资获得的，而购房者的大部分资金来源也是来源于商业银行贷款，因此贷款利率的高低会影响房地产的定价。一般而言，当市场贷款利率较低时，房地产开发商和购房者负担的资金成本相对较低，会提升购房者的购买能力和购买意愿，加大市场需求。

短期内，除了金融政策外，宏观政策和法规同样会对房价的走势产生一定的影响[一]。特别是在2008年美国次贷危机发生之后，房地产市场中存在的可能威胁也逐渐被我国政府认识。所以，自2010年1月起，国务院和国土资源部陆续出台了《关于促进房地产市场平稳健康发展的通知》（国11条）、《关于加强房地产用地供应和监管有关问题的通知》（土地调控新政19条）、《国务院关于坚决遏制部分城市房价过快上涨的通知》（新国10条）、《关于调整房地产交易环节契税个人所得税优惠政策的通知》（新国5条）等一系列旨在抑制投机、遏制房价过快上涨的政策措施，通过采取限购、收紧信贷、加息、增大土地和住房供应、提高首付、减少优惠、增加税收、加快保障安居工程建设、加强市场监管等多种调控手段调控房地产市场。拓展阅读8-3详细回顾了中国房地产市场的调控历程。

拓展阅读 8-3
中国房地产市场的调控历程回顾

8.2 房地产投资与家庭财富管理

8.2.1 房地产投资的收益

房地产投资收益是指房地产投资者因投资房地产资产而获取的各种经济利益。房地产投资活动之所以备受投资者的青睐，主要是因为其收益相对较高，且获取收益的过程相对简单，并不需要很复杂的经济金融知识。一般而言，房地产的投资收益主要有以下两种来源：一是投资差价收益，投资者购入房地产后，由于环境因素、市场因素或政策因素发生了变化，使市场上房地产的市场价格发生变化。如果房价上升，投资者及时卖出手中的房地产资产，就可以获得高于购买价的卖价，两者之间的差额就构成投资者投资房地产的差价收益。二是租金收益，投资者购入房地产资产后用来出租就可定期收取租金，并且可以在相当长的时间内获得租金。由于租金具有一定的价格刚性，因此还可以回避房地产价格波动带来的影响。

8.2.2 房地产投资的风险

1. 房地产投资风险的含义和特征

房地产投资风险，是指由于随机因素引起的房地产项目投资收益偏离期望收益的程度，即由于投资房地产而造成损失的可能性大小。前文的分析已经表明，房地产资产具有区位固定、投资门槛高、投资周期长等特点，这些因素都会使得房地产投资能获得其他投资无法比拟的收益的同时，也会存在具有自身特点的风险。

2. 房地产投资风险分类

房地产投资的风险主要体现在投入资金的安全性、期望收益的可靠性、投资项目的变现性和资产管理的复杂性四个方面。在通常情况下，往往把风险划分为对市场内

[一] 具体的相关内容和分析可以详见：邓柏峻等（2014）；张浩和李仲飞（2015）。

所有资产均产生影响的系统风险和仅对市场内个别资产产生影响、投资者可以控制的非系统风险。

（1）**系统风险**。房地产投资首先面临的是系统风险，投资者对这些风险不易判断和控制，主要有购买力风险、周期风险、变现风险、政策风险等。①购买力风险，又称通货膨胀风险。由于房地产投资周期较长，只要存在通货膨胀因素，投资者就会面临购买力下降的风险。②周期风险，是指房地产市场周期波动给投资者带来的风险。当房地产市场从繁荣阶段进入危机与衰退阶段时，房地产市场将出现持续较长时间的房地产价格下降、交易量锐减等情况，给房地产投资造成损失。③流动性风险，指房地产资产交易过程复杂，投资者很难在较短时间内将房地产资产变现。因此，当投资者急于将房地产兑换成现金时，可能会蒙受折价损失。④政策风险，指政府有关房地产投资的土地供给政策、税费政策、住房政策、价格政策、金融政策等，这些政策和变化对房地产投资者收益目标的实现产生巨大影响，从而给投资者带来风险。

（2）**非系统风险**。房地产投资面临的非系统风险是指，可以通过分散化投资与风险管控的方法来进行规避的风险，主要有收益现金流风险、机会成本风险、持有期风险、或然损失风险等，其中，收益现金流风险和机会成本风险是各类投资普遍都具有的非系统风险。而房地产资产由于具有持有期较长、不可移动等特征，因此持有期风险和或然损失风险是房地产资产特有的非系统风险。①持有期风险，指与房地产投资持有时间相关的风险。一般来说，持有时间越长，可能遇到的影响项目收益的不确定因素就越多，投资者面临的风险就越大。②或然损失风险，指火灾、风灾或其他偶然发生的自然灾害引起的房地产投资损失。

3. 房地产投资风险管理

系统风险是房地产投资中无法避免的，但是非系统风险则可以通过一些方法规避和转移，比如通过购买保险来转移或然损失风险。根据第4章的投资组合理论，可以尝试通过构建房地产的投资组合来实现房地产投资风险的分散。房地产的投资组合可以从两个层面来理解：狭义层面来讲，它是指由不同类型、不同区域的房地产资产按照一定的比例进行投资所构成的投资组合。房地产的类型可以是住宅、公寓、商铺等；不同区域是指分布在一个城市中心或郊区、不同城市之间，甚至境外，比如可以是在北京、上海、深圳、广州这样的一线城市的市区或郊区，也可是其他二、三线城市，甚至是中国香港、美国、澳大利亚、加拿大、英国等境外国家或地区。广义层面来讲，房地产组合泛指房地产和以房地产为标的的股票、信托投资基金、债券、衍生品等房地产金融资产的投资组合。

【例题8-1】假设某家庭有一笔300万的资金，其投资方案有三种。第一种是把资金全部投入住宅项目，第二种是把资金全部投入商铺项目，第三种是一种投资组合，用一半的资金投入住宅项目，另一半的资金投入商铺项目。由于不同的投资方案所面临的条件是不同的，从而可能造成结果也有差异。三种方案的收益情况如下：第一种方案，300万的商铺有65%的概率涨到560万，有35%的概率下跌到150万；第二种方案，300万的住宅有70%的概率涨到500万，有30%的概率下跌到180万；第三种方案，投资者分散投资将150万投资于商铺，150万投资于住宅，那么这个投资组合有

45.5%的概率上涨到530万，24.5%的概率上涨到325万，19.5%的概率上涨到370万，10.5%的概率下跌到165万。试求解三种方案的期望回报与风险。

解：对于方案1而言：

期望回报为：$R_1 = 560 \times 0.65 + 150 \times 0.35 = 416.5$（万）

风险为：$\sigma_1 = \sqrt{(560-416.5)^2 \times 0.65 + (150-416.5)^2 \times 0.35} = 195.6$

对于方案2而言：

期望回报为：$R_2 = 500 \times 0.70 + 180 \times 0.30 = 404.0$（万）

风险为：$\sigma_2 = \sqrt{(500-404)^2 \times 0.70 + (180-404)^2 \times 0.30} = 146$

对于方案3而言：

期望回报为：$R_3 = 530 \times 0.455 + 325 \times 0.245 + 370 \times 0.195 + 165 \times 0.105 = 410.25$（万）

根据方差是离差平方的期望，而后开方计算出标准差得风险为：$\sigma_3 = \sqrt{(530-410.25)^2 \times 0.445 + (325-410.25)^2 \times 0.245 + (370-410.25)^2 \times 0.195 + (165-410.25)^2 \times 0.105} = 122.2$

从上述分析可以看出，方案3由于采用了投资组合的形式，所以其风险度量值比方案1和方案2的风险值会有所下降，但是其期望收益也有所不同，介于方案1和方案2之间；同时风险也是在方案1和方案2之间。所以一般而言，房地产投资组合的期望收益和风险会介于两种单一投资的收益与风险水平之间。这种方法可以分散投资的风险，从而达到降低风险的目的。

8.2.3 家庭财富管理中的房地产投资

1. 房地产投资在家庭资产配置中的作用

房地产资产同时兼具居住属性和投资属性。居住属性体现在家庭对住房本身的需求，包括住房的建筑类型、房间数量、住房面积、房间大小、是否有院子、是否有阳台、储藏空间、建筑质量、住房建筑年限、是否有车位等；同时它还体现在对住房外部环境的需求，包括社区类型、社区娱乐设施、公共交通、绿地面积、安全状况、社区容积率等。对于投资属性，相关分析则沿用生命周期理论，认为家庭在收入与财富的预算约束下，通过平衡各年龄阶段的消费、储蓄、投资等行为，进行最优化选择，以达到生命周期内总效用最大化。因为投资者关心的是资产的期望收益和风险，而收益和风险本身则是密不可分的。在第4章中，我们曾分析过，投资多元化的价值就在于可以降低风险。所以在现有的家庭投资组合中加入房地产的投资是有好处的，而且房地产资产在通货膨胀中的稳定性也说明了其应当被纳入最优的投资组合中。至于投资占比问题，大多数研究表明，房地产的投资规模应该集中在家庭资产规模的0~70%之间。Ziobrowski（1997）的一项研究发现，20%~30%的资产比例投资于房地产是最好的投资比例。

2. 房地产资产在家庭资产配置中的基本理论逻辑[一]

假设家庭的房地产资产投资数量由其效用函数所决定，房地产资产的需求取决于

[一] 这一部分相对难度较大，根据授课对象的水平和接受能力来定是否详细讲解。

其所带来的财富效用（投资属性）和使用效用（居住属性）两个部分。假设家庭的效用函数形式为：

$$u(c, A, B, H) = [\ln c + \ln(A+B)] + \ln H \cdot f(\overline{H}) \tag{8.1}$$

其中，c 表示家庭的非住房消费，A 代表家庭的非房产财富，B 代表房产财富，H 代表家庭购买房地产资产的面积，$f(\overline{H})$ 则代表拥有房地产资产后享有的居住、入学、生活等便利。从式（8-1）可知，购房者购买房地产资产后的效用来源于三个方面：一是其他消费品带来的效用；二是财富效用，这其中又分为非房产的财富效用和房产的财富效用；三是房地产资产所带来的效用，其中一方面来自房地产资产的面积，一方面则是房地产资产所隐含的特征属性（比如学位、社区医疗等），由于住房是一个整体，因此两方面的效用同时产生，从而效用函数中采用了 $\ln H \cdot f(\overline{H})$ 来表示。

假设家庭可以选择接受某一时刻 s 的房价 p_s，并在此时购买房地产资产，他们可以采用按揭购房的形式进行购买，其承担按揭贷款的月利率以 r_b 来表示。假设购房的按揭贷款比例为 η，因此从购房开始需要每一时期支付房地产抵押贷款 h，根据按揭房贷的计算公式 $h = \dfrac{\eta p_s H r_b (1+r_b)^n}{(1+r_b)^n - 1}$，可以简化为：$h = \alpha p_s H$，其中，$\alpha = \dfrac{\eta r_b (1+r_b)^n}{(1+r_b)^n - 1}$。家庭投资房地产资产之后，其非房产财富的积累过程为：

$$A_{t+1} = y_t - h - c_t + A_t(1+r), \quad t > s \tag{8.2}$$

其中，r 代表家庭的投资收益率，y 表示家庭的收入。式（8.2）表明购房者非房产财富的增加来源于两个部分：一是家庭的储蓄，二是前期的财富积累及收益。假设 $B_t = (E(p_t) - p_s)H$，即家庭预期的房产投资收益取决于所购买房地产资产价格变化和面积。因此，综合式（8.1）和式（8.2）式可以构建含有贴现率 $\beta(0<\beta<1)$ 的最优化问题：

$$\max \sum_{t=s}^{T-1} \beta^t u(c, A, B, H)$$
$$\text{s.t.} \quad A_{t+1} = y_t - h - c_t + A_t(1+r)$$
$$h = \alpha p_s H$$

这里我们仅讨论了房地产资产同时为家庭提供居住服务和资产增值。结果表明，对于一般家庭而言，房地产资产作为重要的家庭资产，一方面可以提供居住的便利，另一方面则是提供资产的保值增值的效果。家庭在进行资产配置过程中，应根据房地产资产与其他资产的积累情况进行分配，同时还要兼顾房贷对家庭消费的冲击和影响。投资房地产资产会增加家庭的房贷支出并减少非房地产资产的积累速度，但投资房地产资产会给家庭带来拥有房地产资产后所带来的便利，以及房地产资产升值所带来的财富积累。这需要家庭在做出投资决策时对于房价变化引起的房产收益 B 的变化有一个正确的估计和判断，同时还要兼顾 $\ln H \cdot f(\overline{H})$ 所带来的效用提升。对于多套房的家庭而言，由于其他房产不再提供居住服务，便成了真正的纯投资品，这时住宅和其他非居住房地产资产类似，都是在每期提供一定的现金流，并且资产价值也发生变化，为投资者带来财富积累和资本利得。

3. 家庭买房和租房的决策问题

在住房问题日益紧张的今天，无论是发达国家还是发展中国家，都不同程度地存在着城市住房问题。对于很多人来说,买房还是租房是个比较困难的选择。无论是买房还是租房,都存在着使用性要求和经济性要求。从租售比的角度看,目前北京、上海、广州和深圳以及其他沿海大中城市的房价过高,因此对大部分年轻人来讲,比较理性的行为应该是租房。但是,从投资的角度看,很多人对于房价都预期上涨,认为房地产资产从长远来看是升值的。买房是投资行为,而租房却是消费行为,因此应该买房。从世界角度来看,在德国,初次购房或建房者的平均年龄达 42 岁;在美国,52%的首次购房者年龄在 31 岁;在比利时,许多人都是在 35 岁之后开始买房;日本的年轻人艰苦奋斗 10 年左右才能基本攒齐购房的首付⊖。可见,对于世界各国的年轻人来说,买房都不是一件容易的事情⊜。

(1) **买房与租房的选择**。一般而言,愿意租房的家庭主要是因为租房可以使家庭有能力使用更多的居住空间,资金较自由、便于应对家庭收入的变化,无须承担房屋瑕疵或毁损风险,且不用考虑房价下跌风险。但租房家庭同样也要面临非自愿搬离、无法按照自己的期望装修房屋、房租可能会增加的风险,并且家庭无法运用财务杠杆追求房价差价利益,也无法通过购房强迫自己储蓄。而愿意买房的家庭则主要考虑买房可以对抗通货膨胀,通过购房可以强迫储蓄从而累积家庭财富,提高居住质量,能够满足拥有房屋的心理效用,以及获取居住效用与资产增值的机会等。但买房的家庭同样会面临缺乏流动性,要换房或变现时可能要被迫降价出售,维持成本高、投入的装修成为沉没成本,以及房屋毁损、房价下跌等或有损失风险。

(2) **买房与租房的成本计算**

就家庭而言,到底选择租房还是买房,还是要依据自身的经济情况、收入以及所在城市的发展情况来综合考虑,从财富管理的角度来看,一般使用年成本法和净现值法来做出购房和租房的抉择。

第一,年成本法。以自住而言,购房者的使用成本是首付款的机会成本、房屋贷款利息与住房维护成本;而租房者的使用成本是房租和房屋押金的机会成本。比较租房或者购房的年成本,成本小的更为划算。

$$租房年成本 = 押金 \times 机会成本率 + 年租金 + 物业与其他费用$$

$$购房年成本 = 购置房屋(包括价格和税金)的年金成本 + 使用房屋的年成本(维护费 + 物业与其他费用) - 房屋年价值增值$$

第二,净现值法。净现值法是指在一个固定的居住期间内,将租房和购房的现金流量折现为现值,比较两者的净现值,较高者为划算。

4. 家庭房产的置换规划

一般而言,随着家庭收入的增长以及家庭成员数量的变化,家庭存在换房的需求。从家庭生命周期来看,一生中面对不同的需求大概需要经历的阶段和购房需求如表 8-7 所示。

⊖ 数据来源:环宇. 外国人的初次置业年龄,《中外房地产导报》,2006,(11).
⊜ 根据中国房地产协会和如是金融研究院联合发布的《2018 美好居住生活白皮书》对主要国家购房者平均年龄调查显示,中国首次购房者的平均年龄是 27 岁,而日本则是 41 岁。根据汇丰银行报告数据显示,中国 80、90 后、"千禧一代"的住房拥有率达到 70%,远高于 40%的全球平均住房拥有率水平。

表 8-7 家庭换房规划

生命周期阶段	购房经验	买房考虑主要因素	月收入（元）	可负担房价
青年期<30 岁	首次购房	房价、便利	9 000～15 000	120 万～200 万元
前中年 30～40 岁	第一次换房	学区、交通	15 000～30 000	200 万～350 万元
后中年 40～50 岁	第二次换房	环境、治安	30 000～45 000	350 万～450 万元
老年期>55 岁	第三次换房	养老、遗产	15 000～25 000	150 万～250 万元

资料来源：根据北京当代金融培训有限公司编著．《金融理财原理》．北京：中信出版社，2019．第 9 章内容归纳整理。

当然，在换房时除了家庭的需求，还要考虑家庭的经济能力。一般而言，只有购置新房的首付款项筹集够后，家庭才会考虑换房。如果要进行换房，所需要筹集的收付款项主要来源于旧房的出售款，那么有：需筹首付款=新房净值-旧房净值=（新房总价-新房贷款）-（旧房总价-旧房贷款）。

【例题 8-2】家庭换房决策

对于某家庭，其现在所拥有的旧房值 60 万元，贷款尚有 30 万元，新房值 200 万元，拟贷款 80 万元，那么首付款项应筹集多少？以 6% 的利率来算，贷款期限 20 年的话，每月还贷金额为多少？收入水平达到多少才能较好地负担这笔房贷？

解：应筹首付款=（200 万元-80 万元）-（60 万元-30 万元）=90 万元

此时要考虑的是，家庭可变现的资产有无 90 万元，以及未来是否有负担 80 万元房贷的能力。以 6% 的利率来算，贷款期限 20 年的话，每月等额本息需要还款 5 730 元。

按照一般商业银行房贷偿还要求，月收入应达到房贷还款的 2～2.5 倍，这意味着家庭月收入应在 12 000 元以上才考虑换房。因此，购房应当量力而行，若把所有的资金全部用于购房，会耽搁子女教育金或退休金的筹措，可在准备充分前暂时先不考虑换房。

在具体换房过程中，如果手头资金充裕，可以考虑先买新房再卖旧房，从而避免房价上涨带来的可能损失。但当资金不够充裕时，就只能先卖旧房凑够新房首付后，再买新房。在先卖再买的过程中，除了要面对房价可能上涨带来的风险暴露外，还要解决出售旧房后无房可住的问题。而且即便家庭可以通过租房来解决短暂的住房问题，但因为租期不长且时间紧急，租约谈判难度加大，或者每月租金可能较高。因此，在换房过程中家庭要特别注意现金流的充裕问题，短期流动性的缺失，可能会致使家庭为了获得短期流动性支持而负担较高的成本。若没有借贷渠道或是在换房前尚未凑足首付款，那么换房时还是以先卖后买为宜。拓展阅读 8-4 介绍了新中国成立后我国居民家庭的人均住房面积的演变历史。

拓展阅读 8-4
我国居民家庭的人均住房面积演变

8.3 房地产金融资产投资与财富管理

8.3.1 房地产金融资产投资

1. 基本内涵

房地产金融资产投资，是指投资者将资金投入到与房地产相关的资本市场，通过拥有房地产金融资产来获得预期的不确定性收益的行为和过程。房地产金融资产投资主要包括购买房地产企业的债券或股票、购买房地产投资信托公司的受益凭证或股票、购买住房抵押支持证券等。由于房地产资产投资周期长、资金需求大、流动性较低、需要专业知识较多，所以对家庭投资者本身具有较高要求。对于部分没有足够资金、时间、兴趣和专业技能的家庭投资者而言，直接投资房地产则面临较大的难度和风险，这时候就可以考虑投资于以房地产资产为标的的金融产品。其中，房地产企业发行的股票和债券是房地产金融投资的基础产品，而住房抵押支持证券和房地产投资信托基金则属于创新型房地产金融产品，它们构成了市场中房地产金融资产投资的最基本形式。

2. 房地产金融投资基础产品

（1）**房地产企业股票**。投资者在看好房地产行业但又由于某种原因无法购买房地产资产时，可以基于对房地产行业和企业的考虑，投入资金用于购买房地产企业股票并获得相应收益。通过购买房地产企业股票，投资者可以通过拥有股票而分享房地产企业经营收益。房地产企业股票还是属于股票的范畴，其本身具有股票的不可返还性、参与性、收益性、流通性、风险性。

（2）**房地产企业债券**。投资者基于对房地产行业和企业的考虑，可以投入资金用于购买房地产企业债券并获得相应收益。在家庭进行房地产企业债券投资的过程中，主要从以下两个因素来考虑债券的持有决策：一是外部因素，即考虑市场的利率水平和通货膨胀水平；二是内部因素，即考虑债券的期限、票面利率、流动性以及发债房地产企业的主体信用水平。无论是房地产企业股票还是债券，最主要的收入来源还是房地产企业经营收入（见表8-8），二者都会受到房地产市场和宏观大环境的影响。

表8-8 房地产金融投资获益来源

类型	收入来源	投资者收入
房地产企业股票	房地产企业经营收入	股票分红
房地产企业债券	房地产企业经营收入	债券利息
住房抵押支持证券	还本付息额	债券利息
房地产投资信托基金	基金运营收入	股票分红或债券利息

8.3.2 固定收益类房地产金融的创新：住房抵押支持债券

1. 基本定义

住房抵押支持债券，是指相关金融机构将自己所持有的流动性较差，但具有较稳定的可预期现金流的住房抵押贷款汇集重组为抵押贷款群组，由特殊机构（Special Purpose Vehicle，简称SPV）购入，经过担保、信用增级等技术处理后以证券的形式出售给投资者的债券。㊀住房抵押贷款证券化的实质就是将原先不易被投资者接受的缺乏流动性，但能够产生可预见现金流的资产转换为可以自由流通的、能被广大投资者所接受的标准化证券资产，从而为金融机构开辟一条理想的融资渠道。拓展阅读8-5介绍了住房抵押贷款的内涵。

㊀ 更详细的内容可以参见：[美] 弗兰克 J. 法博齐（Frank J. Fabozzi），[美] 阿南德 K. 巴塔恰亚（Anand K. Bhattacharya），[美] 威廉 S. 伯利纳（William S. Berliner）著，宋光辉，朱开尚，刘璟，译。《结构化金融与证券化系列丛书·抵押支持证券：房地产的货币化（原书第2版）》，机械工业出版社，2015。

住房抵押贷款证券化，一方面为一般投资者提供了共享房地产开发和经营收益的机会，另一方面通过把社会短期货币资金转化为长期稳定的资金，丰富了社会的投资渠道，有利于住房抵押贷款的运作和退出。其作用具体表现为：一是抵押贷款证券化可以有效地分散和转移风险。以住房抵押贷款为担保发行抵押证券后，原来集中在银行的抵押贷款资产，变为资本市场上很多投资人持有的抵押债券，这样就使房屋抵押贷款的风险相应分散。而且，由于抵押证券是以一组抵押贷款的投资组合为抵押，个别违约风险被分散，投资的有效收益能够得到更大的保障。二是提高了资产的流动性，原来集中在商业银行的抵押贷款资产不具备流动性或流动性极低，证券化后成为标准化证券资产可以投放二级交易市场；同时通过二级市场交易打破抵押资金的地域限制，使得抵押资金得以在全国范围内流动，平衡地区经济发展不平衡而引起的抵押贷款利率的高低不平，使之平均化和市场化。三是抵押贷款证券化对刺激抵押贷款一级市场有积极作用。推行抵押贷款证券化，对购房人来说，不会因为借款资金短缺的瓶颈抑制而推迟购房意愿；而房地产开发商也将有更多机会出售他们已建成和即将建成的楼盘，由此形成的良性循环。

拓展阅读 8-5
何谓住房抵押贷款

2. 参与者与运作机制

住房抵押贷款证券的交易主体包括发起人（originator）、特定交易机构（SPV）、受托机构、信用增级机构和信用评级机构。

（1）**发起人**，又称为原始抵押贷款债权人，其主要职责是在充分估计现金流及风险的基础上，将拟证券化的抵押贷款资产进行剥离，并出售给 SPV。

（2）**特定交易机构（SPV）**，是一个非银行的金融机构，通常表现为信托机构或公司的形式。它可以由抵押支持债券的发起而设立，由抵押支持债券的到期而解散，或是不受资产池期限的限制。SPV 是沟通发起人与投资者之间的桥梁，在住房抵押贷款证券化过程中有重要作用。

（3）**受托机构**，是面向投资者，担任资金管理和偿付职能的证券化中介机构，一般由 SPV 担任。其主要职责包括：一是代表信托机构向发起人购买抵押贷款，并向投资者发行债券；二是提供信托账户，负责将服务商收取的贷款本息存入信托账户，并负责将该收入分配到投资者的账户中；三是当抵押贷款本息和产生的现金流与债券偿付现金不匹配时，受托机构将未支付给投资者的剩余现金流进行再投资，实现保值增值；四是审核并转交服务商向投资者提供的各种报告；五是当服务商因故取消或不履行职责时，受托机构应该并且能够代替其担当相应职责。

（4）**信用增级机构**。信用增级是住房抵押贷款证券化中减少发行整体风险、增强投资者信心的有效途径。对金融机构来说，获得的信用等级越高，其发行的债券就越容易被市场接受，发行成本也就越低。信用增级有两种途径：一是由政府组建的机构对贷款进行担保，这种担保包含政府的信用，担保后达到的信用等级较高；二是由私人机构进行的信用增级，分为内部（由 SPV 自己进行）和外部（由第三方提供）两大类。SPV 的信用增级技术主要为采用优先/次级结构、储备基金结构、调整利率结构和利差账户等方式；第三方担保机构通常需要由最高信用等级的大商业银行、保险公司、政府机构或其他企业进行信用增级,经过担保的债券通常能获得与担保机构一样的信用等级。

(5)**信用评级机构**,要为投资者设立一个明确而又可以接受的信用标准,同时以严格的评级程序和标准尽量为投资者减少风险。评级机构一般只对住房抵押贷款支持证券有关的资产未来产生现金流的能力进行评估,以判断给投资者带来的风险。

拓展阅读 8-6 介绍了中国建设银行发行的建行建元 2007-1 个人住房抵押贷款支持证券的相关情况。

在住房抵押贷款证券化的过程中,金融机构(主要是商业银行)将持有的流动性较差但具有未来现金流收入的住房抵押贷款汇聚重组为抵押贷款群组,由证券化机构购入,经过担保或信用增级后以证券的形式出售给投资者。借款人每月的还款现金流,是该证券的收益来源。被证券化的住房抵押贷款必须具备如下特征:一是低风险性,住房抵押贷款能提供稳定可靠的现金流;二是统一性,进行证券化的住房抵押贷款在偿还方式、间隔和期限等方面应尽可能地相似,便于发行证券的设计和定价;三是分散性,住房抵押贷款在地域上必须尽可能分散,进而分散可能发生的风险。住房抵押贷款证券由于采取了破产隔离和信用等级等措施,贷款转化为流动性高、信用风险较低、收益稳定的证券,是投资者青睐的投资工具。投资者通过购买并持有房地产抵押贷款支持证券来获得其中收益。

尽管住房抵押贷款证券化有诸多好处,但是 2008 年美国次贷危机所引发的全球金融危机最初也是由住房抵押贷款证券化所引起的。2007 年以前,美国房地产市场的前景被看好,各个银行和金融机构也将资金作为住房抵押贷款贷给一些资质比较差的借款人买房,这就是所谓的次级贷款。为了提高流动性,商业银行就把次级贷款进行证券化,出售给金融机构,金融机构通过金融创新将其证券化后的次级住房抵押贷款开发成一种金融产品,即所谓的 CDO(担保债务凭证),然后再卖给其他投资者和机构。当美国房地产市场开始下行时,一些次级住房抵押贷款的借款人开始违约,次级住房抵押贷款收不回来,CDO 大量亏损。为了弥补损失,持有这些 CDO 的机构开始抛售,又降低了其价格,越来越多的人不愿意持有 CDO,产品的流动性基本丧失。由于很多机构和投资者都持有这些金融产品,从而进一步加剧金融市场的恐慌,进而导致危机的发生。拓展阅读 8-7 介绍了商业房地产抵押贷款支持证券。

8.3.3 权益类房地产金融的创新:房地产信托投资基金

房地产信托投资基金(REITs)是目前境外房地产金融投资的主流产品。这一节,我们将详细介绍房地产信托投资基金的基本情况,并探讨其在我国的发展情况⊖。

⊖ 更多内容详见:[美] 拉尔夫 L. 布洛克(Ralph L. Block)著,宋光辉,田金华,屈子晖,译.《REITs 房地产投资信托基金(原书第 4 版)》,机械工业出版社,2014。

1. 房地产投资信托基金的基本含义

房地产信托投资基金（简称 REITs），是一种以发行股票或收益凭证的方式汇集众多投资者的资金，由专门投资机构进行房地产投资经营管理，并将投资综合收益按比例分配给投资者的一种信托基金。REITs 其实是房地产证券化的一种，是把流动性较低的、非证券形态的房地产投资，直接转化为资本市场上的证券资产的金融交易过程。REITs 通过资金的"集合"，为中小投资者提供了投资房地产业的机会；专业化的管理人员将募集的资金用于房地产投资组合，分散了房地产投资风险；投资人所拥有的股权可以转让，具有较好的变现性。REITs 的收益主要来源于租金收入和房地产升值，收益的大部分将用于发放分红。REITs 长期回报率较高，与股市、债市的相关性较低，对投资者而言，扩大了投资范围，提供了一种相对安全、收益稳定、流动性强、信息透明且与传统的股票、债券等投资产品相关性较低的产品。REITs 既可以封闭运行，也可以上市交易流通，类似于我国的封闭式基金与开放式基金。

房地产信托投资基金之所以受到广大投资者的青睐，主要是因为它具有如下特点：一是流动性好，REITs 将完整物业资产分成相对较小的单位，并可以在公开市场上市或流通，降低了投资者门槛，并拓宽了地产投资退出机制。二是具有资产组合的功能，REITs 大部分资金用于购买并持有能产生稳定现金流的物业资产，如写字楼、商业地产、酒店、公寓、工业地产等。三是具有较好的管理手段和完善的公司治理结构，公开交易的 REITs 大多为主动管理型公司，积极参与物业的经营全过程，并且和上市公司一样拥有完整的公司治理结构。四是收益分配程度高，REITs 一般将绝大部分收益（通常为 90% 以上）分配给投资者，长期回报率高，与股市、债市的相关性较低。不过，对部分投资者而言，最重要的一点是其本身具有税收中性，不会因为 REITs 本身的结构带来新的税收负担，而且部分国家和地区还给予 REITs 产品一定的税收优惠（具体如表 8-9 所示）。

表 8-9　部分国家和地区税收优惠政策情况

国家和地区	REITs 和 REITs 投资者税收优惠政策	小结
美国	利润分配部分不征税 投资者累进税率 10%～37%，资本利得税率为 15%	1. REITs 层面的税收国际经验，不同程度的免税： ● 免税或符合规定的免税（英国，德国，中国香港） ● 仅对未分配部分征税（美国，日本，新加坡） 2. 投资者层面的税收国际惯例：多数国家和地区在投资者层面正常征税，无税收优惠
澳大利亚	REITs 出售资产征税 个人所得税，累进税率 0～45% 持有资产超过一年免 50% 的税	
日本	REITs 向投资者分配的收益不征税 累进税率 4%～45%，减去预算扣除额	
英国	符合条件的 REITs 收益（包括持有和出售环节）免税 累进税率 20%～45%，获得分红时须缴纳利得税 18%～28%	
德国	REITs 向投资者分配的收益不征税 投资者征收 25% 的资本利得税	
新加坡	REITs 向投资者分配的收益不征税 投资者分红所得税为 2%～22%，出售收益不征税（所得税率为 18%；免交资本利得税率）	
中国香港	分红及利得免税	

资料来源：《Part I (sections 1 through 5) of Subchapter A of Chapter 1 of the Internal Revenue Code》以及《Part II (sections 856 through 859) of Subchapter M of Chapter 1 of the Internal Revenue Code》，《Unit Trust and Equity Law》以及《Income Tax Assessment Act 1997》，《Law concerning Investment Trusts and Investment Companies》，《Corporation Tax Act 2010》以及《English land law and Corporation Tax Act 2010》，《德国房地产投资信托基金法案》，《新加坡房地产基金指引》以及《3E Accounting Singapore》，《香港房地产投资信托基金守则》。

此外,REITs 对于投资者而言,除了相对较高的收益以及较低的风险外,还具有对非预期的通货膨胀的抵抗能力。一般而言,房地产资产本身具有抗通胀的优势,而 REITs 通过将单个的房地产资产分散成为小额股权,投资者的投资门槛降低且流动性增强,并可以享受以租金为基础的稳定分红,因此其总收益远高于通胀率。比如:1972~2017 年美国平均通胀率为 4%,但是在 1974~1980 年的高通胀时期达到 9.3%;在此期间,债券平均收益率为 8.4%,但价格下降了 2.7%,总回报为 5.6%,远低于通胀水平;股票的总回报率为 10%,其中股息收益为 5%,价格收益为 4.8%,略高于通胀水平。而 REITs 在此期间的分红收入回报率达到 10.4%,考虑到价格收益,其总回报率达到 17.9%。 ⊖

在东亚地区,根据香港交易所的数据,在 2018 年 2 月至 2019 年 2 月期间,9 支 REITs 中有 7 只 REITs 增长率超过 CPI 同比增幅。在 2009~2019 年的 10 年里,除了汇贤 REITs 和开光 REITs 复合增长率为负值,其他 REITs 复合增长率皆明显超过 CPI 复合增长率。这表明,以中国国内房地产资产为标的的 REITs 也能够有效抵御通货膨胀,实现资产保值。

表 8-10 CPI 增长率与香港 REITs 增长率

	2019 年	同比增长	2009 年	10 年复合增长率
CPI	101.5	1.50%	101	58.81%
越秀 REITs	5.36	2.68%	2.02	105.16%
领展 REITs	90.1	31.05%	36.15	104.09%
冠军 REITs	6.44	15.00%	3.48	98.39%
财富 REITs	9.82	6.05%	3.66	105.34%
汇贤 REITs	3.38	4.97%	4.75	/
泓富 REITs	3.29	-2.95%	0.9	110.26%
富豪 REITs	2.41	0.42%	1.02	103.14%
春泉 REITs	3.52	3.83%	3.097	81.95%
阳光 REITs	5.66	5.79%	1.194	114.10%
开元 REITs	1.92	-19.67%	3.502	/

资料来源:WIND 数据库。

2. 房地产投资信托基金的分类

按照组织形式的不同,REITs 又可以分为"公司型"和"基金/信托型"。公司型 REITs 具有独立法人身份,可以自主运营基金,这种形式在美国比较普遍,其通过发行 REITs 股份进行股权融资,再将筹得资金用在房地产投资中。同时,由于公司型 REITs 具有独立法人身份,因此公司型 REITs 可以独立运作基金,向广大投资者发放基金份额以吸纳社会资金。基金/信托型 REITs 本质上是一种资产存在形式,由基金公司或信托公司进行运作,通过发放收益凭证的方式融资,再投资于房地产。基金/信托型 REITs 只是一种基金产品,不具独立法人身份,这种形式则在亚洲和欧洲较为普遍。拓展阅读 8-8 介绍了 REITs 在中国的发展情况。

拓展阅读 8-8
REITs 在中国的发展

⊖ 数据来源:S&P Dow Jones Indices (2017).

3. 房地产信托投资基金的市场主体与运作

REITs 主流的运作方式有两种：一是通过 SPV 向投资者发行收益凭证，将所募集资金集中投资于写字楼、商场等商业地产，并将这些经营性物业所产生的现金流向投资者还本归息。二是原物业发展商将旗下部分或全部经营性物业资产打包设立专业的 REITs，以其收益如每年的租金、按揭利息等作为标的，均等地分割成若干份出售给投资者，然后定期派发红利。相比之下，写字楼、商场等商业地产的现金流远较传统住宅的现金流稳定，因此，REITs 一般只适用于商业地产。另外，从 REITs 的国际发展经验看，几乎所有 REITs 的经营模式都是收购已有商业地产并出租，靠租金回报投资者，极少有进行开发性投资的 REITs 存在。

REITs 在市场运作中的主体主要包括如下五类。

（1）**投资者**。即基金持有人，受益凭证的持有者，享有的权益包括选择受托人、取得基金收益、获取基金业务及财务状况资料、监督基金运作情况、出席或委派代表出席基金单位持有人大会等，但遵守基金契约或公司章程、支付基金认购款项及有关费用、承担基金亏损或基金终止等有限责任。

（2）**REITs 管理公司**。由发起人组建，是基金组织结构中的核心，负责基金的设立、筹建、实施和处理，管理基金资产和债务，执行所制定的投资政策，同时收取基金资产管理服务费用，不得超越基金所有相关文件赋予的权力。

（3）**资产管理人**。基金管理公司可聘请专业房地产顾问公司，为其投资策略提供专业服务，同时支付相应的顾问费。

（4）**信托人**。投资者权益的代表，基金资产的保管人和名义持有人，由基金公司董事会雇佣、具有资格的商业银行、信托公司等独立机构担任，负责基金资产保管、投资项目资金往来结算、基金管理公司操作的监督和基金报告的审查等，以勤勉及审慎态度维护持有人的利益，并根据托管资产的价值按一定比例收取托管费。

（5）**物业管理人**。由管理公司授权、负责投资房地产资产的经营、管理和维护，并收取管理费。

拓展阅读 8-9 介绍了中国首个房地产信托投资基金——广东越秀 REITs 的相关情况。

拓展阅读 8-9
广东越秀 REITs

4. 房地产信托投资基金的收益与风险

REITs 作为一种信托投资基金，也存在着收益的不确定性以及价格的波动。专栏 8-3 描述了 12 个国家和地区 REITs 不同时间段的收益率与波动率数据，从数据来看，除印度外，其他大多数国家和地区的 REITs 收益率基本维持在 8%～20% 左右，波动率则在 10%～30% 之间。而从美国的 REITs 市场发展情况来看，2000～2008 年和 2009～2016 年两个时间段，无论是权益型 REITs 还是抵押型 REITs，其月均收益始终为正，且为同期巴克莱债券综合指数收益率的 1.5～4 倍，而同期标准普尔 500 指数和纳斯达克指数却均出现收益为负的情况。总体而言，REITs 的投资收益介于股票和债券之间，而承担的风险也比股票的小，但高于债券的。所以综合来看，投资房地产资产相对而言收益较为稳定且承担的风险也相对较低。

专栏 8-3

12 个国家或地区 REITs 的收益与风险情况

表 8-11 描述了 12 个国家和地区 REITs 不同时间段的收益率与波动率数据。由于中国大陆还没有 REITs 指数,所以中国大陆的统计,本文只是追踪了 8 家持有中国大陆不动产的 REITs(其中各有 4 家分别在中国香港和新加坡上市)。

表 8-11 亚太地区 12 个国家或地区近十年发行的 REITs 收益情况分析①

	2018 年 (%)	2016~2018 年 (%)	2014~2018 年 (%)	2009~2018 年 (%)	波动率 (%)
澳大利亚	-4.1	7.9	8.2	11.8	12.8
中国大陆	-5.7	16.8	12.4	14.1	25.5
中国香港	-7.0	10.2	7.5	12.2	17.2
印度	-32.2	13.2	8.3	0.8	29.8
印度尼西亚	-23.9	-6.6	0.9	13.0	22.7
日本	2.2	3.6	-0.3	7.5	9.6
马来西亚	-19.1	0.3	-4.2	7.7	14.5
新西兰	6.7	8.8	9.4	14.3	14.2
菲律宾	-13.6	2.1	6.5	21.1	20.9
新加坡	-9.2	8.7	4.1	12.5	13.5
中国台湾	6.6	10.2	2.4	15.3	13.8
泰国	-3.1	14.7	10.9	20.8	13.2

从表 8-12 可以看出,当投资者拥有权益型 REITs 时,其 2000~2009 年的月平均收益为 0.74%,波动率为 6.23%。而同期抵押型 REITs 的收益风险比与权益型 REITs 基本一致。但在股票市场中,无论是投资于标准普尔 500 指数还是纳斯达克指数,同期的收益率都是负的,而巴克莱债券综合指数则反映出债权投资一直以来的稳定性。由此可见,在特定时期房地产投资回报始终比债券的要高,但在某些时间比股票的要低。但从风险上来看则是介于股票和债券之间。

表 8-12 美国市场 REITs、股票以及债券市场的月度市场表现(2000~2016 年)

	月平均收益率(%)	波动率(%)	平均收益率/波动率
权益型 REITs			
2000.01~2009.01	0.74	6.23	0.12
2009.01~2016.12	1.39	6.35	0.22
抵押型 REITs			
2000.01~2009.01	0.75	6.79	0.11
2009.01~2016.12	0.95	3.9	0.24
标准普尔 500 指数			
2000.01~2009.01	-0.39	4.44	-0.09
2009.01~2016.12	1.04	4.10	0.25

① 资料来源:APREA,https://www.aprea.asia/。

（续）

	月平均收益率（%）	波动率（%）	平均收益率/波动率
纳斯达克指数			
2000.01～2009.01	-0.6	7.87	-0.08
2009.01～2016.12	1.4	4.62	0.3
巴克莱债券综合指数			
2000.01～2009.01	0.52	1.13	0.46
2009.01～2016.12	0.32	0.84	0.39

资料来源：APREA，https://www.aprea.asia/，Bloomberg数据库，并经作者整理。

随着2020年4月证监会、发改委联合发布《关于推进基础设施领域不动产投资信托基金（REITs）试点相关工作的通知》，同时就《公开募集基础设施证券投资基金指引（试行）（征求意见稿）》向社会公开征求意见。我国境内真正的REITs产品终于渐行渐近了，中国的投资者也可以在境内投资以境内资产为标的的房地产信托投资基金。

■ 关键概念

房地产（Real Estate）
房地产投资（Real Estate Investment）
资产证券化（Securitization）
房地产信托投资基金（Real Estate Trusts and Investment Funds）
住房抵押贷款证券化（Mortgage-Backed Securitization）
商业地产（Commercial Real Estate）
房地产金融（Real Estate Finance）

■ 本章小结

1. 居住型房地产，是指以满足人类居住目的的土地及建筑物所组成的供人们日常生活居住的房屋及其权利。商业型房地产，是指用于商业用途或者具备商业功能的地产，也称商用、经营性房地产。
2. 房地产投资风险是一种投资风险，它是指由于随机因素的影响，所引起的房地产项目投资收益偏离期望收益的程度。或者说，房地产投资风险是由于投资房地产而造成损失的可能性大小，这种损失包括所投入资本的损失和预期收益未达到的损失。
3. 家庭对于住房的租买选择，取决于两种行为所带来的成本的高低比较。一般情况下，如果租房的成本较低则选择租房，反之则选择买房。
4. 房地产金融资产投资，是指投资者将资金投入到与房地产相关的资本市场，通过拥有房地产金融资产来获得预期的不确定性收益的行为和过程。
5. 住房抵押贷款证券化的实质就是将原先不易被投资者接受的缺乏流动性，但能够产生可预见现金流的资产转换为可以自由流通的，能被广大投资者所接受的标准化证券资产，从而为金融机构开辟一条理想的融资渠道。
6. 房地产信托投资基金，是房地产证券化的重要手段，它是一种以发行股票或收益凭证的方式汇集众多投资者的资金，由专门投资机构进行房地产投资经营管理，并将投资综合收益按比例分配给投资者的一种信托基金。

■ 思考习题

1. 居住型房地产与商业型房地产有何异同？
2. 房地产资产与金融资产的区别与联系有哪些？
3. 在家庭资产配置中，如何配置房地产资产？
4. 何谓房地产抵押贷款？其基本特征和主要作用有哪些？
5. 什么是住房抵押贷款证券化？它的推行有何意义？
6. 住房抵押贷款证券化的运作过程是怎样的？其主要参与者有哪些？
7. 房地产信托投资基金有哪些特点？

■ 计算题

1. 一笔20年期的等额本息的住房抵押贷款，其本金为30万元，假设贷款年利率6%，该贷款的每月偿还额为多少？若购房人计划在第5年末提前清偿部分贷款，届时该抵押贷款的贷款余额为多少？
2. 小张看上了一处位于广州珠江新城附近新盖好的70平方米的房子，房屋可租可售。如果租用，房租每月5 500元，押金一个月房租；如果购买，总价120万元，可申请60万元、利率6%的商业贷款，首付60万元。假设房屋的维护成本是5 000元/年，押金和首付款的机会成本均为3%，试求解租房与购房的成本？假设小张所购买的房屋价格年均增长3%，小张购房的成本有什么变化？假设由于房地产市场受到冲击年均下跌3%，购房的成本有什么变化？

■ 案例讨论　购房还是租房的决策选择及计算

1. 案例背景

假设小李大学毕业后在某二线城市工作，准备和相恋多年的女友小张成家，并计划购买或租一套100平方米大小的小三居室商品房作为婚房，小两口目前非常纠结是选择购房还是租房。

2. 假设条件

（1）该二线城市商品房均价为1.5万/平方米，房屋实际使用年限为50年，年平均折旧率为2%；假设小李购买的是首套房，首付款占总价20%（即30万元），申请8成20年期（共240个月）个人住房贷款，采用等额本息还款法，年利率4.9%。再假设100平方米的三居室月平均租金为2 500元，为了便于计算，假设除房价和租金之外的水电费、物业管理费、卫生费等费用均不计入；在基准问题不考虑物价指数的变化，假设房价、房租和贷款利率也不发生变化。

（2）购房者须缴纳的税费：a. 包括签订预售合同时需要缴纳的税费。这其中包括：印花税，税率为1%，计税前提为签署房屋预售合同，买卖双方各0.5‰。公证费，费率为房款的3‰，计费前提为合同公证之时，缴纳人为买受人。律师费，费率为房款的2.5‰~4‰（这里假设为2.5‰），计费前提为签署房屋预售合同时，缴纳人为买受人。b. 签订购房合同时需缴纳的税费。这其中包括：房屋买卖手续费，120平方米以下1 000元，120平方米以上3 000元，买卖双方各负担一半。契税，购买房屋金额的1%。买受人负担。c. 申办产权证过程中需缴纳的税费。这其中包括，房屋产权登记费，0.3元/平方米（建筑面积）。土地使用权登记费，0.13/平方米至 0.3 元/平方米（占地面积）。房屋所有权证，4 元/件。房屋所有权证印花税，5 元/件。国有土地所有证，20 元/件。

（3）假设在选择租房的时候，节省下来的首付与需要交纳的税费以购买年收益率为 4% 的理财产品作为长期投资，每个月节省下来的资金（还贷与房租之差）在每年底也以购买年收益率为 4% 的理财产品作为长期投资。

3. **案例问题**

（1）在房价上涨率平均每年为 3% 的假设下，根据前面假设试计算 20 年以后房的价值与通过租房节省下来的资金投资后的价值，然后得出结论是购房与租房哪个更加划算？

（2）根据前面假设，试计算购房与租房成本无差异时候的租房价格。

（3）当抵押贷款利息率下降为 4% 时候，其他假设条件不变，试计算通过租房节省下来的资金投资后的价值，然后得出结论是购房与租房哪个更加划算？

（4）当理财产品的年收益率由 4% 下降到 3%，而房价上涨率提升到 4%，其他假设条件均不变，试计算通过租房节省下来的资金投资后的价值，然后得出结论是购房与租房哪个更加划算？

（5）如果首付比例上升为 50%，同时房价年上涨率为 4%，而租房的月租金由前述假设的 2 500 元上升为 4 000 元，同时房租年上涨率为 3%，其他假设条件均不变，试计算 20 年以后购房的价值与通过租房节省下来的资金投资后的价值，然后得出结论是购房与租房哪个更加划算？

家庭保险规划

> 保险的意义,只是今天做明天的准备,生时做死时的准备,父母做儿女的准备,儿女幼小时做儿女长大时的准备,如此而已。今天预备明天,这是极稳健;生时预备死时,这是真旷达;父母预备儿女,这是真慈爱。能做到这三步的人,才能算是现代的人。
>
> ——胡适

■ 本章提要

本章首先介绍了风险和风险管理的概念和内涵,并且结合家庭财富管理的目标,介绍了家庭风险管理的目标和程序、家庭风险管理的措施和评价方法等;其次,结合保险的功能介绍了保险在家庭财富管理中的重要作用,初步介绍了我国的社会保险制度;最后,在讲述各类型商业保险的基础上,结合案例介绍了家庭保险规划流程。

■ 重点和难点

- 了解风险与保险的概念、风险管理的基本措施以及我国社会保险制度
- 了解保险产品和保险市场、保险的基本特征和保险合同的基本概念
- 掌握人身保险和财产保险的分类和特点,特别是各类人身保险产品的作用
- 掌握家庭保险规划的程序

■ 引导案例　普通中产家庭的保险规划问题

38岁的张先生和36岁的张太太是普通的中产阶级,夫妻俩目前育有两个孩子,一个已经上小学,一个正在上幼儿园。夫妇俩在广州买了一套房子,在春节前的一个星期,由于孩子玩火引起了火灾,房屋遭到了严重的损坏,房屋内部装修完全损毁,家具、衣服也差不多被烧光了。在对房屋重新进行维修和必要的装修之前,他们不得不另外租住一套公寓,这给他们带来的总损失超过了80万元。但值得庆幸的是,他们购买了家庭财产保险,而保险公司也赔偿了他们的大部分损失,张先生一家在获得了赔偿之后,生活也很快恢复了正常。

李女士最近因为生病住院了，其住院期间共支出医疗费用 2 万余元。李女士感到庆幸的是自己不久前曾在某保险公司投保了一份住院医疗费用补偿保险。出院后李女士申请理赔，但保险公司仅赔付了 3 000 元保险金，这让李女士感到非常失望。原来，这款住院医疗保险是费用补偿（报销）型的，保险合同中明确规定"以医保承保范围内的费用作为补偿的参考标准"，也就是说，社会基本医疗保险无法报销的费用，保险公司也不能进行补偿，因此，还有 17 000 元左右的费用需要李女士自己来承担。

案例思考
1. 作为财富管理机构的理财规划师，你将如何为客户提供保险规划？
2. 在进行家庭保险规划时，如何合理配置家庭人身保险和家庭财产保险？
3. 如何结合家庭财务状况、家庭成员社会保险的参保情况和家庭成员人身保险的实际需求来进行保险的规划？

人们在进行家庭财富管理时经常会受到一些风险事件的冲击，人们常说的"辛辛苦苦几十年，一病回到解放前"，就描述了重大疾病给家庭财务带来的影响。如何正确认识个人和家庭所面临的风险，并有效管控风险，减轻风险事件给家庭带来的损失，保证家庭的财务安全，也是财富管理的一项重要工作。

人类自诞生之日起就在应对各种风险事件，并在应对过程中逐步提出了一系列风险管理的理论和方法，保险作为一种非常有效的财务型风险转移工具，具有经济补偿与给付、防灾减损、资金融通和社会管理等功能，是家庭风险管理的重要工具。正确认识风险和了解保险知识是进行家庭风险管理的重要前提，本章首先从与风险有关的基础知识着手，介绍家庭风险、家庭风险管理和保险规划的基本概念与作用，以及社会保险和家庭保险规划的流程与组织实施等内容，最后再结合综合案例介绍个人和家庭如何进行保险规划。

9.1 家庭风险与保险

9.1.1 风险与风险管理概述

在当代社会，个人的生活、工作、投资和健康等都面临着不同类型的风险，理论界至今还没有一个关于风险的统一定义，不同领域的学者所关注的风险的侧重点不同，由于理解上的差异或研究的出发点不同，形成了不同的关于风险的定义。目前，学界比较认可的关于风险的定义是损失的不确定性：可能导致潜在损失的才是风险，而且损失出现的时间和损失的数额都是不确定的。拓展阅读 9-1 是关于风险的不同定义及其应用场景。

拓展阅读 9-1
关于风险的不同定义及其应用场景

风险管理是指个人或经济单位通过对风险的识别和分析，采用合理的经济和技术手段对风险加以处理，以尽量小的成本获得最大的安全保障，从而实现综合效益最大化的一种管理活动。这里的"成本"是指实施风险管理所投入的人力、物力、财力，还包括放弃一定的收益机会所形成的成本，即机会成本。安全保障则是指风险管理的效益，包括预期损失的减少、实际损失的补偿和更加合理的资源配置。这里的效益不仅包括经济效益，还包括经济单位的社会公共责任等社会效益。

9.1.2　风险管理对家庭财富管理的重要性

害怕承担风险是大部分人的自然反应，提供风险管理服务也是财富管理顾问的重要责任。风险的本质特征是不确定性，是最为常见的能够制约客户实现财富管理目标的约束条件。每个家庭的个人及财产都面临着众多的风险。例如家庭主要收入来源者的身亡、残疾或者失业所引起的收入降低或丧失，以及家庭成员因患重大疾病而产生的巨额医疗费用等，都会对家庭生活产生重大影响。合适的家庭风险管理措施能够在以下几个方面帮助家庭更好地实现财富管理目标。

第一，能够降低风险事件发生的概率和降低预期损失。通过风险管理的技术和手段，防范家庭可能发生的风险事件，降低家庭可能遭受的潜在损失，能够使每个家庭继续保持其生活水平，免除后顾之忧，从而提高生活质量。

第二，合理的风险管理措施能够大大降低家庭获取保障的费用。例如，专业的保险规划师能通过识别家庭所面临的主要风险，再根据各家庭成员的实际情况，有针对地制订出合理的风险管理计划，保证家庭能够以较低的费用获取尽可能大的保障。

第三，有效的风险管理措施能够降低家庭资产配置的风险。家庭财富管理的周期非常长，财富管理的效益可能存在一定的波动，采用合适的风险管理措施能够降低收益的波动，避免财富的巨大损失和异常波动。在长周期的资产配置过程中，家庭资产可以适当承担更高的风险，获得更高的收益。

第四，完善的风险管理措施能够使家庭成员更加安心地投入到工作中。例如，现代社会中有很多发展机遇，同时也对人们的职业能力提出了更高的挑战，如果一个家庭已经制定了完善的风险管理措施，那么其家庭成员就能够将更多的时间和精力投入到工作中，从而获得更大的发展空间。

9.1.3　家庭风险管理的流程

风险管理的一般流程包括风险识别、风险衡量、风险管理措施的选择与实施、风险管理的效果评价等，家庭风险管理也适用于一般的风险管理流程和措施。在此之前，需要对风险管理对象进行信息收集和整理。

1. 家庭风险识别

风险识别是指通过对大量来源可靠的信息资料进行系统的定性分析，厘清风险承担者可能面临的各种风险因素，进而确定潜在的风险和性质，并把握其发展趋势，通常包括感知风险和分析风险。对于家庭风险管理而言，风险识别阶段需要全面分析家庭中个人和财产所处的环境，分析各种家庭活动中所存在的风险因素，判断风险事件发生的可能性，分析风险可能造成的损失及其形态。家庭风险识别是整个风险管理程序的基础环节，只有系统、正确地识别个体所面临的各种风险，才可能有针对性地进行风险衡量，进而从家庭整体的角度出发，按照风险对家庭的影响程度，采取有效的控制与管理措施，实现预定的风险管理目标。

2. 家庭风险衡量

风险衡量又称风险度量，是在家庭风险识别的基础上进行的量化分析，是衡量风险大小的环节，包括测定特定风险事件的损失频率和损失程度等。在家庭风险管理实践中，对风险的正确评估可以帮助家庭决策主体对损失控制、风险自留以及保险方案进行成本收益分析。对于个人和家庭来说，需要结合自身的情况来衡量自身风险，并根据风险衡量的结果来决定采用哪种风险管理措施。对于家庭风险管理而言，除了需要对客观的风险事件及其潜在损失进行衡量，还需要对个人的风险容忍度和家庭的风险承受度进行度量。对待风险的态度和家庭的风险承受情况会在很大程度上决定家庭所采取的风险管理措施。

3. 家庭风险管理措施的选择

家庭在风险识别和风险衡量的基础上，要选择合适的风险管理方法，制订科学的风险管理方案，这是风险管理程序的关键环节。一般的风险管理措施主要包括风险控制和风险融资两大类：前者旨在降低损失频率和损失程度，重点在于改变引起风险事件发生和损失扩大的各种条件；而后者旨在消化发生损失后的成本，即对无法控制的风险做出合适的财务安排。在家庭风险管理实践中，两种措施同样重要。

（1）**风险控制措施**。风险控制是指针对风险因素采取减少或控制风险损失频率和损失程度的技术和方法，实现消除、避免、减少和防范风险的目的。风险控制的目的就是改变风险暴露状况，风险控制方法强调在损失发生前消除各种隐患，减少导致损失产生的风险隐患，同时在损失发生后积极实施抢救与补救措施，将损失减少到最低限度。因此，风险控制是一种积极主动的风险管理措施。专栏9-1介绍了4种常见的风险控制措施。

专栏9-1

4种常见的风险控制措施

风险控制方法主要可以分为风险回避、损失控制、风险隔离和控制型风险转移4种方式。

风险回避是指在考虑某项活动可能存在风险时，采取主动放弃或改变该项活动的一种控制风险的方式。当某种特定风险所致的损失发生概率和损失程度相当高，或者应用其他风险处理技术的成本超过其所产生的收益时，风险回避是较好的风险管理方法。风险回避是一种消极的风险管理方法，要回避所有的风险是不可能的，回避某一种风险可能导致面临新的风险。例如家庭成员担心飞机失事，因而放弃乘飞机的计划，改乘其他交通工具，如火车、汽车。这虽然可避免飞机失事的风险，但又带来了采用其他交通工具可能产生的种种风险。

损失控制是指有意识地采取行动来降低事故发生的概率以及控制事故造成的损失，它又可以分为损失预防和损失抑制两种措施。损失预防强调在损失发生之前，全面地消除损失发生的根源，尽量降低损失发生的概率，例如让家庭成员积极锻炼身体，提高免疫力，就能降低罹患重大疾病的概率；损失抑制则强调在损失发生之后努力减轻损失的程度。可见，损失控制方法的基本思想是预防和减少损失，着力于积极预防和施救，因此，损失控制是一种积极主动的风险控制手段，例如在家庭配备一些灭火设施，能够在出现小的火情时及时施救，降低火灾带来的损失。

风险隔离是损失控制方法的延伸，其采用的是分散风险的基本原理，目的是让成员单独承受风险，而不是使所有的成员都面临同一风险。它包括两个既有区别又相互联系的内容：分割和复制。分割是将面临损失的风险单位分为好几个部分，而不是将它们全部集中在可能毁于一次损失的同一地点。例如，全家出游时可不搭乘同一班次飞机，家庭贵重物品可以分开放置，这样即使出现了意外，也不至于遭受全部损失。复制是指对家庭财产和重要物件实行必要的备份。例如将重要的证件和文档在另外一个地方进行复印或备份，可避免丢失或损失后无据可查。

控制型风险转移是指个人将可能发生损失的活动转移出去，此时与所有权有关的一切风险完全地转移到新的所有人。控制型风险转移和风险回避非常类似，它的基本原则也是尽量减少个体所面临的潜在风险。与风险回避不同的是，控制型风险转移措施客观上并不会减小某项风险，而仅仅是将某项风险的承担者转移，而放弃型风险回避则可能减小或消除某项风险。

资料来源：中国人身保险从业人员资格考试教材编写委员会，《风险管理与人身保险》，广州信平市场策划顾问有限公司，2011。

（2）**风险融资措施**。风险融资本质上属于财务型风险管理方法，即对无法控制的风险做出财务安排，其核心思想是合理地配置资金，以便对风险事件造成的经济损失进行充分的补偿。风险融资方法主要分为融资型风险转移和风险自留两大类。融资型风险转移又称作财务型风险转移，它是指经济组织或个人通过特定的技术和方法，将面临的财务损失转移给外部机构来承担。对于家庭风险管理来说，融资型风险转移措施主要是保险。保险是指经济单位与保险公司订立保险合同，以交纳保险费为代价，将风险事件引起的财务损失转移给保险公司，当发生损失时，由保险公司按照合同约定的责任给予经济补偿。风险自留是另一种常见的风险融资方法，是指损失一旦出现后，企业或个人自己承担由风险事件所造成的损失，而资金则来源于其自身，包括向别人或其他组织的借款。从不同的角度，可以将风险自留分为主动风险自留与被动风险自留、全部风险自留与部分风险自留。

4. 家庭风险管理措施的效果评价、反馈与调整

在家庭风险管理的措施得到贯彻和执行之后，就必须定期对其贯彻和执行效果进行评价，并对实施过程中存在的问题进行反馈。进行评价和反馈的原因在于：第一，家庭风险管理的过程是动态的，风险是在不断变化的，新的风险会产生，原有的风险会消失，上一年度的风险管理措施也许不适用于下一年度；第二，有时选择的家庭风险管理措施可能不是最优的，甚至可能是错误的，这就需要通过检查和评价来发现，并加以调整或纠正。

9.1.4 保险在家庭风险管理中的功能

在众多的家庭风险管理措施中,购买保险是广为人知的一种方式。经过几百年的发展,保险市场已能够提供数量众多、形式各样的保险产品,能够满足大部分投保人的风险管理需求。保险规划是家庭财富管理的重要内容,对于家庭而言,保险具有经济补偿与给付、协助家庭防灾减损和投资理财等主要功能,具体如下。

第一,经济补偿与给付功能。天有不测风云,人有旦夕祸福,家庭不可避免地会遇到各类风险事件,给家庭财务状况造成冲击,影响家庭财富管理的整体布局。而保险能够很好地起到"缓冲器"的作用;当约定的风险事件发生时,保险公司会在合同约定的责任范围内赔偿或给付约定的金额,从而帮助投保的个人或家庭保持家庭财务的稳定。

第二,协助家庭防灾减损。保险公司是专业的风险管理机构,为了提高经济效益、减少赔款、增加盈余,必然要与投保人和被保险人共同做好防灾减损工作,保险公司通过长期的业务运作掌握了大量关于风险及损失的资料,从而积累了丰富的防灾减损工作经验,能够有效协助家庭实施防灾减损方案。例如,人身险公司会定期举办健康知识讲座,定期为被保险人提供疾病的免费早期筛查等服务,进而降低疾病的发生率。

第三,投资理财功能。由于保险公司收取保费,再加上赔偿、给付保险金之间存在巨大的时间差,使得保险具有强大的资金融通能力。保险公司可以发挥资金来源稳定、期限长、规模大的优势,已经成为全球资本市场上最重要的机构投资者。保险资金的投资回报能通过保单分红、万能寿险和投资连结保险的投资账户盈余、保单抵押贷款等多种形式反哺投保人,在保证一定的保障功能的前提下,帮助部分投保人投资理财。拓展阅读9-2介绍了全球保险业和中国保险市场发展历程等相关情况。

拓展阅读 9-2
全球保险业和中国保险市场发展历程

9.1.5 家庭风险管理与保险规划

保险是风险管理的重要手段,也是家庭财富管理的重要内容,既是解决家庭后顾之忧的最佳财务工具,同时还兼备投资理财和储蓄等附加功能,因此,保险在家庭财富管理中的作用越来越明显。从宏观上来看,家庭财富管理的过程是个人或家庭在一段时期内的财务规划,是个人或家庭根据家庭客观情况和财务资源而制订的、旨在实现人生各阶段目标的一系列互相协调的计划,包括职业规划、房产规划、投资规划、子女教育规划、保险规划和退休规划等,它包含了一个完整的执行财务计划的动态过程。所有目标的实现,必须基于家庭具有长期和稳定的收入现金流这个前提基础。人的一生中常常会遇到很多意想不到的风险,要规避这些风险给家庭财富管理所带来的影响,必须首先制订合理的保险规划,进而保证家庭其他财富管理规划的实施。

保险规划是家庭财富管理的重要组成部分,也是家庭风险管理的主要措施,根据风险管理的流程，首先要明确保险规划的目标，识别和衡量家庭的各个风险，然后再有针对性地进行规划。在进行详细的保险规划之前，需要对家庭风险进行识别，这样做的目的是让家庭通过对自身经济状况和保险需求的深入分析，选择合适的保险产品并确定合理的期限和金额，与家庭的其他财富管理目标相配合，力求最大限度地保障家庭经济安全，实现家庭财富管理。一般来讲，家庭和个人存在如下一些主要的风险。

第一，家庭经济支柱的早逝风险。如果某人是家庭的主要经济来源，其过早死亡，将迫使家庭面临父母赡养问题、将来家中的生活费负担问题、子女未来的教育费支出问题、丧葬费用问题等。

第二，家庭成员的残疾风险。如果发生残疾，将面临的主要问题是：家庭收入减少，未来家庭生活费来源问题；家庭残疾成员的医疗费用负担问题；家庭残疾成员的护理费用问题等。

第三，家庭成员罹患严重疾病风险。如果家庭成员罹患严重的疾病，将面临的主要问题是：医疗费用支出；工作收入因病减少；其他的家庭生活费用负担问题。

第四，家庭成员长寿风险。退休后，收入下降，需要补充部分收入以保证退休后的生活水平不发生下降；另外，寿命超过预期所导致的生活费用缺口也需要弥补。

第五，家庭成员的意外伤害风险。如果遭到意外伤害，也会面临和死亡、生病或残疾类似的问题，例如收入减少、医疗费用支出和护理费用增加等。

第六，家庭财产损失风险。狭义的家庭财产损失包括房屋、家具、室内装修、汽车和其他室内财产等家庭财产自身的损失，广义的家庭财产损失还包括家庭财产（主要是汽车和房屋）对他人造成伤害，应当由家庭所承担的赔偿责任。

在人的一生中，重要财务目标的实现还涉及买房资金、子女教育费用、准备创业金、退休金等问题，保险在这些问题的解决中都可以发挥重要的作用。保险是保证家庭财务安全的重要工具，在所有的财务工具中最具防御性。良好的保险规划不但能够使资金增值，还可以在重大损失出现时提供必要的偿债能力。当我们遭遇风险事故，且没有能力继续增加收入以获得经济补偿的情况下，保险是可以立即创造资金的工具，因此它也被人们称作一种"买时间"的财富管理工具。拓展阅读9-3介绍了原中国保监会副主席周延礼在某论坛做的关于保险在家庭财富管理中的"压舱石"作用的相关报道。

拓展阅读9-3
保险是家庭财富管理的"压舱石"，保险公司逐渐向全面财富管理人转型

9.2 社会保险

9.2.1 社会保险概述

社会保险是国家通过立法采取强制手段建立的保险计划，《中华人民共和国社会保险法》（后文简称《社会保险法》）第二条规定："国家建立基本养老保险、基本医疗保险、工伤保险、失业保险、生育保险等社会保险制度，保障公民在年老、疾病、工

伤、失业、生育等情况下依法从国家和社会获得物质帮助的权利"㊀。社会保险实际上是对国民收入的再分配，它是社会保障制度的一部分，并与商业保险共同构成了一个全方位的社会风险保障网络。

家庭保险规划既包括商业保险规划，同时也要考虑社会保险的参保情况。社会保险是处理社会风险的基本手段和机制，是国家为人民提供的基本保障。由于社会保险具有基本性，仅仅拥有社会保险还是远远不够的，还需要购买补充商业保险。家庭保险规划可以在社会保险的基础上来进行，因此，有必要了解一下我国的社会保险制度。我国目前的社会保险体系共包含五大险种，分别是基本养老保险、基本医疗保险、失业保险、工伤保险和生育保险㊁。下文将依次进行介绍。

9.2.2 基本养老保险

基本养老保险是国家和社会根据一定的法律和法规，为解决劳动者在达到国家规定的解除劳动义务的劳动年龄界限，或因年老丧失劳动能力退出劳动岗位后的基本生活而建立的一种社会保险制度。我国的基本养老保险制度包括企业职工基本养老保险制度和城乡居民社会养老保险制度㊂。

我国的基本养老保险制度采用社会统筹与个人账户相结合的基本制度框架，其中社会统筹采用现收现付制，个人账户采用基金积累制，资金来源由单位缴费、个人缴费和财政拨款共同组成。由于本书后续章节还将详细介绍中国的基本养老保险、企业年金、职业年金和商业养老保险等内容，故本节不再对养老保险的详细内容进行赘述。拓展阅读 9-4 介绍了 2019 年国务院关于降低基本养老保险单位缴费比例的报道。

拓展阅读 9-4
国务院降低基本养老保险单位缴费比例

9.2.3 基本医疗保险

医疗保险分为基本医疗保险和商业健康保险中的医疗保险，健康保险我们在后文中会详细介绍，本节我们仅介绍我国基本医疗保险的简单情况。我国目前的基本医疗保险制度主要包括城镇职工基本医疗保险、城乡居民基本医疗保险和公费医疗保险制度㊃。

城镇职工基本医疗保险实行社会统筹和个人账户相结合的模式，基本医疗保险基金由统筹基金和个人账户构成，职工参加职工基本医疗保险，由用人单位和职工按照规定

㊀ 《中华人民共和国社会保险法》于 2010 年 10 月 28 日在第十一届全国人民代表大会常务委员会第十七次会议上审议通过，2018 年 12 月 29 日，第十三届全国人民代表大会常务委员会第七次会议进行部分内容的修正。

㊁ 生育保险目前正逐步合并入基本医疗保险中，按照约定俗成的说法，本书中我们仍采用"五险"的说法。

㊂ 2015 年 1 月 14 日，国务院印发《关于机关事业单位工作人员养老保险制度改革的决定》，决定从 2014 年 10 月 1 日起，对机关事业单位工作人员养老保险制度进行改革，整体纳入城镇职工基本养老保险制度。

㊃ 公费医疗保险制度是指国家为保障机关和事业单位工作人员医疗卫生服务而实行的社会医疗保障制度。自 2010 年起，公费医疗保险制度进行了全面改革，目前除了少数机构和部门外，机关和事业单位工作人员基本都已纳入社会基本医疗保险体系中。

每月共同缴纳基本医疗保险费[一]。无雇工的个体工商户、未在用人单位参加职工基本医疗保险的非全日制从业人员以及其他灵活就业人员可以自愿决定是否参保，并由个人按照规定缴纳基本医疗保险费。职工个人缴纳的基本医疗保险费全部计入个人账户，用人单位缴纳的基本医疗保险费分为两部分，一部分划入个人账户，一部分用于建立统筹基金。个人账户主要用于门诊（小病）医疗费用支出，统筹基金主要用于住院（大病）医疗费用支出。各地区对于基本医疗保险服务的范围和给付标准有严格的限定，主要内容包括限定基本医疗保险的药品目录、诊疗项目范围和医疗生活服务设施范围，超出以上目录和范围的药品及服务费用不在基本医疗保险基金中支付或只能部分支付。

目前，参加职工基本医疗保险的个人跨统筹地区就业的，其基本医疗保险关系可以随本人转移，缴费年限累计计算。参加职工基本医疗保险的个人，达到法定退休年龄时累计缴费达到国家规定年限的，退休后不再缴纳基本医疗保险费，按照国家规定享受基本医疗保险待遇[二]；未达到国家规定年限的，可以补缴医疗保险费至国家规定的年限。

城乡居民基本医疗保险，是以没有参加职工基本医疗保险的未成年人和没有工作的城乡居民为主要参保对象的医疗保险制度。该保险主要针对城乡非从业居民的医疗保险做了制度安排。城乡居民基本医疗保险实行个人缴费和政府补贴相结合的方式，各地区自行制定缴费政策和补贴办法，享受最低生活保障的群体、丧失劳动能力的残疾人、低收入家庭中60周岁以上的老年人和未成年人等所需的个人缴费部分，由政府给予补贴。参保居民按规定缴纳基本医疗保险费，享受相应的医疗保险待遇。

9.2.4　其他社会保险

1. 失业保险

失业人员是指在劳动年龄内有劳动能力、目前无工作，并以某种方式正在寻找工作的人员，包括就业转失业的人员和新生劳动力中未实现就业的人员。失业保险是指国家通过立法强制实行的，由社会集中建立基金，对因失业而暂时中断生活来源的劳动者提供物质帮助的制度，是社会保险的主要项目之一。《社会保险法》规定，职工参加失业保险，应由用人单位和职工按照国家规定共同缴纳失业保险费。失业人员符合下列条件的，从失业保险基金中领取失业保险金：①失业前用人单位和本人已经缴纳失业保险费满一年的；②非因本人意愿中断就业的；③已经进行失业登记，并有求职要求的。失业保险的缴费、待遇等的更详细的规定见专栏9-2。

专栏 9-2

失业保险的缴费和待遇

根据1999年开始施行的《失业保险条例》，失业保险缴费比例为单位缴纳职工工

[一] 目前，国家规定的个人缴费率为个人工资的2%，单位缴费率为工资总额的6%，各地的缴费率由当地政府自行确定。

[二] 目前，国家规定实际缴纳基本医疗保险费的年限必须不少于15年，可以享受退休人员医疗保险待遇，具体的缴费年限由各地自行确定。

资总额的2%，个人缴纳工资的1%。近年来，失业保险费率逐渐下调，目前，全国多地已经将失业保险的总缴费率下调至1%，并同时提高了失业保险的待遇。

具备下列条件的失业人员，可以领取失业保险金，并且失业人员在领取失业保险金期间，按照规定同时享受其他失业保险待遇：①按照规定参加失业保险，所在单位和本人已按照规定履行缴费义务满1年的；②非因本人意愿中断就业的；③已办理失业登记，并有求职需求的。

失业人员在领取失业保险金期间有下列情形之一的，停止领取失业保险金，并同时停止享受其他失业保险待遇：①重新就业的；②应征服兵役的；③移居境外的；④享受基本养老保险待遇的；⑤被判刑收监执行或者被劳动教养的；⑥无正当理由，拒不接受当地人民政府指定的部门或者机构介绍的工作的；⑦有法律、行政法规规定的其他情形的。

失业人员失业前所在单位和其本人按照规定累计缴费时间满1年但不足5年的，领取失业保险金的期限最长为12个月；累计缴费时间满5年但不足10年的，领取失业保险金的期限最长为18个月；累计缴费时间在10年以上的，领取失业保险金的期限最长为24个月。重新就业后，再次失业的，缴费时间重新计算。领取失业保险金的期限可以与前次失业应领取而尚未领取的失业保险金的期限合并计算，但是最长不得超过24个月。

失业保险金的标准，按照低于当地最低工资标准、高于城市居民最低生活保障标准的水平，由各省、自治区、直辖市人民政府确定。在领取失业保险金期间患病就医的，可以按照规定向社会保险经办机构申请领取医疗补助金。医疗补助金的标准由各省、自治区、直辖市人民政府规定。失业人员在领取失业保险金期间死亡的，参照当地对在职职工的规定，对其家属一次性发给丧葬补助金和抚恤金。

2017年，人力资源和社会保障部、财政部共同印发了《关于调整失业保险金标准的指导意见》（人社部发〔2017〕71号文），各省在确保失业保险基金运行安全的前提下，随着经济社会的发展，分步实施、循序渐进，逐步将失业保险金标准提高到当地最低工资标准的90%。

资料来源：中华人民共和国人力资源和社会保障部，http://www.mohrss.gov.cn/。

2. 工伤保险

工伤保险是指国家和社会为在生产、工作中遭受事故伤害和患职业性疾病的劳动者及其亲属提供医疗救治、生活保障、经济补偿、医疗和职业康复等物质帮助的一种社会保障制度。所谓工伤，也称为职业伤害，所造成的直接后果是伤害到职工的生命健康，并由此造成职工及家庭成员的精神痛苦和经济损失，也就是说劳动者的生命健康权、生存权和劳动权利会因此受到影响、损害，甚至被剥夺。《社会保险法》规定，职工参加工伤保险，由用人单位缴纳工伤保险费，职工不缴纳工伤保险费。国家根据不同行业的工伤风险程度确定行业的差别费率，并根据使用工伤保险基金的情况及工伤发生率等指标在每个行业内确定费率档次。拓展阅读9-5详细介绍了工伤保险中的"补偿不究过失"原则。

拓展阅读9-5
工伤保险的"补偿不究过失"原则

3. 生育保险

生育保险是国家通过立法，对怀孕、分娩的女职工给予生活保障和物质帮助的一项社会政策，其宗旨在于通过向职业妇女提供生育津贴、医疗服务和产假，帮助她们恢复劳动能力、重返工作岗位。生育保险提供的生活保障和物质帮助通常由现金补助和实物供给两部分组成。现金补助主要是指给生育妇女发放的生育津贴。《社会保险法》规定，职工参加生育保险，由用人单位按照国家规定缴纳生育保险费，职工不缴纳生育保险费。用人单位已经缴纳生育保险费的，其职工享受生育保险待遇，职工未就业配偶按照国家规定享受生育医疗费用待遇。所需资金从生育保险基金中支付。生育保险待遇包括生育医疗费用和生育津贴，生育津贴按照职工所在用人单位上年度的职工月平均工资计发。2019年，国务院决定全面推进生育保险与职工基本医疗保险的合并实施，具体情况见拓展阅读9-6。

拓展阅读9-6
生育保险和职工基本医疗保险合并实施

9.3 商业保险

保险规划是家庭财富管理的重要内容。保险包含社会保险和商业保险，由于社会保险具有"保基本"的定位，不能在个人面对风险时提供足够的保障，因此必须依靠商业保险进行必要的补充。另外，虽然目前我国已经基本实现基本养老保险和基本医疗保险的全覆盖，但是除了城镇职工必须强制参加外，其他人员都是自愿参加的，还有部分人员没有被任何社会保险覆盖。因此，不管家庭成员有无参加社会保险，配置一定的商业保险都是非常必要的。

在进行家庭保险规划之前，首先需要关注家庭成员和家庭财产所面临的风险，以及管理这类风险所涉及的保险险种，其中主要包括人身保险和家庭财产保险。如果雇用了家政服务人员，家庭可能还需要配置责任险等其他保险。保险产品种类繁多、设计复杂，但是从本质上讲，保险是一份契约，即以保险合同的方式来约束双方当事人。本节首先介绍保险合同的概念，以及与其他法律合同不一样的特征，再介绍家庭保险规划中涉及的主要险种。拓展阅读9-7介绍了飞速发展的中国商业保险市场。

拓展阅读9-7
飞速发展的中国商业保险市场

9.3.1 保险合同

保险合同是商业保险中投保人或被保险人与保险公司约定权利义务关系的协议[①]。保险

[①] 关于保险合同中的几个专有名词，定义如下：保险人一般是指经营保险业务的保险公司；投保人是与保险公司订立保险合同的合同当事人；被保险人是指受保险合同保障，享有保险金请求权的保险合同关系人。在人身保险中，一般还有受益人，受益人又叫保险金受领人，即约定在保险事故发生后享有保险赔偿与保险金请求权的人。

当事人在平等的基础上充分协商，本着真实、自愿和诚实信用的原则订立保险合同，它是保险当事人双方的法律行为。当双方意思表示一致时，保险合同即成立，在满足一定条件之后，保险合同即具有法律效力。保险合同是一种法律合同，具有一般法律合同的特征，由于保险标的具有特殊性，保险合同具有一些不同于一般法律合同的特点，具体如下。

第一，保险合同是非要式合同。保险双方当事人意思表示真实且一致，合同即可以成立，《中华人民共和国保险法》（后文简称《保险法》）第十三条规定："投保人提出保险要求，经保险人同意承保，保险合同成立。保险人应当及时向投保人签发保险单或者其他保险凭证。"⊖签发交付保险单或其他保险凭证是保险人的法定义务，并非保险合同成立必需的要件，因此保险合同是非要式合同。

第二，保险合同大多是附和性合同。附和性合同又称为格式合同，是指合同的条款事先由当事人的一方拟订，另一方只有接受或不接受该条款的选择，但不能就该条款进行修改或变更⊖。投保人购买保险，要么附和保险公司的合同，即同意合同条款并购买该合同；要么拒绝购买该保险。投保人一般没有修改合同内容的权力。因此，在附和性合同中，保险公司较之被保险人处于明显优势。由于保险合同的这种附和性，当合同双方对保险合同条款的理解有分歧时，法院通常会做出有利于投保人的解释。

第三，保险合同是有偿合同。有偿合同是指在享有权利的同时必须承担义务的合同。订立保险合同是双方当事人有偿的法律行为。一方要享有合同的权利，就必须对另一方付出一定的代价，这种相互报偿的关系，称为对价。投保人与保险公司的对价是相互的。投保人的对价是支付保费，保险公司的对价是承担某种风险。但这种对价并不意味着保险公司对投保人付出对等的代价，即一定要给付保险金或赔偿损失。只有当承保的风险发生时，保险公司才对投保人的实际损失承担补偿或给付的义务。

第四，保险合同是双务合同。双务合同是指合同当事人双方相互享有权利，同时也承担义务的合同。在保险合同中，保险公司享有收取保险费的权利，同时承担约定事故发生时给付保险金或补偿被保险人实际损失的义务；保险合同的投保人承担支付保险费的义务的同时，被保险人在保险事故发生时依据保险合同享有请求保险公司赔付保险金的权利。

第五，保险合同是最大诚信合同。我国的《保险法》中明确规定，从事保险活动必须遵守最大诚信原则。最大诚信原则是保险的基本原则，每个保险合同的订立、履行都应当遵守最大诚信原则。对保险合同双方当事人违反最大诚信原则的行为，《保险法》也规定了严厉的处罚措施。

9.3.2 人身保险

家庭成员的人身风险是指在日常活动中生命或身体遭受各种形式的损害及其引起

⊖ 《中华人民共和国保险法》于1995年6月30日，第八届全国人民代表大会常务委员会第十四次会议审议通过，后于2002~2009年和2014年分别进行了部分内容的修订。
⊖ 人身保险中除了团体保险合同的条款可以协商外，其余人身保险合同基本都属于附和性合同，而保险标的金额较大的财产保险合同则可以经过保险双方当事人协商确定。一般来说，家庭财富管理涉及的人身险和财产险基本上都是附和性合同。

的损失，包括死亡、伤残、疾病、生育、年老等。家庭是社会的基本单位，家庭成员在其中扮演着不同的角色，有的成员是家庭的主要甚至是唯一的收入来源，有的成员尚未成年、需要抚养，有的成员因年老或失业需要供养，不同成员所面临的人身风险暴露不同，需要进行有针对性的人身风险识别、衡量和评价，再进行综合的风险管理规划。

家庭成员的人身风险所造成的经济结果主要表现在两方面。一是收入的终止或减少。在一个家庭中，主要收入来源者的生命价值相对较高，其死亡、退休、生病、残疾或失业都将导致家庭收入终止或减少，将对家庭财务状况造成重大影响，这是家庭人身风险的主要影响。二是额外费用的增加。任一家庭成员都可能因为死亡而发生丧葬费用，因为生病、受伤、残疾而发生医疗、护理等额外的费用，从而增加家庭的经济负担。家庭成员需要关注的人身风险主要包括早逝、长寿、疾病、意外伤害、失业等。

在管理家庭成员人身风险的各种措施中，人身保险是最为人所熟知且最为有效的，人身风险的客观存在和不断发展，为人身保险业的产生和发展提供了前提条件。人身保险是以人的生命或身体作为保险标的的保险。它以人的生存、年老、伤残、疾病和死亡等人身风险作为风险事件，主要包括人寿保险、健康保险和意外伤害保险等险种。投保人与保险公司通过订立人身保险合同确立各自的权利义务，投保人向保险公司缴纳一定数量的保险费，在保险期限内，当被保险人发生死亡、残疾、疾病等保险事故，或被保险人生存到满期时，由保险公司向被保险人或其受益人给付一定数量的保险金。

1. 人寿保险

人寿保险是以被保险人的生命为保险标的、以被保险人的生存或死亡为给付条件的人身保险。除了以被保险人生存为给付保险金条件的人寿保险可由被保险人领取保险金以外，人寿保险的保险单都必须指定受益人，由受益人领取保险金。如果未指定受益人，保险金会被作为被保险人的遗产来处理。早期的人寿保险主要是定期寿险，后来逐渐出现了终身寿险和两全保险，这三种保险构成了传统人寿保险的基本形式。在20世纪70年代以后，为了适应新的经济形势，寿险公司开始加强产品创新，推出一系列新型寿险产品，主要包括分红保险、万能寿险、投资连结保险等。下面简要介绍一些人寿保险产品。

（1）**定期寿险**是以被保险人在约定期限内死亡为给付条件的人寿保险，又称定期死亡保险，其约定的保障期限称为保险期限。定期寿险通常没有储蓄功能，因此单位保额的保费较低，主要是满足各种暂时性收入保障的需求。适合于收入较低而保障需求较高的人群。

（2）**终身寿险**是一种不定期的死亡保险，被保险人在保险有效期内无论何时死亡，保险人均依照合同规定给付保险金。终身寿险能够为被保险人提供终身的死亡保障，死亡保险金通常为约定的保险金额。终身寿险不仅具有保障功能，还具有很强的储蓄功能。保单具有现金价值，保单持有人可以通过多种方式来处置现金价值。因此，终身寿险能够满足投保人的多种需求，适合保障需求程度高、缴费能力强的投保人。

（3）**两全保险**又称生死合险，若被保险人在保险期限内死亡，则给付死亡保险金，被保险人如果满期生存时，则给付生存保险金。定期寿险仅在被保险人死于保险期限内时为他人提供利益保障,而两全保险除了在被保险人死于保险期限内时为受益人提供利益保障外,也为被保险人本人满期生存时提供利益保障,即领取满期保险金。两全保险适合于对保障需求和储蓄需求都较大,而且经济承受能力较强的投保人。

(4) **分红保险**的保单持有人可以分享保险公司的可分配盈余。该类产品很好地实现了寿险公司和投保人的双向互动,使得寿险产品的保障达到一个较高的层次。该类保单有可能向投保人提供较传统寿险保单更好的收益保障。所谓盈余是指保险公司经营利润的累积余额,其中分红保单的投保人可以分享的部分称为可分配盈余,投保人获得的可分配盈余称为保单红利。在设计寿险产品时,需要考虑寿险公司对保险资金的运用收益、寿险公司本身的管理水平、寿险公司的承保事故发生频率和赔付金额等因素,根据各个保单年度实际经营情况,将部分利润返还给投保人。根据银保监会对于个人分红保险精算的规定,分红保险产品一般采用谨慎的预定利率、死亡率和费用率等精算假设来计算保费,该类产品的费率也明显更高,目前监管部门规定保单当年可分配盈余的至少70%应进行分红[○]。分红保险产品是目前寿险市场上销售份额非常大的险种。

【例题9-1】增额分红保险的分红计算

增额分红是指在整个保险期限内,保险公司不发放现金红利,保单每年的保险金额按照一定的方式来增加,保额一旦增加则不得取消。采用增额分红的保险公司,可以提供年度红利、特别红利和终了红利等方式,保险公司可以在理赔或保险期限结束后以现金方式给付红利。增额红利一般是按照原保单保险金额的一定比例将保单的保额提高。假设保单的基础保额为10万元,基础保额的分红比例为每年1%,分红增额保额的分红比例为10%,请分别采用单利法、复利法和超级复利法计算保单第2年和第3年的保险金额各为多少。

解:(1) 单利法。如果采用单利分红方式的话,则第2年的保额调整为101 000元,第3年的保额则增加为102 000元。

(2) 复利法。如果采用复利法增额分红,则第2年的保额调整为101 000元,第3年的保额则增加为 $100\,000\times(1+1\%)^2=102\,010$ 元,依此类推。

(3) 超级复利法对基础保额和分红增额保额采用不同的分红比例,分红增额保额的分红比例更高,两者相加得到年度分红总额,第1年保额为100 000元;第2年保额为101 000元,其中,1 000元为基础保额的分红保额(比例为1%);第3年保额增加为102 100元,其中基础保额的分红保额仍为1 000元(比例为1%),分红增额保额1 000元的分红额度为100元(比例为10%),两者相加得到102 100元,保单持有越久,则保额增加得越多。

(5) **投资连结保险**(简称"投连险")是包含保险保障功能并至少在一个投资账户拥有一定资产价值的人身保险产品。投保人缴纳的投资连结保险保费在扣除了保障费用、保单管理和投资账户管理的部分费用后会进入投资账户,客户可以根据自己的风险偏好选择投资不同类型的投资单元。投资单元的价格根据资产组合的市场价格来

[○] 具体规定可参见原保监会《关于印发人身保险新型产品精算规定的通知》(保监发[2003]67号文)。

确定，可以购买的投资单元的数量取决于进入投资账户的金额和投资单元的价格，类似于购买基金产品。投资连结保险保单持有人可以根据市场波动情况买入和卖出投资单元，保险公司将收取一定的手续费。投资连结保险产品的保单账户价值与保险公司为投资连结保险单独设立的投资账户的价值相对应，所以保单账户价值直接与独立账户的投资业绩相挂钩。它与传统寿险产品的根本区别是：该产品取消了固定的预定利率，将投资选择权和投资风险同时转移给了客户。

【例题9-2】投资连结保险的运作与管理[一]

李先生今年30岁，投保某寿险公司"聚富年年"投资连结保险，期缴保费12 000元，缴费15年，年初缴费。投保时主险基本保额为20万元，附加重疾保额15万元，附加意外险保额10万元，附加意外医疗险1万元。(1)请列出保单首年需要缴纳的各项费用，计算扣除费用后进入投资账户的金额为多少？(2)假设李先生决定用投资账户的资金购买"基金投资账户"的投资单元，应如何操作？

解：(1)根据李先生的情况，他所购买的投资连结保险在首年缴费后，需要扣除的费用包括：初始费用3 300元、风险保费671元、保单管理费为60元，首年保费扣除这些费用后的金额7 969元进入李先生的保单投资账户。此外，保险公司还会根据账户资产的情况收取资产管理费，通常是在每次投资账户价值评估时，按照投保人投资账户中上一个评估日的资产净值的一定比例来收取，一般每年的费用比例不超过2%。

(2)李先生平时也有进行股票投资，风险承受能力较强，他留意到投资账户中的"基金投资账户"近年来年化投资收益率较高，每个"基金投资账户"投资单元的价格为7.969元，遂用账户中的资金购买了1 000个投资单元。假设3个月后，投资单元的价格变为8.566，则李先生投连险的投资账户现金价值上升到8 566元，若投资单元的价格变为6.522，则李先生投连险的投资账户现金价值降至6 522元，投连账户的投资风险完全由保单持有人自行承担。

(6)**万能寿险**是一种缴费灵活、保额可调整、分别列示各种扣费因素的终身寿险，主要是针对消费者在生命周期中保险需求和支付能力的变化特点而设计的，其显著特点是透明性和灵活性。万能寿险的保险单所有人能定期改变保费金额，可以暂时停止缴纳保险费，还可以改变保险金额，是一种灵活性非常大的寿险产品，非常适合保障需求容易发生变化、保费缴纳不容易固定且有一定的资金增值需求的投保人。万能寿险产品的保费一般分为两部分：一部分用来购买寿险保障和支付各类保单费用，寿险保障的保费是按照生命表来计算的纯保费，一般是根据每年的自然保费来缴纳，除了寿险保障费用以外，还会根据缴费时间的长短和过往缴费记录来收取保单初始费用、保单管理费和发放持续缴费的奖励金。另外一部分为扣除寿险保障费用和其他各类保单费用之后的剩余保费，进入万能寿险的投资账户进行投资。万能账户的资金按照保险公司定期公布的结算利率[二]进行累积，每款产品一般会给定一个不同的最低保证收益率。

[一] 本例中的费用比例和数值仅为演示投资连结保险的保单运作，不同公司的费用比例和收费项目可能有所不同。

[二] 结算利率一般是每月公布一次。早期各家保险公司所公布的结算利率都是日利率，后来为了便于理解和比较，所提供的结算利率都是按照每年实际天数折算成年化利率。

表 9-1 展示了分红型寿险、投资连结保险和万能寿险的区别。

表 9-1 分红型寿险、投资连结保险和万能寿险的区别

	分红型寿险	投资连结保险	万能寿险
保障账户和投资账户是否独立	保障账户和分红账户是混合的，分红不透明	保障账户和投资账户分离，并设置有几个不同投资账户	设有保障账户和一个单独的投资账户，其投资账户有保底的功能
投资渠道	传统保险产品的资金投资渠道	除了传统保险产品的资金投资渠道外，还可以投资于股票和债券等资本市场，投资账户信息透明	除了一般保险产品的投资渠道外，还可以投资于股票和债券等资本市场
利润来源	费差益、死差益和利差益	保单持有人承担投资风险，保险公司收取账户管理费用和买卖差价	保单持有人和保险公司共同承担投资风险，保险公司收取账户管理费用
账户投资风险	低	高	中
缴费灵活性	低	缴费灵活	缴费灵活，保额可调整
保障功能	保障程度高	保障程度低，投资功能强	保障程度较强，投资功能强
适宜对象	风险承受能力低、有稳健长期的理财需求、并且希望获得长期连续保障为主的投保人	经济收入水平较高、希望以投资为主、保障为辅、追求资金高预期年化收益，同时又具有较高风险承受能力的激进型投保人	需求弹性较大、风险承受能力较低、对保险希望以稳健型投资理财为主，保障为辅的投保人

2. 年金保险

寿险产品主要是用来转移被保险人因为早逝导致的收入损失所引起的财务风险，而年金保险则是为了防范因被保险人长寿又没有足够的收入来源所引起的财务风险。年金保险是指投保人与保险公司签订的一种合同，保险公司以年金领取人的生存为条件定期给付约定的保险金。年金领取人和投保人可以是同一人，也可以是不同的人，但通常情况下是同一人。由于人在退休后的收入能力下降，生命的经济价值也逐渐降低，退休后的财务需求也相应下降，但仍可能发生严重的财务风险，主要原因是其死亡时间不确定：如果实际寿命远远高于预期寿命，可能因工作期间积累的退休资金不足而无法满足退休后个人和家庭的生活需要。年金保险的主要功能就是为应对退休收入损失风险而提供的经济保障。

为了理解年金保险的具体运作，我们将按年金购买方式、给付的起始时间、给付的期限、给付金额是否有保证等角度来对年金保险产品进行介绍。

（1）**按年金购买方式**。按照年金的购买方式可以分为趸缴年金和期缴年金。趸缴年金是在购买时保费一次缴清的年金，是最常见的形式。期缴年金是指在一定时期内缴纳年金保费的年金，期缴保费可以分为平准保费和浮动保费两种。对于平准保费年金，投保人按规定的时间间隔（如按月或年）缴纳相等的保费，直到缴费期满为止。对于浮动保费年金，投保人在约定期限内缴纳保费，但各期保费可以在允许的范围内自主变动，其灵活性高于平准保费年金。无论是趸缴还是期缴，年金保费的精算现值都是相等的，投保人可以根据自己的实际情况来选择保费支付方式。

（2）**按年金给付的起始时间**。保险公司定期给付的起始日期称为满期给付日或年金满期日，给付的频率取决于年金期间的长度，年金期间是指相邻两次定期给付的时间间隔。根据满期给付日的不同，年金可分为即期年金和延期年金两类。即期年金是指从购买年金之日起，满一个年金期间后就开始给付的年金。延期年金是指从购买之日起，超过一个年金期间后才开始给付的年金。虽然延期年金规定了给付的起始日期，但投保人可以随时申请改变这一日期。

（3）**按年金给付的期限**。常见的年金给付期限包括终身年金、确定年金和限期生存年金3种。终身年金是一种至少在指定个人的生存期间定期给付的年金，有的终身年金还保证提供更多的给付。常见的终身年金包括纯粹终身年金、保证期间终身年金和全额返还式终身年金3种：纯粹终身年金又称普通终身年金，是一种仅在年金领取人生存期间定期给付的年金，在年金领取人死后不再进行给付。保证期间终身年金是一种在年金领取人生存期间定期给付，并保证给付期间不少于约定期间的年金。如果年金领取人在约定期间死亡，保险公司也照常给付，直到约定的保险期间结束。全额返还式终身年金又称偿还年金，它保证在年金领取人生存期间定期给付，还保证年金给付总额至少等于该年金的购买价格。也就是说，如果年金领取人在死亡时给付总额小于购买价格，则差额部分由保单指定的其他受益人领取。确定年金是一种在约定期间定期给付、约定期满后停止给付的年金，与年金领取人生存与否无关，确定年金可以满足一个人在某一特定时期的收入需求，或者为领取其他收入之前的特定时期提供收入。限期生存年金是一种在约定期限内或年金领取人死亡之前（以先发生者为准）定期给付的年金，一旦约定期满或年金领取人死亡，给付停止。

（4）**按年金给付金额是否有保证**。按照给付金额是否有保证可以将年金分为固定给付年金和变额年金保险两大类，其主要差别是投资风险的承担者不同。固定给付年金是指保险公司保证至少以约定金额定期给付的年金，多数固定给付年金自满期给付日起给付金额保持不变；少数固定给付年金规定，当保险公司的投资收益超过预期水平时将适当提高给付金额。

变额年金保险是指保单利益与连结的投资账户投资单位价格相关联，同时按照合同约定具有最低保单利益保证的人身保险。变额年金保险的运作分为两个时期：累积期和给付期。年金累积价值和每月给付金额将随着分立投资账户的绩效上下波动，投资风险由投保人承担，保险公司不保证投资收益率和定期给付金额。变额年金保险的投资风险发生了转移，通常被视为投资产品，受保险和证券的双重监管。

变额年金保险的投保人在累积期间购买投资账户的累积单位，将资金投资于相应的投资账户中，累积单位是变额年金保险在累积期间的价值衡量单位，累积单位代表了投保人在投资账户中所占的份额，在扣除保费之后所能购买的累积单位数量取决于当时的累积单位价格。给付时，保险公司将被保险人保单项下的总累积单位数换算成若干年金单位数。在给付期间，变额年金保险将每个月或每年给付固定的年金单位数，年金单位数在年金给付期内保持不变，实际的给付金额为当时的年金单位价格和年金单位数的乘积，保险公司根据特定投资账户的投资业绩定期计算年金单位的价格，然后确定新的定期给付金额，定期给付金额会随投资账户价值的波动而波动。由于变额年金保险给付金额的不确定性,如果年金领取人不想再承担账户价值变动的风险,也可以选择在满期给付日将变额年金保险转化为固定给付年金,或一次性领取累积价值。

3. 健康保险

健康保险是以人的身体为保险标的,对由于健康原因接受治疗和护理支出所导致的医疗和其他相关费用,或由于丧失工作能力所导致的收入损失给付保险金的人身保险。按照保障内容的不同,我国的健康保险可分为医疗保险、疾病保险、失能收入损失保险和护理保险四类。

(1) **医疗保险**。医疗保险是以保险合同约定的医疗行为的发生作为给付保险金的条件,为被保险人在接受诊疗期间的医疗费用支出提供保障的保险。医疗保险按照保险金的给付性质可分为费用补偿型医疗保险和定额给付型医疗保险。前者是指根据被保险人实际发生的医疗费用支出,按照约定的标准确定保险金数额的医疗保险,后者是指按照约定的数额给付保险金的医疗保险。费用补偿型医疗保险的给付金额不得超过被保险人实际发生的医疗费用金额。医疗保险涵盖的医疗费用通常包括医疗费、手术费、药费、门诊费、护理费、各项检查费、住院费用及医院杂费等。医疗保险通常规定最高限额、免赔额、比例分摊等限制性条款。医疗保险设置最高限额后,无论被保险人在保险期间内是一次还是多次患病并发生医疗费用,保险公司的实际赔付金额都不能超过最高限额。这有助于防止被保险人无限制使用医疗资源,便于保险公司控制保险赔付水平。免赔额是指保险公司在补偿医疗费用之前,被保险人自己必须负担的一部分医疗费用。比例分摊是指规定被保险人在支付免赔额之后,还必须按约定比例支付保险责任范围内剩余医疗费用的一部分。拓展阅读9-8介绍了"百万医疗险"和其他医疗保险的关系。

(2) **疾病保险**。疾病保险以保险合同约定的疾病的发生为给付保险金条件。其特点是保险金的给付只依据疾病诊断结果,与治疗行为是否发生或医疗费用是否产生无关。为防止被保险人带病投保,降

拓展阅读9-8
有了"百万医疗险",还需要其他医疗保险吗

低逆向选择风险,疾病保险合同通常设有保险责任等待期。保险责任等待期是指按照保险条款约定,保险公司在合同生效后免于承担赔偿责任的时间长度。

对于家庭保险规划而言,疾病保险主要是需要关注重大疾病保险。重大疾病保险是指被保险人在保险期间内发生保险合同约定的疾病、达到约定的疾病状态或实施了约定的手术时,给付保险金的健康保险产品,一般简称为"重疾险"。重疾险按照保险责任可分为纯疾病保障型、疾病保障与死亡保障结合型两类。纯疾病保障型产品可以单独销售,其重疾保险金的领取不影响其他保险责任。可以一次性领取约定的保险金额,也可以根据疾病的种类领取不同比例的保险金额。对于疾病保障与死亡保障结合型产品,当被保险人罹患合同约定的重大疾病时,被保险人可以提前支取死亡保险金作为重大疾病保险金,用于支付医疗费用支出或者维持一定的生活水准。表9-2列出了疾病保险和医疗保险的区别。

表 9-2 疾病保险和医疗保险的区别

	疾病保险	医疗保险
理赔方式	定额给付型。确诊了保险合同规定的疾病即给付相应的保险金	报销型。对治疗疾病产生的医疗费用进行补偿
保障范围	罹患保险合同规定的疾病或合同规定的疾病导致死亡时,给付保险金	保险合同约定的医疗费用和住院津贴等
保险期限	长期,可以保障终身	短期,一般为一年或一年内
价格	较为昂贵	相对来说,较为便宜
是否存在免赔	一般没有免赔额度	有免赔额和自付比例
能否单独销售	一般是作为寿险主险的附加险,也能单独销售	可以单独销售

(3) **失能收入损失保险**。该保险又称残疾收入保险,以因保险合同约定的疾病或意外伤害导致工作能力丧失为给付保险金条件,为被保险人在一定时期内收入减少或者中断提供保障。被保险人为了获得残疾收入保险金,其残疾必须满足保单规定的残疾标准,因此,任何失能收入损失保险单或残疾收入保险单都会明确给出全残、部分残疾的定义以及相应的保险金给付比例。残疾收入保险所提供的保险金不是为了补偿被保险人因残疾而遭受的全部收入损失,必须低于残疾前收入,否则容易使被保险人失去重返工作的经济动力,但也不能太低,否则会失去其应有的保障意义。

(4) **护理保险**。护理保险以因保险合同约定的日常生活能力障碍引发护理需要为给付保险金条件,为被保险人的护理支出提供保障。护理保险主要以 50 岁以上的老年人为主要消费群体,可以个人购买,也可以由企业为员工购买。护理保险的理赔判定标准一般采用日常生活自理能力表,包括吃饭、沐浴、穿衣、移动(上下床到轮椅)、行动和如厕等。每一项内容分为无须帮助、需部分帮助、完全依赖三个等级,根据依赖程度的不同,将老人生活自理能力分为完全自理、半自理、不能自理等若干档次。长期护理保险是护理保险的主要形式,即以丧失日常生活自理能力的老年人的家庭护理、家庭保健及其他相关服务的费用支出为保险责任。长期护理针对的是因年迈、意外事件或疾病所导致的体力衰弱而进行持续性日常护理,而不是治疗性的服务和照顾。随着中国人口老龄化、高龄化趋势的日益明显,长期护理保险面临巨大的市场需求和发展商机。

4. 意外伤害保险

意外伤害保险是指被保险人在保险期限内因发生意外伤害事故造成死亡或残疾时,保险公司按合同约定给付保险金的保险。由于人身意外伤害保险承保的是意外伤害,因此我们首先应该明确意外伤害的含义。所谓的意外伤害是指被保险人主观上没有预计会发生致伤的事故或是虽然预计到灾害的发生,但由于各种约束和限制而不得不接受与自己本来的主观意愿相反的现实结果。归纳起来,对意外伤害应从以下两种情况去理解:第一种情况,被保险人事先无法预见伤害的发生,因此也无法躲避;第二种情况,被保险人虽然已经预见到伤害,但伤害仍然违背被保险人的主观意愿而最终发生。所谓伤害,是指被保险人身体遭受外来事故的侵害发生了损失、损伤,使人体完整性遭到破坏或器官组织生理机能遭受阻碍的客观事实。伤害必须由致害物、侵害对象、侵害事实等三个要素构成。

虽然人身意外伤害保险承保的人身危险是意外伤害,但并非一切意外伤害都是保险人所须承担和保障的。一般而言,按照保险公司的承保能力,可以将一切意外伤害划分为一般可保意外伤害、特约保意外伤害和不可保意外伤害三种。意外伤害保险以人的身体为保险标的，通常由寿险公司负责经营，但有些国家由财产保险公司或非寿险公司负责经营，因为这种业务的经营性质与非寿险业务有相似之处。我国《保险法》第九十五条规定："保险人不得兼营人身保险业务和财产保险业务。但是，经营财产保险业务的保险公司经国务院保险监督管理机构批准，可以经营短期健康保险业务和意外伤害保险业务。保险公司应当在国务院保险监督管理机构依法批准的业务范围内从事保险经营活动。"由此可见，我国的寿险公司和非寿险公司都可以经营意外伤害保险。意外伤害保险的保险责任是指由保险公司承担的被保险人因意外伤害导致死亡或残疾而给付保险金的责任。意外伤害的保险责任包括三个要件：①被保险人在保险期限内遭受了意外伤害；②被保险人在责任期限内死亡或残疾；③被保险人所受的意外伤害是导致死亡或残疾的直接原因或近因。满足上述三个条件的意外伤害才是意外伤害保险中的可保风险。

在意外伤害保险中有关于责任期限的规定，即自遭受意外伤害事件之日起的一定期限为责任期限。只要被保险人遭受意外伤害的事件发生在保险期限内，在责任期限内造成死亡或残疾，保险人就要承担责任，给付保险金。即使在被保险人死亡或被确定为残疾时保险期限已经结束，只要未超过责任期限，保险人就要负责。但是若被保险人因保险期限开始之前遭受了意外伤害而导致其在保险期限内死亡或残疾，保险公司不承担给付责任，这一点与其他人寿保险要求死亡或残疾事故发生在保险期限内的规定有所不同。

9.3.3 家庭财产保险

1. 财产保险的定义

在家庭中，除了家庭成员面临人身风险以外，家庭财产也面临着损失的风险，家庭还可能因为各种原因面临赔偿责任的风险，因此，家庭保险规划还应包括家庭的财产保险。相对于人身保险而言，家庭财产的标的较为明确，面临的风险因素和可能发生的风险事件均较为确定，保险规划也较为简单易行。财产保险可以按照其标的的性质分为有形财产保险和无形财产保险两大类，本章介绍的仅仅是指有形财产保险。

有形财产保险是指以有实物形态的物质财产为标的的保险，如房屋火灾保险、盗抢险和汽车保险等。有形财产是指存在于固定地点、处于相对静止状态的财产，也包括处于流通过程的运输货物与车辆、船舶等运输工具。有形财产保险以对有形财产的物权关系为保险利益，具体包括所有利益、使用利益、收益利益和抵押利益等。有形财产保险以有形财产为标的，且必须可以用货币估计财产价值。有形财产保险中保险金额的确定，必须以保险标的的价值为基础，保险标的的价值是判断是否超额保险、重复保险的标准。可以造成财产损失的原因有很多，如火灾、水灾、雷击、风暴、地震、海啸等，但保险公司承担的保险责任只限于不可抗力的自然灾害和意外事故，其赔偿范围是这些灾害事故引起的直接损失，一般不包括间接损失。

2. 普通家庭财产保险

普通家庭财产保险的一般可保财产主要包括房屋及其附属设备、家庭生活资料（如衣服、卧具、家具、用具、器具、家用电器、文化娱乐用品、交通工具等）、农村家庭的家用农具、已收获的农副产品、家禽。代人保管或与他人共有的财产可特约承保。不保财产主要包括金银、首饰、珠宝、货币、有价证券、票证、古玩、古书、字画、文件、账册、技术资料、图表、家畜、花草、鱼鸟、盆景等。

家庭财产保险的保险责任主要包括火灾、爆炸、雷电、冰雹、地震、龙卷风等自然灾害和意外事故造成保险财产的实际损失，或为防止灾害蔓延发生的施救、抢救费用及其他合理费用。对下列原因造成的损失不负责任：战争、军事行动或暴力行为、核辐射、污染；被保险人及其家庭成员的故意行为；因家用电器的过度使用或超负荷、碰线、走电、自身发热等原因造成财产本身的毁损；露天堆放的保险财产由于暴风、暴雨、龙卷风、雪灾等灾害所造成的损失；虫蛀、鼠咬、霉烂、变质、家禽走失或死亡等。普通家庭财产保险的保险期限一般为一年，期满续保。赔偿方式一般采用"第一危险责任赔偿方式"⊖，即在保险金额限度内按实际损失赔付，一般不采取比例赔偿的方式。赔偿的计价标准，是按损失当天的实际价值或市场购置价格，旧的财产还要考虑其折旧的情况。

3. 其他家庭财产保险

家庭财产两全保险兼有经济补偿和到期还本双重性质，是家庭财产保险的一种特殊形式。保险人用被保险人所缴储金的利息作为保险费，在保险期满时将原缴保险储金全部退还给被保险人。家庭财产两全保险的保险财产、保险责任与普通家庭财产保险相同，不同的是保险金额的确定方式。保险金额采用份数的确定方式，例如每份为1 000元或2 000元，投保份数应根据家庭财产的实际价值进行估计。一种常见的家庭财产保险附加险是盗窃险。盗窃险的保险责任是：存放于保险地址室内的保险财产，遭受外来的、有明显痕迹的盗窃损失。对存放在保险地址室内、院内、楼道内的自行车遭受全车失窃或被盗损失，保险人也负赔偿责任。对于被保险人及其家庭成员、服务人员、寄居人员的盗窃或纵容他人盗窃所致损失，保险人一概不予负责。

9.4 家庭保险规划

9.4.1 家庭保险规划的程序

家庭保险规划的程序包括收集家庭信息、分析信息和综合整理等几个环节，本节将以一个普通家庭保险规划和购买的综合案例为例，对保险规划的组织和实施过程进行说明。

1. 收集信息

进行家庭保险规划要收集的信息包括以下几类。①确认家庭成员的健康状况。健康状况会影响疾病发生的概率及是否可以投保寿险或健康险，这是进行保险规划的重要信

⊖ "第一危险责任赔偿方式"，是指赔付金额由保险金额和损失金额来确定，但以不超过保险金额为限。具体来说，是将被保险财产的价值分成两部分：第一部分是保险金额以内的部分，这部分价值由保险人承担事故赔偿责任，遇损时按实际损失赔付；第二部分是超过保险金额的部分，这部分价值由被保险人自己承担，即受损时保险公司不予赔付。在计算赔付金额时，不考虑保险财产的全部价值，仅考虑保险财产的受损价值。在计算赔付金额时，当损失金额≤保险金额时，赔付金额=损失金额；损失金额>保险金额时，赔付金额=保险金额（超过保险金额部分不予赔偿），我国普通财产保险基本上都用这种方式。

息。②已投保的保单信息。收集、整理家庭成员已经投保的各项人身保险保单。③家庭潜在负债。除了目前的负债以外，主要考虑家庭中被抚养人口的年龄、年生活开销、未来的学费开支、丧葬费用等信息。④评估风险承受能力。风险承受能力与已有的财富、财富获取方式、受教育程度、年龄、性别、婚姻家庭状况及就业状况有关。⑤确认相关的生活方式形态。人身风险事件造成的损失发生后，须确认家庭或遗属的生活状况会有怎样的调整，还有哪些目标需要实现等。⑥家庭财产责任的风险状况。家庭的财产主要包括房屋、室内装修、家具、家用电器、私家车辆等，要根据实际情况来评估财产损失的风险，如果有雇用家政服务的，还需要考虑雇主责任风险。

2. 分析评估

分析评估需要做到以下几点。①确定目前的保险额度与范围，如已投保的险种、有效期限、涵盖风险范围等。②评估承受的财务风险状况。可以利用家庭财务报表来进行分析，从资产负债表来看，当资产减少而负债依旧的时候，其差额就是可能产生的财务风险。从现金流量来看，即使收入中断了，支出还是会持续，差额与可能持续的年数就是财务风险。③评估当前的保险保障程度和风险管理策略，以及家庭所承受的风险状况。将拟定的保险范围与当前的保险范围相比较。④评估保险范围发生变化的影响。如增加保额或购买其他险种，都会使得保费增加，影响原有的现金流量，将旧保单解约也会影响未来保费支出与保险给付的现金流量。⑤把家庭风险管理需求的优先次序排好。按照风险事件发生的概率与发生后的损失程度及风险管理的成本，排定风险管理的优先级。例如寿险优于财险、保障型险种优于储蓄型险种等。当保费预算有限时，就从最优先次序的险种开始购买。

3. 综合整理

综合整理需要做到以下几点。①制定各种风险管理策略。可以提出几个不同的方案，例如：A方案是保持原有的保单不动，增加保费预算，针对保障不足的部分增加购买新的保单；B方案是保费预算不变，原有的保单全部解约，用旧保单的现金价值与年缴保费，重新安排购买更合理的险种与足够的保障额度；C方案是为旧保单办理保全变更手续并转换为新保单，并适当增加保费预算来购买其他新保单，补足保障缺口。②评估每种风险管理策略的优缺点。利用假设保险事故发生后的现金流量表与生涯模拟表等工具，评估每种风险管理策略的优缺点。③按优先级排列顺序来制定实施风险管理计划的行动步骤。应明确到购买哪一家保险公司的哪一张保单、保额是多少、保费是多少、缴费多少年、受益人是谁等细节。

【例题9-3】家庭保险规划综合——保险信息的收集、评估与保险需求分析

张先生和李女士夫妇两人目前40岁，其女儿10岁，其家庭税前收入为50万元，其中张先生年收入38万元（税后32万元），李女士年收入12万元（税后10万元）。当前，家庭基本生活费用每年为20万元（不含房贷等固定支出），假设其退休后每年基本生活费用为10万元（此时假设孩子已经独立生活）。他们还另外建立了20万元的教育基金作为孩子的教育费用，并建立应急基金10万元、善后费用基金5万元，张先生夫妇的家庭财务目标设定为：万一家庭主要收入来源者早逝，家庭财务状况不会受影响，遗属和孩子能维持之前的生活水准，孩子的教育目标也能保持不变。你能否为张先生提供一份家庭保险方案?

解：根据张先生的目标，保险规划师进一步了解了张先生的家庭财务信息和现有各类保障情况，并明确了各类健康保险、退休收入等需求，详细信息列表如下（单位：元）。

1. 家庭财务信息与保障目标

	若张先生先身故	若李女士先身故
实物资产		
住房	2 000 000	2 000 000
汽车	100 000	100 000
家具及个人物品	60 000	60 000
	2 160 000	2 160 000
死亡时可利用的流动资产		
已购买个人寿险	500 000	0
已购买团体寿险	50 000	50 000
储蓄/投资	200 000	200 000
活期存款余额	30 000	30 000
	780 000	280 000
根据设定目标，死亡时所需的现金		
住房贷款余额	1 000 000	1 000 000
汽车贷款余额	40 000	40 000
建立应急资金	100 000	100 000
建立教育基金	200 000	200 000
善后费用	50 000	50 000
	1 390 000	1 390 000
每年收入目标		
死亡后需要的税后家庭收入		
退休前	200 000	200 000
退休后	100 000	100 000
关于健康保险的目标与已有资源		
所需的住院费用保险	20 000	20 000
所需的治疗费用保险	50 000	50 000
所需的手术费用保险	100 000	100 000
所需的重大疾病保险	300 000	300 000
所在单位准予报销比例	50%	80%
关于年金保险的目标与已有资源	张先生	李女士
60岁后所需年收入	100 000	100 000
60岁后每年可领取基本养老金	80 000	50 000

2. 保障需求分析：①寿险需求。因为张先生是家庭收入的主要来源，如果张先生不幸去世，李女士的收入不能维持家庭的正常生活所需，家庭财务目标即被打乱，因此，首先需要考虑为张先生补充购买个人寿险，具体额度可以通过将未来各项资金折现来计算。②养老保险需求。根据夫妻双方设定的养老保险目标，扣除可以领取的基本养老金，张先生的养老金年度缺口为 2 万元，李女士的养老金年度缺口为 5 万元，可以考虑购买相应额度的补充养老保险来弥补差额。③健康保险。张先生和李女士都参加了医保，但是张先生的报销额度和比例都较低，随着年龄的增大，健康风险逐渐增加，家庭成员有必要根据自身的情况配置重大疾病保险和补充医疗保险。④财产险。张先生的家庭财产主要是房屋和汽车，可以考虑购买普通家财险和车险，购买车险时可以考虑提高责任险的额度。⑤其他保险。张先生一家是较为典型的小康家庭，保险规划以保障型险种为主，在经济条件允许的情况下，还可以购买适量的教育储蓄险或万能险。

9.4.2 家庭保险规划的组织实施

家庭保险规划必须考虑家庭的整体性，综合考虑各个家庭成员和家庭财产的特点，具有量身定制的特色。保险规划的量身定制既要通盘考虑各个家庭成员所面临的风险状况，还要充分考虑整个家庭现在和未来一定时期内收入支出的可能状况，结合家庭成员社保的参保情况来制定规划。保险购买过多是一种浪费，购买太少又满足不了需要，其规划需要结合家庭实际情况的变化进行动态调整。

有效的保险组合设计对于家庭和保险公司都具有重要的意义，合理的保险组合能够使投保人以尽可能小的保障成本获得尽可能大的保单保障，同时，合理的保险组合能够维持保单的持续，有利于保险公司各项业务的正常开展。由于家庭保险规划中主要涉及的险种是人身保险，家庭财产的风险暴露情况清晰且稳定，家庭财产保险的种类和价格也都非常稳定，相对来说较容易进行规划⊖。而人身保险产品的种类繁多，产品组合设计复杂，不同产品的保障功能和价格差别较大，人身保险保费支出也是家庭支出的重要组成部分，因此，人身保险规划是家庭财富管理的主要内容，也是理财规划师为客户提供服务的重要内容。本节具体介绍保险规划的原则、步骤和基本应用。

1. 保险规划的原则

购买保险主要是为了个人及家庭生活的经济安全与稳定，即将某些重大的财务风险转移给保险公司，在发生意外事件时获得充分的经济保障。在购买保险时，通常需要坚持以下两项原则。

（1）转移风险的原则。每一个投保人购买保险都是为了转移风险，以及在发生保险事故时可以从保险公司那里获得约定的经济补偿。因此，任何人在投保之前必须全面系统地分析自身或家庭面临的各种风险，明确哪些风险可以回避、预防或抑制，哪些风险可以自留，哪些风险可以通过非保险的方法转移，然后再将其余的风险转移给保险公司。

⊖ 由于家庭财产主要涉及房屋、室内装修、家具和家用电器设备、私家车辆等，财产的价值较为确定，风险暴露情况较为清晰，家庭财产保险多为标准化的产品，家庭可以根据自身的风险暴露情况来自行购买。

(2) 量力而行的原则。 保险是一种经济行为，属于经济活动的范畴，投保人必须付出一定的保费才能获得相应的保险保障。投保的险种越多，保险金额越高，保险期限越长，所需保费也就越高，因此，投保时一定要充分考虑个人和家庭的购买能力，尽量在保费支出一定的情况下获得最大的保障，或者在获得可接受保障的水平时保费支出最低，防止保险过度或保险不足。

2. 购买保险的基本步骤

（1）确定保险标的。 确定保险标的是购买保险的首要任务，人身保险的保险标的是人的寿命和身体，财产保险的保险标的是财产本身，《保险法》规定投保人或被保险人在购买保险时必须对保险标的具有保险利益⊖，而财产保险还要求出险时具有保险利益⊜。在购买力有限的情况下，成年人或家庭的主要收入来源者的保险购买应该优先于子女或纯粹的受抚养者，年轻时应该侧重于购买保障型的险种，随着年龄的增长，才应该将投保的重点转向健康保险和具有更多储蓄功能的保险。

（2）选择保险产品。 同一保险标的面临着多种风险，在确定保险需求和保险标的后，必须考虑投保什么险种。例如，在人身保险中，即使是同一风险也可以通过购买不同的人身保险产品来进行保障，身故风险可以通过购买人寿保险和意外伤害保险进行保障。在综合考虑各类风险的发生概率、事故风险可能造成的损失幅度以及个人的风险承受能力、经济承受能力等因素后，选择合适的保险产品。在确定购买保险产品时，还应该注意险种的合理搭配与有效组合，比如先购买一个主险，然后在公司允许范围内附加重大疾病、意外伤害、残疾收入等条款，使得保障更加全面，而保费也不至于太高。在确定整个保险方案时，必须进行综合规划，做到不重不漏，使保费支出发挥最大的效益。

（3）确定保险金额。 在确定要购买的保险产品之后，就需要确定保险金额。保险金额是当保险事故发生后，保险公司所赔付的最高金额。虽然人的价值是无法用经济价值来估量的，但从保险的角度可以计算生命的经济价值，作为确定个体保险金额的参考依据。财产保险则根据保险标的价值来确定保险金额，保险金额不要超过保险标的的价格，超过部分是无效的。另外，要定期检查保单，适度调整保险金额⊜。

（4）明确保险期限。 在确定保险金额后，还需要确定保险期限，因为这涉及投保人预期缴纳保费的多少和缴费频率，这与其个人未来的预期收入密切相关。对于家庭财产保险而言，保险期限都是一年期，无须进行规划，对于意外伤害保险和健康保险等险种，通常为中、短期保险合同，在保险期满后可以选择是否续保。对于人寿保险，保险期限一般较长，有的长达10年、20年、30年，甚至终身。在为个人和家庭制订保险计划时，应该将长、短期险种结合起来综合考虑。

（5）选择合适的保险公司。 购买保险不同于购买一般商品，投保人在缴纳保费之

⊖ 保险利益，又称"可保利益"，是指投保人或被保险人对保险标的所具有的利害关系，即如果保险标的安全，被保险人就会继续享有原来的利益；如果保险标的不安全或受损，被保险人就会受到损害。具有保险利益是投保的重要前提条件。

⊜ 人身保险和财产保险对于"保险利益"原则的要求不同，财产保险要求投保人从始至终均需对保险标的具有保险利益，而人身保险仅对投保时有要求。

⊜ 保险金额的高低取决于保费支出的预算，保险金额越高，保障程度就越高，平均来说保费支出以不超过家庭年收入的10%为宜。

后,保险保障能否如期实现取决于整个保险期间保险公司是否具有充足的偿付能力,能否提供良好的保险售后服务。因此,选择一家合适的保险公司以及获取保险的渠道至关重要。考察保险公司的优劣可以从公司经营理念、财务实力、理赔记录、管理水平、服务质量等方面着手。获取相关信息的渠道包括保险公司公开披露的信息、来自监管机构披露的信息和来自社会监管范畴的信息等。

【例题 9-4】家庭保险规划综合——确定保险险种和保险金额

根据例题 9-3 中所提供的信息,可以采用家庭需求法进行分析。在分析家庭保险需求时,通常需要根据个体家庭和社会经济发展情况,对市场利率、通货膨胀率等参数预先做出假设。预定参数的合理性非常重要,结合实际情况,不妨对相关参数做如下假设:①年均积累利率为 4%;②年均通货膨胀率为 3%;③年均工资增长率为 5%;④终身年金从 60 岁开始给付;⑤每年目标收入随通货膨胀率同步增加。请在上述参数假设的基础上确定各类保险的保险金额。

解:1. 个人寿险。

首先,以张先生在短期内身故为例,测算张先生目前是否还需要购买人寿保险,如果需要购买,那么具体需要多少的保险金额?由于家庭还会购买年金保险,年金保险的给付起始日期为 60 周岁,因此,净收入需求的计算时间截至 59 岁。表 9-3 展示了张先生在短期内身故的情况下,家庭净收入需求的现值计算过程。第 2 栏显示了以当前价格计算的年收入目标。第 3 栏是考虑通货膨胀率之后逐年上涨的年收入目标,以保持购买力不变。第 4 栏为李女士年收入,每年按 5%增长。第 5 栏是目标收入与李女士的实际收入之差,即年收入缺口。将第 5 栏中各年份对应的数字加总后约为 206(万元),即李女士在 60 岁之前家庭收入缺口的现值。

表 9-3 家庭净收入需求的现值

年	1 李女士年龄	2 年收入目标 (万元)	3 年收入目标 (通胀率3%) (万元)	4 李女士年收入 (增长率5%) (万元)	5 年收入缺口 (万元)
1	40	20	20	10	10
2	41	20	20.6	10.5	10.1
3	42	20	21.218	11.025	10.193
4	43	20	21.854 54	11.576 25	10.278 29
5	44	20	22.510 18	12.155 06	10.355 11
6	45	20	23.185 48	12.762 82	10.422 67
7	46	20	23.881 05	13.400 96	10.480 09
8	47	20	24.597 48	14.071	10.526 47
9	48	20	25.335 4	14.774 55	10.560 85
10	49	20	26.095 46	15.513 28	10.582 18
11	50	20	26.878 33	16.288 95	10.589 38
12	51	20	27.684 68	17.103 39	10.581 28
13	52	20	28.515 22	17.958 56	10.556 65
14	53	20	29.370 67	18.856 49	10.514 18
15	54	20	30.251 79	19.799 32	10.452 48

(续)

1	2	3	4	5
16	55	20	31.159 35	20.789 28	10.370 07
17	56	20	32.094 13	21.828 75	10.265 38
18	57	20	33.056 95	22.920 18	10.136 77
19	58	20	34.048 66	24.066 19	9.982 4 69
20	59	20	35.070 12	25.269 5	9.800 619
		年收入缺口总额		206	

当前年龄下,张先生净寿险需求如下:

60岁前收入缺口的现值	206(万元)
+现金需求目标	139(万元)
=实现目标所需现金总额	345(万元)
−已有资金来源	78(万元)
=资金缺口	267(万元)

因为张先生是家庭收入的主要来源,如果张先生先去世,要维持家庭的正常生活所需,实现预定的财务目标,张先生大约还需要购买保险金额为267万元的个人寿险,这个额度会随着张先生年龄的增加而显著降低。同理,还可以计算李女士所需的个人寿险。因为李女士不是家庭收入的主要来源,李女士去世不会带来收入缺口,如果仅仅考虑家庭必需的财务需求,就没有必要再购买额外的寿险保额。

2. 补充养老保险。

根据夫妻双方设定的养老保险目标,退休后每人每年生活开支需要10万元,扣除可以领取的基本养老金,张先生的年度缺口为2万元,李女士的年度缺口为5万元,两人总共的年度缺口为7万元。根据目前的人均预期寿命,张先生和李女士的退休后预期剩余寿命为17年。考虑通货膨胀的因素,两人的养老金缺口在退休时的现值为92.4万元,可以考虑购买相应额度的补充养老保险来弥补差额。

3. 健康保险。

根据夫妻双方设定各类健康保险的需要以及各自单位准予报销的比例,很容易得到还需要购买的各类健康保险的保险金额。如表9-4所示,张先生还需要购买的住院费用保险、治疗费用保险、手术费用保险、重大疾病保险的保险金额分别为10 000元、25 000元、50 000元、150 000元,张女士还需要购买的住院费用保险、治疗费用保险、手术费用保险、重大疾病保险的保险金额分别为4 000元、10 000元、20 000元、60 000元。

表9-4 各类健康保险的保险金额 (单位:元)

险种	张先生			李女士		
	所需保额	可报销金额	缺口	所需保额	可报销金额	缺口
住院费用保险	20 000	10 000	10 000	20 000	16 000	4 000
治疗费用保险	50 000	25 000	25 000	50 000	40 000	10 000
手术费用保险	100 000	50 000	50 000	100 000	80 000	20 000
重大疾病保险	300 000	150 000	150 000	300 000	240 000	60 000

4. 财产与责任保险。 对于该家庭面临的财产与责任风险,可以考虑购买一定额度的房屋保险和一定额度的汽车保险。尤其需要注意的是,至少要保证 50 万元以上的商业第三者责任保险,并结合家庭财产状况购买一定额度的家庭财产保险,具体保险金额及免赔额、共保比例可视政策法律环境、风险状况、个人风险承受能力及保费支付能力适当调整。

最后,要将各项保险进行总体规划、统筹安排,确保总保费支出在家庭收入可承受范围之内。人寿保险的保险期限一般较长,可以根据家庭的实际情况选择缴费年限和保障期限。在本案例中,最好选择 20 年期的定期寿险,如果资金不宽裕,也可以选择 10 年期的定期寿险(保障到孩子成年为止)。

9.4.3 家庭保险综合规划

1. 生命周期规划与人身保险购买

生命周期规划是指对人的一生所面临的重要事件进行提前规划。对于家庭而言,重要事件的规划包括家庭成员何时升学、何时结婚、何时生子的家庭计划,以及配合家庭成员成长的居住计划等。家庭、居住、事业、退休等事件的规划预期在人生的不同阶段实现,具有明显的时间性,我们根据年龄的不同将生命周期分为以下 6 个时期:个人探索期、建立家庭初期、家庭稳定期、家庭维持期、空巢期、养老期。在生命周期的不同阶段,保险规划的重点也有所不同,具体见表 9-5。

表 9-5 不同生命周期阶段的保险规划

生命周期阶段	年龄段	特点	适合的险种
个人探索期	15~24 岁	在此期间,多数人尚未成家,这时候的保险规划重点应该放在保障自己的学习费用方面,这时候还需要从父母那里获得资助	可以考虑以父母作为受益人,购买一定保额的定期寿险或意外伤害保险
建立家庭初期	25~34 岁	这一段时期的特点是收入低、支出大,经济虽然开始独立,但还需要获得父母和亲戚朋友的资助	购买保险金额为年收入 5~10 倍的定期寿险,在子女出生之后,可以以子女为受益人购买保险金额为家庭年收入 2~5 倍的定期寿险
家庭稳定期	35~44 岁	个人的职业发展已经基本确定,收入水平有了明显提升,家庭经济状况明显改善,子女已经进入小学或中学,父母应该着手准备子女接受高等教育所需资金	家庭主要收入来源者要考虑配置足够的寿险、意外险和健康保险,如果还有房贷的话,也可以考虑再购买信用险
家庭维持期	45~54 岁	子女多处于大学阶段或已就业,家庭经济状况最佳,收入增加,支出减少。最重要的目标是为自己和配偶规划足够的退休金,离退休还有 5~10 年的时间,风险承受能力也很强,可以考虑购买一些投资型的保险产品、年金类产品	这个时期要重点考虑健康风险管理,可以购买补充医疗保险或者重大疾病保险产品,以确保越来越大的医疗费用支出
空巢期	55~60 岁	一般人会马上面临退休,个人已无任何负担,个人要进行退休规划和养老准备	可购买期限匹配的养老保障管理产品,在控制风险的前提下,适当提升收益率
养老期	60 岁以后	退休后享受晚年生活	可以购买趸缴的年金保险,年金给付至身故为止,以转移长寿风险

2. 收入水平与保险购买

按照经济收入状况,可以将消费者分为富裕阶层、高收入阶层和中低收入阶层三个细分市场。下面根据这三类消费者的特征来分别介绍各自的主要风险以及合适的保险规划。

(1) 富裕阶层。这部分人群的总数不多,但身家丰厚,有很强的经济实力和较强的抵御风险能力。这些人优越感很强,一般认为自己不需要保险,所拥有的财富已够全家甚至后面几代人的花销。这些人的观点是有失偏颇的,他们面临的人身风险和普通人相比几乎没什么变化,但是相同的人身风险事件所导致的财务波动却比普通人大得多。因此,他们更需要通过保险来转移风险、稳定财务。

对于这类人来说,普通的保险产品对他们的意义确实不大,必须针对他们的具体特点来进行保险规划。主要考虑以下几个因素。①资产提前规划,遗产税已经成为国际上大多数国家采用的一项重要税种,我国的遗产税征收也正处于紧锣密鼓的筹划阶段,而高收入阶层是遗产税关注的重点,为了将更多资产合理合法地转移给下一代,高收入阶层必须提前考虑利用寿险产品来规避遗产税。②意外险是高收入阶层的重点选择,用以应对未来不确定的人身风险。高收入阶层收入较高,花销也不低,意外事故可能给他们造成重大的财务波动,因此必须合理安排意外伤害保险,转移较大的财务风险。③满足特殊的精神需求。高额的寿险保单往往是他们身价、地位的重要体现。④健康险也是他们需要考虑的重点。对于高收入阶层来说,疾病的治疗费用和疾病期间收入的损失将是非常高额的,可以通过购买健康险转移这部分风险。综合起来,高收入阶层主要应该考虑保额较高的定期保障型寿险、意外险、健康险、终身寿险等险种。

(2) 高收入阶层。高收入阶层的物质生活和精神生活都比较优越、充实,生活水平较高。这部分人虽衣食无忧,但仍有后顾之忧,例如担心因年老或身患重病等各种原因导致收入减少、生活水平下降或支付不起高额的医疗费用等意外事件发生。这部分个人或家庭对人身保险的需求比较强烈,而且也具有很强的保险购买力,针对他们的保险规划的重点是:①保障期长,能够应付养老问题的险种应该尽早购买,如养老保险、终身寿险;②为应付疾病风险和医疗费用,必须购买足够的健康保险和医疗保险;③高薪阶层的消费者通常会有一部分剩余资金,有投资增值的需求,可以购买一定的投资连接型产品,在确保保障的同时,享受保险公司专业、稳健经营的成果;④很多高薪阶层的一家之主是家庭的主要经济来源,应该为其投保意外险。综合起来,该阶层消费者主要考虑养老保险、终身寿险、健康保险、医疗保险、投连与分红保险、意外险等。

(3) 中低收入阶层。中低收入阶层的人口比例最大,从事的职业也比较广泛,他们的收入较低,各项福利保障也相对不高,抵御风险的能力较低,因此他们是寿险公司主要的客户群。从收入状况上分,这部分人群可以进一步细分:一类人收入微薄,除维持生计费用外无力购买保险;另一类人的收入除用于生活开支外,还有相当一部分剩余资金,这就为其选择保险提供了条件。由于我国实行多年的就业、福利、保障三位一体的社会保障制度正在深化改革,中低收入阶层普遍希望寻求一种能够取代社会保障,而又花钱不多的保障方式。因此,该阶层在进行保险规划时主要应考虑如下因素。

第一，中低收入阶层消费者的收入低，抵御风险的能力又不强，低保费、高保障的险种是他们的首选，如保障型的人寿保险和短期的意外伤害保险。

第二，该收入阶层的消费者应付疾病风险的能力也比较弱，为了应付日益增长的高额医药费，应着重考虑健康保险。

第三，该阶层的投保人一般比较关注本金的返还，如果经济收入允许，可考虑储蓄类人身保险、返本保险等险种。

综合来看，中低收入阶层应该主要考虑定期保障型保险、健康保险、医疗保险、分红保险、储蓄保险等险种。

拓展阅读9-9介绍了"人一生需要的七张保单"。

拓展阅读 9-9
人一生需要的七张保单

■ 关键概念

风险（risk）
保险（insurance）
年金保险（annuity insurance）
社会保险（social security）

家庭风险管理（home risk management）
人寿与健康保险（life and health insurance）
财产与责任保险（property and liability insurance）
家庭保险规划（family insurance planning）

■ 本章小结

1. 风险是指损失的不确定性。风险管理是指个人或经济单位通过对风险的识别和分析，采用合理的经济和技术手段对风险加以处理，以尽量小的成本获得最大的安全保障，从而实现综合效益最大化的一种管理活动。

2. 保险是指经济单位与保险公司订立保险合同，以交纳保险费为代价，将风险事件引起的财务损失转移给保险公司，当发生损失时，由保险公司按照合同约定的责任给予经济补偿。

3. 社会保险是国家通过立法采取强制手段建立的保险计划，它通过形成专门的保险基金，对参加保险的劳动者因为年老、疾病、生育、伤残、死亡等原因丧失劳动能力或因失业而中止劳动，令本人和家庭失去收入来源时，能够获得一定保险给付的一种制度安排。

4. 人身保险规划是家庭保险规划的主要组成部分，目的是让家庭通过对自身经济状况和保险需求的深入分析，选择合适的保险产品并确定合理的期限和金额，与家庭的其他财富管理目标相配合，力求最大限度地保障家庭经济安全，实现家庭财富管理的目标。

■ 思考习题

1. 站在家庭财富管理的角度，请问你如何理解家庭风险？在不同的场合，家庭风险的定义有何区别？

2. 家庭风险管理的流程有哪些？参加了社会保险还需要购买商业保险吗？如何理解社会保险和商业保险的关系？

3. 人身保险规划是家庭保险规划的重要内容，市场上的人身保险产品琳琅满目，购买时让人感觉无从下手。近年来，新型寿险发展迅速，新型寿险产品和传统寿险产品具有哪些区别？

4. 家庭保险规划需要注意哪些方面，需要提前做哪些准备工作？

■ 案例讨论　私营小企业主的家庭保险规划

1. 案例背景

胡先生今年55岁，是一家公司的老板。公司主要经营建材生意，每年营业额在3 000万左右，利润在200万左右。公司目前雇用了20名左右的员工。胡先生一家四口，胡太太48岁，是全职太太，女儿今年22岁，在自家公司做财务，儿子今年18岁，还在上高中。胡先生的父亲去世得早，母亲原先在家务农，后来进城帮胡先生带小孩和做家务，一直跟着胡先生生活，目前已经80岁，身体尚可。

胡先生自己早期购买了一套别墅自住，后来又投资了一套商品房出租，房产共价值1 500万左右，贷款均已还清，银行存款800万，除了日常生活开支以及购买了银行理财产品以外，没有其他的金融资产投资。胡太太早期和胡先生一起创业，在公司逐渐走上正轨后，胡太太开始退出公司的日常管理，专门料理家务和照顾家中的老人和小孩。胡先生平时工作很忙，有轻微的糖尿病。近年来，胡先生开始考虑要慢慢退出公司的管理层，并考虑为自己和家人购买保险。

2. 假设条件

胡先生的家庭财务状况较好，开支较大，每年各项生活开支大约100万元，胡先生计划为儿子准备200万元出国留学基金，为女儿预留500万元的婚嫁金。胡先生自己参加了社会保险，但是胡太太没有购买任何保险。胡先生和胡太太计划购买终身年金险，并于胡先生60周岁时开始给付，目标年金给付额为每年30万元，此外每年还需要预留10万元。

根据胡先生家庭和社会经济发展的情况，对市场利率、通货膨胀率等参数做如下假设：①年均积累利率为4%；②年均通货膨胀率为3%；③年均工资增长率为5%；④每年目标收入随通货膨胀率而同步增加。

3. 客户财富管理目标

胡先生计划近两年内以租赁或者整体出售公司的形式退出公司日常经营，预计退出后每年可获得固定的租金收入60万元。胡先生希望能够为其家人提供一份综合保险规划方案。

4. 案例问题

（1）胡先生各个家庭成员分别需要哪些保险保障？如何在现有的社会保障基础上优化家庭的保险规划？

（2）胡先生各个家庭成员购买保险产品的保险金额如何确定？

（3）根据目前胡先生家庭的收入支出情况和未来的财富管理目标，作为财富管理规划师，你可以为胡先生提出哪些财富管理的建议？

退休与养老规划

迨天之未阴雨，彻彼桑土，绸缪牖户。

——《诗经·豳风·鸱鸮》

■ 本章提要

本章首先介绍退休规划的定义、基本原则、目标和财务分析方法，其次介绍退休与养老规划的流程与解决方案，再次介绍我国三支柱的养老金体系，并在此基础上讲述养老金规划，最后介绍养老金金融市场与养老金金融产品。

■ 重点和难点

- 了解退休与养老规划的概念和内容
- 了解退休与养老规划的基本原则和财务分析方法
- 了解养老金规划的内容和养老资金的供给和需求
- 了解我国的三支柱养老金体系和常见的养老金金融产品

■ 引导案例　普通中产家庭的退休与养老规划问题

张先生在广州工作，今年46岁，其太太今年45岁，家庭属于普通的中产阶级家庭。两人育有一女，目前正在上大学。张先生所在的企业是一个IT公司，太太从女儿上中学后就没有再上班了，他的收入情况还可以，但是工作压力较大，平时加班较多。随着年龄的增加，张先生开始考虑能否提前退休，并开始规划退休后的生活。夫妻俩目前在市区拥有一套120平方米的普通住房，也有一台普通代步车。他所在的企业一直按时给员工缴纳社保，但并没有给员工设立额外的企业年金计划，由于夫妻俩都是大学毕业后从外地来广州工作，房子买得比较晚，加之太太没上班，家里一直没有太多储蓄。张先生在对个人财务状况进行了详细梳理，并了解了社会基本养老保险的相关规定后，发现要想在退休后维持目前的日常生活水平，难度很大，遂放弃了提前退休的想法，并萌生了给太太补交社保费的想法。张先生深深感受到，要想保障退休后的生活，务必要提前进行退休规划，但是他之前根本没了解过退休规划的知识,感觉无从下手,遂找到理财规划师,希望能够帮他制订一份退休规划方案。

案例思考

1. 应该在什么时候开始进行退休和养老规划?
2. 退休和养老规划的影响因素有哪些?如何平衡一生的收入和消费,保证老有所养、老有所乐?
3. 退休和养老的资金来源有哪些?退休金受到哪些政策的影响?养老金融市场有哪些产品可以投资?如何提前规划养老金?

10.1 退休与养老规划概述

10.1.1 退休与养老规划的概念、特点与原则

1. 退休与养老规划的概念

关于退休,目前并没有形成一个统一的定义,中国古代的退休主要是指官员退出公职[一],在当今社会,则是指根据国家的相关规定,劳动者因年老或因工、因病致残,完全丧失劳动能力(或部分丧失劳动能力)而退出工作岗位。不同国家和地区对于法定退休年龄的规定不尽相同,我国目前规定的退休年龄是男性60岁,女性55岁,不同职业和不同岗位的具体要求稍有不同,稍低于发达国家和地区的平均退休年龄。随着人均寿命的上升,我国的法定退休年龄也计划提高。随着生活水平的提高和医疗条件的改善,我国的人均寿命不断增长,退休后的平均生活时长也逐年增加。步入老年之后,人的身体状态和精神状态都逐渐下降,日常生活费用降低,但医疗费用和护理费用急剧上升。因此,合理的退休规划能够提高老年生活质量,并减轻个人和家庭的经济负担。拓展阅读10-1介绍了中国和世界其他主要国家关于退休年龄的相关规定。

退休规划包含狭义和广义两种定义。广义的退休规划是指根据客户及家庭的实际情况和多项退休目标,为安排退休生活而展开的一系列安排,包括日常生活、老年教育、休闲娱乐、医疗保障等内容,包

拓展阅读 10-1
中国和世界其他主要国家关于退休年龄的相关规定

含退休前的养老金储蓄和投资计划、医疗和住房养老服务,还有退休后的工作计划、旅游和老年教育规划、遗嘱计划等。狭义的退休规划仅指养老规划,是指对客户老年基本生活的安排和所需养老资金的规划。本章主要介绍狭义的退休规划。

2. 退休与养老规划的特点

(1) **退休与养老规划仅涉及基本的养老目标。** 以基本养老金规划、老年医疗卫生规划、老年居住规划、养老服务规划为核心内容,目标是实现老年退休生活的财务独

⊖ 退休制度是中国古代官僚制度的一个重要组成部分。"退休"一词,最早见于唐宋文籍。唐代文学家韩愈在《复志赋序》中有"退休于居,作《复志赋》"的说法。在中国古代,退休是指辞官于朝、赋闲于家、颐养晚年,仅限于官吏。

立。通过规划获得稳定的现金收入、有保障的医疗费用来源、适合居住的住房和可以享有的养老服务。

（2）**退休与养老规划涉及现有资产管理和既得权益管理，追求长期收支的平衡**。为了达成老年财务独立的目标，必须在工作期间积累养老资产，包括金融资产、实物资产和权益资产。资产的形成和管理周期很长，这些跨越大半个职业生涯的财富管理将经受政策风险、市场风险、道德风险和社会风险的考验，必须进行专业的规划，实现退休与养老规划基金的长期收支平衡。

（3）**退休与养老规划需要锁定养老金账户，并时刻关注市场因素的波动**。退休与养老规划具有长期性的特点。随着科技和医疗水平的提高，人的预期寿命也不断提高[一]，要实现覆盖终生的、长期的规划，必须要求客户有锁定至退休时点才能使用的养老金账户，且该账户应具有法律、财务和金融市场规则的约束，长期运作、专业管理。退休与养老规划还应时刻关注费率、税率、利率和通货膨胀率等市场因素的波动。

（4）**退休与养老规划要合理利用税收优惠政策**。一般来说，养老储蓄可以享受免缴或者延期缴纳个人所得税的待遇。例如，社会基本养老保险的个人和单位缴费均可以在缴纳个人所得税和企业所得税之前扣除，符合规定的企业年金和个人商业养老金计划（试点省份）也可以享受一定额度的税收优惠。考虑到规划的长期性和挑战性，合理利用国家税收优惠政策，对客户资产的保值和增值具有重要的意义。

3. 退休与养老规划的基本原则

（1）**"匹配"原则**。规划的目标应尽可能实现老年生活无忧。在实践工作中，客户退休生活的期望目标是制定退休与养老规划目标的基础，但绝不能简单等同于规划目标。规划目标必须是理性的和能够实现的。所谓的"匹配"原则是指退休前的结余和退休后的收入与退休后总支出相匹配，以及养老金积累与退休后预期剩余寿命的总支出基本匹配。

（2）**"无过剩"原则**。退休规划要根据自身的财务状况来进行，不能过早耗尽养老金，也尽量不留巨额遗产，若有巨额资产需要传承，则需要及时制定遗产规划。另外，由于人均预期寿命的不断提高，现有研究显示，全球人口的平均寿命每隔10年将提高2岁左右[二]。居民所面临的长寿风险不断上升[三]，也对在制定养老规划的时候，考虑如何转移客户的长寿风险提出了需要。

（3）**"个性化"原则**。由于不同类型的客户所面临的财务状况、身体状况和职业状况等因素不同，因此，没有一个适用于所有人群的规划方案。规划需要有机地结合职业生涯进行短期规划与长期规划，并且针对客户的个人情况量体裁衣，考虑人力资本和家庭结构来制定理财目标，并进行动态的规划管理。

[一] 据统计，新中国成立前中国人均寿命不到35岁，到1978年提高到68岁，而到2019年提高到77.3岁。
[二] 琳达·格拉顿，安德鲁·斯科特．百岁人生：长寿时代的生活和工作［M］．吴奕俊，译．北京：中信出版社，2018．
[三] 目前，学术界对长寿风险（Longevity Risk）的定义是人口未来的平均实际寿命高于预期寿命所产生的风险。对于个体层面而言，长寿风险是指个人未来的实际寿命可能会高于现在的预期，从而导致个人为退休后的财务准备不充分而产生的收支缺口。（陈秉正，2019）

10.1.2 退休与养老规划的目标

退休与养老规划的时间跨度很长,不仅要综合考虑各种可能出现的意外因素,并预先做好准备,这对理财规划师的知识储备和个人能力提出了很高的要求。客户经理在提供规划建议给客户之前,需要考虑客户的规划目标,收集客户的个人信息,分析和评估个人老年规划的各类风险,综合制订规划方案。客户的退休与养老规划以养老金规划、老年医疗保健规划、老年居住规划和养老服务规划等为核心内容,退休与养老的理财规划也应根据人们的退休生活期望目标来制定和实施,一般来说,退休理财规划的目标有如下三个维度。

(1) **替代率目标**。即指退休后每年养老金收入总额占退休前年收入的比例,反映了退休后的基本收入状况,一般来说,这类目标适用于中等收入的工薪阶层。社会基本养老保险金通常约占退休前收入的60%[1],因此,客户需要提前进行补充退休金的储蓄和投资,客户经理可以根据客户的生活目标来制订合理的理财计划,从而实现替代率目标。

(2) **持续消费目标**。即指退休前后消费水平保持稳定的目标,既反映退休生活的收入需求,也反映支出需求。一般来说,这类目标适用于事业有成的高收入群体。那些在职工作期间工作压力大且节奏紧张、对退休后的生活保有较高的期望值的人一般具有较强的持久收入能力。拓展阅读10-2介绍了家庭消费支出在退休前后的变化——"退休消费之谜"的相关研究。

(3) **适度贡献目标**。即指以老年期间的收入资助家庭年轻成员或者在身后留有遗产,这需要在退休规划中保持收入大于支出的合理比例。但是也不能在退休规划中留下大量遗产,甚至为了留下遗产而使老年生活变得拮据。如果客户有巨额遗产需求,应当通过财富保全和遗产规划来进行规划[2]。

拓展阅读10-2
退休消费之谜

10.1.3 退休与养老规划的财务分析方法

根据经典的生命周期储蓄模型[3],退休与养老规划的财务分析方法要将收入、储蓄和消费在工作期间和退休生活中进行跨时期规划,如果使用"现在"这个时点作为财务分析的起点,则计算公式如下所示:

$$\sum_{t=1}^{T}\frac{C_t}{(1+r)^t}+\frac{B}{(1+r)^T}=W_0+\sum_{t=1}^{R}\frac{Y_t}{(1+r)^t} \tag{10.1}$$

---

[1] 正常情况下,社会基本养老保险金的替代率应该达到60%,才能较好地维持退休后的基本生活,但实际上,我国社会基本养老保险金的替代率近年来一直处于缓慢下降的趋势,目前实际的替代率水平仅能维持在45%左右。

[2] 本章所介绍的退休规划目标,主要是如何保障客户的退休基本生活需要,财富的保全和传承也是家庭财富管理的重要内容,这方面的知识可参见第11章的相关内容。

[3] 兹维·博迪,罗伯特·C. 默顿,戴维·L. 克利顿. 金融学(第二版)[M]. 曹辉,等,译. 北京:中国人民大学出版社,2018.

式中，C_t 是第 t 年的消费水平；Y_t 是第 t 年的劳动收入；r 为利息率；R 为"现在"距离退休的年数；T 为未来生存年数；W_0 为"现在"时刻所拥有的财产价值；B 为遗产。

这个模型说明了未来消费的现值和遗产的现值之和，等于现时财产和未来收入的现值之和，我们称之为消费的"预算约束"。养老规划正是在这种终生财务计算的理念基础之上进行的。在规划实务中，除了消费和劳动收入外，还要考虑很多延期收益项目，发生在老年退休之后的收入也要加入实际的计算过程中，需要更全面地考虑。

由于退休与养老规划的涉及范围广，时间跨度很长，从个人的生命周期来看，制订规划的时间点一般都是在中年时期，时间跨度包含了中年和老年阶段。在进入中年时期以后，人们的收入水平较高，去除当期消费后还能够有结余进行养老储蓄，因此可以尽早开始规划，为退休生活早做准备。退休以后，生活状态发生改变，日常支出无法像收入那样出现突然的大幅下降，并且由于人们退休后在旅游、住房、资助子女等方面还有较大支出，所以收支在退休后必然出现赤字。如果在退休前已经有所准备，即便面临赤字也能保障日常生活。

在退休与养老规划的财务分析模型中，可以发现一般的退休规划都有 3 个重要时点，即规划起点、退休时点和规划终点[1]。在不同的时点需要注意的事项也有所不同，具体如下。

1. 退休规划起点

退休规划的起点，是个人进入财务周期中收入较高、支出较稳定的时间点。在这一时点的主要任务是测算人力资本和评估财务状况，需要考虑 3 方面的因素：一是家庭的收入和支出状况。该状况可用来评估养老储蓄能力和持续供款的能力，这是进行规划的基础。二是家庭的资产与负债状况。家庭收支衡量的是家庭现金流量情况，由于家庭未来的收支存在一定的变数，还需要考虑必要情况下家庭资产的变现能力和负债的调整潜力，以备不时之需。三是了解家庭的退休规划目标。这有助于了解客户除了日常的退休支出外，还有哪些特殊养老需求，进而全面测算客户家庭的养老需求。在这个时点，理财规划师需要协助客户预计和测算未来整个中年和老年时期的收入与支出、资产与负债的动态变化情况，这对理财规划师的测算能力有很高的要求。

2. 退休时点

退休时点是计算养老需求、供给和养老金缺口的时点，也是财务周期中进入收入大幅下降、支出稍有下降的时点。这一时点的主要任务是进行养老资产需求预测，因为养老资产需求和养老资产供给往往是不平衡的，还需要在规划中进行调整，因此，有哪些资产可以用来调整以弥补资金缺口，是规划需要重点考虑的地方。在这一时点，需要综合考虑老年医疗保健规划、住房规划和养老服务规划等及其动态调整与调整成本。因此，从退休规划起点到退休时点，属于规划的执行阶段，需要理财规划师具有较高的规划能力，做到养老资产供给和养老需求目标相匹配。

3. 规划终点

规划终点，也就是客户最大预期余寿的时间点，是客户的退休与养老规划的终结

---

[1] 北京当代金融培训有限公司. 员工福利与退休规划 [M]. 北京：中国人民大学出版社，2019.

点。核算这一时点的任务是动态修正预期余寿，测算养老支出，进行敏感性分析和调整规划策略。规划应具有可执行性，因此需要根据实际情况动态修正预期余寿，而预期余寿的改变会影响养老需求，进而影响养老赤字（或盈余）。理财规划师在规划过程中，需要在进行情景设定的基础上进行敏感性分析，这有助于发现影响养老金赤字的重要因素，包括客户职业生涯、家庭情况、生活状况、收支情况，以及宏观经济环境、市场情况的变化等。这一阶段需要理财规划师做到养老资产与养老需求的平衡，保证制定的规划具有可执行性。

10.2 退休与养老规划的流程

10.2.1 退休与养老规划中的分项需求

人们在退休阶段的消费需求会发生显著的变化，具体表现为日常生活开支显著降低，而保障类需求显著提升。例如，对于食品、衣着、子女教育等的需求会降低，而对医疗保障、老年护理、外出旅行等的需求会逐渐提高。养老规划要考虑4个方面的影响，即"养老保障四要素"，主要包括日常生活、医疗健康保障、老年住房和养老服务等。这4个是最主要的养老需求，除此以外，还有外出旅游、社交和老年教育等零星需求。其中，4个主要的需求具体包含如下内容。

1. 日常生活需求

老年的日常生活开支较年轻时略有下降，能够满足食品、衣物、日常生活用品、交通出行、通信服务、文娱活动等正常支出即可。这些项目是老年日常生活的最基本需求。每个人的生活习惯和生活方式不同，所需要的开支水平也略有不同，个人可以根据自身的实际情况，制定合适的替代率水平。

2. 医疗健康保障需求

年老后患病的概率将大大增加，会面临更大的健康风险，在健康护理方面的支出会显著增加，医疗保障支出主要包括慢性病的长期治疗和护理、突发疾病的诊治、病发期的生活护理等。医疗保障的支出带有一定的规律性，但又有很强的不确定性，尤其像重大疾病的诊治费用非常高昂，显然会超出正常的养老资金规划的范围，因此，养老规划中关于医疗健康保障的规划要结合个人和家庭的保险规划来进行。

3. 老年住房需求

老年的居住规划也至关重要，退休后可以选择同子女同住、自购住房、单独租住、入住政府主办的养老公寓或专门的养老机构。在老年住房状况方面，我国老年人拥有单独房间的比例较高，但房屋产权拥有率不足七成，农村老年人房屋产权拥有率更低，以与子女共同居住为主。在老年住房的宜居性方面，我国老年人住房基础生活设施覆盖率不高，住房电器拥有率的城乡差异显著，缺乏"呼叫""报警"等设施是目前老年人住房最主要的问题[⊖]。为了实现老年住房无忧，应尽早建立老年住房计划。如果个人经济实力允许，可以提前购买住房，老年住房的面积不用太大，只要保证出行方便

⊖ 成红磊，侯显. 中国老年人住房及宜居环境状况研究 [J]. 中国社会工作. 2018 (17), 22-23.

和基础设施完备即可。如果经济条件一般，也可考虑租房或申请廉租房等。

4. 养老服务需求

由于身体机能的下降，大多数老人，尤其是残障老人，都需要日常护理或康复服务，患有疾病的老人需要长期的医疗护理服务。而目前的养老服务供给不足，老年人的养老服务购买能力也不足，这也造成了我国目前养老保障体系的一定风险。老龄化和少子化使得传统的居家养老方式逐渐淡出，社区养老服务和机构养老服务的需求逐步增加。对于中国的老年人来说，最为迫切的养老服务来自两个方面：家政服务和医疗护理服务。家政服务项目包括家务保洁、家务料理、日常修缮、老人看护等，医疗护理服务主要是针对高龄老人或失能老人提供的日常保健教育、诊疗、康复等内容。除此以外，广义的养老服务还包括老年精神文化服务、旅游与娱乐服务、教育与社交服务等内容。拓展阅读10-3介绍了日本长期护理保险的照护管理者制度。

拓展阅读 10-3
日本长期护理保险的照护管理者制度

10.2.2 退休与养老需求测算

1. 基础信息收集

退休规划的第一步是基础信息收集，要详细了解个人的家庭财务状况、退休收入状况、养老生活安排和退休生活目标等信息，考虑通货膨胀、医疗费用支出、住房支出、意外支出等情况，结合自身的特殊情况来进行个性化的准备。需要收集的基础信息包括如下几点：家庭基本情况、家庭财务信息、社会经济发展状况及预期和退休生活目标等。

（1）**家庭基本情况**。家庭基本情况包括家庭成员的数量、年龄、职业、收入和福利等信息。不同性质的工作单位所具备的福利保障不同，要了解自身工作单位所对应的法定退休福利和单位补充的退休福利，形成用于测算的基础信息。

（2）**家庭财务信息**。家庭财务信息包括家庭的资产和负债情况。可以编制家庭资产负债表和收入支出表，详细掌握家庭的财务状况。分析家庭财务信息时，要判断家庭财务的风险承受能力，并进行收入敏感性测试，要结合有利因素或者不利因素，对收入支出的可能变化进行模拟。

（3）**社会经济发展状况预期**。个人的养老需求会受宏观经济走势、社会福利政策调整和投资回报率等多个外在因素的影响。例如，通货膨胀的水平将影响退休收入的实际购买力，社会保障政策的变化会影响个人能够享受的社会福利，医保报销比例和药品目录的调整会影响医疗健康保障方面的支出，投资回报率的高低也会影响将来退休金之外的投资收入，房价的变动也会影响未来老年住房的支出。

（4）**确定退休生活的替代目标**。进入养老期后，人们的收入多半是要下降的，适应收入下降的状态并调整生活是进行养老规划的重要前提。要根据目标来制订计划，目标要切实可行且容易调整。要综合考虑养老需求的基本要素来确定养老规划的替代水平，如养老日常生活开支、医疗健康保障开支、住房开支和其他养老服务的开支等。

表 10-1 是一个养老规划目标实例。

表 10-1 养老规划目标实例

内容	目标
日常生活开支	替代率达到 80%
医疗健康保障	有城镇职工基本医保，常规医疗费用可以覆盖，需补充重大疾病的治疗费用，退休后每年预留一定的医疗保健费用
住房支出	退休后将置换住房到市中心，方便生活
养老服务支出	在年龄逐渐增大，行动不便之后，可以将自有住房租赁或者进行反向抵押，入住社区养老中心
其他支出	每年外出旅游 2 次左右，退休后参加老年大学课程的学习

2. 日常生活支出测算

根据养老规划确定的替代率目标，在家庭财务信息的基础上，结合一些合理假设，可以对养老期间的日常生活支出进行测算。由于生活习惯大体保持不变，这项开支相对来说比较好测算，另外，基于安全和稳健的考虑，假设指标可以设置得较为保守。现有研究表明，家庭部分消费支出会在退休之后出现一个较为明显的下降，而且随着年龄的增大，个人日常消费支出也会有正常的降低，所以，在假设日常生活支出的替代率水平时，可以结合养老金收支情况进行适度调整。如果测算未来养老金收支存在缺口，可降低日常生活支出的替代率，但是不宜低于退休前日常开支的 80%。

3. 医疗健康保障支出测算

老年的医疗健康保障支出是养老规划中的重要组成部分，必须正确识别老年健康风险因素，评估个人的老年健康风险状况、合理测算各类疾病的发病概率和治疗费用，才能对老年医疗健康保障支出进行合理的测算。老年健康风险具有如下的特点。

（1）**患病概率随着年龄增长迅速增加**。第五次全国卫生服务调查结果显示，全国 65 岁以上老年人口的两周患病率平均为 62.2%，约为青少年的 13 倍，这一指标虽然在不同地区差异较大，但其远高于总体人群的趋势并未改变。

（2）**老年慢性病发病率上升**。随着年龄增长和身体机能退化，人们身体器官的功能性和器质性病变的概率大大增加。第五次全国卫生服务调查结果显示，65 岁及以上老年人口慢性病患病率在城市和农村的比例分别为 89.4% 和 65.6%，且多为同时患有多种疾病。位于前三位的疾病分别为高血压、糖尿病和椎间盘病变。

（3）**老年精神疾病和心理疾病更加严重**。随着年龄增长、健康状况的变差及收入的下降，老年人的心理健康问题也在恶化。文化程度、经济能力、婚姻情况、健康程度、家庭和社会的支持等因素是影响老年人精神健康的重要因素。

（4）**老年人医疗费用的不确定性增加，平均医疗费用支出大**。老年人的疾病状况复杂、身体抵抗力较差、病后恢复慢、疾病的治疗技术复杂、治疗手段和辅助器械的更新频繁、费用增长高，这些都造成老年人医疗费用不确定程度加大，不能通过历史统计数据预测和模拟。

根据人群的疾病发生概率和疾病平均治疗费用，可以简单估算老年医疗健康保障支出。估算是基于老年人群的各项数据平均值来进行，不考虑个人的健康程度、治疗手段和治疗时间等因素，数据可以作为设计理财方案时的参考标准，个人可以根据自身的健康状况进行调整。具体来说，可以用如下公式来估计老年医疗健康保障支出：

$$M_j = \sum_{i=1}^{n} P_j \cdot P_{ji} \cdot m_i \tag{10.2}$$

式中，M_j 为老年人在第 j 年的医疗保障总费用；P_j 为 j 岁时的生存概率；P_{ji} 为在该年度罹患某种疾病 i 的概率；m_i 是治疗 i 疾病的平均医疗费用。

4. 老年住房支出测算

老年住房支出要区分是购房养老、租房养老还是租住养老公寓，不同类型的需求产生的支出水平不同。为实现老年住房目标，要及早建立住房保障计划，尤其是对购（换）房养老的老年人来说，要根据购房计划确定房屋面积、供款年限、住房区域等信息。

5. 其他养老服务支出测算

从广义上来看，养老服务的需求内容多样，既包括家政服务、日常护理等常规服务，还包括老年人的继续接受教育的需求、外出旅游和其他精神文化需求。随着护理行业的专业化程度越来越高，家政服务和日常护理的成本也在逐渐上升，在进行测算时，要综合考虑服务内容和价格的变化等因素。

【例题 10-1】 退休与养老规划综合案例：家庭基础信息收集和确定养老规划目标

张先生一家三口生活在广州，张先生和太太今年 40 岁，两人育有一女，目前正在上初中。张先生所在的企业是一个 IT 公司，他每月的税后收入是 25 000 元⊖，收入较为稳定。张太太是全职太太，没有上班，参加了城乡居民医疗保险。张先生一家在市中心拥有自有房产一套，面积 90 平方米，价值大约为 300 万元，张先生打算退休后继续居住在现有的住房内。张先生每月家庭固定支出为 20 000 元，其中包含每月固定的房贷支出 6 000 元，房贷剩余还款期还剩 20 年，他所在的企业一直按时给员工缴纳社保，但并没有给员工设立额外的企业年金计划。张先生目前家庭存款约为 20 万元，平时的储蓄都是以购买银行理财产品为主。请为张先生设计一份养老金规划方案。

解：1. 基础信息收集。张先生一家三口的年收入为税后 30 万元，目前年支出为 24 万元，支出较多的项目是房贷，房贷剩余还款期 20 年，到退休时正好还清房贷。张先生退休后还会继续居住在自己的房屋内，因为现有住房附近的配套较为完备，也没有重新购买房屋的打算，两口子打算退休后居家养老。

2. 养老规划目标。张先生计划退休后维持现有的日常生活支出水平，夫妻俩分别参加了城镇职工基本医疗保险和城乡居民基本医疗保险。为了预防医疗健康费用的支出，他们还计划在退休时预留 20 万元大病医疗应急资金和每年 3 万元的医疗保健支出。另外，张先生还计划要为女儿准备 30 万元的教育支出，自有住房将来也计划留给女儿。张先生夫妻俩计划退休后每年去国内和国外旅游各一次，费用争取涵盖在日常开支内。

10.2.3 养老资金的测算

1. 养老资金安排的基本思路

合理的养老资金安排是保证退休计划能够顺利实施的关键因素，养老资金是指在

⊖ 为方便计算，假设此收入包含所有个人可支配收入，包括住房公积金和各种可抵扣个人所得税的收入。

退休时能够拥有的、能满足个人养老需求的所有养老资产和预期收入，既包括自有固定资产和流动资产、投资性金融资产与投资性固定资产等，也包括未来可以获得的退休金和其他收入等。在做养老资金安排时，要从一生消费平滑的角度来安排，保证养老资金积累总额和预期支出总额基本匹配。

在测算养老资金需求时，一般是以退休的时间点为基准点，计算各项养老需求在退休时的现值，在计算养老资金总供给时也应该按照这个时间点来累积。测算时，要考虑规划时间点的资产状况、养老资产积累期间形成的储蓄、权益类资产回报、投资收益和其他收入情况，具体来讲，可以按照如下终身财务模型来进行估算：

$$W_x \cdot (1+k)^{n-x} + \sum_{t=x}^{n}(E_t - C_t) \cdot (1+k)^{n-t} = \sum_{t=n}^{D} \frac{C_t^*}{(1+k)^{t-n}} \quad (10.3)$$

式中，W_x 表示在 x 岁时所拥有的资产；k 为贴现率；x 为当前时间点；n 为退休时间点；D 为死亡时间点；E_t 为第 t 年的当期收入；C_t 为第 t 年的消费支出；C_t^* 为第 t 年的养老总需求减去养老金总供给后的净支出。个人可能还会有其他产生养老资金供给的项目，如遗产继承或馈赠、退休兼职收入、偶然所得和转移支付等，在测算时须尽量考虑周全。

2. 养老金的来源

养老金的定义有广义和狭义之分。广义的养老金泛指一切能够为退休和养老活动提供支持的资金，包括退休金、退休兼职收入、意外所得、资产回报和投资收益等。狭义的养老金仅仅是指退休金和其他的固定退休待遇。养老金的来源主要分三类：基本养老金收入和其他退休后收入、持有资产回报和保障类收入。其中第一类主要包括社会基本养老金收入、企业年金（职业年金）收入、退休返聘或者兼职收入等。这一类收入较为稳定，是养老资金的最主要来源。持有资产回报主要包括生息资产、可供出租的房产租金、住房反向抵押收入、权益类资产投资回报和其他理财收入，这类收入与个人积累的资产和市场回报情况有关。保障性收入包括参加的社会保险、购买的商业保险和政府转移支付类收入。拓展阅读10-4介绍了住房反向抵押贷款这种"以房养老"方式。

3. 测算养老资金缺口

由于养老资金的需求和供给受到诸多因素的影响，且影响期长达几十年，经常出现需求和供给不匹配的情况。养老资金

拓展阅读 10-4
住房反向抵押贷款

供给超出需求的情况不会引起个人的财务风险，而资金供给不足则会影响老年生活。导致养老资金供给不足的因素很多，既有个人因素又有社会因素，包括个人退休时间因素、晚年收入下降、预期剩余寿命变长、通货膨胀、投资收益不及预期、税率因素、消费习惯因素和社会保障政策因素等，如果有海外资产配置，还会受到汇率因素的影响。不同类别的养老资金需求缺口对养老生活的影响及其解决方法都不一样，在进行资金匹配时，要对养老需求的重要程度进行排序。首先要满足养老的日常生活需求，其次要满足医疗健康保障需求。住房需求可以根据实际情况进行调整，如果经济条件允许，最后还可以考虑其他的养老服务需求。如果出现养老资金缺口，解决方案不外

乎以下几种。

(1) **增加收入、提高储蓄或者延长工作年限**。通过不断学习和训练，提高自身的人力资本价值，通过兼职来提高自身的收入水平，在合理范围内压缩不必要的生活开支，剔除不合理的消费，适度延长工作年限，用更长的工作时间来积累退休金。

(2) **降低养老需求**。这是消极预防养老资金缺口的方法。降低养老需求意味着降低了退休生活的品质，只有在提高养老资金积累的前提下仍然不能保证供给和需求达成平衡时才能采取这类措施。而且在降低需求时要根据需求的重要程度进行排序，在保证日常生活需要和医疗健康保障得到满足的前提下，对非核心需求进行降级。

(3) **寻求外部帮助**。在基本养老需求无法通过自身的资金积累满足时，可以考虑通过国家救济和社会帮扶等方式来寻求解决方案。随着中国国家福利制度的不断提升和国家救助体系的不断完善，弱势群体和孤寡人群被纳入国家基本养老福利范围，通过国家提供的福利救助满足养老需求。

【例题 10-2】退休与养老规划综合案例：退休后家庭支出情况和养老资金缺口测算

张先生的家庭基础情况和退休养老目标参见前文"案例 10-1"所述，这里不再赘述。由于退休与养老规划测算的是未来时刻现金流的情况，需要结合社会基本养老金的计算方法来预测。假设张先生 22 岁参加工作，预计 60 岁正常退休，为了保证测算结果尽量准确，在进行养老金测算之前，还需要对一些重要变量再进行一些假设。结合当前的实际情况，假设张先生夫妻的预期寿命为 80 岁，意味着退休后还要继续生活 20 年。假设通货膨胀率和工资增长率均为每年 3%，贴现率为 5%。

解：按照财务规划的流程，确定当前时间为养老规划起点，退休时刻为 60 周岁时，80 周岁为规划终点。

(1) **退休后家庭支出测算**。按照张先生和张太太的退休与养老目标，他们希望退休后至少保持目前的生活水准。当前家庭的日常生活开支每个月为 14 000 元（扣除房贷后开支，退休时房贷正好还完），张先生和爱人预计退休后还要继续生活 20 年，若要维持现有的生活水平，假设家庭支出的名义值按照工资增长率变化，各主要支出项目的测算结果如下。

退休后第一年所需的开支为 $1.4 \times 12 \times 1.03^{20} = 30.34$（万元），加上每年的医疗保健支出 3 万元，总额为 33.34 万元，为了维持既有生活水平所需的养老金总额为：

$$33.34 \times \ddot{a}_{20,0.02} = 545.2（万元）^{\ominus}$$

张先生夫妻在当前时刻计划准备 20 万元大病医疗应急准备金，按照 3% 的速度增长，在退休时刻的金额为：$20 \times 1.03^{20} = 36$（万元）

在退休时刻，未来养老支出的总额 = 545.2+36 = 581.2（万元）。

(2) **既得养老金测算**。根据目前广州市现行的基本养老保险政策，张先生的基本养老保险退休金包含统筹账户退休金和个人账户退休金两部分，其中，统筹账户退休金为统筹账户替代率乘以当地社会平均工资基数，统筹账户替代率由缴费指数和缴费年限等因素来共同确定，缴费指数为个人缴费基数与上年度当地社会平均工资之比。

⊖ 假设贴现率为 5%，工资增长率为 3%，简化起见，我们计算年金现值时，假设实际贴现率为 2%。$\ddot{a}_{20,0.02}=16.35$，表示实际贴现率为 2% 的 20 年年金现值系数。

根据新颁布的个人所得税法，扣除掉一些可以抵扣的项目之后，张先生的社保缴费基数与当地社会平均工资之比约为2，假设张先生60岁退休，参加工作的时间为38年，张先生退休后的统筹账户养老金替代率为 (1+2)÷2×38×1%＝57%（具体参看例题10-3）。另外，根据现有研究的估计，个人账户养老金替代率约为12%左右[1]，考虑到张先生的平均缴费指数为2，个人账户替代率假设为24%，预计张先生的退休金为当地社会平均工资的81%，而张先生个人收入水平为社会平均工资的2倍左右，退休后，张先生的退休金与退休前个人工资的替代率仅为40.5%，将有较大幅度的下降。

按照张先生参加社会基本养老保险的情况，计算到退休后的替代率为81%。假设本年度广州市社会平均工资水平为每月10 000元，按照3%的工资增长率计算，张先生退休首年的基本养老保险金总额为 $1×12×1.03^{20}×0.81=17.55$（万元），因此：

由于张先生的企业没有为员工缴纳企业年金，张先生退休后也没有其他的投资性收入，在退休时刻，既得养老金总额的现值为：$17.55×\ddot{a}_{20,0.02}=287$（万元）。

(3) 养老金缺口测算。根据前面部分的计算，张先生在退休时的养老金缺口＝581.2－287＝294.2（万元）。

张先生目前每月收入25 000元，每月支出为20 000元，假设现在时刻为0时刻，则将退休时的养老金缺口294.2万元贴现至0时刻的现值为111万元，张先生为女儿准备的教育储蓄金现值估计为30万元，两者合计为141万元。

张先生目前的存款为20万元，另外，张先生家庭每月净储蓄为5 000元，折合为每年6万元。由于每年工资增长率为3%，贴现率为5%，0时刻的净收入现值为 $6×\ddot{a}_{20,0.02}=98$（万元），两者合计为118万元。

在规划起点时刻，张先生的养老金平衡情况如下：

60岁时收入缺口贴现至当前时刻的现值	111（万元）
＋目前的现金需求	30（万元）
＝当前年龄实现目标所需现金总额现值	<u>141（万元）</u>
－目前已有资金来源	20（万元）
－当前时刻至退休时间段净收入现值	98（万元）
＝当前年龄养老金缺口现值	<u>23（万元）</u>

10.3　养老金规划

10.3.1　养老金规划的基本原理

养老金体系是国家和社会为了保障国民的老年生活，通过全社会收入再分配或者个人储蓄的方式来积累养老金资产，为国民养老提供经济保障的制度安排。世界银行于20世纪末提出了"三支柱"的养老金模式[2]，这也正在成为世界各国养老金体系建

---

[1] 杨再贵，石晨曦. 企业职工个人账户养老金的财政负担与替代率 [J]. 财政研究，2016 (7)：80-91.
[2] 2005年，世界银行又将养老金体系由三支柱扩展为五支柱，增加了旨在解决老年贫困的非缴费和国家财政支撑的零支柱，家庭成员帮扶等非制度化为主的第四支柱。但从国际养老金发展的总体趋势来看，政府、单位和个人责任共担的三支柱仍然是现代养老金体系的核心。

设的共同选择。该模式主要包括：第一支柱的社会基本养老金、第二支柱的企业年金或者职业养老金和第三支柱个人储蓄型养老金。第一支柱又可以称为公共养老金，第二支柱和第三支柱是补充养老金，是对公共养老金的补充和保障。

根据前一小节的介绍，养老金有狭义和广义之分，本节主要介绍狭义的养老金，即各项退休金和固定的退休待遇。狭义的养老金来源较为明确，也比较好预测，是保证退休规划准确性的重要保证。个人应当在保证养老金规划尽量准确和可控的基础上，再对退休规划进行调整。在进行养老金规划时，要准确估计既得养老金总额和养老金总需求，进而合理测算养老金缺口并提出解决方案。既得养老金是指根据国家法律和相关规定，员工应得的养老金，是依法履行劳动合同后取得的养老金权益，是各项法律规定的养老金统筹账户支付和个人账户积累的总额，包括国家规定的基本养老保险和附加的补充养老保险等。既得养老金主要包括如下内容：社会基本养老保险金，包括基础养老金、个人账户养老金和过渡性养老金；其他社会保险个人账户的余额，如住房公积金转存养老金、医保个人账户资金等；企业年金或职业年金等。

在测算出既得养老金总额后，可根据上一节的内容，结合养老金总需求来计算养老金赤字，根据养老金赤字的情况来调整个人的退休年龄、补充养老保险和个人储蓄型养老保险的缴费水平，或者根据赤字水平来调整退休后的生活计划。

10.3.2 中国社会基本养老保险制度

1. 城镇职工基本养老保险制度

我国企业职工的养老保险制度是在 20 世纪 50 年代初期建立起来的，后来在 1958 年和 1978 年做了两次调整。1997 年，国务院发布了《关于建立统一的企业职工基本养老保险制度的决定》（26 号文），统一了各地"统账结合"的实施方案，规定了统一的缴费比例和管理办法，"26 号文"成为正式确立中国养老保险制度框架的纲领性文件，整体制度框架延续至今。

1997 年出台的社会基本养老保险制度主要规定如下：企业缴纳基本养老保险费的比例一般不得超过企业工资总额的 20%（包括划入个人账户的部分）[⊖]，具体比例由各省、自治区、直辖市人民政府确定，个人缴纳基本养老保险费的比例不超过本人缴费工资的 8%。建立基本养老保险个人账户，个人缴费全部记入个人账户，其余部分从企业缴费中划入。随着个人缴费比例的提高，企业划入的部分要逐步降至 3%。制度实施后参加工作的职工，个人缴费年限累计满 15 年的，退休后按月发给基本养老金。基本养老金由基础养老金和个人账户养老金组成，基础养老金都按照所在地上年度职工平均工资的 20%计发，个人账户养老金月标准为本人账户储存额除以 120。个人缴费年限累计不满 15 年的，退休后不享受基础养老金待遇，其个人账户储存额一次支付给本人。

为了解决 1997 年制度中存在的个人账户"空账"、参保人搭便车、养老金计发办

⊖ 从 2019 年 5 月 1 日起，我国城镇职工基本养老保险的单位缴费率统一调整为不超过 16%，各地区可以根据自身的情况灵活调整。

法不合理和覆盖范围不广等问题，2005年，国务院又出台文件，对制度做出了一些调整。其主要调整内容如下：①从2006年1月1日起，个人账户的规模统一由本人缴费工资的11%调整为8%，全部由个人缴费形成，单位缴费不再划入个人账户。同时，进一步完善鼓励职工参保缴费的激励约束机制，相应调整基本养老金计发办法。②改革基本养老金计发办法，制度实施后参加工作、缴费年限累计满15年的人员，退休后按月发给基本养老金。基本养老金由基础养老金和个人账户养老金组成，退休时的基础养老金月标准以当地上年度在岗职工月平均工资和本人指数化月平均缴费工资的平均值为基数，缴费每满1年发给1%，个人账户养老金月标准为个人账户储存额除以计发月数，计发月数根据职工退休时城镇人口平均预期寿命、本人退休年龄、利息等因素确定。自2005年修订后，该制度一直沿用至今。

【例题10-3】 广东省城镇职工退休金计算方法（以新参加工作者为例）

广东省城镇职工基本养老保险包含基础养老金和个人账户养老金，基础养老金由缴费年限、缴费工资基数水平和当年度在岗职工月平均工资等因素确定，个人账户养老金则取决于个人账户养老金的积累值以及当年度的计发月数。养老金计算方法如下：

基础养老金 = (a + 本人平均缴费指数) ÷ 2 × 缴费年限 × 1% × 上年度在岗职工月平均工资；

个人账户养老金 = 个人账户储存额 ÷ 个人账户养老金计发月数；

缴费指数为个人缴费工资与社会平均工资之比，平均缴费指数为所有参保期间缴费指数的平均值；关于 a 的取值，按照如下方法确定：当本人平均缴费指数大于等于0.6时，$a=1$；当本人平均缴费指数小于0.6时，$a=$ 本人平均缴费指数 ÷ 0.6。

假设某位男性参保者25岁参加工作，60岁退休，假设参保者收入属于中上水平，参保时的平均缴费指数为1.5。假设缴费指数一直保持不变，请问根据目前的政策，他退休后预期可以领取多少社会基本养老金？基础养老金和个人账户养老金各为多少？

解： 社会基本养老金 = （1）基础养老金 + （2）个人账户养老金

（1）基础养老金 = （全省上年度在岗职工月平均工资 × a + 本人指数化月平均缴费工资）÷ 2 × 缴费年限 × 1%。

参保者的平均缴费指数为1.5且保持不变，那么 a 的取值为1。预计参保者在35年后退休，退休时基础养老金的替代率为（1+1.5）÷ 2 × 35 × 1% = 43.75%，基础养老金为替代率乘以上年度当地社会平均工资水平，参考2019年的社会平均工资水平，基础养老金为4 502.8元[一]。

（2）个人账户养老金 = 个人账户储存额 ÷ 个人账户养老金计发月数，个人账户养老金则用账户总额除以个人账户养老金计发月数（2019年度为139）。

两者相加即得到总的退休金。

2. 城乡居民基本养老保险制度

城乡居民基本养老保险制度，最早可以追溯至原先的农村社会养老保险制度，这项制度也简称为"老农保"。"老农保"制度从1986年开始探索，1991年开始进行试

[一] 根据广州市人力资源与社会保障局的统计数据，2019年广州市社会平均工资水平为10 292元。

点，但老农保的保障范围和保障程度都不高，其相关业务基本处于停滞状态。2009年9月，国务院下发了《关于开展新型农村社会养老保险试点的指导意见》，重新启动农村养老保险制度建设，即"新农保"。"新农保"采用的是多支柱模式，由个人缴费、集体补助与政府补贴组成。此外，为了覆盖城镇户籍非从业人员参加基本养老保险，2011年国务院下发了《关于开展城镇居民社会养老保险试点的实施意见》（简称"城居保"）。"城居保"的主要适用对象是城镇部分个体经营者及非从业人员。2014年，国务院下发《关于建立统一的城乡居民基本养老保险制度的意见》，正式决定合并"新农保"和"城居保"，建立全国统一的城乡居民基本养老保险制度（简称为"城乡居保"）。根据"城乡居保"制度的规定，除国家机关工作人员、企事业单位工作人员、城镇职工基本养老保险范围之外的城乡居民（在校学生除外），只要年满16周岁，都可以在户籍所在地参加城乡居民基本养老保险。城乡居民基本养老保险基金的筹措采取个人缴费、集体补助、政府补贴三者相结合的方式，确保制度的可持续和基金的充足性。

"城乡居保"和城镇职工基本养老保险制度有所不同：一是政府进行缴费补贴，除了个人缴费以外，还有政府对参保人员缴费给予的补贴。个人缴费越多，政府的补贴也越多，个人缴费和政府补贴全部计入参保人的个人账户。二是待遇构成不同，"城乡居保"的养老金由个人账户养老金和基础养老金两部分构成。个人缴费和缴费时的政府补贴全部进入个人账户，退休时用个人账户积累值除以计发月数，计算得到个人账户养老金。基础养老金则全部是由财政支付，由中央财政和地方财政共同负担，中西部地区中央财政全额拨款，东部地区由中央财政补贴一半。国家定期调整基础养老金的最低发放标准，各地基础养老金的发放额由本地区自行确定。专栏10-1介绍了城乡居民基本养老保险的缴费与待遇等相关情况。

专栏 10-1

城乡居民基本养老保险的缴费和待遇情况

城乡居民养老保险基金目前主要是由个人缴费、国家补贴和集体补助形成。人力资源和社会保障部的统计数据显示，截止到2019年底，全国城乡居民养老保险参保人数为53 266万人，其中，实际领取待遇人数为16 032万人。城乡居民养老保险的年度缴费档次由各个地区自行制定，缴费非常灵活。2019年全年城乡居民基本养老保险基金收入总额4 107亿元，基金支出总额3 114亿元，年末基金累计结余8 249亿元[⊖]。城乡居民基本养老保险每年度缴费一次，参保者根据自身的情况自愿缴费，缴费标准由各省市自行确定，政府根据参保者的不同缴费档次给予一定的补贴。为鼓励参保者多缴费，一般来说，缴费越高，相应的补贴标准也越高。以广东省为例，城乡居民基本养老保险的个人缴费标准设为每年180元、240元、360元、600元、900元、1 200元、1 800元、3 600元、4 800元九个档次，其中，一、二、三档财政缴费补贴120元，其

⊖ 数据来源：中华人民共和国人力资源和社会保障部，《2019年度人力资源和社会保障事业发展统计公报》。

余的档次财政缴费补贴 150 元。

广东省城乡居民基本养老保险个人缴费档次和政府补贴金额　　（单位：元）

个人缴费档次	政府补贴金额
180（一档）	120
240（二档）	120
360（三档）	120
600（四档）	150
900（五档）	150
1 200（六档）	150
1 800（七档）	150
3 600（八档）	150
4 800（九档）	150

数据来源：广东省人力资源与社会保障厅，《国家税务总局广东省税务局关于调整城乡居民基本养老保险缴费档次的公告》，2020 年 1 月 23 日。

目前，各省市自行确定本地区的基础养老金标准，国家规定的城乡居民养老保险基础养老金最低标准是 88 元每月，经济发达地区的基础养老金较高。例如，2020 年，广东省基础养老金标准是每月 170 元，北京市的标准为每月 800 元，上海市则高达每月 1 100 元。东北和中西部地区的基础养老金标准较低，如黑龙江省每月标准为 90 元，贵州省每月标准为 93 元。

资料来源：根据人社部和各省市人社部门公开数据整理。

10.3.3　我国的企业年金制度

1. 我国企业年金制度的特点

企业年金是指企业及其职工在依法参加基本养老保险的基础上，自主建立的补充养老保险制度，是第二支柱的重要组成内容。根据国际通行的做法，企业年金主要有缴费确定型（Defined Contribution，DC）和待遇确定型（Defined Benefit，DB）两种模式。①DC 计划模式只确定缴费水平，一般由企业和职工共同缴费，实行个人账户管理，待遇水平只与个人账户积累额直接联系，企业缴费时不必承诺职工退休时的待遇水平。②DB 计划模式是事先明确或基本明确职工未来的待遇水平，待遇水平高低一般直接与工资水平、职务高低、贡献大小和工龄长短相关，缴费多少由待遇水平决定。

2016 年 12 月，人力资源和社会保障部、财政部共同发布了《企业年金办法》，自 2018 年 2 月 1 日起施行。我国的企业年金具有如下主要特点：①企业自愿建立和员工自愿参加；②是国家基本养老保险制度的补充计划；③符合法律规定条件的计划可以享有一定的税收优惠；④在企业年金试点初期，以缴费确定型计划为主，实行个人账户管理模式，目前，缴费确定型和待遇确定型计划并存；⑤企业年金资产独立，通过信托合同委托受托人管理；⑥企业年金基金实行市场化运营；⑦领取方式较为灵活，成员可选择领取方式，包括一次领取或以年金方式支付。

2. 企业年金的缴费和待遇

企业年金由员工和雇主共同缴费组成，基金由下列各项组成。①企业缴费部分。企业缴费每年不超过本企业职工工资总额的 8%。②职工个人缴费。这部分较为灵活，企业和职工个人缴费合计不超过本企业职工工资总额的 12% 即可，具体所需费用的分配，由企业和职工一方协商确定。③企业年金基金投资运营收益。

企业年金账户包括企业账户和个人账户。单位缴费应当按照企业年金方案确定的比例和办法划转至职工企业年金个人账户，职工个人缴费完全计入本人企业年金个人账户。职工企业年金个人账户中个人缴费的部分及其投资收益自始归属于职工个人，个人账户中的企业划转缴费部分及其投资收益，企业可以与职工一方约定其自始归属于职工个人，也可以约定随着职工在本企业工作年限的增加逐步归属于职工个人，逐步归属于职工个人的期限最长不超过 8 年。企业年金中暂时未分配至职工企业年金个人账户的企业缴费及其投资收益，以及职工企业年金个人账户中尚未完全归属于职工个人的企业缴费及其投资收益，计入企业年金的企业账户。企业年金企业账户中的企业缴费及其投资收益，应当按照企业年金方案确定的比例和办法逐步计入职工企业年金个人账户。

符合企业年金领取条件的职工可以按照规定的方式领取，尚未达到领取条件的，不得从企业年金个人账户中提前提取资金。当职工变动工作单位时，新就业单位已经建立企业年金或者职业年金的，原企业年金个人账户权益应当随同转入新就业单位企业年金或者职业年金。若职工新就业单位没有建立企业年金或者职业年金，或者职工处于升学、参军、失业期间，原企业年金个人账户可以暂时由原管理机构继续管理，也可以由法人受托机构发起的集合计划设置的保留账户暂时管理，原受托人是企业年金理事会的，由企业与职工协商选择法人受托机构管理。企业年金方案终止后，职工原企业年金个人账户由法人受托机构发起的集合计划设置的保留账户暂时管理，原受托人是企业年金理事会的，由企业与职工协商选择法人受托机构管理。

【例题 10-4】企业年金缴费实例

某公司 2018 年工资总额 21 648 万元，即 8 200 万元（人均月平均工资）×12×2 200（公司人数），请根据现行企业年金政策计算企业缴费的最高限额和职工个人缴费的最高限额。

解：企业缴费的最高限额为 21 648×8% = 1 731.84（万元），若企业缴费按照员工工资的 8% 来执行，则个人缴费的最高限额为 21 648×4% = 865.92（万元）。

按照现行政策，企业和职工个人缴费合计不超过本企业职工工资总额的 12% 即可，理论上，12% 的缴费都可以由职工个人来缴纳，并享受相应的税收优惠政策。

3. 企业年金的税收优惠

2013 年，财政部出台了《关于企业年金、职业年金个人所得税有关问题的通知》，明确规定，"企业和事业单位根据国家有关政策规定的办法和标准，为在本单位任职或者受雇的全体职工缴付的企业年金或职业年金单位缴费部分，在计入个人账户时，个人暂不缴纳个人所得税"，以及"个人根据国家有关政策规定缴付的年金个人缴费部分，在不超过本人缴费工资计税基数的 4% 标准内的部分，暂从个人当期的应纳税所得额中扣除"。此文明确了单位缴费计入个人账户和个人缴费 4% 以内的部分，暂时免缴个人所得税。

2018 年，我国对《中华人民共和国个人所得税法》进行了修订，并于 2019 年 1 月

1日开始实施。"新个税法"第六条规定："居民个人的综合所得，以每一纳税年度的收入额减除费用六万元以及专项扣除、专项附加扣除和依法确定的其他扣除后的余额，为应纳税所得额。"同时配套出台的"新个税法实施条例"中也明确提出："依法确定的其他扣除，包括个人缴付符合国家规定的企业年金、职业年金，个人购买符合国家规定的商业健康保险、税收递延型商业养老保险的支出，以及国务院规定可以扣除的其他项目。"该法还明确了自2019年起，对于个人依照《企业年金办法》《机关事业单位职业年金办法》缴付的企业年金和职业年金，可以在综合所得计缴个人所得税时，在收入额中可以全额扣除，不再受4%的额度限制。

在年金的领取阶段，2018年财政部和国家税务总局发布了《关于个人所得税法修改后有关优惠政策衔接问题的通知》，对于领取年金阶段的税收处理做出如下规定。①个人达到国家规定的退休年龄后领取的企业年金、职业年金，符合《关于企业年金、职业年金个人所得税有关问题的通知》规定的，不并入综合所得，全额单独计算应纳税款。其中按月领取的，适用月度税率表计算纳税；按季领取的，平均分摊计入各月，按每月领取额适用月度税率表计算纳税；按年领取的，适用综合所得税率表计算纳税。②个人因出境定居而一次性领取的年金个人账户资金，或个人死亡后，其指定的受益人或法定继承人一次性领取的年金个人账户余额，适用综合所得税率表计算纳税。③对个人除上述特殊原因外一次性领取年金个人账户资金或余额的，适用月度税率表计算纳税。

10.3.4 我国的职业年金制度

1. 我国职业年金制度的发展情况

在以往，我国的机关事业单位和企业实行不同的薪酬福利制度，机关事业单位根据退休员工的行政级别和工作年限确定养老待遇。中央自全面深化改革工作开始启动以来，对传统的养老保险"双轨制"现象进行改革，改革后，机关事业单位的退休人员和企业退休人员并轨，统一由社保部门发放退休金。为配合制度的最终落实，我国提出要加快发展职业年金，构建多层次的机关事业单位社会保障体系。

2015年1月，国务院正式发布了《关于机关事业单位工作人员养老保险制度改革的决定》，要求从2014年10月1日起，机关事业单位工作人员必须依照国家规定积极主动履行缴费义务，享受相应的养老保险待遇。这一改革将机关事业单位员工与企业员工共同纳入职工基本养老保险制度，统一了我国基本养老保险制度，实现了养老保险"并轨"，并决定机关事业单位在参加基本养老保险的基础上，应当为其工作人员建立职业年金。2015年4月，国务院正式发布《机关事业单位职业年金办法》。2015年10月，人社部、财政部联合印发《职业年金基金管理暂行办法》，我国机关事业单位职业年金制度的具体框架基本确立。

2. 我国职业年金制度的运行

我国目前实行的职业年金，是指机关事业单位及其工作人员在参加机关事业单位基本养老保险的基础上，建立的补充养老保险制度。职业年金所需费用由单位和工作人员个人共同承担。单位缴纳职业年金费用的比例为本单位工资总额的8%，个人缴费比例为本人缴费工资的4%，由单位代扣。单位和个人缴费基数与机关事业单位工作人员基本养老保险缴费基数一致。同时，国家会根据经济社会的发展状况，适时调整单位和个人职业年金缴费的比例。

职业年金基金由单位缴费、个人缴费、职业年金基金投资运营收益和国家规定的其他收入共同组成。职业年金基金采用个人账户方式来管理，缴费实行实账积累：对财政全额供款的单位，每年按照国家统一公布的记账利率计算利息；对非财政全额供款的单位，实行实账积累，职业年金基金实行市场化投资运营，按实际收益来计息。单位缴费按照个人缴费基数的8%计入本人职业年金个人账户，个人缴费直接计入本人职业年金个人账户，职业年金基金投资运营收益，按规定计入职业年金个人账户。

符合领取职业年金条件的个人可按照规定方式来领取，未达到领取条件的，则不得从个人账户中提前提取资金。工作人员变动工作单位时，职业年金个人账户资金可以随同转移。工作人员升学、参军、失业期间或新就业单位没有实行职业年金或企业年金制度的，其职业年金个人账户由原管理机构继续管理运营。新就业单位已建立职业年金或企业年金制度的，原职业年金个人账户资金随同转移。

3. 我国职业年金的税收优惠

我国的职业年金和企业年金都属于养老保险体系的第二支柱。另外，我国国情特殊，年金适用的对象人群虽然不同，但使用的税收办法基本一致。有关职业年金的具体税收优惠政策，可以参见上节企业年金税收优惠的相关内容。

10.3.5　个人储蓄型养老金

1. 发展个人储蓄型养老金的背景

拓展阅读 10-5
国外公共部门养老金的发展现状

自2010年以来，全球养老金资产总规模从26.5万亿美元增长到2018年的41.36万亿美元[○]，年均增速远高于同期全球的GDP增速。而我国的情况则不容乐观：养老资金过分依赖社会基本养老保险。随着人口老龄化的加剧，我国社会基本养老保险的支付压力也持续加大。2019年，我国的社会基本养老保险基金总收入为57 026亿元，总支出为52 342亿元，累计结余62 873亿元，但基金的可支付月数却由2012年的19个月下降至2017年的17个月[○○]。

我国的企业年金的发展情况也不容乐观，存在如下一些问题：①企业年金资产规模的积累不足。根据人社部公布的数据，截至2020年3月底，我国企业年金积累基金总额为18 646亿元，占GDP的比重不足2%，而OECD国家的平均占比为50%左右。②企业年金的覆盖范围狭窄，绝大多数企业仍没有建立企业年金制度。根据人社部公布的数据，截止到2020年3月底，全国仅仅有9.81万户企业建立了企业年金，不到企业法人单位总数的0.5%，参加职工仅为2612万人[○○○]。③企业年金的发展结构不均衡，

○　数据来源：韦莱韬悦，《2018年全球养老金资产研究报告》。
○○　基本养老保险基金收支数据来源：中华人民共和国人力资源和社会保障部，《2019年度人力资源和社会保障事业发展统计公报》。
○○○　数据来源：中华人民共和国人力资源和社会保障部，《全国企业年金基金业务数据摘要（2020年第一季度）》。

东部地区的企业年金发展速度要快于中西部地区。经济效益较好的企业，尤其是带有资源垄断性质的大国企以及部分外资企业，其年金增长速度快于其他企业。

此外，自2014年10月1日起，我国开始实施机关事业单位工作人员职业年金制度，截至目前，其积累的基金规模还较小，且职业年金的账户并非实账运行①。从长远来看，我国的职业年金最终覆盖的也仅仅是3 000多万机关事业单位工作人员，加上企业年金，作为第二支柱的养老金覆盖面也不到6 000万人。截至2019年底，我国参加基本养老保险的人数为9.5亿人，而企业年金和职业年金覆盖的职工人数只占基本养老保险覆盖人数的6.3%左右。但是，世界上167个实行养老保险制度的国家中，有1/3以上国家的企业年金制度覆盖了约1/3的劳动人口，丹麦、法国、瑞士的企业年金覆盖率几乎达到100%，英国、美国、加拿大等国也在50%左右。另外，从平均替代率水平看②，我国企业年金的平均替代率约为5%，而在OECD国家，企业年金的目标替代率一般可以达到20%~30%③。表10-2是2018年美国与中国养老总资产及其结构情况的对比。

表10-2 2018年美国与中国养老金总资产及其结构情况④

国家	名称	第一支柱	第二支柱	第三支柱	合计
美国	规模（万亿美元）	2.82	16.15	8.81	27.78
	占养老金总资产的比例（%）	10.15	58.14	31.71	100
	占GDP的比例（%）	13.76	78.8	42.99	135.55
中国	规模（万亿元）	8.05	1.48	0.000 07	9.54
	占养老金总资产的比例（%）	84.38	15.62	0	100
	占GDP的比例（%）	8.92	1.64	0.00	10.56

数据来源：董克用，等. 中国养老金融发展报告（2019）[R]. 北京：社会科学文献出版社，2019.

2. 我国个人储蓄型养老金的相关政策

作为养老保险制度第三支柱的个人储蓄型养老保险，主要是指政府鼓励个人向特定的养老账户进行缴费，个人依据自身的风险收益特征，选择相应的、符合条件的养老类金融产品进行投资，以积累补充养老金资产的制度安排。适用人群既包括具有经济能力的企业职工和机关事业单位员工，也包括灵活就业人员，通常采用个人自愿参加、基金完全积累并通过市场化投资的方式来实现保值增值。

财政部联合国家税务总局、人力资源社会保障部、银保监会和证监会等五部委出台了《关于开展个人税收递延型商业养老保险试点的通知》，决定自2018年5月1日起，在上海市、福建省（含厦门市）和苏州工业园区实施个人税收递延型商业养老保险试点。对试点地区个人通过个人商业养老资金账户购买符合规定的商业养老保险产品的支出，允许在一定标准内税前扣除。对于计入个人商业养老资金账户的投资收益，

---

① 在2019年7月举行的养老金融50人论坛上海峰会上，人力资源和社会保障部原副部长、中国社会保险学会会长胡晓义表示，由于职业年金的单位缴费部分都是依靠财政拨款，部分省份单位采取空账的主要有两个原因：一是有些地方财力不足，全国范围内统一做成实账确实有困难，二是财政部门担忧财政资金的使用效率。
② 此处的替代率指的是职工退休时企业年金账户给付额占社会平均工资的比例。
③ 数据来源：姚余栋，董克用. 中国金融养老之路的战略研究：从"十三五"到2049 [M]. 北京：企业管理出版社，2019.
④ 中国第一支柱的数据还包含中国社保基金理事会管理的社保基金累计结余2.24万亿元。

暂不征收个人所得税，当个人领取商业养老金时再征收个人所得税。专栏 10-2 介绍了我国开展个人税收递延型商业保险的试点政策。

专栏 10-2

我国开展个人税收递延型商业养老保险的试点政策

自 2018 年 5 月 1 日起，在上海市、福建省（含厦门市）和苏州工业园区实施个人税收递延型商业养老保险试点，试点时间暂定为 1 年，具体规定如下。

1. 个人缴费税前扣除标准。取得工资薪金、连续性劳务报酬所得的个人，其缴纳的保费准予在申报扣除当月计算应纳税所得额时予以限额据实扣除，扣除限额按照当月工资薪金、连续性劳务报酬收入的 6% 和 1 000 元孰低的办法确定。取得个体工商户生产经营所得、对企事业单位的承包承租经营所得的个体工商户业主、个人独资企业投资者、合伙企业自然人合伙人和承包承租经营者，其缴纳的保费准予在申报扣除当年计算应纳税所得额时予以限额据实扣除，扣除限额按照不超过当年应税收入的 6% 和 12 000 元孰低的办法确定。

2. 账户资金收益暂不征税。计入个人商业养老资金账户的投资收益在缴费期间暂不征收个人所得税。

3. 个人领取商业养老金征税。个人达到国家规定的退休年龄时，可按月或按年领取商业养老金，领取期限原则上为终身或不少于 15 年。个人身故、发生保险合同约定的全残或罹患重大疾病的，可以一次性领取商业养老金。

对个人达到规定条件时领取的商业养老金收入，其中 25% 部分予以免税，其余 75% 部分按照 10% 的比例税率计算缴纳个人所得税，税款计入"其他所得"项目[⊖]。

适用试点税收政策的纳税人，是指在试点地区取得工资薪金、连续性劳务报酬所得的个人，以及取得个体工商户生产经营所得、对企事业单位的承包承租经营所得的个体工商户业主、个人独资企业投资者、合伙企业自然人合伙人和承包承租经营者，其工资薪金、连续性劳务报酬的个人所得税扣缴单位，或者个体工商户、承包承租单位、个人独资企业、合伙企业的实际经营地均位于试点地区内的纳税人。

在业务资格方面，截至 2019 年 6 月底，共 5 批 23 家保险公司获准个人税收递延型商业养老保险业务资格，在产品发行方面，已有 20 家机构开发的 66 款产品获准销售，参保人数累计达到 4.55 万人。

资料来源：《关于开展个人税收递延型商业养老保险试点的通知》（财税〔2018〕22 号文），中国银行保险监督管理委员会网站。

【例题 10-5】 个税递延的税收优惠额度计算

张女士在上海工作，属于个税递延商业养老保险试点地区。张女士计划每月定额

[⊖] 根据《关于个人取得有关收入适用个人所得税应税所得项目的公告》（财政部税务总局，2019 年第 74 号）的规定，本条内容废止，个人领取的个税递延型养老金收入所征税款，调整为计入综合所得中的"工资、薪金所得"项目，不再计入"其他所得"项目，税负标准不变。

缴资 1 000 元购买商业年金保险，其目前适用的个人所得税最高税率为 25%。假设这份商业补充养老保险每年的投资收益率为 6%，张女士还有 20 年退休，退休后每月领取这份补充商业养老金。考虑到张女士退休后收入下降，年度综合所得在扣除各项后，补充商业养老金的适用税率为 3%，请计算张女士购买个税递延商业养老保险在退休时刻所少交的个人所得税税额。

解： 若不购买税收优惠商业养老保险，张女士每月用于缴费的 1 000 元工资需缴纳 250 元个税，每年为 3 000 元，假设这部分个税额每年按照 4% 的利率累积㊀，到退休时这部分金额为 $3\,000\times S_{20,0.04}=89\,334$（元）（其中 $S_{20,0.04}$ 表示利率为 4% 的 20 年年金积累终值）。

根据目前实行的个税递延优惠政策，张女士每月缴纳的 1 000 元及其投资收益在积累期均暂时免缴个人所得税，这部分金额积累到 20 年后为 $12\,000\times S_{20,0.06}=44.14$（万元）（其中 $S_{20,0.06}$ 表示利率为 6% 的 20 年年金积累终值）。

假设张女士退休后选择每月领取这份补充商业养老金，假设年金的领取时间为 20 年，则每年领取金额 $=44.14\div a_{20,0.04}=3.25$（万元）（其中 $a_{20,0.04}$ 表示利率为 4% 的 20 年年金积累现值）。根据新个税法，退休时这份商业养老保险金适用的个人所得税税率为 3%，每年交税 975 元，补充的商业养老保险金的个税现值为 $975\times a_{20,0.04}=13\,242$（元），购买递延型养老保险所节约的个税 $=89\,334-13\,242=76\,092$（元）。

个人储蓄型养老金制度通常是个人自愿参加，政府给予相应的税收优惠。从国际的经验来看，自愿型养老金制度要想发展壮大，最基本的激励措施是强有力的税收递延政策，在此基础上，还要提供相应的养老金产品。在一个成熟的金融市场，个人储蓄型养老金应该包含保险版、基金版、银行版、信托版和券商版等系列的个人养老金产品，结合国际经验，较为完善的个人养老金市场应该具有以下特征。

（1）**个人养老金市场主体机构多元**。个人养老金账户可以在符合条件的各类金融机构自愿开立。在欧美发达国家，个人养老金账户可以通过银行、基金公司、保险公司、信用合作社和信托基金等机构来设立。

（2）**个人养老金投资产品多元**。个人养老金投资应该坚持市场化和多元化运作，例如，美国个人退休账户计划（后简称为 IRA）对产品不设准入门槛，投资公募基金的占比约为 46.8%，股票、债券等资产占比约 40.5%，银行产品占比约 7.6%，商业保险产品占比 5.1%。英国的个人退休账户可以投资于股票、开放式基金、信托、债券和 ETF 产品等。

（3）**基金的支付方式多元**。个人养老金账户在达到法定的领取年龄后，一般会设置多种领取方式，但不鼓励一次性大额提取。此外，为了增加制度吸引力，许多国家还将账户功能加以扩大，当出现家庭应急、教育、重大医疗以及购买自住首套住房等情况时，也可以临时借款或者提前取款。

拓展阅读 10-6
美国的个人退休账户制度

㊀ 假设个人收入和支出的贴现利率假设为 4%，稍低于商业养老保险投资收益率 6%，基本符合实际情况。

【例题 10-6】退休与养老规划综合案例——养老金规划的调整与平衡

对于大多数家庭来说,养老资金供给不足是普遍现象,不同类别的养老资金需求缺口对养老生活的影响及其解决方法都不一样,退休与养老规划需要动态调整与平衡。根据前文"案例 10-1"和"案例 10-2"中所计算的结果,张先生按照目前的养老金规划方案,未来养老金缺口的现值为 23 万元,随着时间的增长,到退休时刻的养老金缺口将更大,因此,需要对退休和养老规划方案进行适度调整,以便于更加适合家庭养老规划的需要。

解:弥补养老资金缺口的途径包括增加收入和降低支出。

首先,应努力增加在职收入,通过提高自身的人力资本价值来提升收入水平,也可以通过合理兼职和适度延长工作年限,用更长的工作时间来积累退休金。

其次,应在满足日常生活需求的前提下降低开支,这是应对养老资金缺口的消极方法,只有在提高养老资金积累途径受限的前提下才能采取这类措施。在降低开支时,要根据需求的重要程度进行排序,对非核心需求进行降级。

最后,应通过优化投资渠道,提高资金投资收益率,或对家庭资产优化配置来解决资金缺口。在前文的案例中,张先生家庭的主要投资途径是银行理财,较为保守,建议适度拓宽投资范围,主动承担一定的投资风险,将养老积累资金的投资回报率提高。另外,张先生也可以通过住房置换或者反向抵押来获得更多的养老资金,张先生具体的退休规划调整建议见表 10-3。

表 10-3 张先生退休规划方案调整建议

调整内容	具体措施	养老金平衡结果
方案 1:降低退休后的家庭日常生活开支	将退休后日常生活开支降低到退休前的 80%,即每月 12 000×1.032 0 左右	基本保持平衡(结余 3.8 万)
方案 2:降低目前家庭的日常生活开支	将目前的日常生活开支降低到当前水平的 80%,即每月 12 000 左右	能保持平衡,并有较多资金结余(结余 16.4 万)
方案 3:拓宽投资渠道,提高资金投资收益率	扩大投资范围,分散投资品种,将结余资金的年投资回报率扩大至 8%。具体来说:现有资金可以进行适度配置,分散到收益较为稳定的货币市场基金和承担一定风险的股票型基金,这样可保持一定流动性,收益较高。每年净收入结余可以购买年缴趸取的年金作为保底资产	在保持退休前后生活开支不受影响的前提下,能保持平衡,并有较多结余
方案 4:房屋置换到市郊,退休 10 年左右将房屋反向抵押,入住养老社区	由于张先生的住房位于市中心,价值较高,退休后女儿也已经参加工作,可以考虑置换面积中等的房屋到市郊。结余资金可资助女儿贷款买房,也可以用作日常生活开支。年龄稍大时可考虑住房反向抵押,入住养老社区	此方案能够较大程度改善养老资金压力,但是需要和晚辈做好沟通

10.4 养老金金融市场与养老金金融产品

随着人口老龄化问题的加剧,世界各国高度重视养老资产的积累。截止到 2018 年底,我国养老金资产的总规模仅为 9.54 万亿元人民币,其中大部分还是公共养老金结余,养老金总资产占 GDP 的比重仅为 10.56% 左右,远低于其他国家的平均水平。美国、加拿大等发达国家的第二、三支柱积累资产占 GDP 的 80% 以上,而我国的第二、三支柱积累资产占 GDP 的比例仅为 1.64%，因此我国急需加快发展补充性养老金市场和各类养老金融产品。

养老金金融产品包括银行养老理财产品、养老金产品、商业养老保险产品、养老信托产品和养老目标基金等，本节将对目前我国养老金金融市场上较为常见的几类产品进行介绍。

10.4.1 养老金产品

本节所介绍的养老金产品是金融市场上的一类金融产品，不是一般意义上的退休养老资金，主要是面向各类养老保险基金定向销售⊖。人社部《关于企业年金养老金产品有关问题的通知》（人社部发〔2013〕24 号文）对养老金产品的有关问题进行了进一步明确的规定：养老金产品是由企业年金基金投资管理人发行的、面向企业年金基金定向销售的企业年金基金标准投资组合。养老金产品的类型包括但不限于股票型、混合型、固定收益型、货币型，以及信托产品型、债权计划型、特定资产管理计划型等多种类型，可以满足企业年金、职业年金和基本养老保险投资基金配置的需求和投资的需要。

截止到 2018 年底，全市场已运作各类养老金产品规模达到 4 771 亿元，养老金产品占企业年金总规模的比例逐年上升，从 2013 年的 2.58% 上升至 2018 年底的 32.90%。养老金产品的平均投资运作规模为 14.73 亿元，远高于同期企业年金其他投资组合的平均规模（3.78 亿元）。截止到 2018 年底，投资管理人备案了 571 只养老金产品，目前实际运作了 324 只⊖。目前，在 22 家年金投管人中，有 8 家保险类投管人，包括养老保险公司和保险资产管理公司，共有 177 只养老金产品已投资运作，在已运作养老金产品中占比为 55%，其他机构管理的养老金产品规模为 45%。截止到 2018 年底，在已备案的 571 只养老金产品中，有 501 只养老金产品是公开发行的，70 只养老金产品是非公开发行的，非公开发行的产品类型多是另类产品，其中有 19 只信托型产品、15 只基础设施债权计划型养老金产品，二者数量之和约占总数的一半。

10.4.2 养老目标基金类产品

养老目标基金是指以追求养老资产的长期稳健增值为目的，鼓励投资者长期持有，并采用成熟的资产配置策略，合理控制投资组合波动风险的公开募集证券投资基金，主要分为养老目标风险基金和养老目标日期基金。2018 年 2 月，证监会正式发布《养老目标证券投资基金指引（试行）》（后文简称为《指引》），《指引》规范了养老目标基金的产品设计和运营管理，从定义、投资组合、投资策略、投资比例、运作方式、

⊖ 人力资源和社会保障部于 2013 年 3 月 22 日颁布了《关于扩大企业年金基金投资范围的通知》（人社部发〔2013〕23 号文）和《关于企业年金养老金产品有关问题的通知》（人社部发〔2013〕24 号文）。将养老金产品纳入企业年金基金投资的范围，2016 年 10 月 9 日，人社部、财政部发布《关于印发职业年金基金管理暂行办法的通知》（人社部〔2016〕92 号文），明确规定养老金产品也在职业年金的投资范围内。

⊖ 数据来源：闫化海，《养老金产品：持续助力养老金投资产品化发展》[A]. 董克用、姚余栋，《中国养老金融发展报告（2019）》[C]，社会科学文献出版社，128-149。

子基金标准、适当性等方面均进行了明确规范，同时对基金公司资质和基金经理也提出了较高的要求，具体可见表 10-4。

表 10-4 《养老目标证券投资基金指引（试行）》要点

项目	主要内容
类型	基金中的基金形式（FOF）或中国证监会认可的其他形式运作
投资策略	目标日期策略、目标风险策略以及中国证监会认可的其他策略
运作方式	定期开放的运作方式或设置投资人最短持有期限，最短持有期限应当不短于 1 年
投资比例	定期开放的封闭运作期或投资人最短持有期限不短于 1 年、3 年或 5 年的，基金投资于股票、股票型基金、混合型基金和商品基金（含商品期货基金和黄金 ETF）等品种的比例原则上不超过 30%、60%、80%
子基金（含香港互认基金）条件	子基金运作期限应当不少于 2 年，最近 2 年平均季末基金净资产应当不低于 2 亿元；子基金为指数基金、ETF 和商品基金等品种的，运作期限应当不低于 1 亿元
基金管理人条件	①公司成立满 2 年；②最近 3 年平均公募管理规模（不含货币）在 200 亿元以上；③公司具有较强的投资、研究能力，投资、研究团队不少于 20 人，其中符合养老目标基金经理条件的不少于 3 人；④成立以来或最近 3 年没有重大违法违规行为

资料来源：证监会，《养老目标证券投资基金指引（试行）》。

下文从两类目标基金的定义和发行情况、产品设计和管理等方面对养老目标基金进行简要介绍。

1. 养老目标风险基金

养老目标风险基金旨在将风险水平维持在某一恒定水平，通过改变权益类和债券类资产在基金资产中的配置比例来实现。根据风险等级不同，养老目标风险基金可分为进取型、稳健型和保守型等。养老目标风险基金产品设计主要考虑如下因素。

（1）资产配置情况。目标风险基金的核心是确定目标风险和控制风险，主要是通过限制权益类、固定收益类资产的投资比例，进而确定基金的风险收益特征，或使用广泛认可的方法来界定投资组合风险，并采取有效措施来控制基金组合的投资风险。

（2）投资范围。一般来说，养老目标风险基金除可以投资公募基金（包括 QDII、商品基金、香港互认基金，但 FOF 除外），还可以投资股票、债券、定期存款、货币市场工具等，投资范围较广，可以最大限度地实现大类资产配置的作用，提高风险收益比。

（3）费率情况。养老目标基金可以设置优惠的基金费率，并通过差异化的费率政策来鼓励投资人长期持有基金。从目前市场上已经发行的养老目标风险基金的费率情况来看，管理费率和托管费率合计平均为 0.85%，而同类型的平衡混合和偏债混合基金的费率合计为 1.15%，整体基金费率较低，但会随着风险等级的提高而有所提升。

2. 养老目标日期基金

养老目标日期基金是以投资者的退休年龄为时间节点，随着退休日期的逐渐临近，对投资组合进行动态调整的基金。目标日期基金均以日期来命名，比如 2030、2035、2040 等，分别是针对 2030 年、2035 年、2040 年退休的投资者设立的基金，针对的目标人群年龄非常明确。随着目标日期的临近，投资组合中权益类资产的占比逐步下降，固定收益类资产占比逐步增加，相应的基金风险等级也逐渐降低。养老目标日期基金产品设计主要涉及以下因素。

（1）**下滑曲线**。目标日期基金的一个重要产品要素就是下滑曲线的设计，目标日期的临近意味着投资者的年龄增加，风险承受能力逐渐降低，基金权益类资产的配置比例应逐渐下滑，权益类资产比例随着时间的变动路径称为下滑曲线。根据目前市场已经发行的养老目标日期基金招募说明书，下滑曲线主要有2种形态，即曲线形和阶梯形。由于《指引》中对投资比例、运作方式有限定，国内下滑曲线中的下滑速度整体比较平缓。

（2）**目标日期到期后安排**。此类基金的目标日期到期后将面临转型和清盘，一般需要通过基金份额持有人大会决议来确定基金未来的存续形式。目前我国市场上发行的养老目标日期基金到期后均直接转为FOF基金，或转为锁定期更短的养老目标风险基金，也可以在目标日期到期后继续下滑一定的时间，然后自动进入清算程序。

（3）**费率情况**。目前市场上已经发行的养老目标日期基金的费率均较低，基金管理费率和托管费率合计平均为0.99%，费率随着距离目标日期的长短有所不同，距离目标日期越近，下滑曲线设定的时间越短，整体费率也较低。目标日期基金到期后转型为普通的FOF基金，由于权益类资产投资比例下降较多，费率也会大幅下降。拓展阅读10-7介绍了我国养老目标基金的设立情况。

10.4.3 养老保障管理产品

商业养老保险类产品市场主要包含传统的商业养老保险、个税递延型商业养老保险和养老保障管理产品，由于前面两种

拓展阅读10-7
我国养老目标基金的设立情况

类型的产品在前面章节的内容均有介绍，本节不再赘述，主要介绍商业养老保障管理产品。

1. 养老保障管理产品的定义和特点

养老保障管理产品，是指养老保险公司和养老金管理公司作为管理人，接受政府机关、企事业单位及其他社会组织等团体委托人和个人委托人的委托，为其提供养老保障以及养老保障相关的资金管理服务而发行的相关金融产品，服务内容包括方案设计、受托管理、账户管理、投资管理、待遇支付、薪酬递延、福利计划、人才激励等。养老保障管理业务采取信托模式，其中机构客户或个人客户为委托人，养老保险公司或者养老金管理公司为受托人，同时实行第三方托管制度，由商业银行担任资金第三方托管人。按规定设立的养老保障管理基金采用完全积累制账户管理，投资运营所得的收益将全额计入养老保障管理基金的各类账户。

2. 养老保障管理产品的分类

按照销售对象分，养老保障管理产品分为团体产品和个人产品，其中团体产品面向机构客户，根据客户的数量，可进一步分为单一型团体产品和集合型团体产品。个人产品则面向个人消费者，旨在满足其养老财富的投资增值需求。

按照产品申购赎回模式分类，养老保障管理产品可分为开放式产品和封闭式产品。开放式产品类似公募基金，是指基金份额总额不固定，基金份额可以在养老保障管理合同约定的时间和场所缴费或者领取；封闭式产品类似银行定期理财产品，是指基金份额

总额在养老保障管理合同约定的封闭期限内固定不变,基金份额不得提前申请领取。

按照产品投资方向来分,养老保障管理产品可以分为权益型产品、固定收益型产品、货币型产品、另类资产型产品和混合型产品。60%以上的资产投资于权益类资产的为权益型产品,80%以上的资产投资于固定收益类资产的为固定收益型产品,投资于流动性资产为主的为货币型产品,80%以上的资产投资于不动产类资产或其他金融资产,为另类资产型产品,其他的为混合型产品。

此外,团体养老保障管理产品按照产品销售目的,分为养老金型产品、福利计划型产品、薪酬延付型产品、资产管理型产品、员工持股型产品及其他。以退休、养老规划等为领取条件的团体产品为养老金型产品。企业或单位为提高员工待遇水平,由企业或单位缴费,并有明确个人受益人的,为福利计划型产品。以薪酬递延为目的的团体产品为薪酬延付型产品。没有个人受益人的团体产品为资产管理型产品。以实现企业员工持股计划管理的产品为员工持股型产品。

3. 养老保障管理产品的发展现状

近年来,养老保障管理产品依然保持了良好的增长势头。随着养老保险公司牌照的不断扩容,市场上的经营主体不断增加,业务快速发展。截止到 2019 年底,行业中实际开展养老保障管理业务的包括 6 家养老保险公司以及 1 家养老金管理公司,业务管理规模达到 11 500 亿元,相较 2018 年增长约 77%。从市场结构来看,市场份额排在前 4 位的机构分别为国寿养老、平安养老、建信养老、长江养老,合计规模超过全行业总规模的 90%,养老保障管理业务市场的头部机构市场份额集中度较高(见拓展阅读 10-8)。在养老保险公司整体业务中,养老保障管理业务规模占比已超过 68%。

拓展阅读 10-8
养老保障管理产品市场规模(截至 2019 年底)

养老保障管理产品分团体养老保障管理产品和个人养老保障管理产品,其中,个人养老保障管理产品市场规模占比 95%以上。个人养老保障管理产品面向个人客户,类似个人客户的理财型产品,与银行理财产品、基金产品相比具有产品设计灵活、购买门槛低和投资收益稳健等特点(见表10-5)。个人养老保障管理产品面向个人投资者发售,封闭式产品起售门槛为 1 万元,开放式产品起售门槛为 1 000 元,可以通过发行人官网直接销售,或者在银行、互联网金融平台销售。在个人养老保障管理产品中,开放式产品由于其购买的便捷性,目前占个人业务总规模的 90%以上。表 10-5 是个人养老保障产品与银行理财产品和基金产品的比较。

表 10-5 个人养老保障管理产品与银行理财产品、基金产品比较

项目	个人养老保障管理产品	银行理财产品	基金产品
起投点	封闭式产品 1 万元起投,开放式 1 000 元起投	封闭式一般是 5 万元起投	大多数 100 元起投,也存在个别 1 元起投情况
投资范围	投向多样,参照险资投资方向	涵盖债券、货币市场、信贷资产、票据资产、股票、基金、结构性产品、黄金、艺术品和其他消费品等多个投资对象	可投资于股票、债券、货币、期货等多个对象,不得投资非标资产

(续)

项目	个人养老保障管理产品	银行理财产品	基金产品
产品期限	期限灵活，开放式随时赎回，封闭式1年内或1~3年	期限灵活，以1个月至1年的短期为主，大多不可提前赎回	流动性强，随时申购和赎回
销售渠道	渠道灵活，包括公司官网直销、银行代销和第三方互联网金融平台代销等	以银行自主渠道为主，包括银行网点、网银、手机银行、微信银行等	渠道灵活，包括公司官网直销、银行代销和第三方互联网金融平台代销等
收益率	4%~7%，由于养老保障管理产品可配置非标产品，封闭式产品投资收益一般高于银行理财产品，开放式产品和货币基金、债券基金等可比基金产品收益率接近	收益适中，收益率为3%~5%	货币基金平均收益率为2%~6%，债券基金平均收益率为2%~8%

10.4.4 银行养老理财类产品

目前，我国的理财产品主要还是由商业银行作为主体来发行，银行类养老理财产品以追求养老资产的长期稳健增值为目的，通常采用成熟的资产配置策略以合理控制产品风险，主要面向有养老资产储备需求的客户进行销售。2009年4月，国内某商业银行率先推出首款养老理财产品"得利宝·久久添利"，产品主要投资于固定收益类资产，每月开放申购，每季开放赎回，并进行现金分红。产品的收益由基础收益和浮动收益两部分组成，在保障投资人本金和基础收益的同时，提升浮动收益的部分。随后，其他银行亦有一系列养老理财题材的产品推出，但整体上看，银行个人养老理财产品的规模和数量有限，且具有明显的银行理财产品特征。

2018年5月，银行业协会牵头各家商业银行着手规范银行养老理财产品，结合《关于规范金融机构资产管理业务的指导意见》（银发［2018］106号，一般简称为"资管新规"）提出的新的监管要求，将银行养老理财产品分为养老储蓄型产品和养老理财型产品两大类型，养老储蓄型产品为个人养老金账户的默认产品选项，养老理财型产品为可选产品选项。

对于银行养老理财产品，目前并没有形成专门的严格定义，但商业银行目前发行的养老理财产品主要有以下几个特征。①投资范围。资金主要以投向债券、债权等固定收益类资产为主，很少甚至完全不涉及权益、衍生或另类资产。②产品形态。业绩比较基准较明确，开放式产品的封闭期至多6个月，产品起售金额较低，定期分红的特性明显。大部分为非保本浮动收益型产品，只有极少数产品保证收益。与普通理财相比，养老理财产品的收益相对于同期发行的理财产品而言具有一定的竞争力，目前，大部分非保本的产品收益维持在4.3%~4.9%，部分产品针对贵宾及大额客户的收益有所上浮。③客群定位。目前，银行养老理财产品主要面向50岁以上的老年客户或者年金类客户发行，不涉及其他年龄段或其他特征属性的客户群体。④产品期限。银行养老理财产品的期限一般较长，有的存续期甚至超过10年，如某商业银行推出的"颐享阳光"系列养老理财产品，产品期限达15年，基本可覆盖客户由中老年向老年过渡的资产储备需求。⑤产品流动性。由于养老理财产品的存续期较长，部分产品通过短期赎回降低收益或收取赎回费的方式来鼓励居民长期持有，同时，为了满足客户的突发大额资金需求，产品存续期大于两年的产品都为定期开放产品，设置开放周期，供客户申购或赎回，同时定期支付收益。专栏 10-3 是某商业银行一款养老理财产品的产品要素表。

专栏 10-3

某商业银行养老理财产品要素

产品系列	投资起日	到期日	期限（天）	业绩基准（%）	风险级别	起售金额
养老专属："福"	2019/3/15	2020/9/10	545	4.10	2	5万
养老专属："禄"	2019/3/28	2021/3/29	732	3.95～4.45	2	1万
养老专属："寿"	2019/4/9	2022/4/14	1 101	4.30	2	5万

资料来源：某商业银行网站公开信息。

10.4.5 养老信托类产品

根据我国《信托法》的规定，信托是指委托人基于对受托人的信任，将其财产委托给受托人，由受托人根据委托人的意愿，以自己的名义为受益人的利益或者特定目的，对其财产进行管理或者处分的行为。养老信托则是受托人为受益人养老目的而对委托人财产进行管理或者处分，或为受益人提供全面养老服务的行为，或将财产或财产权用于养老产业的开发和建设的行为或安排。养老信托产品的受益人享受养老权益的凭证或信物是养老信托受益凭证，通过养老信托受益凭证，养老信托的受托人可以为受益人提供养老服务、投资理财服务等。

养老信托的内容涵盖了财产信托、公益信托以及事务信托等，表现出综合性的特点。另外，从养老信托的设立到终止，通常历时几十年之久，养老信托不仅可以存续于受益人的整个晚年时期，甚至还能够存续于指定的后代中，信托关系延续至受益人的整个生命周期甚至会进行代际叠加，这也表现出了长期性的特点。养老信托产品主要包含如下几大类。

(1) 养老金信托。养老金信托是指信托机构作为受托人，管理有关企业的养老金，在雇员到达退休年龄后，以年金形式来支付退休金的信托形式。养老金信托具有如下特点。一是专业性，作为财产管理的专业机构，信托公司通过养老资金的规模效应，充分发挥了机构的理财优势。二是安全性，养老基金作为信托的财产，不受信托公司与委托人财务状况变化的影响，即使任何一方破产也不会影响信托财产的顺利分配。三是收益性，信托公司秉承诚实、谨慎、有效等基本原则来管理养老资金，能够确保养老资金的保值与增值。

(2) 保险金信托。保险金信托是将保险与信托服务结合在一起的金融产品，以给付的保险金作为信托财产，首先由投保人和信托机构签订保险金信托的合同书，当保险合同责任范围内的事故发生产生理赔或保险金给付时，由保险公司将保险金交付至受托机构，受托机构依信托合同的约定，为受益人管理和运用信托财产，并在信托合同终止时，交付剩余的信托资产至受益人。保险金信托能够实现为下一代分配信托利益，通过将人寿保险与信托结合的方式，一举实现保险保障、储蓄理财与投资增值等多个目的，利用保险金信托还可以规避遗产税。

（3）养老财产信托。养老财产信托是指委托人为获得稳定的养老金收入，将其资产交由信托公司进行管理经营的信托产品。受托人可根据客户的实际情况和受托财产状况为其设计特定的养老保障计划。以"房产养老信托"为例，老年人可以将自己的房产作为信托财产，委托给信托公司按信托合同进行处置管理，信托公司则将财产管理中的收益按期分配给委托人作为养老金。与前述的"住房反向抵押贷款"不同，信托合同具有一定的灵活性，可以根据委托人的意愿设置房产的处置管理权，例如约定剩余信托财产收益权由其法定继承人继承，或者其法定继承人有权以约定价格来优先购回该房产的权利，兼顾了养老与继承的双重目标。

（4）养老消费信托。养老消费信托属于高端养老产品，是指信托公司通过与养老服务机构的合作，实现委托人获得投资收益与养老服务权益的双重目标。养老消费信托的委托人可将资金委托给信托公司

拓展阅读 10-9
养老信托在中国的发展

进行投资与管理，资金可投资于养老产业项目或其他金融资产，也可为其购买养老服务，委托人可以获得经信托机构筛选过的养老服务购买资格，包括居家养老或社区养老服务的优惠购买权，以及高端养老机构的优先入住权。在获取养老服务的同时，养老消费信托产品还可以通过对优质养老服务的投资为委托人贡献收益。拓展阅读 10-9 介绍了养老信托在中国的发展情况。

■ 关键概念

退休规划（Retirement planning）　　　养老规划（Planning of the elderly）
养老需求（Demand of the elderly）　　养老金（Pension）
基本养老保险（Primary endowment insurance）　　企业年金（Enterprise annuity）
职业年金（Occupational pension）　　养老金金融产品（Pension financial products）

■ 本章小结

1. 广义的退休规划是指根据客户及家庭的实际情况和多项退休目标，为安排退休生活的全部计划而展开的一系列理财计划和行为，包括退休前养老金储蓄计划、医疗和住房养老服务、退休后工作计划、旅游和老年教育规划、遗嘱计划等。
2. 狭义的退休规划仅仅是指养老规划，养老规划是指保障雇员老年退休后日常生活所需养老金的规划，指通过长期的积累为职工退休生活筹集足够的养老金，包含年老后日常生活开支的资金，如养老储蓄和养老年金等规划。
3. 养老金泛指一切能够为养老活动提供支持的资金，包括退休金、退休兼职收入、意外所得、资产回报和投资收益等。一般意义上的养老金仅仅是指退休金和其他的固定退休待遇，而狭义的养老金则仅指退休金和固定的退休待遇。

4. 养老金体系是国家和社会为了保障国民的老年生活，通过全社会收入再分配或者个人储蓄的方式来积累养老金资产，为国民养老提供经济保障的制度安排。包括社会基本养老保险、企业年金（职业年金）和个人储蓄型养老保险等。
5. 养老金金融产品包括银行养老理财产品、养老金产品、商业养老保险产品、养老信托产品和养老目标基金等。

■ 思考习题

1. 有人说退休规划就是养老规划，请问您怎么看？退休规划和养老规划有何区别？
2. 养老规划的内容有哪些？有人认为养老规划就等于养老金规划，您怎么看？
3. 在目前的制度框架下，我国能够得到税收优惠的养老金来源有哪些？能够享受哪些税收优惠？
4. 有人说养老规划是老年人的事情，年轻人不用去考虑，您觉得这个说法正确吗？在不同的年龄阶段，应该如何准备退休规划？

■ 计算题

广州市某位女性参保者今年55岁。她22岁参加工作，由于具有高级职称，在目前的制度规定下，她可以选择在今年就退休，或者在60岁时退休。该参保者的平均缴费指数为1.5，并且缴费期间一直保持不变，根据目前的政策，55岁退休的个人账户养老金计发月数为170，60岁退休的个人账户养老金计发月数为139。55岁时，参保者个人账户积累的养老金为25万元，60岁时个人账户积累的养老金可以增加到30万元，上年度广州市社会平均工资水平为每月10 000元，请问按照现行政策，她在55岁退休和60岁退休分别可以领取多少社会基本养老金？（为简化计算，假设5年后社会平均工资水平保持不变）基础养老金和个人账户养老金各为多少？

■ 案例讨论　中年单身妈妈的退休与养老规划

1. 案例背景与说明

客户杨女士现年50岁，是一家外企中国分公司的高管，丈夫在几年前罹患癌症去世。杨女士的女儿今年20岁，正在上大学一年级，计划大学毕业后赴国外留学，杨女士计划为其准备100万元的留学基金。杨女士的日常工作较忙，且赴国外出差的时间较多，没有另外组建家庭的计划，她打算在未来入住高档养老公寓。杨女士年收入80万元，在市中心繁华路段拥有一套住房，且另外投资了一套住宅用于出租，目前房产总价值为800万元，家庭每月需要偿还的房贷总额为1.5万元，按照还款计划，在杨女士退休时可以还清所有房贷。杨女士对生活品质要求较高，目前家庭除了房贷以外的年日常支出约为20万元，年度女儿学费和生活费开支为10万元，目前还有银行存款约100万元，股票账户市值约50万元。

2. 客户财富管理目标

杨女士计划未来入住高档养老公寓，年租金支出约为30万元，退休后日常生活开支标准不降低，仍然为20万元。杨女士计划女儿大学毕业后出国留学，她计划女儿回国后令其独立生活，不再为其提供生活费资助。杨女士希望退休后每年出国旅游1～2次，合计费用约为 5 万元。杨女士所在的公司员工福利较好，在职工作期间，公司不仅为她购买了社会保险，还为其补充购买了商业医疗保险，保障期可以维持到其退休。为了预防退休后的大额医疗支出，杨女士计划退休时开始建立大病医疗应急基金 50 万元和年度医疗保健支出 3 万元。

3. 条件假设

杨女士的收入较高，在扣除掉一些可以抵扣的项目之后，社保缴费基数与当地社会平均工资之比约为 3，可以达到社保缴费的上限。假设目前社会平均工资水平为 10 000 元，杨女士 22 岁参加工作，预计 60 岁退休，根据目前的人均寿命情况，假设杨女士的预期寿命为 82 岁，这意味着她在退休后还要继续生活 22 年。假设通货膨胀率和工资增长率均为每年 3%，贴现率为 5%。

4. 案例问题

（1）根据杨女士目前的家庭财务情况，计算其退休后家庭的收入支出情况，并测算其是否存在养老资金的缺口。

（2）请根据杨女士的退休与养老规划目标，结合养老金测算的结果，为其提供养老规划的改进建议。

（3）根据目前的发展趋势，未来医疗条件会持续改善，人均寿命会进一步提高，作为理财规划师，你会对杨女士的退休与养老规划提供哪些建议呢？

第 11 章

家庭财富保全与传承规划

富人应当给自己的孩子留下足够的财富,以便让他们能干他们想干的事情,但不能让他们有了足够的财富后以至于可以什么都不干。

——沃伦·巴菲特

■ **本章提要**

本章在介绍家庭财产面临的风险的基础上讲述了财富保全与传承涉及的权利和义务的关系;然后介绍了财富保全规划的原则、工具与流程;最后介绍了财富传承规划的原则、工具与流程和涉及的相关法律规定。

■ **重点和难点**

- 了解财产所有权的类型和家庭财产面临的风险因素
- 掌握家庭财产保全的原则和方法
- 了解遗产传承的相关法律和规定
- 掌握家庭财富传承的相关工具

■ **引导案例　高净值人士的财富保全与传承问题**

某财富管理机构理财经理的服务对象中有位 45 岁的全职太太张女士。张女士的丈夫王先生是一家企业的总经理,年收入不菲。家庭目前有 5 套房产,其中一套别墅是和家人一起居住的,价值约 1 500 万元人民币;市区拥有学区房一套,价值约 500 万元人民币;另外 3 套是投资性房产,总价值约为 1 600 万元人民币。另外,家庭还有货币市场基金 100 万,其他类型的金融理财产品 300 万(但理财产品的收益逐年走低)。股票账户总资产 400 万左右,目前仍然处于亏损状态。张女士和王先生结婚多年,家庭关系和睦,目前有一儿一女。目前,家庭生活年总支出约为 70 万元,为了预防风险事件的发生,张女士还给全家购买了各类保险,年交保费约 30 万。张女士计划两个孩子将来出国留学,也想给孩子们提前计划好未来的各项费用支出。

虽然目前家庭经济状况和成员之间的关系都不错，但是张女士还是对未来有些担心，一直在思考如何通过较为合理的途径，来实现家庭财富的保全与传承。受自身知识能力所限，张女士联系了财富管理机构的理财顾问来为她进行规划。

案例思考
1. 张女士的家庭财产可能面临的风险有哪些？
2. 财富保全与传承的目标与工具有哪些？
3. 如何利用专业知识和市场工具来帮助客户实现家族财富的保全与传承？

在西方国家，财富保全与传承的理念已经深入人心，很多人都希望借助财富保全与传承规划的制定，为自己的人生画上一个圆满的句号。财富保全与传承规划能够帮助客户实现财富的科学分配，增加财富保全和传承成功的概率，同时也可以降低家庭财富的受益人之间发生纠纷的可能性。在我国，由于财富管理和传承观念不成熟，加上相应途径的匮乏和专业从业人员的不足，导致实践中真正参与财富保全与传承规划的例子较少。随着我国高净值人群规模及其财富的迅速成长，财富保全与传承也快速成长为财富管理机构的一项重要业务。作为财富管理行业的从业人员，通过全面了解客户的目标期望、价值取向、投资偏好、财务状况和其他信息，利用各种合理合规的金融与法律工具，可以帮助客户进行更好的财富保全与传承。

11.1　财富保全与传承概述

11.1.1　财富保全与传承的概念

财富保全与传承是指居民家庭通过科学系统的规划，综合运用金融、法律和税务等财富管理工具，对家庭财富的所有权和受益权进行的合理分配，进而实现家庭财富保全与传承的过程。其中，财富保全是财富传承的前提，只有被保全的财富才具备被传承下去的条件，未保全的财富面临较强的不确定性，具有一定的风险，可能难以有效传承。财富传承是财富保全的后续目标，通过实施科学合理的财富保全架构与财富传承安排，能够降低家庭财富在代际传承过程中的风险，达到尽可能不偏离创建者初衷的目标。

财富保全与传承是财富管理业务的重要组成部分。从业务形式上看，优质的财富保全与传承规划，能够对个人和家庭财富进行科学合理的配置分配；从更深层次的角度来看，财富保全与传承规划从特定的角度为个人和家庭提供了一种规避风险的保障机制。当客户在遭遇突发风险事件时，这套机制能够帮助其隔离风险或者降低风险所带来的损失。

目前，高净值人群的投资理念日趋成熟，在社会环境和金融市场不确定程度逐渐提升的背景下，财富保全与传承的重要性和急迫性进一步地突显出来。在某机构2019年所进行的一项调查中，超过50%的受访高净值人群表示，已经开始准备或正在进行财富保全与传承的相关安排（如图11-1所示）。在过去十年的调查结果中，这个比例首次超过了尚未开始准备的高净值人群，说明高净值人群对财富保全与传承的接受程度越来越高，并开始付诸行动。此外，调查显示财富保全与传承的观念逐渐向年轻人群渗透，提前规划与安排财富保全与传承的目标和框架逐渐成为新趋势。

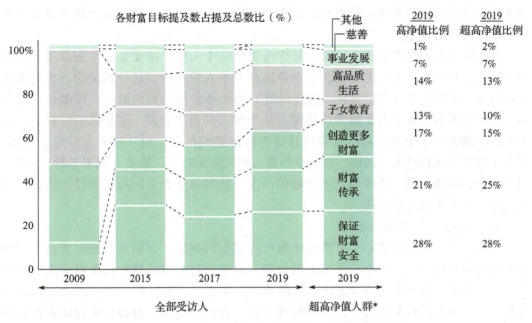

图 11-1　2009—2019 年中国高净值人群财富目标对比

数据来源：招商银行 & 贝恩公司，《2019 年中国私人财富报告》，2019 年 6 月。

11.1.2　家庭财产面临的风险

随着经济的发展，个人和家庭财产的构成发生了很大的变化，固定资产、金融性资产和企业股权等在财产中的比重逐渐增大，每一种财产都面临着不同类型的风险，需要根据财产的不同类型来选择不同的财富保全与传承措施。对于拥有众多不同类型财产的家庭而言，科学合理的规划就显得至关重要。一般来讲，个人及家庭财产可能遭受的风险主要包括以下几类。

1. 缺乏规划导致的风险

《礼记·中庸》中讲到："凡事豫则立，不豫则废。言前定则不跲，事前定则不困，行前定则不疚，道前定则不穷。"因此，做任何事情，事前有准备，成功的概率就会增加，没有准备就更可能会导致失败。财富管理与规划亦是如此，我们的很多困惑，都是源于没有事先做好充分和合理的规划。例如一项投资决策为什么会出现失败？究其原因，主要还是缺乏事先充分的投资分析，没有对拟投资产品的属性和特征做出合理的判断，也没有对自身的风险偏好和投资能力做出正确的评估。

2. 公私不分导致的风险

这里的"公私不分"，并不是指公众资产和私人资产的不区分，而是指个人所拥有的企业资产与家庭资产不予以区分。中国的很多高净值家庭都拥有不少产业，他们在企业创立之初往往把大部分甚至全部的家庭资产都投入到创办的企业中。这对企业早期的发展壮大确实有着非常重要的推动作用。在企业的发展过程中，企业家为了积累企业资本和增强企业实力,很少分红,甚至在家庭需要用钱时,也会采取"股东借款"的形式予以满足。当企业经营出现资金困难时,家庭资产就有可能成为企业的提款机,本来属于家庭的资产就越来越多地存放在企业中,久而久之,就很难严格区分企业资产与家庭资产的界限。

在企业经营的过程中,为了避税等特殊目的以个人账户接受企业往来款项的情况时有发生。这也在一定程度上造成了企业资产与个人资产难以区分的局面。当企业需要融资时,无论是通过银行贷款、信托融资,甚至是股权融资的时候,很多企业主及其配偶往往要求提供个人无限责任担保。从债权人的角度来说,这是风险控制的一个手段,也能够了解企业主对所投资项目是否有足够的信心;但从债务人的角度来说,则意味着需要承担极大的风险,在企业经营一帆风顺的时候,确实"风平浪静",而一旦企业经营出现困境,或者遇到更严峻的情况,原本属于企业的有限责任,或许需要家庭来承担无限的连带责任。

3. 家庭破裂导致的风险

夫妻是一个家庭的核心,离婚意味着原有家庭的解体,无论是对家庭整体而言还是对夫妻的任何一方,都会产生重大的影响,其中,最突出的就体现在对家庭财产的分割上。在现实生活中,经常出现夫妻离婚时,夫妻一方有转移、隐匿或者变卖财产等损害另一方财产权益的行为,结果导致受害一方经济损失。再婚是离异或者丧偶的男女重新组建家庭的开始,再婚人群,特别是事业处于鼎盛时期的人士,在再婚前都会在私人财产保护和个人经济安全上有所顾忌,如果本人或再婚配偶有婚前子女时,还要担心再婚对子女的影响。

4. 继承人挥霍财产的风险

中国自古就有"富不过三代"的说法,子孙后代败掉万贯家财的案例在现实中也是不胜枚举。这种情况在国外也很普遍,例如葡萄牙有"富裕农民—贵族儿子—穷孙子"的说法,西班牙有"酒店老板—儿子富人—孙子讨饭"的说法,德国则用三个词"创造、继承、毁灭"来代表三代人的不同财富命运。可见,子孙败家不仅是中国家庭所面临的困惑,也是世界性的大难题。这种现象形成的原因多种多样,既有自身主观的因素,也有外在的客观原因。期望家庭财富能够得到有效传承的客户,需要提前规划以避免继承人挥霍财产的问题。

5. 资产代持导致的风险

资产代持是指出于某种原因(主要包括对自身身份的顾虑、对自身隐私保护的考虑、法律法规的限制等),将自己的资产或者股权登记或存放在其他人名下的行为。资产代持表面上来看是一种隐匿持有资产的非常便利的手段,但从财富保护和传承的角度来看,则隐藏着巨大的风险,一旦风险暴露极易导致资产的流失。资产代持主要有如下风险。

(1)**代持人的道德风险**。虽然资产所有者一定会选择自己认为绝对信得过的人来为自己代持,但人性是非常复杂的,一时忠诚不代表永远可信,一旦代持人的自身条件和代持的外部环境发生变化,可能会侵占所与人的资产。

(2)**代持人的婚姻风险**。按照《民法典》第一千零六十二条规定:夫妻在婚姻关系存续期间所继承或者受赠的财产,为夫妻的共同财产,归夫妻共同所有,夫妻对共同财产有平等的处理权。按照法律规定，代持人的婚姻状态如果发生变化，代持资产一旦被认定为代持人夫妻的共同财产，将有可能面临被依法分割。

（3）**代持人的债务风险**。如果代持人因存在逾期未还的债务导致了诉讼，法院可以依法查封债务人的资产，其名下所有资产都可能会被法院冻结保全甚至拍卖执行，其中也包括代持的资产。

（4）**代持人的人身风险**。如果代持人发生人身风险，例如疾病或意外导致代持人身故，其名下的资产包括代持资产就会成为代持人的遗产，极易引起遗产纠纷。

6. 财产控制权丧失的风险

为了转移自身发生意外的风险，实现财富传承的目的，一些客户在思路尚为清晰时，提前做好了财产处置方案，将自己名下的资产分配给后代子孙。从表面来看，这样似乎避免了没有提前规划而带来的诸多烦恼，但这仅仅是治标不治本的方法。当财产通过所谓的"财产处置方案"将自己名下的财产直接分配后，他们对于这部分资产就失去了基于所有权人的掌控，同时也很难对这部分资产的运用、管理产生实际的影响。最终的后果可能是子孙不孝，生活没有保障等。对于高净值家庭而言，他们原本是有能力过一个能自立、有尊严、高品质的养老生活，却因为对自己财产不合理的提前分配，导致了养老目标难以有效实现，而这些问题主要来自对财富控制权的全部或部分丧失。拓展阅读 11-1 介绍了一个失去财富控制权风险的案例。

拓展阅读 11-1
失去财富控制权风险的案例

11.1.3 财富保全与传承的要素

1. 客户主体

财富管理客户按照《中华人民共和国民法典》（后简称为《民法典》）中的定义，可以分为三种类型：自然人、法人和非法人组织。

（1）**自然人**。自然人包括公民、个体工商户和农村承包经营户。自然人从事工商业经营，依法登记后成为个体工商户，个体工商户可以起字号。个体工商户的债务，属于个人经营的以个人财产承担，家庭经营的以家庭财产承担，无法区分的以家庭财产来承担。农村集体经济组织的成员，依法取得农村土地承包经营权，从事家庭承包经营的，为农村承包经营户。农村承包经营户的债务，以从事农村土地承包经营的农户财产承担，事实上由农户部分成员经营的，由该部分成员的财产承担。

（2）**法人**。法人是具有民事权利能力和民事行为能力，且依法独立享有民事权利和承担民事义务的组织。法人主要包括如下 3 类：首先，是以取得利润并分配给股东等出资人为目的成立的营利法人，营利法人包括有限责任公司、股份有限公司和其他企业法人等。其中，公司有独立的法人财产，享有法人财产权，公司以其全部财产对公司的债务承担责任；其次，是为公益目的或者其他非营利目的成立的，不向出资人、设立人或者会员分配所取得利润的非营利法人。非营利法人包括事业单位、社会团体、基金会、社会服务机构等；第三，是特别法人。特别法人包括机关法人、农村集体经济组织法人、城镇农村的合作经济组织法人、基层群众性自治组织法人等。

（3）**非法人组织**。非法人组织是不具有法人资格，但是能够依法以自己的名义从事民事活动的组织。非法人组织包括个人独资企业、合伙企业、不具有法人资格的专业服务机构等。其中,个人独资企业的投资人对企业的债务承担无限责任。在合伙企业中,普通合伙人对合伙企业的债务承担无限连带责任。拓展阅读11-2介绍了合伙人对合作企业的债务责任举例。

2. 家庭婚姻状况

家庭是社会的基本组成单位,夫妻关系在每个人的家庭生活中占据重要地位。同时,稳定有序的夫妻财产制度是保证婚姻幸福的基石。为了维护婚姻制度的稳定,法律对婚姻中的人身和财产关系做出了细致的规范,对于社会中每位已经走入婚姻生活或者即将走入婚姻生活的人士,都应该详细了解与婚姻相关的人身和财产制度。

拓展阅读11-2
合伙人对合伙企业的债务责任举例

(1) **婚姻成立的法律条件**。按照法律的规定,婚姻的成立包括形式要件和实质要件。根据《民法典》第一千零四十九条的规定:"要求结婚的男女双方应当亲自到婚姻登记机关申请结婚登记。符合本法规定的,予以登记,发给结婚证。完成结婚登记,即确立婚姻关系。未办理结婚登记的,应当补办登记。"结婚登记是婚姻成立的形式要件,是婚姻成立的法定程序,它是婚姻取得法律认可和保护的方式,也是夫妻之间权利义务关系形成的必要条件。婚姻成立还需要实质要件,这是婚姻关系成立的另一个关键。婚姻关系如果不符合婚姻登记的实质要件,可能非但不受到法律的保护,甚至已经成立的婚姻也面临着被撤销的风险。婚姻的实质要件又称"结婚条件"。

(2) **婚姻解除的法律规定**。婚姻解除包含协议离婚和诉讼离婚。协议离婚是指夫妻双方自愿离婚,应当签订书面离婚协议,并亲自到婚姻登记机关申请离婚登记。离婚协议应当载明双方自愿离婚的意思表示和对子女抚养、财产以及债务处理等事项协商一致的意见。《民法典》第一千零七十七条规定:"自婚姻登记机关收到离婚登记申请之日起三十日内,任何一方不愿意离婚的,可以向婚姻登记机关撤回离婚登记申请。"这一条规定防止了夫妻双方因一时冲动造成离婚,做出了人性化的规定。

诉讼离婚是指夫妻一方要求离婚的,可以由有关组织进行调解或者直接向人民法院提起离婚诉讼。《民法典》规定有下列情形之一,调解无效的,应当准予离婚:①重婚或者与他人同居;②实施家庭暴力或者虐待、遗弃家庭成员;③有赌博、吸毒等恶习屡教不改;④因感情不和分居满二年;⑤其他导致夫妻感情破裂的情形。一方被宣告失踪,另一方提起离婚诉讼的,应当准予离婚。经人民法院判决不准离婚后,双方又分居满一年,一方再次提起离婚诉讼的,应当准予离婚。

3. 家庭财产所有权

《民法典》第一百一十四条规定:"民事主体依法享有物权。物权是权利人依法对特定的物享有直接支配和排他的权利,包括所有权、用益物权和担保物权"。其中的所有权,是指所有人在法律规定的范围内对自己所有的财产所享有的权利行使的可能性,是一种具有物质财富内容或直接体现经济利益的民事权利。一方面可以进行财产价值估价,另一方面具有可转让性。按照财产的所有形式可以分为完全所有权和共同所有权两种。

(1) **完全所有权**。具体来说,主要包含占有权、使用权、收益权和处分权这四个方面，其中**占有权**是指财产的所有人对财产的实际控制和掌握的权利。例如，公民对自家家电、衣物的支配和控制等。**使用权**是指财产的所有人依法按财产的性能和用途对财产加以利用。例如，使用家电、衣物，满足衣食住行和精神消费的需要等。**收益权**是指财产的所有人将财产所产生的经济利益据为己有的权利。例如，公民出租房屋就有获取租金并支配的权利。**处分权**是指财产的所有人有决定财产的归属和命运的权利，即财产的所有人有处置财产的权利。例如，公民将房屋出卖、将食品食用、将物品丢弃等行为都是对财产的处置。人们以自己的名义完全或者唯一拥有某项财产，就可以自由处理这些财产。例如将财产售卖或者进行抵押，或者赠予他人，也可以通过遗嘱将财产转移给自己的继承人。财产的完全所有权既包括对储蓄、房屋、家电、书籍等各种生活资料的所有权，也可以是对法律允许的生产资料的所有权，无论是生产资料还是生活资料，所有人都可以基于对财产的所有权而行使上面所述的权利。

(2) **共同所有权**。根据《民法典》第二百九十九条规定：共同共有人对共有的不动产或者动产共同享有所有权。共有是指某项财产由两个或两个以上的权利主体共同享有所有权，是对同一客体所有权量的分割。按照各财产共有人对财产的利益与负担是否存在份额，可以将共有分为按份共有和共同共有两类。

按份共有，是指各共有人按照确定的份额，对共有财产分享权利和分担义务的共有形式。按份共有因为一定的法律事实而形成，比如，共同购买物品、共同投资建筑房屋、兴修水利、举办企事业，共同开发自然资源、高新技术以及物的投资等，都会在一定条件下形成按份共有。按份共有的形成，除法律有特别规定外，各共有人须预先订立合同，以合同来确定彼此的按份共有关系。对于按份共有的债务问题，因共有的不动产或者动产产生的债权债务，在对外关系上，共有人享有连带债权、承担连带债务，但是法律另有规定或者第三人知道共有人不具有连带债权债务关系的除外；在共有人内部关系上，除共有人另有约定外，按份共有人按照份额享有债权、承担债务，共同共有人共同享有债权、承担债务。偿还债务超过自己应当承担份额的按份共有人，有权向其他共有人追偿⊖。

共同共有，是指两个或两个以上的人基于共同关系，共同享有某物的所有权。共同共有没有共有份额，共同共有是不确定份额的共有。只要共同共有关系存在，共有人就不能划分自己对财产的份额。只有在共同共有关系消灭，对共同财产进行分割时，才能确定各个共有人应得的份额。所以，在共同共有中，各个共有人的份额是潜在的份额。共同共有的共有人平等地享有权利和承担义务。各个共有人对于共有物，平等地享有占用、使用、收益、处分权，并平等地承担义务。共同共有的形成与持续，是以夫妻关系、家庭关系、共同继承遗产关系的形成和持续为前提，因此，共同共有关系仅存在于婚姻家庭关系或具有一定亲属身份关系的公民之间。

夫妻共有财产。我国《民法典》第一千零六十二条规定："夫妻在婚姻关系存续期间所得的下列财产，为夫妻的共同财产，归夫妻共同所有：（一）工资、奖金、劳务报酬；（二）生产、经营、投资的收益；（三）知识产权的收益；（四）继承或者受赠的财产，但是本法第一千零六十三条第三项规定的除外；（五）其他应当归共同所有的财

⊖ 相关的详细法律制度，请参见《中华人民共和国民法典》第三百零七条。

产。"同条还规定:"夫妻对共同财产,有平等的处理权。"可见,夫妻共有是一种共同共有。夫妻财产安排是婚姻制度的组成部分,夫妻共有财产的范围、夫妻共有财产权的行使应遵守《民法典》的有关规定。夫妻双方经过协商,可以约定以其他方式确定夫妻间的财产归属。只要夫妻双方的约定不违反法律的禁止性规定,就应当依据约定来确定夫妻间的财产归属。

夫妻婚前财产。婚前财产是夫妻各自所有的财产,不属于夫妻共有财产。但是,以下情况除外:婚前财产在婚后经过夫妻双方的长期共同使用,已经在质和量上发生很大的变化,这部分财产的全部或部分可被视为夫妻共有财产。比如,婚前理财产品的婚后收益,婚前房屋的婚后租金等。另外,对于婚前财产在婚后进行的修缮,通过修缮新增加的价值部分,应认定为夫妻共有财产。

【例题 11-1】婚前个人股票的婚后收益归属案例

李军与黄娟恋爱两年后结婚。婚前,李军的父母给了李军 10 万元,李军购买了股票。婚后,李军一直利用业余时间炒股,有时也用家中的部分积蓄来购买股票,股票账户一直由李军来进行操作。最近,由于夫妻二人的感情不和,黄娟向法院提起离婚诉讼,并要求对目前已经增加至 33 万元的股票账户财产进行分割。李军对此表示不同意,认为股票账户是婚前开立,资金也是他本人父母提供的,不属于夫妻共同财产。法院应如何判决股票本金及收益的权属?为什么?

解:在案件的审理过程中,法院认为,尽管最初的 10 万投资本金和婚前增值收益属于李军的个人财产,但李军在婚后利用业余时间炒股,并动用家中部分积蓄购买股票,因此,股票账户的婚后增值收入不是股票的自然增值,而是李军在婚后利用夫妻共同财产投资所得,应属于夫妻共同财产。最后,法院作出判决,认定股票账户上的 10 万元资金和婚前增值收益属于李军的个人婚前财产,其余增值部分由双方各半分享。

夫妻双方对于夫妻共有财产,有平等占有、使用、收益、处分的权利。尤其是对共有财产的处分,应当经过协商,取得一致意见后进行。夫妻一方在处分共有财产时,另一方明知其行为而不作否认表示的,视为默认同意,事后不能以自己未亲自参加处分为由,否认另一方处分共有财产后产生的法律后果。夫妻双方对共有财产的平等处分权,并不是说双方共有的任何一件物品都必须双方共同处分才有效,而是说对于那些价值较大或重要的物品必须经夫妻双方协商一致后处分才有效。

家庭共有财产。家庭共有与夫妻共有是两个不同的概念。家庭关系不仅限于夫妻关系,还有父母、子女、祖父母、外祖父母和孙子女、外孙子女,兄弟姐妹之间的关系等。家庭共有财产就是家庭成员在家庭共同生活关系存续期间共同创造、共同所得的财产。它主要来源于家庭成员在共同生活期间的共同劳动收入,家庭成员交给家庭的个人私有财产以及家庭成员共同积累、购置、受赠的财产。家庭共有财产以维持家庭成员共同的生活或生产为目的,属于家庭成员共同所有。每个家庭成员对于家庭共有财产都享有平等的权利。对于家庭共有财产的使用、处分或者分割,应当由全体家庭成员协商一致进行,法律另有规定或家庭成员之间另有约定的除外。

共同继承财产。《民法典》第一千一百二十一条规定:"继承从被继承人死亡时开始"。这说明,公民一旦死亡,其财产无论在谁的占有之下,在法律上皆认定为遗产,需要一并转归继承人所有。当死者有数个继承人时，其中任一继承人都不能单独取得遗产的所有权，遗产只能为全体继承人共有。而且，在遗产分割前全体继承人对遗产的共有，只能是共同共有。

关于共同财产的分割问题，《中华人民共和国民法典》第三百零四条规定："共有人可以协商确定分割方式。达不成协议，共有的不动产或者动产可以分割且不会因分割减损价值的，应当对实物予以分割；难以分割或者因分割会减损价值的，应当对折价或者拍卖、变卖取得的价款予以分割。"专栏11-1介绍了共同共有财产的分割方法。

专栏 11-1

共同共有财产的分割方法

对于共同共有财产，共有人可以协商来确定分割方式。容易分割且不会对财产造成价值减损的，可以采用实物分割；实物难以分割或者会造成减损价值的，可以采用其他方式分割。共有人分割所得的不动产或者动产有瑕疵的，其他共有人应当分担损失。按份共有人可以转让其享有的共有的不动产或者动产份额，其他共有人在同等条件下享有优先购买的权利。按份共有人转让其享有的共有的不动产或者动产份额的，应当将转让条件及时通知其他共有人，其他共有人应当在合理期限内行使优先购买权，两个以上其他共有人主张行使优先购买权的，协商确定各自的购买比例；协商不成的，按照转让时各自的共有份额比例行使优先购买权。一般来说，在共同共有财产的分割实践中，可以采取实物分割、变价分割和作价补偿等方式。

实物分割。如果共有财产分割后无损于它的用途和价值，如布匹、粮食等，可在各共有人之间进行实物分割，使各共有人取得应得的份额。当共有财产是一项由多个物组成的集合财产时，即使其中的物是不可分物，也可以在估定各自的价值后，采取适当搭配的方法进行实物分割。实物分割是分割共有财产的基本方法。除非共有财产是一个不可分割的物（例如一辆汽车），在其他情况下均有办法进行实物分割。分割共有财产的通常做法是先进行实物分割，对其余的无法进行实物分割处理的财产，再用其他方法处理。

变价分割。变价分割是将共有财产出卖换成货币，然后由共有人分割货币。如果共有财产是一个不可分物，而且又没有共有人愿意取得该物，就只能采取变价分割的方法进行分割。另外，如果共有财产是一套从事某种生产经营活动的集合财产（如合资兴办的一间工厂），要将共有财产整体拍卖后再分割资金。

作价补偿。作价是指估定物的价格。当共有财产是不可分物时，如果共有人之一希望取得该物，就可以作价给他，由他将超过其应得份额的价值补偿给其他共有人。一般来说，在共有财产分割中，只要有的共有人希望取得实物，有的共有人不希望取得实物，不管共有财产是否可分，经大家协商之后，都可以采取折价补偿的办法分割共有财产。

资料来源：根据《中华人民共和国民法典》，第三百零四、三百零五和三百零六条整理。

11.2 财富保全策略

11.2.1 财富保全规划的原则

由于不同家庭的成员结构和财产状况各不相同,因此,不同的客户需要进行财富保全的动机和目标也不尽相同。总体而言,在制定财富保全策略时,需要遵循以下原则。

1. 风险隔离原则

有财富保全业务需求的客户,大多是参与了各种形式的经营活动、存在多婚多子女或跨国婚姻,在婚前就拥有大量财产的人。对于这类客户,需要对于婚前和婚后财产通过运用不同的财产分配工具,进行不同的财产安排,保障个人财产的安全且同时能更好地履行家庭义务。特别是参与了各种经营活动的客户,需要在经营风险和家庭财产之间布下防火墙,以抵御经营风险对家庭财产的侵扰,从而保证家庭成员的正常生活。

根据我国现行相关法律的规定,合伙企业有设立方便、收益大、税收优势明显的优点。合伙企业是由各合伙人订立合伙协议,共同出资、合伙经营、共享收益、共担风险的一种商业形式。但合伙公司的债务需要合伙人用自有资金进行偿还,合伙人对合伙企业债务承担无限连带责任。投资设立公司是常见的投资方式。设立公司最大的优势就在于公司为"有限责任",即股东只以其出资额为限对公司承担责任。但是,如果出现公私不分或家庭财产作为公司债务抵押的情形,也会增加家庭财富保全失败的风险。

【例题 11-2】财富保全助力创业投资的案例解析[①]

40 岁的李先生是公司高管,妻子是全职家庭主妇,家有 8 岁小儿,拥有自有住房两套,可支配的流动资产大约为 900 万元人民币。最近李先生一朋友邀请他一起投资一个合伙企业,李先生经过认真思考和考察后打算合伙投资入股。但是,李先生的太太却对这笔投资有点担心,不太同意李先生的这笔投资。李先生自己也在考虑合伙企业的性质以及可能存在的投资失败风险对夫妻共同财产的影响,遂找到财富管理机构咨询。

解析:为了稳定家庭生活,做好合伙企业经营风险防范,建议如下:①李先生与妻子做财产公证,将一套住房与 200 万元的流动资产归妻子所有,归属于妻子的一套住房可以与无限连带责任分离,200 万元的流动资产主要用于家庭日常生活开支。②与信托公司签订一份信托合同,将可支配流动资产中的 300 万元作为信托财产转移到信托公司的名下,由信托公司作为受托人对信托财产进行管理与运用,信托财产的受益人为李先生的儿子。③李先生将家庭可支配流动资产中剩下的 400 万元投入合伙企业。

2. 合法合理原则

在考虑财富保全策略时,不仅要合法而且也要合理。首先,最重要的是不违反与财产保全有关的法律规定,比如进行风险隔离时,要遵守法律法规,不能违规操作。在做财富保全方案时,要避免为了解决客户的诉求而损害他人利益的行为及其可能带来的法律责任;其次,合理指的是合乎情理,从协调客户及其家庭成员关系入手,并考虑

[①] 根据中国金融教育发展基金会金融理财标准委员会 2019 组织编写的《金融理财原理》案例改写而成。

各个家庭成员主要是夫妻二人对家庭的付出和贡献,进而减少在实施过程中的障碍。

在这个原则项下,有三种错误思想倾向必须予以纠正:一是财产在谁的手里就是归谁所有的想法。事实上,只要是婚后所得财产,除非特别规定,不管财产在谁手里都属于夫妻共同财产;二是夫妻一方没有经济收入或经济收入较少就没有财产安排权的想法。按照《民法典》的规定,只要是夫妻共同财产,夫妻双方都享有平等的所有权;三是在离婚前期,一方想以多占有财产作为离婚交换条件的想法。须知离婚与财产分割是两个性质不同的问题,不能混在一起相提并论。

3. 有利方便原则

在共同共有关系终止时,对共有财产的分割,有协议的按协议处理,没有协议的,应当根据等分原则处理,同时考虑共有人对共有财产贡献大小,适当照顾共有人生活的实际需要等情况。分割夫妻共同财产时原则上也应当均等分割,这就是夫妻离婚时财产分割坚持有利方便原则的法律依据。坚持这个原则,要求在分割财产时,不应该损害财产的效用、性能和经济价值。

夫妻共同财产从财产的用途上来划分,可以分为生产资料和生活资料。对于共同财产中的生产资料,在分割时尽可能分给需要该生产资料,能够充分发挥该种生产资料效用的一方,从而有利于发展生产,保证生成活动的正常进行。对于共同财产中的生活资料,分割时尽量满足个人从事的专业或职业的需求,如个人从事某个职业所需要的书籍、器具等,以发挥物的使用价值。对于一些特定物品,如奖章及类似的特定物,应该将这些特定物分给获得者一方,同时相应考虑对另一方给予适当的经济补偿,或相应多分一些其他财产作为补偿。

4. 利益适当原则

不得滥用权利,这是公民行使权利的基本准则,也是离婚分割夫妻共同财产的原则。根据这一原则要求,夫妻在离婚分割财产时,不得把属于国家、集体和他人所有的财产当作夫妻共同财产进行分割,不得借分割夫妻共同财产之名损害其他人的利益。坚持利益适当原则,保护家庭共有人的合法权益。对合伙企业,夫妻作为合伙人与他人合伙,在离婚分割共同财产时,不能擅自分割合伙财产,必须从合伙财产中扣除其他合伙人的财产份额,属于夫妻共同财产的部分才能分割。对于夫妻双方通过约定分割共同财产的,人民法院应当进行审查。如果该约定合法有效,分割夫妻共同财产时应当遵从其约定;如果该约定损害了国家、集体和他人利益,该约定无效。对夫妻双方把共同财产约定归一方所有,或把共同债务约定由一方承担,但未告知债权人从而导致债权人利益受损,该约定对夫妻双方有效,对债权人不产生法律效力。

5. 照顾子女原则

抚养教育未成年子女是家庭的一个中心问题。在财富保全策略制定中,要充分考虑子女的问题。尤其在夫妻离婚的情况下,为了防止夫妻因离婚而影响未成年子女的学习和生活,减轻未成年子女因父母离异所带来的心理阴影,保证未成年子女的健康成长,在分割夫妻共同财产时,对子女的利益予以考虑就显得尤为重要。同时还要特别注意的是,在分配夫妻共同财产时,要注意不要侵害到未成年子女的合法财产,要将未成年子女的合法财产作为子女的个人财产。其中未成年子女的合法财产包括未成年人通过赠与获得的财产,通过自己的特殊技能而获得的报酬或奖金,以及国家法律政策明文规定给未成年人的财产。未成年人的合法财产，不能列入夫妻共同财产进行分割。对于客户在子女教育和激励方面有特殊需求的，还可以为客户设计子女教育信托和子女激励信托。

11.2.2 财富保全规划的工具

1. 夫妻财产公证

夫妻财产的公证，在我国是由公证机构来完成的，是依法对夫妻或"准夫妻"各自婚前或婚后财产、债务的范围及权利归属等问题，所达成协议的真实性、合法性给予证明的活动。它既包含对将要结婚的男女双方之间的财产协议进行公证，也包括对已经结婚的夫妻双方之间的财产协议进行公证，因此，约定是财产公证的前提条件。

夫妻财产的约定制度，对夫妻双方在财产权属方面给予了很大的空间。既明确了什么是夫妻单方财产和共同财产，又给予了夫妻双方的自由约定权，即夫妻双方既可以将婚前财产约定为共有财产，也可以将婚后财产约定为个人财产。公证机构凭借自身的特有证明效力，确定夫妻财产约定领域，可以更好地保护夫妻各方的财产权，起到预防和减少夫妻双方发生财产纠纷的作用。

（1）**婚前财产约定公证**。进行婚前财产约定协议公证的双方不仅包括未婚男女，还包括有意愿进行公证的夫妻，由公证机构依法对他们各自婚前财产和债务的范围、权利义务归属问题所达成的协议的真实性、合法性给予证明。从表面上来看，一般会认为只要是夫妻结婚登记之前取得，并且婚后双方无约定的财产就是婚前财产。其实不然，比如房屋按揭贷款购房：一方在结婚前向银行贷款购买的房屋，按揭贷款最高可以达到房款的70%，贷款年限可以达到30年，如果甲购买房屋并登记产权后再与配偶乙登记结婚，该房子显然应该是甲的婚前财产，并且不会因婚姻关系转化为夫妻共同财产。但实际上双方结婚后，如果没有约定，各方收入都属于夫妻共同财产，导致双方将以夫妻共同财产向银行偿还甲方婚前购房贷款，这就存在着不公正之处，因此，双方很有必要对该房屋产权及还款做出约定。

（2）**婚后财产约定公证**。根据我国法律的规定，婚后共同财产是在夫妻关系存续期间取得的收入，它的界定不考虑夫妻各方的工资奖金差距，也不管是一方还是双方获得的生产经营所得。只要夫妻关系存在，夫妻任一方的工资、奖金、知识产权收益、未说明的赠与财产、归单方所有的赠与及法定继承所得的财产，都应视为共同所有。随着社会不断发展，夫妻双方共同参与投资企业的情形越来越多，如果双方对夫妻财产未作约定，即使双方各自投资，也应视为以夫妻共同财产投资，其所创办的企业，应视为共同出资，但如果双方对于各自的财产按照规定进行约定，就可以根据《公司法》的有关规定申请有限责任公司登记，企业承担有限责任。另外，对于一方或双方为再婚的夫妻双方来说，他们对事务的处理比较理智，不仅仅要考虑如何维护正常的夫妻关系，更多的还要考虑各自的财产权属问题。特别是有子女的一方或双方，处理好夫妻财产权属问题，既有利于稳定夫妻关系，也有利于维持各自正常的家庭关系和子女关系。

夫妻财产约定是时代发展的产物，夫妻财产约定的完善和发展也体现了时代的进步。具体到婚姻当事人来说，在选择夫妻财产约定时应慎重，首先，要结合自身情况，考虑是否有必要做出财产约定，因为财产约定并不普遍适用；其次，在选择财产约定时不要忘了公证，因为公证给当事人提供的证明材料，是在目前的立法现状下最佳的、最能充分保障当事人财产权益的法律文件，更能保障约定当事人的合法权益和维护民事交易安全，最终让婚姻更美好，让家庭更稳定。办理夫妻财产约定公证应注意如下几个方面的问题：不要违背法律的规定；注意约定的对外效力；要尽量将法律未明确的重要事项在具体的约定中加以明确；应注意到约定财产的静态性和动态性问题。专栏11-2介绍了办理夫妻财产约定公证的方法。

专栏 11-2

办理夫妻财产约定公证的方法

办理夫妻婚前、婚后财产约定公证，当事人应亲自向户籍所在地公证机构申请，由当事人填写公证申请表，并向公证机构提交夫妻双方的身份证明。夫妻双方申办公证必须双方亲自到公证机构申请，并提供各自的身份证或其他身份证明；婚前财产约定的，应由双方当事人按照新婚姻登记条例的规定分别发表无配偶的声明，婚后夫妻财产约定的应提供结婚证或者其他夫妻关系的证明；申请公证的财产约定协议书，当事人书写有困难的，公证人员可代书；被约定财产的所有权证及其他证明；公证人员认为应当提交的其他证明。公证机构对夫妻财产约定进行公证之前，要对该约定进行审查。主要包括：要对夫妻所约定的财产范围、性质进行审查，看是否有违反法律规定的内容；要看约定本身是否符合法律的规定。

2. 个人信托

个人信托是一个私密的、个性化的法律架构，根据家庭及个人的不同生命周期，为实现不同的财富目的（如养老、教育、保全、传承、慈善、投资），基于信托当事人之间的信任，以信托为载体，受益人利益为核心，进行全方位、一站式的综合财富管理，具体流程见图11-2。

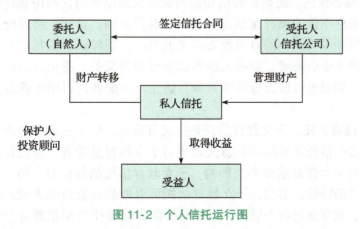

图 11-2 个人信托运行图

信托的显著特点是对财产增值的消极管理和财产事务的积极管理。信托制度弥补了很多财产制度的不足，财产的所有者不仅可以通过信托方案的设计来实现自己的各种未了心愿，而且，通过信托这一工具也可以避免很多财产上的纷争，更好地协调人与人之间的关系。按照个人信托目的不同，个人信托可以分为婚姻家庭信托、离婚赡养信托、子女教育信托、不可撤销的人生保全信托、养老保障信托等。

(1) **婚姻家庭信托**。该信托关系人包括委托人、受托人和受益人。委托人通常是有财产处分能力的人，因此，一般只有具备完全民事行为能力的人才能充当委托人。

委托人可以是夫妻双方或夫妻任何一方，他们或对家庭未来财务风险有担忧，或担心因为婚姻关系破裂，或配偶突然离世等意外事故的发生导致家庭的生活质量受到影响。借助信托这种财产隔离制度，将能够维持自身和家庭生活水平的资产交付给受托人打理，这样做的目的，是为了自己和家人保有一部分资金用于应对未来可能遇到的风险。即使将来自己的财产因为债务问题被债权人追讨，或者自身财产遭受侵犯产生损失时，已经成为信托的财产也不受任何影响，能够帮助自己及家庭渡过难关，增强家庭抵御风险的能力。

信托受托人又称财产受托管理人或信托管理人，是指信托关系中依信托意图管理的信托财产并承担受托义务的当事人。受托人可以是有行为能力的自然人，也可是具有受托经营能力的法人；某些国家的法律对受托人的人数没有限制，可以为一人，也可为数人。受托人有普通受托人、司法受托人和公职受托人之分，其中，基于财产授与人委任而产生的受托人为普通受托人，基于法院指定而产生的受托人为司法受托人，依政府委派而取得受托人地位的公职人员为公职受托人。受托人的信托义务主要包括：守信义务、善管义务、忠实义务、信托利益给付义务、信托业务公开义务、财产返还义务等。

受益人可以是委托人想使之享有受托财产收益的任何人。婚姻家庭信托的目的，旨在受托人妥善管理运用委托人所交付的信托财产，管理财产所得作为受益人的生活及创业之用，可以确保其保持一个较高的生活水准。因此，通过婚姻家庭信托，可以妥善保障夫妻双方或者一方的生活，当家庭、事业遭受挫折或打击时，还可以通过信托为自己保有一笔"东山再起"的创业金，让委托人的生活事业不会从此一蹶不振。

(2) **离婚赡养信托**。离婚赡养信托是当夫妻关系结束时，经济条件比较宽裕的一方需要为经济条件不佳的离异配偶支付赡养费时设立的。这样，离异配偶可以根据生活需要持续收到赡养费但不能自由处置相关的财产，既保证了信托财产的安全也保障了离异配偶的基本生活需要。委托人既可以履行赡养义务，避免日后由于利益与配偶发生财务纠纷，同时也可以设置特殊条款，防止离异配偶的再婚配偶对这部分财产恶意侵占。

(3) **子女教育信托**。子女教育信托是由父母设立，以子女教育金为信托财产的个人信托品种。这一信托品种的主要意义在于将子女教育金放置于信托保护状态，防止家庭财务危机对子女教育造成不利影响。子女教育信托的特点有：第一，子女教育信托具有强制储蓄的特性；第二，子女教育信托可以使教育金由专人管理、投资，增加收益率；第三，教育金与财产隔离。如果只是依靠储蓄作为积累教育金的方法，一旦发生债务危机，存款会被用来还债，那么未来子女的教育问题将会面临困难。

【例题 11-3】离婚赡养与子女教育信托的案例解析

张先生与王女士是夫妻关系，原先都是国企职工，后因张先生辞职下海经商，创办的企业经营情况比较好，王女士辞职照顾老人与儿女学习。后来夫妻感情破裂协议离婚，儿女由王女士抚养，但是抚养教育费全部由张先生承担，在协商离婚赡养与子女抚养教育经费时王女士要求张先生一次性支付她本人 200 万元与子女抚养教育费 300 万元。张先生虽然有经济能力一次性支付这笔钱，但他认为王女士缺乏足够的理财规划能力，可能难以保证这笔抚养费的合理使用，并担心她的再婚配偶可能会挪用或者侵吞自己给付的赡养费和儿女的抚养教育费。因此找财富管理机构咨询。

解： 建议张先生与王女士协商设立如下两个信托：①一个是离婚赡养信托，将 200 万元一次性支付给受托人进行管理，由受托人按照与委托人的约定方式和期限将相关费用定期交付给受益人王女士。②另一个是子女抚养与教育信托，将 300 万元一次性支付给受托人进行管理，指定子女为受益人，由受托人按照与委托人的约定方式和期限将相关费用定期交付给受益人的监护人王女士。这样可以利用信托财产的独立性，既保障了受益人的利益不受损害，又解除了对支付财产后的担忧。此外，为了避免受益人将受益权转让换取一次性所得，可以在设立信托时订立相关条款取消受益人的转让权。

（4）不可撤销的人生保全信托。设立这种信托的意义在于，当夫妻一方去世后，仍然能够为另一方和子女提供稳定的生活保障。因此，这种信托通常指定配偶或子女为受益人，既可以保证在世的配偶和子女的生活费用，又可以防止家庭财产被在世一方或新配偶恶意侵占或挪用。例如，客户可以在生前为其儿女建立该信托，并指定他人为该信托的托管人，儿女为受益人。这样客户儿女并不拥有该信托的所有权，但是他可以根据信托条款获得该信托产生的收益。不可撤销型信托具有更好的执行效果，当客户不打算对信托的条款进行调整时，可以采用这一信托形式。

3. 人寿保险

人寿保险在财富保全的过程中具有两个方面的作用：首先，人寿保险具有一定的债务隔离功能，能起到保全家庭财富的作用，通过保险法律关系的不同设计，起到不同情形下债务隔离的最终目的；其次，人寿保险可以借助于其特殊的属性和特点，起到婚姻财产保全的重要功能。

（1）人寿保险的债务隔离功能。人寿保险作为财富保全和债务隔离的金融和法律工具，在全世界都有着广泛的运用。因为它的法律属性、特殊产品结构、特殊的功能性等，使其能在一定环境和条件下具备债务隔离的功能。

人寿保险金不会被冻结和强制执行。《保险法》第二十三条规定："任何单位和个人不得非法干预保险人履行赔偿或者给付保险金的义务，也不得限制被保险人或者受益人取得保险金的权利。"这条法律对保险赔偿金的给付过程做了规范，也就是说，除了给付行为当事人，其他任何人或者机构不能非法干预保险金的给付。这使得给付的时间、方式、过程和结果有很好的确定性，进而可以对保险赔偿金起到很好的保护作用。按照《民法典》第一百五十三条的规定："违反法律、行政法规的强制性规定的民事法律行为无效。但是，该强制性规定不导致该民事法律行为无效的除外。违背公序良俗的民事法律行为无效。"第一百五十四条:"行为人与相对人恶意串通,损害他人合法权益的民事法律行为无效。"因此,保险金给付也需要符合收入合法、意图合法等合同有效性的要求。

人寿保险可以规避被保险人生前的债务。《保险法》第四十二条规定:"被保险人死亡后,有下列情形之一的,保险金作为被保险人的遗产,由保险人依照《民法典》的规定履行给付保险金的义务:(一)没有指定受益人,或者受益人指定不明无法确定的;(二)受益人先于被保险人死亡,没有其他受益人的;(三)受益人依法丧失受益权或者放弃受益权,没有其他受益人的。受益人与被保险人在同一事件中死亡,且不能确定死亡先后顺序的,推定受益人死亡在先。"

同时,在《最高人民法院关于保险金能否作为被保险人遗产的批复》中规定:"根据我国保险法规有关条文规定的精神,人身保险金能否列入被保险人的遗产,取决于被保险人是否指定了受益人。指定了受益人的,被保险人死亡后,其人身保险金应付给受益人;未指定受益人的,被保险人死亡后,其人身保险金应作为遗产处理,可以用来清偿债务或者赔偿。"综上所述,人寿保险通过合理地设计投保人、被保险人和受益人,能起到规避被保险人生前债务的功能。

但是人寿保单的债务隔离功能具有一定的限制。首先,人寿保单对抗投保人的债务功能具有一定的不确定性。具有现金价值的人寿保险,其保单现金价值归属于投保人,只有当保险合同约定的条件达到时,才以保险金的形式给付给受益人,在触发保单给付条件以前,保单现金价值都是属于投保人的财产。人寿保险单的现金价值可以被用于清偿投保人的债务,清偿的前提是要解除人寿保险合同。虽然我国目前的法律还未明确法院是否有权强制执行保单的现金价值,但在实际债务纠纷的判决案例中,对投资属性较强的保险单强制执行的情况并不少见,保障型的人寿保险被执行的较少。

其次,按照《民法典》第五百三十八条的规定:"债务人以放弃其债权、放弃债权担保、无偿转让财产等方式无偿处分财产权益,或者恶意延长其到期债权的履行期限,影响债权人的债权实现的,债权人可以请求人民法院撤销债务人的行为"。以及第五百三十九条的规定:"债务人以明显不合理的低价转让财产、以明显不合理的高价受让他人财产或者为他人的债务提供担保,影响债权人的债权实现,债务人的相对人知道或者应当知道该情形的,债权人可以请求人民法院撤销债务人的行为"。如果保险合同的签订是在债务发生之后,且其行为已经损害了债权人的合法权益,则购买保险的行为被撤销的可能性是很大的。如果购买保险是在债务发生之前的行为,该行为无法损害到债权人的合法利益,则不会被撤销。

(2)人寿保险的婚姻财产保全功能。在婚姻财产保全中,人寿保险从以下几个方面起到了婚姻财产保护的作用。

第一,可以用于区分婚前财产和婚后财产。人寿保险作为一种资产的管理工具,因为其长期稳定的结构,在防止混淆婚前财产和婚后财产方面有着得天独厚的优势。根据《民法典》第一千零六十三条:"夫妻一方的财产有下列情形之一的,为夫妻一方的财产:一方的婚前财产;一方因身体受到伤害获得的医疗费、残疾人生活补助费等费用;遗嘱或赠与合同中确定只归夫或妻一方的财产;一方专用的生活用品;其他应当归一方的财产"。

第二，可以锁定夫妻共同财产。《民法典》第一千零九十二条规定："夫妻一方隐藏、转移、变卖、毁损、挥霍夫妻共同财产，或者伪造夫妻共同债务企图侵占另一方财产的，在离婚分割夫妻共同财产时，对该方可以少分或者不分。离婚后，另一方发现有上述行为的，可以向人民法院提起诉讼，请求再次分割夫妻共同财产。"因此，人寿保险作为长期的投资工具，可以起到锁定夫妻共同财产，避免一方转移变卖等行为。

第三，可以实现子女的婚姻财产保全。在东方人的传统观念中，为子女婚嫁提供一定赠予是非常普遍的做法，如何对婚嫁赠予财产在婚姻关系发生后进行保全也是值得思考的问题，通过合理的人寿保险购买能够实现这一目标。人寿保险是一种特殊的资产，它的财产归属会根据保险合同类型的不同，在不同的阶段有不同的归属和分配方式，进而可以达到子女婚姻财产保全的目的。

【例题 11-4】子女婚姻财产保全案例分析⊖

王先生是家产颇丰的企业家，独生女儿王小丽与刘小强前年结婚。婚房是在结婚前由男方准备的一栋 2000 万元的别墅，登记在刘小强的名下。王先生花了 300 万元来装修别墅，并且婚后赠与女儿王小丽 500 万元现金和价值 100 万元的汽车一辆。婚后女儿和女婿经常闹矛盾，王小丽想离婚，但刘小强不同意，无奈之下王小丽将丈夫刘小强告上法庭申请离婚，经过一年多的审理，终于离婚成功，但财产分割产生了新的争议。因为别墅是刘小强父母在婚前全款购买，登记在刘小强名下，根据《民法典》属小强个人财产；而王先生支出的 300 万元装修、500 万元现金和汽车因属王小丽婚后所得，属于夫妻共同财产，两人依法分割。

解：这是一起典型的子女婚姻财产保全不当的案例，当事人完全可以更加合理地对子女婚姻的财产进行合理保全，避免不必要的财产损失。首先，房子最好由双方视家庭情况共同出资，产权登记在年轻夫妻双方名下。其次，女方及家人可以考虑在婚前采取财产保全措施以保障相关利益。例如，王先生给女儿的 500 万元现金可以用分红型或万能型年金保险的形式，投保人为王先生，被保险人为女儿王小丽，生存受益人为王小丽，死亡受益人为王先生，将来王小丽生孩子后可以视情况再将死亡受益人变更为孩子。同时王先生可设立遗嘱，如果他去世，投保人的所有权益包括现金价值都归女儿王小丽个人所有，与其配偶无关。

这样的婚姻财产保全安排有以下几个方面的好处：①人寿保险中年金保险每年的给付作为王小丽的基本生活费没有问题。正常情况下，分红和给付不用取出，可以继续放入保险的投资账户继续复利计息，万一有变故也可取出急用；②王小丽的父亲王先生作为保单持有人，拥有保单现金价值的处置权，女儿王小丽只是每年领取年金收益，保单带来的收益足够小两口日常家庭生活支出，保单既可以给女儿家庭提供稳定的现金流，还可以防止本金被误用；③王先生作为投保人，王小丽作为被保险人，保单的实际财产权益还是归投保人所有，离婚时保单是不能被分割的，也不会带来财产损失，在条件成熟后，也可以将保单持有人变更为王小丽，同时配合一个赠与协议，

⊖ 根据曾祥霞、贾明军、刘长坤、陈云，2016：《大额保单操作实务》（法律出版社）内的案例改写而成。

明确说明保单赠与女儿个人,赠与协议也不需要女婿签字,也不会引起家庭矛盾,保证保单财产归王小丽个人所有。

11.2.3 财富保全的工作流程

1. 帮助客户明确财富保全的原则与目标

不同的客户具有不同的家庭背景和工作性质,进行财富保全的目的也不尽相同。有的客户因为创业或者投资,为了避免投资失败,需要提前进行隔离债务,有的客户是为了规避子女婚姻状况变化所带来的财产损失;有的客户具有多婚多子女的经历,总之,财富保全服务的第一步,需要根据客户的情况确定目标和原则。

2. 向客户介绍财富保全的工具

根据客户的不同需求,结合客户自身的实际情况,为客户介绍不同的财富保全工具,尤其是对各个不同工具的优点和不足要进行详细说明,需要客户充分了解不同保全工具的功能与作用,以及在不同情况下的使用限制。

3. 制定财富保全规划方案

在充分了解、分析客户需求的基础上,选择合适的工具制定财富保全方案。如果客户仅需要财富保全的专项规划,则形成财富保全规划报告交付客户。如果客户需要综合财富管理方案,则将财富保全方案作为分项规划之一,纳入综合财富管理方案中,待各分项规划全部完成交付给客户。

4. 实施并适时调整财富保全规划方案

协助客户购买合适的金融产品和制定专业的法律文书,进行财富保全规划方案的落地实施。由于财富保全具有变化性,需要根据实际情况进行检查修改。同时客户的财务情况和个体形态经常处于变化中,要想满足不同时期的需求,必须对客户财富保全规划进行适时调整。

11.3 财富传承策略

11.3.1 财富传承及其构成要素

从宏观层面看,对财富的不断追求是人类社会不断创新发展,呈现出勃勃生机的最根本动因。从微观层面看,不同个体在创富初期都有一个共同的目标,就是创造并享受财富;当他们创造的财富远远高于家庭日常生活开支时,财富则变成了自我价值实现的标志;当高净值人士积累了大量的财富之后,传承便成了顺理成章的事情。有人认为,"创一代"的钱花不完,直接给后代就好了。事实证明,这种原始传承方式的抗风险能力是极低的。更多的高净值人士希望可以通过更有效的安排,将财富顺利地交接到下一代手里,不仅让下一代可以享受财富,更希望财富能够在后代的手中持续发挥作用,世世代代、生生不息。随着"创一代"逐步进入老年阶段,我国高净值客户对财富传承的关注也逐渐增加,见图11-3。

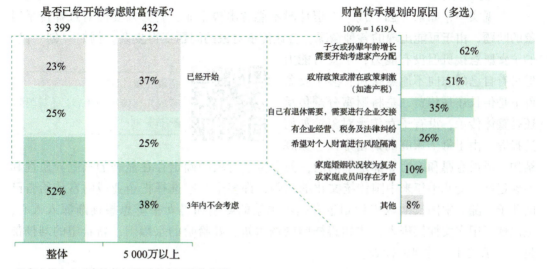

超高净值人士对家族信托的需求高于其他客群
资料来源：2018年中国建设银行和波士顿咨询公司开展的私人银行客户调研

图 11-3　我国高净值客户对财富传承的关注
资料来源：中国建设银行 & 波士顿咨询公司，《中国私人银行2019》，2019 年 5 月。

何为财富传承？传，即传递；承，即承接。传承泛指对某种学问、手艺、教义等知识和技术在师徒之间的传授和继承的过程。财富传承，是指高净值人士或资产持有者通过预先系统的规划，综合运用各种财富管理工具，包括金融工具和法律工具，同时对家庭成员身份进行安排，制定家族宪章等，进而实现财富的风险隔离和代际传承（曾祥霞等，2016）。财富的顺利传承对一个家庭甚至家族而言意义非凡，是实现基业长青的关键。在财富传承的过程中，需要厘清下面几个问题。

1. 财富传承的标的

一般情况下财富传承的标的包含有形财富和无形财富。有形财富常见的有企业、股权、房地产、金融资产和艺术品等，而无形财富包含人力资本、社会资本和家族精神等。古人云："道德传家，十代以上；耕读传家次之，读书传家又次之；富贵传家，不过三代"。在财富传承中，古人对于形而上的无形财富传承更为推崇。事实上，中国的高净值客户也越来越重视无形财富的传承。招商银行与贝恩公司联合发布的《2019中国私人财富报告》中提到：相比较有形财富的传承，企业家更希望子女或其他家庭成员能继承宝贵的无形财富，受用终身。他们担心有形财富滋生子女不劳而获、好逸恶劳、游手好闲的不良心态，不利于培养子女的自主意识和创造力。他们希望把有形财富有规划、有原则地传承给子女，期待子女具有独立自主的品格和能力，能够正确地认识和运用家庭财富，让财富成为生活和事业的帮助而非阻碍。

无形财富和有形财富的传承是相辅相成的关系，两者同时传承才是财富传承最大化的价值实现。有形财富是载体，无形财富能更好地指导有形财富的落地，进而实现无形财富有形化。每个家庭都有想永久留存的"传家宝"。可能是一件物品，可能是一门手艺，可能是一篇家书，也有可能是一种精神。拓展阅读11-3介绍了家族文化传承的代表——《曾国藩家书》。

2. 财富传承的对象

在现实中，如果"创一代"在退休时不愿意出售企业，就必须要面对选择传承对象的问题，由于可能出现的各种情况，会让传承对象的问题变得复杂。例如"创一代"的子女愿意接班但没有能力；子女有能力但另有自己的志向不愿意接班；多子女条件下是传长还是传贤，是将财富分割传承还是整体传承；没有子女传承对象该如何选择等。由于每个家庭的财富形式、家庭

拓展阅读 11-3
家族文化传承的代表：《曾国藩家书》

结构、成员意愿和能力等都是不同的，关于传承对象的确定存在显著的家庭异质性和不确定性。受几千年来中国传统文化的熏陶，许多企业家选择把企业或财富传给自己的儿子。随着中国长期以来计划生育基本国策的影响和男女平等思想逐渐深入人心，也出现了很多女性接班人，比如碧桂园的杨惠妍、娃哈哈的宗馥莉、新希望的刘畅都是"女承父业"的典型代表。

11.3.2 财富传承的工具

进行财富传承有着高度的复杂性和综合性。首先，财富传承的财产类型多样化，如公司的股权、知识产权、房地产、古董字画、金融资产和网络资产等，所对应的传承工具不尽相同。如果还有境外财富需要考虑传承，将使得财富传承更为复杂。其次，由于家庭成员身份的多元化，不同的家庭成员有着不同的传承偏好和需求。根据不同家庭成员的不同偏好和需求，针对不同的财产类型，各类财富管理机构需要运用大量的不同财富管理工具实施家庭财富管理中的传承规划。提供传承规划服务的机构通常涉及金融、法律和税务等相关专业机构以及家族办公室等，目前较为常见的财富传承工具包括赠与、遗嘱赠与、遗产继承、购买人身保险、家族信托、保险金信托，除此以外还有设立家族基金会和家庭办公室等方式。

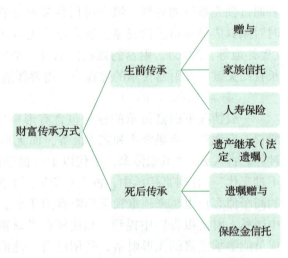

图 11-4　财富传承的方式

1. 赠与

赠与是赠与人将自己的财产无偿给予受赠人，且受赠人表示接受的一种行为。这种行为的实质是财产所有权的转移，赠与行为一般是通过签订赠与合同实现。在法律关系中，赠与合同是单务合同。所谓"单务合同"，是指一方只享有权利而不尽义务，另一方只尽义务而不享有权利的合同。在一般情况下，赠与合同仅由赠与人负有将自己的财产给予受赠人的义务，而受赠人并不负有义务。在附义务的赠与中，赠与人负

有将其财产给付受赠人的义务,受赠人按照合同约定负担某种义务,但受赠人所负担的义务并非一定是赠与人所负义务的对价,其间的义务可以不是相互对应的,因此赠与合同为"单务合同"。

从功能来看,赠与具有四大优势:①能自我控制财富分配;②有利于子女接班培养;③完全规避身后继承纠纷;④有效规避继承中的税费。另一方面,赠与行为也存在着不足:①存在赠与对象挥霍无度、投资失败的风险。年轻后辈过早获得大量财产,可能导致享乐思想,不思进取甚至挥霍资产。因此,没有约束的赠与,有可能由爱变成了害,没有起到应有的功能。②提前进行赠与传承,长辈将会失去对财产的掌控力,如果接受赠与的晚辈不孝顺,长辈也无可奈何。③如果赠与对象已经结婚,那么赠与财产可能将成为婚姻的共同财产,即时在协议中特别说明了属于赠与对象个人所有,也难以保证财产形式不发生改变。

2. 遗嘱赠与和遗嘱继承

(1) 遗嘱。 作为财富传承的常用工具,遗嘱为大众所采用。遗嘱是遗嘱人在法律允许的范围内按照自己的意愿处分自己财产和安排与此有关的其他事务,并于遗嘱人死后发生法律效力的声明。遗嘱必须要符合法定的形式。遗嘱的类型主要包含如下几种:公证遗嘱、自书遗嘱、代书遗嘱、打印遗嘱、录音录像遗嘱和口头遗嘱等。

表 11-1 主要的遗嘱及其定义

	遗嘱方式	定义
1	公证遗嘱	由遗嘱人经公证机构办理
2	自书遗嘱	由遗嘱人亲笔书写遗嘱的全部内容,由遗嘱人亲笔书写并签名,注明年、月、日
3	代书遗嘱	有两个以上见证人在场见证,由其中一人代书,并由遗嘱人、代书人和其他见证人签名,注明年、月、日
4	打印遗嘱	应当有两个以上见证人在场见证。遗嘱人和见证人应当在遗嘱每一页签名,注明年、月、日
5	录音录像遗嘱	以录音录像形式立的遗嘱,应当有两个以上见证人在场见证。遗嘱人和见证人应当在录音录像中记录其姓名或者肖像,以及年、月、日
6	口头遗嘱	遗嘱人在危急情况下,可以立口头遗嘱。口头遗嘱应当有两个以上见证人在场见证。危急情况消除后,遗嘱人能够以书面或者录音录像形式立遗嘱的,所立的口头遗嘱无效

有关财产的遗嘱是遗嘱人在遗嘱中对自己财产处分意思的表示,是遗嘱人对遗产及相关事项的处置和安排。为便于执行,遗嘱的内容应当明确且具体,一般包括以下方面:指定遗产继承人或者受遗赠人;说明遗产的分配办法或份额;对遗嘱继承人或受遗赠人附加的义务;再指定继承人和指定遗嘱执行人等。

(2) 遗嘱赠与和遗嘱继承的定义

遗嘱赠与 是指公民以遗嘱的方式将其遗产中财产权利的一部分或者全部捐赠给国家、集体或者法定继承人以外的个人,自其死亡之后才产生法律效力。根据我国的《民法典》第一千一百三十三条:"自然人可以立遗嘱将个人财产赠与国家、集体或者法定继承人以外的组织、个人。"遗嘱赠与具有下列特征:遗嘱赠与是单方的、要式法律行为,只需要遗赠人一方的意思表示即可产生法律效力,不受接受遗赠人意思表示的影响；遗赠是无偿的行为，受遗赠人接受遗赠是不需要支付相应代价的；遗赠是死因行为，一旦受遗赠人先于遗赠人死亡，遗赠自然失效。

遗嘱继承又称"指定继承"，是按照被继承人所立的合法有效遗嘱而承受其遗产的继承方式，遗嘱继承由设立遗嘱和遗嘱人死亡两个法律事实构成，它分别具有设立效力和执行效力。《民法典》第一千一百三十三条规定："自然人可以依照本法规定立遗嘱处分个人财产，并可以指定遗嘱执行人。自然人可以立遗嘱将个人财产指定由法定继承人中的一人或者数人继承。"比起原始的法定继承，遗嘱继承更为清晰明了，可以避免很多的家族争端。遗嘱继承具有如下几个前提条件：①被继承人生前立有合法有效的遗嘱，且立遗嘱人死亡是遗嘱继承的事实构成；②遗嘱继承直接体现着被继承人的遗愿；③遗嘱继承人和法定继承人的范围相同，但遗嘱继承不受法定继承顺序和应继份额的限制；④遗嘱继承的效力优于法定继承的效力。

（3）遗嘱赠与和遗嘱继承的区别

遗嘱赠与和遗嘱继承都是通过遗嘱方式处分财产，这两种方式在形式上有许多相似之处，但区别也是很明显的，主要的区别见表11-2。

表11-2 遗嘱赠与遗嘱继承的区别

	遗嘱赠与	遗嘱继承
主体范围差异	可以是国家、集体组织或者法定继承人以外的自然人。即并不限于自然人，可以是与遗嘱人有密切联系的人，也可以是与遗嘱人没有任何关系的人。	只能是法定继承人中的一人或数人，而且是与立遗嘱人有血缘关系、婚姻关系、抚养关系的自然人。
客体范围差异	受遗赠权的客体只是遗赠人生前享有的财产权利，受遗赠人并不承受遗赠人的债务。	遗嘱继承权的客体是遗产，遗嘱继承人对遗产的继承，既包括主张对于被继承遗产的权利，也包含承担被继承遗产的有关义务。
接受与放弃的要求差异	受遗赠人接受遗赠的，应于法定期间内作出接受遗赠的明示的意思表示。我国《继承法》第25条规定："受遗赠人应当在知道受遗赠后两个月内，作出接受或者放弃受遗赠的表示。到期没有表示的，视为放弃受遗赠。"	遗嘱继承人自继承开始后，遗产分割前未明确表示放弃继承的，则视为接受继承，放弃继承权必须于此期间内作出明确的意思表示。
取得遗产的方式差异	受遗赠人不直接参与遗产分配，而是从遗嘱继承人或者遗嘱执行人那里取得遗赠人的财产。	遗产继承人可直接参与遗产的分配以实现其继承权。

（4）遗嘱公证

在遗嘱赠与和遗嘱继承行为中，遗嘱公证书是最为关键的材料，遗嘱公证书是公证机构根据遗嘱人的申请，依法证明其订立遗嘱的行为真实、合法、有效。经过公证的遗嘱一般不得变更或者撤销。客户申办继承公证时，应向公证员提交以下材料：当事人的身份证明；被继承人和已经死亡的继承人的死亡证明[一]；被继承人遗产的产权证明；被继承人的亲属关系证明；被继承人生前所立的遗嘱；公证人员认为应当提交的其他材料。客户申办继承公证时还需要接受公证人员的询问。客户应如实向公证人员陈述以下事项：被继承人的死亡时间和遗产状况；被继承人的婚姻家庭状况（即有过几次婚姻、配偶是否健在等）；各次婚姻所生子女及收养子女情况；是否有非婚生子女

[一] 死亡证明材料包括死亡证明和注销户口证明，在有继承人已经死亡的情形下，也需要提供死亡继承人的证明材料。

等；被继承人的父母是否健在，对遗产的态度；遗产财产的来源是否共有。是否设有典当、抵押，对遗产的产权有无争议；被继承人是否有未纳税款和应偿债务；遗产继承人外的法定继承人是否知道被继承人所立遗嘱等。

（5）遗嘱常见的问题

首先是遗嘱效力问题，因为遗嘱属于要式行为，要求立遗嘱人有完全民事行为能力以及遗嘱内容和形式必须符合法律规定的形式。另一方面，上文提到不同类型的遗嘱有不同的范式要求，这也为遗嘱的效力增添了不确定性。其次是遗嘱真实性问题，除了公证遗嘱外，其他形式都面临真实性的挑战，容易引起纠纷，比如可能被怀疑遗嘱为伪造、受胁迫订立等。再次是遗嘱的私密性问题，在继承权公证过程中需要所有涉及的继承人共同配合出席继承权的公证，若继承人身份存在争议或继承人对继承份额提出异议，会使得继承面对不确定性，甚至出现遗产冻结，造成企业持续经营困难的问题。最后是股权继承不能只看遗嘱还要考虑公司的章程及其现任职证明。拓展阅读 11-4 介绍了一个遗嘱传承纠纷的一个案例。

3. 家族信托

家族信托是指信托机构受个人或家族的委托，代为管理、处置家庭财产的一种财产管理方式，以实现高净值人士的财富

拓展阅读 11-4
司徒先生的遗嘱传承纠纷

规划及传承目标。家族信托使资产的所有权与收益权相分离。委托人一旦把资产委托给信托公司打理，该资产的所有权就不再归委托人，但相应的收益依然根据委托人的意愿收取和分配。在一般情况下，委托人个人情况发生改变，比如离婚、意外死亡和被人追债等，信托财产独立存在。家族信托的雏形可追溯到古罗马帝国时期[一]，19世纪中后期家族信托开始在首先完成工业化的国家快速发展。目前，在欧美发达国家与中国香港地区，家族信托发展比较成熟，很多高净值家庭通过选择家族信托的方式进行财富传承。目前，中国内地由于相关法律制度的不完善，家族信托的发展则受到较大的约束（见图 11-5 所示）。

相对于传统的法定继承和遗嘱继承，家族信托的优势比较明显，能够实现破产风险隔离等合理规避风险的功能。在指定和变更受益人以及信托利益分配方面，家族信托的安排也更加灵活。家族信托在家族财富传承中的作用包括：①可以减少遗产纷争；②按照个人意志传承财产；③可以将财产传给非法定继承人；④可以保持财产的完整性；⑤可以免于偿还死者债务；⑥可以解除财产接受者无力管理财产的难题；⑦可以减少纳税金额；⑧实现传承财产的保值增值；⑨实现财产传承的保密性。家族信托的设置比较灵活，比如可以设置其他受益人，也可以中途变更受益人或增加限制受益人权利的条款；在信托利益分配上可选择一次性分配、定期定量分配、临时分配、附带条件分配等不同的形式。不过，家族信托作为财富传承也并非完美无缺，其缺点主要包括：一是房产等资产转入信托里面，会面临一定的过户成本，另外，以机构的名义持有房产，

[一] 当时《罗马法》将外来人、解放自由人排斥于遗产继承权之外。为避开这样的规定，罗马人将自己的财产委托移交给其信任的第三人，要求为其妻子或子女利益而代行对遗产的管理和处分，从而在实际上实现遗产继承权。

每年需要缴纳一定的房产税；二是信托存续期间，每年均需要缴付信托管理费。

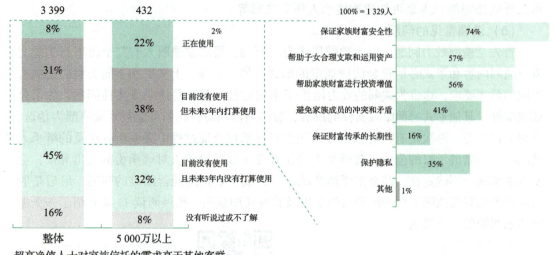

超高净值人士对家族信托的需求高于其他客群

图 11-5　家族信托服务使用情况

资料来源：中国建设银行 & 波士顿咨询公司，《中国私人银行 2019》，2019 年 5 月。

4. 人身保险与保险金信托

（1）人身保险与财富传承。根据《人身保险公司保险条款和保险费率管理办法（2015 年修订）》第七条，人身保险分为人寿保险、年金保险、健康保险与意外伤害保险。人身保险在财富传承中主要有如下功能：①债务隔离功能与财产保护功能。在前一节已经详细介绍这里不再赘述。②安全与保本功能。我国《保险法》第九十二条规定："经营有人寿保险业务的保险公司被依法撤销或者被依法宣告破产的，其持有的人寿保险合同及责任准备金，必须转让给其他经营有人寿保险业务的保险公司；不能同其他保险公司达成转让协议的，由国务院保险监督管理机构指定经营有人寿保险业务的保险公司接受转让。转让或者由国务院保险监督管理机构指定接受转让前款规定的人寿保险合同及责任准备金的，应当维护被保险人、受益人的合法权益。"因此通过人寿保险进行财富传承具有较好的安全性。③风险管理与保障功能。父母为子女或继承人购买的年金保险可以提供稳定的现金流，而父母亲自己的意外伤害险中的意外身故保险给付可以提供更好的保障功能。④合理避税。大额保单的死亡赔偿金一般由保险公司直接给付给受益人，不用纳入被保险人的遗产计算，在大多数国家和地区，是可以规避遗产税的。根据我国《个人所得税法》第四条的规定，保险赔款免纳个人所得税，因此受益人取得保险金不需要缴纳个人所得税。⑤隐私保护功能与专属性功能。根据法律规定，一般情况下保险合同的受益人只需要投保人和被保险人同意即可确定，不需要通知其他亲属，可以较好地规避家庭争端。当然在财富传承过程中，人寿保险特别是大额保单也存在如下不足：被保险人的年龄上限问题；保单投保人或被保险人变更为受益人导致传承架构的不稳定；保单的现金价值可能作为遗产分配从而部分丧失传承功效的问题等。

（2）保险金信托。保险金信托是信托和保险紧密结合形成的财富管理工具，在国际上应用比较广泛。目前，国内也开始发展保险金信托业务。保险金信托本质上是一种私人信托，是以寿险保险金请求权为信托财产，由信托的委托人购买大额保单之后，将信托受托人设立为保单的受益人。当保险事故发生后，由保险公司将保险金直接交付给受托人，利用保险的杠杆性和确定性、信托的灵活性和独立性，确保保险理赔金能够按照委托人的意愿管理和使用，保障信托受益人的生活、学习所需，同时降低了传统方式下保单受益人先于被保险人死亡后，给付的保险金成为被保险人遗产的风险。让保险金结合了信托的优点，实现隔离风险、规避债务、保护隐私等功能。保险金信托的运作如图11-6所示。

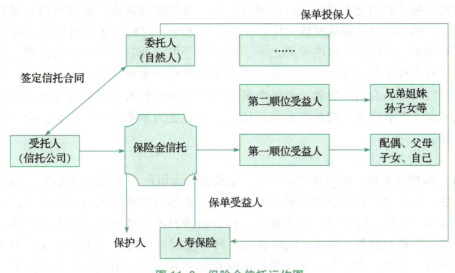

图 11-6　保险金信托运作图

保险金信托业务受到两种法律制度的监管和约束，首先，是受到信托行业的法律法规制度约束，另外，还要受到保险行业各法律法规的约束。按照保险金信托的不同类型，可以分为生存保险金信托和死亡保险金信托。**生存保险金信托**，是指将具有生存给付功能的保险与信托进行结合，包括年金险与两全保险等。优势在于：首先生存类保险的生存收益金领取含有保证领取年限，若被保险人在此期限内身故，则未领取部分进入信托，充分发挥信托的优势；其次，让人寿保险金信托更早进入实质的运营管理阶段，有利于提高受托人的积极性和主动性；再次，将保险给付的年金通过信托架构进行二次分配，实现更灵活的分配安排。**死亡保险金信托**是将以死亡为给付条件的保险与信托进行结合，主要包括终身寿险和定期寿险等。相比较于生存保险金信托，死亡保险金信托的意义和价值更大，对于信托功能的运用也更为充分。

保险金信托将保险和信托的优势集于一身，在财富传承领域具有非常重要的价值，具体来说，能够在如下几个方面发挥作用。第一，管理家族财富，实现财富传承。一方面，利用保险金信托的架构设计，能够保障保险赔偿金用于后代的生活所需，从而避免保单受益人的挥霍浪费；另一方面，也能通过信托架构的设计，为每一位家族成员或最终受益人继续购买人寿保险，并以该信托为所有保单的受益人，保证每隔一段时间都会有一笔流动资金进入该信托，从而保障信托的持久运营，为实现家族财富的持续传承提供坚实的物质保障。第二，保障家庭成员生命周期内的生活品质。通过保险金信托对受益人及信托利益分配的详细规划（包括受益人的认定标准和增减程序，受益比例调整的方法和原则，信托利益分配的金额、时点、方式、频率等的设定），来保障家族成员的基本生活。可以约定家族成员从多少岁开始每月领取固定的退休金，每年可以安排家族成员数次的休闲娱乐活动，不幸罹患重大疾病，可以支取医疗金，以保障家族成员高品质的生活水平和充分的医疗保障。第三，培养德才兼备的后代。对于一个家族来说，教育对于孩子无比重要，保障子女后代享有高质量的教育资源，是保持家族长盛不衰的基础。可以约定家族成员从幼儿园到大学的所有教育支出均从信托中支出，费用包括必要的学费和生活费，可选的培训费和备用金，鼓励子孙后代全面发展的额外奖励支出等，均可以灵活设置，以保障家族成员能够获得良好且个性化的教育。第四，有效传承家族文化。在财富传承中，忽略了无形财富特别是价值观的建立和传承，是传承失败的原因之一。可以将价值观及其对应的行为准则、议事机制和争议解决程序等都写入家族宪章，用以规划和指导家族成员的日常生活，而保险金信托可以发挥黏合剂的功能，为每个家族成员所购买的人寿保险的受益人都是同一个信托基金，能够让家族成员在血缘基础上，拥有更为紧密的利益纽带，助力家族的持久幸福。

5. 家族办公室和家族基金会

（1）家族办公室。在财富传承领域，家族办公室堪称"皇冠上的明珠"，具有极强的私密性，属于财富管理中的顶级业务形态。家族办公室在提供高度专业和广泛定制的服务方面有着悠久的历史，它像管家一样，由涉及不同领域的行业专家组成，监督及管理整个家族的财务、健康、风险管理、教育发展等状况，以协助家族获得成功以及顺利发展。同时，家族办公室有着公正的意见和客观性，他们与家族的其他顾问服务进行整合与协调，为同一个家族的几代人提供高度个性化的服务。

目前，我国家族办公室的发展较快，但与国外发展成熟的家族办公室的行业差距也较为明显，主要体现在三个方面。①理念差距。无论是从业人员，还是客户，都需要更多的时间来认识家族办公室，需要在双方间建立起更强的信任关系。国外的富豪家族传承数代，他们已经习惯于借助家族办公室来打理家族事务，而目前国内的高净值客户多是"创一代"，习惯于事无巨细都亲自过问，尤其涉及财富管理和家族管理时，他们更加谨慎，所以，理念的转变是目前整个行业面临的一个首要问题。②从业人员的业务素质差距。家族办公室对从业人员的要求很高，需要他们有经历、有资历、有阅历，国内目前各方面的专家与专业服务人才还相对欠缺，这一点也需要更多的时间来弥补差距。③业务模式定位的差距。目前国内的家族办公室业务重点还是放在家族财富管理上，但是，对真正的家族办公室而言，财富管理很重要，但并非全部。国内的家族办公室还需要着眼于家族其他方面的需求和发展，提供个性化的解决方案。不过，国内家族办公室也有独特的优势，他们更了解高净值客户的经历、观念、心态，更能制定出更符合家族需求的"本土化"解决方案。

根据中国建设银行和波士顿咨询公司联合发布的《2019年中国私人银行》报告，我国超过75%的极高净值人群愿意尝试家族办公室服务，其中创富一代企业家、二代继承人对家族办公室需求意愿超过平均水平。一方面，随着中国极高净值人群对家族办公室的了解和认知进一步深入，他们有这方面的业务需求；另一方面，在中国经济增速放缓及结构性改革影响下，一代和二代企业家面临企业经营和转型的挑战，企业传承复杂度提升，对更综合的传承服务需求上升。家族办公室在我国的认知情况如图 11-7 所示。

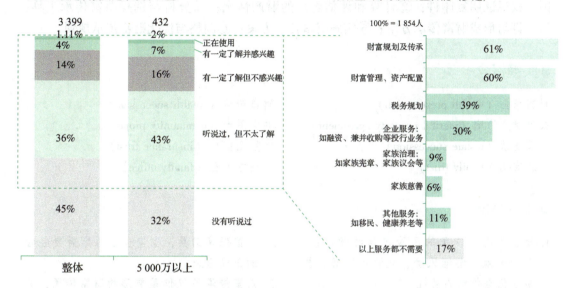

超高净值人士对家族信托的需求高于其他客群

图 11-7　家族办公室在我国的认知情况

资料来源：中国建设银行 & 波士顿咨询公司，《中国私人银行 2019》，2019 年 5 月。

（2）家族基金会。家族基金会是由家族内一人或多人发起，由家族内部成员或家族企业出资创立并接受家族成员或家族企业的捐赠，以传承家族精神和财富为宗旨，主要从事公益慈善事业，具有公益性、非营利性和信托性的财富管理机构。通过家族慈善基金会的形式管理和传承家族财富，在国外是比较流行的做法。其中包括洛克菲勒基金会、比尔和梅琳达盖茨基金会、卡耐基基金会等。而在华人世界，王永庆家族基金会、李嘉诚基金会、牛根生的老牛基金会、曹德旺的河仁基金会也逐渐被大家所认识。家族基金会除了对家族有形财富进行管理和传承之外，更重要的是对家族无形资产和家族精神进行传承。其中家族精神包括追求卓越、宽于待人、与人为善、扶老携幼等品质。

表 11-3　五种财富传承工具比较

效果/工具	赠与	遗嘱	家族信托	人寿保险	家族基金会
实现效果	立即实现	可能落空	有保证	可靠	有保证
父母掌控	不好	好	好	好	好
防止挥霍	不好	不好	能	身前可以	能
后代婚变	有漏洞	有漏洞	好	好	好
债务隔离	不能	不能	能	能	能
和谐传承	不能	不能	能	可能	能
遗产税收	目前没有	目前没有	能	能	能
其他限制	成本较低	产生争端	成本较高	年龄限制	门槛较高

11.3.3 财富传承规划的流程

财富传承规划主要涉及的流程如下：①审核客户财产的权属证明文件，保留客户财产权属证明复印件；②计算和评估客户的财产情况；③分析与选择财富传承工具；④制订与形成财富传承方案；⑤实施财富传承方案；⑥调整与优化财富传承规划。

■ **关键概念**

财富保全（wealth preservation）　　　　财富传承（wealth succession）
夫妻财产约定（marital property agreement）　共同财产（community property）
遗嘱继承（testate succession）　　　　　保险金信托（insurance trust）
家族信托（family trust）　　　　　　　　家族办公室（family office）

■ **本章小结**

1. 财富保全与传承的风险包括经营风险、失能风险、婚姻风险、死亡风险等，构成了保全传承的动机。
2. 有效确定财产分配的策略和工具，既包含了婚姻财产约定、人寿保险、婚姻财产信托等工具，也包含了婚姻需要经营的正确理念。
3. 财富传承不仅仅是有形的财富传承，更包含了无形的精神财富、价值观、家族文化的传承。

■ **思考习题**

1. 财富保全考虑的因素有哪些？婚姻风险的防范有哪些内容？
2. 财富管理中的客体类型有哪些，其债务法律关系如何界定？
3. 财富保全规划的具体原则有哪些？并举例说明？
4. 财富传承的目标是什么？需要厘清哪些问题？
5. 财富传承工具有哪些，各自的优势与劣势是什么？

■ **案例讨论　高净值企业家客户的家庭财富保全与传承规划**

1. 案例背景

张先生现年66岁，太太60岁，两夫妻目前独资拥有一家工厂，工厂的总资产为3个亿，每年利润2 000万。家庭除开目前居住的价值1 500万的别墅以外，在中国还拥有15套商用与住宅地产，每年的租金收入约150万；在海外还有一套房产，价值120万美元。家庭目前还拥有各类金融资产6 000万，张先生对银行有很高的信任度，除工厂以外的大部分家庭资产由两家银行的私人银行部门在进行打理。张先生和太太目前有两个子女，大女儿是音乐老师，在国内任教，已经结婚并有一个3岁女孩；小儿子目前29岁，在美国硅谷创业。张先生希望子女能够接班，但子女们各有爱好，各有想法，接班的可能性不大。

2. 财富管理目标

最近,张先生的一位老朋友突然罹患癌症去世,张先生开始感叹世事无常,对自己的家族企业未来发展及其财富如何传承开始感到焦虑。他想给女儿一笔资金,但是考虑到目前不断上升的离婚率,张先生担心女儿的婚姻一旦出现问题,会导致他赠与的财产流失。他看到儿子在美国创业不易,也想提供一笔资金给儿子,但又担心儿子突然获得大笔资金后疏于打拼,反而影响他正常的职业发展。张先生最近比较郁闷,自己内心的担忧又难以与儿女们沟通,因此,他找到了某财富管理机构,希望能得到一些咨询和建议。

3. 案例问题

请根据张先生家庭的实际情况,为张先生提供一些财富管理的建议,具体包括:

(1) 张先生想给女儿一笔资金,但又担心女儿婚姻出现问题导致财产损失,请问如何设计婚姻财产保全规划,为张先生解决这一问题?

(2) 如何设计财富保全策略,来助力张先生的爱子实现创业梦想,但又能阻止年轻人过度挥霍财产呢?

(3) 在目前的法律制度约束下,如何合理合规地帮助张先生以尽可能低的成本来实现财富的传承?

第 12 章 税收筹划与财富管理

> 夏后氏五十而贡，殷人七十而助，周人百亩而彻，其实皆什一也。
>
> ——《孟子·滕文公上》

■ 本章提要

本章首先回顾了税收筹划的起源与发展及其与避税、逃税的区别，并梳理了税收筹划与财富管理的关系；然后介绍我国现阶段的个人所得税制度，并总结了四种不同的税收筹划方法；最后介绍非常规收入的税收筹划。

■ 重点和难点

- 了解税收筹划的定义以及税收筹划与家庭财富管理的关系
- 了解中国和国外的个人所得税制度发展情况
- 掌握中国个人所得税应纳税基本要素
- 掌握四种不同的税收筹划方法
- 了解其他的个人所得税税收筹划方法

■ 引导案例　为什么要进行税收筹划

假设市场中现有三个自然人，决定合伙开一家建筑公司，他们以相同的资本入股，各占总股份的三分之一，除了经营成本费用外没有其他支出，预计税前年盈利 300 000 元。那么在企业成立之初，应当采取何种企业的形式，从而实现最大的税后收入呢？

按照现行法律对不同类别企业的具体需求，如设立的条件、设立的程序、内部组织架构等要求，我们国家现阶段多个自然人出资的企业类型有：股份制企业、有限合伙企业、外商投资企业和股份合作企业四种。符合本案例条件的只有股份制企业和有限合伙企业，因此，我们以这两类企业为例进行分析。

方案一：采取合伙制形式

现阶段，我国对个人独资企业和合伙企业均不征收企业所得税，而是依照个人所得税法中关于经营所得的条例征收个人所得税。依照《关于个人独资企业和合伙企业投资者征收个人所得税的规定》（财税〔2000〕91号）确立的"先分后税"的合伙人所得税制度，结合《财政部、国家税务总局关于合伙企业合伙人所得税问题的通知》（财税〔2008〕159号）中所明确的，合伙企业实现的所得，无论利润是否进行分配，均按照合伙比例计算各合伙人的应税所得进行纳税。对于个人经营所得，现行个人所得税法中规定的计算方式为：以每一纳税年度的收入总额减除成本、费用以及损失后的余额为应纳税所得额[一]，之后再对照经营所得个人所得税税率表进行计算（如表12-1所示）。上文案例应纳税额如下[二]：

个人应纳税额=(100 000−60 000)×10%−1 500=2 500（元）

三人合计应纳税额为：2 500×3=7 500（元）

税后收入为：300 000−7 500=292 500（元）

表 12-1　经营所得个人所得税税率表

级数	年应纳税所得额	税率（%）	速算扣除数
1	不超过30 000元的部分	5	0
2	超过30 000元至90 000元的部分	10	1 500
3	超过90 000元至300 000元的部分	20	10 500
4	超过300 000元至500 000元的部分	30	40 500
5	超过500 000元的部分	35	65 500

资料来源：《中华人民共和国个人所得税法》（2019年1月1日开始实施）。

方案二：采取有限责任公司形式

如果采取有限责任公司的形式，在进行最终收益分配前，需要缴纳企业所得税，我们假设企业一般税率为25%，那么税后利润计算如下：

应纳税企业所得税额=300 000×25%=75 000（元）

税后净利润=300 000−75 000=225 000（元）

税后利润分配给投资者时，应当按照"利息、股息、红利所得"进行纳税，适用税率20%。那么，个人应纳税额为：

个人应纳税额=225 000×20%=45 000（元）

共计负担税额=45 000+75 000=120 000（元）

最终税后收入为：300 000−120 000=180 000（元）

从以上对比可知，如果采用有限责任公司的形式比采用合伙企业形式多负担的税款为：

120 000−7 500=112 500（元）

在有限责任公司的形式下，税收负担率为40%（120 000/300 000），而合伙企业的税收负担率仅2.5%（7 500/300 000），负担率相差37.5%。因此，无论是从税收的角度来看还是最终收益上来看，采用合伙企业形式对投资者更有利。如上的决策过程就是税收筹划。

案例思考

1. 如果收入持续上升到600 000元以上，你又会如何选择？
2. 如果除成本费用外，还存在其他费用，例如土地增值税、城市建设维护费等税金

[一] 根据我国的个人所得税法，个人独资企业与合伙企业投资者本人的费用扣除标准统一为60 000元每年，但投资者的工资不再允许进行税前扣除。

[二] 具体的计算方法为：以扣除所有其他方面支出的收入为基础，对照《经营所得个人所得税税率表》确定纳税基础税率，用收入乘以税率后减去速算扣除数得到最终应纳税额。

600 000 元，且假设企业收入上升到 1 500 000 元时，你又会作何选择呢？

3. 进行税收筹划的目的，仅仅是使得纳税额最小化吗？

12.1 税收筹划概论

12.1.1 税收筹划的起源

税收筹划起源于税务咨询，最早出现于 19 世纪中叶的意大利。税收筹划（Tax Planning）概念的正式提出，始于美国的财务会计准则，美国财务会计准则委员会 FASB（Financial Accounting Standards Board）在《SFAS109——所得税的会计处理》中首次提出"税收筹划战略（Tax-Panning Strategy）"，并将其表述如下："一项满足某种标准，其执行会使一项纳税利益或营业亏损或税款移后扣减，在到期之前得以实现的举措，评估是否需要递延所得税资产的估价准备及所需要的金额时，需要考虑税收筹划策略。"在现代税收筹划理论的发展过程中，最重要的里程碑事件是 1959 年在法国巴黎成立了欧洲税务联合会。该机构由 5 个欧洲国家的从事税务咨询的专业团体发起，其主要业务就是为纳税人进行税收筹划。

经济学理论中的理性人假设在税收筹划产生的过程中发挥了启蒙的作用，私法自治原则⊖为税收筹划提供了生长的土壤，税收法定主义⊖则确立了纳税人的税收筹划权，私法自治使得这种权利成为现实。因此，税收筹划是市场经济发展的必然产物，是纳税人具有法律意识的维权行为，体现着民主、正义、自由的税收契约精神。在 20 世纪中期以后，税收筹划受到越来越多纳税人的青睐，同时也成为中介机构受托业务新的增长点，包括德勤、普华永道、毕马威、安永等众多会计师事务所开始形成多元化的税收筹划业务。

从税收筹划的起源上可以看出，税收筹划不仅是实现投资利润最大化的重要途径，也是促进投资人管理水平提升的一种方式，更是战略决策的重要内容，这也正是税收筹划活动在西方发达国家迅速发展和普及的根本原因。拓展阅读 12-1 介绍了税收筹划的三大里程碑事件。

拓展阅读 12-1
税收筹划的三大里程碑事件

12.1.2 税收筹划的定义

学术界对于税收筹划工作存在多个不同的称谓，如税务筹划、纳税筹划、税收策划、税收规划等，实际上，这些概念都表达的是同一种含义。那么税收筹划的具体定义是什么呢？荷兰国际财政文献局（International Bureau of Fiscal Documentation，IBFD）

⊖ 根据我国民法解释，私法自治原则是指法律确认民事主体的自由，是基于其意志去进行民事活动的基本原则，也即在法律确认下私人可以按照自己的意思安排自己的生活的原则。

⊖ 税收法定主义是指征税主体必须且仅依照法律的规定征税，纳税主体仅依照法律的规定纳税。"有税必有法，未经立法不得征税"被认为是税收法定原则的经典表达。

在其编写的《国际税收词汇》中是这样定义的：税收筹划是使私人的经营活动及（或）私人缴纳尽可能少的税收安排。美国华盛顿大学的 Steven（1994）认为：税收筹划是纳税人控制自己的经营行为以避免不希望的税收后果的过程，也可以看作是挖掘现行税法中的漏洞，并设计自己的交易行为以利用这些漏洞为自己节约纳税额的过程。美国南加州大学的 Meigs（1996）在《会计学》著作中做了如下阐述：人们合理而又合法地安排自己的经营活动，使之缴纳尽可能低的税收，他们使用的方法可称之为税收筹划，税收筹划的目标是少缴税款和递延纳税。盖地（2013）认为：税务筹划是纳税人在特定税收制度环境下，在遵守税法、尊重税法的前提下，以规避涉税风险、控制或减轻税负、获取税收利益有利于实现企业财务目标的谋划、对策与安排。

从以上观点来看，虽然学界对税收筹划并不存在统一的定义，但税务工作实务界的共同认识是：税收筹划是在法律允许的范围内合理降低税收负担的一种经济行为。因此，可以认为税收筹划是"纳税人在既定的税收法律制度框架内，通过对纳税主体（法人或自然人）的涉税行为进行事先规划和安排，以转换应税项目、高低税率调整、税收递延等方式为手段，实现税后收益最大化为目标的一系列税务规划活动"。

12.1.3　税收筹划在财富管理中的功能

个人或家庭在进行财富管理时面临的一个非常重要的内容就是税收筹划。因为，在当今社会，税收已经渗透到我们生活的方方面面中。当我们的工资、薪金达到一定标准时，要缴纳税款；当我们创办一个企业取得经营所得时，要缴纳税款；当我们购置房产、汽车等大宗财产时，要缴纳税款；当我们购买股票或进行其他金融投资时，也需要缴纳税款。从财富管理的角度来看，我们缴纳的税款是一种法定义务，并不能得到直接的利益回报。因此，我们希望在不违反国家税收制度的前提下，尽可能减少自己的纳税负担，这就需要我们对收入、投资等涉税事项进行筹划。

然而，是否尽量避免纳税就是最好的选择呢？正如哈德罗·埃文斯基在其著作《新财富管理》中所提到的，许多人在税收问题上的一个误区是应减少应纳税金，但人们实际应当追求的是最大化税后收益。比如表 12-2 中有两笔投资，分别属于免税投资和应税投资，初始投资金额一致。如果投资者只能选择其一，从理性人的角度来看我们应当选择应税投资，因为这样的最终收益最高（20 500 元＞20 000 元），而非选择缴纳税收最少的那一项投资。

从以上的例子中可以看到，从个人利益最大化的角度出发，选择有税收的投资行为未必是件坏事，关键是在于是否符合税后利益最大化原则。根据本书对财富管理的定义，个人或家庭进行财富管理的方式包括资产配置、现金与负债管理、房地产投资规划、风险管理与保险规划、退休与养老金规划、财富保全与传承规划等。如果从《中华人民共和国个人所得税法》（2018 修正）的角度来看，

表 12-2　应税投资与免税投资的对比

（单位：元）

	投资 1	投资 2
初始投资	15 000	15 000
最终收益	20 000	29 000
应纳税额	0	8 500
税后收益	20 000	20 500
收入最大化的选择		✓

居民家庭取得的所有收入均可以归类为工资、薪金所得，劳务报酬所得，利息、股息、红利所得，财产租赁所得、财产转让所得等。根据我国个人所得税法，各类收入确认应纳税额不同，税率也各有差异。除此之外，我国还有众多个人所得的税收优惠制度。当纳税人通过不同的方式取得收入所得时，必然对应不同的纳税所得类型，其税后收益可能相同也可能差异巨大，由此为税收筹划提供了一定的空间。税收筹划作为取得收入的一种前期规划方式，通过转换应税项目、税收递延、高低税率转换等方式，在法律允许的范围内合理降低应纳税额，从而取得最大税后收益。取得最大税后收益是税收筹划的最终目的。而如何通过不同的方式处理应税项目，取得财富管理所得税后收益最大化，就是本章的主要内容。

12.1.4 税收筹划与避税、逃税的区别

从动机和结果两方面来看，税收筹划（Tax Planning）和节税（Tax Saving）相近，但需要注意的是，税收筹划和避税（Tax Avoidance）、逃税（Tax Evasion）两种行为有着本质的区别。荷兰国际财政文献局（IBFD）在2016年出版的《国际税收辞汇》中认为，避税是通过个人或企业组织发挥主观能动性，对生产经营与取得收入行为进行精心设计、利用法律的漏洞和不足，来达到少交税的目的，且通常带有贬义。就税收当局的意愿而言，避税是违背其意愿的。企业或者个人进行避税的手法大多利用"避税港"，即通过虚设场所或者关联企业进行收入、利润的转移。对于避税的行为，多数国家都将其视为违背国家立法意愿的体现，仅认同为形式上的合法（翁武耀，2015）。同时因为避税行为暴露了当局税收法律的漏洞，较突出的避税行为也为税收法律的完善提出了建议。而逃税是指纳税人故意不遵守税法规定，不履行纳税义务的行为，采取欺骗、隐瞒手段进行虚假纳税申报或者不申报达到逃避缴纳税款的行为，则属于违法行为（钱俊文，2016）。表12-3总结了税收策划与避税以及逃税的特征与差异。

表12-3 税收筹划、避税和逃税的特征与差异

	税收筹划	避税	逃税
行为主体	纳税义务人	纳税义务人	纳税义务人
行为目的	降低税负	降低税负	降低税负
行为法律性质	合法	不违法	违法
行为时点	事前性	事前性	事后性

12.1.5 税收筹划的原则

1. 合法性

税收筹划的合法性，是指税收筹划只能在法律允许的范围内进行。违反法律规定、逃避纳税责任的，属于偷税行为，则被法律所禁止。征纳关系是税收的基本关系，法律是处理征纳关系的准绳。纳税人依法纳税、税务机关依法征税，因此，在选择低税负的纳税方案时，必须在合法的前提下进行策划。

2. 预期性

税收筹划的预期性，是指在对未来事项所作预测的基础上进行的事先规划。在经

济活动中，纳税义务通常具有滞后性。企业在交易行为发生之后才缴纳各种流转税，在收益实现或者分配之后才缴纳各种所得税，在财产取得之后才缴纳各种财产税等，这在客观上为纳税人提供了在纳税之前进行实现筹划的可能性。如果经营投资活动已经发生，也意味着纳税主体、纳税对象、纳税税目等均已确定，此时再采取各种手段转换应税项目、变换应税对象、纳税递延等行为则不属于税收筹划的内容，而是属于避税行为。

3. 收益性

税收筹划的收益性，是指纳税人要通过税收筹划活动取得"节税"后的税收利益。收益性是税务筹划目标的最终表现，要通过对个人筹资、投资等收支活动的调整，使其避开某些特定条款，尽可能地减轻税收负担，或者利用国家的税收优惠政策及递延纳税等手段，最大限度地增加争取税后收益。

4. 专业性

税收筹划的专业性，是指税收筹划需要借助财会人士的专业性知识来进行规划。税收作为调节市场经济发展的重要工具，各项税收政策法规都体现着国家对社会经济运行的导向和经济结构科学合理的布局。在面临市场更加高效化、全球经济日趋一体化、各国税制多元化、个人收入渠道日益多元化等的情况下，税收政策同样具有快速变化与日趋复杂的双重特征。这意味着取得税后收益最大化的税务筹划过程将会变得更加繁杂，仅依靠纳税人自身的税收知识来进行税收筹划是远远不够的。因此，作为第三产业的税务代理、税务咨询业务日益发展繁盛，其所代表的专注与专业特质比较优势越发明显，未来税收筹划业务的专业性将成为其不可取代的重要特征。

5. 风险性

税收筹划的风险性，是指税收筹划可能达不到预期效果所产生的效果。由于税收筹划具有预期性，所以进行税收筹划是有风险的。尽管许多税收筹划方案在理论上可以减轻税负，但实际操作中可能也会面临一定的不确定性，这是因为税收筹划方案在实施过程中，由于税收政策、经济形势以及经营投资情况的变化，原先设定的筹划条件可能会发生改变，以至于不能获得预期的纳税额减少。

12.2 税收筹划的策略

在前面的内容中，我们介绍了财富管理中税收筹划的主体——个人和家庭；筹划的目标——税后收益最大化。在进入税收筹划具体方法的学习之前，我们需要弄清楚另外一个非常重要的问题：税收筹划的策略。基于本书中财富管理取得收入的类型，我们仅对个人所得税筹划进行分析。

政府开征任何一种税收都有其特定目的，对个人所得进行征税也同样如此。对个人所得征税的最初目的在于筹集财政收入，随着社会制度、生产关系的发展与更迭，个人所得税逐渐转变为兼具调节收入分配、稳定经济发展以及社会公平性考量等多功能的重要税种。个人所得税制度的法律要素，不管在何时何地都是存在且缺一不可的。他们分别是纳税义务人、征税对象、税目、税率、纳税期限、纳税地点、减税免税和罚则等。而这些因素，构造了行为主体人得以进行税收筹划的基本前提。一方面，部分税收法律要素中包含多个子集内容可供选择，选择不同的子集内容所对应的最终税收负担也不一致，差异化选择会产生不同的纳税效果⊖。另一方面，不同的税收法律要素，在不同的时间节点和不同的地理行政区域，具体的法律标准内容也不一致。这也是税收法律在面对社会发展涌现出新型经济业态时，所体现出的包容度，尽量避免出现税收法律阻碍新事物产生的情况发生。因此，底层的个人所得税制度，就是我们得以进行税收筹划的基础，根据经济行为的实际情况依照税收制度进行税务管理，就是我们进行税收筹划的内在逻辑。本节剩余部分，将对我国现行的个人所得税制度进行分析，作为下一节税收筹划基本方法的铺垫。专栏 12-1 介绍了个人所得税制度的基本法律要素。

专栏 12-1

个人所得税制度的基本法律要素

- 纳税义务人：或者称纳税主体人，也就是法律规定的直接负有纳税义务的个人。
- 征税对象：或者称课税对象、征税客体，指法律规定对什么征税，是征税纳税双方权利义务共同指向的客体或标的物，如个人所得税中的对个人收入征税。
- 税目：在法律中对征税对象分类规定的具体的征税项目，反应具体的征税范围，如劳务报酬、股票投资、房产买卖征税等。
- 税率：对征税对象的征收比例或征收额度，如我国对股息、红利所得征收 20% 的个人所得税，这 20% 即为税率。
- 纳税期限：在法律中指关于税款缴纳时间、纳税时限方面的限定，如我国规定个人劳动取得的工资薪金收入应按月预扣预缴。
- 纳税地点：纳税人主体缴纳税款的地点。
- 减税免税：针对某些纳税人和征税对象采取减少征税或者免于征税的特殊规定。
- 罚则：指对纳税人违反税收法律行为所采取的处罚措施。

资料来源：《中华人民共和国个人所得税法》（2018 年修正）。

12.2.1 我国居民个人所得税制度基本情况

自 1994 年开始实行分税制改革之后，我国的个人所得税法一直处于小修小改的状态，主要内容是对税收法律要素中的税目与税率（如提高免征额、调整税率、修订个人所得税超额累进级数等）进行调整，以及加强纳税人的纳税认知。这一状况一直持续到 2018 年 8 月 31 日，第十三届全国人民代表大会常务委员会第五次会议通过了《关于修改〈中华人民共和国个人所得税法〉的决定》，第七次修订了《中华人民共和国个人所得税法》（2019 年 1 月 1 日开始实施）。此次修订除了调整工资薪金收入的免征

⊖ 如纳税义务人分为居民纳税义务人和非居民纳税义务人，这二者所对应的其他税收法律要素内容就完全不一致。

额及税率级次以外，最重要的两项变更是：①将我国的个人所得税课征模式从"分类所得税制"改为"分类综合所得税制（也称为二元或混合所得税模式）"；②将综合所得部分的征税形式按年收入计征个人所得税。这也是我国基于不同经济发展阶段、个人所得税功能定位、经济社会发展等诸多因素等所做出的选择。

这一改革带来的变化是显而易见的，在2019年实施新个人所得税法以前，我国个人所得税课征采取的是分类所得模式，且对个人工资薪金、经营所得按月进行征收。在2019年新个人所得税法实施以后，我国采取了分类综合所得税模式，既包含多项所得综合计税，也对部分所得依然按分类征收。对于综合所得部分（包括工资薪金所得、劳务报酬所得、稿酬所得和特许权使用费所得四项）采取七级超额累进制进行纳税，且按年总收入进行征收⊖，对于其余的收入依然按分类分别进行课征。

课税模式的变化也给税收筹划带来改变，例如原本按月征收个人所得税时，可以将半年的奖金⊖、加班工资等通过月度奖、季度奖的方式平摊到每一个月当中，降低部分月份因突发性收入过高，导致单月税负过高的这种筹划方式变得不再有效。从本质上讲，课税模式发生改变，意味着税收基本要素的内容也随之发生了改变，而税收基本要素内容又决定了税收筹划的方式。因此，课税模式的变动不可避免地带来了税收筹划方式的改变，未来中国个人所得税课征模式的发展还将进一步改变税收筹划方式。拓展阅读12-2介绍了世界各国比较常见的三种个人所得税的课税模式。

拓展阅读 12-2
世界各国较为常见的三种个人所得税的课税模式

12.2.2 居民个人所得应纳税基本要素

本小节我们主要从征税范围、所得税率、收入确认、应纳税所得额、费用减除和税收优惠这五个方面介绍我国的个人所得应纳税基本制度。

1. 征税范围

依照2018年修正版《中华人民共和国个人所得税法》，我国现阶段对于居民个人取得收入可以分为以下几类。

（1）**工资、薪金所得**，是指个人因任职或者受雇而取得的工资、薪金、加班费、奖金、年终加薪、劳动分红、津贴、补贴以及与任职或者受雇有关的其他所得。

（2）**劳务报酬所得**，是指个人独立从事各项非雇用的各种劳务所取得的所得。

（3）**稿酬所得**，是指个人因其作品以图书、报刊形式出版、发表而取得的所得。将稿酬所得独立划归一个征税项目，对不以图书、报刊形式出版、发表的翻译、审稿、书画所得归为劳务报酬所得，主要是考虑了出版、发表作品的特殊性。稿酬所得应当

⊖ 2019年新个人所得税法实施以后，个人按月上缴的个人综合所得税款形式不能与2019年以前的按月缴税形式混同。2019年以前是按月缴纳个人所得税款，2019年开始应称为预扣预缴，因为在当年按照相关规定缴纳税款后，第二年3月1日至6月30日属于个人所得税汇算清缴期，集中对前一年的年综合所得进行最后的汇算清缴，采取多退少补的形式处理上一年的个人所得税务。

⊖ 全年一次性奖金在2021年12月31日以前可选择不并入当年综合所得进行纳税，而是单独按照按月换算后的综合所得税税率表缴税，但无任何其他扣减。

与一般劳务报酬相对区别,并给予适当优惠照顾。

(4) **特许权使用费所得**,是指个人提供专利权、商标权、著作权、非专利技术及其他特许权利提供他人使用或转让所取得的收入。

(5) **经营所得**,主要包括个体工商户从事生产、经营活动取得的所得,个人独资企业投资人、合伙企业的个人合伙人来源于境内注册的个人独资企业、合伙企业生产、经营的所得;个人依法从事办学、医疗、咨询以及其他有偿服务活动取得的所得;个人对企业、事业单位承包经营、承租经营以及转包、转租取得的所得;个人从事其他生产、经营活动取得的所得 ⊖。

(6) **利息、股息、红利所得**,是指单位和个人因进行存款、贷款、购买各种债券和投资等活动而取得的利息收入、股息收入和红利收入。利息一般是指存款利息、贷款利息、各种债券利息以及垫付款、延期付款等项利息。股息、红利系公司、企业的分红。按照一定的比率对每股金额发给的息金称"股息",根据公司、企业应分配的利润按股份分配的称"红利"。

(7) **财产租赁所得**,是指个人出租不动产、机器设备、车船以及其他财产取得的所得。

(8) **财产转让所得**,是指个人转让有价证券、股权、合伙企业中的财产份额、不动产、机器设备、车船以及其他财产取得的收入 ⊜。

(9) **偶然所得**,是指个人得奖、中奖、中彩以及其他偶然性质的所得。偶然所得应缴纳的个人所得税税款,一律由发奖单位或者机构代扣代缴。

2. 所得税率

依照《中华人民共和国个人所得税法》(2018年修正),我国居民个人纳税分别依照综合所得、经营所得与其他所得对应不同税率。

(1) **综合所得税率**。综合所得包括工资薪金所得、劳务报酬所得、稿酬所得和特许权使用费所得等4种收入,其中全年应纳税额等于年度综合总收入去除免征额、专项扣除、专项附加扣除后乘以相应税率,然后减去速算扣除数。表12-4是年度综合税的个人所得税税率表。

表12-4 年度综合税的个人所得税税率表

级数	全年应纳税所得额	税率(%)	速算扣除数
1	不超过36 000元的	3	0
2	超过36 000元至144 000元的部分	10	2 520
3	超过144 000元至300 000元的部分	20	16 920
4	超过300 000元至420 000元的部分	25	31 920

⊖ 经营所得按年计算个人所得税,先由纳税人依照月度或季度终了后15日内,向经营管理所在地主管税务机关办理预缴所得税申报,在次年3月31日前进行汇算清缴。有两处所得的,向其中一处经营管理所在地主管税务机关办理年度汇总申报即可。

⊜ 一般情况下财产转让所得计算公式如下:应纳税额=(财产转让所得-财产原值-合理税费)×20%。需要注意的是,根据财政部发布的《财政部 国家税务总局关于个人转让股票所得继续暂免征收个人所得税的通知》(财税字[1998]61号)、国家税务总局发布的《股权转让所得个人所得税管理办法(试行)》(2014年第67号)文件规定,个人在上海证券交易所、深圳证券交易所转让从上市公司公开发行和转让市场取得的上市公司股票,所得暂免征收个人所得税。

(续)

级数	全年应纳税所得额	税率（%）	速算扣除数
5	超过 420 000 元至 660 000 元的部分	30	52 920
6	超过 660 000 元至 960 000 元的部分	35	85 920
7	超过 960 000 元的部分	45	181 920

资料来源：《中华人民共和国个人所得税法》（2018 年修正）。

（2）**经营所得税率**。经营所得税率表单独对应经营所得收入范围，共 5 级超额累进税率，分别从 5%～35% 不等。计算方式为年总净收入乘以相应税率减去速算扣除数，表 12-5 是经营所得个人所得税税率表。

表 12-5　经营所得个人所得税税率表

级数	年应纳税所得额	税率（%）	速算扣除数
1	不超过 30 000 元的	5	0
2	超过 30 000 元至 90 000 元的部分	10	1 500
3	超过 90 000 元至 300 000 元的部分	20	10 500
4	超过 300 000 元至 500 000 元的部分	30	40 500
5	超过 500 000 元的部分	35	65 500

资料来源：《中华人民共和国个人所得税法》。

（3）**其他所得税率**。利息、股息、红利所得，财产租赁所得，财产转让所得和偶然所得均适用 20% 的比例税率。

专栏 12-2

速算扣除数原理及计算方式

超额累进制的计算原理为，以收入的全部数额为基础计算，凡超过某个级距，即以其全额适用相应级距计算，最后将所有对应级距的税额加总得到应纳税额。速算扣除数则是为解决超额累进税率分级计算税额的复杂技术问题，而预先计算出的一个数据。如果以收入的全部数额直接乘以最高级次的税率，会导致低级次的收入被征收过高税收，速算扣除数衡量的则是低级次的收入被征收高税率的具体数额。如此一来，我们只需要找到对应的最高级次的税率，直接求收入与税率的乘积，再减去速算扣除数即为实际应纳税额。

本级速算扣除额 = 上一级最高应纳税所得额×（本级税率－上一级税率）+ 上一级速算扣除数

例如：

第一级的速算扣除数 = 0

第二级的速算扣除数 = 36 000×(10%－3%)+0 = 2 520

第三级的速算扣除数 = 144 000×(20%－10%)+2 520 = 16 920

其余的以此类推。

3. 收入确认

《中华人民共和国个人所得税法》对纳税义务人的征税方法有三种：一是按年计征，如综合所得、经营所得；二是按月计征，如非居民个人取得的工资薪金所得；三是按次计征，如利息、股息、红利所得，财产租赁所得（以一个月内取得的收入为一次），财产转让所得和偶然所得。收入确认非常重要，因为涉及投资行为中的纳税问题。以股票交易取得的收入为例，我国的个人所得税法规定，财产转让所得以每一次股票交易差额为税基进行缴纳，且税率不变。但是在美国的税收法律体系下，资本利得税允许以所有证券交易的最终净损益为税基进行缴纳，此外他们还细分了短期与长期不同税率进行差别化管理[一]。

4. 应纳税额计算方式

（1）居民综合所得应纳税额计算方式。根据《个人所得税扣缴申报管理办法（试行）》（国家税务总局公告2018年第61号）的规定，居民综合所得应纳税额征收管理的方式分两步走：首先，分别对工资薪金所得、劳务报酬所得、稿酬所得和特许权使用费所得四类收入，通过预扣预缴的方式进行征收；其次，纳税年度终了后，由纳税人通过办理综合所得年度汇算清缴，税款多退少补。

工资薪金所得预扣预缴计算方式：在2019年实施新个税法之前，居民取得的工资薪金收入按单月征收的形式进行缴税，年应纳税额则等于每月应纳税额之和。2019年实施新个税法之后，与之前的最大差别除了新增专项附加扣除项目以外，不再以单月收入为计算基数，而是从当年第一次取得收入的当月起，计算每月累计收入总额，减去累计基本扣除额、累计专项扣除、累计专项附加扣除和其他累计免税收入，再乘以对应级次税率，最后减去速算扣除数和往月累计已预扣预缴税额，即为当月应预缴税额。如果取得收入的单位发生改变，则以新单位取得收入当月重新计算，第二年将新旧单位取得的收入全部并入综合所得进行汇算清缴。计算公式如下：

每月应预缴税额 =（累计工资薪金收入 − 累计基本扣除 − 累计专项扣除 − 累计专项附加扣除）× 对应级次预扣税率 − 速算扣除数 − 累计已预扣预缴税额

其中，基本扣除即为6 000元每月的免征额；专项扣除包括按照国家规定标准和范围缴纳的基本养老保险、基本医疗保险、失业保险、工伤保险、生育保险和住房公积金（通常称之为"五险一金"）；专项附加扣除包括符合条件的子女教育、继续教育、大病医疗、住房贷款利息、租房利息以及赡养老人六大专项附加扣除。预扣税率与表12-5综合所得征税税率一致。

劳务报酬所得预扣预缴计算方式：预扣预缴时，如果劳务报酬所得不超过4 000元每月，则先扣除800元，再按照表12-6所示进行预扣预缴；如果超过4 000元每月，则先减除20%，再依照预扣预缴税率表直接进行计算。计算公式如下：

劳务报酬所得应预缴税额 = 劳务报酬所得 × 对应级次预扣率 − 速算扣除数

[一] 美国所得税法规定，个人获得的资本利得依照短期资本利得（一年以内投资收益）与长期资本利得（一年以上投资收益）分开缴税，存在多次投资的各自合并计算盈亏，发生损失不与计税。自2013年以后长期资本利得税率最低10%，最高20%；短期资本利得税率最低15%，最高39.6%。

表 12-6 居民个人劳务报酬所得预扣预缴税率表

级数	预扣预缴应纳税所得额	预扣率（%）	速算扣除数
1	不超过 20 000 元	20	0
2	超过 20 000 元至 50 000 元的部分	30	2 000
3	超过 50 000 元的部分	40	7 000

稿酬所得、特许权使用费所得计算方式：稿酬所得、特许权使用费所得每次收入不超过 4 000 元的，减除费用按 800 元计算；每次收入 4 000 元以上的，减除费用按收入的 20% 计算。预扣率为 20%，其中稿酬所得预扣额减按 70% 进行预扣。计算公式如下：

$$应预缴税额 = 应纳税所得额 \times 20\%$$

综合所得汇算清缴计算方式：在汇算清缴阶段，加总个人年度工资薪金所得、劳务报酬所得、稿酬所得和特许权使用费所得，然后对应综合所得个人所得税税率，依照如下公式进行计算。

$$\begin{aligned}应纳税额 = &(年综合所得收入总额 - 年基本扣除总额 - 年专项扣除总额 \\ &- 年专项附加扣除总额) \times 对应级次税率 - 速算扣除数\end{aligned}$$

需要注意的是，年度综合所得收入中劳务报酬所得、稿酬所得、特许权使用费所得以收入减除 20% 的费用后的余额为收入额，稿酬所得的收入额再减按 70% 计算。最后，在个人所得税系统中，对照上一年度已纳个人所得税税款总额与汇算清缴应纳税额，依照多退少补的形式，完成年度个人报税（专栏 12-2 介绍速算扣除数原理及计算方式）。

(2) **个人经营所得应纳税额计算方式**。经营所得以每一纳税年度的总收入减除成本、费用以及损失后的余额为应纳税额。如果取得经营收入的个人没有其他综合所得的，计算其每一年度应纳税额时，应当减除费用 60 000 元、专项扣除、专项附加扣除以及依法确定的其他扣除。计算方式同个人综合所得汇算清缴阶段一致，税率依照经营所得税率表确定。如果还有其他综合所得，那么这些扣除依照综合所得部分处理纳税，在此不再扣除。

(3) **其他个人所得应纳税额计算方式**。除以上个人综合所得、经营所得外，利息、股息、红利所得，财产租赁所得，财产转让所得和偶尔所得外，其他个人所得应纳税额均适用税率为 20% 的比例税。其中，财产租赁所得每次收入不超过 4 000 元的，减除费用 800 元再计税；4 000 元以上的，减除 20% 的费用，其余额为应纳税所得额；财产转让所得以转让财产的收入额减除财产原值和合理费用后的余额为应纳税所得额，再以比例税进行计税。

(4) **个人捐赠纳税减免**。值得注意的是，无论以上何种纳税方式，个人将其所得对教育、扶贫、济困等公益慈善事业进行捐赠，捐赠额未超过纳税人申报的应纳税所得额 30% 的部分，可以从其应纳税所得额中扣除。

【例题 12-1】 假设某职工每月工资 40 000 元，专项扣除每月为 4 800 元。不考虑专项附加扣除，试计算在新旧税法下个人应纳税额分别为多少？

解：2019 年税改前的个人应纳税如下：

月	工资	基本扣除	专项扣除	应纳税额	税率	速算扣除数	应纳税额
1	40 000	-3 500	-4 800	31 700	25%	1 005	6 920
2	40 000	-3 500	-4 800	31 700	25%	1 005	6 920
3	40 000	-3 500	-4 800	31 700	25%	1 005	6 920
4	40 000	-3 500	-4 800	31 700	25%	1 005	6 920
5	40 000	-3 500	-4 800	31 700	25%	1 005	6 920
6	40 000	-3 500	-4 800	31 700	25%	1 005	6 920
7	40 000	-3 500	-4 800	31 700	25%	1 005	6 920
8	40 000	-3 500	-4 800	31 700	25%	1 005	6 920
9	40 000	-3 500	-4 800	31 700	25%	1 005	6 920
10	40 000	-3 500	-4 800	31 700	25%	1 005	6 920
11	40 000	-3 500	-4 800	31 700	25%	1 005	6 920
12	40 000	-3 500	-4 800	31 700	25%	1 005	6 920
总数	480 000	-42 000	-57 600	380 400			83 040

注：一年累计应缴纳税款 83 040 元。

2019 年税改后：

月	工资	基本扣除	专项扣除	应纳税额	税率	速算扣除数	每月应纳税额
1	40 000	-5 000	-4 800	30 200	3%	0	906
2	80 000	-10 000	-9 600	60 400	10%	2 520	2 614
3	120 000	-15 000	-14 400	90 600	10%	2 520	3 020
4	160 000	-20 000	-19 200	120 800	10%	2 520	3 020
5	200 000	-25 000	-24 000	151 000	20%	16 920	3 720
6	240 000	-30 000	-28 800	181 200	20%	16 920	6 040
7	280 000	-35 000	-33 600	211 400	20%	16 920	6 040
8	320 000	-40 000	-38 400	241 600	20%	16 920	6 040
9	360 000	-45 000	-43 200	271 800	20%	16 920	6 040
10	400 000	-50 000	-48 000	302 000	20%	16 920	6 040
11	440 000	-55 000	-52 800	332 200	20%	16 920	6 040
12	480 000	-60 000	-57 600	362 400	25%	31 920	9 160

注：一年累计应缴纳税款 58 680 元。

由图 12-1 可以看出，在新个人所得税法的基础上，超额累计的计算方式使得总收入越高，相对应的税率也就越高，但对于中低收入人群来说税收负担减轻了不少。同时以往将年收入均摊到每月上的税收筹划方式不再有效，因为新个人所得税法下的计算逻辑发生了改变。另外新个人所得税还允许对包括子女教育、老人赡养、大病医疗等专项附加项目进行税前扣除，使得中低收入阶层的个人所得税负比以往更低。

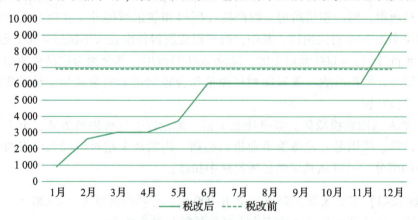

图 12-1 每月应纳税额对比图

12.2.3 非居民个人应纳税基本要素

1. 非居民个人的定义

按照我国个人所得税法的规定，非居民个人是相对于居民个人的一个分类，是指不符合居民个人判定条件的纳税义务人，承担有限纳税义务，仅就其来源于中国境内的所得向中国缴纳个人所得税。根据我国个人所得税法及实施条例的相关内容：非居民个人是与中国签订税收协定，在中国境内无住所又不居住，或者无住所而一个纳税年度内境内居住累计不满 183 天的个人（国籍为外籍人员、华侨或香港、澳门、台湾同胞，我国现阶段已与 109 个国家和地区签订相关税收协定），非税收协定签订国的居民，则依照一个纳税年度内在我国境内居住累计不满 90 天为标准来划分非居民个人。

拓展阅读 12-3
个人所得税的申报

2. 非居民个人征税范围及税率

根据《中华人民共和国个人所得税法》规定，非居民个人在境内取得的收入均需要缴纳个人所得税。但不同的是，对于非居民个人取得的收入并不能享受专项扣除、专项附加扣除等税前抵扣政策，且对收入采取按次或按月征收的方式计征，不合并计税也不参与年度汇算清总。实际计算方式为，依照合法所得，对工资薪金收入以每月 5 000 元标准进行税前扣除，对劳务报酬、稿酬所得、特许权使用费所得减除 20% 后进行计税，此外，稿酬所得还可以减按 70% 进行计税。另外利息股息红利所得、财产租赁所得、财产转让所得和偶然所得与居民个人纳税基本保持一致，适用比例税率，税率为 20%。表 12-7 是非居民个人所得适用税率表。

表 12-7 非居民个人所得适用税率表

级数	应纳税所得额	税率（%）	速算扣除数
1	不超过 3 000 元	3	0
2	超过 3 000 元至 12 000 元的部分	10	210
3	超过 12 000 元至 25 000 元的部分	20	1 410
4	超过 25 000 元至 35 000 元的部分	25	2 660
5	超过 35 000 元至 55 000 元的部分	30	4 410
6	超过 55 000 元至 80 000 元的部分	35	7 160
7	超过 80 000 元的部分	45	15 160

12.3 税收筹划的基本方法

拓展阅读 12-4
美国的个人所得税制

对于税收筹划的实施者而言，在进行税收筹划之前，首先需要认定收入性质，例如，综合所得和财产性所得，由于收入性质不同，其计税政策也不同。另外还需要注意区分应纳税收入和免征税收入，如国债利息收入属于免税收入等。其次，要准确把握扣减项目。例如除了通常的"五险一金"以外，其他保险也是实现个人税收筹划的重要手段，例如个人在规定范围内购买的符合规定的商业健康保险或部分试点地区购买商业养老保险的支出，就可以在当月或者年终结算时予以税前扣除。再次，注意经济契约关系的变化。经济契约关系、合同模式的改变，一般也会引起税收的变化。例如，根据《财政部—国家税务总局关于规范个人投资者个人所得税征收管理的通知》（财税［2003］158号）的规定，纳税年度内个人投资者从其他投资企业借款，在该纳税年度终了后既不归还又未用于企业生产经营的，未归还的借款可视为企业对个人投资者的红利分配，依照"利息、股息、红利所得"项目计征个人所得税，从而使个人税负加重。但是如果采取合理的手段则可以减轻税收负担，例如，在借款时采取第三方非企业投资者办理个人借款，再将这笔个人借款转借给本企业的形式，就能避免上述纳税义务。总而言之，税收筹划的方式多种多样，我们不能一一对所有方式进行阐述，在后续的部分中，我们将以专题案例的形式对部分筹划方式进行说明。

12.3.1 税收筹划的方法之一：合理安排应税所得

在所有的个人所得中，只有综合所得和经营所得存在超额累进税率，这一点我们在个人所得应纳税基本要素的内容中已经进行了分析，其余四大类收入均按统一的税率进行征收。依照超额累进税率进行征税的收入，如果采用单一收入核算，可能会面临较高的税收征收率，因此，可以通过改变支付次数、收入均衡支付的方法，降低每一次的应纳税额，从而避免一次收入过高而使用高税率的情况。具体的筹划方式主要有如下几种。

（1）**分散收入节税**。对于个人所得部分，除工资薪金外的其他收入，在合适的情况下，都可以通过分散收入的方式减少个人所得。例如，以家庭为单位取得经营所得过程中，合理合法分配家庭成员参与经营所得，并开具工资薪金或劳务报酬提高经营成本减少个人经营综合所得应纳税额，同时家庭成员取得收入增加了家庭总收入；以劳务报酬或稿酬取得收入时，通过不同阶段合同从而分散当年收入，实现多期收入减低应纳税所得额。

（2）**分散产权节税**。对于经营所得、稿酬所得、特许经营权使用费三类收入，可以采用分散产权的形式进行节税。因为经营所得也是按照超额累进收入进行计征的，而后两类收入是纳入个人综合所得进行计征的。如果以家庭为单位分散所有权和产权，通过合伙企业的形式将个人产权转化为家庭内部共有产权，那么在进行打包获取收入时就能将同一收入分散到每个家庭成员身上，从而降低单个人的所得总税负。

（3）**费用成本转化节税**。费用成本在取得收入的过程中是可以进行筹划的，比如在取得劳务报酬或者稿酬所得过程中，如果成本费用包括在劳务报酬或稿酬支付总价当中时，无疑会提高个人总的税收负担；如果采取额外发票报销，或者直接由需求方进行支付，则可以减少应纳税所得。在取得工资薪金收入的劳动中，以个人报销形式所取得的收入不需要纳税，但如果以工资补贴形式发放的报销收入则需要纳税，因此需要注意区分开来降低自身税收负担。

（4）**税收延期节税**。由于我国的个人所得中，属于综合所得应纳税范畴的部分，都是采取超额累进制税率计算方式进行计税，且这部分收入属于年累计收入的形式汇总计算，那么，将收入进行延期处理会是一个不错的税收筹划方式。通过降低当年的综合所得，使得应纳税所得额所对应的税率下降相应级次，从而解决一次性过高纳税额的问题。但需要注意的是，我们必须比较准确的预估税收延期后下几期的综合所得问题，如果延期收入会导致接下来几期的综合所得应纳税所得额超过一定级次的高税率，那么采用税收延期是不明智的。最后，对于利息、股息、红利所得，财产转让、租赁所得和偶然所得由于收入确定是以交易当次为计税依据的，且征收20%的比例税，因此税收延期方式并不适用。

【例题 12-2】张先生开办了一家家用电器公司，其夫妻共同负责经营管理，同时张先生也承接一些安装维修工程。预计其每年销售电器的应纳税所得额为300 000元，安装维修工程应纳税额为100 000元。试做出降低税负的筹划方案。

解： 如果依照现有税法的规定，张先生的投资所得属于经营所得，对照经营所得超额累进税率表（表12-6）全年应纳税额为：共计应纳税额 = 400 000×30% - 40 500 = 79 500（元）

但是如果其夫妻二人将电器经营和安装维修工程划分开来，分别以两个个人独资企业的形式进行经营，那么其纳税形式就不一样了。

电器经营部分应纳税额 = 300 000×20% - 10 500 = 49 500（元）
安装维修工程应纳税额 = 100 000×20% - 10 500 = 9 500（元）
共计应纳税额 = 49 500 + 9 500 = 59 000（元）
可实现节税额为：79 500 - 59 000 = 20 500（元）

12.3.2 税收筹划的方法之二：高税率项目与低税率项目转化

在引导案例中，我们假设了一致的期望利润，但是如果真的设立有限责任公司，在税收征收环节，会涉及增值税、消费税等税金的企业所得税税前抵扣，最终税前利润可能比合伙制形式更高，以至于达到了这两种不同收入类型、不同征税方式的个人所得税后收益相等的阈值，此时无论选择哪种方式进行投资，税后收益都是一致的。因此，在个人所得不同收入来源中，不同税率的收入也可以做适当的转换，从而实现实际税负的降低。例如，股息、红利所得适用于20%的税率，而工资薪金所得适用于7级超额累进税率，在某些情况下进行转换也会有不同的效果。

【例题 12-3】某有限责任公司由甲、乙、丙三个自然人投资组建，占股比例各占三分之一。现甲、乙、丙三人月工资为5 000元，年底每人应分股利24 000元，试做出降低税负的筹划方案。

解：（1）转换前应纳税额情况：由于每人每月工资为5 000元，未超过免征额，不需要缴纳个人所得税，只有股息、红利收入需要缴税。

股息红利所得应纳税额为：24 000 × 20% = 4 800(元)
合计应纳税额为：4 800 × 3 = 14 400(元)

（2）转换后应纳税额情况：将股息、红利全部转化为工资薪金所得，那么每人工资上涨了2 000元，个人总收入为7 000元，其应纳税额如下：

$$\text{工资薪金收入应纳税额} = (7\,000 - 5\,000) \times 12 \times 3\% = 720(元)$$
$$\text{三人合计应纳税额} = 720 \times 3 = 2\,160(元)$$
$$\text{可实现节税额为：} 14\,400 - 2\,160 = 12\,240(元)$$

12.3.3 税收筹划的方法之三：合法调整应税项目

1. 将工资、薪金收入转换为其他低税率的收入

这一操作方式也是在法律允许的条件下对个人收入进行重新分配调整，以达到节税的目标。个人综合所得依照超额累进制的形式对高收入征收额外更高的税收，但是对其他收入则采取比例税的形式征收个人所得税，如果能够合理转化收入类型，将降低个人所得税税负。需要注意的是，个人综合所得扣税拥有免征额扣除、专项扣除、专项附加扣除等有利条件，在具体实施时应当注意实际的等价转化临界值。

【例题12-4】某制造业企业员工，年薪假设为372 000元，租车市场年价格为30 000元，如果进行税收筹划以达到增加收入的目的该如何处理（仅考虑基本免征额扣除的情况下）？

解： 若按照一般情况，那么该员工年应缴纳的个人所得税为：
$$(372\,000 - 60\,000) \times 25\% - 31\,920 = 46\,080(元)$$

如果该员工与企业签订合同，公司租用员工的车，再将车辆分配给该员工使用，将总收入改为工资薪金收入346 000元，租车收入30 000元，那么此时该员工应缴纳个人所得税为：
$$\text{工资薪金应纳所得税} = (346\,000 - 60\,000) \times 20\% - 16\,920 = 40\,280(元)$$
$$\text{租车收入应纳所得税} = 30\,000(1 - 20\%) \times 20\% = 4\,800(元)$$
$$\text{总纳税额} = 40\,280 + 4\,800 = 45\,080(元)$$

相比其税收筹划前，应纳税额减少了1 000元。

2. 将工资收入转换为住房公积金

根据《关于基本养老保险费、基本医疗保险费、失业保险费住房公积金有关个人所得税政策的通知》（财税〔2006〕10号）的规定，单位和个人分别在不超过职工本人上一年度月平均工资12%的幅度内（单位及个人的缴存比例可在5%~12%自行选择），其实际缴存的住房公积金，允许在个人应纳税所得额中扣除。单位和职工个人缴存住房公积金的月平均工资，不得超过职工工作所在地城市上一年度职工月平均工资的3倍。单位和个人超过上述规定比例和标准缴付的住房公积金，应将超过部分并入个人当月工资、薪金收入，计征个人所得税。这就给了我们一定的纳税选择权，当职工个人月收入未超过工作所在地城市上一年度职工月平均工资的3倍时，选择多缴纳住房公积金，会降低当前的工资薪金所得应纳税额。

【例题12-5】假设某企业所在市2019年在岗职工月平均工资为4 200元，该企业员工2020年月平均工资收入为12 000元（除此之外无其他收入），现阶段企业和员工分别以工资收入10%的比例为员工缴纳住房公积金，也就是1 200元每月。假设该企业

员工每月专项附加扣除为 1 000 元，除住房公积金以外的其他专项扣除为 1 560 元，无其他扣除项。那么请问该员工可以怎样将工资收入转化为住房公积金降低税负？

解：以现有安排，那么该员工当年应当缴纳的个人所得税的税基为：

$$(12\,000 - 5\,000 - 1\,000 - 1\,560 - 1\,200) \times 12 = 38\,880(元)$$

该税基对应个人所得税税率为 10%，因此最终该员工需要缴纳的个人所得税税款为：

$$38\,880 \times 10\% - 2\,520 = 1\,368(元)$$

可以看出，以这一模式进行缴存住房公积金，个人所得税税基超过上一级缴税级距 2 880 元，折算成每月为 240 元。由于员工是以 10% 的比例缴纳住房公积金，且平均工资未超过上一年城市月平均工资，因此员工可以选择将公积金缴率提高到 12%，也就是每月增加 240 元的住房公积金缴纳。从而增加每月 240 元的个人所得税专项扣除，将税基降低到刚好 36 000 元，此时税率也从 10% 下降到了 3%，员工需缴纳的个人所得税税款为：

$$(12\,000 - 5\,000 - 1\,000 - 1\,560 - 1\,440) \times 12 \times 3\% = 1\,080(元)$$

通过调整住房公积金比例，该员工最终少负担的个人所得税税款为 288 元。

3. 将工资收入转换为职业类年金

通过缴纳企业年金（职业年金）来递延纳税，也属于税收筹划方式的一种。递延纳税是指在年金缴费环节和年金基金投资收益环节暂不征收个人所得税，将纳税义务递延到个人实际领取年金的环节。自 2019 年起，根据我国个人所得税法，对于个人依照《企业年金办法》《机关事业单位职业年金办法》缴付的企业年金和职业年金，可以在综合所得计缴个人所得税时，在收入额中可以全额扣除，不再受 4% 的额度限制（参见本书 P270 我国职业年金制度的运行相关内容）。企业年金个人缴费工资计税基数为本人上一年度月平均工资，本人上一年度的月平均工资按国家统计局规定列入工资总额统计的项目计算，超过职工工作地所在城市上一年度职工月平均工资 300% 以上的部分，不计入个人缴费工资计税基数。个人达到国家规定的退休年龄，在本通知实施之后按月领取的年金，全额按照"工资、薪金所得"项目适用的税率，计征个人所得税⊖。这一筹划方式的意义在于：首先它实现了递延纳税；其次，退休后综合所得应纳税收入一般都会比工作时期降低，且以现阶段缴纳企业年金金额的大小依照"工资、薪金所得"项目并入综合所得计税，税率大概率会比现阶段低，从而规避现在的高级次税率纳税。

4. 将工资收入转换为个人税收递延型保险

个人税收递延型商业养老保险，是由保险公司承保的一种商业养老年金保险，主要面向缴纳个人所得税的社会公众。公众投保该商业养老年金保险，缴纳的保险费允许税前列支，养老金积累阶段免税，领取养老金时再相应缴纳，这也是国际上采用较多的税收优惠模式。我国的模式为：保费扣除限额按照当月工资薪金、连续性劳务报酬收入的 6% 和 1 000 元孰低确定；账户资金收益暂不征税；领取税收递延型商业养老金时，25% 部分予以免税，其余 75% 部分按照 10% 的比例税率计算缴纳个人所得税，

⊖ 现阶段年金基金投资运营收益分配计入个人账户时，个人暂不缴纳个人所得税。

税款计入"工资、薪金所得"项目，由保险机构代扣代缴后，在个人购买税延养老保险的机构所在地办理全员全额扣缴申报。根据财政部等五部门发布的《关于开展个人税收递延型商业养老保险试点的通知》，上海市、福建省和苏州工业园区先行试点，在试点地区取得工资薪金、连续性劳务报酬所得的个人以及个体工商户、个人独资企业投资者等纳税人均可投保。

根据财政部、税务总局和银保监会联合制发的《关于将商业健康保险个人所得税试点政策推广到全国范围实施的通知》[一]，对个人购买符合规定的商业健康保险产品的支出，允许在当年（月）计算应纳税所得额时予以扣除，扣除限额为2400元每年（或200元每月）。单位为员工购买的符合规定的商业健康保险产品的支出，应分别计入员工个人工资薪金支出，视同个人购买，按以上限额进行扣除。

12.3.4　税收筹划的方法之四：公益性捐赠支出

我国税法规定，个人或企业将其所得通过中国境内的社会团体、国家机关向教育和其他社会公益事业以及遭受严重自然灾害地区、贫困地区的捐赠，允许从应纳税所得额中扣除，其扣除标准不超过纳税人申报应纳税所得额的30%为限。依据这一法规，纳税人在取得投资收益时可根据应纳税所得额在对应税率表中所处的级次，衡量公益捐款和原本应纳税额之间的大小，做符合税后收益最大化原则的选择。当然需要注意的是，纳税人直接对受益人的捐赠并不属于国家允许进行税前抵扣的行为，因此如果以节税为目标的捐赠，应选择税法上认定的组织或团体进行捐赠。

12.4　非常规收入的税收筹划

12.4.1　利息、股息、红利所得的筹划

1. 投资相关免税项目

（1）**个人存款及投资国债、国家金融债券所得**。新《个人所得税法》及相关政策规定，对个人投资于国债、国家发行的金融债券取得的利息免征个人所得税；对个人储蓄存款孳生的利息所得，暂免征个人所得税；对个人取得的教育储蓄存款利息所得，以及国务院财政部门确定的其他专项储蓄存款或者储蓄性专项基金存款的利息所得，免征个人所得税。对于风险规避型投资者来说，纳税人将资金存入银行、购买国债均不用承担个人所得税，并且国债利率高于一般储蓄，甚至可能和某些理财产品也收益相当，因此进行财富管理时，选择免税项目进行投资是一个不错的选择。

（2）**其他所得**。现阶段，我国对外汇交易所得依照人民币储蓄存款利息所得免征

[一]　符合规定的商业健康保险产品，是指保险公司参照国家颁布的个人税收优惠型健康保险产品指引框架及示范条款开发等条件的健康保险产品。详见《关于将商业健康保险个人所得税试点政策推广到全国范围实施的通知》（财税〔2017〕39号）。

个人所得税。考虑到期货市场正处于培育期，个人客户占比较小、期货交易情况复杂、不易管控等因素，税务部门对于投资期货取得的收益，一般都没有实际征收个人所得税[⊖]。对保险公司按投保金额，以银行同期储蓄存款利率支付给在保期内未出险的人寿保险保户的利息（或以其他名义支付的类似收入），按"其他所得"应税项目征收个人所得税，税款由支付利息的保险公司代扣代缴。目前对分红险支付的红利，是否缴纳个税尚存争议，税务总局没有明确，部分地区要求征收。最后，我国依照实际所得来源课税的处理方式，对信托产品收益采取利息、股息、红利所得缴纳个税，但如果转让的信托产品属于二级市场股票，那么也是免征个税的，其他信托产品以财产转让所得征税。

2. 理性选择投资利率

虽然国债、国家发行的金融债券、存款利息等免征个人所得税，但是若投资对象的利率高到一定程度，其税后净收入超过免税投资的收入，则应当选择高利率的产品。反之如果投资其他债券虽然利率高，但是税后收入低则也不能选择，要理性地以税后收入作为投资的最终衡量标准。

例如某自然人现有一笔闲置资金共 100 万元用以投资，作为风险厌恶型投资者其只从国债和上市公司公开发行的债券两类投资方向做选择。假设现三年期的国债利率为 4%，公司债券利率为 5.8%，持有时间同样也为三年。那么未来三年的投资收益可以直接得出：

$$投资国债回报 = 100 \times 4\% \times 3 = 12(万元)$$
$$投资债券回报 = 100 \times 5.8\% \times 3 = 17.4(万元)$$

由于投资国债所得无须缴纳个人所得税，因此投资国债的最终收益就是 12 万元。而投资债券所得应以利息、股息、红利所得缴纳 20% 的个人所得税，因此投资债券最终的收益为 17.4 万元×0.8＝13.92 万元。在这一例子中选择需要纳税的公司债券进行投资明显税后收益更高，但如果公司债券利率降低到 5% 时，税后收益将降低到 12 万元，此时则与投资国债没有区别。如果公司债券利率进一步降低到 4.8%，虽然投资利率回报依然比国债利率高，但因投资公司债券需要纳税，最终税后收益则不如投资国债。专栏 12-3 介绍了个人股票投资、证券投资基金计税依据。

专栏 12-3

个人股票投资、证券投资基金计税依据

（1）**个人股票交易、买卖基金所得**。个人投资通过交易获得的差价收入根据《于个人转让股票所得继续暂免征收个人所得税的通知》（财税［1998］61 号）文件暂时免征个人所得税，买卖基金单位获得的差价收入在个人买卖股票差价收入未恢复个人所得税征收以前，暂不征收个人所得税。

（2）**个人取得股息红利所得**。个人持有股票取得的股息红利适用 20% 的个人所得

[⊖] 对境外个人投资者投资中国境内原油期货取得的所得，三年内暂免征收个人所得税，三年后按照财产转让所得纳税。

税税率，但对其实行差别化个人所得税政策，所缴税额的高低与持有股票时间长短相关。财政部、国家税务总局、中国证监会以财税［2015］101号印发《关于上市公司股息红利差别化个人所得税政策有关问题的通知》明确：自2015年9月8日起，个人从公开发行和转让市场取得的上市公司股票，持股期限超过1年的，股息红利所得暂免征收个人所得税。持股期限在1个月以内（含1个月）的，其股息红利所得全额计入应纳税所得额；持股期限在1个月以上至1年（含1年）的，暂减按50%计入应纳税所得额。

（3）**个人投资证券基金分配股息红利所得**。对于个人投资者从基金分配中获得的股息、红利、利息时，由上市公司或者发行债券的企业在向基金派发股息、红利、利息时代扣代缴个人所得税20%，基金向个人投资者分配股息、红利、利息所得时不再代扣代缴个人所得税。

资料来源：《中华人民共和国个人所得税法》。

12.4.2 股权转让的筹划

根据国家税务总局2014年第67号《关于发布〈股权转让所得个人所得税管理办法（试行）〉的公告》文件的规定（以下简称《股权转让所得个税管理办法》），个人转让股权⊖按"财产转让所得"缴纳个人所得税，税率为20%。同时，文件还规定，股权转让收入是指转让方因股权转让而获得的现金、实物、有价证券和其他形式的经济利益，转让方取得与股权转让相关的各种款项，包括违约金、补偿金以及其他名目的款项、资产、权益等，均应并入股权转让收入⊖。

1. 利用"正当理由"实现低价转让股权

根据《股权转让所得个税管理办法》的规定，股权转让收入应当按照公平原则确定，同时如果符合下列条件之一的股权转让收入明显偏低的，视为有正当理由。

（1）能出示有效文件证明被投资企业因国家政策调整，生产经营受到重大影响导致低价转让股权。

（2）继承或将股权转让给其能提供具有法律效力身份关系证明的配偶、父母、子女、祖父母、外祖父母、孙子女、外孙子女、兄弟姐妹以及对转让人承担直接抚养或者赡养义务的抚养人或者赡养人。

（3）相关法律、政府文件或者企业章程规定，并有相关资料充分证明转让价格合理且真实的本企业员工持有的不能对外转让股权的内部转让。

（4）股权转让双方能提供有效证据证明其合理性的其他合理情况。

可见，在实际税收征管中，利用上述政策提供充分的证明材料，也可以实现较低的转让价格，从而避免被征收高额税收。

2. 参考"核定"法确定交易方式

在《股权转让所得个税管理办法》中，对如下情况进行了说明：个人转让股权未

⊖ 股权转让是指个人将股权转让给其他人或者法人的行为，包括：出售股权，公司回购股权，发行人首次公开发行新股时被投资企业股东将其持有的股份以公开发行方式一并向投资者发售，股权被司法或者行政机关强制过户，以股权对外投资或者进行其他非货币交易，以股权抵偿债务，其他股权转移行为。

⊖ 具体的计算方式为：以股权转让收入减除股权原值和合理费用后的余额为应纳税所得额。

提供完整、准确的股权原值凭证，不能正确计算股权原值的，由主管税务机关核定其股权原值。这在一定程度上给予了地方税务机关的主导权，部分地区近年来大规模的招商引资，同时带来了股权价格低核定率和财政返还政策。与第一条相结合有时就能带来自身税负最小化。

【例题12-6】某自然人A投资了甲企业200万元，取得甲企业100%的股权。两年后A将股份转让给关联人B，转让价格依然为200万元。转让时甲公司的净资产为250万元，转让给B以后A公司分配股利50万给B，那么该如何进行税收筹划？

解：首先根据第67号文件的规定，对于平价或者低价转让且无正当理由的，税务部门可参照投资企业的净资产核定转让价格：此时A应纳个人所得税=(250-200)×20%=10（万元）。

转让给B以后，甲公司还要分配股利给B，此时B还需要缴纳关于红利的个人所得税：B应纳个人所得税=50×20%=10（万元）。

双方合计缴纳个人所得税20万元。如果要进行税收筹划，那么应当在转让前先分配利润，这时A取得股利后应纳税收入缴纳个人所得税为：50×20%=10（万元）。

之后再转让股权给B，此时转让价格等于净资产，无须在进行税收核定重新计价。通过这一处理方式，最终双方只缴纳了10万元的税款。

12.4.3 股票期权的筹划

股票期权，是指上市公司按照规定的程序授予本公司及其控股企业员工的一项权利，该权利允许被授权员工在未来时间内以某一特定价格收购本公司一定数量的股票。"特定价格"一般是根据股票期权计划授予日的市场价格或者该价格的折扣价格，也可以按照事先约定好的计算方式约定价格。员工接受实施股票期权计划企业授予的股票期权时，除另有规定外，一般不在当时作为应税所得征税。当员工在约定日期行权时，其从企业取得股票的实际购买价格（施权价）低于购买日公平市场价的差额，是因员工在企业的表现和业绩情况而取得的与任职、受雇有关的所得，应当以该金额独立按照"工资、薪金所得"使用的七级超额累进税率进行计算缴纳个人所得税[一]。如果员工在行权日之前将期权转让了，以股票期权的转让净收入作为工资、薪金所得征收个人所得税。如果员工以折扣价购入方式取得股票期权的，以股票期权转让收入扣除折价购入股票期权时实际支付的价款后的余额，作为股票期权的转化净收入。员工将行权后的股票再转让时获得的高于购买日公平市场价的差额，是因个人在证券二级市场上转让股票等有价证券而获得的所得，应按照"财产转让所得"适用的征免规定计算缴纳个人所得税。员工因持有股权而参与企业税后利润分配取得的所得，应按照"利息、股息、红利所得"适用的规定计算缴纳个人所得税。

股票期权的筹划中可以利用的一点是，根据《财政部国家税务总局关于个人股票

[一] 需要注意的是，在2021年12月31日前这一收入不并入当年综合所得计算，而是全额单独适用综合所得税率表进行计税。如果出现两次获以上的股权激励的，应当合并这两次或两次以上收入后再单独计算个人所得税。

期权所得征收个人所得税问题的通知》（财税〔2005〕35号）的规定，如果员工在纳税年度内由于拥有多项股票期权的行权权利且已行权了，那么从第二次行权起，按照"工资、薪金所得"计算个人所得税的税基包括以前行权取得的所得，但计算完应纳税额后可以减去之前因行权已缴纳的个人所得税。如果不在一个纳税年度内进行多次行权，则单独计算应纳税额，而无须累加税基。

【例题 12-7】 某企业员工有两次股票期权行权能力，每次行权所得均为 20 万元。试计算在一个纳税年度内行权两次和在两个纳税年度内分别行权所需要交纳的所得税？

解： 第一种方案，在一个纳税年度内先后进行行权，那么依据个人所得税计算方式应纳税额为：

第一次行权应纳税额 = 200 000×20% − 16 920 = 23 080（元）

第二次行权应纳税额 =（200 000+200 000）×25% − 31 920 − 23 080 = 45 000（元）

总纳税额 = 23 080+45 000 = 68 080（元）

第二种方案，分别在不同纳税年度先后进行行权有：

第一次行权应纳税额 = 200 000×20% − 16 920 = 23 080（元）

第一次行权应纳税额 = 200 000×20% − 16 920 = 23 080（元）

总纳税额 = 23 080+23 080 = 46 160（元）

从不同方案的应纳税额中可以看出，选择分别在不同纳税年度先后进行行权，可以节省 21 920 元的税款。

12.4.4 非上市公司股票期权等情况的筹划

对于符合条件非上市公司股票期权、股权期权、限制性股票和股权奖励，经向税务机关备案后，可实行递延纳税政策。即员工在取得股权激励时可暂不纳税，递延至转让该股权时纳税。股权转让时，按照股权转让收入减除股权取得的成本以及合理税费后的差额，适用"财产转让所得"项目，按照 20% 的税率计算缴纳个人所得税。这样可以避免因为在当时过高的个人所得税累进税率阶段进行税收缴纳，而是按照固定的比例税率以"财产转让所得"项目纳税。

符合递延纳税政策的非上市公司股权激励（包括股票期权、股权期权、限制性股票和股权奖励）须满足以下条件。

（1）属于境内居民企业的股权激励计划，且激励标的应为境内居民企业的本公司股权，股权激励计划通过各级负责部门审核批准。

（2）激励对象应为公司董事会或股东（大）会决定的技术骨干和高级管理人员，激励对象人数累计不得超过本公司最近 6 个月在职职工平均人数的 30%。

（3）股票（权）期权自授予日起应持有满 3 年，且自行权日起持有满 1 年；限制性股票自授予日起应持有满 3 年，且解禁后持有满 1 年；股权奖励自获得奖励之日起应持有满 3 年。上述时间条件须在股权激励计划中列明。

（4）股票（权）期权自授予日至行权日的时间不得超过 10 年。

12.4.5 房产投资的税收筹划

房产投资包括两个部分，分别是居住型房地产投资和商业型房地产投资。根据居住型房地产投资的三个环节——购买住房、出租住房和销售住房，涉及的纳税环节包括：购房时的契税、印花税，出租时的房产税[一]（个人出租住房为4%的税率）、增值税、个人所得税（对个人按市场价格出租的居民住房取得的所得，暂减按10%的税率征收个人所得税），个人销售住房时的增值税、附加城市建设维护税和教育附加费、个人所得税（超过5年免征个人所得税），土地增值税和印花税暂时免征。从税收筹划的角度来看，个人拥有住房的税务筹划空间不大，与个人相关的税收优惠也仅有超过5年免征个人所得税这一条，其他只要涉及房产出租方面的税收，均没有优惠空间所在。

但是，对于商业型房地产投资而言，还是存在一定筹划空间的，具体则体现在房产税上。我国现阶段商业型房地产房产税以年为缴税周期，计税依据是房产的计税原值或租金收入，按照房产计税余值征收的为从价计征，按照房产租金收入计征的为从租计征。其中从价计征，是按房产的原值减除一定比例后的余值计征，扣除比例由地方省级人民政府确定10%~30%不等，其计算公式为：应纳税额=应税房产原值×(1－扣除比例)×年税率1.2%；从租计征是按房产的租金收入计征，其计算公式为：应纳税额=年租金收入×12%。

按照《中华人民共和国房产税暂行条例》(2011年修订) 的相关规定，可以从以下几个方面着手减轻房产税负担：

(1) **合理确定税基**。房产原值的计算包括与房屋不可分割的附属设备或一般不单独计算价值的配套设备，如供暖、通风、照明、电梯、煤气等，但对于可移动的附属设备和配套设施则不并入房产原值的计算。此外，对于更换的房屋附属设备与配套设施，在计算房产原值时可扣减原设备和设施的价值，对于易损坏或经常需要更换的零配件更新后不计入房产原值中。因此，在每年缴纳房产税计算房产原值时，将可分开的配套设施或附属设备单独记账，有助于减少房产原值，避免多缴税。

(2) **投资、出租行为的选择**。《中华人民共和国房产税暂行条例》规定，对于以房产投资联营[二]，投资者参与投资利润分红，共担风险的，按房产余值作为计税依据征收房产税；如果将房产对外出租，收取固定收入的租金且不承担联营风险的，应由出租房按租金收入计算缴纳房产税。按照房产计税余值与按租金收入计税的，税负往往不同，纳税人可以根据实际情况来决定承担风险享受红利，还是不承担风险享受固定租金。

(3) **出租或仓储的不同选择**。按照我国增值税法，现阶段租赁、仓储均应以5%的税率缴纳增值税。但根据房产税法，租赁业与仓储业的计税方式不同，房产自用的，

○ 根据《中华人民共和国房产税暂行条例》(2011年修订)，房产税按年征收分期缴纳，但对于个人所有非营业用的房产免纳房产税，个人所有其他形式的营业用途均需要缴纳房产税。
○ 房产投资联营是指，本企业以房产作价入股进行投资，将房地产转让到所投资、联营的企业中的一种投资行为。

其房产税依据房产余值的1.2%计算缴纳,房产用于租赁的,其房产税依照租金收入的12%计算缴纳。由于房产税的计税依据不同,必然导致应纳税额的差异,因此存在一定的税收筹划空间。

【例题12-8】 假设你现有用于出租的市区库房三栋,其房产原值为1 600万元,年租金收入为300万元。试计算按照一般租赁房屋形式出租房屋应纳税额。如果可以将房屋租赁改为仓储保管方式提供服务,那么应纳税额是多少?

解: 按照一般的情况,以租赁的形式出租房产,应纳税如下:

增值税=300×5%=15(万元);应纳城建税、教育费附加=15×(7%+3%)=1.5(万元);应纳房产税=300×12%=36(万元);共计52.5万元。

如果选择另外一种方式,则可以降低应纳税额:

将房产租赁合同改为仓储保管合同,增加服务内容,配备保管人员,为客户提供24小时服务。假设地方政府设定的扣除比例为30%,那么假设收入不变,此时:

应纳增值税=300×5%=15(万元);应纳城建税、教育费附加=15×(7%+3%)=1.5(万元);应纳房产税=1 600×(1-30%)×1.2%=13.44(万元);共计29.94万元,税负明显下降。

12.4.6 CRS与境外所得筹划

我国个人所得税法明确规定,居民个人无论是在境内或境外取得收入,均应缴纳个人所得税,但此前一直采取自主申报

拓展阅读12-5
中美居住型房地产房产税对比

的形式让纳税人主动缴税,国家并不强制执行。非强制性执行的原因,主要还是国家税务部门对居民个人海外投资收益难以确认。在与其他国家签订共同申报准则(Common Reporting Standard,以下简称CRS,拓展阅读12-6详细介绍了CRS)达成之前,国家税务部门需要单独向目标纳税人收入来源国发起个人财务信息申请,周期长、效率低,且往往因为他国社会制度、政治环境等因素,难以获取我国居民的详细收益表。自2018年我国与其他参与CRS的辖区完成首次辖区间的信息交换,标志着中国居民个人海外投资收益正式进入居民个人所得应纳税监控范围。

居民取得境外收入时,会存在已于境外收入来源国家或地区缴税的实际情况。基于国家之间对同一所得应避免征收双重

拓展阅读12-6
共同申报准则(CRS)

税收的国际原则,我国对纳税人的境外所得行使税收管辖权时,对该所得在境外已纳税额采取从应征税额中予以扣除的做法,但抵免额不能超过该纳税人境外所得依照法规计算的应纳税额。需要注意的有三点。

(1)我国的税法所规定的已在境外缴纳的个人所得税税额,必须是依照该所得来源国或地区的法律应当缴纳并且已经实际缴纳的所得税税额,进行申报时须提供境外税务机关出具的税款所属年度有关税收抵扣凭证。

（2）针对境外取得的不同所得收入类型，依照我国个人所得税法规定进行分类，然后再按照每种不同类型的所得课税模式，分别进行税收计算。对于来源于综合所得类的收入和经营所得，依照我国现行的税法，分别计算纳税人国内外合并收入的综合所得应纳税额、经营所得应纳税额后，再分别扣除国外已纳属于综合所得类收入的税收和经营所得的税收；对于其他收入则不进行合并计算，单独核算国内应纳税额，直接扣除国外已纳税额。

（3）如果居民个人在境外实际已缴纳个人所得税款，低于依照前款规定计算出的应纳税额的，应当向我国税务部门补缴税收；对于在境外实际已缴纳个人所得税款高于前款规定计算的应纳税额的，超过部分不能在当年应纳税额中进行抵免，但可以在后续来源于该国家的所得应纳税额抵免额的余额中进行补扣，但补扣期限最长不能超过5年。

依照我国现行的个人所得税法，在进行海外投资时应充分考虑投资回报国当地税收征收形式与我国的差别，在计算期望回报的应纳税额时考虑中外两国税制下的差异所带来的应纳税额大小。对于同一笔投资支出，在期望回报率与真实应纳税额之间存在的收益阈值，是决定该笔投资应当在国内实行还是国外实行的关键。

例如某居民有一笔100万元的闲置资金可以进行股权投资，预期国内一年期收益为20%，税率为20%，那么应纳税额为4万元，最终收益为16万元；如果在某欧洲国家投资，一年期收益为24.6%，当地资本利得税税率为35%，那么应纳税额为8.61万元，收益也为16万元。此时投资收益回到国内无须额外缴税，同时二者收益相同。

12.4.7 遗产税筹划

遗产税，是以被继承人去世后所遗留的财产为征税对象，向遗产的继承人和受遗赠人征收的税。理论上讲，遗产税如果征收得当，对于调节社会成员的财富分配、增加政府和社会公益事业的财力有一定的意义。遗产税常和赠与税联系在一起设立和征收，国际上先后有一百多个国家开征过遗产税。中国于1993年十四届中央委员会议上通过的《中共中央关于建设社会主义市场经济体制若干问题的决定》指出适时开征遗产税和赠与税，1996年在《国民经济和社会发展"九五"（第9个五年计划）和2010年远景目标纲要》中曾提出"逐步开征遗产税和赠与税"，但受限于我国居民收入水平与财富积累的现状，暂时未制定出遗产税和赠与税的草案。但随着经济的发展，人民财富累积的水平也在不断上升，未来时间内遗产税和赠与税迟早会进入议程，如何规划好家庭财富的身后分配也是值得我们探究的。鉴于我国并未开征的现实情况，本节我们以其他发达国家的遗产税制度为例进行分析。

1. 遗产税制度类型

目前，世界各国实行的遗产税主要分为总遗产税制、分遗产税制、混合遗产税制。总遗产税制即一次性征收遗产税，之后再依照遗嘱进行分配；分遗产税也称之为"继承税制"，指先进行财产分割，再对各继承人进行征收遗产税；混合遗产税制则是前二者的结合，指在分配遗产前先征收一道遗产税，分配遗产后再对各继承人分别征收遗产税。从合理性上来看，分遗产税最具有公平性。因为这一税制往往考虑继承人的经济能力,也考虑了不同的亲疏关系,使用不同税率以及可抵扣额。但分遗产税制的复杂度和征收管理也复杂,现阶段采取这种方式的国家有德国、法国、意大利、日本、瑞典、芬兰等。

2. 典型性国家遗产税制简介——以美国为例

美国属于总遗产税制类型。美国联邦税局 2019 年的资料显示,美国对财产赠与征税划分为赠与税与遗产税,赠与税为生前税,遗产税为身后税。以 2019 年为例,对于赠与人是美国人的情况,赠予税的免税额可以分为年度免税额和终生免税额,年度免征额规定每个人一年最多可以赠与他人价值 155 000 美元的财物,少于等于这一数额不需要报税。终身免税额为 1 140 万美元的生前赠与额度,但年度赠与额度可以通过占用终身免税额度的形式避免当年缴税。需要注意的是,如果赠与人和遗产被继承人不是美国公民或受赠人不是公民配偶,则不能享受终身免税额。对于赠与人是美国公民的情况,遗产税包括全球范围内对房屋、地产、股票、共同基金、退休账户、银行账户、拥有的公司、有价值的收藏等等进行征税,联邦政府的免税额同样也是 1 140 万美元,夫妻免税额为 2 280 万美元;如果赠与人不是美国公民,那么只对美国境内的财产进行征税,但免税额度只有 6 万美元。无论是赠与税还是遗产税,对超出部分均按照统一的十二级超额累进税率表进行征收,美国遗产税税率表如表 12-8 所示。

3. 遗产税/赠与税税收筹划——以美国为例

(1) **设立遗嘱确定财产分配**。美国除了联邦政府征收遗产税/赠与税外,部分州政府再次征收遗产税/赠与税,且个别州政府针对亲属关系不同的继承人有不同的征收规则。那么初期设立好遗嘱则有利于财产的最终分配,避免因为税率等级差的问题征收过多税收。

(2) **遗产信托**。遗产信托(Trust)现阶段被较多国家的公民所认可,本质上是通过法律的契约关系,当事人通过遗产信托指定他人管理自己的部分或全部遗产,从而实现遗产筹划的目标。例如,指定受益人为遗产信托基金的管理

表 12-8 2019 年美国遗产税税率表

遗产应征额(单位:美元)	税率(%)
不超过 10 000 部分	18
超过 10 000 不高于 20 000 部分	20
超过 20 000 不高于 40 000 部分	22
超过 40 000 不高于 60 000 部分	24
超过 60 000 不高于 80 000 部分	26
超过 80 000 不高于 100 000 部分	28
超过 100 000 不高于 150 000 部分	30
超过 150 000 不高于 250 000 部分	32
超过 250 000 不高于 500 000 部分	34
超过 500 000 不高于 750 000 部分	37
超过 750 000 不高于 1 000 000 部分	39
超过 1 000 000 部分	40

资料来源:美国联邦税务局 IRS。

者或托管人,或者规定信托基金无条件支持自己的子孙后代享有教育、创业等方面的资金支持。现阶段联邦政府对遗产信托的分配比例有一定限制,在不高于一定比例的情况下是免于征税的,超过这一比例则需要征遗产税。

(3) **充分利用赠与税年度免税额和终身免税额**。按照一般情况,美国公民可以每年向任何人赠与 1.55 万美元的财物且无须纳税,十年则支出了 15.5 万美元的总财产,如果是夫妻这一赠与额度还会翻倍。此外还可以享有个人 1 140 万美元的终身免税额度,避免过度纳税。

(4) **购买人寿保险**。购买人寿保险是美国居民最常用的一种财产转移手段,虽然保险赔偿金需要支付一定的税金,但相比起税率极高的遗产税还是非常具有价值的。

在世时通过购买大额保单,在过世时指定受益人则可以获得丰厚的赔偿金,且这笔资金以现金的形式支付,流动性极高。

(5) 设立慈善基金会等形式。对于财产积累较为丰富的家族,往往采用设立慈善基金会的形式进行避税。由于慈善基金会属于非营利性组织,投向慈善事业的资金还可以享受部分免税额度。通过指定实际受益人作为慈善基金会的管理者,或者慈善基金帮扶对象为受益人相关机构单位,从而实现财富的避税传承。

拓展阅读12-7介绍了我国财富管理行业税务筹划现状。

拓展阅读 12-7
我国财富管理行业税务筹划现状

■ **关键概念**

税收筹划(Tax Planning)　　　个人所得税(Personal Income Tax)
税制结构(Tax Structure)　　　税率(Tax Rate)
税收基本要素(Basic Elements of Taxation)　　收入确认(Revenue Recognition)
税收优惠(Tax Incentives)

■ **本章小结**

1. 税收筹划是在合法的基础上,对税收要素进行不同组合排列进行匹配,从而减轻税收负担的一种行为。
2. 税收筹划具有主观性,税收规划方案的形成及实施,完全取决于纳税人的主观判断,包括对税收政策的理解与判断、对纳税活动的认识与判断等。操作方案成功率与纳税人员业务素质成正比。
3. 个人税收规划具有条件性,只有在一定财税政策的前提下进行设计才能实现,否则就会涉及税收筹划风险,严重的将导致逃税行为的发生。

■ **思考习题**

1. 为什么要进行税收筹划?税收筹划的最终目的是什么?
2. 税收筹划属于事前行为、事中行为还是事后行为?
3. 税收筹划与避税、逃税之间的差别在哪里?相同点在哪里?
4. 什么是综合所得课税?课税对象包括哪些类型的所得?
5. 财富管理中的税收筹划方法包括哪些?其中心思想是什么?
6. 如果考虑闲暇时间成本,税收筹划是否一定符合纳税人的利益?

■ **计算题**

张先生为某上市公司准备聘请的高级技术人员,假设张先生的期望年薪为500万元,同时要求公司给出纳税方案降低其年应纳税税额,公司给出了四套纳税方案:①不发放年终奖与股票期权所得,综合所得应纳税额为500万元;②发放全年一次性终奖6万元,股票期权所得6万元,综合所得应纳税额488万元;③发放全年一次性奖金200万元，股票期权所得200万元，综合所得应纳税额100万元；④发放全年一次性奖金90万元，股票期权所得300万元，综合所得应纳税额110万元。请计算出最佳的税收筹划方案。

■ 案例讨论　2020年个人投资税务筹划

1. **案例背景**

    假设李先生通过自己多年的商业经营理念，开办了三家个人独资企业分别从事不同行业的经营活动，相关手续齐全，财务核算清晰。这三家个人独资企业主营业务分别为医疗保健材料制造、汽车零配件批发和网络系统开发，相互之间不存在任何的关联交易。

2. **假设条件**

    （1）李先生为提高甲企业员工生产积极性留住技术型人才，决定以企业自有资金（非当年净利润）购置一栋价值500万元的房产以解决本企业技术型职工的生活问题，假设暂不考虑房屋未来的残值问题。在购买房产需确定房屋所有权问题时，承办人员无法明确到底应该以李先生个人名义还是公司名义购买。假设当地同类型住房年租金40万元，市场年平均投资回报率为6%。

    （2）李先生允许乙企业销售类员工在2020年及以后每年年初自由选择不同的收入模式：其一是相对固定月工资薪金收入，年终不再发放全年一次性奖金，而是在第12个月视员工前11个月业绩提高最后一个月工资收入作为奖励；其二是绝对固定月工资薪金收入，但是在年终发放全年一次性奖金作为奖励；其三是实行推销提成制度，以当月该员工销售额的5%发放业绩奖金，年终无一次性奖金。

    （3）为了维护企业形象，李先生准备在2020年将丙企业门面重新进行装修，出于价格的考虑决定将这一装修任务委托给私人朋友王先生进行设计装修。装修的基础材料都由李先生负担，王先生只进行设计和提供装修劳务。王先生要求提供设计服务报酬20 000元，装修人工费用40 000元。

    （4）李先生出于企业家的社会责任感，决定在2020年向符合国家规定的社会福利机构进行个人捐赠，捐赠金额为5万元。

    （5）2020年甲企业医疗保健材料制造实现税前利润40万元，李先生从甲企业领取工资10 000元每月；乙企业汽车零配件批发实现利润12万元，领取工资15 000元每月；丙企业网络系统开发实现税前利润10万元，领取工资8 000元每月。

    （6）不考虑专项扣除的情况下，李先生个人专项附加扣除中包含：子女教育扣除1 000元，赡养老人扣除1 000元，首套房利息扣除1 000元。

    （7）已知根据《财政部、国家税务总局关于个人所得税法修订后有关优惠政策衔接问题的通知》（财税〔2018〕164号）文件规定，居民取得符合《国家税务总局关于调整个人取得全年一次性奖金等计算征收个人所得税方法问题的通知》（国税发〔2005〕9号）规定的全年一次性奖金，在2021年12月31日前，可以不并入当年综合所得（也可以选择合并计算），单独依照个人年度综合所得税率表进行扣税。

3. **案例问题**

    请根据上述材料，讨论以下内容：

(1) 现假设乙企业销售类员工 2020 年最终年税前收入均为 10 万元（选择相对固定收入类型前 11 个月收入每月为 0.6 万元，12 月份为 3.4 万元；选择绝对月工资薪金收入类型每月收入为 0.2 万元，年终一次性奖金为 7.6 万元），在仅考虑免征额、专项附加扣除 2 000 元的情况下，员工选择哪一种类型的收入模式税后收入最高？如果年税前收入上升到 20 万元，是否做出改变？在 2022 年时年收入 20 万元，又该如何选择？

(2) 假设王先生是自由职业者，当年无其他收入，在由丙公司代扣代缴个税的前提下，王先生要求本次装修税后收入最高，那么应当怎样筹划这次收入形式呢？假设只考虑免征额。

(3) 在现有条件下，2020 年李先生应纳税额为多少？是否可以通过调整捐赠收入降低应纳税额？如果可以，最优捐赠额应为多少？

(4) 假设你作为一个税务咨询专家，你应该怎样进行筹划使得各项业务在顺利进展的前提下将李先生 2020 年的应纳税额降到最低呢？试着根据个案中提供的资料撰写一篇税收筹划报告，内容应包括以上问题，并陈述其他可能存在的税务问题、建议解决方案及可行的税务安排，并给出充足的判断依据。

附录12A 个人所得税扣缴申报表

个人所得税扣缴申报表

税款所属期：　年　月　日至　年　月　日

扣缴义务人名称：

扣缴义务人纳税人识别号（统一社会信用代码）：□□□□□□□□□□□□□□□□□□

（金额单位：人民币元）
（精至角分）

序号	姓名	身份证件类型	身份证件号码	纳税人识别号	是否为非居民个人	所得项目	收入额计算				本月（次）情况								累计情况										税款计算					备注
							收入	免税收入	减除费用	专项扣除			其他扣除				累计收入额	累计减除费用	累计专项扣除	累计专项附加扣除					准予扣除的捐赠额	减按计税比例	应纳税所得额	税率/预扣率	速算扣除数	应纳税额	减免税额	已缴税额	应补/退税额	
									费用	基本养老保险费	基本医疗保险费	失业保险费	住房公积金	年金	商业健康保险	税延养老保险	财产原值	允许扣除的税费	其他				子女教育	赡养老人	住房贷款利息	住房租金	继续教育	累计其他扣除										
1	2	3	4	5	6	7	8	9	10	11	12	13	14	15	16	17	18	19	20	21	22	23	24	25	26	27	28	29	30	31	32	33	34	35	36	37	38	39	40
合计合计																																								

谨声明：本表是根据国家税收法律法规及相关规定填报的，是真实的、可靠的、完整的。

经办人签字：　　　　　经办人身份证件号码：　　　　　章：　　　　　　年　月　日　　　　　扣缴义务人（签）

代理机构签章：　　　　　代理机构统一社会信用代码：

受理人：
受理税务机关（章）：
受理日期：年　月　日

国家税务总局监制

第 13 章
财富科技

> 颠覆性技术通常会催生新的市场，颠覆不仅仅是把市场领导者赶下舞台，而是成功的竞争。这意味着改变游戏规则，使新玩家能够打破纪录。
>
> ——Clayton M. Christensen《颠覆性创新理论》

■ 本章提要

本章首先讨论财富科技发展的背景并总结了推动现阶段财富科技发展的因素；其次讨论了财富科技在财富管理链条上的各个部分中的应用；最后重点探讨智能投顾的发展、行业业务模式以及其潜在风险与监管对策。

■ 重点和难点

- 了解财富科技发展的背景及其推动因素
- 学习财富科技在财富管理链条上的各个部分中的应用
- 掌握智能投顾具体业务流程、模式及其潜在风险与监管对策

■ 引导案例 蚂蚁集团的财富管理升级之路：从余额宝到蚂蚁财富⊖

2004年12月，为了解决阿里巴巴旗下淘宝平台交易中的信任问题，支付宝正式推出。2004～2013年，支付宝逐渐从服务电商交易的支付工具，发展成为服务各行业的支付平台。随着移动互联网的发展，支付宝逐渐进入人们日常生活衣食住行的各个环节，为用户提供了极大便利的同时也成了移动生活方式的代表。2013年3月，支付宝的母公司——浙江阿里巴巴电子商务有限公司，宣布将以支付宝为主体筹建小微金融服务集团，小微金融（筹）将服务人群锁定为小微企业和个人消费者，是蚂蚁金融服务集团（以下称"蚂蚁金服"）的前身。

⊖ 本案例取材自经济观察报社出版的《2015新金融案例白皮书》以及中信证券于2017年发布的研究报告《银行业金融科技系列研究之五——蚂蚁金服之财富管理篇》，并由作者整理归纳。

2013年6月，余额宝服务正式上线。余额宝为蚂蚁金服（当时的小微金服）与天弘基金合作的一款货币基金产品。余额宝将传统的理财服务与互联网结合，是互联网金融领域的一个重要创新举措。为支付宝打造的余额增值服务，其实质是将基金公司的基金直销系统内置到支付宝网站中。用户将资金转入余额宝，实际上是购买货币基金，相应的资金均由基金公司进行管理，其主要投资领域为国债、银行定期存单、中央银行票据、同业存款等短期货币工具，具有收益稳定、风险较低两个特点。2014年6月30日，余额宝用户数量突破1亿，资金规模达到了5742亿元。

2014年10月，蚂蚁金服正式成立，以"让信用等于财富"为愿景，致力于打造开放的生态系统，通过"互联网推进器计划"助力金融机构和合作伙伴加速迈向"互联网+"，依靠移动互联、大数据、云计算为基础，为小微企业和个人消费者提供普惠金融服务。除了小微信贷，依托强大的电商基础以及支付宝的支付业务带来的庞大的客户流量和资金流量，蚂蚁金服的财富管理业务应运而生。自2013年推出余额宝以来，蚂蚁金服的财富管理业务从单一的现金管理产品，逐渐发展成为一站式理财平台。在多种理财产品成熟之后，蚂蚁金服开始酝酿能够提供囊括多种理财类型的一站式理财服务，随即在2015年上线蚂蚁聚宝App。蚂蚁聚宝的产品体系已囊括了市场上最常见的理财产品，包括固收类产品（余额宝、招财宝）、权益类产品（基金）、贵金属（存金宝）等，还提供多种市场行情、理财资讯等服务。至此蚂蚁金服正式形成了支付业务之外的第二大业务板块——财富管理。

蚂蚁金服在对蚂蚁聚宝进行大幅的改版更新后，于2017年6月升级为蚂蚁财富，而引起市场最高关注的则是同时上线的"财富号"。"财富号"的创新之处在于向金融机构开放自运营平台，向其提供用户触达、数据、营销等一系列技术能力支持，让金融机构的服务更精准，并在蚂蚁财富上打造属于自己的品牌专区，首批接入试点的机构包括博时、天弘、南方、建信等基金公司。"财富号"对于金融机构的意义在于：①金融机构可以在支付宝上拥有自己的品牌专区、增强与用户的直接互动，提升用户黏性；②蚂蚁金服以其人工智能等技术（如用户画像、营销工具等）为金融机构提供支持，帮助金融机构从被动营销向主动营销转型。对用户而言，在原来的理财超市模式下，用户面对数量众多、各式各样的理财产品往往无所适从，也因缺乏专业的知识而无法理性投资。而"财富号"将金融机构的产品设计能力和蚂蚁金服的大数据、人工智能技术相结合，使用户可以更好地享受理财平台所带来的更有针对性、更智能化的产品和服务。

2019年12月，资产管理规模达5.9万亿美元的美国先锋集团（Vanguard）和蚂蚁金服宣布建立合作关系，将为中国的个人投资者提供一种全新的、精简的、具有广泛实用性的投顾业务服务。结合支付宝的技术和先锋集团在资产管理和投资顾问服务方面的专长，经中国证监会（CSRC）批准，两家公司的合资公司将根据投资者的投资目标、投资期限及风险偏好，通过支付宝上综合财富管理平台蚂蚁财富，为投资者提供高质量且低成本的定制化服务。2020年3月，蚂蚁集团与先锋集团合作的"帮你投"智能投顾服务正式上线，用户只需要选择一个可接受的风险水平，该服务便在后台自动完成基金的最优配置并且动态调仓。

案例思考

1. 蚂蚁集团的财富管理升级之路有何启示？
2. 未来财富管理在科技的加持下会有什么样的发展？

13.1 财富科技的发展历程与驱动因素

13.1.1 财富科技的定义与发展历程

1. 财富科技的定义

狭义的财富科技（Wealthtech）可定义为一切可以帮助投资者做出更好的财富管理与资产配置决策的软硬件技术。广义的财富科技则可定义为影响全球投资和财富管理行业的软硬件技术和解决方案，其中包括现今流行的 B2C（Business-to Consumer）模式，例如众筹和智能投顾，同时也包括 B2B（Business-to Business）企业模式创新技术以及应用到财富管理行业的区块链、人工智能和大数据等技术[一]，财富科技可以看作是金融科技在财富管理中的运用。

2. 财富科技的发展历程

历史上财富科技经历了四个发展阶段：手工交付阶段、机械化阶段和计算机网络化阶段和认知计算阶段。①手工交付阶段是在电信传输出现前的历史阶段，所有的公司文件、顾客信息、交易信息，都通过纸笔或者其他实体形式进行记录，并通过人力在不同的信息收发主体之间进行传输，这也是旧的交易大厅的运作方式。②机械化阶段是从 19 世纪末电缆的铺设和电报系统的应用开始到 20 世纪 90 年代互联网应用之前的阶段。在这个阶段，以前需要手工交付的信息可以即时进行电信传输，投资者能够以更快速度获得更丰富的信息。③计算机网络化阶段是从 20 世纪 90 年代互联网和个人电脑的普及开始，其特点是人们可以更独立自主地获取公司和其他投资机会的数据，许多以前被财富管理机构视为竞争力来源的信息，现在普通大众只需轻点鼠标就能获得，而财富管理相关的信息来源也从局部地区扩充到全世界。④认知计算阶段主要表现为互联网、大数据和人工智能在原有财富管理链条的广泛应用，目前我们正处于认知计算的起步阶段。认知计算指的是能够不断学习的系统，其能够有目的地进行归因分析，并且能与人类实现自然的交互。认知计算代表一种全新的计算模式，它包含大数据分析、自然语言处理以及机器学习等和人工智能领域相关的大量创新技术。

推动现阶段财富科技发展的因素主要有三个方面。一是互联网、云计算、大数据、自然语言处理、机器学习与人工智能、区块链等软硬件技术的发展，为认知计算打下了坚实的基础。二是信息化时代财富管理客户群体的变迁。随着千禧一代逐渐掌握和管理社会的财富，他们追求成本更低、收益更高、服务更便捷、定制方案更具有个性化的财富管理服务。三是监管要求的提升。随着财富管理链条和服务的复杂化，监管部门对财富管理服务的透明度也提出了更高的要求。

[一] 苏珊娜·奇斯蒂，托马斯·普仕曼，《财富科技：财富管理数字化转型权威指南》，中国人民大学出版社，2020。

13.1.2 软硬件技术的发展

1. 运算速度与网络基础设施

一方面,大数据分析、自然语言处理、机器学习以及人工智能等算法对计算能力的要求很高,以往研究这些算法的科学家往往受限于单台计算机的计算能力。因此他们需要对数据样本进行压缩,这种做法导致模型的准确率较低。伴随着芯片处理能力的迅速发展,现在我们可以利用成千上万台的计算机进行并行计算,尤其是 GPU(图形处理器)、FPGA(可以通过编程来改变内部结构的芯片)以及人工智能专用芯片(比如 Google 的 TPU)的发展为人工智能落地奠定了基础计算能力。

另一方面,移动终端网络的普及以及通信速度的提升(3G、4G、5G),使得用户能够随时随地获得全面而精准的服务。由于传输速度不再成为瓶颈,也因为云储存与云计算技术与服务近年来飞速发展,用户可以将此前需要在本地存储和计算的任务外包到云端。此前个人用户基本没有使用大规模并行计算的资本与能力,而现在通过云储存与云计算的规模效应,个人投资者可以用非常低的成本调用最前沿的计算技术帮助自己进行投资规划,财富管理机构也可以非常便利地使用最前沿的网络与计算技术对财富管理解决方案进行部署。

2. 大数据

自然语言处理、机器学习与人工智能模型需要通过大量的数据进行训练才能得到相对准确的模型参数。伴随着互联网和物联网等技术的飞速发展,世界上每天产生和传递的信息、数据和新闻的数量是巨大的,而且还在不断增加。根据国际数据公司 IDC(Internet Data Center)的监测统计,全球数据总量以每两年增加一倍的速度在快速增长。在金融服务行业,传统的数据通常包括资产价格、收益数据与新闻等。然而,随着具有更强大计算能力的设备出现,不同来源的数据现在可以整合在一起,从而提供更丰富的信息挖掘机会。无论是来自工厂生产线的传感器数据,还是来自聊天机器人或微博、推特上的情绪数据,都能派上用场,并且这些数据正在爆炸式增长。多来源、实时、大量、多类型的数据可以从不同的角度对现实进行更为逼近真实的描述,从而为机器学习与人工智能应用奠定大数据基础。财富管理机构还可以通过整合互联网信息、个人数据和第三方金融机构数据等大数据来形成客户的综合性财务数据。

3. 自然语言处理、机器学习与人工智能算法

数据量和信息量的爆炸式增长意味着依靠人工已经无法完全处理和消化不断更新的数据和信息,数据和信息的处理除了依赖硬件计算速度,还依赖处理这些数据和信息的模型和算法。

自然语言处理是计算机科学领域的一个重要方向,其研究聚焦于实现人与计算机之间用自然语言进行有效通信的各种理论和方法。自然语言处理算法的发展,使得人与计算机之间可以使用人类的自然语言进行有效通信(如苹果手机的 Siri),这意味着依靠计算机可以理解与处理文本中的关键信息,提取文本中的情绪,对文本进行自动归类。

机器学习涉及多学科交叉,涵盖概率论、统计学、逼近论、凸分析与复杂算法知

识等，专门研究计算机怎样模拟或实现人类的学习行为，以获取新的知识或技能，并重新组织已有的知识结构使之不断改善自身的学习与预测能力。

人工智能是计算机科学的一个分支，它企图了解智能的实质，并生产出一种新的能与人类智能相似的方式做出反应的智能机器，该领域的研究包括机器人、语言识别、图像识别和专家推荐系统等。

自然语言处理、机器学习与人工智能算法的发展，一方面使得过去财富管理链条中需要大量人工处理的工作可以被计算机自动完成，使已有的服务的边际成本接近零，同时极大地提升了服务速度与质量。另一方面也为新的财富管理产品、服务以及盈利模式的开发提供了技术基础，以往依靠人工无法或难以在海量数据中有效地提取有价值的信息和模型，现在只需要保证数据量以及数据的有效性，对数据进行提炼的工作就可以交给计算机自动完成。拓展阅读 13-1 介绍了区块链技术在财富管理中的应用。

拓展阅读 13-1
区块链技术助力财富管理

13.1.3 信息化时代的财富管理客户需求

随着互联网与移动通信的飞速发展，人们已经习惯通过网络和社交软件与外界联系，这种联系方式不仅方便而且给予了人们更大的自主权，这在千禧一代（在 1981 到 1996 年间出生的一代）和 X 世代⊖（在 1965 到 1980 年间出生的一代）中表现得最为明显。在 2015 年，超过 80%的千禧一代拥有智能手机，其中 89%的人会在醒来后的 15 分钟内查看手机⊜。现今的年轻客户非常看重服务、参与以及体验，更愿意成为自我导向、自己动手的财富管理者。他们习惯于在网上与零售商和其他金融服务机构进行交易，希望每周 7 天、每天 24 小时都能访问自己的信息和投资组合状态，只有在必要的时候才咨询财富管理顾问的意见。与老一代相比，他们明显更适应前沿的财富科技。其次，千禧一代和 X 世代不太愿意为个人服务付费，他们在一个相对信息更加开放和透明的时代成长，已经习惯通过网络免费获得信息和服务。

根据安永会计师事务所的《2019 年全球财富管理报告》，数字化技术的发展速度比想象中的要更加迅猛。在 2016 年，仅 18%的客户倾向于在财富管理活动中使用移动应用程序，并且财富管理机构预计这个数字未来 2~3 年内将达到 24%。而真正到了 2018 年，对移动应用的实际偏好已达到原先预计的两倍：移动应用程序成为 41%的客户与财富管理公司合作的首选渠道，其次是网站（38%），再者是面对面互动和电话等（具体如图 13-1 所示）。

随着老龄化社会的到来，以万亿计算的财富将很快转移到新一代的客户手中，他们拥有新的渠道偏好、服务偏好和风险偏好。如果财富管理机构不能跟上时代的技术进步，不能应用最前沿的技术整合资源并且提升服务效率与水平，那他们将在代际财

⊖ 作家道格拉斯·柯普兰（Douglas Coupland）于 1991 年出版的小说《X 世代：速成文化的故事》中，将 20 世纪 50 年代和 60 年代出生的世代，定义为 X 世代，也就是过去称为婴儿潮世代的下一世代。
⊜ Charles Schwab（2015）。

富转移的激烈竞争中失去大量客户。根据安永会计师事务所 2019 年对全球财富管理客户的研究，在不同财富水平和不同年龄的人群中，三分之一的客户在过去三年更换了财富管理机构或迁移了财富，另有三分之一的客户在未来三年内有此计划。为了满足不同的需求（保险、投资、养老、子女教育等），客户平均要与五种不同类型的金融机构打交道，导致客户需要为此花费大量精力，未来只有那些可以利用财富科技来整合不同类型的财富管理服务的公司在财富管理行业中才能居于不败之地。

图 13-1　客户首选的财富管理主要渠道

资料来源：《2019 年全球财富管理报告》，安永会计师事务所，2019。

图 13-2 向我们展示了即便成熟的高净值客户，更换财富管理机构的频率也相当大，这表明高净值客户也越来越倾向于接受电子化与智能化的财富管理服务。Cocca（2016）发布了一份针对瑞士、德国和奥地利的高净值客户的调查报告⊖，结论表明，从 2012 年到 2014 年再到 2016 年，完全不使用电子化财富管理服务的客户从 16.2% 降低到 14.5% 再到 11.4%，大部分高净值客户目前更倾向于采取线下和线上混合的服务方式。当他们被问及未来对电子化与智能化财富管理服务的使用情况，43% 的受访者则表示很可能一个客户顾问都不再需要，而是主要使用在线的财富管理服务，也有 35% 的受访者愿意使用与传统银行完全不挂钩的第三方虚拟银行提供的财富管理服务。

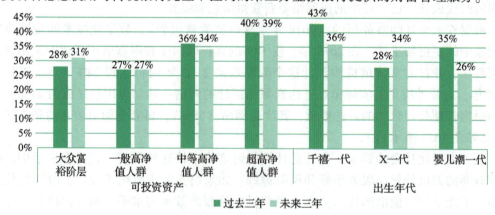

图 13-2　过去 3 年与未来 3 年更换财富管理机构的情况统计

资料来源：《2019 年全球财富管理报告》，安永会计师事务所，2019。

⊖ 受访者拥有至少 50 万欧元流动金融资产。受访者的平均金融资产为 250 万欧元，平均年龄为 59 岁。

13.1.4 透明度和监管要求

最近几年在资产管理行业发生的丑闻[一]使得财富管理机构受到越来越严格的监管，因为机构的运营成本和复杂性逐渐提高，许多机构面临着倒闭或者被迫出售业务的风险。投资者希望获取更多的信息和更高的透明度，来时刻了解自己的资金安全性。2013年开始，欧美出现了一系列的金融立法[二]，对资产管理行业及其服务供应商提出了更高的要求，迫使他们改变基金的产品特性和服务条款，改善监管架构及投资者披露；改变行销渠道，升级合规及风险管理功能等，在某些情况下甚至要迫使他们修正商业模式。随着监管机构对财富管理机构合规措施审查的加强，财富管理机构需要增加合规人手来应对不断增加的监管要求。目前，由于监管和合规方面的义务，财富管理顾问与客户的初次会面时间以及从客户获取到投资执行之间的时间跨度均越来越长。财富管理行业面对不断出现的新监管措施，在借助财富科技来实现财富管理链条自动化与智能化的同时也需要以更低的成本对现有合规系统进行升级。

普华永道会计师事务所预测在不远的未来，监管机构所采用的技术可以使他们通过财富管理机构或通过他们的服务提供商，实时地访问财富管理机构的投资组合持仓[三]，并且该技术将可以支持监管机构对市场行为和产品适当性进行更充分的监管。因此，财富管理机构需要使用投资组合层面的数据来管理自己的风险水平，结合前沿软硬件技术，开发智能算法和模型实现自动化风险监控方案，以应对未来的监管要求。拓展阅读13-2介绍了财富管理行业的未来趋势。

拓展阅读 13-2
未来的财富管理

13.2 财富管理链条上的新技术应用

财富科技的最直接体现是新技术在财富管理链条中的应用，包括客户获取、客户画像、资产配置、执行与监督等。为了应对信息化时代的客户偏好转变以及不断提升的透明度和监管要求，财富管理机构需要利用最前沿的技术提升每一个环节的效率和竞争力。新技术的革新，除了给这些原有财富管链条上的功能带来效率的飞速提升，也令原来不可能的解决方案变得可能。

[一] 最近一个例子是欧洲曾经的明星基金经理伍德福德（Woodford）的旗舰股票收益基金违规持有高风险投资组合导致清盘。2019年3月，在连续两年基金资产缩水超过50亿美元之后，有媒体调查发现，该基金在富时100指数成份股公司中持有的资产不到20%，而在成立之初，这一比例超过了50%，同时，超过20%的资产配置在非上市的小型另类公司。这一消息曝光后，基金开始以惊人的速度缩水。10月，该基金宣布清盘，仅就对基金清算可能导致的损失评估后发现：投资者平均损失32.5%的本金，亏损最大的投资者亏了42.6%。

[二] 如《欧洲市场基础设施监管规则》（EMIR）、《零售投资产品打包规定》（PRIPs）、《金融工具市场指令》（MiFID）II 和 III。美国方面，《另类投资基金经理指令》（AIFMD）、《可转让证券集合投资计划》UCITS V、VI 和 VII，EMIR、PRIPS、《金融工具市场指令》II 和 III，AIFMD 及 UCITS V、VI 和 VII，等等。

[三] 普华永道：《资产管理行业展望2020：勇敢的新世界》，2014.3。

13.2.1 客户获取

以往财富管理机构在发掘和获取有价值客户的过程中需要耗费大量时间和成本，需要通过已有客户、跨部门的同事、中介、营销推广等多种方式与潜在客户建立联系，理财规划师或者财富管理行业从业人员需要与潜在客户进行多次深入的沟通，有时候还需要对潜在客户进行有说服力和能取得信任的财富管理理念教育。

由于信息化时代客户的自主性更强，依靠传统的推销方式越来越难以获取他们的信任，财富机构开始利用财富科技来实现高效与精准的营销和个性化服务。首先，信息化时代的客户每时每刻都在生产数据，这些数据包括客户过去的消费记录、关注的股票和基金、搜索和观看历史、参与过的线上讨论和评论频率等。通过分析已有客户的大数据，可以更加清晰地知道不同类型客户的偏好特征等诸多信息。其次，财富管理机构可以根据潜在客户的不同特征，与现有客户的特征和产品偏好进行匹配，得到更适合潜在客户的产品和服务，再针对性地进行推广。整个过程需要大量使用大数据处理、机器学习和人工智能算法，这样形成的一整套系统被称为推荐系统（Recommendation System）。推荐系统不仅能够针对潜在客户推荐更合适的产品和服务，还能够帮助营销团队找出更好的营销渠道。例如推荐系统可以根据现有客户的浏览记录得出最受高净值客户关注的自媒体公众号，营销团队便可以在这些自媒体公众号上进行针对高净值客户的产品和服务的推广。

由于新时代的年轻客户更愿意成为自我导向、自己动手的投资者，并且习惯使用免费的在线服务，一个全新的获取客户的途径是为客户提供免费的在线教育资源。许多财富管理机构现在都制作了非常完备的在线文档、视频或者动画课程，为投资者普及基础的金融知识。财富管理机构可以在这些基础的课程中，以案例的形式植入对自身产品和服务的介绍，同时可以设计互动作业，让客户在学习的过程中上传自身的资产负债表、现金收支表以及偏好信息，财富管理机构再根据这些信息，利用推荐系统，进一步选择更适合该客户的课程和案例。这种方式产生一个双赢的局面：客户增进了自身的财富管理知识和能力，而财富管理机构不仅获得了客户的数据，还获得了推销自己产品和服务的途径，因为过程中客户全程参与，因此客户获取成功率更高。

13.2.2 客户画像

在传统的客户画像环节，客户需要回答许多与风险有关的问题和重复的交谈才可以进入后续的财富管理服务。财富科技的发展使得财富管理机构可以通过客户行为数据自动得出客户的画像和其他监管机构要求的信息。例如通过行为分析技术来为每个客户形成单独的画像，或者通过语言识别软件来获取客户的风险偏好，通过聊天机器人与客户的接触获取信息。打个比方，传统投资顾问采用调查问卷形式为客户进行画像，调查问卷会包含一系列假设性问题，例如"你愿意接受一个6%的固定收益还是愿意接受50%机会获得14%收益50%机会零收益的投资?"，然而客户会由于自我认识不清或者理解能力有限做出错误选择，从而形成不符合客户真实情况的画像。财富科技提供了解决此类问题的替代方案，例如采用游戏化方式（例如经营一个虚拟农场）获取客户风险偏好，根据在游戏中客户如何应对风险进而分析客户的风险忍受程度。

云计算和移动端 App 的普及，使得财富管理机构可以自动化编制客户的个人资产负债表和现金流量表，只需客户输入关键数据，即可得到客户的所有财务信息，进而自动化分析客户的相关财务比率（例如负债资产比率、负债收入比率、流动性比率等）。结合使用客户的财务数据和其他非财务数据，可以帮助判断客户财务状况改善可能性的大小，而且可以自动生成更加合适的财富管理规划。还比如，保险公司可以通过收集到客户的大数据并通过智能算法对客户可能遇到的重大疾病甚至死亡等不可预见事件的发生概率进行更精准的预测。通过与保险公司合作，财富管理机构可以更准确地刻画客户的风险状况和保障需求，进而与现金负债管理规划、退休与养老规划、财富保全与传承规划、税收筹划等需求结合，构建全面精准的客户画像。拓展阅读 13-3 介绍了陆金所的智慧 KYC（Know Your Customers）的客户认知体系。

拓展阅读 13-3
陆金所的智慧 KYC 客户认知体系

13.2.3　资产配置

在第四章中我们介绍了财富管理中的金融经济学基础，其中我们指出，由于可投资资产数类繁多，导致风险资产的回报参数估计困难。此外投资者风险偏好随生命周期动态变化，并且还存在众多的不确定性因素，以至投资者实现资产的最优化动态配置成为一件不可能完成的事。此前由人工主导的投资顾问服务，通常会缩减可投资资产的种类，简化参数假设，将生命周期的带有不确定性的多期动态资产配置转化为单期资产配置，从而大大简化整个资产配置流程。这样得到的资产配置会偏离最优状态，但已经是人工处理所能够实现的极限，并且中间需要付出高额的交易成本。但是在财富科技的辅助下，这一切都发生了质的变化。神经网络算法、动态规划算法、随机规划算法等优化模型和算法在资产配置管理中发挥了重要作用，这些算法可以同时分析不同变量之间存在的复杂关系并进行全局优化。例如，一个完备的资产配置计划可以涉及未来 30~50 年中每一年的投资决策、保险决策、子女教育储蓄决策、税收筹划决策、退休储蓄以及退休金规划决策、财富传承决策等。此前含有大量因素的多期动态模型非常难以求解，但是通过云计算和并行计算，现今这些模型大多都能够被快速求解并给出最优决策方案。与此同时，现在通过大数据、机器学习与人工智能的应用，可以整合大量证券历史数据、宏观经济数据、市场情绪数据、新闻和社交网络互动数据等其他大数据，再利用非线性模型对市场和个股走势可以进行更加准确的预测。相比传统的预测方法，利用新技术来预测市场走势可以排除个人情绪影响，并且能够利用一切有价值的信息，所以预测结果更为可靠。拓展阅读 13-4 介绍了 AI 智慧投研的相关情况。

拓展阅读 13-4
AI 智慧投研

13.2.4 执行与监督

利用财富科技，现今财富管理机构在执行财富管理计划的时候开始赋予客户更多的自主权。金融科技使得投资者可随时随地获取投资组合相关信息，交易执行不再局限于在交易所大厅进行，也不一定需要通过财富顾问执行，而是可以随时随地根据投资者意愿自主进行，极大地节省了时间和交易成本。移动端的交易执行，也赋予了客户更多的选择，客户可以在网络上对比各家平台的历史收益信息，从而筛选出符合自己偏好的平台。另外，数字化的财富管理平台具有更高的透明度，客户可随时随地查看自己的持仓和交易历史，核对每一笔交易产生的费用和收益。

在过去，财富管理机构为了应对不断加强的监管要求，需要庞大的风控部门来对个体以及整体的投资组合风险进行跟踪和控制，过程中涉及的人工成本非常高，对风险的测度也不够准确。现今的大数据与云计算技术，使得财富管理机构可以轻松地对客户投资组合进行大规模监控。其中一些监控检查可以是基于数据驱动的简单计算（例如投资组合的风险集中度），但是也有许多检查需要复杂的风险管理技术（例如计算投资组合的在不同定义和场景下的风险度量以及压力测试等）。云计算可以将监控扩展到数十万个投资组合，大大提升财富管理机构对客户投资组合的管理和监控能力。

同时，客户可以通过自定义风险度量与风险提示机制，让财富管理系统自动推送更贴合客户需求的监控信息。拓展阅读 13-5 介绍了贝莱德（BlackRock）集团的阿拉丁（Aladdin）智能风险管理系统。

拓展阅读 13-5
贝莱德（BlackRock）集团的阿拉丁（Aladdin）智能风险管理系统

13.3 智能投顾

在第四章中我们介绍了财富管理中的金融经济学基础，其中对现代资产组合理论进行了分析总结，我们得出现代投资决策的一般流程：首先确定投资者的风险偏好；其次明确可投资的资产；再次估计这些资产的期望回报与回报的协方差矩阵；最后计算切点组合，再根据投资者的风险偏好，在无风险资产和切点组合之间进行最优配置。那么，以上投资决策的四个步骤中有哪些步骤可以标准化？在没有实现标准化之前，以上的四个步骤都需要非常专业的投资顾问来全程跟踪并且需要耗费大量时间来完成，从而大幅度提高了财富管理与资产配置的运营成本，因此需要收取相对高额的财富管理服务费，综合导致只能满足中高净值客户的财富管理需求。如果这四个步骤可以脱离人工投资顾问实现标准化，那么财富管理服务的边际成本将大大降低，从而能够使所有居民家庭与个人均能享受到最前沿的财富管理服务。以上问题的答案就是我们这一节需要讨论的智能投顾（Robo-advisor）。它是基于大数据、机器学习与人工智能算法的一整套智能系统，可以根据投资者的风险容忍度与承受能力、财富管理目标与约束，利用大数据、机器学习与人工智能算法和投资产品搭建的数据模型，通过整体性的投资组合优化，为用户推荐精确的财富资产配置，并根据市场的动态变化进行持仓追踪与风险监控,并做出再平衡建议,更好地实现客户资产配置的动态最优。在这过程中用户仅提供基本信息,而剩余的资产配置、组合动态调整等后续管理类工作均可交给智能系统自动完成。

13.3.1 智能投顾起源与优势

1. 智能投顾的起源

从供给端角度来看,金融科技的发展,特别是大数据、机器学习和人工智能等技术在金融领域的广泛应用催生了智能投顾。借助新技术,可以深度理解每一个投资者的需求,并为其量身定制资产组合。智能投顾没有设置投资门槛(或者投资门槛很低),而且管理费相对于传统财富管理机构要低很多。个性化并且专业的定制服务和低费率成为智能投顾产生和发展的重要因素。从需求端角度来看,智能投顾始于美国2008年金融危机,金融危机引发的信任危机使得投资者渴望市场上能有一种独立提供投资建议的第三方机构。此外,随着金融市场产品与交易策略的更趋复杂化,投资者对专业投资顾问的需求也在不断增加。2008年,以Betterment、Wealthfront、Future Advisor为代表的智能投顾公司开始出现。2011年,Betterment和Wealthfront公司开始向个人客户推出基于互联网技术的财富管理模式,利用互联网技术测定用户的风险偏好以及风险承受能力,进而为用户定制个性化的投资方案,并对投资组合进行实时监控。从2015年开始,大数据、云计算、机器深度学习等新兴技术的不断发展,加上人工智能领域的突破,越来越多的企业开始进入智能投顾行业。

2014年,我国开始兴起智能投顾热潮,一批新兴智能投顾平台纷纷涌现,银行、券商、保险、基金等传统金融机构、第三方财富管理机构以及早期的互联网金融平台也以各种模式开始涉足。短短几年时间,智能投顾平台(产品)遍地开花,而其中又以招商银行的摩羯智投最为耀眼,其推出半年时间就以50亿元的资产管理规模跃居行业首位。另外比较有代表性的如理财魔方、璇玑智投等,它们借鉴美国Betterment、Wealthfront等平台的模式和经验,具有完整的用户画像、风险评测、投资组合推荐和自动再平衡的流程,主要以用户投资规划或资产配置为中心,改变了传统意义上的以金融产品为中心的运营模式。

2. 智能投顾与传统投顾相比较的优势

根据2016年的数据,传统人工投资顾问的年化费用率为1.35%,而且传统投顾主要供职于银行等传统金融机构,而这类金融机构的客户既包括发行者也包括投资者,这其中必然会引起利益冲突。因此,传统投顾主要是"卖方投顾",以产品为中心,可能出现为了赚取佣金而误导客户的情形。对比传统投顾,智能投顾采用在线平台与客户接触,其中会有少量甚至完全没有人工参与,因此服务的边际成本非常低。以Betterment为例,其基础账户的投资门槛是0美元,年费率是0.25%;其高级账户的投资门槛是10万美元,年费率也仅仅是0.4%。美国的另一个代表性智能投顾平台Wealthfront的投资门槛则是500美元,年费率是0.25%。在中国,理财魔方的投资门槛仅为

2 000 元，并且不收取年费⊖。

智能投顾是属于"买方投顾"，以客户为中心，关注客户利益，并力求与客户建立长期稳定的合作关系。此外，智能投顾系统的可选资产池更加丰富，对风险资产的期望回报和协方差矩阵等参数的估计更加准确，同时标准化的智能算法也可以避免人工投资顾问水平参差不齐的问题，一旦形成口碑，可以快速并且大规模地获得新客户。表 13-1 更详细地对比了智能投顾与传统投顾。

表 13-1 智能投顾与传统投顾的对比

	智能投顾	传统投顾
价值定位	数据和技术驱动的端到端过程创新	客户经理和投资顾问经验主导的资产配置和销售服务
客户	面向所有净值客户，对便捷性要求高，并且乐于接受新鲜事物的客户	高净值客户群、追求综合化服务
产品	信息透明、相对更标准的产品为主	通过个人能力与经验推荐投资产品，产品种类繁多、复杂
服务	提供高效、便捷、透明的服务，同时没有时间和空间的限制	面对面的现实接触提供服务，紧密的客户关系和专属式服务为服务的核心价值
渠道	互联网、移动端为载体；视频、人工智能为手段	以网点为核心，互联网为辅助

资料来源：《全球数字财富管理报告2018》，波士顿咨询公司与陆金所，2018。

3. 智能投顾与量化投资的联系和区别

业界与学术界对智能投顾的定义基本达成了一定的共识，但是对量化投资则没有统一的定义。本书将量化投资定义为：基于金融学、统计学、计算机科学、大数据、机器学习与人工智能等理论与算法，对风险资产回报的期望值、协方差矩阵以及其他分布参数进行估计，在此基础上根据不同的目标进行策略设计与交易实现。在这个定义下，量化投资的核心是对风险资产的随机回报率分布的估计，因此其和智能投顾有交叉的地方，因为在智能投顾的资产配置过程中，需要输入风险资产回报的期望值与协方差矩阵。但是智能投顾与量化投资的侧重点不一样，智能投顾在现阶段总体属于被动投资，不以追求高收益为目标，而是追求长期稳定收益为主。智能投顾更侧重投资组合的 Beta 系数，也就是投资组合受到系统性风险影响的大小。根据每个客户的风险偏好，可以选择出最适合该客户的 Beta 系数的投资组合。在市场相对有效的情形下，这个投资组合的收益是经系统性风险调整后的收益，也就是说，受系统性风险的影响越大，期望收益越高。由于智能投顾不需要过多关注市场上被错误定价的资产，其投资组合的资产池主要由 ETF 或者大类资产指数组成，这样其风险资产的数目大大减少，并且这些风险资产的随机分布的期望值和协方差矩阵的估计相对容易，也可以估计得更加准确。量化投资更侧重投资组合的 Alpha 系数，也就是投资组合的超额收益的大小。该超额收益是经过风险调整后的超额收益，需要通过购买市场上被错误定价的资产才能获得。由于需要挖掘市场上被错误定价的资产，需要对市场上所有个体风险资产的随机回报率的期望值和协方差矩阵进行估计，这个任务就变得非常艰巨。对风险资产随机回报率的协方差矩阵相对还简单点，学术界存在非常多的相关的研究结果，业界也存在非常成熟的模型，例如第四章所介绍的多因子模型等。

⊖ 年费率不包括具体的基金或者其他资产的申购和赎回费用。

13.3.2 智能投顾的核心流程

目前市场上的智能投资顾问服务的核心流程主要包括客户画像、大类资产选择、投资组合优化、投资组合再平衡、税损收获等，其中相对更加重要的是大类资产选择、投资组合优化与投资组合再平衡这三个流程，因为它们是现有智能投顾平台的核心竞争点。

1. 客户画像

客户画像分析是非常难以标准化的一个流程，因为一个全面的客户画像涉及第二章所介绍的家庭财务数据与非财务信息以及财富管理目标及其排序等诸多因素，并且个体的差异很大。针对这一难点，不同的智能投顾平台采取了不同的方式应对。

（1）**简化客户画像分析**。在这个流程中只关注两个核心的参数：客户预期的收益水平以及客户的风险承受能力，确定这两个参数后就可以直接进入后续的投资组合推荐。如何获得这两个核心参数呢？不同的智能投顾平台采取的方式又不一样。Betterment 基础账户采取的是间接的方式，让客户选取表 13-2 所示的六类投资目标，再根据这六类投资目标反推初客户预期的收益水平以及可承受的风险水平。理财魔方采取的是直接的方式，将旗下的智能组合划分成 4~10 级的风险等级供客户选择，每个等级有相应的预期年化收益以及预期最大回撤。从 4 级到 10 级，预期年化收益分别为[⊖]：6.87%、7.69%、8.89%、9.24%、10.19%、10.96% 与 11.58%，而与之对应的预期最大回撤分别为：-2.95%、-4%、-5.79%、-8.01%、-10.41%、-12.58% 与 -15.02%。虽然理财魔方在初始环节有设计问卷获得客户的可投资资产、风险偏好、预期回报等信息，但是问卷问题比较简单，基本等同于直接获得客户的期望收益水平与可承受风险水平，并且客户在后续可以自主选择自己的风险等级。

表 13-2 Betterment 为投资者设定的 6 类投资目标

	目标名称	说明
1	退休储蓄	针对未退休人士，实现退休时的财富积累目标
2	退休收入	针对已退休人士，确保每月有固定资金可从账户提出
3	紧急开支	具备高流动性，以备突发需求的财富管理计划
4	大额支出	满足特定支出需求，如房产购置、子女学业费用等
5	一般投资	没有特定投资目标、特定期限的投资计划
6	智慧储蓄	是普通储蓄账户的替代，为低风险债券投资账户

资料来源：Betterment 官方网页（www.betterment.com），由作者整理。

（2）**直接放弃针对这个流程的标准化**。在这个流程继续使用传统的人工投资顾问，在人工投资顾问完成客户画像后再接入后续的智能投资组合推荐。这种方式的代表是 Betterment 的高级账户。Betterment 的高级账户的客户画像由注册财务策划师（Certified Financial Planner，简称"CFP"）完成，他们的分析不仅仅限制在 Betterment 平台的投资组合，而是会全盘分析客户的资产负债表以及整个生命周期的需求，结合客户在未

⊖ 资料来源：理财魔方 App（2020 年 8 月数据）。

来可能遇见的各种事件，再针对性地提出后续的智能投资组合选择建议。

大部分智能投顾平台采取的都是第一种方式，因为智能投顾平台关注的主要是财富管理中的投资决策，只需要获得客户的期望收益以及风险承受水平即可。而财富管理中的其他决策，例如保险、教育、消费等决策，在目前阶段还没能够通过智能化算法实现标准化。

2. 大类资产选择

根据现代投资组合理论，投资决策必须要选择关联度低的资产来分散化投资。传统的资产选择包括国内股票和债券，或者可能包括一小部分的现金或货币市场基金。随着近年来经济环境不断变化，全球化进程不断加快，各类资产之间的关联度逐渐提升，智能投顾在选择资产类别时候做出了与传统方法很大的调整，资产类别中不仅包括传统的股票或权益资产和债券或固定收益政策等，也含有非传统的资产，例如黄金及其他商品等，其中股票或权益资产还可以根据资产配置需要进行进一步分类。确定了资产大类之后，需要选择最为恰当的投资工具来代表每一类被选到的大类资产。目前来看，大部分的智能投顾平台都是采取投资 ETF 而不是投资具体的股票。ETF 是 Exchange Traded Funds 的缩写，即"交易型开放式指数基金"，是一种可以在交易所二级市场交易、可以改变基金份额的开放式基金。它结合了封闭式基金和开放式基金的运作特点，投资者既可以向基金管理公司申购或赎回基金份额，同时，又可以像封闭式基金一样在二级市场上按市场价格买卖 ETF 份额。

市场上存在各种不同的 ETF 产品，它们跟踪各种不同类型的资产的指数，包括股票、债券、大宗商品、特定国家、特定行业的证券等。例如华夏上证 50ETF 产品跟踪的标的是上证 50 指数，组合中的股票种类和上证 50 指数包含的成份股相同，股票数量比例和该指数成份股构成权重一致。而大成有色金属期货 ETF 则跟踪上期所有色金属期货价格指数，其投资标的为沪铜、沪锌、沪镍、沪铝、沪铅、沪锡六种期货合约加上货币市场工具。ETF 为广大投资者提供了一个接触到各种各样资产的机会，包括那些难以接触到的资产，例如大宗商品、特定国家行业的证券等，因此其具有简易、低成本并高效分散风险的特点。因为 ETF 不会经常修改标的物，所以 ETF 费用率比共同基金低很多。ETF 被动地的跟踪标的物并且公开组合中包含的资产种类和比例，操作透明、目标清晰。与共同基金不一样的是，ETF 是可以在交易时间任何时点交易的，并且 ETF 通常交投活跃，不仅提供了投资组合的流动性，而且具有成本优势，因此受到智能投顾的青睐。

中国智能投顾市场由于 ETF 市场还没有欧美市场那么成熟，如果需要做到比较全面的大类资产选择，需要借助其他基金产品。专栏 13-1 展示了 Betterment 的 ETF 资产池与理财魔方风险等级为 8（预期年化收益为 10.19%，预期最大回撤为 −10.41%）的投资组合的资产池和配比。如果将其资产池与 Betterment 的资产池进行对比，可以发现 Betterment 的资产池以美国以及发达市场的股票和债券为主，而理财魔方的资产池主要以中国国内的股票和债券为主。未来随着中国的金融国际化程度不断提高，我国智能投顾的资产池也会越来越丰富。

专栏 13-1

Betterment 的 ETF 资产池与理财魔方的资产池

1. Betterment 的 ETF 资产池

资产大类		主选 ETF	辅选 ETF
股票/权益类	美股全市场指数	VTI	SCHB, ITOT
	美国价值大盘股	VTV	SCHV, IVE
	美国价值中盘股	VOE	IWS, IJJ
	美国价值小盘股	VBR	IWN, SLYV
	发达市场股票	VEA	SCHF, IEFA
	新兴市场股票	VWO	IEMG, SPEM
债券/固收类	美国高质量债券	AGG	BND
	美国市政债券	MUB	TFI
	美国通胀保护债券	VTIP	—
	美国短期国债	SHV	—
	美国短期投资级别债券	JPST	—
	发达市场债券	BNDX	—
	新兴市场债券	EMB	VWOB, PCY

2. 理财魔方风险等级为 8 的投资组合

资产大类		主选基金/代码	配比
股票/权益类	大类股票	中国融安/001014	5.98%
		申万菱信沪深 300 价值 A/310398	3.9%
		华宝医药生物/204020	3.59%
		申万菱信消费增长/310388	2.82%
		创金合信沪深 300 指数增强 A/002310	2.67%
		招商中证证券公司/161720	2.13%
	小盘股票	景顺长城中小板创业板/000586	3.99%
		富荣中证 500 指数增强 A/004790	3.99%
	香港股票	工银瑞信香港中小盘人民币/002379	3.95%
	美国股票	工银瑞信全球精选/486002	3.36%
债券/固收类	货币	鹏华安盈宝/000905	5.24%
		大成货币 A/090005	5.24%
		南方天天利 B/003474	5.24%
		天弘弘运宝 A/001386	0.24%
	利率债	大成中债 3~5 年国开行 C/007508	6.11%
		工银国债（7~10 年）指数 A/004085	6.11%
		富荣富 1~3 年国开债纯债 A/006488	6.11%
	信用债	中泰青月中短债 C/007583	4.17%
		汇添富高息债 A/000174	4.17%
		富荣富兴纯债/004441	4.17%
商品	黄金	华安易富黄金 ETF 联接 C/000217	7.01%
		博时黄金 ETF 联接 C/002611	7.01%

资料来源：Betterment 官方网页与理财魔方 App（2020 年 8 月数据）。

3. 投资组合优化

确定金融产品或大类资产选择以后，在构造最优投资组合之前，智能投顾系统需要对资产未来收益的随机分布做出估计。收益预测是智能投顾平台的核心竞争力，背后需要大数据、机器学习与人工智能算法做支撑。智能投顾系统内部带有根据历史数据预测资产组合未来走势的功能，例如 Schwab Intelligent 公司使用智能算法预测长期（10 年以上）资产收益率和波动率数据，用蒙特卡洛方法模拟不同环境下投资组合可能的各种收益情况，其预测模型采用净利润、股息、通胀率、无风险利率等因子预测风险资产未来的收益率和风险。

得到 ETF 资产收益率和风险的估计之后，智能投顾根据现代投资组合理论构造最优投资组合，在所有市场信息的基础上结合投资者风险偏好，得出投资"最优解"，即利用均值-方差优化模型，找出所有投资组合中的有效前沿集合以及切点组合，再根据此前确定的投资者的风险偏好在无风险资产与切点组合之间进行最优配置，实现投资者的效用最大化。值得注意的是，投资者的风险偏好必须根据其生命周期进行总体评估，即结合投资者在生命周期中的不同阶段的需求，如退休储蓄、医疗支出、教育支出等，确定当下的投资风险承担水平。投资者也可以根据自身在不同生命周期阶段的风险偏好与资金供求设立几个不同的投资组合，再针对每个投资组合进行优化。此外，投资者自身已有的资产头寸必须被同时考虑，投资者已经持有的保险产品、投资者天然的风险资产头寸（比如投资者为某上市公司股东，或者投资者参与某行业实业）、投资者未来收入的随机分布等，都会影响该投资者的整体最优资产配置。

现阶段在投资组合优化流程中，美国的智能投顾平台比我国的智能投顾平台更加成熟。主要体现在：一是对风险资产的收益和风险的估计上，由于美国资本市场更加成熟和有效，大部分的风险因子都已经被相关文献或研究报告跟踪研究，因此投顾平台通过大数据与机器学习算法对风险资产未来的收益和风险的估计更加可靠，从而使得后续的投资组合优化更准确。与之相比，我国的资本市场仍处在一个快速发展的阶段，影响风险资产收益的因素也在快速变化，因此对风险资产未来的收益和风险的估计比较困难，这也是现阶段影响我国智能投顾市场信心的一个重要因素。二是一部分美国的智能投顾平台在进行投资组合优化时，能够关注投资者的整个生命周期不同阶段的偏好，并结合投资者的生命周期规划进行优化，而不是仅仅关注投资收益的多少，而我国目前的智能投顾系统在进行投资组合优化时，大部分只关注投资收益和风险的取舍，缺乏对投资者的生命周期偏好的关注。

4. 再平衡

再平衡（Rebalancing）是智能投顾中的一项核心内容，当投资者的风险偏好没有发生改变，但是智能投顾系统对大类资产的未来回报的估计发生了动态改变的时候，智能投顾需要自动优化投资组合，当某类资产处于上升趋势中，增加该资产的比重，当某资产处于下降趋势中，减少该资产的比重。当投资者的风险偏好和资金时间安排发生变化时（例如投资者接近退休时），智能投顾系统也会建议投资者进行再平衡。智能投顾在资产组合再平衡上优于个人投资者甚至是专业投资者。智能投顾的再平衡是基于一系列严格的检测，而不像传统投顾那样可能存在认知偏差。但是，频繁再平衡会导致交易成本的上升，需要综合考虑交易成本和税后收益。智能投顾为投资组合设定了亏损线和偏离容忍度，有助于避免过度调仓，并通过交易次数、再平衡次数、节税比率、跟踪误差等指标评价再平衡算法优劣。国内外智能投顾系统在再平衡流程上的处理主要有两种方式：第一种方式是让客户授权系统自动完成再平衡，比如Betterment、璇玑智投以及蚂蚁财富的"帮你投"。另外一种方式是让客户接收再平衡的通知，然后让客户自行决定是否进行再平衡的操作，比如理财魔方系统会在后台不断监控市场变化，当需要进行再平衡操作的时候，会推送信息到投资者的客户端App，然后投资者可以一键实现再平衡操作。

5. 税损收获

智能投顾还包括对税收的特征和结构的分析，进而优化资产配置，使客户获得最多的税后投资收益。在美国税法体系中，可通过卖出亏损的资产或资产组合（损失确认）[1]来抵消确认获利的资产或资产组合，这样可以减少当期应纳资本利得税，这一过程被称为"税收损失收获"（Tax-Loss Harvesting），智能投顾系统可以在市场上寻找可进行"税损收获"的机会。由于我国税法体系和美国有所区别，因此目前国内的智能投顾平台没有提供该类服务。

13.3.3 智能投顾的商业模式及其风险与监管

1. 智能投顾的商业模式

根据智能投顾系统所关注的核心流程不同，可以将全球智能投顾平台的商业模式划分为机器人投顾、人机结合投顾、纯咨询建议投顾、顾问平台四类[2]。

（1）**机器人投顾（Robo-Advisor）**。狭义的智能投顾就是机器人投顾，机器人投顾以Wealthfront、Betterment为代表，交易决策和执行由机器人进行，人工只在必要时进行有限干预或者完全不干预，这类平台以ETF为底层资产，分析客户的投资需求和风险承受能力，自动化形成特制投资组合产品并提供动态的再平衡、税收优化等服务。以Wealthfront为例，根据客户信息和调查问卷，通过智能算法自动生成以ETF为底层资产的投资组合，同时通过计算机算法自动交易和提供税收服务。

（2）**人机结合投顾（Cyborg-Advisor）**。人机结合投顾平台通过智能算法为客户定制投资组合，与机器人投顾不同的是，该类型平台在交互环节可选择人工服务进行咨询和调整，典型代表是Vanguard Personal Advisor Services（VPAS）。VPAS主打人机结合模式，在国际金融理财师（CFP）人力资源的优势上加上自动化的智能算法，不仅降低了成本，而且提供更好的针对性服务，吸引了大量高净值客户的注意。

（3）**纯咨询建议投顾（Pure Advisory）**。这类平台只是单纯提供建议，交易的决策和执行均为投资者本人。以美国Financial Guard公司为例，它们通过获得客户授权获取客户财务状况、家庭收支、组合风险收益等数据，由计算机评估客户当前的财务和投资情况，进而为客户提供调整投资组合的建议。

（4）**顾问平台（Advisory Platform）**。该类平台为财富管理机构提供算法或者系

---

[1] 一般可以在30天后重新购入原亏损的证券产品或产品组合和类似的产品组合。
[2] 波士顿咨询公司、陆金所：《全球数字财富管理报告：科技驱动、铸就信任、重塑价值》，2018，5。

统，帮助财富管理机构快速、低成本上线智能投顾服务。例如新加坡的 Bambu 公司，Bambu 已为汤森路透、美国 Drive Wealth 证券等机构提供定制化的智能投顾产品。表 13-3 是不同类型智能投顾的比较。

表 13-3 不同类型的智能投顾

	机器人投顾	人机结合投顾	纯咨询建议投顾	顾问平台
目标客群	财富管理机构和个人投资者	个人投资者	个人投资者和大型企业雇主	财富管理机构
核心价值	组合构建和执行	组合构建	规划与建议	机构顾问赋能
主要产品	以 ETF 为底层的投资组合和税收损失收割	机器和人工共同提供投资组合	个人财务规划、资产配置建议工具	提供算法或者系统支持
交易决策方	机器算法自动完成	理财顾问	个人投资者	理财顾问
收费方式	咨询费加资产管理费	人工服务费加资产管理费	按月度或者次数收费	买断或授权的一次性支付
人力参与	无	有	部分公司有	有
代表公司	Betterment、Wealtfront	Personal Capital	Financial Guard	Bambu

资料来源：《全球数字财富管理报告 2018》，波士顿咨询公司与陆金所，2018。

2. 智能投顾存在的风险

（1）数据开源与客户隐私的平衡。智能投顾的快速发展需要借助海量的数据结合人工智能与大数据分析方法，监管当局规定机构只能使用内部客户数据，并且不得泄露客户数据。那么如何在准确获取客户信息①的同时落实客户保护隐私，是监管当局和财富管理机构都必须要面对的问题。互联网时代，普遍存在网络安全隐患，特别是结合金融科技和财富管理的财富科技，因为犯罪收益相当可观而面临更大的风险。智能投顾平台不仅要做到不能主动泄露客户隐私，更要提高网络安全意识，不断提高风控技术。

（2）潜在的技术缺陷。数字化投资顾问的核心算法一般不公开，算法的效果需要大量的数据、时间来验证，数据的积累和技术能力的提升是改进算法有效性的重要途径。金融机构需要不断积累数据，提升数据分析能力，不断改进和提升算法，才可以培育出成熟的智能投顾平台，这需要一个较长的过程和较大的成本支出。人工智能采用机器学习的方法对历史数据进行分析虽然可以得到最优解，然而黑天鹅事件或者混杂人类复杂情绪的事情发生时，机器学习和自然语言处理能力就会失效。比如，类似英国脱欧事件就属于含有人类情绪的复杂事件。

（3）利益冲突问题。智能投顾的收入来源主要是收取客户的咨询费用，但是来自基金等金融产品的销售佣金也是收入来源之一，这其中就很有可能会让投资者怀疑平台推荐的投资组合是否存在内部相关利益。另外，大型的财富管理机构还具备自行发行金融产品的能力，智能投顾在推荐自家产品时候，投资者可能会对智能投顾平台的客观性和独立性产生怀疑。另外美国的智能投顾服务需要收取一定比例的年服务费，但是我国大部分的智能投顾服务都是免收服务费用，这不免会让投资者对这类智能投

---

① 尤其对初创的财富管理机构而言更是如此。

顾平台的商业模式产生疑问，认为这类智能投顾平台可能更多的只是基金类理财产品销售平台。

3. 智能投顾的监管

历史经验表明，每一次技术的变革都是创新在前而监管滞后。如果出现监管严重滞后的情况则可能导致金融风险。2016年美国金融业监管局发布的一份创新监管指引——《对数字化投资顾问使用的指导意见》，指出了监管的三大重心：①智能投顾系统中所采用的算法结构；②客户画像形成和分析，主要是针对机构评估客户风险承受能力和风险偏好的流程；③投资组合的建立，要求机构提高服务水平以及避免投资组合引起的利益冲突。美国金融业监管局认可了智能投顾的创新和新的商业模式，而且在监管层面也与时俱进，要求平台需要充分了解其使用的算法以及其背后的假设是否存在偏差。

智能投顾的监管应该体现三大导向，其一是一致性原则，防止监管套利；其二是渐进适度原则，平衡创新和风险是监管重点；其三是注重消费者保护与合规销售。各国监管都在兼顾创新和风险，过轻或者过重的监管都不利于行业的发展。监管过重会将创新扼杀于摇篮之中，不利于中低净值客户群的资产配置和金融市场发展；而监管过轻则会导致行业乱象众生，同样不利于行业的整体发展。拓展阅读13-6介绍了监管科技在智能投顾监管中的应用。

拓展阅读13-6
监管科技（RegTech）在智能投顾监管的应用

■ 关键概念

财富科技（Wealthtech）　　　　金融科技（Fintech）
认知计算（Cognitive Computing）　大数据（Big Data）
机器学习（Machine-Learning）　　人工智能（Artificial Intelligence）
推荐系统（Recommendation System）智能投顾（Robo-Advisor）
再平衡（Rebalancing）

■ 本章小结

1. 财富科技是金融科技的一个细分领域，财富科技大大提高了财富管理的效率。推动现阶段财富科技发展的因素主要有三个方面：互联网、云计算、大数据、自然语言处理、机器学习与人工智能等软硬件技术的发展；信息化时代客户群体的变迁；监管要求的提升。

2. 财富科技革新了财富管理链条中的客户获得、客户画像、资产配置、执行与监督等流程。

3. 智能投顾是基于大数据、机器学习与人工智能算法的系统，可以根据投资者的风险承受水平、收益目标与风格偏好，通过整体性的投资组合优化，为用户推荐更为准确的财富配置，并能够根据市场的动态变化进行持仓追踪与风险监控，做出再平衡建议。智能投顾使得现代投资组合理论能够被充分完整地应用与实践，从而极大提升投资者的投资效率。

■ 思考习题

1. 从需求端和供应端分开看,哪些因素推动了财富科技的发展?
2. 个人投资者的哪些数据可以用来进行客户画像?
3. 怎样的财富科技生态体系最具有留存客户的能力?
4. 智能投顾的模式分类与具体流程如何?智能投顾与人工投顾的关系如何?
5. 中国 ETF 市场的发展现状及其与发达经济体的 ETF 的差距?中国 ETF 市场能否支撑国内智能投顾的发展?
6. 智能投顾能否与量化投资相结合,为高金融素养客户提供积极投资管理工具?
7. 智能投顾的发展是否会减少散户投资者的数量并且提升资本市场效率?

■ 案例讨论　Beta 理财师平台[一]

1. 案例背景

随着我国经济四十多年来的高速增长,我国居民家庭的财富积累也保持着较快速度的增长。财富管理需求也快速增加,理财师(或财富管理顾问)这一职业逐渐进入人们的视野。财富管理顾问是为客户提供全面的财富管理规划的专业人士。目前国内财富管理顾问的主要收入来源是金融产品销售的佣金。在传统金融机构中,由于产品销售的环节复杂、服务的客户数量众多,财富管理顾问往往面对佣金收入低、产品配置单一、工作效率低等诸多痛点。

2. 解决方案:理财师服务平台

与传统金融机构相比,新兴的理财师服务平台具有诸多的优点。一方面,对于传统金融机构,理财师的 KPI(关键绩效指标)是金融产品销售规模,因此,理财师倾向选择高收入、高翻台的产品,与客户的利益可能会产生冲突。而在理财师服务平台,理财师无须过度背负销售指标,可以从客户的财富资产配置角度出发,真正为客户着想。另一方面,理财师平台可以有效压缩中间环节,实现金融产品—理财师—客户的直接对接。渠道成本的压缩既提高了客户收益率,同时降低了资产端的成本。下面以 Beta 理财师为例介绍理财师服务平台。

(1) 公司概况。Beta 理财师是一个新兴的理财师服务平台,旨在帮助理财师快速解读市场和金融产品,做好资产配置和售后服务。Beta 理财师资产配置平台能够协助理财师可视化展示各类金融产品、分析客户持仓资产和配置,并自动生成客户投资报告。

(2) Beta 理财师 App。该 App 主要服务于理财师群体,是为国内各类财富管理机构的理财师提供金融产品查询与演示、客户资产配置与持仓组合诊断报告、金融市场解读等问题的一站式解决方案平台。基于对权益产品研究和评价,同时结合资产配置工具,Beta 理财师比较擅长权益产品的配置与销售,所精选和配置的产品中 80% 以上为阳光私募、定增、股权等产品。

(3) Beta 理财师的金融产品数据库。该数据库由各个金融产品发行方发行的产品和自己发行 FOF 产品组成,汇集了行业内 100 多万款金融产品和 1 万多名基金经理的相关

[一] 该案例取材自 36 氪调研报告(第 36 期)—Beta 理财师。

数据，并实时更新。同时，平台具有比较严格的风控制度，云端能利用大数据对产品进行实时的计算分析，并给出相应的评价，研究筛选出比较优秀的金融产品提供给理财师。

目前，每名理财师平均管理客户80～150名，每名客户所选的理财产品、时点、购买金额、风险承受能力均不同，对客户的管理一直是理财师的工作痛点。Beta理财顾问工作站能够清晰记录不同客户的不同需求，并一键完成对所有客户的管理。同时，平台能够根据实时监控理财产品的动向，根据客户的情况，计算出合适的资产配置比例，并为出现问题的客户推荐相应的产品。Beta理财师为理财师提供在线开店的平台，理财师利用手机就可以开店赚取佣金。金融产品数据库中的全部产品都可以在微店中上架，并可以在PC端设定选择偏好，与移动端实时同步。后台的数据分析系统可以实时统计推广效果，追踪一手客户，提升客户的留存率。降低运营成本，优化服务效率。

（4）多渠道交流平台：打造一站式成长交流平台

Beta理财师为理财师提供了全面的学习交流平台，组织资产管理行业的专家团队编订针对理财师的学习读物。出版物内容宏观到财富管理行业的研究分析、资产配置理论的原理落地；微观到理财师如何服务客户、怎样为客户做配置、如何自我成长进阶等各种技能总结分享。同时，Beta理财师还为理财师组织线下的培训、路演活动，目的在于提高理财师的相关技能。Beta理财师旗下还运营有Beta财富管理、Beta理财经理家园、Beta理财顾问工作站三个微信平台，平台之间定位交错。Beta理财师拥有研究、服务两个团队，一个负责服务客户，一个负责维系客户。目前微信平台和Beta理财师软件的用户重合度达到80%以上，Beta旨在通过微信平台连续不断的内容输出吸引新的用户，同时增加用户的黏性。

（5）商业模式

目前Beta理财师平台的盈利主要依靠理财师用户的服务费。由于Beta理财师直接打通了金融产品销售的中间环节，降低了销售的物理成本，有助于理财师、平台的双向收入，也使得前后端的议价能力提升。

3. 案例启示

互联网、移动通信以及客户群体的升级使得财富管理的服务模式可以不断改善和创新。虽然智能投顾的发展速度越来越快，但是传统的投顾依然有其独特的竞争优势。借助新兴技术，传统的投顾可以以全新的面目和模式重新出发，与智能投顾相互合作，共同打造未来的财富管理系统。

4. 案例问题：

1. 理财师服务平台和数字化财富管理机构有何异同？
2. 未来财富管理机构的运营方式会是怎么样的？

参考文献

中文部分

［1］ 阿尔文德·纳拉亚南，约什·贝努，爱德华·费尔顿，安德鲁·米勒，史蒂文·戈德费德. 区块链：技术驱动金融［M］. 林华，王勇，译. 北京：中信出版社，2016.

［2］ 阿弗里德·马歇尔. 经济学原理［M］. 廉运杰，译. 北京：华夏出版社，2005.

［3］ 阿伦·阿贝，克利福德·杰曼，伊安·希金斯. 财富策略：新经济中的财务管理［M］. 余凝冰，周凯，译. 南京：江苏人民出版社，2004.

［4］ 阿瑟·J. 基翁. 个人理财（第六版）［M］. 郭宁，汪涛，译. 北京：中国人民大学出版社，2016.

［5］ 安格斯·迪顿. 理解消费［M］. 胡景北，鲁昌，译. 上海：上海财经大学出版社，2016.

［6］ 安永. 2019年全球财富管理报告［R］. 2019.

［7］ 北京当代金融培训有限公司. 个人税务与遗产筹划［M］. 北京：中信出版社，2014.

［8］ 北京当代金融培训有限公司. 金融理财原理［M］. 北京：中国人民大学出版社，2019.

［9］ 北京当代金融培训有限公司. 金融理财原理［M］. 北京：中信出版社，2014.

［10］ 北京当代金融培训有限公司. 员工福利与退休规划［M］. 北京：中国人民大学出版社，2019.

［11］ 波士顿咨询公司，陆金所. 全球数字财富管理报告2018：科技驱动、铸就信任、重塑价值［R］. 上海：陆金所，2018.

［12］ 波士顿咨询公司，陆金所. 全球数字财富管理报告2019—2020：智启财富新未来［R］. 上海：陆金所，2020.

［13］ 伯顿·G. 马尔基尔. 漫步华尔街（原书第11版）［M］. 张伟，译. 北京：机械工业出版社，2018.

［14］ 蔡昌. 税道溯源［M］. 北京：中国财政经济出版社，2018.

［15］ 蔡昌. 税收筹划论：前沿理论与实证研究［M］. 北京：清华大学出版社，2015.

［16］ 曹全旺. 房地产金融风险管理研究［M］. 北京：中国金融出版社，2017.

［17］ 柴效武. 个人理财规划（第3版）［M］. 北京：北京交通大学出版社，2017.

［18］ 陈斌开，徐帆，谭力. 人口结构转变与中国住房需求：1999～2025：基于人口普查数据的微观［J］. 金融研究，2012（01）：129-140.

［19］ 陈文辉.《健康保险管理办法》指引［M］. 北京：中国劳动社会保障出版社，2016.

［20］ 陈小宪. 加速建立现代商业银行的资产负债管理体系［J］. 金融研究，2003（02）：30-37.

［21］ 成红磊，侯显. 中国老年人住房及宜居环境状况研究［J］. 中国社会工作，2018（17）：22-23.

［22］ 崔志坤. 个人所得税制度改革［M］. 北京：经济科学出版社，2015.

［23］ 戴维·罗默. 高级宏观经济学（第4版引进版）［M］. 吴化斌，龚关，译. 上海：上海财经大学出版社，2014.

［24］ 戴维·莫德. 私人银行与财富管理：领先的创新逻辑与实务方法［M］. 刘立达，严晗，付饶，译. 北京：企业管理出版社，2015.

[25] 丹尼尔·卡尼曼. 思考的快与慢 [M]. 胡晓姣, 李爱民, 何梦莹, 译. 北京: 中信出版社, 2012.

[26] 邓柏峻, 李仲飞, 张浩. 限购政策对房价的调控有效吗?: 基于倍差法的实证分析 [J]. 统计研究, 2014 (1): 50-57.

[27] 翟继光. 新个人所得税政策解析与纳税筹划技巧 [M]. 上海: 立信会计出版社, 2019.

[28] 董藩, 丁宏, 陶斐斐. 房地产经济学 (第二版) [M]. 北京: 清华大学出版社, 2017.

[29] 董克用, 姚余栋. 中国养老金融发展报告 (2016) [R]. 北京: 社会科学文献出版社, 2016.

[30] 董克用, 姚余栋. 中国养老金融发展报告 (2017) [R]. 北京: 社会科学文献出版社, 2017.

[31] 董克用, 姚余栋. 中国养老金融发展报告 (2018) [R]. 北京: 社会科学文献出版社, 2018.

[32] 董克用, 姚余栋. 中国养老金融发展报告 (2019) [R]. 北京: 社会科学文献出版社, 2019.

[33] 法博齐, 尼夫, 周国富. 金融经济学 [M]. 孔爱国等, 译. 北京: 机械工业出版社, 2015.

[34] 法律出版社法规中心. 中华人民共和国保险法 (注释本) [M]. 北京: 法律出版社, 2016.

[35] 弗兰克·J. 法博齐, 阿南德·K. 巴塔恰亚, 威廉·S. 伯利纳. 结构化金融与证券化系列丛书·抵押支持证券: 房地产的货币化 (原书第2版) [M]. 宋光辉等, 译. 北京: 机械工业出版社, 2015.

[36] 付伯颖. 外国税制教程 [M]. 北京: 北京大学出版社, 2015.

[37] 盖地. 税务筹划理论研究: 多角度透视 [M]. 北京: 中国人民大学出版社, 2013.

[38] 甘犁, 赵乃宝, 孙永智. 收入不平等、流动性约束与中国家庭储蓄率 [J]. 经济研究, 2018 (12): 34-50.

[39] 甘犁等. 中国家庭金融调查报告 (2014 中国家庭金融调查系列报告) [R]. 成都: 西南财经大学出版社, 2015.

[40] 甘犁, 等. 中国家庭金融调查报告 (2016) [M]. 成都: 西南财经大学出版社, 2019.

[41] 甘犁, 等. 中国家庭金融资产配置风险报告 [M]. 成都: 西南财经大学出版社, 2016.

[42] 高波. 现代房地产金融学 [M]. 南京: 南京大学出版社, 2015.

[43] 高顿财经研究院. CFA 一级中文教材 [M]. 上海: 立信会计出版社, 2019.

[44] 古斯塔夫·勒庞. 乌合之众: 大众心理研究 [M]. 吕莉, 译. 北京: 电子工业出版社, 2015.

[45] 桂詠评, 胡邦亚. 个人理财 (第二版) [M]. 上海: 格致出版社, 2014.

[46] 郭聪聪. 老年社会工作介入与长期护理保险制度的完善: 以日本照护管理者为借鉴 [J]. 劳动保障世界, 2019 (6): 16-18.

[47] 哈罗德·埃文斯基, 斯蒂芬·M. 霍伦, 托马斯·R. 罗宾逊. 新财富管理 [M]. 翟立宏等, 译. 北京: 机械工业出版社, 2015.

[48] 哈罗德·埃文斯基. 财富管理 [M]. 张春子, 译. 北京: 中信出版社, 2013.

[49] 何飞等. 中国互联网金融发展历程及未来趋势衍变研究报告 (2016) [R]. 南京: 南京大学金融与保险学系, 2016.

[50] 何静安. 家庭经济学 [M]. 北京: 商务印书馆, 1935.

[51] 荷兰财政文献局,《IBFD 国际税收辞汇》翻译组译. IBFD 国际税收辞汇 [M]. 北京: 中国税务出版社, 2016.

[52] 胡小芳. 房地产市场与股票市场的关联性研究: 基于治理的视角 [M]. 北京: 科学出版社, 2019.

[53] 黄凤羽. 从消极避税到阳光筹划 [J]. 税务研究, 2006 (6).

[54] 黄益平, 王海明, 沈艳, 黄卓. 互联网金融12讲 [M]. 北京: 中国人民大学出版社, 2016.

[55] 霍尔曼·G. 维克托, 杰瑞·S. 罗森布鲁姆. 私人财富管理（第八版）[M]. 苏薪茗, 译. 北京：中国金融出版社, 2014.

[56] 加里·斯坦利·贝克尔. 家庭论 [M]. 王献生, 王宇, 译. 北京：商务印书馆, 1998.

[57] 加里·斯坦利·贝克尔. 人类行为的经济分析 [M]. 王业宇, 陈琪, 译. 上海：格致出版社, 2015.

[58] 建设银行, 波士顿公司. 2019年中国私人银行报告 [R]. 2019.

[59] 杰夫·马杜拉. 个人理财（原书第6版）[M]. 夏霁, 译. 北京：机械工业出版社, 2018.

[60] 杰克·R. 卡普尔, 莱斯·R. 德拉贝, 罗伯特·J. 休斯. 个人理财：理财技能培养方法 [M]. 刘春生, 姜淼, 柳懿恒, 译. 北京：中国人民大学出版社, 2013.

[61] 金李, 袁慰. 中国式财富管理：不可不知的未来财富管理知识 [M]. 北京：中信出版社, 2019.

[62] 科林·F. 凯莫勒等. 行为经济学新进展 [M]. 贺京同, 译. 北京：中国人民大学出版社, 2010.

[63] 拉尔夫·布洛克. REITs：房地产投资信托基金（原书第4版）[M]. 宋光辉等, 译. 机械工业出版社, 2014.

[64] 雷震, 张安全. 预防性储蓄的重要性研究：基于中国的经验分析 [J]. 世界经济, 2013 (6)：126-144.

[65] 李劲松, 刘勇. 智能投顾：开启财富管理新时代 [M]. 北京：机械工业出版社, 2018.

[66] 李升. 财富传承工具与实务：保险、家族信托、保险金信托 [M]. 北京：中国法制出版社, 2018.

[67] 李燕. 个人理财 [M]. 北京：机械工业出版社, 2019.

[68] 李扬, 孙国峰. 中国金融科技发展报告（2018）[R]. 北京：社会科学文献出版社, 2018.

[69] 李仲飞, 张浩. 房价预期、土地价格与房地产商行为 [J]. 管理评论, 2016 (4)：53-62.

[70] 梁凯文, 陈玟佑, 梁俐菁. 全球REITs投资手册 [M]. 北京：中信出版社, 2016.

[71] 梁云凤, 逄振悦, 梁云波. 纳税筹划 [M]. 北京：中国市场出版社, 2006.

[72] 廖志宇. 房地产实战定价策略 [M]. 中国建筑工业出版社, 2011.

[73] 林恩, 蒂姆·王. 新兴市场房地产投资在中国、印度和巴西的投资 [M]. 郭红, 孟浩, 译. 大连：东北财经大学出版社, 2012.

[74] 琳达·格拉顿, 德鲁·斯科特. 百岁人生：长寿时代的生活和工作 [M]. 吴奕俊, 译. 北京：中信出版社, 2018.

[75] 鲁迪格·多恩布什, 斯坦利·费希尔, 理查德·斯塔兹. 宏观经济学（第十二版）[M]. 姜广东, 译. 北京：中国人民大学出版社, 2017.

[76] 罗伯特·M. 哈达威. 美国房地产泡沫史 [M]. 陆小斌, 译. 福州：海峡书局, 2014.

[77] 罗伯特·阿利伯. 金钱与人生：一生的财富管理 [M]. 郭晶晶, 译. 北京：经济科学出版社, 2012.

[78] 罗伯特·M. 汤森. 克里斯勒·山福恩萨瑞克.《公司金融视角下的家庭金融》[M], 尹志超等, 译. 大连：东北财经大学出版社, 2019.

[79] 吕俊博, 刘宏. 中国城市群房地产投资策略 [M]. 天津：天津人民出版社, 2019.

[80] 迈克尔·茨威彻. 养老金投资组合 [M]. 兴全基金管理有限公司, 译. 北京：中信出版集团, 2019.

[81] 迈克尔·庞皮恩. 家族办公室与超高净值客户资产配置指南 [M]. 卢强, 黄振, 译. 北京：电子工业出版社, 2019.

[82] 莫迪利亚尼. 莫迪利亚尼文萃 [M]. 林少宫, 费剑平, 译. 北京：首都经济贸易大学出版社, 2001.

[83] 平新乔. 微观经济学十八讲 [M]. 北京：北京大学出版社, 2001.

[84] 普华永道. 资产管理行业展望 2020 [R]. 2020.

[85] 钱俊文. 偷税、逃税的概念辨析及相关制度完善 [J]. 税务研究, 2016 (9).

[86] 乔治·E. 瑞达. 风险管理与保险原理 [M]. 申曙光, 译. 北京：中国人民大学出版社, 2006.

[87] 乔治·迪翁. 保险经济学前沿问题研究 [M]. 朱铭来, 田玲, 魏华林等, 译. 北京：中国金融出版社, 2007.

[88] 秦云, 郑伟. 年金谜题的成因及对策研究评述 [J]. 经济学动态, 2017 (5)：133-141.

[89] 饶育蕾, 彭叠峰, 盛虎. 行为金融学 [M]. 北京：机械工业出版社, 2019.

[90] 色诺芬. 经济论雅典的收入 [M]. 张伯健等, 译. 北京：商务印书馆, 2014.

[91] 沙克尔顿·J.R, G. 洛克斯利. 当代十二位经济学家 [M]. 陶海粟, 潘慕平, 译. 北京：商务印书馆, 1992.

[92] 申曙光. 现代保险学教程（第二版）[M]. 高等教育出版社, 2008.

[93] 盛松成, 施兵超, 陈建安. 现代货币经济学（第三版）[M]. 北京：中国金融出版社, 2012.

[94] 史树中. 金融经济学十讲 [M]. 上海：格致出版社与上海人民出版社, 2011.

[95] 斯蒂芬·M. 霍兰. 私人财富管理 [M]. 翟立宏等, 译. 北京：机械工业出版社, 2015.

[96] 苏珊娜·奇斯蒂, 托马斯·普仕曼. 财富科技：财富管理数字化转型权威指南 [M]. 卢斌, 张小敏, 译. 北京：中国人民大学出版社, 2020.

[97] 孙祁祥. 保险学（第六版）[M]. 北京：北京大学出版社, 2017.

[98] 索尔森·亨斯, 巴克曼. 私人银行的行为金融 [M]. 张春子, 译. 北京：中信出版社, 2019.

[99] 泰勒, 伍德福德. 宏观经济学手册第1A卷 [M]. 刘凤良, 译. 北京：经济科学出版社, 2010.

[100] 泰勒. 行为金融学新进展（第二卷）[C]. 贺京同等, 译. 北京：人民大学出版社, 2014.

[101] 特伦斯·M. 克劳瑞特, G. 斯泰西·西蒙斯. 房地产金融：原理与实践（第5版）[M]. 王晓霞等, 译. 中国人民大学出版社, 2012.

[102] 田丰. 当代中国家庭生命周期 [M]. 北京：中国社会科学文献出版社, 2011.

[103] 田国强. 高级微观经济学 [M]. 北京：中国人民大学出版社, 2016.

[104] 涂蕙, 田叮叮. 人一生需要七张保单 [N]. 中国报道, 2012-11.

[105] 王继军, 侯弼元, 王远锦. 家庭财富管理与传承 [M]. 北京：中国纺织出版社有限公司, 2019.

[106] 王江. 金融经济学 [M]. 北京：中国人民大学出版社, 2006.

[107] 王连洲, 王巍. 金融信托与资产管理 [M]. 北京：经济管理出版社, 2013.

[108] 王铁萍. 个人所得税的现状及改革研究 [M]. 北京：经济日报出版社, 2018.

[109] 王增武. 家族财富管理策略、产品与案例 [M]. 北京：社会科学文献出版社, 2017.

[110] 威廉·戈兹曼. 千年金融史 [M]. 张亚光, 熊金武, 译. 北京：中信出版社, 2017.

[111] 威廉斯·C. 小阿瑟, 迈克尔·L. 史密斯, 彼得·C. 杨. 风险管理与保险 [M]. 马从辉, 刘国翰, 译. 北京：经济科学出版社, 2000.

[112] 魏华林, 林宝清. 保险学（第四版）[M]. 北京：高等教育出版社, 2017.

[113] 魏巧琴. 新编人身保险学（第四版）[M]. 上海：同济大学出版社，2018.
[114] 翁武耀. 避税概念的法律分析 [J]. 中外法学，2015（3）.
[115] 吴正新，罗凯. 中国高端财富管理大类资产配置研究 [M]. 北京：经济管理出版社，2017.
[116] 武安华. 商业银行个人信用评分研究 [M]. 北京：中国金融出版社，2015.
[117] 夏文庆. 理财师实务手册 [M]. 北京：北京大学出版社，2009.
[118] 项俊波. 资产负债管理：银行家创造价值与控制风险指引 [M]. 北京：中国金融出版社，2009.
[119] 小米金融科技研究中心. 国内券商转型财富管理：摩根士丹利的经验分析 [Z]. 2019.
[120] 兴业银行，波士顿公司. 2017年中国私人银行报 [R]. 2017.
[121] 徐高. 金融经济学二十五讲 [M]. 北京：中国人民大学出版社，2018.
[122] 亚当·斯密. 国富论 [M]. 胡长明，译. 北京：人民日报出版社，2009.
[123] 杨健. 证券投资基金指南 [M]. 中国宇航出版社，2007.
[124] 杨林枫，张学银，易晓斌，段文鹏. 信托产品概述 [M]. 北京：中国财政经济出版社，2008.
[125] 姚余栋，董克用. 中国金融养老之路的战略研究：从"十三五"到2049 [M]. 北京：企业管理出版社，2019.
[126] 伊志宏. 消费经济学（第3版）[M]. 北京：中国人民大学出版社，2018.
[127] 易行健，周聪，来特，周利. 商业医疗保险与家庭风险金融资产投资：来自CHFS数据的证据 [J]. 经济科学，2019（41）：104-116.
[128] 易行健. 经济转型与开放条件下的货币需求函数：基于中国的实证研究 [M]. 北京：中国金融出版社，2007.
[129] 易行健，等. 中国居民消费储蓄行为研究：宏观证据与国际比较 [M]. 北京：人民出版社，2018.
[130] 易行健，等. 中国居民消费储蓄行为研究：基于异质性视角的微观证据 [M]. 北京：人民出版社，2019.
[131] 银行业专业人员职业资格考试办公室. 个人理财（中级）[M]. 北京：中国金融出版社，2015.
[132] 约翰·Y.坎贝尔，路易斯·M.万斯勒. 战略资产配置：长期投资者的资产组合选择 [M]. 陈学彬，译. 上海：上海财经大学出版社，2004.
[133] 约翰·麦克马汉. 商业房地产投资手册 [M]. 王刚，等译. 北京：中信出版社，2014.
[134] 曾祥霞，贾明军，刘长坤，陈云. 大额保单操作实务 [M]. 北京：法律出版社，2016.
[135] 张浩，李仲飞，邓柏峻. 教育资源配置机制与房价：我国教育资本化现象的实证分析 [J]. 金融研究，2014（5）：193-206.
[136] 张浩，李仲飞. 成本推动、需求拉动：什么推动了中国房价上涨？[J]. 中国管理科学，2015（5）：143-150.
[137] 张明玺. 老信托的国内实践 [J]. 大众理财顾问，2018（10）：64-67.
[138] 张守凯. 诺贝尔经济学奖颁奖词与获奖演说全集 [M]. 杭州：浙江工商大学出版社，2015.
[139] 招商银行，贝恩公司. 2019年中国私人财富报告 [R]. 2019.
[140] 郑秉文，等. 中国养老金发展报告2016："第二支柱"年金制度全面深化改革 [R]. 北京：经济管理出版社，2016.
[141] 郑惠文. 理财规划与方案设计 [M]. 北京：机械工业出版社，2010.
[142] 中国金融教育发展基金会金融理财标准委员会. 金融理财原理 [M]. 北京：中国人民大学

[143] 中国就业培训技术指导中心. 理财规划师专业能力 [M]. 北京：中国财政经济出版社，2011.

[144] 中国人民大学信托与基金研究所. 2019 中国信托业发展报告 [M]. 北京：中国经济出版社，2019.

[145] 中国人身保险从业人员资格考试教材编写委员会. 风险管理与人身保险 [M]. 广州信平市场策划顾问有限公司，2011.

[146] 中国人身保险从业人员资格考试教材编写委员会. 人身保险产品 [M]. 广州信平市场策划顾问有限公司，2013.

[147] 中国银行业协会. 私人银行理论与实务 [M]. 北京：中国金融出版社，2017.

[148] 中国银行业协会私人银行业务专业委员会. 东方银行业高级管理人员研修院：私人银行理论与实务 [M]. 北京：中国金融出版社，2017.

[149] 中国证券投资基金业协会. 个人养老金：理论基础、国际经验与中国探索 [M]. 北京：中国金融出版社，2018.

[150] 中国注册理财规划师协会，郑惠文. 理财规划与方案设计 [M]. 北京：机械工业出版社，2010.

[151] 钟明. 保险学（第三版）[M]. 上海：上海财经大学出版社，2015.

[152] 兹维·博迪，罗伯特·C. 默顿，兹维·L. 克利顿. 金融学（第二版）[M]. 伊志宏，译. 北京：中国人民大学出版社，2018.

[153] 邹红，喻开志. 退休与城镇家庭消费：基于断点回归设计的经验证据 [J]. 经济研究，2015（1）：124-139.

[154] 佐夫，刘小义. 从越秀集团看房地产金融创新 [J]. 城市开发，2019（4）：16-17.

英文部分

[1] Arrow, K. J. *Essays in the Theory of Risk Bearing* [M]. Chicago：Markham, 1971.

[2] Attanasio, O. P., R Bottazzi, H W Low, L Nesheim, & M Wakefield. Modeling the demand for housing over the life cycle [J]. *Review of Economic Dynamics*, 2012, 15（1）：1-18.

[3] Badarinza, C., J Y Campbell, & T Ramadorai. International comparative household finance [J]. *Annual Review of Economics*, 2016, 8（1）：111-144.

[4] Bajari, P., P Chan, D Krueger, & D Miller. A dynamic model of housing demand：estimation and policy implications [J]. *International Economic Review*, 2013, 54（2）：409-442.

[5] Barro, R. J. & G S Becker. Fertility choice in a model of economic growth [J]. *Econometrica, Econometric Society*, 1989, 57（2）：481-501.

[6] Beshears, J., J J Choi, D Laibson, & B C Madrian. *Behavioral household finance* [A]. In B. Douglas Bernheim, S. DellaVigna, D. Laibson（eds.）. *Handbook of Behavioral Economics：Applications and Foundations 1* [C]. New York：North-Holland, 2018. pp. 177-276.

[7] Beshears, J., J J Choi, D Laibson, B C Madrian, & S P Zeldes. What makes annuitization more appealing? [J]. *Journal of public economics*, 2014, 116：2-16.

[8] Bikhchandani, S. & S Sharma. Herd behavior in financial markets [J]. *IMF Staff papers*, 2000, 47（3）：279-310.

[9] Bodie, Z., A Kane, A J Marcus, & P Mohanty. *Investments* [M]. New York：McGraw-Hill Education, 2017.

[10] Bodie, Z. , R C Merton, & W F Samuelson. Labor supply flexibility and portfolio choice in a lifecycle model [J]. *Journal of Economic Dynamics and Control*, 1992, 16 (3-4): 427-449.

[11] Brennan, M. J. , E S Schwartz, & R Lagnado. Strategic asset allocation [J]. *Journal of Economic Dynamics and Control*, 1997, 21 (8-9): 1377-1403.

[12] Brown, J. R. , J R Kling, S Mullainathan, & M V Wrobel. Why don't people insure late-life consumption? a framing explanation of the under-annuitization puzzle [J]. *The American Economic Review*, 2008, 98 (2): 304-309.

[13] Browning, M. , & A Lusardi. Household saving: micro theories and micro facts [J]. *Journal of Economic Literature*, 1996, 34 (4): 1797-1855.

[14] Browning, M. , P A Chiappori, & Y Weiss, *Economics of the Family* [M]. Cambridge: Cambridge University Press, 2014.

[15] Buser, S. A. & M L Smith. Life insurance in a portfolio context [J]. *Insurance Mathematics and Economics*, 1983, 2 (3): 147-157.

[16] Caballero, R. J. Consumption puzzles and precautionary savings [J]. *Journal of Monetary Economics*, 1990, 25 (1): 113-136.

[17] Campbell, J. & A Deaton. Why is consumption so smooth? [J]. *Review of Economic Studies*, 1989, 56: 357-374.

[18] Campbell, J. Y. Restoring rational choice: the challenge of consumer financial regulation [J]. *The American Economic Review*, . 2016 (5): 1-30.

[19] Campbell, R. A. The demand for life insurance: an application of the economics of uncertainty [J]. *Journal of Finance*, 1980, 35 (5): 1155-1172.

[20] Canner, N. N. , G Mankiw, & D N Weil. An asset allocation puzzle [J]. *American Economic Review*, 1997, 87 (1): 181-191.

[21] Carroll, C. D. , R E Hall, & S P Zeldes. The buffer-stock theory of saving: Some macroeconomic evidence [J]. *Brookings papers on economic activity*, 1992, 1992 (2): 61-156.

[22] Chamon, M. & E S Prasad. Why are saving rates of urban households in china rising [J]. *American Economic Journal: Macroeconomics*, 2010, 2 (1): 93-130.

[23] Chi, Y. Performance evaluation of chinese actively managed stock mutual funds [J]. *SSRN Electronic Journal*, 2013.

[24] Chishti, S. & J Barberis. *The FinTech book: The Financial Technology Handbook for Investors* [M]. New York: Wiley. 2016: 123-124.

[25] Chishti, S. & J Barberis. *The WealthTech Book: The FinTech Handbook for Investors* [M]. Newark: John Wiley & Sons, Incorporated, 2018.

[26] Cocca, T. D. LGT Private Banking Report 2016 [R]. 2016.

[27] Cocco, J. F. , F J Gomes, & P J Maenhout. Consumption and portfolio choice over the life cycle [J]. *The Review of Financial Studies*, 2005, 18 (2): 491-533.

[28] Daniel, K. D, D A Hirshleifer, & A Subrahmanyam. Investor psychology and security market under- and over-reactions [J]. *Journal of Finance*, 1998, 53 (6): 1839-1886.

[29] Davidoff, T, J R Brown, & P A Diamond. Annuities and individual welfare [J]. *American Economic Review*, 2005, 95 (5): 1573-1590.

[30] Deaton, A. Health, Inequality, and Economic Development [J]. *Journal of Economic Literature*, 2003, 41 (1): 113-158.

[31] Deaton, A. S. Saving and liquidity constraints [J]. *Ecomometrica*, 1991, 59 (5): 221-248.

[32] Duesenberry, J. S. *Income, Saving, and the Theory of Consumer Behavior* [M]. Cambridge: Harvard University Press, 1949.

[33] Duffie, D. & W Zame. The consumption-based capital asset pricing model [J]. *Econometrica*, 1989, 57 (6): 1279-1297.

[34] Dynan, K. E. How prudent are consumers? [J]. *Journal of Political Economy*, 1993, 101 (6): 1104-1113.

[35] Ellsberg, D. Risk, ambiguity, and the savage axioms [J]. *The Quarterly Journal of Economics*, 1961, 75 (4): 643-669

[36] Fama, E. F. & J D MacBeth. Risk, Return, and Equilibrium: Empirical Tests [J]. *Journal of Political Economy*, 1973, 81 (3): 607-636.

[37] Fama, E. F. & K R French. Common risk factors in the returns on stocks and bonds [J]. *Journal of Financial Economics*, 1993, 33 (1): 3-56.

[38] Fama, E. F. & K R French. The capital asset pricing model: Theory and evidence [J]. *Journal of Economic Perspectives*, 2004, 18 (3): 25-46.

[39] Fama, E. F. & K R French. The cross-section of expected stock returns [J]. *Journal of Finance*, 1992, 47 (2): 427-465.

[40] Fama, E. F. Efficient capital markets: A review of theory and empirical work [J]. *Journal of Finance*, 1970, 25 (2): 383-417.

[41] Fama, E. F. The behavior of stock-market prices [J]. *The Journal of Business*, 1965, 38 (1): 34-105.

[42] Flavin, M. A. The adjustment of consumption to changing expectations about future income [J]. *Journal of political economy*, 1981, 89 (5): 974-1009.

[43] Friend, I., M Blume, & J Crockett. Mutual funds and other institutional investors: A new perspective [J]. *Journal of Finance*, 1971, 26 (3): 822.

[44] Gormley, T., H Liu, & G F Zhou. Limited participation and consumption-saving puzzles: A simple explanation and the role of insurance [J]. *Journal of Financial Economics*, 2010, 96 (2): 331-344.

[45] Graham, J. R. & C R Harvey. The theory and practice of corporate finance: Evidence from the field [J]. *Journal of Financial Economics*, 2001, 60 (2): 187-243.

[46] Green, R. & P Hendershott. Age, housing demand, and real house prices [J]. *Regional Science and Urban Economics*, 1996, 26 (5): 456-480.

[47] Griffin, D. & A Tversky. The weighing of evidence and the determinants of confidence [J]. *Cognitive Psychology*, 1992 (24): 411-435.

[48] Grinblatt, M. & T R Wermers. Momentum investment strategies, portfolio performance, and herding: A study of mutual fund behavior [J]. *The American Economic Review*, 1995, 85 (5): 1088-1105.

[49] Guiso, L., & Sodini, P. Household finance: an emerging field [A]. In Constantinides, G. M., M Harris, and R M Stulz (eds.). *Handbook of the Economics of Finance* [C]. New York: North Holland. 2012, pp. 1397-1532.

[50] Hall, R. E. Stochastic implications of the life cycle hypotheses: Theory and evidence [J]. *Journal of Political Economy*, 1978, 86 (6): 971-987.

[51] Han, B., D A Hirshleifer, & J Walden. Visibility bias in the transmission of consumption beliefs and

undersaving [R]. Rotman School of Management Working Paper, 2019, No. 2798638.

[52] Hayashi, F. The effect of liquidity constraints on consumption: a cross-sectional analysis [J]. *The Quarterly Journal of Economics*, 1985, 100 (1): 183-206.

[53] Heaton, J. & D Lucas. Portfolio choice in the presence of background risk [J]. *Economic Journal*, 2000, 110 (460): 1-26.

[54] Hubbard, R. G. & K L Judd. Social security and individual welfare: Precautionary saving, borrowing constraints, and the payroll tax [J]. *The American Economic Review*, 1987: 630-646.

[55] Hurd, M, M V Roolf, & J Winter. Stock market expectations of dutch households [J]. *Journal of Applied Econometrics*, 2011, 26 (3): 416.

[56] Ibbotson, R. G., M A Milevsky, P Chen, & K Zhu. Lifetime financial advice: human capital, asset allocation, and insurance [J]. *The Research Foundation of CFA Institute*, 2007.

[57] Jenson, M. C. The performance of mutual funds in the period 1945-1964 [J]. *Journal of Finance*, 1968, 23 (2): 389-416.

[58] Kahneman, D. & A Tversky. Prospect theory, an analysis of decision under risk [J]. *Econometrica*, 1979, 47 (2): 264-291.

[59] Keynes, J. M. *The General Theory of Employment, Interest and Money* [M]. New York: Harcourt, Brace, 1936.

[60] Khumawala, S. B. *Households as Corporate Firms: An Analysis of Household Finance Using Integrated Household Surveys and Corporate Financial Accounting* [M]. Cambridge: Cambridge University Press, 2010.

[61] Kimball, M. S. Precautionary saving in the small and in the large [J]. *Econometrica*, 1990, 58.

[62] Kiymaz, H. A performance evaluation of Chinese mutual funds [J], *International Journal of Emerging Markets*, 2015, 10 (4): 820-836.

[63] Laidler, D. E. W. *The Demand for Money: Theories, Evidence and Problems (4th edn)* [M]. New York: HarperCollins College Publishers, 1993.

[64] Leland, H. E. Saving and uncertainty: The precautionary demand for saving [J]. *The Quarterly Journal of Economics*, 1968, 82 (3): 465-473.

[65] Lintner, J. The valuation of risk assets and the selection of risky investments in stock portfolios and capital budgets [J]. *Review of Economics and Statistics*, 1965, 47 (1): 13-37.

[66] Malkiel, B. G. Returns from investing in equity mutual funds 1971 to 1991 [J]. *Journal of Finance*, 1995, 50 (2): 549-572.

[67] Malkiel, B. G., & E F Fama. Efficient capital markets: A review of theory and empirical work [J]. *The Journal of Finance*, 1970, 25 (2): 383-417.

[68] Malmendier, U. & S Nagel. Do macroeconomic experiences affect risk-taking [J]. *Quarterly Journal of Economics*, 2010.

[69] Malthus, T. *An Essay on the Principle of Population* [M]. Berlin Heidelberg: Penguin Classics, 1983. 不完整

[70] Mankiw, N. G, N W David & C Niko. An asset allocation puzzle [J]. *American Economic Review*, 1997, 87 (1): 181-191.

[71] Markowitz, H. Portfolio selection [J]. *Journal of Finance*, 1952, 7 (1): 77-91.

[72] Meigs W. B. & R F Meigs. *Accounting* [M]. New York: McGraw-Hill Book Company, 1996.

[73] Merrill, L. *The Investment Clock* [R]. New York: Merrill Lynch Global Securities Research & Eco-

nomics Group, 2004-11.

[74] Merton, R. C. An intertemporal capital asset pricing model [J]. *Econometrica*, 1973, 41 (5): 867-887.

[75] Merton, R. C. Lifetime portfolio selection under uncertainty: The continuous-time case [J]. *The review of Economics and Statistics*, 1969, 51 (3): 247-257.

[76] Merton, R. C. Optimum consumption and portfolio rules in a continuous-time model [J]. *Journal of Economic Theory*, 1971, 3 (4): 373-413.

[77] Modigliani, F. & R Brumberg. Utility analysis and the consumption function: An interpretation of cross-section data [J]. *Franco Modigliani*, 1954, 1 (1): 388-436.

[78] Modigliani, F. *Fluctuations in the Saving-Income Ratio: A Problem in Economic Forecasting* [M]. NBER Book Series Studies in Income and Wealth, 1949.

[79] Mossin, J. Equilibrium in a capital asset market [J]. *Econometrica*, 1966, 34 (4): 768-783.

[80] Neher, P. A. Peasants, procreation, and pensions [J]. *The American Economic Review*, 1971, 61 (3): 380-389.

[81] Pratt, J. Risk aversion in the small and in the large [J]. *Econometrica*, 1964, 32: 122-136.

[82] Roll, R. A critique of the asset pricing theory's tests Part I: On past and potential testability of the theory [J]. *Journal of Financial Economics*, 1977, 4 (2): 129-176.

[83] Ross, S. A. The arbitrage theory of capital asset pricing [J]. *Journal of Economic Theory*, 1976, 13 (3): 341-360.

[84] Samuelson, P. Lifetime portfolio selection by dynamic stochastic programming [J]. *The Review of Economics and Statistics*, 1969, 51 (3): 239-246.

[85] Sharpe, W. F. Capital asset prices: A theory of market equilibrium under conditions of risk [J]. *Journal of Finance*, 1964, 19 (3): 425-442.

[86] Shefrin, H. & M Statman. The disposition to sell winners too early and ride losers too long: Theory and evidence [J]. *Journal of Finance*, 1985, 40 (6): 77-791.

[87] Steven J. Rice. Introduction to Taxation, South-Western Publishing Co., 1994.

[88] Su, Roger., Y Zhao, R Yi, & A Dutta. Persistence in mutual fund returns: evidence from China [J], *International Journal of Business and Social Science*, 2012, 3: 88-94.

[89] Taylor, J. B. & M Woodford. *Handbook of Macroeconomics* [M]. New York: North Holland, 1999.

[90] Thaler, R. H. & S Benartzi. Save more tomorrow: Using behavioral economics to increase employee saving [J]. *Journal of Political Economy*, 2004, 112.

[91] Thaler. R. Mental accounting and consumer choice [J]. *Marketing Science*, 1985, 4 (3): 199-214.

[92] Tobin, J. Liquidity preference as behavior towards Risk [J]. *The Review of Economic Studies*. 1958, 25 (2): 65-86.

[93] Tversky, A. & D Kahneman. Advances in prospect theory: Cumulative representation of uncertainty [J]. *Journal of Risk and Uncertainty*, 1992, 5 (4): 297-323.

[94] Tversky, A. & D Kahneman. Rational choice and the framing of decision [J]. *Journal of Business*, 1986, 59 (4): 251-282.

[95] VanderLinden, S. L. B., S M Millie, & N Anderson. *The INSURTECH Book: The Insurance Technology Handbook for Investors, Entrepreneurs and FinTech Visionaries* [M]. New York: Wiley, 2018.

［96］　Yaari, M. E. Uncertain lifetime, life insurance, and the theory of the consumer ［J］. *The Review of Economic Studies*, 1965, 32（2）: 137-150.

［97］　Zeldes, S. P. Optimal consumption with stochastic income: Deviations from certainty equivalence ［J］. *The Quarterly Journal of Economics*, 1989, 104（2）: 275-298.

［98］　Zhang H. & Z F Li. Residential properties, resources of basic education and willingness price of buyers: Based on the data of districts and counties in Beijing, Shanghai, Guangzhou and Shenzhen ［J］. *China Finance Review International*, 2014, 4（3）: 227-242.

［99］　Zietz, E. N. An examination of the demand for life insurance ［J］. *Risk Management and Insurance Review*, 2003, 6（2）: 159-191.

［100］　Zinman, J. Household debt: Facts, puzzles, theories, and policies ［J］. *Annual Review of Economics*, 2015,（7）: 251-276.

［101］　Ziobrowski B. J. & A J Ziobrowski. Higher real estate risk and mixed-asset portfolio performance ［J］. *Journal of Real Estate Portfolio Management*, 1997, 3: 107-115.